中国近现代稀见史料丛刊【第一辑】

张剑 徐雁平 彭国忠 主编

俞樾函札辑证（上）

俞樾 著
张燕婴 整理

凤凰出版社

图书在版编目（CIP）数据

俞樾函札辑证 / 俞樾著 ; 张燕婴整理. -- 南京 : 凤凰出版社, 2014.3（2019.11重印）
（中国近现代稀见史料丛刊. 第1辑）
ISBN 978-7-5506-0771-2

Ⅰ. ①俞… Ⅱ. ①俞… ②张… Ⅲ. ①俞樾（1821～1907）—书信集 Ⅳ. ①K825.4

中国版本图书馆CIP数据核字(2014)第044759号

书　　　名	俞樾函札辑证
著　　　者	俞　樾　著　张燕婴　整理
责任编辑	樊　昕
出版发行	凤凰出版社(原江苏古籍出版社) 发行部电话025-83223462
出版社地址	南京市中央路165号,邮编:210009
出版社网址	http://www.fhcbs.com
照　　　排	南京凯建图文制作有限公司
印　　　刷	江苏凤凰扬州鑫华印刷有限公司 扬州市江阳工业园蜀岗西路9号,邮编:225008
开　　　本	880×1230毫米　1/32
印　　　张	23.375
字　　　数	607千字
版　　　次	2014年3月第1版　2019年11月第3次印刷
标准书号	ISBN 978-7-5506-0771-2
定　　　价	116.00元(上下册)

(本书凡印装错误可向承印厂调换,电话:0514-85868858)

袁行霈先生题辞

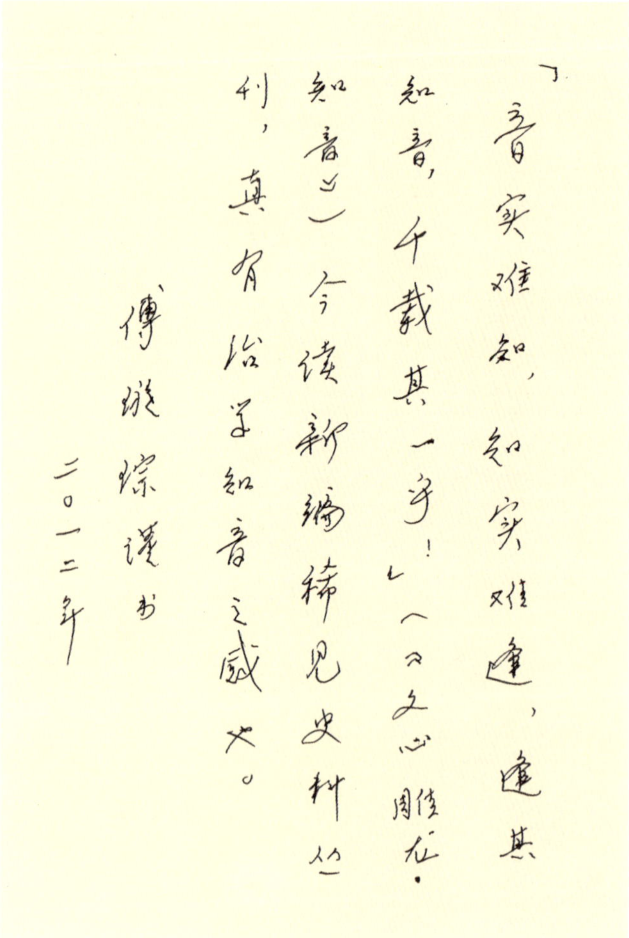

「音实难知，知实难逢，逢其知音，千载其一乎！」（《文心雕龙·知音》）今读新编稀见史料丛刊，真有治学知音之感矣。

傅璇琮谨书

二〇一二年

傅璇琮先生题辞

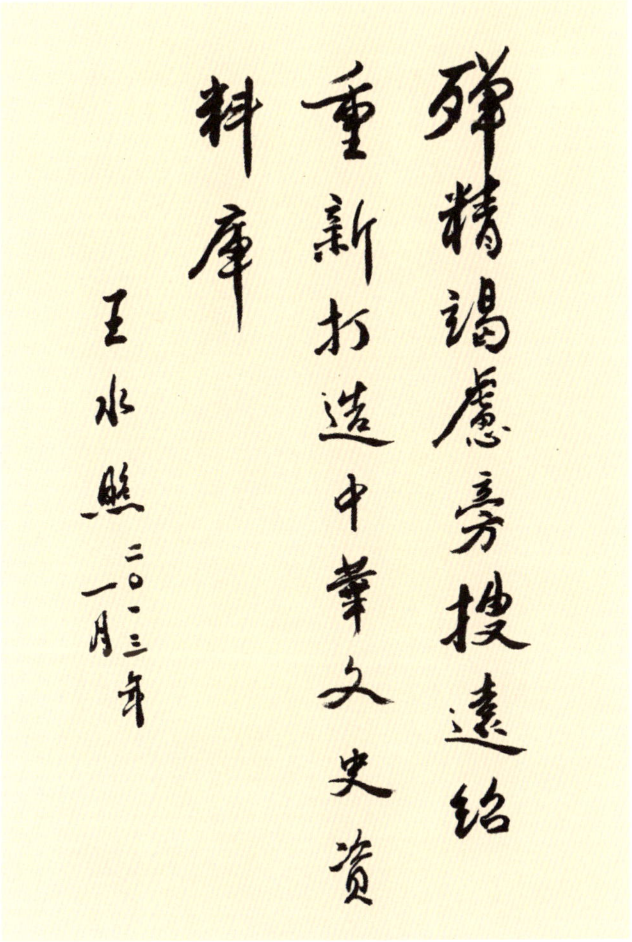

王水照先生题辞

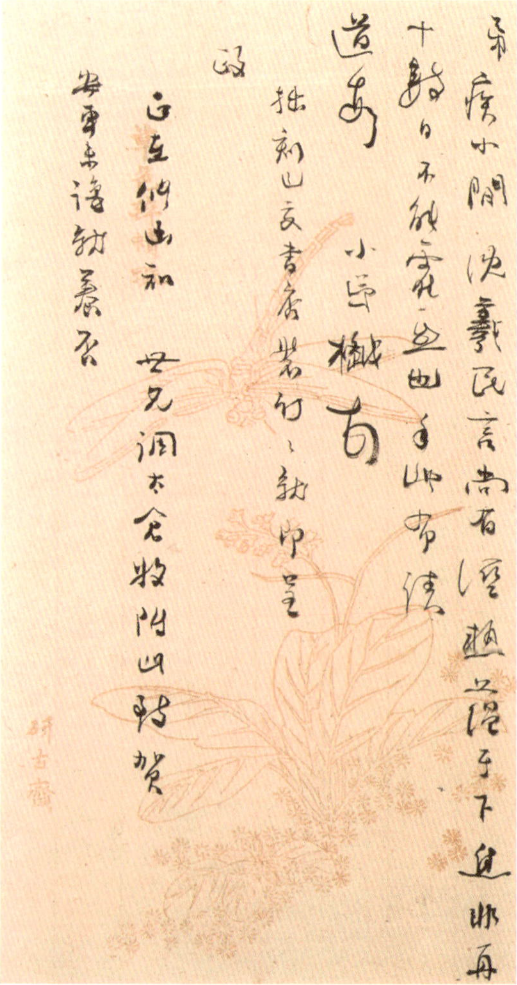

书影一

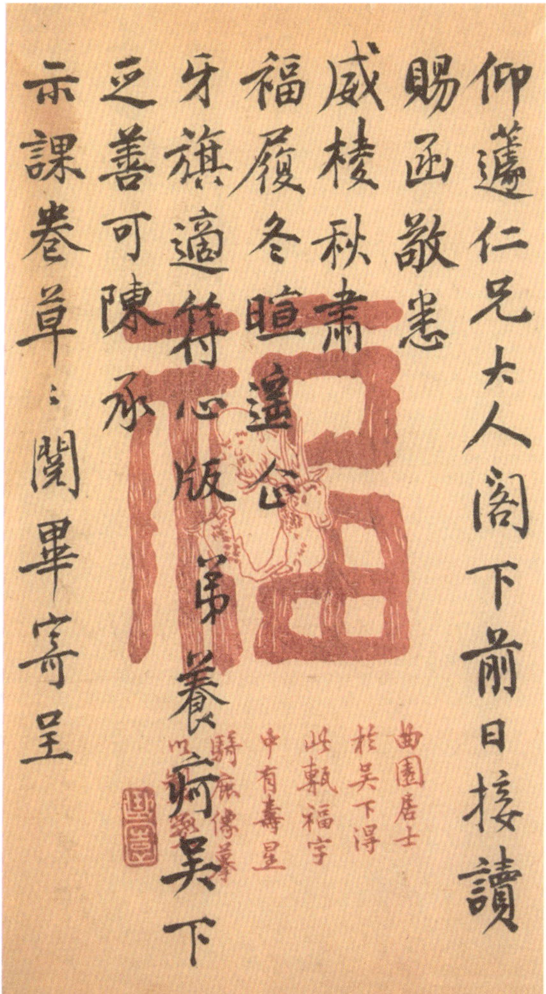
仰蘧仁兄大人阁下前日接讀
賜函敬悉
威棱秋肅
福履冬暄遥企
牙旗適符心版弟養痾吴下
乏善可陳承
示課卷草草閱畢寄呈

书影二

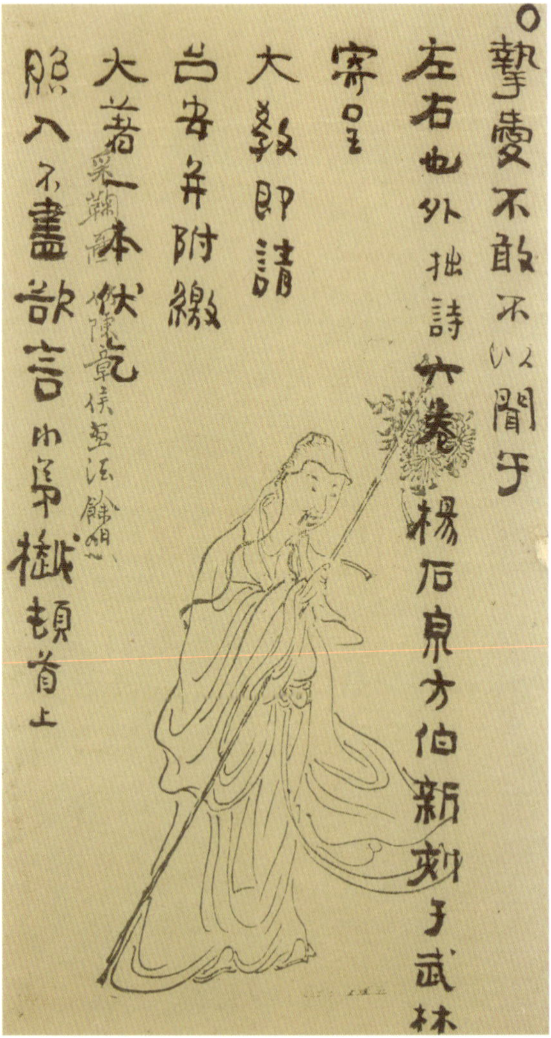

书影三

《中国近现代稀见史料丛刊》总序

在世界所有的文明中，中华文明也许可说是"唯一从古代存留至今的文明"（罗素《中国问题》）。她绵延不绝、永葆生机的秘诀何在？袁行霈先生做过很好的总结："和平、和谐、包容、开明、革新、开放，就是回顾中华文明史所得到的主要启示。凡是大体上处于这种状况的时候，文明就繁荣发展，而当与之背离的时候，文明就会减慢发展的速度甚至停滞不前。"（《中华文明的历史启示》，《北京大学学报》2007 年第 1 期）

但我们也要清醒看到，数千年的中华文明带给我们的并不全是积极遗产，其长时段积累而成的生活方式与价值观具有强大的稳定性，使她在应对挑战时所做的必要革新与转变，相比他者往往显得迟缓和沉重。即使是面对佛教这种柔性的文化进入，也是历经数百年之久才使之彻底完成中国化，成为中华文明的一部分；更不用说遭逢"数千年来未有之变局"、"数千年未有之强敌"（李鸿章《筹议海防折》），"数千年未有之巨劫奇变"（陈寅恪《王观堂先生挽词序》）的中国近现代。晚清至今虽历一百六十余年，但是，足以应对当今世界全方位挑战的新型中华文明还没能最终形成，变动和融合仍在进行。1998 年 6 月 17 日，美国三位前总统（布什、卡特、福特）和二十四位前国务卿、前财政部长、前国防部长、前国家安全顾问致信国会称："中国注定要在 21 世纪中成为一个伟大的经济和政治强国。"（徐中约著《中国近代史》上册第六版英文版序，香港中文大学 2002 年版）即便如此，我们也不能盲目乐观，认为中华文明已经转型成功，相反，中华文明今天面对的挑战更为复杂和严峻。新型的中华文明到底会怎样呈现,又怎样具体表现或作用于政治、经济、文化等层面,人们还在不断探索。这个问题,我们这一代恐怕无法给出答案。但我们坚信,在历史上曾经灿烂辉煌的中华文明必将凤凰浴火,涅槃重生。这既是数千年已经存在的中华文明发展史告诉我们的经验事实,也是所有为中国文化所化之人应有的信念和责任。

不过,对于近现代这一涉及当代中国合法性的重要历史阶段,我们了解得还过于粗线条。她所遗存下来的史料范围广阔,内容复杂,且有数量庞大且富有价值的稀见史料未被发掘和利用,这不仅会影响到我们对这段历史的全面了解和规律性认识,也会影响到今天中国新型文明和现代化建设对它的科学借鉴。有一则印度谚语如是说:"骑在树枝上锯树枝的时候,千万不要锯自己骑着的那一根。"那么,就让我们用自己的专业知识与能力,为承载和养育我们的中华文明做一点有益的事情——这是我们编纂这套《中国近现代稀见史料丛刊》的初衷。

书名中的"近现代",主要指 1840—1949 年这一时段,但上限并非以一标志性的事件一刀切割,可以适当向前延展,然与所指较为宽泛的包含整个清朝的"近代中国"、"晚期中华帝国"又有所区分。将近现代连为一体,并有意淡化起始的界限,是想表达一种历史的整体观。我们观看社会发展变革的波澜,当然要回看波澜如何生,风从何处来;也要看波澜如何扩散,或为涟漪,或为浪涛。个人的生活记录,与大历史相比,更多地显现出生活的连续。变局中的个体,经历的可能是渐变。《丛刊》期望通过整合多种稀见史料,以个体陈述的方式,从生活、文化、风习、人情等多个层面,重现具有连续性的近现代中国社会。

书名中的"稀见",只是相对而言。因为随着时代与科技的进步,越来越多的珍本秘籍经影印或数字化方式处理后,真身虽仍"稀见",化身却成为"可见"。但是,高昂的定价、难辨的字迹、未经标点的文本，仍使其处于专业研究的小众阅读状态。况且尚有大量未被影印或数字化的文献，或流传较少，或未被整合，也造成阅读和利用的不便。因此，《丛刊》侧重选择未被纳入电子数据库的文献，尤欢迎整理那些辨识困难、断句费力、裒合不易或是其他具有难度和挑战性的文献，也欢迎整理那些确有价值但被人们习见思维与眼光所遮蔽的文献，在我们看来，这些文献都可属于“稀见”。

书名中的“史料”，不局限于严格意义上的历史学范畴，举凡日记、书信、奏牍、笔记、诗文集、诗话、词话乃至序跋汇编等，只要是某方面能够反映时代政治、经济、文化特色以及人物生平、思想、性情的文献，都在考虑之列。我们的目的，是想以切实的工作，促进处于秘藏、边缘、零散等状态的史料转化为新型的文献，通过一辑、二辑、三辑……这样的累积性整理，自然地呈现出一种规模与气象，与其他已经整理出版的文献相互关联，形成一个丰茂的文献群，从而揭示在宏大的中国近现代叙事背后，还有很多未被打量过的局部、日常与细节；在主流周边或更远处，还有富于变化的细小溪流；甚至在主流中，还有漩涡，在边缘，还有静止之水。近现代中国是大变革、大痛苦的时代，身处变局中的个体接物处事的伸屈、所思所想的起落，藉纸墨得以留存，这是一个时代的个人记录。此中有文学、文化、生活；也时有动乱、战争、革命。我们整理史料，是提供一种俯首细看的方式，或者一种贴近近现代社会和文化的文本。当然，对这些个人印记明显的史料，也要客观地看待其价值，需要与其他史料联系和比照阅读，减少因个人视角、立场或叙述体裁带来的偏差。

知识皆有其价值和魅力，知识分子也应具有价值关怀和理想追求。清人舒位诗云“名士十年无赖贼”（《金谷园故址》），我们警惕袖手空谈，傲慢指点江山；鲁迅先生诗云“我以我血荐轩辕”（《自题小像》），我们愿意埋头苦干，逐步趋近理想。我们没有奢望这套《丛刊》产生宏大的效果，只是盼望所做的一切，能融合于前贤时彦所做的贡献之中，共同为中华文明的成功转型，适当“缩短和减轻分娩的痛苦”

（马克思《资本论》第一卷第一版序言）。

《丛刊》的编纂，得到了诸多前辈、时贤和出版社的大力扶植。袁行霈先生、傅璇琮先生、王水照先生题辞勖勉，周勋初先生来信鼓励，凤凰出版社姜小青总编辑赋予信任，刘跃进先生还慷慨同意将其列入“中华文学史史料学会”重大规划项目，学界其他友好也多有不同形式的帮助……这些，都增添了我们做好这套《丛刊》的信心。必须一提的是，《丛刊》原拟主编四人（张剑、张晖、徐雁平、彭国忠），每位主编负责一辑，周而复始，滚动发展，原计划由张晖负责第四辑，但他尚未正式投入工作即于2013年3月15日赍志而殁，令人抱恨终天，我们将以兢兢业业的工作表达对他的怀念。

《丛刊》的基本整理方式为简体横排和标点（鼓励必要的校释），以期更广泛地传播知识、更好地服务社会。希望我们的工作，得到更多朋友的理解和支持。

2013年4月15日

目　录

前言

俞樾(1821—1907),字荫甫,号曲园,浙江德清人。道光三十年(1850)进士,保和殿覆试时因诗中有“花落春仍在”一句,为阅卷官曾国藩所激赏,谓咏落花而无衰飒意,置第一。此事为俞樾终身感念,后颜其著述之所曰“春在堂”,以志不忘出处。散馆授翰林院编修,咸丰五年(1855)八月简放河南学政,七年秋遭劾罢归。此后俞樾寄寓苏州,以著述为事,并先后主苏州紫阳书院、杭州诂经精舍讲席三十馀年。

俞樾被陈寅恪先生称为“一代儒林宗硕,湛思而通识之人”①。《春在堂全书》是他的著作总集。该丛书最早汇刻于同治十二年(1873),历经四次修订,其光绪二十五年(1899)重订本(书前牌记所题,实收录有包括俞樾“临终留别诗”在内的作品,显然又经过增补)卷帙近五百;还有未收入全书的一些笔记小说,如《啸香馆笔记》、《耳食录 耳邮》、《谈异》等,以及参与编纂的《镇海县志》、《上海县志》、《川沙厅志》等,主持编选的《诂经精舍集》(四至八集)等,则他的著述内容涵盖经、子,遍包史、集,是真正意义上的通人。

《春在堂全书》中有尺牍六卷,收入信札二百馀通,然而这远非俞樾所作书信之全部。近年来分藏于国家图书馆、上海图书馆、南京图书馆、浙江省图书馆、北京大学图书馆、华东师范大学图书馆、日本国

---

① 陈寅恪:《俞曲园先生病中呓语跋》,《寒柳堂集》,生活·读书·新知三联书店,2001年,第164页。

会图书馆、日本早稻田大学图书馆等国内外多家典藏单位以及私人藏家手中的俞氏尺牍稿本或原札纷纷面世，本书即以这些一手资料为主汇编而成①。

函札（特别是手札）是最真实的历史记录。本书所辑录俞樾信札，或探究故实，切磋学艺；或吟咏赠答，披露心性；或不避琐碎，铺陈日常行止；或事无巨细，关照文化大业；从中可以窥见俞氏之学识、品格、胸怀与情趣。

一、作为其考据学问的延伸或补充

论清代学术者，咸以考据为大宗，以高邮王氏为巨擘，俞樾则是继王氏父子而起为清代考据学之殿军者。其《群经平议》、《诸子平议》宗法王氏之《经义述闻》、《读书杂志》，梁启超评价为："乃应用王家的方法，补其所未及……足以上配石臞。"②然两《平议》分别刻成于同治五年（1866）与同治九年（1870），时俞樾仅五十岁，其后三十馀年的考证成就则无法从两书中考见。而俞樾自言："学问无穷，盖棺乃定，必欲毫发无憾，诚恐毕生无此一日。"（致戴望札第二通）因此要全面考察俞氏考据学问的成就，就需要参看更多的资料。

本书所辑录之信札，可考证出时间者晚至光绪三十一年十一月初九日（致延清札），时距本年十二月二十三日俞樾之卒仅月馀，故其中颇有一些内容可作为其考据之学的延伸或补充。如《群经平议》卷十四"堂修二七"条曰：

> 樾谨按，"二"字衍文也。《隋书·宇文恺传》恺奏《明堂议》曰："《记》云'堂修七'。"山东礼本辄加"二七"之字，何得殷无加

① 本书辑录之函札以稿本为首选，一些刻入六卷本《春在堂尺牍》的信札经查原件尚存的，则均据原札予以整理，以见俞氏书信之本真。

② 梁启超：《中国近三百年学术史》，东方出版社，1996年，第281页。

> 寻之文，周阙增筵之义，研核其趣，或是不然，雠校古书，并无“二”字。此乃桑间俗儒信情加减，然则隋时古本并作“堂修七”，郑君所据之本亦当如是。郑意五室皆在一堂之上，疑堂修七步不足容之，以为是记人假设之数，使人以七步推算，非是止修七步，故下注云“令堂修十四步”，此乃郑君以意说之，谓设以二七推算，则是十四步也。下注又云“令堂如上制”，可见十四步之数是郑君假设。若记文本作“堂修二七”，则是实数如此，何言“令”乎？学者从郑义作十四步，遂增记文作“二七”，改经从注，贻误千古矣。今以下文证之，殷度以寻，堂修七寻，周度以筵，堂修七筵，然则夏度以步，堂修七步，理无可疑，当据宇文恺议订正。大室之外，四面有堂，其南明堂，其北元堂，其东青阳之堂，其西总章之堂，凡堂皆修七步。

在这则考证中，俞樾据《隋书·宇文恺传》所引《记》文改《周礼·考工记》“夏后氏世室堂修二七”为“堂修七”，并以郑注“令堂修十四步”为设测之辞证之。而俞樾致黄以周札第二通中说：

> 拙著《世室重屋明堂考》，据《隋书·宇文恺传》改“堂修二七”为“堂修七”。既而，学使吴和甫前辈寄示尊公《明堂步筵考》，亦以“二”为衍文。地之相去，时之相后，而所见则同，为之狂喜！及足下作《经礼通诂》，则不以为然。善哉，在尊公为有诤子，在鄙人为有诤友，学问之事，岂尚苟同乎？惟足下谓“二”非衍文，止据郑注及马宫说，则仍未足以破之。夫郑注云：“令堂修十四步。”若经文明言“二七”，则是实数，如此何必为假令之词？拙著《世室考》已及之矣。至马宫谓：“夏后氏益其堂之广百四十四尺”，足下谓“马意，堂修二七，谓十四丈，广四修一，为又加四尺”。初读之，颇以为然，但马宫说周制云：“大夏后氏七十二尺。”夫百四十四加七十二为二百十六尺，与东西九筵不合矣。今按，马说云：“夏后氏世室，室显于堂，故命以室；殷人重屋，屋

> 显于堂，故命以屋；周人明堂，堂大于夏室，故命以堂。夏后氏益其堂之广百四十四尺，周人明堂，以为两序间大夏后氏七十二尺。”以文义论之，马官既论三代之制，不应独不及殷，且所云“夏后氏益其堂之广”者，果益何代之制乎？愚意“夏后氏”下有阙文，当先论夏制，至益其堂之广者，乃是殷制，益即从夏制而益之也。马说殆别有据，与《考工记》文本不符合，而欲据以定“二”字之有无，恐不然矣。非敢护前，盖曰求是，恕之恕之。

札中除申说《群经平议》中的意见外，更对黄氏所引马总说予以详考，并指出马总说中疑有缺文，且以周人明堂为二百十六尺，与《周礼·考工记》中周人明堂九筵之数不合，未可引以为证。据此札不仅可见俞氏经学考据之进阶，亦知其师友间之切磋砥砺。

又如《诸子平议》卷六“楚生鹿当一而八万”条曰：

> 樾谨按，此本作“楚生鹿一而当八万”，言一鹿直八万泉也，传写者误移“当”字于“一而”之上，义不可通。又按，下文曰“子为我致生鹿二十，赐子金百斤”，是一鹿直金五斤也。而当八万泉，则金一斤直泉一万六千，盖金一两而泉一千也。《汉书·食货志》曰“黄金重一斤，直钱万”，是春秋时金价贵于汉也。

在此则考证中，俞樾对先秦、汉代的金价均有考察，并得出春秋时金价贵于汉代的结论。而俞樾致勒方锜札第一通曰：

> 昨席上谈及古时金价，因记忆不真，故未详述。归而考之《汉食货志》，曰“黄金重一斤，直钱万”，是金一两直钱六百二十五也。按《管子·轻重戊》篇“桓公使人之楚买生鹿，楚生鹿当一而八万”，当作“楚生鹿一而当八万”。此八万，盖以钱计，言一鹿直八万钱也。下文云“令中大夫王邑载钱二千万，求生鹿于楚”，

是其证也。又下文云"管子告楚之贾人曰:'子为我致生鹿二十,赐子金百斤。'"是一鹿直金五斤。以上文证之,则黄金五斤直钱八万,每金一斤直钱一万六千,盖金一两而钱一千也,视汉时金价较贵矣。昔人未见及此,拙箸《诸子平议》始及之。又,古书言黄金,每以金计,高诱注《战国齐策》曰"二十两为一金",此说是也。赵岐注《孟子·公孙丑》篇曰"古者以一镒为一金",而注《梁惠王》篇曰"二十两为镒",则一镒为一金,仍是二十两为一金耳。汉儒说镒皆与赵氏同,惟《文选注》有"一镒二十四两"之说,恐误衍"四"字,不足为据。

此札与前引之考证相比,除有关先秦时金价的计算过程更为具体外,还增加了高诱注《战国策》及赵岐注《孟子》中的两条资料,明汉以前常以"金"或"镒"为金之单位,汉以后则以"斤"为金之单位[①]。

光绪十五年(1889)正月二十二日,慈禧太后懿旨,直隶总督李鸿章着赏用紫韁[②]。得知此消息后,俞樾致信李鸿章曰:

顷闻荣膺丹诰,宠锡紫韁。伏思唐宋以来朝服用紫,向不知其义,及读王逵《蠡海集》云:天垣称紫微,紫乃赤与墨相合而成,水火相交,阴阳相应,而万物生焉,故为万物之主宰。然则尚紫大有意义。又刘熙《释名》云:"韁,彊也。"以是言之,紫之为色,表相臣燮理之功;韁之为物,重节使封疆之任。

紫韁与朱轮、背壶、紫垫、宝石、双眼、皮条、太监同为清朝入八分王爷的待遇。而俞樾此札对颁赐紫韁的涵义予以发明,笔墨虽简却切中

---

① 《史记·平准书》"马一匹则百斤"《集解》引臣瓒下注云"秦以一镒为一金,汉以一斤为一金"。俞樾此说或参用其义。

② 《清德宗实录》卷二百六十五。

肯綮，令人叹服。

再如：

> 承寄赠骨牌草一小筐，青葱如新撷者，已栽之瓦缶矣。惟骨牌草即七星草，乃鸭脚金星草之小者，其叶如鸭脚，薄而大，背有点，似骨牌形，但缺五六一扇耳，其气香烈，虽枯不变，功用极广，亦谓之辟瘟草，真药笼中佳品也。详见钱唐赵恕轩氏所著《本草纲目拾遗》。今所寄来者，乃鱼鳖金星草也。其叶一长而尖，一短而团，长者为鱼，短者为鳖，鱼叶老则背有金星，鳖叶无之，亦见赵氏《拾遗》。兄细验此草，实与之合，故决为鱼鳖金星草。功用不如鸭脚金星，然亦能治鼓涨瘰疬，消痞块，叶背之星，不能竟与骨牌同，可知非骨牌草。案头如有赵氏书，请一检阅，自悉也。兄前书所言横河桥许氏老桂树忽生骨牌叶，此乃草木之异，不可以常论。其叶实肖骨牌，三四、三六、幺六最多，上下斜正，与牌无异，虽三十二扇，亦不能全，然可凑成不同一副，惜此桂不久即枯死，今不可得矣。拉杂书布，聊当叶子戏，消遣永日。（致王廷鼎札第五通）

如此看来，考证应该是俞樾笔端的习惯，大到朝廷封典，小到杂草闲花[①]，都可以是他考证的对象。这也是他终成一代考据大家的重要原因。

二、展现其心性与情怀

信札“是文学中特别有趣味的东西，因为比别的文章更鲜明的表出作者的个性”，“文章与风月多能兼具，但最佳者还应能显出主人的

① 俞樾有《琼英小录》一卷，是由浙江巡抚刘树堂馈赠琼花一事所引发的考证工作，与致王札有异曲同工之妙。

性格"[①]。俞樾写给其挚爱亲朋的信札，常常流露出深沉的关爱与无尽的思念（详见与夫人姚文玉札、与亲家翁彭玉麟札、与次女俞绣孙札）。

如果说上述感情尚属人之常情的话，下面这几通手札中所反映的思想内涵与感情特质，则需要通过考察俞樾的人生经历方可更好地予以把握。

咸丰七年（1857），俞樾在河南学政任上。县试命题《君夫人阳货欲》。"君夫人"为《论语·季氏篇》末三字，"阳货欲"为《阳货篇》首三字，此为"截搭题"，以难考生猜题并防舞弊。然士子一时大哗，好事者且以为有诋辱慈禧之意。其他试题如"狱蹄鸟迹之道"、"鸡鸣狗吠相闻"、"王速出令"、"必有妖"，均有"字不成字，文不成文"之讥。七月初六日，俞樾以是遂遭御史曹登庸参劾，罢职[②]。光绪十五年（1889）五月，俞樾作《曲园自述诗》一百九十九首，其一曰："命宫磨蝎待如何，唤醒东坡春梦婆。已到神山仍引去，蓬莱亦是有风波。"小注曰："丁巳秋，因人言免官，即移寓挑经教胡同度岁。"对罢官之事讳莫如深。又一首曰："岳色河声无古今，使臣仗节遍登临。力除萧艾求兰蕙，此事当年过用心。"小注曰："丙辰二月，始出棚考试。学使之职，当以求才为主，而以防弊为宾，果拔得一二真才，便为无忝厥职，小有冒滥，无伤也。余当年转以防弊为主，此乃少年用意未当，奉职不称，正以此也。"将自己早年罢官之由归为防弊过度。

光绪十七年（1894）八月，俞门弟子徐琪拜广东学政之命，致信俞樾请教施政之方。俞樾在复信中写到：

> 粤东材薮，亦弊薮，尤人人畏之。兄谓弊亦防其在我者而已，如幕友、家丁皆在我之人也，关防宜密，稽察宜周，听言宜慎，

---

① 周作人：《知堂书话》之《日记与尺牍》，岳麓书社，1986年，第76、77页。

② 《清文宗实录》卷二百三十一。

家丁尤宜少用，少一人自可少一弊矣。至于代枪顶替，乃在人之弊也。我惕观严肃，彼自无所施其技，即察出一二，亦不必严办，盖严办而求其净绝根株，此必不可得之数也，徒使其人播散蜚语坏我清名而已。

札中俞樾提示徐琪取士需要防弊，但因从自己身边着手，精选幕友、家丁，严控关防，严格考纪；至于考生的作弊行为则不必严办。特别是札中还有“如兄者，但可借鉴以为覆辙之车，非可倚重以为识途之马也。既承问及，辄贡其愚”一语，结合俞樾罢官的经历来看，他显然是以自身所遭遇移作徐琪居官的借鉴。

事实上，俞樾的内心并不以出仕为重，他早年的创作就时时流露出归隐山林的愿望：

人生束发事名利，何异牛马居阑牢。即使百龄守簪笏，未若半席分渔樵。题诗并与山灵约，他年筑屋名云巢。（《春在堂诗编》卷一《七里泷》）

世间名利岂不好，一骨投地万犬齖。不如归扫子斗室，左右图史如排衙。他人入室诧不识，但见束束笺红牙……鄙人十夜九此梦，所苦有愿囊无鎈。独坐千山万山里，不觉心绪纷如麻。安得一棱两棱地，去与邻父同耕耡。他年有田不归隐，请即此歌盟以猳。（《春在堂诗编》卷二《丁未秋周云笈下第归，寄诗慰之》）

自抛簪笏奉潘舆，又见春风到敝庐。牲醴不丰因岁俭，光阴最好是家居。（《春在堂诗编》卷三《除夕口占》）

无怪其师孙铭恩评价他的诗作“山林气太重”①。所以罢官之事对他的影响并不大。有人说:“他如果不在河南学政任上出了些怪题目,也许未必能成为朴学大师。因为他不出怪题目,便不会革职,也许一路飞黄腾达地做了大官,便没有空工夫来专心著述了。”②显然对俞樾的人生追求③有些误解。因为俞樾自幼即对著述之事非常在意④:

十年辛苦困名场,袜线微才本不长。圣代优容无弃物,群公谬爱到文章。敢期著述留东观,聊取科名慰北堂。惭愧相如仍四壁,虚将词赋拟长杨。(《春在堂诗编》卷三《八月二十二日请假南旋,口占二律》其二)

拟买良田可一畦,更辟小斋宽十笏。箸书数卷藏名山,虽有三公吾不易。(《春在堂诗编》卷五《海昌查辛香冬荣,亦知名士也,流落梁园,穷而老矣。以长歌见赠,走笔和之》)

即今南下赋归欤,萍梗江湖听所如。故里尚愁无立壁,名山敢望有传书。(《春在堂诗编》卷五《留别周容斋先生》其四)

从上举几例可以看出,以著述传世是俞樾早年就有的人生规划。郑振模《清俞曲园先生樾年谱》记光绪三十一年(1905)“门下士毛子云于杭县凿南高峰书藏。诸暨令张子厚(亦先生门下士)于其邑凿宝掌山书藏,制栗木书柜为先生藏《春在堂全书》五百卷,兼藏其祖南庄公

---

① 《春在堂诗编》卷四《予里居时即闻房师孙兰检侍郎殉难金陵,到京后询悉其详,轟然流涕,敬挽四律》其三小注。

② 刘大白《故事的坛子》中说,转引自高拜石:《新编古春风楼琐记(一)》,台北正中书局,2002年,第32页。

③ 《春在堂诗编》卷三《寄孙莲叔》其二曰:“寒俭文章难报国,迂疏才略敢匡时。若教菽水粗能给,便挂衣冠定不迟。”应该是他人生追求的传神写照。

④ 《春在堂全书录要》称俞樾“九岁时剪纸成书册之形,自为书而自注之”。

《四书评本》,其父徊花公《印雪轩诗钞》,其舅姚平泉《瓶山草堂集》,孙女庆曾《绣墨轩诗钞》。先生感毛张两氏之盛意,纪之以诗"[①],据此来看,似乎两处书藏之凿成是弟子主动为之,俞樾只是乐见其成。然《春在堂诗编》卷二十二(乙巳编)有《往年柳门、花农两君为我凿书藏于孤山,其地卑湿,不能耐久,今年命门下士毛子云茂才改凿于南高峰下。而诸暨令张子厚,亦门下士也,又为凿书藏于其邑之宝掌山。两藏同时落成,以诗纪之》一题,说明杭州南高峰下的书藏是弟子受命所为,与前引年谱的描述小有出入。本书中辑录的致毛子云札第二十至三十五通均为营造书藏期间的通信,对于俞樾藏书名山的心意颇多细致地呈现,也与《诗编》中的记载吻合,值得关注。

因为有着强烈的著述传世的意识,俞樾的著作常常随作随刻,如致恩寿札第二十八通称"近作又刻成十叶,廿九至三八",致金吴澜札第二十三通称"日前有《和恽太夫人落叶诗》四章,颇似为衰朽写照,因索观者众,刻以代钞……又有《题故人孙莲叔翦烛谈诗图》一诗,诗固不佳,而孙君一生可见梗概,弟拟假尊处活版排印一百纸";因为对自身著述的自信,俞樾又常常将新刻成的著述馈赠友人,如致戴望札第五通中说"闰月之朔曾寄一书并《诸子平议》之已刻者",致孙憙札中说:"附去《春在堂全书》二部,一以奉赠,一请留存九峰书院中,妄借名山,希图不朽,倘许我乎?"这样的内容在本书所辑函札中甚夥,读者自可留意。

著述一方面可以扬名,另一方面也可能致祸,俞樾对此也有着清醒的认识。他在同治四年(1865)写给曾国藩的信中提到:

> 回忆庚科覆试,曾以"花落春仍在"一句,仰蒙奖借,期望甚殷。迄今思之,蓬山乍到,风引仍回,洵符"花落"之谶矣。而比年撰述,已及八十卷,虽名山坛坫,万不敢望,然穷愁笔墨,倘有

---

① 郑振模:《清俞曲园先生樾年谱》,台湾商务印书馆,1982年,第103页。

一字流传，或亦可言“春在”乎？

虽然“花落春仍在”是俞樾成名的基础（其著述总名亦为《春在堂全书》），但“花落”之词，终非春风得意中人所宜有①，无怪俞樾以之为谶语。“花落”一词仅仅使俞樾禄命不佳，尚不致送命。上文提及的导致俞樾罢官之事，实际上也是文字惹的祸。所以俞樾后半生的写作是非常谨慎的②，他在考据学领域取得的成就最高，当与考据学问远祸的性质不无关系③。

光绪二十六年（1900）十一月十七日，俞樾在给丁立诚的信中写到：

> 昨又由康侯兄寄到大著一册，题既新鲜，又两两相耦，足见搜罗之富。鄙人昔虽挂名朝籍，而留京日浅，闻见所不及者多矣。至辞意尤为妙绝，其暗寓时事，想入非非，抑何文心之灵巧乃尔耶！惟兄有一言，窃愿为老弟陈之：方今京华兵燹之馀，殊令人有风景不殊之叹。然不久大局砥定，法驾回銮，帝城景物，自当如旧，尚非梦华著录之时。大著激于忠愤，忧时感事，不免

① 《春在堂诗编》卷十七《八十自悼》其三曰：“已分青毡了此生，蹉跎三十幸成名。置身瀛阆虽堪喜，回首窐衡转自惊。月下吟情仍贾岛，花前诗句竟韩翃。也同入夏春犹剩，偷领春风一日荣。”小注曰：“余进士覆试，以‘花落春仍在’句为曾文正所赏，遂忝第一。此事屡见余诗文矣。后观姚伯昂先生《竹叶亭杂记》，载六安陈鳌，嘉庆丙辰进士，覆试第一。诗题‘首夏犹清和’，陈诗云‘入夏初居首，春光剩几分’。不数日竟卒，人以为谶。余诗虽稍胜，要非春风得意中人也。”

② 如致李鸿章札第四通中说：“特以废弃以来，既不敢妄谈经济以干时，又不欲空言心性以欺世，并不屑雕琢词章以媚俗。”

③ 梁启超《中国近三百年学术史》“三清代学术变迁与政治的影响（中）”（第22—29页）有较详细的分析，可参看。

太切。即如第一首《颁恩诏》结句，以罪己诏作反照入江之举，洵有味外味。然不谅者读之，以为近于讥讪矣。吾弟年少而负才名，在杭城又颇有富名，笔墨似宜谨慎。此集虽佳，且藏之箧中，不可遽出问世。此鄙人忠告之言，未识高明以为然否。如欲鄙人作序，则亦无所不可，当率书数语，以副雅意也。兄今秋有《仿张船山宝鸡题壁诗十八首》，以中有忧愤之词，故藏而不出。东坡他事可学，诗案不可学也。拘谨之见，勿笑，勿笑。

札中所谓《颁恩诏》为《王风》第一首，诗曰："午门金鸡口衔诏，天上宣恩光照耀。遐陬僻壤看誊黄，四六骈文老腔调。三旬万寿恩汪洋，普天同庆开道场。道场坛奉八卦教，六龙飞出云中翔，诏书罪己下太行。"光绪帝生于同治十年(1871)，光绪二十六年三十岁，诗中即称"三旬万寿"，则当作于光绪二十六年间。本年七月二十日，八国联军攻入京城，二十一日，光绪帝奉慈禧太后"启銮，出德胜门，巡幸太原"①。二十六日，光绪帝上谕称"近日衅起，团教不和，变生仓猝，竟致震惊九庙，慈舆播迁。自顾藐躬，负罪实甚。然祸乱之萌，匪伊朝夕，果使大小臣工有公忠体国之忱，无泄沓偷安之习，何至一旦败坏若此尔？中外文武，大小臣工，天良具在，试念平日之受恩遇者何若，其自许忠义者安在？今见国家阽危若此，其将何以为心乎？知人不明，皆朕一人之罪，小民何辜，遭此涂炭？朕尚何所施其责备耶？朕为天下之主，不能为民捍患，即身殉社稷，亦复何所顾惜？敬念圣母春秋已高，岂敢有亏孝养，是以恭奉銮舆，暂行巡幸太原"云云②，应即诗中"诏书罪己"之所指。可知丁立诚此诗直言时事，且将三旬万寿颁布恩诏之文称作"老腔调"，与罪己诏书相对称，颇具讽喻意味(即俞札所谓"味外味")。俞樾札中郑重规劝丁氏，此集万万不可问

① 《清德宗实录》卷四百六十七。

② 《清德宗实录》卷四百六十七。

世，显然是怕丁氏不慎招致灾祸。《王风》一书有民国九年(1920)钱塘丁氏嘉惠堂铅印本，书后有民国二年(1913)丁立中跋，称："诗既成，人争诵之，有谋为刊行者。先兄固期期以为不可，因就正于俞曲园师。师复书曰：'忧时感事，语涉过激，且藏箧中，毋遽问世。东坡他事可学，诗案不可学也。'为言如此，事遂中辍。嗟乎，文网周密之世，易触忌讳，危行言逊，理固然欤？"可知此书当时没有刊行，与俞樾的规诫有直接关系。

本书所辑函札，颇多此类意隽情长之作，需要读者细细体味。

三、考察其生平行事之细节

俞樾在晚清政坛活动的时间不长，但他所结交的则是曾国藩、李鸿章、彭玉麟这样的朝廷要员或封疆大吏。同样作为曾国藩的门生，他曾和李鸿章一起获得曾国藩的评价："李少荃拼命做官，俞荫圃拼命著书。"这一方面说明俞樾在学术领域的地位并不亚于李鸿章在晚清政坛的地位，另一方面也说明，曾国藩对他的器重和肯定。正因为如此，在当时的江浙一带，从总督到县令以及地方士绅都愿意与之交往，以至于时人三多曾以"山中宰相陶弘景"为比。

俞樾一生中有近五十年的时间在从事教育，这其中即包括他早年为了生计授馆的经历，也包括同治五年(1866)起他历主苏州紫阳书院、杭州诂经精舍、上海诂经精舍、上海求志书院、归安龙湖书院、德清清溪书院的历程。在差不多半个世纪的时间里，从其问学的门生不下千人，而其中闻名者如于鬯、王仁俊、尤莹、朱一新、刘恭冕、江标、汪鸣銮、陈汉章、陆润庠、吴昌硕、吴庆坻、吴大澂、冒广生、袁昶、徐琪、黄以周、章炳麟、章钰、崔适、谭献、缪荃孙、戴望等，都曾在晚清、民国学界或政坛留下各自的影响。

故研究俞樾的生平，对于研究晚清政治史、学术史都是有意义的。

事实上，有关俞樾生平的研究，并不是什么冷门；在其身前，俞樾自己就已经对其生平行事作过必要的整理与总结，从而撰成《曲园自述诗》一卷《补自述诗》一卷。之后又有徐澂辑《俞曲园先生年谱》、周云青《俞曲园先生年谱》(《民铎》1927 年第九卷第一号)和郑振模《清俞曲园先生樾年谱》(台湾商务印书馆 1982 年，以下简称"郑谱")等三部严格意义上的年谱，和张欣《花落春仍在：俞樾和他的弟子》(广东教育出版社，2006 年)所附年谱、马晓坤《清季淳儒——俞樾传》(浙江人民出版社，2006 年)所附年谱、罗雄飞《俞樾的经学研究及其思想》(中国文史出版社，2005 年)所附俞樾生平著述系年等简单的年谱资料，此外曾昭旭《俞曲园学记》(台湾中华书局，1972 年)、吉常宏等《中国古代语言学家评传·俞樾》(山东教育出版社，1992 年)、俞润民《德清俞氏：俞樾、俞陛云、俞平伯》(中国人民大学出版社，1999 年)中也以不同的形式或从不同的角度对俞樾生平作过大致的梳理。上述各种年谱资料，以郑谱最为详尽，然亦只三万馀言，这些研究对于俞樾这位有着上千万言著述，学术影响遍及当时、近代乃至当代的学者而言是远远不够的。推究其原因，日记、手札之类的一手文献不足是不容回避的现实。

俞樾一生共计八十六春秋，三万馀日夜。其著述近五百卷，而日记之作仅存《闽行日记》一卷(《曲园杂纂》卷四十)和《俞曲园先生日记残稿》两种，分别记载了同治十一年(1872)正月二十六日至三月二十八日赴闽省亲的行程，和光绪十八年(1892)二月初十日至四月初三日苏沪往返的经历，仅百馀日间的记录。

本书所辑录的俞樾手札近九百通，其中有两百馀通署有日期，可作为补充俞氏日记缺失的直接资料。而一些未署日期的信札中也往往有可资利用的时间信息，如：

> 十月下旬，曾寄一笺，布陈近状，未知已达左右否？腊鼓声中，又交六九。(致崇厚札)
>
> 自正月廿一日如沪、二月十三日还苏以至于今，无须臾之

暇。(致戴望札第四通)

仆于九月初携老妻至湖上小楼,倚槛坐对,全湖晴好雨奇,随时领略……前日乘篮舆至天竺、灵隐礼佛……是日为月尽日,香客稀少,游屐亦罕。(致杜文澜札第一通)

二月七日曾布一笺,未知已达典签否?(致蒋益澧札第三通)

九月廿六日得六月四日书,雅意拳拳,读之增感。七月廿七日曾肃寸笺,奉贺金瓯枚卜之喜,托禹生中丞作寄书邮,未知已达典签否?(致李鸿章札第八通)

二月之末曾寄一书,未知到否?弟于三月二十日自杭还苏。(致俞林札第一通)

等等。这些内容对于俞樾生平细节的描述都具有一定的补充作用。

即使是一些仅记录了馈赠(致恩寿、汪鸣銮诸札)、请托(致盛宣怀、朱之榛诸札)、庆吊等生活场景的函札,亦无不真实地反映了俞樾日常生活的面相,也都是研究俞氏生平与交往情况的珍贵资料。

四、考察晚清文化事业之细节

俞樾生活之世先后经历了两次鸦片战争和太平天国运动。兵燹战乱,使传统藏书业受到破坏,大量图书典籍毁于其间,以至于战争之后,夙称中国文化重镇的江浙地区,“士子虽欲讲求,无书可读,而坊肆寥寥,断简残编,难资考究,无以嘉惠儒林”[①]。同治兴复后,在清政府亟需重建文化秩序的大背景下,各省纷纷设立官办书局。其中同治六年(1867)设立的浙江官书局,在晚清官书局中占据重要一席。

---

① 马新贻:《建复书院设局刊书以兴实学折(同治六年十月十二日)》,《马端敏公奏议》卷五叶五十至五十一,清光绪二十年刻本。

俞樾自同治七年(1868)至光绪二十四年(1898)主诂经精舍讲席的同时,兼任浙江官书局总办一职[①],负责书局的全面事务[②]。而本书所辑信札中就颇有涉及浙局刻书之事者,如:

书局所刻《易》、《诗》均毕功,《书》亦将成,以次可及三《礼》。有同事者欲刻小学及李中孚《四书反身录》,风会如此,不能免也。仆言于中丞,请搜辑国朝说经之书为《皇清经解续编》,中丞颇不以为迂阔,幕中陈卓人、杨见山两君亦有同志。(致戴望札第五通)

自惟江湖病叟、章句陋儒,忝主皋比,谬兼书局,局中刊刻书籍,揄得与闻。见在议刻《续三通》,因原书尚须钞补,未遽开雕,似宜先以他书一二种参之。鄙意,朱竹垞先生《经义考》,实为六艺之钤键,唐宋以来说经诸家于此可得其梗概。原版闻尚在禾中,残缺过半,今未知存否?印存之本,日见其少,坊间偶一有之,索价亦昂。此本浙中乡先辈之书,理宜于浙局重刊,未始非经学之一助。至《二十四史》,业已刊行,浙局新刊李氏《长编》,一时为之纸贵。当时议并刻李心传之《建炎以来系年要录》,因循未果。此书久佚,国朝从《永乐大典》录出,其叙述宋高宗一朝之事,实与《长编》相续,宋室南渡,事在临安,南宋之史书,即西浙之掌故,此亦宜在浙局刊行者也。浙局所刻子书,外间颇称善本。此外诸子,驳杂者多,不必一一刊刻。窃谓,诸子之中,其有益民生日用者,莫切于医家,宋元后,诸家师心自用,变更古义,立说愈多,流弊愈甚,宜多刻古本医书,如《难经》、《甲乙经》、《巢氏诸病源候论》、《圣济总录》等书,俾学者得以略闻周秦以上之绪言,推求黄炎以来之遗法,或有一二名医出于世间,于圣朝中

---

① 俞樾致俞林札第一通。

② 宋立:《浙江官书局研究》,河南大学硕士学位论文,2010年,第11页。

和位育之功，未始无小补也。至集部浩如烟海，且或不甚有裨实学，似可缓刊。惟道光中仁和有王君文诰者，曾注《苏东坡先生诗集》，远出旧注之上，不特诗中故实略无遗漏，且于坡公一生事迹考订详明，卷首载《年谱》数卷，几于为坡公作日记者。樾幼时读其书，深为叹服，今原版已毁，印本无存，似宜访求其书而重刻之，不特读苏集者为之一快，且使王君毕世苦心不致泯灭，亦盛德事也。（致刘秉璋札）

承属访求子书善本，以备续刻。伏念《四库全书》子部，首列儒家《孔子家语》外，有宋薛据之《孔子集语》，今湖北已刊行矣。惟薛氏之书止有二卷，本朝孙渊如先生又续辑至十七卷之多，古书中所载孔子之言，无句不搜，一一注明出处，视薛氏之书，奚啻倍蓰，允宜刊刻，以广其传。又按，《四库全书》中，子书莫古于《黄帝内经》，而外间所有，不过马元台注本，于古义未通，故于经旨多谬。此书以王冰注为最古，而宋林亿、孙奇、高保衡等校正者为最善，鄂局未刻。窃思医学不明，为日已久，江浙间往往执不服药为中医之说，以免于庸医之刃，亦无如何之下策也。若刊刻此书，使群士得以研求医理，或可出一二名医，补敝扶徧[偏]，销除疹疠，亦调燮之一助乎。兵家之书，首推《孙子》，鄂局虽刻之，而未刻其注。此书有魏武以下十家注，似宜刻之，以补鄂局所未及，使占毕之儒，略窥兵法，庶知节制之师亦足制胜，不必规规焉以学于羿者杀羿，虽刻古书，而未始不切于时用也。（致杨昌濬札第五通）

上引俞氏诸札中均有向浙中当事者推荐宜刻之书的内容。

而《春在堂词录》卷二《玉京谣》“生就蟫鱼命”一阕小序则曰：“中兴以来，东南大吏各开书局，刊刻书籍，余参预其间。”可知俞氏于清末刻书事业之贡献并不仅限于浙江一局。如同治八年（1869），时任浙江巡抚的李瀚章首倡四书局合刻《二十四史》之议，俞樾则多方斡旋，分别联络两江总督马新贻、江苏巡抚丁日昌、湖广总督李鸿章等人，往来函商，终于玉成此事。详细情节可参看本书所辑俞氏致诸家手札。

又如俞樾曾建议丁日昌于江苏书局刊刻陈鹤《明纪》六十卷，曰：

> 昨在吴平斋观察处见陈稽亭先生《明纪》一书，共六十卷，起自洪武，讫于福王、唐王、桂王，仿温公《通鉴》之例，首尾完全，详略有法，颇擅史才。尊议欲刻《明史》，补毕氏《通鉴》所未及，使学者不必读《二十四史》而数千年事犁然大备，此意甚盛。但《明史》与《通鉴》，体非一律，若刻陈氏此书，则与《通鉴》体例相同，合成全璧，洵可于《二十四史》外别张一帜。且向来并无刻本，为海内所未见之书。若及此时付之梨枣，会见不胫而走，传播艺林，未始非吾局之光也。此书尚是草稿，订作十四本，卷帙颇厚，刻成装订，与毕氏《通鉴》多寡不甚悬殊。书中虽有涂乙处，而字迹分明，稍加整理，即可上版，颇不费手。又有《考异》十二卷，则尚非定本，编纂稍难，或刻或不，再议可也。（致丁日昌札第二通）

建议方濬颐在四川刻王文诰《苏文忠公诗编注集成》，曰：

> 《三苏全集》刻于眉州，并及小坡，可云美备。而东坡诗乃从选本，非其全豹，殊不可解，鄙意宜补刻之。道光间，吾浙有王君文诰笺注苏诗，搜罗宏富，远轶王、施，如刻此本，亦佳也，莅蜀后能料理及之乎？

这些都是他推动晚清刻书事业的明证。至于刻书过程中精选底本、搜集校本、选任校勘人员等具体工作的细节，亦可于本书所辑函札中获知一二，读者自可留意。

俞樾是晚清时期“最有声望”的经学家之一[①]，是在太平天国运动之后、清政府重建文化秩序的时代背景下出现的一位通儒。虽然本书所辑录的函札，未必能展现其著述之万一，上面的分析，亦未必能说明其函札价值之万一；我们仍希望读者能暂时抛却爱好宏大叙事的眼光，通过本书所辑录的俞札，来探寻有关其人、其学术乃至晚清学术史的些许细节。

① 顾颉刚：《秦汉的方士和儒生·序》，上海古籍出版社，2005 年，第 2 页。

凡 例

1. 本书辑录俞樾致友人函札近九百通。主要来自刻本《宾萌外集》卷二、刻本《春在堂尺牍》六卷,日本早稻田大学图书馆藏稿本《春在堂尺牍》卷七,国家图书馆、上海图书馆、南京图书馆、浙江图书馆、北京大学图书馆等处所藏俞樾手札原件。

2. 函札释文以简体字录出,衍误、存疑之字以方括号标示;漶漫残缺或未能辨识之字以方框代替。

3. 本书收录之函札按收信人归并整理,并对收信人作简要介绍。全书以收信人姓名拼音字顺编排,不再编制索引。不可考知收件人的信札置于后。

4. 各收信人名下函札数目不等。如作札年代可以考知,则在按语中说明,并按年代顺序排列;作年无法确认的信札编次在后。《宾萌外集》刻成于同治五年(1866),其中共有骈体文书启 14 篇,这些书启均已收入道光二十八年(1848)刻成的《草草庐骈体文钞》或咸丰九年(1859)刻成的《日损益斋骈俪文钞》中,则作年均不晚于咸丰九年。刻本《春在堂尺牍》六卷和稿本《春在堂尺牍》卷七中收录的函札均大体按作年编排,其中《春在堂尺牍》卷一收录的函札作于同治三年至六年间(1864—1867),卷二收录的函札作于同治五年至八年间(1866—1869),卷三收录的函札作于同治八年至十年间(1869—1871),卷四收录的函札作于同治十一年至光绪元年间(1872—1875),卷五收录的函札作于光绪二年至七年间(1876—1881),卷六收录的函札作于光绪八年至十八年间(1882—1892),卷七收录的函札作于光绪十九年至三十一年间

(1893—1905)。今亦以各札在《春在堂尺牍》中的次第作为系年的参照。

5. 函札中提及的重要人物，如非本书所收录之收信人，则以脚注形式加以注释；涉及的重要历史事件，在按语中简要说明，以助解读。

致鲍晟[1]

鲍晟(1840—1900),字竺生,又作竹生,江苏吴县(今苏州)人。少颖悟,有神童之目。肄业于苏州紫阳书院,为俞樾门生。中年后,以医名噪吴中。著《读易堂丸散录要》。

竹生仁弟大人赐览:

二儿妇今日痛势已停,腹亦不涨,惟气往上升,时有欲作欸逆之象,且胃口愈加不开,并粥亦不思食,口中甚渴,而汤饮均不能受,身子亦甚疲弱。尊方今日服半剂,尚投,然气机终不舒畅。至丸药,昨晚即炖服半颗,亦不甚见效,留半丸未服。谨将原方奉上,可否酌改,抑或亲临,统候裁示。手此,敬请台安。

愚兄俞樾顿首,初八日

① 此札辑自《上海图书馆藏名人手札选刊·俞曲园手札》,第230页。

致北方蒙[①]

北方蒙(1850—1905),字心泉,号月庄,别号云进、小雨等。日本金泽常福寺第14代住持。1877年前往上海布教,寓沪数年。好汉诗书画,与清末文人交友甚广。

一

小雨上人侍者:

去岁承惠顾小楼,未值为怅。顷辱手书,并赐楹帖,推许过甚,非仆所任。又承示以贵国《史略》及大著《净土真言》一卷,感谢无既。谨奉酬以七言诗一章,即书素绢上,求两正之。附去拙刻《全书录要》[②]一本,仆所著书名目具在此中。贵国想必有流传之本,如或未全,当刷印奉寄也。又《俞楼诗记》[③]一卷,览之可见西湖上小楼光

---

① 以下14通手札均辑自王宝平《流入东瀛的俞樾遗札》。原札藏日本金泽常福寺,题《曲园太史尺牍》。首有光绪十年(1884)三月胡铁梅序,称"俞太史荫甫名樾,前任河南学政,未几去官,掌吴门书院讲席有年,遂筑室金阊,大学士李少荃书'俞太史著书之庐'颜之,时人为荣。太史生平最讲究根柢之学,晚年益以著述为事,经史之外,旁通释典。与北方小雨上人阐扬妙谛,贯彻儒书,二贤异趣同归,故交谊亦挚。往来札子,装成巨册,传诸后世,寿同金石也"。则诸札均当作于光绪十年三月前。

② 即《春在堂全书录要》一卷,光绪五年(1879)成书,于《春在堂全书》(光绪三年本)所收各种皆撮举大略,以便寻检。

③ 《俞楼诗记》,有《武林掌故丛书》本。书前有"嘉惠堂丁氏梓行"牌记。首有光绪七年(1881)十二月徐琪序,称"先生爰就题榜处各赋一诗,名曰《俞楼诗记》。既成,余亟而刻之,思与《全书》汇送入山,然不可无序,并不可无记。因撮述大致,谓之后记可也,谓之《诗记》之序言亦可也",则其时《俞楼诗记》一书业已刻成。

景。手肃布复，敬问起居，统惟慧照不一。

曲园居士俞樾顿首，三月廿六日

按，札中所称“七言诗一章”，当即《春在堂诗编》卷十（壬甲编）之《日本僧心泉字小雨，以楹联寄赠，并其国人青山延于所著〈史略〉、赖襄所著〈外史〉各一部，赋此谢之》一题，诗曰：“飞锡湖滨惜未逢，书来犹带墨花浓。一联壮我楹间色，万里寻君海外踪。东国几家成信史，西方别派启真宗。更烦问讯竹添子，何日吴门再过从。”并有小注曰：“去岁访我于湖楼，不值”云云，均与札中之说相吻合，据知是札当作于光绪八年(1882)三月二十六日。

二

小雨上人侍者：

接奉覆函，并承和章，又赐以楹联，感荷之至。即敬悉法履绥和，慰甚。弟已于四月三十日还吴下寓庐，粗叨平顺。属书楹帖，谨以一联奉赠，即希正之。又小诗一章，聊奉一笑。另有数纸，或可分寄贵国诸吟好也。手肃，敬问起居，不一一。

愚弟期俞樾顿首，五月廿日

三

心泉上人侍者：

松林上人来，接读手书，敬悉卓锡沪滨，阐扬宗风，益树清望，甚善甚善。松公来，适有客在坐，未获倒屣。顷又订其重过敝庐，当可接其清标也。弟日来气痛频作，欲作大字颇艰。承令师龙潸和尚[1]

---

① 龙潸和尚，即石川舜台(1842—1931)，字敬辅，号节堂。心泉之师，曾任东本愿寺寺务总长。在中国、朝鲜布教。

属书条幅，稍愈即当写奉，以副雅属。至岸田吟香[①]先生欲以贵国诸名家诗集付弟选择，弟学术粗疏，何足握词人之秤。惟东瀛文物，企仰素深，果能探其渊海，撷其精华，何幸如之！竟[敬]请便中寄示，敢云玉尺之量才，私幸金针之度我。如致吟香先生书，乞转致之。手复，敬问起居，不尽万一。

曲园居士俞樾合十

敬求松林上人便带上海，面交心泉上人手启为佩。曲园居士拜手。

按，《春在堂诗编》卷十（壬甲编）有《日本国人岸田国华字吟香者，搜辑其国人诗集一百七十家寄吴中，求余选定。余适卧病，未遑披览，先赋一诗》一题，当即札中"岸田吟香先生欲以贵国诸名家诗集付弟选择"一事，则此札作于光绪八年(1882)。

四

心泉上人清览：

前日复一笺，托松林上人转寄，未知已照入否？令师龙公属书直幅，顷已涂就，由局寄奉，即希转致。手此，敬颂安禅，惟慧照不一。

曲园居士和南，七月十三日

按，此札所言为"龙公""书直幅"之事，当与上札所谓"令师龙濆和尚属书条幅"云云为一事。因知此札作于光绪八年(1882)七月十三日。

---

① 岸田吟香(1833—1905)，名国华，号吟香，日本冈山且津山人。明治时期著名社会活动家、实业家。同治五年(1866)首次到上海，后在上海长期经营乐善堂销售药材，用铜板印刷诸子百家袖珍典籍，与晚清文人过从甚密。曾为《东京日日新闻》主笔，晚年编成《清国地志》，为日本侵华提供重要参考资料。

五[①]

小雨上人清览：

日前由松林上人交到惠书，并吟香先生所寄贵国诗集一百七十家。弟适卧病，未克披览。今病小愈，乃始扶杖而至外斋，陈箧发书而流览焉，真有琳琅满目之叹。未知衰病之馀，尚能副诿诿之盛否？弟意，选诗当以人分，不以体分，每人选古今体诗若干首，其人以时代先后为次。幸有《和汉年契》[②]一册，尚可稽考，不致颠倒后先。但见在批阅未周，不知各集中均有年号可考否？至其人名下，例应备载爵里，然恐不尽有徵，至其字某甫，必不可缺。乃如物君茂卿[③]，为贵国中卓然有名者，弟亦曾见其著作[④]，而其字则在集已无可考矣。至于点圈评语，皆古书所无。中华自前明以来，盛行时文，遂以房书体例，变古书面目，为识者所嗤。愚意似可不必，不如每人之下，就其全集中，或评论其生平，或摘录其未选之佳句，使读者因一斑而得窥全豹，且于论世知人，不为无补。兹姑借物君茂卿一人，先撰数语，以见体例，别纸录呈，乞转寄吟香先生定之。力疾布复，敬问禅祉。

愚弟俞樾顿首，九月二十一日

如致吟香先生书，乞代问起居。

---

① 此札又见于《春在堂尺牍》卷六，题为"与日本国僧小雨上人"。刻本文字较原札少，故今据原札整理。

② 《和汉年契》，疑为日本芦屋山人所编，有日本安政二年(1855)刊本。刻本称"既有所寄年契一册"，则此书是北方蒙寄来供俞樾编书参考之用。

③ 物君茂卿，即荻生徂徕(1666—1728)，本姓物部，名双松，字茂卿。江户时代著名学者。清嘉庆十四年(1809)，所著《论语徵》、《大学解》、《中庸解》与蟹养斋的《非徂徕学》传入中国。道光十六年(1836)钱泳又将徂徕所著《辨道》、《辨名》编成《海外新书》，附以自序和"日本国徂徕先生小传"出版。

④ 据《春在堂随笔》卷一记载，俞樾认为其《论语徵》"议论通达，多可采者"。

再启者，此书选成，约计可三千馀篇多少未定，姑且约计，颇亦可成大观。尊论欲于上海刊行，即照拙书版片大小，甚为简便。弟处有熟识之刻工陶升甫[①]，人甚妥当。弟之各书，皆其所刻，大约刻白板则每百字不过一百六十文，刻梨版则每百字须二百文，似较上海刻资稍廉。且近在吴下，弟得就近指点，则行款必无错误，似更妥当。乞与吟香先生酌之。

弟再顿首

惟在苏刻，则一切查核字数并络续交付刻赀，必得一人经手。弟止任选择，不能兼此等事也。并闻。

按，此札中所言之事与第三通相接续，故应作于光绪八年(1882)九月二十一日。札中俞樾提到他编日人诗选的体例问题，并以物茂卿为例撰写了样稿，请岸田吟香考虑。又向岸田推荐刻工。

六

小雨上人惠览：

昨得手书，敬悉禅寂之馀，佳想安善，甚尉，甚尉。承交到诗集数种，已收入矣。吟香先生之意，谓可不著“国”字，所见甚是。弟前次所书，亦止因未定书名，姑以见例耳。今拟定为“东瀛诗选”，别录一纸奉览。又例言二纸，乞并寄吟香定之。此书刻于苏州，当命旧识之刻工陶升甫承办，一切格式，均照拙书，而刊刻则宜加精。当令其先刻一卷，寄由尊处转达吟香居士，以见大概。惟此选少亦当有七八十卷，俨然巨编。刻赀颇亦不菲，想公等自能豫筹也。又承代寄下竹添

---

① 陶升甫，清末苏州刻工。同治十三年摹刻宋本《说文解字》。

君[1]书亦收到，兹有复书，乞为邮达。又贵国领事品川君[2]亦有书来，弟未知其号，未便函复，乞示悉。品川君又有属书之纸，似尚尊处未寄下也。彭雪翁[3]日内赴鄂，来件俟其回日转求。手此，复颂禅安，不一。

愚弟俞樾顿首，十一月廿二日

按，札中言及编书体例与刊刻诸事，当与第五通相接续，故此札作于光绪八年(1882)十一月二十二日。据此札可知，俞樾将其为日本所编诗选定名为《东瀛诗选》，并撰写了该书例言。而岸田吟香也采纳了该书在苏州刊刻的提议。

七

心泉上人侍者：

廿二日曾肃复函，并托寄竹添君书，未知照入否？前承寄下之书籍及竹添君所寄硫磺，收到无误。惟贵国领事品川君信中言有纸索拙书，此则未到也。品川君之号亦求示悉，以便寄回书。以后如有惠函，请交信局寄敝寓，无有不到。兹乘松林上人回沪之便，呵冻率布。即颂清福，不一一。

曲园居士和南，十一月廿八日

按，此札与上札所言诸事均相接续，故当作于光绪八年十一月二十八日。

---

① 竹添君，即竹添光鸿。

② 品川君，即品川忠道(1840—1891)。同治十一年(1872)出任首任日本驻上海领事。

③ 彭雪翁，即彭玉麟。

八

心泉上清览：

腊月得手书，知瓶钵清闲，慰如所祝。贵国诗已选定，分为四十卷，尚有补遗二卷未定。客腊已属手民陶升甫刻好一卷，俟稍修饰，即可寄奉雅鉴也。惟内有九种不知名姓，别纸录奉，乞示知其姓名、字号、里居为荷。弟年下又遭爱女之丧，心绪甚劣，承属书之件，稍迟再涂奉。手此，敬颂清履，匆匆不一。

愚弟功俞樾顿首，正月初十日

《愚山诗稿》松本氏①，无名字；

《西山诗钞》西山氏，字拙斋②，无名；

《东郭先生遗稿》神吉氏③，无名字；

《竹雪山房诗》宇都氏④，无名字；

《古愚堂诗集》北溟儿先生⑤，无名字；

《聿修馆遗稿》松山侯，无名姓；

《日本咏史乐府》中岛氏，字子玉⑥，无名；

《鹏斋诗钞》无姓名；

《吾爱吾庐诗》无姓名⑦。

按，光绪八年十二月十八日，俞樾次女卒，此即札中"弟年下又遭爱女之丧"之所指。故此札当作于光绪九年(1883)正月初十日。札

---

① 即松本慎，见《东瀛诗选》卷十。

② 见《东瀛诗选》卷九。

③ 见《东瀛诗选》卷二十八。

④ 见《东瀛诗选》卷三十一。

⑤ 见《东瀛诗选》卷三十三。

⑥ 即中岛大赉，见《东瀛诗选》卷十七。

⑦ 山田□，见《东瀛诗选》卷二十七。

中提及《东瀛诗选》正编四十卷已选定，补遗尚未完成，并向北方蒙询问个别不知名氏的作者。

九

小雨上人清览：

新正十日曾寄一笺，未知照入否？春雨经旬，想禅定之馀，百凡清胜也。弟因心绪不佳，兴味索然。选诗一事，即承诿诿，不敢不卒业。顷已选定四十卷，又从诸家选本中选出五百馀首，定为补遗四卷，兹将目录寄上清鉴，并乞转寄吟香翁一阅。刻工陶升甫去岁已刻成一卷，兹印呈裁定。如公与吟香以为可，即可属其接续刻下也。手此，布颂清福。

愚弟功俞樾顿首，十七日

按，此札所言诸事皆与上札相接续，故当作于光绪九年。据此札知俞樾将陶升甫刻成的样书寄请北方蒙与岸田吟香观摩，以便决定后续事宜。

十

心泉上人清览：

日前奉到还云，并大著吟稿，谨当选入，以光斯集。竹村诗亦当酌选数首也。吟香未知有无还信，此书何时开雕？约计刻赀亦尚不过钜。弟衰老多病，既经手此事，颇以早日观成为快也。属书各件，均已涂成，但心绪不佳，致将尊号写错，谨另书一纸，一并寄呈。舍亲彭雪翁直幅亦已写好交来，代为寄达，统乞鉴收。弟于正月廿七日到西湖，二月廿外仍回吴下。手此，布颂清福。

曲园居士俞樾和南，二月初九

按，此札询及《东瀛诗选》可否正式开雕之事，则当作于第九通之后。

十一

心泉上人侍者：

前接手书，知前寄拙书各件均入清照，即悉维摩示疾，飞锡东归，想不日定占勿药也。松林师暂留沪寓，则此间刻诗之举乏人照料。尊意先交五十或百洋与陶升甫，俾其络绎先刻。弟即与陶升甫商量，据云：一经动手，则写手、刻手皆齐集以待，势不能止。蒇事非难，而远隔东洋，往返函商，颇不容易。设或刻资一时不继，何从垫付，转费踌躇。属弟函致尊处，可否先寄洋蚨四百圆来苏。亦不必遽付，暂存弟处，随刻随付，则彼得放心鸠工从事矣。此虽市井之见，稍涉拘泥，然彼亦从小心起见，所说不为无理。弟约计此书刻成，约略须七八百元光景，则筹寄回数，不为过多。用敢代陈，即希酌定。如以为可，先请寄四百洋至弟处，以便催其开雕，俟刻成再由尊处核算可也。见在倚写以待，俟覆到再行照办。手此，布颂清吉，诸希慧照不宣。

愚弟功俞樾顿首，二月廿四日

正在缮函，接松林上人书，并有续寄之件，尚在信局。俟其交下，当选其佳者入集也。惟弟近来心绪不佳，精神甚劣，此事本系勉从尊者及吟香翁雅意，不敢不勉力图成。所选就此而止，此后虽有佳集，只好另觅高明续选，在此集只好算作遗珠矣。

弟再顿首

按，据此札可知北方蒙当时已离开上海，回日本养病。故俞樾希望他能够预付一部分费用，以便刊刻《东瀛诗选》的工作得以顺利进行。

十二

心泉上人侍者：

久不得书，想飞锡东还，维摩之疾久愈矣。昨由松林上人寄到番佛四百圆，今日即招刻工陶升甫至，令其络续开雕。一动手后，蒇事非难也。前函曾奉询诸诗人爵里，乞便中示悉。弟新为亡二小女[1]刻遗稿一卷[2]，附呈雅政。另有一百本，乞吾师与吟香居士分存，为弟转致贵国诸吟好，庶其微名得流播东瀛也。手肃布颂清福，不一一。

愚弟功俞樾顿首，三月廿六日

按，据此札，北方蒙采纳了俞樾的建议，寄来四百元刻资，俞樾即请陶升甫陆续刊刻《东瀛诗选》。札中还提到俞樾次女之《慧福楼幸草》已经刻成，寄赠北方蒙百部，请其于日本传播此书。

十三

心泉上人侍者：

日前曾泐一笺，并亡女诗一百本，寄由沪上宝刹转寄东瀛。而松林上人适已来苏，未知锦东[3]已为转达否？此信到日，所有亡女遗诗，望与吟香居士分致吟好，以广流传，不胜盼切。承寄刻资四百洋泉已如数收到，即交陶升甫络绎刊刻矣。略有应商之事，托松林上人转询，想必达到也。弟衰羸多病，老懒日增，为贵邦经理此事后，恐翰墨之事亦将辍业矣。手肃布泐，敬颂清福，不尽万一。

愚弟功俞樾顿首，四月初五日

---

① 二小女，即俞绣孙。

② 即俞绣孙《慧福楼幸草》一卷。

③ 锦东，姓白尾，馀不详。

再者，倘有便人西来，弟欲托买贵国瓷器数件，或茶碗，或饭碗，或菜蔬碗，不拘大小式样，随便几种均可。其价示知再缴。

弟再顿首

十四

心泉上人侍者：

久不奉书，想维摩示疾，早已霍然，不久飞锡西来，仍可快图良晤也。吟香居士属选贵国诗，顷剞劂告成，刷印清本，装成十六册，寄呈清览。如有错讹，乞吾师与吟翁校正，以便再付刻工修改。其刻资已属刻工开具清账，每卷字数亦分别开载。弟抽查一二卷，大数相符，且皆有绌无赢。仍请侍者再抽查数卷，如无大错，即可与之结算清楚也。前此两次寄下之款，共洋蚨壹千圆，结账后计尚有赢馀，当与诗版一并托松泉师寄，请查收也。至序文止弟一篇[1]，盖古书体例如此。一书两序，为顾亭林先生所讥，是以弟于此集不另托人作序，大雅想必以为然。弟序文属门下士徐花农太史代书[2]，其封面则请彭雪琴大司马书之，签条则请潘伯寅大司寇书之[3]。彭、潘两尚书，固敝处名望素著之人，而徐太史名位，他日亦必不在两尚书下，似亦足为此集生色矣。附问一笑。手此，敬颂清吉，不一一。

弟功俞樾顿首

吟香居士亦祈致意，不另函。

---

① 文见《东瀛诗选》（光绪九年刻本）卷首，末署"大清光绪九年岁在癸未夏六月"。

② 俞樾所撰《东瀛诗选序》为手写上版，末有"门下士徐琪书"一行。

③ 《东瀛诗选》（光绪九年刻本）封面为潘祖荫所题"东瀛诗选"书签；扉页为彭玉麟所题"东瀛诗选四十卷补遗四卷"，署"大清光绪九年岁在癸未春三月衡阳彭玉麟书"。

再者，弟日前曾有函致吟香居士，并有祝湖山翁[1]寿诗二首，托锦东上人寄东，未知收到否？并祈询悉。

又顿首，九月九日

按，据此札与第十二通可知，《东瀛诗选》四十卷补遗四卷在半年间已全部刻成。可见俞樾主持此事之力。

---

① 湖山翁，即小野湖山（1814—1910），名长愿，字士达，号湖山。明治前期著名文人。著《湖山楼诗钞》、《湖山近稿》、《湖山老后诗》等。

致卞宝第①

卞宝第(1824—1893),字颂臣,江苏仪征人。咸丰元年(1851)举人。入赀为刑部主事,累迁郎中、浙江道监察御史。同治元年(1862),迁礼科给事中。旋擢顺天府府丞,迁府尹。五年,乞开缺养亲,不允。出为河南布政使。同治六年擢为福建巡抚,九年七月乞养,许之。

榕城小住,敬谒清尘,言语粗疏,衣冠草野,乃承念孔李通家之旧,极杜萱相遇之欢。车骑辱临,珍羞远锡,归舟循省,为幸良多。沪上得读邸抄,始知陈情之表,已达朝端,破格之恩,特颁天上。在臣子切报刘之愿,簪绂情轻;而朝廷鉴借寇之忱,縶维意重。诏归梓里,迎奉版舆,此古今仅有之遭逢,实忠孝兼全之福分。中兴盛事,逖听为荣。樾于三月八日还吴下寓庐,顷又买舟至浙,开诂经之课。小楼风雨,于焉逍遥。未知旌麾何日启行?将来道出苏杭,当迎候八驺,拜南国福星,并瞻北堂慈荫也。

按,札中称"榕城小住,敬谒清尘",则当作于卞宝第任福建巡抚期间(同治六年至九年)。同治九年(1870)正月,俞樾至福建省亲,当于此时得见卞宝第,故此札作于是年。同治九年二月初二日,上谕内阁"卞宝第奏请开缺回籍终养一折,览奏,情词恳挚","卞宝第着无庸开缺,赏假三个月,回籍迎接伊母赴署。该抚视事之馀,晨昏侍奉,既无负朝廷委任之意,兼可慰该抚孝养之思"②,即札中"陈情之表"、"破格之恩"云云之背景。

---

① 此札辑自《春在堂尺牍》卷三,题作"与卞颂臣中丞"。

② 《清穆宗实录》卷二百七十六。

致陈方瀛

陈方瀛（生卒年不详），字仙海，浙江海盐人。少孤劬学，未弱冠游庠，随万青藜、许道身办理盐务、军需、河运等事。叙劳奖通判，分发江苏，历办苏省清粮善后局差，调办洋务局。张之洞抚吴，辟为幕僚，尤深倚重。同治十年（1871）冬，奏补川沙厅抚民同知，十一年四月履任。在任十年，勤政爱民，多有善政。公暇研精词翰，博考金石，尤喜晋接文士。常慨分廉俸，惠润寒儒，提倡风雅，不遗馀力。著有《思寒斋文钞》、《华山半席诗稿》等。另以数年心力，修成《川沙厅志》，厘正兵防、水利二项，尤为赅详。

一[①]

仙海仁兄世大人阁下：

前承光顾，次日即走报，未晤为怅。比来旸雨应时，想万树甘棠，益徵葱郁矣。弟寓吴如昨，无可言者，惟今年又刻《曲园杂纂》五十卷，零星撰述，初不成书，兹将目录附呈清鉴。同乡中退楼[②]、筱舫[③]诸公各助刻三卷，每卷以六洋为率。叨在知爱，谨以奉闻，想不嫌琐渎也。手此，敬请台安，不尽。

世愚弟俞樾顿首

再启者，弟今年新刻《游艺录》六卷，刻费约卅六英洋，而见在又于马医巷西头筑屋三十楹，土木之费既龢，剞劂之资遂绌。素承雅

---

① 此札辑自《上海图书馆藏名人手札选刊·俞曲园手札》，第309—311页。

② 退楼，即吴云。

③ 筱舫，即杜文澜。

爱，可否分润廉泉，俾手民得以早日蒇事，则感情无既矣。手此，载请勋安。

弟樾再顿首

按，同治十三年(1874)秋，俞樾购苏州马医科巷潘文恭西宅旧地，营建春在堂。札中提及此事，故当作于本年。

二[1]

仙海仁兄世大人阁下：

久违雅范，良用驰系。顷奉手翰，敬悉萱荫增荣，棠阴益茂，欣尉鄙怀。并以海疆要地，议固金汤，未雨绸缪，古人所贵，为此举者，其知道乎！东洋之事，未识如何？鄙意当与前明倭患有别。处此时势，彼亦不得不顾大局、顾公论。吴淞一口，为各国通商马头，当亦不遽扰及也。上海诂经精舍，因仲复观察多事多病，久未举行。精舍本无定额，是人可以投考。曾言于仲翁，拟精选二三十人，在院肄业，讲求实学；此外白茅黄苇，概从删薙，仲复观察极以为然，然未举行也。镜香[2]同年久未得书，未知其近在何所？文人命薄，亦大可怜也。张忠

① 此札辑自《上海图书馆藏名人手札选刊·俞曲园手札》，第312—314页。

② 镜香，即朱泰修。

武[1]"虎"字，从前曾托许信臣[2]抚部求之，适值庚申之变，未之能得；尊处有藏者，如得加墨其上，附忠迹以俱传，何幸如之！手肃，敬请台安，复颂秋祺。不尽。

世愚弟俞樾顿首

按，《曲园自述诗》中有"沪上南园似旧佳，又烦讲席此安排。雪泥踪迹匆匆甚，今日犹存朴学斋"。自注曰："沪上南园，即往年修志书处。癸酉岁，沈仲复中丞时以松苏太道驻上海，即其地设诂经精舍，延余主之。余因改园中湛华堂为朴学斋，以示黜华崇实之意。余主是席止三年，然朴学斋额则至今存焉。"据此知札中"曾仲复"实为"沈仲复"（即沈秉成）之误。同治十二年（癸酉，1873）至光绪元年（1875），俞樾主上海诂经精舍，则此札当作于这期间。

三[3]

仙海仁兄世大人阁下：

辱手书，知台祺迪吉为尉。修城、浚河二议皆未果，闻倭事可望

---

① 张忠武，即张国梁（？—1860），初名嘉祥，字殿臣，广东梅县客家人。年轻时为凶犯，逃踞山泽为盗，不妄杀。曾至越南，后归镇南关。按察使劳崇光闻其名，招降之，以助剿匪。太平天国起，曾随向荣援救湖南，迭破太平军于醴陵、益阳、湘阴、武昌。咸丰十年（1860）战死。

② 许信臣，即许乃钊（1799—1878），字信臣，号贞恒，浙江钱塘（今杭州）人。道光十五年（1835）进士。授编修，历任河南、广东学政。咸丰三年（1853）任江苏巡抚，兼江南大营帮办。次年，以劳师无功被革职。七年，又以三品顶戴帮办江南军务。次年，补光禄寺卿。十年，太平军破江南大营，再度被革职回籍。后病卒。著有《武备辑要》、《续武备辑要》、《荒政辑要》、《安澜纪要》、《回澜纪要》、《乡守辑要合抄》等。

③ 此札辑自《上海图书馆藏名人手札选刊·俞曲园手札》，第315—316页。

和局，则修城亦不妨从缓也。海疆自以备豫为先，然究以不启兵端为妙。粤督未知放何人？督抚中尚有资深者，补帆[①]未必即得也。少渠[②]监印一役，忽尔易人，未知何故。少渠顷已旋里，十月中再来，尊函当先寄禾城也。承惠刻资番佛廿尊，谢谢。谨改刻《楹联录存》二卷，不久可成，当寄奉清正也。手肃，敬请台安。

世愚弟樾顿首

眉生《倭考》[③]业已读过，然鄙意以为倭患虽同，而见在时势则与前明大异。尊意以为何如？

按，札中称"倭事可望和局"，则此札或即作于同治十三年(1874)，是年日本侵略台湾，清廷与日方议定《台事专约三款》。且同治十三年九月初八日，两广总督瑞麟(同治四年起任粤督)卒，则此职确需有人接替，故札中有"粤督未知放何人"之说。

---

① 补帆，即王凯泰。

② 少渠，即张豫立(1827—?)，字少渠，秀水(今浙江嘉兴)人。《右台仙馆笔记》卷二记张少渠之事云："少渠名豫立，光绪元年以县丞奉檄，与于海运之役。凡从事海运者，皆至沪渎，附火轮船以行。有轮船名'福星'者，行有日矣，江苏海运局之官大半附是舟。少渠初亦预焉，适有一轮船先'福星'二日而首途，少渠舍而从之。同袍之友争掺其袪，卒不为留。已而少渠安抵丁沽，'福星'轮船竟沉于海，坐是船者皆死焉。少渠平日亦乐为善事者也。光绪二年，少渠行年五十，乞言于余。余因言少渠行善而得福报，宜益加勉，而力避王充之说。恐后之读者有矛盾之疑，故掇举其事，著于此编。"

③ 即《东倭考》，金安清撰。该书以元明两朝为中心，记中日关系源流。收入《小方壶斋丛书》。

四[①]

仙海仁兄世大人阁下：

前日惠顾，畅谈为快。《川志序》已代拟一首，求正定。局中诸公下问各节，亦率臆奉复，求转致之。台旌何日还川？手此，布颂大安，不一。

世愚弟制俞樾顿首，廿三

按，《川沙厅志》为陈方瀛主修，总纂则是俞樾。陈氏《川沙厅志序》署“光绪五年岁在己卯夏四月”，据札中所言，知此序极有可能就是俞樾代拟者。光绪四年(1878)八月十四日，俞樾母姚太夫人卒，是即札末署“制”之由。

五[②]

仙海仁兄世大人阁下：

春韶乍转，芳讯遥来，敬悉勋祉延洪，升祺懋介，翘瞻禽采，允协芜忱。弟吴中度岁，碌碌如恒，幸托顺平，足纾存注。兹有敝门下年家子(丁酉年侄)江子平孝廉[③]欲赴计偕，困于资斧，弟拟为之集腋，用敢函恳台端，伏求推爱，惠赐漕脩一分，不拘多寡，俾得集赀北上，感荷玉成非浅也。手肃，复颂年安。

世愚弟期俞樾顿首

---

① 此札辑自《上海图书馆藏名人手札选刊·俞曲园手札》，第308页。

② 此札辑自《上海图书馆藏名人手札选刊·俞曲园手札》，第306—307页。

③ 江子平孝廉，《楹联录存》卷五有《德清柳侯祠联》一联，序曰：“柳侯乃唐柳子厚叔父，曾为德清令，《柳集》所谓‘德清君’是也。同治十年，余泊舟城中，有客来见；余适不在舟，未之见。从者问其姓，如云姓柳，而吾邑固无柳姓。时江子平孝廉、蔡瑜卿茂才在余苏寓，皆邑人也，闻之诧曰：‘岂柳侯乎？’”因知江氏为德清人，馀未详。

致陈汉第[①]

陈汉第(1874—1949),字仲恕,一作中恕,又字叔通,号伏庐,浙江杭县(今杭州)人,陈豪子。贡生,后毕业于日本法政大学。回国后任杭州求是书院监院及浙江高等学堂监督。后任湖广督署文案、洋务局参议、四川督署文案、浙江巡抚民政科参事等。辛亥革命后,任浙江都督府秘书长,后任总统府秘书长。民国二年(1913)任国务院秘书长、清史馆编纂。民国十四年任临时参政院参政。晚年居沪,擅长花卉竹石,为中国画学研究会发起人。

仲恕仁兄世大人文席:

两次由协甡寄到洋钱各九十六圆,四月及前五月两月薪水均收到矣,费神,谢谢。许处及舍侄孙处均交付无误,知念并及。前托售拙刻《全书》,有售去者否?尚存几部?便中示悉。手此,敬颂文安。

世弟俞樾顿首,闰十六日

按,札中称"四月及前五月",则作札之闰月当为闰五月。据《二十史朔闰表》,俞樾与陈汉第共世期间(1874—1906)光绪二年、十年、二十一年、二十九年均有闰五月。光绪十年陈氏仅十一岁,则此札必作于光绪二十一年(1895)或二十九年(1903)。

---

① 此札辑自《上海图书馆藏名人手札选刊·俞曲园手札》,第304页。

致陈豪

陈豪(1839—1910),字蓝洲,一作兰洲,号迈庵,又号止庵,浙江仁和(今杭州)人。同治九年(1870)优贡,以知县发湖北。光绪三年(1877)署湖湘房县。后在应城、蕲水、随州等地任职,颇有政绩,深得百姓称道。因养母乞归,浙中官员多访以时政。有《冬暄草堂诗钞》二卷行于世。

一①

兰洲仁兄大人阁下:

顷展手书,知即将赴鄂,想不日花满河阳矣。执事乃玉堂挥翰之手,小试牛刀,未免可惜。然此后弦歌而治,为政风流,合文苑、循良而为一传,亦足乐也。松溪诸公皆弹冠而起,吾党未免寂寥。闻均父②慨然投笔,远赴戎旃,则更非夷所思。仪父③失意南归,家无儋石,其旧席未知能复暖否?局中人多,亦殊难定,见中丞自当为进一言。樾寓吴平顺,九月中当作湖上之游,知念附及。手肃,复请升安,顺贺大喜。风便时惠德音,无任驰系。

愚弟俞樾顿首

① 此札辑自《上海图书馆藏名人手札选刊·俞曲园手札》,第204—205页。

② 均父,即施补华(1835—1890),字均父,乌程人。同治九年举人。历入左宗棠、曾国藩、张曜幕。官至山东补用道。著《泽雅堂集》、《岘佣说诗》。

③ 仪父,即潘鸿(生卒年不详),字仪父。诂经精舍生,举人。《春在堂随笔》卷三录其与俞绍莱书,以为颇有所见。

按，札中称陈豪“即将赴鄂”，则此札当作于其授官湖北之后。吴庆坻《陈蓝洲先生家传》称其“同治九年举优贡，朝考，用知县，分发湖北……光绪三年摄房县”[①]。同治十年七月初四日，引见考取直省优贡生，张祥会等三十三人着以知县用[②]。陈豪或即此批选用者，则本札最早作于该年。

二[③]

兰洲仁弟大人执事：

一别二十馀年，闻弹冠出仕，以儒术为吏治，上游器重，下里讴歌，文事政事，兼而有之，良深欣慰。今者以使事暂还珂里，省视高堂，觞举颜和，康强逢吉，可为德门贺矣。谔士[④]令弟，同事书局，诸赖维持，遽归道山，同深惋惜。哲嗣仲恕[⑤]，少年老成，亦伟器也。秋闱伊迩，想努力下帷，以期高捷。兄年已七十有四，精力日衰，学业日退，诂经一席，尸素多年，不久亦当引去矣。生平豪无实学，浪博虚名，老运屯邅，门庭凋落，职此之由，不足为知我者道也。秋间拟挈小孙妇之柩归葬西湖，托友人于南山一带访求妥地，冯梦香[⑥]孝廉云已有一二处，且往相度，未知合用否。兄有《废医论》一卷，旧刻入《俞楼杂纂》[⑦]中，今抽印百本单行，冀广流传，谨以一本呈览。此虽兄之偏见，然有益于世间实不浅也。从者在里门，想必有耽延，兄秋间到杭，

---

① 《碑传集补》卷二十六。

② 《清穆宗实录》卷三百十五。

③ 此札辑自《上海图书馆藏名人手札选刊·俞曲园手札》，第206—207页。

④ 谔士，即陈霖(？—1894?)，字谔士，浙江仁和人。江西补用知县。间作小画，秀逸有致。

⑤ 仲恕，即陈汉第。

⑥ 冯梦香，即冯一梅。

⑦ 《废医论》，为《俞楼杂纂》卷四十五。

当可相见。手此布复,敬颂侍安,并候暑祺,不一。

愚兄功俞樾顿首,六月十九日

按,札中称“兄年已七十有四”,光绪二十年(1894),俞樾七十四岁,故此札作于是年六月十九日。札中又称“秋间拟挈小孙妇之柩归葬西湖”,光绪二十年五月十七日,俞樾孙妇彭氏卒,是即札末署“功”之由。

三[①]

蓝洲老弟台赐览:

久疏笺候,秋凉,伏惟台候万福。兄病只如常,每日舁至外斋小坐,无生趣也。杭州龙兴寺[②]闻将改为工艺局,千年古刹,未免可惜。郎亭有信致方伯,请改用他处,未知俯允否?如方伯询及,乞方便一言为幸,并属丁修甫[③]将《龙兴寺志》一部由尊处转送方伯,乞查入。此请道安。

愚兄樾顿首

按,《申报》光绪三十年(1904)十月二十七日有“杭省工艺局自大吏委万砥庄观察与高绅子衡筹议创办,将龙兴寺改为厂房,重加修

① 此札辑自《上海图书馆藏名人手札选刊·俞曲园手札》,第219页。

② 杭州龙兴寺,据《咸淳临安志》记载,创建于南朝梁大同二年(536),当时邑人鲍侃舍宅建寺,称为“发心寺”。《龙兴祥符戒坛寺志》记载,唐神龙三年(707),改名“龙兴寺”。北宋大中祥符初年(1008—1016),真宗赐额“大中祥符寺”,当时的规模很大,全寺又分为龙兴、祥符、戒坛三寺。南宋绍兴二年(1132),寺院仅留西南隅,其馀改为军器所和民居。元兵攻入杭城后,寺毁。至元二十八年(1291)重建,称“龙兴祥符戒坛寺”。至正末年又毁。明万历年间重建戒坛寺,继建祥符、龙兴二寺。此后又数度兴废。龙兴寺最后一次维修在清光绪年间。

③ 丁修甫,即丁立诚。

建，采办机件”云云，应即札中“龙兴寺闻将改为工艺局”之所指，故此札当作于本年。

四[①]

兰洲老弟台侍史：

久疏笺候，想围炉觅句，意兴大来也。兄病体如常，仍以吟咏自遣，今年又可得诗一卷，俟刊成当就教也。明春拟将所作杂文凡三十七卷抽印数十部，缘近来无人谈经术，而此等文，人尚喜之也。每部纸张印钉须洋二元，未识贵相好中有欲附印者否？世兄海外，想频有信来，东洋学生，小有风潮，未知如何？小孙[②]逍遥吴下，以待棋局之定。闻木天不废，且议疏通，未知如何也。蛰仙[③]来杭否？兄前寄挽联[④]，未知到否？舍侄孙已委署金门县丞，前所求者可从缓矣。手泐，敬请吟安。

愚兄樾顿首，廿九

---

① 此札辑自《上海图书馆藏名人手札选刊·俞曲园手札》，第220—222页。

② 小孙，即俞陛云（1868—1950），字阶青，号乐静，俞樾独孙。光绪二十四年（1898）进士，殿试探花及第，授翰林院编修。光绪二十八年任四川副主考。民国元年任浙江省图书馆馆长，民国三年与修清史。1937年后闭门以书画自娱。

③ 蛰仙，即汤寿潜（1856—1917），原名震，字蜇先（或作蛰仙），绍兴山阴人。光绪十八年（1892）进士。因争路权、修铁路而名重一时。武昌起义后曾被推为浙江省都督。著《危言》、《尔雅小辨》、《说文贯》、《理财百策》、《三通考辑要》及《文集》等。

④ 应即《汤母葛夫人挽联》，见《楹联录存》卷五。序曰：“夫人为蛰仙庶常之母，家贫，不役婢媪，躬自操作，常一手抱儿，一手治事。年二十有六，产蛰仙，临蓐五日而始生，缘是得晕眩之疾，久而不瘳，竟以此卒，然年已七十六矣。”则汤母卒于光绪三十一年。

按，光绪三十一年(1905)十月俞樾作《春在堂杂文序目》一篇，称“以前所刻者为《初编》，续刻者《春在堂续编》凡五卷，《三编》凡四卷，《四编》凡八卷，《五编》凡八卷，《六编》凡十卷，合之《初编》二卷，凡三十七卷。”札中既称其杂文凡三十七卷，则当作于本年。

五①

兰洲仁弟惠览：

前读手书，备承心注。腊鼓迎春，春旗送喜，想拥炉觅句，扶杖寻梅，兴复不浅也。庶常君已还膝下，甚善，想待明春再东渡也。兄近体如常，无可言者。小孙亦未定行止。顺天学差，日久未放，恐已作罢论。北辕无益，幸不作六品编修，且在家食俸而已。新说风行，旧学日废，诚如尊言。然日本顾不然，其文部大臣久保公远来购曲园手稿，有一纂书官岛田翰来游禹域，访求旧籍，今持兄书，来观丁氏之嘉惠堂矣。然则国之强弱，原不在此也。肃复，即颂台绥。另片奉贺年禧。小诗附博一笑。

名正具，腊廿五

按，《春在堂诗编》卷二十二(乙巳编)有《越三日，又有日本儒官岛田彦桢翰过访敝庐，求余所著各书稿本，盖奉其文部大臣久保公之命也。余笔墨草率，不自收拾，除两〈平议〉稿已援唐刘蜕文冢之例埋之右台山，此外各书，随作随刊，刊后稿本即拉杂摧烧之，无复存者。余孙陛云竭半日之力，搜寻敝箧，仅得〈杂文〉、〈诗编〉、〈尺牍〉、〈随笔〉稿本各一卷，聊副其意而已》一题，即札中“文部大臣久保公远来购曲园手稿，有一纂书官岛田翰来游禹域，访求旧籍”云云之所谓。故此札当作于光绪三十一年(1905)十二月二十五日。

---

① 此札辑自《上海图书馆藏名人手札选刊·俞曲园手札》，第208—210页。

六[①]

兰洲老弟台惠览：

元旦气象光昌，伏惟台候大吉。兄病只如常，难望起色，未知开春如何。陆放翁八十六而终，恐亦如之矣。元旦诗一首，奉呈一笑。如有贵吟好过从，即以示之，懒传写也。手肃，敬颂颐安，并贺年喜。世兄均候。

兄樾顿首

平明爆竹振门墙，命陛云于卯初祀门。喜气迎来东北方。佳谶难符郑高密，前年甲辰，去年乙巳，余非康成，不足应龙蛇之谶。耄龄已过郭汾阳。红笺仍写新年吉，依年例书"元旦举笔，百事大吉"。绿菊还留去岁香。瓶中尚存菊花二朵。我是山阴陆务观，不知更醉几春光。放翁有诗云："嘉定三年正月后，不知更醉几春风。"时年八十六。

丙午元旦，曲园试笔[②]

按，附诗题作"丙午元旦"，则此札作于光绪三十二年(1906)元旦。

七[③]

兰洲老弟台惠览：

入秋以来，忽凉忽热，想葛衫蕉扇，与时皆宜也。兄近亦小有感冒，幸眠食如常，故啸歌仍无废耳。火山诗前未寄览，今补奉二纸。又一诗，亦近作也，并以呈教。花农断弦，其二世兄亦断弦，可云不幸矣。天雨窗黑，率布，即颂秋祺。

愚兄樾顿首，廿九

---

① 此札辑自《上海图书馆藏名人手札选刊·俞曲园手札》，第223—224页。

② 此诗见《春在堂诗编》卷二十三，文字小有不同。

③ 此札辑自《上海图书馆藏名人手札选刊·俞曲园手札》，第216—218页。

端午桥以埃及古文制扇见赠，亦为赋一歌①，此等题目，亦古人所无也。因乏写手，未及录寄，容后再奉。杭人亦必有得此扇者，未识曾见过否？又及。

按，札中所谓"火山诗"，即《春在堂诗编》卷二十三"丙午编"中《闻意大利国非素伊山炸裂，感赋》一题，故此札作于光绪三十二年(1906)秋。

八②

兰洲老弟台惠览：

得手书，知偶患红斑，时气使然，想早已痊可复常矣。兄病只如恒，近却有拂意事，第二曾孙庆宝殇矣。此儿眉目姣好，质地聪明，年只四岁，竟不能留。门衰祚薄，一至于斯，可叹也。一家中我最老，此儿最小；老者宜去，小者宜留，倒行而逆施之，不祥莫大矣。陈鹿翁③易箦之后复苏而赋诗④，此事殊异，老弟未之闻乎？其自寿诗云云，亦非薄视其长君；盖此老守旧之士，静观斯世，不胜滔滔皆是之叹。而其长公子仕粤，见重上游，必一时髦之士，老翁视之为随波逐浪矣。兄此言当得其微意，起鹿翁而问之，必以为然也。前汤蛰仙来，言杭之铁轨或绕城东，或穿城过，亦是城东，并未及城西，是西湖无恙也。今闻之报馆，言有刘姓者欲于城西开一电车之路，不知果否。窃谓拱震[宸]至江干，已有铁路，可走火车，何必再开此路以走电车？即火

① 即《午桥尚书以埃及古国所得石像数具摹拓其文，制扇赠客。余与陛云各得其一，洵奇迹也。为作此歌》一题，见《春在堂诗编》卷二十三。

② 此札辑自《上海图书馆藏名人手札选刊·俞曲园手札》，第211—215页。

③ 陈鹿翁，即陈璚(1827—1906)，字六笙，一作鹿笙，号息庐，广西贵县人。同治贡生。官至四川布政使，护理川督。著《澹园吟草》(刊入《柳堂师友诗录初编》)。

④ 《春在堂诗编》卷二十三中记此诗，曰："行年八十似浮沤，万斛尘缘死便休。但愿海波风渐息，家声不坠作清流。"

车亦未必得利,观苏沪火车,竟无生意,可以借鉴,然则电车又何为乎?电车之患,甚于火车,即外国亦时因电车滋事。果有此举,非杭之福也。此路未知侵及法相等处否?[吾]如有所闻,务求示悉。老弟欲岩栖谷饮,恐时势至此,山中亦无乐土也,可叹可叹!肃复,敬颂道履万福,匆匆不尽。

愚兄樾顿首,九月五日

按,札中称"第二曾孙庆宝殇",《春在堂诗编》卷二十三"丙午编"有《悼曾孙庆宝》,则此札作于光绪三十二年(1906)九月初五。光绪三十一年,汤寿潜发动旅沪浙江同乡抵制英美侵夺苏杭甬铁路修筑权,倡议集股自办全浙铁路。七月,在上海成立"浙江全省铁路公司",任总理。清廷被迫允诺沪杭铁路由商民自筑,授汤寿潜为四品京卿,总理全浙铁路事宜。此即札中"汤蛰仙来,言杭之铁轨或绕城东,或穿城过,亦是城东"云云之背景。

九[1]

兰洲老弟台赐览:

接奉手书,并惠我加香肉,示以制法。如法为之,肥美异常,惜随园未知此法,不然必补入食单矣。兄病状如恒,窃意以为灯中油尽,故火焰上腾。若服补阳之品而不补阴,犹加灯草而不加油也。近日于参之外加以熟地膏,且看如何,未知能度过残年否。有小诗,附一笑。世兄海外之游,在近日亦一终南也,较小孙株守殊胜。肃谢,敬颂冬祺。

愚兄樾顿首,二十八日

---

① 此札辑自《上海图书馆藏名人手札选刊·俞曲园手札》,第225—226页。

致陈祖昭[①]

陈祖昭(生卒年不详),字子宣,江苏吴县人。附贡。《春在堂诗编》卷九有《俞楼四异》一题,其一序曰:"辛巳闰七月十三日,花农与邹镜堂、陈子宣至俞楼相度,将增筑露台。"卷十五《湖楼山馆杂诗》一题有小注曰:"又悬汉董君石阙所画祭墓之图,门下陈子宣所摹。"据此知陈子宣应为诂经精舍门生。《春在堂杂文六编》卷九《陈子宣〈佐宁见闻录〉序》中曰:"光绪二十七年,吾党陈子子宣,奉檄摄宁海丞,至二十九年,始受代而归,纪其耳目所及,曰《佐宁见闻录》。"则其曾摄宁海县丞,馀未详。

三伏炎炎,未识清簟疏帘作何消遣?前言,拟以刻羽引商,度此长夏,然苦无题目。顷偶从太仓王氏觅得弇州山人所为《昙阳子传》[②],洋洋万馀言,事颇奇诡,与传奇体例相宜,寄奉清览,未识有意为之否?昙阳子事,疑信参半,然本朝嘉庆间尚为移建昙阳观,而刘文正公并为题榜,则其人亦必有不可泯者。尝谓明代之有昙阳子,犹唐时之有谢自然,在吾儒视之,固属异端,然天地间自有此一种人,则亦自有此一种理。昌黎作《谢自然诗》,颇极排斥,然至今谢自然仙迹未尝不与昌黎公之道德文章并寿于千古也。弇州此传,太涉冗长,读之者少,能得妙笔阐发之,亦一奇作。如尊意不屑为之,则此传仍望寄还,以付其家也。

---

① 此札辑自《春在堂尺牍》卷七,题作"与陈子宣"。

② 昙阳子(1558—1580),俗名王桂,字焘贞,苏州府太仓(古名娄东)人,嘉靖间翰林学士王锡爵次女。居常好写《阴符经》,尝写以贻学使徐某,又为廷尉元美写心经,笔迹龙文,若出造化,宣城梅鼎祚为之跋。配昆山士人徐景韶,未嫁,景韶死,居家守贞,卒,传得道化去。王世贞《昙阳大师传》记述其得道升仙的经历,充满儒释道三教合一的诠释。

致崇厚[①]

崇厚(1826—1893),完颜氏,字地山,号子谦,又号鹤槎,内务府镶黄旗人。道光年间举人。咸丰十一年(1861)充三口通商大臣,办洋务。同治元年(1862)署直隶总督。同治九年天津教案后,出使法国。光绪四年(1878)出使俄国,擅自与俄签订《里瓦几亚条约》。因此被弹劾入狱,后降职获释。

十月下旬,曾寄一笺,布陈近状,未知已达左右否?腊鼓声中,又交六九。老同年玉帐高搴,冰壶清对,写便宜之表,天语温多;张吉利之旗,军门春满,裘轻带缓,乐可知也。樾因二小儿[②]病魔缠绕,不得不在苏照料,近已迁居紫阳书院,屋虽宽大,而兵燹之后窗户不全,殊苦廓落耳。拙鸠既不善营巢,穷鸟又安能择木?窃比于卫公子荆,以一“苟”字处之,然彼之苟,苟其所有,樾之苟,苟其所无,或较古人更进一筹乎?所著《群经平议》,已集人写定副本,杭州太守刘君笏堂[③]拟集赀刊刻,未知果否?前尘昔梦,久已坐忘,而敝帚千金,不能舍去,要不离乎书生之见,可笑也!关河修阻,不获如在天津时得以时相过从。聊藉管城子,粗陈大略,不尽欲言。

按,同治四年(1865)十月,俞樾移居紫阳书院[④]。札中称“近已迁居紫阳书院”云云,故当作于是年。且札中又称“腊鼓声中,又交六九”,是年腊月十九日立春(六九),此或即作札之日。

---

① 此札辑自《春在堂尺牍》卷一,题作“与崇地山同年”。

② 俞樾次子俞绍莱(1846—?),又名祖仁,字寿山(寿石)。以疾废仕。

③ 刘笏堂,即刘汝璆。

④ 《曲园自述诗》叶十五。

致戴启文

戴启文(1844—1918),字子开,号壶翁,江苏丹徒(今镇江)人。历官乐清知县、温州知府。著有《招隐山房诗集》。

一[1]

子开大公祖世大人阁下:

年前接奉惠书,欣悉福与年增,抃慰无似。承命撰《钱敏肃神道碑》[2],率拟呈政。八十三老人,于财神生日开笔成此,想祝京兆所谓利市者乎?一笑。手肃,敬请勋安,顺贺春禧百益。

治世愚弟俞樾顿首,人日

再启者:此文据《哀荣录》叙述,尚有所未详者,如生年若干、某年月日葬于某地、妻某氏、次子何官、有孙几人,均请询之甘卿公祖,增入文中,庶合金石之例。目昏日甚,草草奉布,统惟惠察。

樾再顿首

按,札中俞樾自称"八十三老人",则此札作于光绪二十九年(1903)正月初七日(人日)。

---

① 此札辑自《上海图书馆藏名人手札选刊·俞曲园手札》,第245—246页。

② 见《春在堂杂文六编》卷六。

二[①]

子开大公祖世大人阁下：

展读手书，敬悉尊园乃国初名流故址，二百年后又得名流为主，品题泉石，提唱风骚，既贺先生之得名园，又贺斯园之得贤主也。又知蜡屐入山，访定能和尚[②]，非公不能[不此]有此清兴也。其兄名俊，月汀将军[③]曾识其人，未知然否。此书至今尚在，然则当日殆未曾投也。保甲改警察，不过花样翻新，无益有损，姑苏近事已可见矣。《钱敏肃公神道文》应改之处，自当遵改，但此文已写样刻入拙著《杂文》第六编矣，恐一二字之讹可改，多改则不能也。至其格式，首行宜大书“皇清诰授某某某某钱敏肃公神道碑”，次行书某人撰、某人书、某人篆额，其人书官衔可，止书某县某人亦可。新近为李文忠公神道碑篆额，只书“德清俞樾篆额”而已。某行只消书“某年月日立石”足矣，再书撰人等，万无书称谓之理，“弟”、“侄”等字，均非金石体例也，请告钱公知之。弟目昏臂痛，精力苶然，杜门不出。小孙照例留馆，又将考差，未知如何。肃复，敬请台安。

治世愚弟樾顿首，十三

---

① 此札辑自《上海图书馆藏名人手札选刊·俞曲园手札》，第247—250页。

② 定能和尚，《春在堂诗编》卷十九《西湖杂诗》一题中有诗曰：“抛开手版即袈裟，一十年前王克家。头白尚书竟安在，老僧相伴有烟霞。”小注云：“王克家，安徽通判也。其兄丁丑进士，刑部主事。克家于光绪十八年入京引见，兄与之书，使投浙藩赵展如方伯，一至湖上，爱其山水，即出家为僧，名灯裕，字定能，通内典，书法酷似六朝，亦奇人也。至山馆相见，为赋此诗。”

③ 月汀将军，即景星(？—1910)，字云伯，号月汀，索绰络氏，满洲正白旗人。举人。曾任江西巡抚。光绪二十六年(1900)调任湖北巡抚。后改任福州将军，兼管船政。光绪三十四年(1908)协理资政院事务。宣统元年(1909)任禁烟大臣。著《榕寿轩诗集》、《佑启堂诗稿》。

外小诗博一笑。承赐佳笺，但恐拙书不称耳。又及。

按，札中谈到《钱敏肃公神道碑》文上石格式等问题，自当作于上札之后。清末，朝廷为挽救垂亡的局面，仿效资本主义国家政权体制进行一系列的改良和改革。在社会治安方面，开始建立警察机关，首先在直隶、江苏试办。光绪二十九年(1903)，设在苏州的苏省保甲总局改建为苏省警察总局，苏州知府为总办，总捕同知为帮办，长洲、元和、吴县县令为随办。总局设在府前街(今道前街)苏州府署头门土地祠内。城内外七路保甲总巡局改为七路总察分局。此即札中“保甲改警察”之说的背景。

致戴望

戴望(1837—1873),字子高,浙江德清人。幼丧父,孤苦无依,发愤读书。九岁师乌程程大可,授读《周易》、《尚书》,正文字、明音读,奠定汉学基础。十四岁得颜习斋书,读后惊叹,乃广求颜氏遗书。咸丰七年(1857)至苏州,请业于陈奂,得声韵、训诂经师家法。复从宋翔凤受《公羊春秋》,究汉儒说,专心治经。同治四年(1865),两江总督曾国藩设金陵书局,聘为编校,校勘周秦诸子。时会稽赵之谦以颜元、李塨书相赠,遂重研性理之学。后与瑞安孙诒让结为学侣,考订金文。古字颇具根底,生平作书,点画皆据小篆。著《论语注》、《管子校正》、《颜氏学记》、《谪麐堂遗集》等。

一①

自去年九月朔得惠书后,久不得书,未知今年究馆何处?念之念之。仆敝门养拙,仍以撰述自娱。《群经平议》中又增《公羊》、《穀梁》各一卷,《国语》二卷,《周礼》二卷,见在从事《仪礼》,未卒业也。承索观《论语平议》,但此书二卷,写录一通,亦颇不易,且其中尚多未定之处,故不克寄奉。约计一二年间,此书必可告成,大都《周易》二卷,《尚书》四卷,《周书》一卷,《毛诗》四卷,《仪礼》二卷,《周礼》二卷,《大戴记》二卷,《小戴记》四卷,《公羊》一卷,《穀梁》一卷,《左氏传》三卷,外传《国语》二卷,《论语》二卷,《孟子》二卷,《尔雅》二卷,此其大略矣。书成后,即当付之枣梨,以质海内诸君子。此外尚有《群书订义》一种,未定如干卷。仆所撰述,此二种最大矣,馀若《字义载疑》等书,卷帙无多,随时写定,尚易为力。区区之意,五十以前,此数种书

---

① 此札辑自《春在堂尺牍》卷一,题作"又与子高"。

均当写定，此后天假之年，未即委化，或精力尚强，不妨续有所著，否则涵养性真，为道日损矣。年来厌弃人事，屏绝应酬，入道之基，或即在此乎？胡氏《燕寝考》[①]，仆处有之，然谓“燕寝东房西室，室东壁有户以达于房，其南面有牖无户”，此实大不然者。果如其说，则由堂入室，必先由房矣，以《左氏传》所载东郭姜事观之，是时公拊楹而歌，则在堂可知也。姜与公始皆在堂，欲出避之，若房有户而室无户，则姜入房中，便当自北堂而出矣，何必入室，多此转折乎？胡氏所说，殊不足据。洪氏颐煊《宫室问答》[②]一卷，已深以胡说为非，然而所说必牵合《考工记》明堂之数以定丈尺，亦未免过泥；且改古人五架之屋为七架之屋，亦无塙据。足下若欲治《仪礼》，孔氏顨轩有《庙寝异制图》[③]，其《寝制》一图姑且勿论，其《庙制》一图，可据以治礼矣。且其所说，亦颇简明，其谓“栋后为室，栋前为堂”，虽所据《士丧礼注》未免误会郑意，然古制实是如此。仆治礼竟，亦当为《宫室考》一卷，他日

---

① 《燕寝考》，胡培翚著。胡培翚（1782—1849），字载屏，一字竹村、紫蒙，安徽绩溪人。胡匡衷之孙，胡秉钦之子。嘉庆二十四年（1819）进士，授内阁中书，实录馆详校，擢户部广东司主事。后以亲老而告归，从事教育，创建东山书院。是书专考天子至士燕寝之异，及于燕寝房室户牖阶堂之制，分上下卷，并以《东房西室疑问》弁首。

② 《宫室问答》，即《礼经宫室答问》二卷，洪颐煊撰。有光绪十年《传经堂丛书》本、光绪十六年湖南船山书局刻本等。洪颐煊（1765—1837），字旌贤，号筠轩，晚号倦舫老人，浙江临海人。嘉庆六年（1801）拔贡生。客孙星衍幕，为撰《孙氏书目》及《平津馆读碑记》十二卷。入赀为直隶州州判，官广东新兴知县。阮元督两广，延之入幕。著《筠轩诗文钞》、《台州札记》、《倦舫书目》、《经典集林》、《读书丛录》、《管子义证》、《诸史考异》、《汉志水道疏证》、《孔子三庙记注》等。

③ 《庙寝异制图》，见于孔广森所撰《礼学卮言》。孔广森（1753—1787），字众仲，一字撝约，号顨轩，堂名仪郑，以希追踪郑玄。山东曲阜人。孔子七十代孙。乾隆三十六年（1771）进士。然性淡泊自守，不登显贵之门，以养亲告归，遂不复出。耽于著述，尤精《公羊春秋》，多独到之见。擅骈文，论者以为兼有汉魏六朝初唐之胜。所著编为《顨轩孔氏所著书》，有嘉庆二十二年（1842）曲阜孔氏仪郑堂刊本。

南中肃清，得归卧乡山，拟于南埭旧居改造先祠，即依古制为之，计所费亦不多，未知能如吾愿否？聊书此，以博一笑。

按，《春在堂尺牍》卷一收录与戴望札三通，此札为其三，后有跋语曰："此三函，久已无稿，而子高处尚存原书，因录存之。《群书订义》即《诸子平议》之旧名也。同治五年正月樾记。"故三札均当作于同治五年(1866)之前。札中俞樾向戴望介绍其著述进度，提及"见在从事《仪礼》"，而下札(在《春在堂尺牍》卷一中为其一)则有"仆近年所著……《仪礼》诸经《平议》"云云，又有"今年二月十三日曾致一函"之说，或即指此札，故暂移此札于前。

二[1]

四月十一日接正月二日书，知起居佳胜，慰甚。居停主人周君季贶[2]，好尚风雅，洵冠盖中不可多得者。相与赏奇析疑，亦天涯之一乐也。今年二月十三日曾致一函，未知收到否？承示，以为拙著各书，宜随作随刊，此固见爱之雅意，然其事何可易言？仆《群经平议》中《易》、《诗》、《书》、《论语》、《孟子》如干卷，在前两年视之，似乎既竭吾才矣，今更读之，又颇有未安者。然则仆近年所著《春秋三传》、《外传》及《周礼》、《仪礼》诸经平议，数年后，安知不自见其䩉失乎？学问无穷，盖棺乃定，必欲毫发无憾，诚恐毕生无此一日。然见在诸经尚未卒业，或者因此及彼，尚可随时增益，且俟全书成后再刊以问世，未晚也。此道衰息，已非一日，庸庸者姑勿论矣，其高者亦不过拾宋人之唾馀，貌为理学而已，七十子之绪言、两汉经师之家法，其有闻焉者乎？仆学术浅薄，又不得位，岂足以振起之乎？足下年少气盛，力足有为，斯文未丧，

---

① 此札辑自《春在堂尺牍》卷一，题作"与戴子高"。

② 周君季贶，即周星诒(1833—1904)，字季贶，浙江山阴人。官福建建宁府知府。著《瑞瓜堂诗钞》、《勉熹集词》、《传忠堂书目》等。

勉之而已。又示《论语解》[1]一事，仆颇不以为然，“五十学《易》”，旧有以宋人《河图》“五十居中”解之者，此任启运《周易洗心》[2]之说，固不足据，然其谓“用五用十以学《易》”，则与足下同也。《易》言“参五以变”，不言“五十以变”，足下此说，又何以胜于彼说乎？“大过”作卦名解，闻青田端木舍人[3]说如此，仆未见其书，无以知其同异。仆说经务求平易，故与足下此论不合，希更审之。仆眠食无恙，近因遣嫁次女入京小住月馀，亦不出应酬，惟同年至好如叔芸[4]辈间一往还而已。得暇辄至留离厂旧书摊头随意坐坐，又或兴酣泼墨，率尔涂鸦，以应好事者之求。至于玉堂旧梦，付之云烟之过眼矣。俟昏嫁毕后，两儿粗能成立，便当断弃人事，不复相关矣。二儿自去年来心境蕴结，将成心疾，今春延医治之，仆来京时似有小验，今大儿[5]信来，言

---

① 《论语解》，当即戴望所著《论语注》二十卷。

② 《周易洗心》，九卷，任启运撰。启运(1670—1744)，字翼圣，荆溪人。雍正十一年(1733)进士。官至宗人府府丞。任氏以为读《易》当先观图象，故此书首卷备列诸图，自朱熹、邵雍至李光地、胡煦所作诸图，皆为采入。又以己见推广之，《叙》谓：“顾其为要，则总不外《论语》‘五十以学《易》’之一言，文、周卦画自羲图出，羲图自河、洛出。五十者，图书之中也……学《易》不以五十，失其本矣。”《四库全书总目》称该书“其说颇务新奇。然其诠释经义，则多发前人所未发。大抵观象玩辞，时阐精理，实不尽从图书生解。其文句异同，亦多从马、郑、王弼、王肃诸家之本，即或有不从旧本，必注某本作某字，以存古义，亦非图书以外废训诂而不言。然则其研寻奇偶，特好语精微而已，非如张行成等竟舍经而谈数也”(第43页)。

③ 端木舍人，即端木国瑚(1773—1837)，字子彝、鹤田、井伯，晚号太鹤山人，浙江青田人。嘉庆间举人，任归安教谕十五年。以通堪舆之术，道光中被召卜寿殿，特授内阁中书。十三年(1833)成进士，仍就原官。有《太鹤山人集》、《周易指》等。

④ 叔芸，即周星誉(1826—1884)，字叔芸(云)，一字畇叔，浙江山阴人。道光三十年(1850)进士(故俞樾称其为“同年”)，由庶吉士累官至两广盐运使。著《鸥堂诗稿》、《东鸥草堂词》等。

⑤ 俞樾长子俞绍莱(1842—1881)，字廉石。官直隶大名府同知、山东北运河同知。

已霍然，未知其审。大约亦不能读书，亦拟捐一官与之，俾得自谋生计足矣。必欲科第世家，词林接武，此又世俗之见也。

按，同治三年(1864)，次女绣孙归许子原，俞樾亲送入都[1]。札中既称“近因遣嫁次女，入京小住月馀”，则当作于是年。是时，《群经平议》尚未完成。

三[2]

松泉[3]舍侄来，交到手书。知为学日益，又知近来得力于《老子》之学，以此治心，以此处世，甚善甚善。《老子》书每言唯其如此，故能如此，极是利害。世但言其“和光同尘”，非知《老子》者也。《论语解》六十三事，极有发明。“五十学易”之解，鄙见不以为然，已详前书。“何事于仁必也圣乎”若作一句读，则句中当加“而”字。鄙意，《尔雅》曰：“事，勤也；勤，劳也。”“何事于仁”犹言“以是为仁，何其劳乎”。“勿欺也而犯之”，阮相国《校勘记》曰：“皇本‘也’作‘之’。”然则“勿欺之而犯之”，犹言“勿欺之与犯之”。古人之文，凡两事相连而及者，多用“而”字。昭二十年《左传》“齐豹之盗而孟縶之贼”、韩子《说林篇》“以管子之圣而隰朋之智”，皆其例也。“欺”与“犯”，皆非事君所宜，故并戒之。此二义，足下以为何如？仆自都门旋津，仍事撰述，籍以销夏。所著《群经平议》，《三礼》、《三传》粗有成书，似乎所见较塙。其《易》、《书》、《诗》诸经，皆数年前见解，不逮多矣，今年诸经卒业后，尚须通览一周，方可出以问世耳。来书辱有亲炙学者之称，不敢当，不敢当。仆为学粗略，不足为足下友；若足下，真吾畏友也。数十年来，吾道衰息甚矣，无往不复，必有起而张之者。足下勉之，仆则无能为矣。

---

① 《曲园自述诗》叶十四。

② 此札辑自《春在堂尺牍》卷一，题作“又与子高”。

③ 松泉，即俞祖寿，字松泉，俞樾兄俞林之长子。举秀才而未仕，在德清“守土”(俞泽民：《曲园先生世系简乘》，《杭垣旧事》，第149页)。

按，札中既称“五十学易之解，鄙见不以为然，已详前书”，则此札当作于上札之后。

四[1]

子高足下：

春来三得手书，而未复一字，非懒也。自正月廿一日如沪、二月十三日还苏以至于今，无须臾之暇。阅书院卷，一也；为上海修志，二也；宾客往来，三也；笔墨应酬，四也。此四十日中，止于沪上往返舟次读《列子》一过而已，其碌碌可想，故不及作书也。《群经平议》已刻齐，又费十日之功统校一通，甫于今日寄杭，改正后即可刷印，未知此月中有否，印来后定当寄数部与足下也。仆治经粗物，不识途径，中年无事，惟曰读书。先儒旧说，或有未安，辄不自量，妄有辩证，岁月既久，云云遂多。《群经平议》业已刊刻，《诸子平议》又将继之，诒痴四方，贻笑大雅，甚无谓也。都下方大开同文之馆[2]，招致西贤，使海

---

[1] 此札辑自《上海图书馆藏名人手札选刊·俞曲园手札》，第155—159页。又收入《春在堂尺牍》卷一，题作“与戴子高”。刻本较原札有删省，故今据手札整理。

[2] 都下方大开同文之馆，即指京师同文馆。同治元年(1862)七月二十九日，恭亲王奕䜣、李鸿章、曾国藩奏准在北京设立同文馆，附属于总理衙门。设管理大臣、专管大臣、提调、帮提调及总教习、副教习等职。总税务司英国人赫德任监察官，实际操纵馆务。先后在馆任职的外籍教习有包尔腾、傅兰雅、欧礼斐、马士等。中国教习有李善兰、徐寿等。美国传教士丁韪良自同治八年起任总教习，历二十五年之久。该馆为培养翻译人员的“洋务学堂”，最初只设英文、法文、俄文三班，后陆续增加德文、日文及天文、算学等班。招生对象开始限于十四岁以下八旗子弟，以后扩大招收年龄较大的八旗子弟和汉族学生，以及30岁以下的秀才、举人、进士和科举正途出身的五品以下满汉京外各官，入学学生逐年增多。学习期限初定三年毕业，自光绪二年(1876)后改为两种：由外文而及天文、化学、测地诸学者，八年毕业；年岁稍长，仅借译本而求诸学者，五年毕业。课程设置最初只有英、法、俄、汉文，同治六年后增设算学、化学、万国公法、医学生理、天文、物理、外国史地等。光绪二十七年并入京师大学堂。

内士大夫抠衣受业，盛乎哉！而吾侪顾抱遗经，以究终始，咥其笑矣，想足下助我抚掌也。日本士人，仆在沪上亦见其一，然不足谈，盖非足下所见者。惟得安井仲平衡所著《管子纂诂》[①]，纸张刷印极佳；以书而论，似不及物君之《论语徵》[②]。然仆实未尝细读，但记其《订戒篇》"里官"为"鳌宫"之误，颇足备一说也。又多引古本，未知与今本同异，亦未尝细校也。《管子》在诸子中最古，然实是杂家言，以仆论之，诸子中首推《墨子》，博大精深，不为无用之空言，行文亦畅达，汉人称"孔墨"，故知尼山外断推此老矣。《庄子》书仆不甚解，亦不甚喜，要其大旨，不过能外生死而已，精义微言，转不如《列子》。凡两书相同者，皆庄用列，非列袭庄也。其文章极抑扬之致，说事理必极尽无馀，亦殊可喜也。金陵书局能否复举？爵相何时可到？足下见后光景何如？能得其青眼否？仆寓苏平顺，已于二月廿日开课。大小儿未定行止，日内在杭州，为许宅作媒。去年海运案内保举补缺后以知府用，已奉俞旨，然亦与空衔无异也。二小儿病如故，奈何！足下办在籍候选事，已托骏甫矣，然不过先探一信，若实办，须抄示原札并年貌及男女三代存殁，方可具呈也。手此，覆颂旅祉。

愚表樾顿首

炮局[③]地址忘记矣，故仍从杜小翁转。

按，《曲园自述诗》"两年剞劂了群经，诸子犹怜未杀青。记得舟窗看列子，一天微雨泊唯亭"一诗小注云："丁卯正月二十一日，余如

---

① 《管子纂诂》二十四卷，安井息轩撰。安井息轩（1799—1876），名衡，字仲平，日向人。日本考证学派儒学者。初学于昌平坂学堂，后学于松崎慊堂，后任昌平坂学堂教官。著《论语集说》、《管子纂诂》。后者有日本庆应元年（1865）江户书林玉山堂刻本。

② 《论语徵》，荻生徂徕（物茂卿）撰。同治五年（1866），戴望于杭州书肆购得此书，俞樾遂得读之（《春在堂随笔》卷一，第5页）。

③ 据俞樾致谭献札第二通所言，为金陵炮局。

上海，微雨，泊唯亭，于舟中成《列子平议》一卷。盖是年日记簿犹存，故可考也。”此札称“正月廿一日如沪”，“止于沪上往返舟次读《列子》一过而已”，正与诗注合，因知此札作于同治六年(1867)春。同治五年十一月，两江总督李鸿章奉命北上剿捻，曾国藩回任两江总督[①]；同治六年三月初六日抵任[②]。札中称“爵相何时可到？”则应作于曾国藩到任之前。

五[③]

子高足下：

闰月之朔曾寄一书并《诸子平议》之已刻者，未知收到否？比惟研席安闲为颂。仆闰月底到杭，六月朔仍回吴下。因杭州未定寄孥之所，是以仆仆如此。仲修[④]自京中回，奉檄摄秀水校官。施均甫常见。潘仪甫亦入书局，今岁名誉鼎起，亦可喜也。书局所刻《易》、《诗》均毕功，《书》亦将成，以次可及三《礼》。有同事者欲刻小学及李中孚《四书反身录》，风会如此，不能免也。仆言于中丞，请搜辑国朝说经之书为《皇清经解续编》，中丞颇不以为迂阔，幕中陈卓人[⑤]、杨

---

① 《清穆宗实录》卷一百八十八。

② 《曾国藩全集·日记(三)》“同治六年三月初六日”条，第1217页。

③ 此札辑自《上海图书馆藏名人手札选刊·俞曲园手札》，第160页。

④ 仲修，即谭献。

⑤ 陈卓人，即陈立(1809—1869)，字卓人，又字默斋，江苏句容人。道光二十一年(1841)进士。由庶吉士改刑部主事，累官至云南曲靖府知府。曾从梅植之、凌曙、刘文淇等名师学习，遂通许氏《说文》、公羊《春秋》、郑氏《礼》；旁及诗古文词。独于《公羊》用力犹深，乃钩稽贯串，成《公羊义疏》七十六卷。

见山[①]两君亦有同志。但兹事甚大，且不好者多，恐仍托空言耳。仆见闻浅陋，欲求足下将诸老先生书学海堂[②]未刻者详悉开示，其体例视学海堂，或宜有异同，亦望就所见随笔及之，幸甚幸甚！外附上均甫书，乞察入。

六月三日吴江舟次，樾顿首顿首

按，札中称"仆闰月底到杭，六月朔仍回吴下。因杭州未定寄孥之所，是以仆仆如此"，则此札当作于同治七年(1868)俞樾主讲杭州诂经精舍之后，是年恰有闰四月。此后至同治十二年二月戴望之卒，其间仅同治九年有闰十月，只有同治七年的闰四月在六月之前，故此札作于是年六月三日无疑。又，此札言及浙江书局欲刻《皇清经解续编》一事，俞樾向戴望请教宜刻之书目。戴望亦有答复，说存《春在堂随笔》卷三中。

---

① 杨见山，即杨岘(1819—1896)，字庸斋、见山，号季仇，晚号藐翁，自署迟鸿残叟，浙江归安(今湖州)人。咸丰五年(1855)举人，应会试不中。曾入曾国藩、李鸿章幕中，参佐军务。后负责海道漕运事务，官至盐运使，其间曾任江苏松江知府，因得罪上僚被劾罢官。此后即寓居苏州，读书著述，以卖字为生。以汉隶名一时，高自标置。著《庸斋文集》、《迟鸿轩诗钞》等。

② 即指学海堂本《皇清经解》。

致戴湘

戴湘(生卒年不详),字少镛,戴望嗣子。生平不详[①]。

一[②]

少镛贤表足下:

久疏笺候,想兴居佳胜,凡百咸宜,定如所颂。愚眠食尚无恙,惟心绪不佳,精神亦甚减耳。小孙行止,亦无定见,只得徐俟大局之定矣。拙刻《全书》印行之本无存者,即坊间亦告罄,颇有欲购者,总以集资为难,无人刷印。吴下有人拟出六十元印十部,然亦嫌太少,难以开印。未识足下在杭州能为集六十元印十部否?如果可得,则愚再自出六十元印十部,凑成卅数,亦不虚此一番排场矣。然此乃不急之事,不过偶尔奉商。如此时势,非刷书之日,成否可不计,足下切勿因此为难也。手肃,布请春安。

愚表樾顿首,二月十二

按,札中称"俟大局之定"、"如此时势"云云,则此札当作于光绪二十七年(1901)二月十二日,其时俞樾孙陛云因庚子之变出京避乱,故札中说"小孙行止,亦无定见"。而光绪皇帝与慈禧亦仍在西安,何时朝廷可以安定回京尚无讯息,故只能等待大局安定再作打算。札中提到"《(春在堂)全书》印行之本",应是指光绪二十五年重修后的印本。此札是俞樾请戴少镛在杭州募集资金印行十部《全书》。

---

① 据俞樾致胡传札知戴少镛为戴望嗣子。[民国]《德清新县志》卷八"儒行"戴望传称"无子,以犹子湘后之",则戴少镛名湘。

② 此札辑自《浙江图书馆馆藏名人手札选(二)》上册,第90—91页。

二[①]

少镛贤表足下：

前寄一函，未知入照否？新秋以来，伏惟起居多福。愚近状如常，小孙尚在苏寓。闻回銮未有的期，则小孙北上亦不妨稍缓也。敝处洋千五百元，不日可齐，齐后即汇付鼎记暂存，幸便中函致鼎记友人为荷。拙著《全书》十部已印钉齐全，候尊处放船来取。每部一百四十本，外加装钉钱一元，计十元。愚已付清，便中寄下，不急急也。此布，即颂秋祺。

愚表樾顿首，七月朔

按，光绪二十七年(1901)八月二十四日，光绪帝与慈禧从西安出发；十一月二十八日，回到北京[②]。札中既言“回銮未有的期”，则此札当作于光绪二十七年七月初一日。此札言及《春在堂全书》十部已经印钉齐全，静候戴少镛来取，则上札确应在前。

三[③]

少镛贤表惠览：

久不得信，想旅祉如常，潭祺并茂，定如所颂。愚自清明日一病，至今未能复原，虽勉出外斋，尚觉委顿，甚矣衰也。还浙之约，遂复不果，且看秋天如何。小孙在京，频有信来，但愿侥幸能得南省一差，俟其假旋，与之同归扫墓，此鄙心所深盼者，但未必能如愿耳。愚是甲辰恩科举人，例应于明年癸卯正科重宴鹿鸣，今年秋冬间即可举办。湖南周乐，亦甲

① 此札辑自《浙江图书馆馆藏名人手札选(二)》上册，第93—94页。

② 《清德宗实录》卷四百八十六、卷四百九十。

③ 此札辑自《浙江图书馆馆藏名人手札选(二)》上册，第95页。

辰举人，竟已由湖抚入告，此似太早也，届时再当与足下商量。德清县过公[①]都与有旧，闻即将瓜代，果否？手肃布候，敬颂近安。

愚表樾顿首，四月十三日

按，札中提到“明年癸卯”，则此札当作于光绪二十八年(1902)四月十三日。《春在堂诗编》卷十九有《余道光甲辰恩科举人，应于光绪癸卯正科重赴鹿鸣筵宴，壬寅年终奏请，定例然也。乃今春，湘抚俞廙轩中丞预为甲辰恩科举人周乐疏请重宴，恩诏俞焉。于是吾邑戚友即为余具呈本县过玉书明府，申府转详，殆恐风烛残年，不能久待乎？余感其意，赋诗谢之》一题，诗中小注曰：“戴少镛大令，乃先祖母侄曾孙也。实预其事，亲至吴下来告于余。”可与此札参看。

四[②]

少镛贤表赐览：

初十日由局一函，并寄还洋钱四十八元，已照收否？顷接十二日书，知台旆已还海宁，不日仍须还德，并惠赐嫩笋衣，何感如之！县中文书，未知何时可得，今送上名片一纸，并《经义》二本，求查收。抚院处如已投递，并望示知，当托柳门一催也。种费清神，感荷无既。此颂暑安。

愚表樾顿首，十六日

按，札中提及《经义》一书，当即《经义塾钞》，光绪二十七年(1901)七月在吴下开雕，故此札之作晚于是时。札中所谓“县中文书”、“抚院处如已投递”云云，或与俞樾重宴鹿鸣之事有关。上札言“商量”，此札已见诸文书，故暂系于后，亦与札中“暑安”之问候相合。

---

① 过铸(1839—?)，字玉书，江苏金匮人。举人，光绪二十七年署德清知县。辑《过氏医案》(光绪二十七年刻本)。

② 此札辑自《浙江图书馆馆藏名人手札选(二)》上册，第92页。

致丁立诚

丁立诚(1850—1911),字修甫,一字慕青,号辛老,浙江钱塘(今杭州)人。诂经精舍生,与海宁蒋学溥、定海黄以恭、诸暨陈伟、东阳龚启荪、仁和徐琪、冯崧生、钱塘汪行恭等有“俞门八俊”之目[①]。光绪元年(1875)举人,官内阁中书。精版本目录之学,工诗,有名于当时。著《小槐簃吟稿》等。

一[②]

修甫世仁弟惠览:

日前文旆在苏,屡承惠顾,清谈为快。《集石鼓诗》,具见巧思妙笔。潘补琴先生已借观录副矣。拙作《销寒吟》,已刻入第十七卷诗,先印呈阅。孙康侯[③]处亦望分与二纸也。兄寓苏平顺,春间不来杭,秋间准定西湖也。手肃,布问撰祉,匆匆不尽。

世愚兄俞樾顿首

和甫[④]令弟均候。

按,俞樾《销寒吟》诗作于光绪二十五年(1899)末、二十六年(1900)初,而札中称“春间不来杭,秋间准定西湖”显为设测之词,故知此札亦

---

① 《楹联录存》卷三叶六。

② 此札辑自《浙江图书馆馆藏名人手札选(二)》上册,第101—102页。

③ 孙康侯,即孙峻(1869—1936),字极于,号康侯,浙江仁和人。寿松堂孙氏后裔。贡生。幼好簿录之学,及长,佐丁丙编《武林掌故丛编》及《善本书室藏书志》。光绪间,受命掌文澜阁。民国入冯国璋幕府,以笔札受知。有《文澜阁志》二卷、《仁和县志稿》及诗文集传世。

④ 和甫,即丁立中。

当作于该题诗作成后不久。由此可知，俞樾晚年诗作都是随作随刻，显见其以著作传世之心。

二①

修甫仁弟老世台惠览：

令弟来，询悉起居清吉。翁铁梅②大令来，又交到手书，并拙文一册。昨又由康侯兄寄到大著一册，题既新鲜，又两两相耦，足见搜罗之富。鄙人昔虽挂名朝籍，而留京日浅，闻见所不及者多矣。至辞意尤为妙绝，其暗寓时事，想入非非，抑何文心之灵巧乃尔耶！惟兄有一言，窃愿为老弟陈之：方今京华兵燹之馀，殊令人有风景不殊之叹。然不久大局砥定，法驾回銮，帝城景物，自当如旧，尚非梦华著录之时。大著激于忠愤，忧时感事，不免太切。即如第一首《颁恩诏》结句，以罪己诏作反照入江之举，洵有味外味。然不谅者读之，以为近于讥讪矣。吾弟年少而负才名，在杭城又颇有富名，笔墨似宜谨慎。此集虽佳，且藏之箧中，不可遽出问世。此鄙人忠告之言，未识高明以为然否。如欲鄙人作序，则亦无所不可，当率书数语，以副雅意也。兄今秋有《仿张船山宝鸡题壁诗十八首》③，以中有忧愤之词，故藏而不出。东坡他事可学，诗案不可学也。拘谨之见，勿笑，勿笑。手肃布复，敬颂吟安。

世愚兄俞樾顿首，十一月十七日

① 此札辑自丁立诚著《王风》稿本卷前，浙江图书馆藏。

② 翁铁梅，即翁长森(1857—1914)，字铁梅，江都(今江苏扬州)人。诸生。历任安吉、云和知县，官至知府，江浙盐运使。藏书甚多，尤留心乡邦文献之收集，辑成《金陵丛书》、《石城七子诗抄》等。

③ 见于《春在堂诗编》卷十七，在《八十自悼》一题之前，故当作于光绪二十六年(1900)。

按，札中既称“不久大局砥定，法驾回銮”云云，则当作于光绪二十六年(1900)十一月十七日。丁立诚《王风》有民国九年钱塘丁氏嘉惠堂铅印本①，书前有“光绪庚子十月仁和程宗裕”序一篇，“光绪庚子十月馀杭孙树礼”题辞一则，可知丁氏光绪二十六年确曾倩人题序。书后有民国二年丁立中跋，称：“诗既成，人争诵之，有谋为刊行者。先兄固期期以为不可，因就正于俞曲园师，师复书曰：‘忧时感事，语涉过激，且藏箧中，毋遽问世。东坡他事可学，诗案不可学也。’为言如此，事遂中辍。嗟乎，文网周密之世，易触忌讳，危行言逊，理固然欤？”可见《王风》未于光绪二十六年刊行，正与俞樾此札之规诫有关。

三②

修甫仁弟赐览：

前寄上改定《石屋洞募启》，想必收览，如无须再改，望将原稿掷还，以便钞录入集，至谋刻石，则可不必也。兄近日读尊公所著《武林藏书录》，辄题一诗③，以寄伤今思古之意，寄呈青览。如以为可存，或不妨刻入此录之后也。江南乡试已奏请缓至明年，吾湖想亦照办矣。闻今年有一概展缓之说，则于明年壬寅年举行，亦甚合也。手此，布颂台安。

世愚兄樾顿首，廿三日

令弟均此。

按，札中既称“明年壬寅”，则当作于光绪二十七年(1901)。本年三月十六日，“展缓江南辛丑正科乡试，于次年秋间举行，从两江

---

① 此书有宣统三年徐珂笺注，故题作《王风笺题》。

② 此札辑自《浙江图书馆馆藏名人手札选(二)》上册，第99—100页。

③ 见于《春在堂诗编》卷十八。

总督刘坤一请也”[1]，札中既称“江南乡试已奏请缓至明年”，则至早作于本年三月。所谓《石屋洞募启》，即《募刻石屋洞五百罗汉像启》，见于《春在堂杂文六编》卷九。启中称“光绪辛丑，西湖虎跑寺品照上人有募刻石屋洞五百罗汉之举……今年春，余在吴下，松生犹子修甫孝廉书来……介修甫而商于余”云云，是即此札之作的缘起。

四[2]

修甫世仁弟足下：

昨接手书，并承开示浙江重宴鹿鸣诸公姓名，甚感。非问之老弟，不能如此详悉，文献旧家，洵可贵也。惟梁、张两先生诗[3]，实无错误。照来单所开，自周天相至范崇楘十人，皆在山舟先生之前，梁诗所谓“前贤十度赋嘉宾”也；自梁同书至汤金钊又五人，皆在仲甫先生之前，张诗所谓“二百卌年人十五”也[4]。至袁子才先生，乃乾隆三年戊午科举人，卒于嘉庆二年丁巳十一月，实未重宴鹿鸣，盖当时功令严，必待本年办理，非如近来之于先一年办理也。即以

---

① 《清德宗实录》卷四百八十一。

② 此札辑自《上海图书馆藏名人手札选刊·俞曲园手札》，第269—271页。

③ 指梁同书《重宴鹿鸣诗》及张应昌《重宴鹿鸣诗》。

④ 梁、张之诗及浙省重宴鹿鸣诸人，《惠耆录》“考略第八”中有详细记述，可参看。

近时论，亦今年为最早，此由湘抚俞廙轩[1]中丞倡之，而各省皆踵之而行，拙诗所谓“为悯衰羸各竞先”[2]也。《随园集》有《重宴鹿鸣诗》，此乃预拟之而作，不可以为实事。兄已将各公牍排比成一编，题曰《惠耆录》[3]，因上谕有“以惠耆儒”语，故题此名。然必待来年始出，若亦如随园之十一月而卒，则竟可不出矣。兄自九月十二日起一病兼旬，今始告愈，然饮啖如故，而精神不能复原，是无复有复原之望矣。小孙十六发成都，二十九至重庆，以后无电报来，殊深念之。闱题及题名录则皆见过矣，浙闱墨尚佳，馀亦未之得见。已交冬令，而天时尚温暖，是亦时令之不正也。手肃，复颂文安。

世愚兄俞樾顿首，立冬日

按，札中提及俞樾重宴鹿鸣之事和俞陛云按试四川，则当作于光绪二十八年(1902)十月初九日(立冬)。

---

① 俞廙轩，即俞廉三(1841—1912)，字廙轩，一字虞仙，山阴(今浙江绍兴)人。曾祖俞圣文、祖父俞芳亭、父亲俞星若以幕吏名闻遐迩。自幼深受家教熏陶，聪颖明达、肆力于学。年十六投效山西戎幕，管理军符，参与军机，参加防河之役。积功由武乡县知县晋代直隶知州，旋迁宁武知府，调补太原知府。治晋十五年，政绩卓然。光绪十五年(1889)，晋补冀宁道，寻迁湖南按察使，授头品顶戴。二十四年，迁湖南布政使。值戊戌变法，升湖南巡抚，两兼湖南学政。

② 此诗见于《春在堂诗编》卷十九“壬寅编”《前诗意有未尽再成四律》一题之四。

③ 《惠耆录》包括纶音、绅禀、县详、抚疏、咨文、呈稿、诗纪、考略等八部分，为俞樾获得重宴鹿鸣恩旨之资料汇编，以上谕中有“以惠耆儒”语而命名(《惠耆录》自序)。

五①

修甫世仁弟如晤：

昨奉到惠书，知兴居佳胜为抃。承属印《杂文六编》十部，但就《全书》中抽印此一种，又止十部，印工颇不乐从事。兄前年去年均纠印《全书》，每部纸张、刷印、装钉八元，今年加入《杂文六编》，而纸价又昂贵，恐须九元方可。然非三十部亦不能开印。足下如能在杭州纠集十部之资，则兄于吴下再凑廿部，便可开印，彼时将《杂文六编》多印十部，则不为难矣。附此奉商，毋固毋必。手肃，敬颂台安。

世愚兄俞樾顿首

令弟均候，拙诗一首附正。

按，《春在堂杂文六编》刻于光绪二十九年(1903)癸卯②，札中既称"今年加入《杂文六编》"云云，则当作于本年。

六③

修甫仁弟足下：

前日世兄来见，英俊不凡，真庭阶玉树也，屈于小就，殊为惜之。采访局文书收到，费神，谨谢。弟衰态如常，但益形疏懒耳。有诗呈览，如相好中有问弟踪迹者，请以此示之。手肃布泐，敬请文安。

世愚兄樾顿首

和甫令弟均此，今年府上有几人下场？榜花在即矣。

按，此札上钤有"海内翰林第二"印。俞樾于道光庚戌(1850)入

---

① 此札辑自《浙江图书馆馆藏名人手札选(二)》上册，第103—104页。

② 《春在堂杂文序目》叶一。

③ 此札辑自《浙江图书馆馆藏名人手札选(二)》上册，第97页。

翰林，至光绪二十九年癸卯(1903)，检认启单，惟四川伍肇龄是丁未前辈，馀皆后辈。遂镌一印章，曰“海内翰林第二”，嗣后作书多钤此印[①]。因知此札至早作于光绪二十九年。

① 《春在堂诗编》卷二十叶一。《补自述诗》叶十一。

致丁立诚、丁立中[①]

丁立中(1866—1920),字和甫,号禾庐,一号慕陆,浙江杭州人,藏书家丁丙之子。光绪十七年(1891)举人。民国初在上海创办民社机关报《民声日报》,出任总干事。丁氏“八千卷楼”藏书,名极一时,立中能承家学。光绪三十三年(1907)因经商失败,亏欠公款,在两江总督端方等人关注下,为防止“八千卷楼”藏书重蹈陆氏“皕宋楼”藏书流落异国之后尘,经丁氏好友缪荃孙接洽,将“八千卷楼”全部藏书售归南京江南图书馆。编有《丁氏八千卷楼书目》二十卷,著《禾庐诗》及《松生府君年谱》等。

修甫、和甫世仁弟惠览:

年前得手书,并《东城记馀》二卷,谢谢。献岁以来,伏惟兴居佳胜,潭第绥和,定如所颂。兄吴中度岁,尚叨平顺。然意致阑珊,无年兴也。衢事能即了否?余中丞有疾,愈否?吴下传闻无准信也。去年年底,屡奉纶音,煌煌大文,想浙中亦早见矣。今年时局能有转机乃妙。手肃,敬颂文安。另片附贺,统希朗照。

世愚兄俞樾顿首

按,《东城记馀》书前有“庚子首夏”、“朱作桀署检”及“钱唐丁氏刊于武昌”牌记,则书为丁氏兄弟付刻,刊成于光绪二十六年(1900)或之后。俞樾《杨枌园〈东城记馀〉序》称“丁修甫季廉以钞本寄示,拟刻入《武林丛书》,而乞余为之序”[②],是此书付刻时曾请俞樾撰序。札中提及“年前得”此书,或为书刻成后赠送俞氏,则此札最早作于光绪二十七年(1901)间。

---

① 此札辑自《浙江图书馆馆藏名人手札选(二)》上册,第105—106页。

② 《春在堂杂文六编》卷九叶三。

致丁日昌

丁日昌(1823—1882),字禹生,一作雨生,号持静,广东丰顺人。年二十成秀才,后屡应乡试不举。咸丰四年(1854)因"潮州军功"入仕,历任万安、庐陵知府。同治初,入曾国藩幕府,受到曾国藩与李鸿章赏识,被举荐至上海专办兵工,参与筹设机器局。同治四年(1865)授苏松太道,协助曾、李办理洋务,兼任江南制造局总办,旋升两淮盐运使。同治六年任江苏布政使,次年升任江苏巡抚。光绪元年(1875)转任福建巡抚,兼督船政。光绪六年会办南洋海防,节度水师,并充兼理各国事务大臣。著《抚吴公牍》、《保甲书辑要》、《奏稿》、《巡沪政书》、《百兰山馆古今体诗》等,辑《持静斋书目》。

一[①]

月之二日,买棹武林,恐劳临送,且暂别也,故未走辞。乃接苏寓来书,知是日适蒙招饮,护世城中,必多美膳,老饕不获餍饫,深叹口福之悭矣。旌旆闻有金陵之行,未知果否?马穀翁[②]曾否南来?湘乡公[③]何时北上?便中幸示及。樾还苏当在十一月中,官梅将放之时,正诗兴大来之日,尚可补领盛情也。

按,札中称"马穀翁曾否南来?湘乡公何时北上"云云,或当作于同治七年(1868)七月乙未曾国藩奉旨由两江总督调任直隶总督,而

---

① 此札辑自《春在堂尺牍》卷二,题作"与丁禹生中丞"。

② 马穀翁,即马新贻。

③ 湘乡公,即曾国藩。

马新贻接替江督[1]之后。

二[2]

昨在吴平斋[3]观察处见陈稽亭先生《明纪》[4]一书,共六十卷,起自洪武,讫于福王、唐王、桂王,仿温公《通鉴》之例,首尾完全,详略有法,颇擅史才。尊议欲刻《明史》,补毕氏《通鉴》[5]所未及,使学者不必读《二十四史》而数千年事犁然大备,此意甚盛。但《明史》与《通鉴》,体非一律,若刻陈氏此书,则与《通鉴》体例相同[6],合成全璧,洵可于《二十四史》外别张一帜。且向来并无刻本,为海内所未见之书。若及此时付之梨枣,会见不胫而走,传播艺林,未始非吾局之光也。此书尚是草稿,订作十四本,卷帙颇厚,刻成装订,与毕氏《通鉴》多寡不甚县殊。书中虽有涂乙处,而字迹分明,稍加整理,即可上版,颇不费手。又有《考异》十二卷,则尚非定本,编纂稍难,或刻或不,再议可也。鄙见如此,尊意以为何如?稽亭先生是乾嘉间人,笃行君子,吴中人士拟请崇祀乡贤。其著此书,闻积数十年心力而成,而未获行世,沈珠沦玉,郁而未彰,或者有待于大贤乎?

---

① 《清穆宗实录》卷二百三十八。

② 此札辑自《春在堂尺牍》卷二,题作"与丁禹生中丞"。

③ 吴平斋,即吴云。

④ 陈稽亭,即陈鹤(生卒年不详),字鹤龄,号稽亭,江苏元和人。生而颖悟,始能言,杜诗即朗朗上口。嘉庆元年(1796)进士,官工部主事。性廉洁,笃于行谊,与朋友交,侃侃直言。与牟昌、郑士超有"工部三君子"之目。博学工文,熟悉史事,为钱大昕所重。所著《明纪》六十卷,手辑至五十八卷而卒,馀为其孙克家所续,传于世。

⑤ 即毕沅《续资治通鉴》。

⑥ 据四部分类法,《明史》为史部正史类,《通鉴》与《明纪》均为史部编年类,故札中有此说。

按，陈鹤所纂《明纪》六十卷，同治十年(1871)由江苏书局刻成行世，此札即言该书“向来并无刻本”云云，必作于同治十年之前。书中应宝时跋称：“吴兴吴平斋封君所谋刻之而未果。时丰顺丁公抚吴，奏开江苏书局，遂以是书付局缮刻，年馀工竣。予念先生之殁已六十馀年，遗书不泯，卒赖数公之力，用显于世，岂非先生心得之处有不可磨灭者在欤?”对丁日昌刊刻此书之事多有褒奖。而据此札可知，提议丁氏刊刻此书的正是俞樾。

三[①]

日前承存问，草草就名纸作数行奉复，定照入矣。病中偶思得一事，辄以闻诸左右。王兰泉先生《金石萃编》[②]版见在上海道署，去年杜小舫[③]观察曾印一部见赠，止缺一百七十八十叶耳。此书虽不免有错误处，要是国朝言金石者一大宗，若不及今收拾，必至零落无存。阁下何不移置书局中，觅初印善本，将所缺叶翻刻补全，计其费不及二百千，而局中又得成一巨观矣，亦苏局之光也，阁下其有意乎?

按，《金石萃编》有嘉庆十年(1805)王氏经训堂刻本及同治十一年(1872)重修本，此札即言该书“缺一百七十八十叶”云云，或当作于同治十一年补版之前。

---

① 此札辑自《春在堂尺牍》卷三，题作“与丁雨生中丞”。

② 《金石萃编》，王昶撰。参与该书编纂的还有朱文藻、钱侗。王昶(1725—1807)，字德甫，一字兰泉，松江青浦(今属上海)人。乾隆十九年(1754)进士，官至刑部侍郎。是书成于嘉庆十年(1805)，共一百六十卷，所收资料以历代碑刻为主，达一万五千馀种，铜器和其他铭刻仅十馀则。年代自秦至宋、辽、金。题下注明碑刻、器物尺寸与存处，汉以前者按篆文或隶书摹写，汉以后者用楷书，碑文之后附有见于各金石书或文集中的题跋，最后为编者的考释或按语。

③ 杜小舫，即杜文澜。

四[1]

昨由冯竹儒[2]观察递到手书，以公之惓惓于鄙人，知鄙人之不能忘公也。闻力辞闽抚之命，而台洋之事，毅然自任。臧文仲云“贤者急病而让夷，居官者当事不避难”，其执事之谓乎？然闽疆重任，非公莫属，朝廷未必如所请也。补帆身后之事，委曲经营，无微不至，凡在知交，无不感叹，况樾与补帆儿女至亲乎！已将尊意转达其孤。晏、卞两公，本是同乡，又承鼎言力托，当必筹画尽善。惟樾因老母在堂，不能渡江北去，如昔贤生刍故事，视阁下风义有愧色矣。补帆诗文不存稿，其奏议未知有如干篇，当向其家问之。其在台时，凡民风土物、所见所闻，各纪以七言绝句[3]，此则必有可观，而未之得见，亦当问之其家也。

按，札中称“补帆身后之事”，则此札当作于王凯泰光绪元年(1875)十一月十四日卒后。丁日昌则接替王凯泰出任福建巡抚，并兼任船政大臣。故札中俞樾以王凯泰身后事相托付。

---

① 此札辑自《春在堂尺牍》卷四，题作“与丁禹生中丞”。
② 冯竹儒，即冯焌光。
③ 当即王凯泰所作《台湾杂咏》三十二首，《续咏》十二首，均为七言绝句。

致杜联

杜联(1804—1880)，字耀川，号莲衢，浙江会稽人。道光三十年(1850)进士。授编修。官至内阁大学士兼礼部侍郎。生平信奉朱熹理学，曾印行《薛文清读书录》，督学广东时，又手注《白鹿洞学规》授学生。有《莲衢杂著》、《莲衢诗文稿》、《南行记事》、《征轺杂记》、《使粤日记》、《天牍稿》、《近科墨醇初编》等。

一①

京华一别，五易暑寒矣。闻旋里之馀，即抗归田之疏，二疏高迹，复见于今，惜无昌黎大笔以张之耳。惟吾榜介丁未、壬子间，旧有“蜂腰”之诮，其不为榜运所限者，朴山②将军外，内惟汴生③、湘吟④，外惟枢元⑤、补帆诸君，落落可数，而阁下为之领袖。虽钦恬退之高风，实乖企望之宿愿，所期谢傅东山，乘时复出，不惟苍生之幸，抑亦同谱之光，阁下倘有意乎？仆跧伏林下，忝窃皋比，妄以撰述自娱，不知老之将至。月初自苏至浙，寓居湖楼。明年拟于城中觅屋数椽，为移家之

---

① 此札辑自《春在堂尺牍》卷二，题作“与杜莲衢同年”。

② 朴山，即崇实(1820—1876)，完颜氏，字子华、惕盦，又字朴山，别号适斋，满洲镶黄旗人。道光三十年进士。由左赞善、侍讲学士至成都将军，擢至刑部尚书、署盛京将军。工书法，著《见亭行述》、《适斋诗集》、《惕盦年谱》。

③ 汴生，即邵亨豫(1818—1883)，字汴生，号子立，江苏常熟人。道光三十年进士。历官陕西、湖北、湖南巡抚，吏部侍郎。著《雪泥鸿爪》、《愿学堂诗存》、《新安消夏唱酬草》。

④ 湘吟，即钱宝廉(？—1882)，榜名钱锓，字湘吟，浙江嘉善人。道光三十年进士。授编修，历刑部侍郎、吏部侍郎。

⑤ 枢元，即曾璧光。

计。果能如愿，则一江之隔，相距非遥，不难雪夜买舟，来访戴安道也。

按，同治七年(1868)七月，杜联由内阁学士迁为礼部右侍郎，八月以病免[①]。札中称其“旋里之馀”云云，则当作于此后。

二[②]

西湖精舍，咫尺讲堂，乃以课事尚迟，德车未至，暮云春树，良用依依。未知杖履何如，伏惟万福。补帆在吴中相见，决计引疾归田，闻汴生亦有此意，何庚榜中高尚者之多，得无老同年为之倡始乎？为苍生计，少一人则可惜；为林泉计，多一人又有光也。三江闸[③]事，曾否毕功？江风海雨中，千万珍重。去年越中为陶文节[④]前辈请建专祠，乞录示颠末，因苕上欲援例为赵忠节[⑤]同年建祠也。又省垣诸同人请建阮文达公专祠，借重阁下列名，属弟转达，想无不可。弟所主诂经精舍，由文达创始，是亦吾教中开山祖师也。

按，《春在堂诗编》卷八有《闽抚王补帆同年述职入都，行次姑苏，

---

① 《清穆宗实录》卷二百三十八、卷二百四十。

② 此札辑自《春在堂尺牍》卷四，题作“与杜莲衢同年”。

③ 三江闸，在浙江绍兴东北三江口，为大型挡潮排水闸。明嘉靖十六年(1537)绍兴知府汤绍恩主持修建。

④ 陶文节，即陶恩培(1801—1855)，字益之，号文云(一作问云)，浙江山阴人。道光十五年进士，选庶吉士，授编修，迁御史。咸丰四年擢湖北巡抚，五年，为太平军所败，自尽。

⑤ 赵忠节，即赵景贤(1822—1862)，字竹生，浙江归安人。道光二十四年举人。在籍倡团练，历授福建督粮道，加布政使衔。守湖州，为湖州道员，团练总办。咸丰十年，太平军以重兵围湖州城，赵景贤组织乡勇抵抗。同治元年正月城陷，卒。

以病请假。然观其闽中留别诗,似久有归志矣。因于西湖寓楼次韵和之》一题(作于同治十三年春),所言与札中“补帆在吴中相见,决计引疾归田”云云相合,则此札当作于同治十三年(1874)。

致杜文澜

杜文澜(1814—1880),字筱舫,号憩园,浙江秀水人。以盐官起家,署两淮盐运使。著《古谣谚》、《平定粤寇纪略》、《江南北大营纪事本末》、《万红友词律校勘记》、《曼陀罗华阁琐记》、《采香词》。

一[1]

别后由苏寓寄到手书,知台候胜常为慰。仆于九月初携老妻至湖上小楼,倚槛坐对,全湖晴好雨奇,随时领略。至夜,则月色波光,上下照耀,两三渔火,明灭其间,光景尤清绝。前日乘篮舆至天竺、灵隐礼佛。天竺大殿新建,无可观览,一路山色颇佳,然旧时修篁夹道,今则若彼濯濯,美哉,犹有憾矣。灵隐则胜境天成,不以盛衰有异,山洞幽邃,山上老树,亦未尽摧残,泉流瀌瀌,清逾丝竹。是日为月尽日,香客稀少,游屐亦罕,与内子坐冷泉亭上,仰观山色,俯听泉声,一乐也。亭中悬平斋所书"泉自几时冷起"一联,内子谓:"问语甚隽,请作对语。"仆因云:"泉自有时冷起,峰从无处飞来。"内子云:"不如竟道:泉自冷时冷起,峰从飞处飞来。"相与大笑。随笔及之,博故人抚掌也。

按,同治七年(1868)九月,俞樾与夫人姚氏同游灵隐冷泉亭,并作此札中题及之联语[2]。札中称此日为月尽日(九月二十九日),又称为"前日",则此札当作于同治七年十月初二日。

---

① 此札辑自《春在堂尺牍》卷二,题作"与杜小舫方伯"。

② 《春在堂随笔》卷一,第18页。

二[①]

辱手书,知将拙刻诗文各集细阅一过。虽奖借太过,非所克当,亦见相爱之深也。承示四川新出土之龙山公碑,此碑无可考证,吴君定为臧姓,有志书可据,或不诬也。其以嬖人臧仓为始祖,在古人固不以为嫌,如《校官碑》以楚太傅潘崇为潘氏之祖,考之《左传》,则固佐太子商臣弑君者,非端人也。刁氏之祖齐寺人貂,亦然。惟臧氏乃鲁公族,文仲武仲,世有闻人,舍之不举而举臧仓,且臧仓何以谓之司徒公?又何以随宦在蜀?种种可疑,或别有其人,或并非臧姓,安得起古人而问之乎?

按,札中题及之"龙山公碑",即《大隋开府仪同三司龙山公墓志铭》,刻于隋开皇二十年(600)。碑文为楷书,十三行,行字二十至三十不等。咸丰九年(1859)秋,石碑的上半部分出土,下部分出土于咸丰九年十二月,知府罗升梧撰跋,刻于碑上,记得碑经过。吴羹梅考证龙山公为臧熹之子臧质,并撰跋刻于石碑右侧[②]。

三[③]

筱舫仁兄大人阁下:

得手书,久未复。日来早晚凉爽,尊候想必胜常,尊夫人所患当亦霍然矣。承示词话,具见体会入微,不胜佩服。弟于律卤莽,未足以赞助精深,姑于字句间校定一二,聊副下问之怀,幸惟裁定。此下各卷均全录人词,则"说词琐语"诚不足以该之,或当更定佳名也。肃

---

① 此札辑自《春在堂尺牍》卷五,题作"与杜小舫观察"。

② 《鲁迅辑校石刻手稿墓志》下,《鲁迅大全集》第28卷,第213—218页。

③ 此札辑自《上海图书馆藏名人手札选刊·俞曲园手札》,第17—18页。

复,敬颂著安。

小弟樾顿首,十七

按,俞樾《江苏候补道杜君(文澜)墓志铭》称:“晚年又作《同人词话》,甫写定未刊,而君殁矣。君卒于光绪七年七月某日。”是《词话》成书于杜氏卒前不久,故暂系此札于光绪七年(1881)。杜文澜《憩园词话》卷一为“论词三十则”,卷二至卷六为抄录诸家词作,首列作者小传,并于各词家风格多所评骘。全书未见“说词琐语”之名,或即采纳俞樾意见之故。

致端方[①]

端方(1861—1911),托忒克氏,字午桥,号匋斋,满洲正白旗人。光绪八年(1882)举人,历督湖广、两江、闽浙,宣统元年(1909)调直隶总督,被弹劾罢官。后起为川汉、粤汉铁路督办,入川镇压保路运动,为起义新军所杀。谥忠敏。著有《匋斋吉金录》、《端忠敏公奏稿》等。

匋斋尚书世大人阁下:

昨承惠顾,话别依依,良深心感。率成二律奉送,聊志别情,不足言诗也。《神谶碑》[②]率题数字,聊以报命。病夫不克趋送,谨遣使持柬代叩,敬送吉行。即请台安。

世愚弟俞樾顿首

按,此札信笺上钤"海内翰林第二"印,则至早作于光绪二十九年(1903)。

---

① 此札辑自上海敬华艺术品拍卖有限公司2006年12月古籍专场拍卖会第1088号拍品。

② 即《天发神谶碑》,又称《吴天玺记功颂》,三国吴天玺元年(276)刻。三国吴的最后一位君主孙皓,因天降符瑞而立碑记功。石呈圆幢形,环而刻之。传为华核文、皇象书。原碑刻于江宁(今南京市)天禧寺。宋元祐六年(1091)胡宗师将碑移至转运司后圃筹思亭。后又移江宁学尊经阁。宋时原石断为三段。上段21行,中段17行,下段10行,共存213字,故又称《三段碑》、《三击碑》。清嘉庆十年(1805)三月校官毛藻印刷《玉海》,不慎失火,此石尽毁。原石上段有元祐六年胡宗师跋,崇宁元年(1102)石豫亨跋,明嘉靖四十三年(1564)耿定向跋,清代翁方纲又在石下段刻"北平翁方纲来观"七字。光绪三十二年(1906),两江总督端方根据宋拓本重新模勒精刻此碑,今在南京总统府煦园内。

致恩寿[①]

恩寿(1845—?),字艺棠,索卓罗氏,满洲镶白旗人。同治十三年(1874)进士。光绪二十三年(1897)任陕西陕安道。后历任江西按察使、江苏巡抚、漕运总督等。三十二年(1906)改山西巡抚。次年调陕西巡抚。宣统三年(1911)武昌起义时,因病被免职。

一

艺棠中丞世大人阁下:

承赐小孙书,并厚贶百朋,莫名感悚。小孙因知新裕轮船于十一日自沪开行,此是熟船,意欲附之北上,故于初八日已趁小轮赴沪。尊惠不敢有虚,谨由弟拜领,即函告,使小孙长铭雅意,永矢勿谖。惟命书之件无以奉报。窃思小孙本不工书,此亦可以不必,如台意必欲命书,俟有折便寄京师,由贵宅转交,必无不达。手肃敬谢,即请勋安,容晴暖趋叩崇辕,匆匆不尽。

世愚弟俞樾顿首,初十

按,光绪二十九年(1903)二月,俞陛云进京销假。是札称俞陛云自沪北上,或即此行,故暂系于此。

二

奉贺艺棠中丞见贺原韵,即请吟正

一曲霓裳集众仙,欣看诸老到随肩。马医巷内徵前事,却有文恭

① 以下35通诗札均辑自《曲园老人书札不分卷》册一、册二,国家图书馆藏,馆藏号SB17533。

事在先。余所居马医科巷，潘文恭旧弟在焉，文恭亦重宴鹿鸣。

诸公济济又匝匝，笑我衰羸不自持。坐看席前诸老辈，几人鹤发几于思。谓胡效山①、任筱沅②诸公。

正将药饵议君臣，忽听笙簧感又新。六十年前同谱友，至今海内几何人。去年，甲辰同年奏请重宴者尚有周、张二君③，今皆物故矣。

读到新诗又四章，顿教衰朽一增光。携来雏燕承青眼，不是人间小凤皇。是日携曾孙僧宝出拜。

世愚弟樾呈草

按，札中小注称"去年，甲辰同年奏请重宴"，奏请事发生在光绪二十八年(1902)，重宴鹿鸣则在光绪二十九年秋闱后。因知此札当作于光绪二十九年秋闱后。

三

诸暨丁厚庵名椿荣，道光癸卯科武举人，官至平阳左营守备。光绪癸卯科，例得重赴鹰扬宴，而科停宴废。因奏请附入鹿鸣宴，洵异数也。余幸与同宴，又闻其明年正九十矣，赋诗贺之，即以为寿

玉诏新颁罢武科，尚馀嚄唶旧廉颇。因将猛士大风曲，并入嘉宾小雅歌。正惜同年侪辈少，欣闻异数圣朝多。惟怜我转颓唐甚，不是词场老伏波。

---

① 胡效山，即胡俊章(？—1906)，字效山，正蓝旗汉军包衣。光绪二年(1876)进士，官至陕西延榆绥道，谢病归，就养吴中。编《西湖诗录》。

② 任筱沅，即任道镕(1823—1906)，字励甫，号筱沅，江苏宜兴人。道光二十九年(1849)拔贡，官至浙江巡抚。著《寄鸥游草》、《欧馆闲吟》。

③ 《春在堂诗编》卷十九有《甲辰同年今年奏请重宴鹿鸣者，余之外，有江南张君丙炎、湖南周君乐。在杭州闻周君亡，有诗悼之，及至苏州，又闻张君亡，未知尚有续奏者否？恐海内止余一人矣。为之轟然，又赋一律》一题，题中周乐、张丙炎即此处所谓"周、张二君"。

闻君束发战黄巾，戎马崎岖廿载身。刀下不轻戕一命，所至纪律严明，不妄杀一人。濠边何止活千人。守衢州时，城外难民环而求入，哭声振地。君冒军法纳之。于公种德真无算，翁孺封侯定有因。转瞬期颐登百岁，引年又得拜恩纶。

艺棠中丞和余龙湖退院旧作见示，余钦其工妙而愧无以报之。适有近作二律，诗虽不工，亦异时一故事也。录呈雅正，目眊率书，字不成字，恕之谅之。

世愚弟俞樾呈稿

按，此诗见于《春在堂诗编》卷二十“癸卯编”，文字小有差异。故诗札当作于光绪二十九年(1903)。

四

艺棠中丞枉驾草堂，曾孙铭衡出见，越日遂蒙兼金之赐，代赋一诗陈谢，藉博莞尔

欲赋高轩尚不能，如何嘉贶竟频仍。新颁锦服犹藏笥，又赐金钱托买灯。背讽诗篇惭未熟，命背讽唐诗。面承辟咡喜难胜。他年困学粗成就，万丈龙门倘许登。

樾呈稿

按，《春在堂诗编》卷二十“癸卯编”有《代曾孙铭衡赋谢艺棠中丞》一题(在上札之诗后)，即此诗，故是札当作于光绪二十九年(1903)。

五

艺棠仁兄世大人阁下：

承手示，敬悉翰林院实有增设之员，乃政务处奏准，并无明发，其

新设学士二员，则已简放有人，毓绍岑[1]即其一也，馀员未见放人。大约因翰林院升路较少，故添设三品及六品官耳。六品官闻名曰撰文，亦只传说如此。承录示新章，敬悉此后翰林升路较宽，然视从前有詹事府[2]时则仍窄也。大著贺绍岑学士诗，题新诗亦新，他年可备词林掌故。至小孙则头上积薪不少，何敢望升撰文，恐有负期望耳。贺绍岑诗仍缴，复请
艺棠中丞世大人勋安。

弟樾顿首

按，光绪二十九年(1903)十二月初六日，以国子监祭酒毓隆、王垿为翰林院学士[3]。札中提及此事，故当作于嗣后。

六

甲辰元旦试笔[4]

乍雨还晴景物暄，屠苏在手欲何言。甲辰还是前乡贡，前甲辰，余举于乡。庚戌真成老状元。临平市丐王老人曾呼余而言曰：尔当作状元。时余已罢官归矣，一笑置之。及光绪癸卯会试后，翰林认启单出，则庚戌下止余姓名，老人所谓状元，岂即此乎？噫，丐其仙矣。抛去岁华难捉搦，拈来诗笔欠腾骞。一年一集频年惯，此例今年可许援。壬寅、癸卯两年，皆一

---

① 毓绍岑，即毓隆(1872—1923)，字绍岑，为清雍正帝七世孙。其支系始祖为雍正帝五子和亲王弘昼。毓隆之父溥良请求革去封号、俸禄，参加科举，并考中光绪六年(1880)进士，入翰林。毓隆幼承家学，光绪二十年(1894)进士，散馆授编修。曾任典礼员院学士、四川学政与主考。

② 光绪二十八年(1902)正月二十七日，以詹事府名实不符，归并入翰林院(《清德宗实录》卷四百九十四)。

③ 《清德宗实录》卷五百二十五。

④ 此诗见于《春在堂诗编》卷二十一，文字小有差异。

年得诗一卷，今未知能否。

曲园

按，此诗即题"甲辰元旦"，则当作于光绪三十年(1904)元旦日。

七

艺棠中丞叠暄字韵再赐和章，亦叠韵奉酬

几日微阴几日暄，已欣春入鸟能言。销磨世虑凭黄老，唱和诗篇仿白元。我本寒蛩宜伏处，君如威凤正高骞。相期勉绍韦平业，多少苍生待手援。

樾呈稿

按，此诗札及以下两通均见于《春在堂诗编》卷二十一(文字小有差异)，故均当作于光绪三十年(1904)，今据其在《诗编》中的次第编排。

八

中丞来诗，有"海涛岛雾"之叹，因再叠前韵

海涛岛雾变凉暄，岂止西邻小有言。几见兵氛销渤澥，惟闻恩诏逮黎元。水犀军未平时练，金翅船从何处骞。见说贪狼芒角盛，天弧在手试为援。

樾

九

艺棠中丞三叠前韵赐和，亦叠韵奉酬即正

浪传吹律欠回暄，怀抱悠悠试一言。人谓先生同甫里，自怜朝士尚贞元。春蚕已觉丝将尽，病鹤难期翅更骞。欲叩戟门仍未果，不辞秃笔为君援。

樾

十

昨晚得读和章，未及奉复，今亦勉叠奉酬，即请吟正。腊八日四诗，适从上海借活字版摹印二百纸，今奉上十纸，以备分贻。手肃，敬请

艺棠中丞世大人台安。

世愚弟樾顿首，新正四日

按，《春在堂诗编》卷二十“癸卯编”有《腊八日，艺棠中丞亲送“重宴鹿鸣”匾额悬挂寓庐。是日也，鼓吹填门，簪缨满坐，亦盛举也。薄治一樽，率呈四律，聊酬雅意，兼述鄙怀》一题，即札中“腊八日四诗”之所指，故此札当作于光绪三十年(1904)正月初四日。

十一

艺棠仁兄世大人阁下：

昨承示五叠韵，知玉帐春风，啸歌不废，真昔人雅歌投壶风度也。弟于此诗亦经六叠，谨命钞胥录呈雅政。手肃，敬请勋安。

世愚弟樾顿首，人日

按，《春在堂诗编》卷二十一“甲辰编”有《六叠前韵自赠》一题，当即此处“弟于此诗亦经六叠”之所指，故是札作于光绪三十年(1904)正月初七日(人日)。

十二

艺棠中丞六叠韵见示，因七叠韵和之，殊有鼓衰力竭之叹

晴窗把笔趁晴暄，一写花笺四百言。七叠韵计三百九十二字，四百举成数耳。惟愿兵端销八海，好从岁首庆三元。儿童喜有新诗至，曾孙僧宝喜告曰：抚台又有诗来矣。老朽惭无逸兴骞。力竭鼓衰君莫笑，

右袍未敢再为援。

樾

按，此诗见于《春在堂诗编》卷二十一(文字小有差异)，故此札当作于光绪三十年(1904)。

十三

大作又添三首，不独见诗律之推敲入细，抑足见大才之展布自如也。日俄战事，只新闻报有攻旅顺图，亦不足观。弟转借此作题耳。手复，敬请勋安。

世愚弟樾顿首

按，札中题及之“日俄战事”，即光绪二十九年十二月二十一日(1904年2月6日)，日俄两国为争夺中国东北在中国领土上发动的战争。清廷于十二月二十七日宣布“局外中立”，划辽河以东地区为日俄两军“交战区”。旅顺是俄国从清廷攫取的远东唯一的不冻港，是太平洋分舰队的主要基地。整个日俄战争期间，始终贯穿着双方对这一战略要地的争夺，实质上是争夺对战争全局具有决定意义的制海权。是即札中提及“旅顺图”的背景，故此札当作于光绪三十年。《春在堂诗编》卷二十一有《沪上以日俄战事摹绘成图，阅之恻然，十叠前韵》一题，应即札中所谓“借此作题”者。

十四

艺棠仁兄世大人阁下：

新正迭奉赐书，至十二叠韵，均什袭珍藏。昨又蒙钞示一册，便以展玩，尤所感荷。想效翁、郎翁[①]处亦必各拜一分也。手肃奉谢，

① 郎翁，即汪鸣銮。

敬请勋安。

世愚弟樾顿首

按,《春在堂诗编》卷二十一有《韵至十叠,可以止矣,然第十首不足结束诸篇,十一叠韵以为之殿》为该卷第十二首“暄”字韵诗,当即札中“至十二叠韵”之所指。故此札作于光绪三十年(1904)。

十五

艮宧小坐艮宧乃曲园西北隅小屋

寻春到艮宧,小坐最相宜。扫叶才通路,扶花特补篱。盆鱼红靺鞨,笼鸟碧琉璃。不觉留连久,怡然忘我衰。

录奉

艺棠中丞一笑。

樾

诗有“璃”字韵,亦似效翁所谓不敢求和者也。

按,此诗见于《春在堂诗编》卷二十一(文字小有差异)。故诗札当作于光绪三十年(1904)。

十六

惊蛰前一日曲园看雪

等是园林雪,春来便不同。万花将吐艳,一白与争雄。夺尽杨枝绿,收回杏蕊红。昨朝当此际,雷鼓正隆隆。

艺棠中丞正之。

樾

按,此诗见于《春在堂诗编》卷二十一(文字小有差异),故当作于光绪三十年(1904)正月十九日(正月二十日惊蛰)。

十七

正月十八日雷电，十九日大雨雪，艺棠中丞示闻雷诗二律，次韵奉酬，首章答闻雷，次章咏雪，录呈雅政

人间正苦虫虫热，前数日热甚。天上俄传虺虺吟。此日一声起平地，异时四境足甘霖。收回庭院炎歊气，听取云霄咳唾音。毕竟震方生意畅，丰绥可慰使君心。

去岁冬暄微有雪，今年春早已闻雷。素娥暂出仍扃户，十八夜雷雨后已见月矣。青女重临不待媒。《淮南子》云：青女乃出，以降霜雪。是青女不独主霜，兼主雪也。作赋人还梁苑去，寻诗客又灞桥来。祥霙一样皆堪喜，六出花看五出开。世传腊雪六出，春雪五出。

樾呈稿

按，此诗见于《春在堂诗编》卷二十一（文字小有差异）。故诗札当作于光绪三十年(1904)正月十九日后不久。

十八

承和看雪诗，又示和效山诗，效颦步韵，录呈郢政，敬请
艺棠中丞世大人台安。

弟樾顿首

按，《春在堂诗编》卷二十一有《惊蛰前一日曲园看雪》、《闻雷看雪，和胡效山观察》等诗，应即此处所指。故是札当作于光绪三十年(1904)正月二十日（惊蛰）后不久。

十九

昨呈和作，定尘青鉴。前“萧”字韵，谬为公所赏，因思次首“横”字韵，究属空泛，又改作两句，未免纤巧，无当大方。“暄”字韵郎亭又

有一叠，亦叠韵报之，即呈一笑。手肃，敬请
艺棠中丞世大人台安。

樾拜上

按，《春在堂诗编》卷二十一有《闻雷看雪，和胡效山观察》一题两首，其一“萧”字韵，其二“横”字韵，当即此处“前萧字韵”、“次首横字韵”之所指；《春在堂诗编》卷二十一有《郎亭于“暄”字韵竟至十三叠，因十二叠报之，此后当不再叠矣》一题，当即此处“十二叠韵”之所谓。故此札作于光绪三十年(1904)。

二十

顷读惠书，适有客，未复。公前示诗，承正误补遗，足徵精美，谨将原纸奉缴。“璃”字韵实不能再和，如欲勉强奉酬，只好借用“离”字矣。手肃，敬请
艺棠中丞世大人安。

樾顿首

按，《春在堂诗编》卷二十一《艮宧小坐》、《效山和余艮宧诗，殆未知吾园之陋也。叠韵晓之》两题皆“璃”字韵，故是札作于光绪三十年(1904)。

二十一

艺棠中丞世大人阁下：

闻台旆新从沪上回，伏惟起居万福为颂。昨得小孙都门来信，有函奉达台端，敬为转呈，伏乞照入。手此，敬请勋安，惟鉴不宣。

世愚弟俞樾顿首，廿六日

谨再启者，舍亲姚县丞祖顺，乃小孙胞母舅，需次吴中，已将廿载，人尚安详谙练，而旅况颇艰。闻赵屯局员刻将瓜代，可否赏派此

差？感德非浅。弟因系至戚，琐渎清严，惶悚惶悚。名条附上，载请台安。

弟樾再顿首

二十二

艺棠大中丞世大人阁下：

叠蒙赐示和章，唱酬甚乐。今日弟却有俗事奉干。小孙陛云之胞母舅姚县丞祖顺，需次江苏，垂二十年，历次署缺当差，尚无贻误，而其人则亦老矣。闻赵屯港厘局委员已将瓜代，伊意冀得此差，稍有馀资，以清宿累而营归计。弟与至亲，故敢为代达，附上名条。如蒙推爱，附允于该委员报满时委充是差，则感德无既也。手肃布恳，敬请台安，统惟览鉴。

世愚弟俞樾顿首，廿八日

按，以上两札中俞樾向恩寿引荐姚祖顺，第二十四通则言及姚祖顺已见过恩寿，故将此札系于前。而札中又言“赐示和章，唱酬甚乐”云云，或即作于上述诸札往来唱和之后。

二十三

春分日，采绿梅花七朵，瀹汤饮之，云可辟疫，儿女辈效为之，戏赋一诗

窗下儿曹笑语哗，瓷瓯手进错疑茶。如何天上小团月，化作仙人萼绿华。道是春分宜此饮，不知年例始谁家。老夫一哈聊从俗，疢疾消除气力加。

樾

按，此诗见于《春在堂诗编》卷二十一（文字小有差异）。故诗札当作于光绪三十年(1904)二月初五日（春分）后不久。

二十四

昨日舍亲姚县丞祖顺叩谒戟辕，荷蒙传见，荣幸之至。弟昨又和效翁一诗，录呈清览。此韵似无可再叠，即琳璃字，公亦用过矣。手此布泐，敬请
艺棠中丞世大人台安。

樾顿首

读效山观察和余艮宧小坐诗，殆未知吾园之朴陋也，叠前韵告之

室东北曰宧，名艮固其宜。艮亦东北方卦。小小两间屋，低低一道篱。轩窗欠丹雘，诗句愧琳璃。且喜新开霁，寒威或少衰。
艺棠中丞正。

樾

按，札中附诗见于《春在堂诗编》卷二十一，在《春分日，采绿梅花七朵，瀹汤饮之，云可辟疫》一题之后。故当作于光绪三十年(1904)。

二十五

咏牡丹七言八韵，禁用牡丹故实，并“国色天香”、“富贵”等字

东皇降敕领群芳，花国中称南面王。独占繁华春世界，自成台阁大文章。含苞未吐争探信，重幔犹遮已觉香。旧住玉楼李长吉，新封金屋郭汾阳。凭他浓淡皆尤物，洵是神仙又艳妆。萧寺有时偏烂漫，名园无此不风光。痴蜂醉蝶经旬闹，宝马香车几度忙。我本郊寒兼岛瘦，也将锦绣换吟肠。
艺棠中丞正和。

曲园拜稿

按，此诗见于《春在堂诗编》卷二十一(文字小有差异)。故诗札当作于光绪三十年(1904)。

二十六

自闻公擢权漕节，颇萦别绪，即病榻成七律八首，聊叙数年见爱之雅。先以草稿呈政，当命小孙另以恭楷书小屏奉赠也。手肃，敬请艺棠仁兄世大人台安。

弟樾顿首，十七日

艺棠中丞抚吴四载，余以世好，得与周旋。今奉恩纶往权漕节，临歧恋恋，不能无言，辄赋八章，以代骊唱①

家世金张重上都，频年霁月照姑苏。吴中襟袖留诗本，江上旌旗换漕舻。虎节颁来尊督部，骊歌唱处遍乡闾。谁知父老讴思外，更有乾坤一腐儒。

少时侥倖到罗天，岂意追随有大贤。余十七岁中式副榜，忝与相国文靖公同年。当日龙猪身隔绝，此时羔雁世周旋。谬劳折节虽非分，许共题襟亦是缘。何况竹林看后起，吾孙又得附同年。余孙陛云与公从子笛楼编修为戊戌同年。

马医狭巷一条长，屡见高轩过草堂。坐上衣冠皆脱略，门前旌旆自飞扬。春盘草草残堪愧，病榻依依最不忘。每因问疾亲至余卧室。携到曾孙才六岁，荷衣也许拜公旁。公每来，曾孙僧宝必出见。

骑卒传笺不惮劳，新诗日日费推敲。有时颁到杨家果，几度分来段相庖。时贻珍果美馔。大字书编便幼读，以大字本《四书》付僧宝读。称身衣履赐儿曹。又制衣帽赐僧宝。金钱更许春灯买，博得元宵笑语高。

秋风鼓瑟又吹笙，去岁重叨赋鹿鸣。愧以衰颓陪后进，忽看光采照前荣。笔飞墨舞楣间字，主献宾酬席上情。早使吴侬惊盛事，一时传遍阖闾城。去岁余重宴鹿鸣，公制匾为赠，是日群公咸集，一时称盛。

吾孙七载忝清班，南北舟车数往还。未忍桑榆抛白发，又难松菊

---

① 此诗见于《春在堂诗编》卷二十一，文字小有差异。

恋青山。高低篱鹦都休问，进退藩羝大是艰。每荷殷殷询出处，云泥虽隔总相关。

千里长淮鼓吹喧，此行何计更攀辕。官居陶侃八州督，家有香山五亩园。白石赤阑桥略约，红蕖翠盖水潺湲。天留风景非无意，留取乔林待凤鹓。闻漕督有留园，风景甚佳，绿水红蕖，夏日尤胜。

自顾龙钟八十翁，云龙角逐岂能同。仍思拥篲迎吴下，更盼移旌到浙中。孔李长寻先世好，韦平远绍旧家风。临歧无限依依意，岂仅新诗付竹筒。

甲辰四月弟樾拜稿

按，附诗署“甲辰四月弟樾拜稿”，则此札当作于光绪三十年(1904)四月十七日。

二十七

每日午后使人舁至外斋小坐，赋此一笑

葛布衣单竹椅轻，两人舁我出前荣。曾孙奉杖为前导，小婢随车在后行。陶令篮舆虽有例，谢公木屐竟无声。孔家安国如相遇，八十四龄崔仲卿。崔仲卿年八十四遇孔安国，授以丹方，遂得长生。余今年亦八十四，故云然。

樾初稿

按，诗中注云“余今年亦八十四”，知此札作于光绪三十年(1904)。此诗见于《春在堂诗编》卷二十一（文字小有差异），在第二十六、二十八两诗札之间，故系于此。

二十八

艺棠仁兄世大人阁下：

胡大令来，交到惠书，知前贡拙诗已博公馀一笑。即悉禔躬安吉，瀛眷清平，并知察吏整军，已有条理，园中花木扶疏，清流潆带，亦粗复从前光景。贤者所至，自然景物一新也。承惠油花，玲珑满箧，发之狂喜，不独僧宝为然也。颇思作一诗纪之，苦无故实。吴下呼此为馓子，亦未知是否？率尔吟成，恐不堪存录，聊奉评正。又一诗，粗述近状，一并奉呈。弟眠食尚叨无恙，如欲复常，恐不能矣。小孙又奉到午桥[①]照会，知公咨文已到院也。手肃布谢，敬请勋安，统惟惠鉴不宣。

世愚弟樾顿首，陛云及僧宝侍叩

再者，从孙箴玺[②]禀来，知公垂爱有加，预赐薪资两月，以济其旅况之窘，真可谓视犹子侄矣。感戴之至，再此陈谢。并希览察。

弟樾再顿首

艺棠漕帅寄赐僧宝油花一箧，赋谢

饼饵之中得此稀，居然劈理又分肌。条条宛似玉条脱，缕缕真成金镂衣。略用盐调咸亦淡，饱经油炙脆仍肥。曾孙娇小还知感，遥望淮云兴欲飞。

樾

按，此诗见于《春在堂诗编》卷二十一（文字小有差异）。此札当作于光绪三十年(1904)。此札与下札均提及俞陛云得贵恒照会事，而下札所谓“咏米花小诗”，或即此札所附诗，故暂系其前。

二十九

艺棠仁兄世大人阁下：

前上一笺，并附去咏米花小诗一首，定博莞尔。比惟兴居佳畅，

---

① 午桥，即贵恒（？—1904），字午桥，又作坞樵，满洲镶白旗人。同治十年(1871)进士。巡抚，官至刑部尚书。著《使闽吟草》。

② 俞箴玺（生卒年不详），字篆玉，俞林第三子祖绥次子。曾任山东昌邑县、绥远萨拉齐县知事（俞泽民：《曲园先生世系简乘》，第150页）。

勋望崇宏。在袁浦整理一切，百废俱兴，不仅清晏园中为之生色而已。弟衰病如常，无善可述。小孙蒙奏尚在苏，八月底得午桥中丞照会，月给百金，饮水思源，皆公赐也，谢谢。舍侄孙在浦，又蒙赏派局差，同深感戴。弟迩来仍以吟咏自娱，但视公在苏时兴会较减矣。近作又刻成十叶，廿九至卅八。与前呈者相接，寄奉一笑，览之亦可知鄙人近况也。因止十纸，故未装钉，恕其草草，俟全卷刻成再奉呈也。手肃布臆，并展谢忱，敬请勋安，统惟惠鉴不宣。

世愚弟俞樾顿首，小孙侍叩，九月廿六

按，光绪三十年(1904)四月，恩寿由江苏巡抚调任漕运总督，离吴赴任。此处称"视公在苏时"云云，则当作于恩寿离苏后。又，光绪三十年十二月裁撤漕运总督，改设江淮巡抚，恩寿任江淮巡抚；三十一年三月裁撤江淮巡抚，召入京。则作此信之"九月廿六"必在光绪三十年[1]。

三十

艺棠尊兄世大人阁下：

前承赐和章，律美而韵谐，可称佳构。知公于文学政事兼长也。郎亭见之亦极叹赏。前谈及《东瀛诗纪》[2]，今检呈一册，乞鉴入。天寒欲雪，伏惟兴居万福，匆匆不尽。

世愚弟俞樾顿首，廿七日

---

① 《曲园老人书札不分卷》共三册。册一末有信封二，其一题"烦寄清江浦呈/漕台/恩大人台启/俞曲园笺"，邮戳有"江苏甲辰九月廿六日苏州笺字样"、"甲辰九月廿七日"字样，及"十月初四日收致"题识。当即此札之封。

② 《东瀛诗纪》二卷，记录日本国诗人之出处大概、学问源流，计150人，为俞樾编《东瀛诗选》期间所得，光绪九年(1883)六月成书。

三十一

艺棠中丞世大人阁下：

盥诵大著四章，集句浑成，对仗工整，真《蘋绡集》中佳制也，佩甚。弟去年有诗八首，分贻吟好，恐妨公冗，未敢渎呈。今知政事之暇不废啸歌，敬以附呈大教。肃复，恭请勋安。

世愚弟樾顿首

三十二

九九寒销尽，春光究几何。风犹吹鬖发，节已过中和。冰砚呵难润，风帘荡有波。重劳问眠食，深感用情多。

老夫吴下客，三从少羊何。幸有篇章至，如陪笑语和。敢期天不夜，但愿海无波。共坐春台上，熙熙乐事多。

艺棠中丞示《中意》一律，叠韵奉酬，即请吟正

樾

三十三

寒窗寂坐，忽奉手示，如坐春风。所求荷蒙惠允，足徵垂爱之深，谢谢。日前有小诗一首。附呈青览，敬请
艺棠中丞世大人安。

樾上

三十四

手示读悉，拙作押“萧”字，亦勉强趁韵耳。大作容再奉和。承示天寒宜慎起居，感谢不尽。复请
艺棠中丞台安。

樾敬上

三十五

尊诗一册拜领，推敲再四，益臻美善矣。元韵驱使古人，郎亭寻出刘士元一人，公又得祁圣元一人，搜逑索偶，可云富矣。绍庆元未详所出，便中指示，以开茅塞。手此，敬请
艺棠仁兄世大人台安。

弟樾顿首

致方濬颐[1]

方濬颐(1815—1889),字子箴,号梦园,定远人。清道光二十四年(1844)进士。同治八年(1869)授两淮盐运使。曾国藩督两江时,学士袁保恒主张增加盐价,方濬颐坚决反对。历任浙江、江西、河南、山东各道御史,两广盐运使兼署广东布政使、四川按察史等职。后退出政界,到扬州开设淮南书局。广揽四方贤士,校刊群籍,重修平山堂。著《二知轩诗文集》、《忍斋诗文集》、《古香凹词》等。

旌麾北上,音问有疏。顷阅邸钞,知拜蜀臬之命,从此开藩开府,指顾间矣。又况锦江玉垒,宇宙最胜之区,自昔杜老、放翁坛坫相望之地,今得诗老逮临,山川生色矣。《三苏全集》刻于眉州,并及小坡,可云美备。而东坡诗乃从选本,非其全豹,殊不可解。鄙意宜补刻之。道光间,吾浙有王君文诰笺注苏诗,搜罗宏富,远轶王、施,如刻此本,亦佳也,莅蜀后能料理及之乎?樾秋冬之交又至西湖,适彭雪翁亦在彼,颇极山水友朋之乐。惜不获从公于浣花草堂,与遨头盛会,一醉郫筒之酒也。

按,光绪二年(1876)九月十一日,方濬颐迁四川按察使[2],札中称方氏"拜蜀臬之命",则当作于嗣后不久。

---

① 此札辑自《春在堂尺牍》卷五,题作"与方子箴廉访"。

② 《清德宗实录》卷四十。

致冯桂芬

冯桂芬(1809—1874),字林一,号景庭(一作景亭),江苏吴县(今苏州)人。道光二十年(1840)进士。授编修。咸丰初在籍办团练,同治初,入李鸿章幕。在上海设广方言馆,培养西学人才。先后主讲金陵、上海、苏州诸书院。著《校邠庐抗议》、《说文解字段注考证》、《显志堂集》。

一①

林一老前辈大人阁下:

久不奉教,未知所患已大好否?甚以为念。属书条幅楹联,樾初习隶书,茫无途径,布鼓雷门,良用愧恧。聊应来命,无足观览。寓中无事,日读周秦诸子之书。尊处如有《庄子》、《列子》及《杨子法言》,求假一读。《法言》须温公注者,其李轨注本樾处有之也。此外倘有诸子书便在手头者,不拘何种,均求惠借。手此布达,敬候起居,为道一重,不尽万一。

侍俞樾拜上

按,据俞樾致戴望函第四通及《曲园自述诗》,同治五年(1866)秋《诸子平议·法言》已写定,同治六年正月成《列子平议》。则此札或作于之前。

---

① 此札辑自《阮元俞樾等书札》,国家图书馆藏,馆藏号 17477。

二①

景翁老前辈大人阁下启者：

舍表侄戴子高茂才望，素治朴学，仰企龙门，抠衣求见。惧孺悲无介，敬以一言为先，伏求进而教之，幸甚。手肃，即请著安。

侍俞樾顿首

① 此札辑自《昭代名人尺牍小传续集》卷十七。

致冯焌光[1]

冯焌光(1830—1878),字竹儒,广东南海人。咸丰二年(1852)举人。从曾国藩军,积功,历保同知,总办江南制造局。留心经世之学,设局译书数十种,又购明代实录置于广方言馆。光绪元年(1875)任上海道台,捐资创设求志书院。其父冯玉衡咸丰十一年(1861)卒于伊犁。焌光先后两次出关迎柩,终遂所愿。光绪三年(1877)春扶柩归葬,积劳成疾,抵上海而卒。

西湖小住,二十馀日,以衣冠之酬应,而托以山水之清游,朝斯夕斯,甚矣惫矣。故屡得手书,而未一复,想不罪也。铁路一议,虑周藻密,具见精心,出关之请,尤见仁孝之思。至情至性,可以动天地而泣鬼神,自必能安抵西陲,奉蒌翣而南归也。浙闱榜发,诂经知名之士,如冯孟香、吴祁甫[2]皆入彀中,而舍侄祖绶亦得虱于其间,未免惭愧。然先兄身后萧条,得此子振其家声,不特可以博老母之一笑,且免使人有廉吏不可为之叹,亦可喜也。回思先君于嘉庆丙子领乡荐,花甲一周,祖孙绳武,在科名中,或亦一佳话乎。

按,札中称"回思先君于嘉庆丙子领乡荐,花甲一周,祖孙绳武",则此札当作于光绪二年(丙子,1876)。冯焌光之父玉衡咸丰八年(1858)以"通逆"罪发配伊犁,卒于戍所。时焌光从曾国藩于安庆军次,告假往求遗榇。遇西北回民起义,出嘉峪关而道阻。辗转历蒙古草地入新疆,同治三年(1864)至古城子,遇新疆民变,不得进,恸哭而返。光绪二年,左宗棠定伊犁,焌光求解官,再往访柩。奉旨,赏假一年,不必开缺。此即札中"出关之请"云云之背景。

---

① 此札辑自《春在堂尺牍》卷五,题作"与冯竹儒观察"。

② 吴祁甫,即吴承志。

致冯崧生[①]

冯崧生(1848—?),字藻生,号听涛,又号陶庐,浙江仁和(今杭州)人。为"俞门八俊"之一。光绪二年(1876)进士,官翰林检讨。工诗,善画兰竹。

听涛同学太史足下:

前辱惠书,以老母弃养,慰问拳拳,甚感甚感!即悉花砖翔步,清望愈隆,想必能砥行励学,养异日公辅之器,不徒以文采翩翩焜耀一时也。樾读礼吴中,无状可述,月馀以来,精力颇觉衰苶,良由前者老母在时,精神提起,兹则放倒故也。年内不拟出门,浙江之行,亦在明春矣。手肃复谢,即颂文祉,不一一。

愚兄制俞樾顿首

《金石萃编》版在青浦,请于家奏中为我代求一部,恧于自言也。

按,札中称"老母弃养",则此札当作于光绪四年(1878)八月十四日俞樾母姚太夫人卒后。

---

① 此札辑自《上海图书馆藏名人手札选刊·俞曲园手札》,第254—255页。

致冯一梅

冯一梅(1849—1907),字梦香,浙江慈溪人。早年侨居杭州,入诂经精舍,从俞樾学。光绪二年(1876)举人。巡抚杨昌濬聘为浙江官书局总校,又先后主讲衢州正谊书院、西安鹿鸣书院、镇海鲲池书院、馀姚龙山书院、新昌鼓山书院以及宁波辨志精舍。讲学不立门户,以实践为归,又喜研究老庄、医学、算术。有《述古堂诗集》、《古越藏书楼书目》、《述古堂经说》、《内经校勘记》、《老子校勘记》等,又纂修《龙修县志》,并为山阴徐氏编定《绍兴先正遗书》。

一①

《七十二候考》②承指示详明,感甚。严铁桥先生《唐石经考文》③,仆曾见之,《月令篇》寥寥数条,止校其与郑注本字体之小异者,而《唐月令考》则自有专书。仆求之坊间,未得,假之友人处,亦未得,如杭州有之,足下能为一痴乎?《魏书·律历志》两载七十二候,均不合《周书》。不读《新唐书》,不知其本于《易轨》也。《旧唐书》载,《麟德历》七十二候从《易轨》,《大衍历》七十二候从《周书》,其更定之故,详僧一行《卦候议》,自《五代史》以下悉从之。惟征鸟厉疾、候雁北、麦秋至、鹰始挚等,为今宪书所本,不可不知。其外小有异同,亦不足校也。所异者,《魏书》《甲子元历》大雪末候作"鹖旦鸣",无"不"

---

① 此札辑自《春在堂尺牍》卷五,题作"与冯梦香茂才"。

② 《七十二候考》为《曲园杂纂》卷十三,书中详列《易纬乾凿度》、《夏小正》、《易纬通卦验》、《礼记月令》、《周书时训》、《魏书》所引《正光历》、《旧唐书》所引《麟德历》、《开元大衍历》以及清朝《时宪书》中所列"七十二候"之目。

③ 应即严可均《唐石经校文》。

字。初意是传刻之误，而《隋书》载刘焯之历亦然。又《旧唐书》《麟德历》缺清明末候，其本然乎？抑传刻失之乎？仆所据者，皆官局新本也[①]，幸贤者为我决之。

二[②]

兄年力既衰，而外间所见所闻，无非败人意者，因之兴绪益复颓唐，殆不久人世矣。春间在杭开课，有诗一首[③]，览之可知鄙怀。乃近来又有大拂意之事，子戴[④]温州书来，言小孙女死矣。小孙女积病多年，固无活理，而今兹之死，却不以病，思之痛心。得信之下，悲不自胜，口占一律[⑤]，今亦寄览。伏念此亲事由老弟说起，宗湘文[⑥]固吾浙能员，子戴亦人家佳子弟，在吾弟初不失人，即兄以孙女许之，初意亦颇以为得所，而不知其家固非士族也。既定亲后，彭刚直在金陵闻之，喈曰："错矣！错矣！"因问其巡捕章炳文，曰："汝知宗家底蕴乎？"曰："知之。"严戒之曰："到苏州，慎勿言。"后章巡捕私为敝寓家人辈言之，兄固不知也。及小孙女死，于是言者藉藉矣。兄以为无据之言，不足凭信，然其家非搢绅旧族，则人所共知也。此等人家，有能涵泳于诗书，持循于礼法者乎？子戴谓小孙女与其家气味不投，诚哉不投矣！初到时，相待尚好，相处既久，愈待愈薄，浸至苛刻不堪，凌虐

① 当指四书局合刻之二十四史本。

② 此札辑自《春在堂尺牍》卷七，题作"与冯梦香"。

③ 应即《余主诂经精舍讲席，至今岁三十年矣，开课之日，慨然有作》一题，见《春在堂诗编》卷十六。

④ 子戴，即宗舜年(1866—1936)，字子戴，亦作子岱，号耿吾，江苏上元(南京)人。宗源翰之子，俞樾孙婿。光绪戊子(1888)举人，官金华知府。后入张之洞、端方幕。精鉴赏，富收藏。著有《耿吾剩稿》。

⑤ 即《子戴书来，言五月十二日孙女庆曾暴卒，哭之以诗》一题，见《春在堂诗编》卷十六。

⑥ 宗湘文，即宗源瀚。

万状。湘文愦愦,妇言是听,小姑二人又从而搆之,无日不在荆棘之中,鞭箠幸而获免,呵骂无日不施。小孙女逆来顺受,惟立而敬听之,即回家,亦从不为我等述及。表姊妹等偶一问之,则曰:"为人妇,不能得尊章之欢,忝吾祖矣! 尚可说乎?"是以兄等竟不得而知。其死后,婢媪辈言之,乃始悔不早为之计也。闻子戴前妻秦氏,亦不得其死者,小孙女三年前已作绝命词,随时更改,又私谓其适王氏之表妹曰:"轻生非礼也,吾傥得免乎?"然则今之死也,必有大不得已者矣。子戴书言疑其服鸦片烟,呼治服鸦片烟之医,如法灌救,似有转机,而为时已久,受毒已深,不可为矣。然是否吞烟,亦无确证。惟前二日曾与子戴言:"某事某事未了,须为我了之。"然则死志决矣。小孙女虽久病,然是痨病,无骤绝之理,故知其死非病也。呜呼,命而已矣! 兄与老弟,义同骨肉,故不避烦渎,略抒愤懑,想吾弟闻之,必为长太息也。

按,俞庆曾卒于光绪二十三年(1897)五月十二日[1],则此札当作于之后不久。

---

① 《孙女庆曾传》,《春在堂杂文六编》卷二。

致胡传①

胡传(1841—1895),原名守珊,又名守三,字铁花,号钝夫,安徽绩溪人,现代著名学者胡适之父。同治四年(1865)秀才,后入上海龙门书院学习,受教于刘熙载,对宋明理学及地理学颇有心得。光绪七年(1881)求教于吴大澂门下,颇受赏识,后入其幕府,参与中俄勘界等事务。光绪十四年(1888)随吴大澂处理黄河水务。光绪十八年(1892)入台湾任职。甲午战败后,台湾被割让,曾奋起抗日。后病逝于厦门。

铁花公祖仁兄年大人阁下:

碌碌有疏笺候,伏惟勋祉时宜,兴居佳畅,定如所颂。弟因老母倚闾,今年湖上止作十日句留,仍还吴寓,杜门养拙,无善可陈。兹有戴少镛舍亲,少年英发,颇有干才,而家居贫窭,谋馆不得,倘苕上厘局中有司事之缺,务求推爱,位置一席,俾藉薪水,以养孀亲,感德无极。其嗣父戴子高茂才,经学湛深,不幸早逝,或阁下亦曾知其名也。手肃,敬请台安,惟鉴不宣。

年治小弟俞樾顿首

按,札中称“弟因老母倚闾”云云,则此札作于同治十二年(1873)俞樾迎其母姚太夫人归吴养老至光绪四年(1878)八月十四日俞樾母去世之间。

---

① 此札辑自《上海图书馆藏名人手札选刊·俞曲园手札》,第235—236页。

致傅观海①

傅观海(1811—?),字星源,直隶永平府卢龙县(今属河北)人。道光三十年(1850)进士。同治七年(1868)官福建督粮道,同治末光绪初官山东盐运使。

同谱弟兄,一别十许年矣。日下分襟,而天南把袂,萍踪暂合,亦是前缘。乃承雅意,殷勤授餐焉,馈赆焉,濒行又高轩临况,话别依依,贤者多情,于斯可见。伏念积贮系苍生之命,观察分节度之权,同谱中得意者鲜如,阁下遭际,不为不优。虽尊齿视弟十年以长,然伏波矍铄,还似向时,小有清恙,未足为累。在弟辈宜穷且益坚,在吾兄则老当益壮也。舟窗灯火,手书奉候起居,且博千里一笑。

按,札中既称"天南把袂",则当作于同治九年(1870)春俞樾至福建省亲之后,时傅氏正在福建督粮道任上。

---

① 此札辑自《春在堂尺牍》卷三,题作"与傅星源观察同年"。

致高均儒[①]

高均儒(1811—1869),字伯平,号郑斋,浙江秀水人。廪贡生,主讲杭州东城讲舍。治三礼,主郑氏说。著《可亭文稿》、《续东轩遗集》。

闻先生名久矣,怀愿见之诚亦久矣,未克一见,良用怅惘。德车结旌,翩然南返,六桥三竺,文酒燕游,有资矜式,无废啸咏,甚善甚善。樾自幼失学,溺于词章,身废不用,始谋撰述,钻研经义,冀有一得,困而学之,极可悯笑。所著《群经平议》,根柢浅薄,意义阔疏,诚无足观,诚无足观。芗泉[②]方伯谋付剞劂,乃烦高明代为雠较,布鼓雷门,实所愧恧。伏求是正,无吝抨击。

按,同治四年(1865)十一月,浙江布政使蒋益澧资助刊行《群经平议》。故此札当作于嗣后。可与致蒋益澧札第一、第二通、致应宝时札第三通参看。

---

① 此札辑自《春在堂尺牍》卷一,题作"与高伯平"。

② 芗泉,即蒋益澧。

致龚照瑗

龚照瑗(1836—?),字仰蘧,号卫卿,安徽合肥人。曾任江苏候补道。中法战争期间,为台湾守军转运军械。光绪十二年(1886)任上海道台,十三年李鸿章委其重办机器织布局,十六年建成。十六年正月迁浙江按察使,十七年五月迁四川布政使。后为驻英、法、意、比等国公使,光绪二十二年回国,任宗人府丞,二十三年(1897)被劾去职。

一①

仰蘧仁兄大人阁下:

前日接读赐函,敬悉威棱秋肃,福履冬暄,遥企牙旗,适符心版。弟养疴吴下,乏善可陈。承示课卷,草草阅毕,寄呈鉴定,望饬交监院汇存,并求赐复为盼。手肃,敬请勋安,诸惟惠察,不宣。

愚弟俞樾顿首,九月初六日

按,光绪十七年(1891)夏秋之间,俞樾养病吴中,未能赴杭授课。此札中称"弟养疴吴下",并寄上课卷,请龚照瑗转交诂经精舍监院,则当作于是年九月初六。

---

① 此札辑自《上海图书馆藏名人手札选刊·俞曲园手札》,第151—152页。

二[1]

仰蘧大公祖大人阁下：

云山迢递，鱼雁阔疏，萧艾之思，与时俱积。欣闻旬宣入觐，昼接承恩，跻卿贰之崇班，膺京堂之清秩，勋名益盛，宸眷弥隆，博望仙槎，亦止借径，不久荣任封疆，宠膺节钺也。九月中，弟在湖上，悦觐和尚交到惠书，备承渥注，并寄惠蜀锦两端、厚朴一筒、朴花二盒、春茶一串、蜀松若干株，不遗在远，厚贶有加，陈之山斋，为之生色。小松栽之盆内，青翠可观，稍暇拟为赋一诗也。即就悦觐，敬问起居，知清恙业已有瘳，计尔来益加康健。怀熙[2]闻随侍入都，当即留应试；景张[3]亦将散馆，想年来亦必东下矣。弟重九到杭，于湖楼山馆小作句留，十月初仍回吴下，犅叨平顺，足慰注存。手肃布谢，敬请勋安，顺贺大喜，统惟爱鉴不宣。

通家治愚弟俞樾顿首，十月之望

按，《春在堂诗编》卷十四有《峨嵋小松》一题，序曰"蜀藩龚仰蘧方伯寄赠，长不二寸，十馀株为一束，红纸缄封，历数千里不槁。栽小碗中，培以泥土，青葱如故，亦奇品也。"当即札中"稍暇拟为赋一诗"之所作。据知此札作于光绪十九年(1893)十月十五日。光绪十九年五月初二日，谕四川布政使龚照瑗入京陛见；十月初四日，赏龚照瑗侍郎衔，以三品京堂候补[4]。正与札中"欣闻旬宣入觐"、"膺京堂之清秩"云云之时次合。

---

① 此札辑自《上海图书馆藏名人手札选刊·俞曲园手札》，第146—150页。

② 怀熙，即龚心钊(1870—1949)，字怀希，号仲勉，瞻麓斋主人，安徽合肥人，照瑗子。光绪二十一年(1895)进士，任翰林院编修。光绪年间出使英、法等国，清末出任加拿大总领事。

③ 景张，即龚心铭(1865—1931)，字景张，号渠生，照瑗子。光绪十八年(1892)进士。

④ 《清德宗实录》卷三百二十四、卷三百二十九。

致顾成章①

顾成章(生卒年不详),字咏植,江苏武进人。著《周礼医官评说》,对古医政制度详加考订,又有《西崖经说》、《论语发疑》等。

承示《周礼医官详说》,以岐黄家言比附经义,亦前人未有之作也。但解疕疡为化疡,谓是内症化外症,此恐不然。疕从“𠤎”不从“匕”,二字迥别,隶体乱之耳,万不能以从“𠤎”者为从“匕”而以变化释之也。读又案云云,似已悟及,但合同之义,则仍护前说耳。窃谓,疾病者,疕疡者,明分二义。唐石经两句均有“有”字,此古本然也,若必合而一之,谓内症化外症,则当其未化之时,病者但觉为内症,及其既化之后,病者但见为外症,且症虽见于外,病必由于内,此亦不待言者。古人设官治疾,外症内症一概造于医师,由医师别其为内为外,而分属于疾医、疡医,如此而已,何必论其化不化乎?使内症不化为外症,医师将不受之乎?此说之不可通者。因承下问,故敢及之,将来刻版,删去此条为是。惟郑解“疕”字未安,尊说纠之,是也。案《灵枢·痈疽》篇云:“发于阳者百日死,发于阴者三十日死。”是痈疽有阴阳之分,所谓疡者,当是发于阳,故其字从“昜”;所谓疕者,当是发于阴,故其字从“匕”,与“妣”字、“牝”字从“匕”得声者同意。高明以为然否?

① 此札辑自《春在堂尺牍》卷七,题作“与顾咏植明经”。

致何兆瀛[①]

何兆瀛(1809—1890),字通甫,号青耜,又号心盦,江苏上元(今南京)人。道光二十六年(1846)举人,官至两广盐运使。以文章诗酒自娱,著《心庵词存》、《心庵诗存》、《老学后庵文集》等。

青耜大公祖大人阁下:

前在沪上曾致一函,并附呈拙作《园记》及诗,未知照入否?还苏寓,读惠函,知西湖留奉尺书已尘台览矣。昨日高滋翁[②]书来,敬悉荣摄柏台,重陈臬事,会见宠承枫陛,即拜真除,逖听之馀,无任欣忭。弟沪上之行,因老母倚闾,亦不多躭延,月初已返棹金阊矣。手肃,布贺大喜,敬请勋安,伏希惠察,不宣。

治愚弟俞樾顿首,初十日

按,《春在堂杂文续编》卷一有《曲园记》一篇,《春在堂诗编》卷八有《余故里无家,久寓吴下。去年于马医巷西头买得潘氏废地一区,筑室三十馀楹,其旁隙地筑为小园,垒石凿池,杂莳花木,以其形曲,名曰曲园。乙亥四月落成,率成五言五章,聊以纪事》一题,当即札中所谓"拙作《园记》及诗",故此札当作于光绪元年(乙亥,1875)四月之后。札中又称"老母倚闾",则不晚于光绪四年八月十四日俞樾母去

---

① 此札辑自《上海图书馆藏名人手札选刊·俞曲园手札》,第6—7页。

② 高滋翁,即高卿培(1815—1880),字滋园,安徽贵池人。道光二十三年(1843)入赀以县尉分发浙江试用。太平天国间筹办军饷有功,以知县用,旋擢知府。兴复,授两浙盐运使,权按察使事。

世。光绪二年夏，俞樾应冯焌光之邀兼讲上海求志书院，任经学与词章讲授[①]。此札提到"沪上之行"，或即作于该年。

① 《曲园自述诗》叶二十四。

致胡澍[①]

胡澍(1825—1872),字荄甫,又字甘伯,号石生,安徽绩溪人。咸丰九年(1859)举人,后捐升郎中,分发户部山西司。因中年多病,弃仕从医,撰《黄帝内经素问校义》。工篆书,得秦、汉人遗意。亦能画梅。

比年从事武林书局,得晤贵族子继[②]广文,知阁下精研经学,具有家法,不胜钦佩。辄托瘦梅[③]水部致拳拳之私,而疏慵成性,未获奉尺书达左右也。乃承不弃衰庸,远诒芳翰,推许过当,非所克当,惭愧惭愧。伏念阁下承累代传经之业,好学深思,实事求是,岂鄙人所敢望欤? 拙著《平议》中有与高明吻合之处,不过千虑之一得而已。辱以《素问》见询,《素问》乃上古遗书,向曾浏览,惮其艰深,且医学自

---

① 此札辑自《春在堂尺牍》卷三,题作“与胡荄甫农部”。

② 子继,即胡培系(1813—1888),字子继,号坞霞,安徽绩溪人。少时受业于父胡秉元。父卒后,入徽州府紫阳书院。时族人胡培翚以朴学倡海内,培系沐其风教,与里人学者程秉钊交厚,学业益进。以岁贡生授宁国府教谕。著《仪礼宫室提纲》、《小檀室笔谈》、《教士尔言》、《十年读书室文存诗存》,辑《皇朝经世文续钞》、《风雨怀人录》、《绩溪金紫胡氏家藏录》、《绩溪金紫胡氏书目》。

③ 瘦梅,应即汪鸿逵(? —1872),字仪卿,休宁人(《曲园自述诗》叶八)。《楹联录存》卷一有《汪瘦梅水部挽联》,称“余未通籍前,馆新安汪氏最久,水部即彼时从学者也。举孝廉,官水部,未成进士,郁郁成疾,卒于京师。其弟芙青鹾尹入都,奉其灵輀,挈其妻女以归,途中又亡其长女,今仅存一女,是亦可哀也已。余去新安二十二载,然故交零落殆尽,今又哭君,不自知其言之悲也”。俞樾自道光二十五年(1845)至咸丰元年(1851)间在新安授馆,此言“去新安二十二载”,则挽联当作于同治十一年(1872)。

是专门，素未通晓，若徒订正于字句之间，无关精义，故未尝有所论撰。阁下为校义，未知所据何本，樾所见者，宋林亿、孙奇、高保衡等奉敕校定本，多引全元起《注》及皇甫谧之《甲乙经》、杨上善之《太素》校正王冰本之异同。如首篇《上古天真论》"食饮有节，起居有常"，全《注》云"饮食有常节，起居有常度"，则知原本是"食饮有节，起居有度"，故以"有常节"、"有常度"释之；而"度"字固与上句"和于术数"为韵也。又如《六节藏象论》于肝藏云："此为阳中之少阳，通于春气。"全元起本及《甲乙经》、《太素》并作"阴中之少阳"。据《金匮真言论》云："阴中之阳，肝也。"则自以"阴中"为是。凡此之类，裨益良多，想明眼人自能别择之。樾年来苏杭往返，殊少暇日，若得数月之功，将此书再一玩索，或一知半解，尚可稍补高深也。

按，札中有关《素问·上古天真论》"起居有常"当作"起居有度"以及《六节藏象论》肝藏为"阳中之少阳"当作"阴中之少阳"的考证，均见于《读书馀录》卷一（《第一楼丛书》之七）。而札中称于《素问》"未尝有所论撰"，则是时《第一楼丛书》尚未成书。同治十年(1871)春，《第一楼丛书》三十卷已付剞劂，李朝斌、吴大廷、顾文彬、沈秉成、冯谓、钟丙耀等醵钱助刻[1]。则此札之作早于同治十年。

---

① 《春在堂诗编》卷七叶十一，《第一楼丛书序》叶二至三。

致胡元鼎[①]

胡元鼎(生卒年不详),字梅臣,山阴人。光绪十七年(1891)举人。

得手书,并论太王迁岐之年,具见读书细心。惟云:文王九十七而终,武王九十三而终,历年一百九十,此语殊误。九十七、九十三乃其生年,非其享国之年也。《初学记》引《帝王世纪》云:文王年十五而生太子发。则并文、武二王生年计之,历年止一百有七耳。太王因文王有圣德,遂欲传位季历以及文王,则太王在时,文王必已长成,若依《通鉴》,谓古公迁岐在小乙时,则自小乙至纣之末,尚有二百二十九年,不大远乎?殷年本无定论,今就尊说所列者推算,则武乙元祀文王生,二十四年,其时太王固当尚在,且武乙在位,据《外纪》、《前编》,虽并云四年,而《后汉书·西羌传》注引《竹书纪年》云"武乙三十五年,周王季伐西落鬼戎",则武乙在位不止四年也。太王迁岐在武乙初年,文王之生在武乙中年,太王之薨在武乙末年,于事适合,似当仍从《后汉书》,以迁岐在武乙时也。

按,《清稗类钞》"谦谨类"记胡元鼎尝应岁考经古试,题为《庄周梦为蝴蝶赋》,以题为韵。学使为南海潘衍桐。胡问:"蝴蝶之蝴字,在诗韵第几韵?"潘曰:"汝为秀才,蝴字在七虞,尚不知乎?"胡唯唯而退。其第五段押蝴字,云:"看残三月莺花,花间有蝶;翻遍七虞诗韵,韵内无蝴。"及揭晓,列第一。考毕发落时,潘下座揖胡,谓:"弟年轻,少读书,竟忘诗韵无蝴字,致贻笑柄,幸乞弗责。"[②]可知胡确为读书细心、强识之人。

---

① 此札辑自《春在堂尺牍》卷五,题作"与胡梅臣茂才"。

② 《清稗类钞》第七册,第3142页。

致黄以周

黄以周(1828—1899),本名元同,后改以周,以元同为字,号儆季。浙江定海人。同治九年(1870)中举,历任遂昌、海盐县训导,处州府学教授,特荐加为内阁中书。应江苏督学黄体芳之请,主讲江阴南菁书院十五年,教以博文约礼、实事求是,治学道高而不拘于汉宋门户之见,江南许多高材生都出自其门下。撰《礼书通故》,考释古代礼制、学制、国封、职官、田赋、乐律、刑法、名物、占卜等,纠正旧注不少谬误。还著有《子思子辑解》、《军礼司马法》、《经训比义》及《儆季杂著》等。

一①

承示《经礼通诂》②二册,其弟一册已读一过。援引详明,议论通达,洵近今之杰作也。鄙人记问粗疏,不足副来意,甚愧。惟以启蛰为祈穀之常时日③,此未知所据。《月令》云:"天子乃以元日祈穀于上帝。"《注》曰:"谓以上辛郊祭天也。"无以证其为启蛰之日,且古历亦未必有二十四气名目,二十四气见《周书·时训》篇,其曰"立春之日,东风解冻。又五日,蛰虫始振。又五日,鱼上冰。惊蛰之日,獭祭鱼"云云,疑后世既立二十四气名目,而取古历三微一著附属之,是以

---

① 此札辑自《春在堂尺牍》卷二,题作"与黄元同"。

② 《经礼通诂》,据《袖中书》收录黄以周函称"三十岁以后又好读礼,苦难记忆,乃分五礼类考之,会粹旧说,断以己意,撰《吉礼说》未竟,以兵燹辍业。旋以先人弃养,读礼苫次,于小祥后撰《凶礼说》,合订之名曰《经礼通诂》"。此书内容,后或收入黄著《礼书通故》中。

③ 此或指《礼书通故》第十二"郊礼通故二"中"以周案:冬至报天于圜丘,夏至祭地于方泽,启蛰祈谷于泰坛,季秋大飨于明堂"(第634—635页)之说。

蛰虫始振在立春后五日，而不在惊蛰之日也。内外《传》所说曰龙见，曰火见，曰水昏正，曰辰角见，曰天根见，如此之类，则以星记之；曰日至，曰日中，曰日在北陆，如此之类，则以日记之；曰启蛰，曰闭蛰，曰獭祭鱼、豺祭兽，如此之类，则以物记之。可知古无二十四气矣。不然，桓五年《左传》既云"启蛰而郊"矣，何不云小满而雩，秋分而尝，小雪而烝乎？又《尚书》"六宗"，言人人殊，尊意从《大传》说[①]，而仆则以郑说为然。上云"肆类于上帝"，即包地在内，《中庸》篇郊社之礼，所以祀上帝也，即其例也。盖圆丘方泽，分祭天地，常典也。舜摄位而告祭，则天地自可合祭，故止言上帝，统于尊也，非遗之也。日月已于祭天时祭讫矣，其馀星也、辰也、司中、司命、风师、雨师则别祭之，是谓禋于六宗，六宗者，天之属也。又曰"望于山川"，山川者，地之属也。自是而又遍于群神焉，则咸秩无紊矣。伏生以天、地、春、夏、秋、冬为六宗，是再祭天也。若谓上帝是五帝而非天，则天更尊于五帝，当先禋六宗，而后类上帝矣，其说恐未可从，希更酌之。

二[②]

拙著《世室重屋明堂考》，据《隋书·宇文恺传》改"堂修二七"为"堂修七"。既而，学使吴和甫[③]前辈寄示尊公《明堂步筵考》[④]，亦以"二"为衍文。地之相去，时之相后，而所见则同，为之狂喜！及足下

---

① 黄氏说今见于《礼书通故》第十四"群祀礼通故一"（第677—678页）。

② 此札辑自《春在堂尺牍》卷二，题作"又与黄元同"。

③ 吴和甫，即吴存义。

④ 《明堂步筵考》，黄式三撰。式三（1789—1862）字薇香，号儆居，定海人。清道光十二年（1832）岁贡生，十四年赴乡试，因母病逝归，遂不再应试，终身治学。学不拘门户之见，博览经史诸子，斟酌古今。30岁后研读《论语》，40岁起考究历代典章制度，50岁后专治《尚书》，暮年好言礼，有《复礼说》、《崇礼说》、《约礼说》等篇。平生以著述为乐，又著《论语后案》、《诗丛说》、《诗序通说》、《春秋释》、《周季编略》、《儆居集经说》、《史说》、《书启蒙》及《黄氏塾课》等。

作《经礼通诂》，则不以为然。善哉，在尊公为有诤子，在鄙人为有诤友，学问之事，岂尚苟同乎？惟足下谓"二"非衍文，止据郑注及马宫说[①]，则仍未足以破之。夫郑注云："令堂修十四步。"若经文明言"二七"，则是实数，如此何必为假令之词？拙著《世室考》已及之矣。至马宫谓"夏后氏益其堂之广百四十四尺"，足下谓"马意，堂修二七，谓十四丈，广四修一，为又加四尺。"初读之，颇以为然，但马宫说周制云："大夏后氏七十二尺。"夫百四十四加七十二为二百十六尺，与东西九筵不合矣。今按，马说云："夏后氏世室，室显于堂，故命以室；殷人重屋，屋显于堂，故命以屋；周人明堂，堂大于夏室，故命以堂。夏后氏益其堂之广百四十四尺，周人明堂，以为两序间大夏后氏七十二尺。"以文义论之，马宫既论三代之制，不应独不及殷，且所云"夏后氏益其堂之广"者，果益何代之制乎？愚意"夏后氏"下有阙文，当先论夏制，至益其堂之广者，乃是殷制，益即从夏制而益之也。马说殆别有据，与《考工记》文本不符合，而欲据以定"二"字之有无，恐不然矣。非敢护前，盖曰求是，恕之恕之。

三[②]

昆弟子妇之服，经无明文。宋《政和礼》"为兄弟之子妇、为夫兄弟之子妇，并大功"。此盖本乎唐制。《开元礼》云"为夫之伯、叔父母报"，此即为兄弟之子妇服大功之明证也。尊著以"适妇大功，庶妇小功，昆弟之子与众子同服，昆弟之子妇宜与庶妇同服"，而以唐制为非，殆不然乎。按，"不杖期章"《传》云："世父、叔父，何以期也？与尊者一体也。"然则昆弟之子何以亦期也？旁尊焉，不足以加尊，故报

---

① 黄以周以"堂修二七"之"二"非衍文也，此说见《礼书通故》第二"宫室通故一"（第24—25页），第十五"明堂礼通故"（第704—705、708页），然各处均未引马宫说，或有所修改？

② 此札辑自《春在堂尺牍》卷二，题作"与黄元同"。

之。是昆弟之子服世、叔父以期，而世、叔父即报之以期。然则昆弟之子妇服世、叔父母以大功，世、叔父母宜亦报之以大功。“大功章”有“夫之世、叔父母”，而不言报，义固可以互见矣。唐人之制，自有所受，若如尊说[1]，以庶妇小功例之，非旁尊、报服之义也。希高明更审之。

按，俞樾有《丧服私论》，收入《俞楼杂纂》卷十一，都是与此札一类的论丧服服制的文字，可参看。

---

① 黄氏说今见于《礼书通故》第九“丧服通故三”(第331—332页)。

致江清骥[①]

江清骥(生卒年不详),字小云,扬州人。

承以梅溪居士[②]缩临唐碑归之精舍,公之同好,甚盛举也。惟碑石前后凌乱,其所列次弟全不足凭,未知何故,或当日只依上石先后为次耳？谨依年号,一一审定,其《麻姑仙坛记》原单注庆历年,庆历乃宋仁宗年号,唐代无之,文中称大历三年,真卿刺抚州,末云时则六年夏四月也。是此碑应列大历六年,梅溪原《跋》引黄山谷言:小字《麻姑坛记》,是庆历一学佛者所书,此自谓宋人临模耳。今既云唐碑,不得列宋年,仍依鲁公原文为是。又《八关斋会报德记》,首云“大历壬子”,则是大历七年也,原《跋》云“大中五年重刻”,大中乃宣宗年号,去鲁公远矣,亦当依鲁公原文列大历七年方得其实。如峄山秦刻,郑文宝所摹,而金石家仍列入秦篆中,不以临摹重刻之年为主也。今将年号先后录奉左右,想尊处必有搨存之本,即可照此编排矣。梅溪《跋端州石室记》云:毕公讹作旱公,今改正之。乃樾读诸碑中讹字尚多,如昭仁寺碑“翔入正道”,必是“翔八正道”。八正者,正见、正思惟、正语、正业、正命、正精进、正念、正定也,见《大品经》,今误“八”为“入”,既失其义,且与上文不对矣。拟逐一校正,或得一卷书,可刻入《俞楼杂纂》也。

---

① 此札辑自《春在堂尺牍》卷五,题作“与江小云观察”。

② 梅溪居士,即钱泳(1759—1844),原名钱鹤,字立群,号台仙,一号梅溪,江苏金匮(今属无锡)人。长期做幕客,足迹遍及大江南北。工诗词、篆、隶,精镌碑版,善于书画。有缩临小汉碑,并集各种小唐碑石刻行世。著《履园丛话》、《履园谭诗》、《兰林集》、《梅溪诗钞》等。辑《艺能考》。

按，光绪五年(1879)冬，《俞楼杂纂》五十卷刊行。札中既称“可刻入”该书，则当作于此书刻成之前。惟《俞楼杂纂》中并无有关唐碑的考证，而卷二十五《读汉碑》序云：“余从前曾有读汉碑四十一则，已刻入《第一楼丛书》七之二矣。湖楼无事，间一流览，又复有得，而不能并入前刻之中，其时适有《俞楼杂纂》之刻，因录为一卷而附入焉。”可知俞樾曾将其考证汉碑所得刻入该书，大抵其于唐碑之考证并未成书。仅《春在堂随笔》卷八有一则考证及于此钱临唐碑。

致蒋光焴

蒋光焴(1825—1895),字绳武,号吟舫,浙江海宁人。其祖蒋开基开始藏书,至光焴收罗尤勤,历经三代,共得各种图籍数十万卷,藏于衍芬草堂。咸丰七年(1857),太平天国兵临江南,光焴将所有藏书60多箱橱迁移到海盐澉浦蒋氏丙舍西涧草堂。不久,又携书辗转溯长江而上,直至武昌,千里迁徙,以避战火。同治三年(1864)江浙安定后始运回家乡。当时,江南一带藏书绝大部分被毁,惟衍芬草堂所藏幸得保全。著有《敬斋杂著》、《名讳辩》等。

一①

吟舫仁兄大人阁下:

昨承临顾,因感寒疾,有失倒屣,为歉。承示《河图》、《洛书》之数,发图书之精蕴,阐先儒所未究,计必有甚深之义,为天地立心、生人立命。惜弟章句陋儒,于数学茫然,不足以仰测高深,有负提撕盛意,愧悚无已,谨将原图奉缴,伏惟照入。弟自遭大故,心绪顿衰,日来尚不能读书,即读书,亦无悟入处,不足以辱下问也。手肃,敬请台安。摹璧后学谦称,惟鉴不宣。

愚小弟制俞樾顿首

二②

谨启者,承一再赐教,不以愚蒙而弃之,甚感甚愧。但樾于河洛之学实未研求,全无头绪,不敢强不知为知也。手肃,敬请著安。

---

① 此札辑自《浙江图书馆馆藏名人手札选(二)》上册,第12—13页。

② 此札辑自《浙江图书馆馆藏名人手札选(二)》上册,第14页。

寅舫先生有道。

制俞樾谨上

原册附缴。

按，从两札内容看，均系蒋光焴将所著与《河图》、《洛书》有关的著作送俞樾一读，或请其勘正，或请其作序。俞樾对《河图》、《洛书》的态度，详见《湖楼笔谈》卷一。札末署“制”，当作于俞樾为其母服丧期间（光绪四年八月十四日至光绪六年十一月）。

致蒋益澧

蒋益澧(1833—1875),字芗泉,湖南湘乡人。咸丰十一年(1861)授广西按察使,迁浙江布政使。同治五年(1866)二月授广东巡抚。

一①

游子归故乡,得大君子垂爱拳拳,既叨杯酒之馀欢,又辱兼金之厚贶,感甚亦愧甚。伏惟阁下以文经武纬之才,运海立云垂之气,丰功骏烈,固已焜耀中兴,而又置驿通宾,筑宫礼士,一时物望,争附龙门。樾以部下书生,去作吴中残客,登胥台而南望,所依依不释者固不独湖山之美矣。惟愿垂天之云,隆隆日上,大开广厦,以庇寒儒,俾樾得于西湖山水窟中受一廛而为民,与故乡父老进中和乐职之篇,以咏歌盛德。阁下此时当必为盖公而筑堂,因穆生而置醴矣。企予望之,故附及焉。

按,据下札"甬东一席,能为代谋之否"之说来看,此札是俞樾请蒋益澧为其谋一讲席而作。可与致应宝时札第一通参看。

二②

辱赐书,未答,闻奉命赴粤。象郡珠崖之地,虎符玉节而临,以方召之壮猷,而范韩之威望,双圻重任,五等崇封,指顾间矣。惟是六桥三竺,不克久驻旌麾,区区之心,虽为中兴得人贺,而未始不为桑梓惜也。拙著《群经平议》,承许为付梓。启行后,交何人经理?甬东一

---

① 此札辑自《春在堂尺牍》卷一,题作"与蒋芗泉方伯"。

② 此札辑自《春在堂尺牍》卷一,题作"与蒋芗泉方伯"。

席，能为代谋之否？樾寄迹吴中，不及至武林言别，惟望阁下至粤后，福星所照，燧息烽销，或踵阮文达故事，重开学海堂，招延海内名流。樾虽不才，而古人有言，“请从隗始”，尚当不远千里，蹑屩来游。前书所云“为盖公筑堂，为穆生设醴”者，其在斯时乎？

按，蒋益澧同治五年(1866)二月授广东巡抚，札中既称“闻奉命赴粤”，当作于嗣后不久。

三①

二月七日曾布一笺，未知已达典签否？嗣闻浙中人士有攀辕之请，私冀行旌或可少留。乃昨者恭阅邸抄，知朝廷念岭表初平，倚大贤为重，颁九天之节钺，镇百粤之山川。昔周室中兴，而疆理南海之功，非召穆公不可，诗人歌咏，流播篇章，以今方古，阁下即其人矣。惟是六桥花柳，久在春风披拂之中，一旦玉节金符翩然南去，想贤者多情，亦必有羊叔子岘首徘徊之意，不独吾浙人之恋恋于清尘也。樾因嫁女事即在此月中，不克至武林言别，怅惘良深，聊借管城将意，伏希垂察。

按，同治五年(1866)三月二十六日，俞樾长女归王豫卿(参致俞绣孙札第一通)，札中既称“嫁女事即在此月中”，则当作于此前不久。

---

① 此札辑自《春在堂尺牍》卷一，题作“与蒋芗泉中丞”。

致金安清①

金安清(约 1817—1880),原名国琛,字眉生,号傥斋,浙江嘉善人。国子监生。幼随父金铨寄寓福建,以有异才为林则徐等人所识。弱冠丧父,弃科举,在苏皖游幕府。道光二十二年(1842)赴河南祥符治水,得林则徐举荐。后任江苏泰州府同知、海安府通判。太平天国军兴,佐胜保镇压太平军,充营务处,迁两淮盐运使。咸丰十年(1860)署江苏按察使,后被劾免职。入曾国荃幕,出谋划策,深得曾国荃信任和曾国藩器重。同治十年(1871),因劝捐有功,赏复原官阶。著有《水窗春呓》、《筹洋三策》、《能一编》等。

承赐观大著,崇论闳议,洵足拓开万古心胸,推到一世豪杰。阁下其今之陈同父乎?及读《迁居》诸诗,萃一门之风雅,作平地之神仙,又令人神往不已。窃谓,阁下天生逸才,一时无两,才人学人,均不足以望下风。箧中旧稿,多雍容大篇,有关中兴全局者,宜及时刊刻,使海内知半野楼中有绝大经济,与吾辈闭户草元徒供覆瓿者迥不同也。尊意欲刻性理、经学、经世三书,此诚不可缓之巨举。仆从前尝与曾文正议续刻《皇清经解》而卒不果,文正薨逝,事更难矣。敏老志在引退,意兴阑珊,未必能料理及此也。所拟序文三篇,实有所见,自是传作,存此文于集中,将来必有举行其事者。吾人立言,原不为一时也。惟鄙意言经学必以汉儒为主,亦犹言性理必以宋儒为宗,所谓"离之两美,合之两伤"。即以《周易》论,宋儒所说,必及先天后天,然则一部《十三经》,开卷便错矣。阮文达《学海堂书》,谓未足以尽本朝之经学则可,谓止是训诂之学则不可,其中天文、地理、典章、名物

---

① 此札辑自《春在堂尺牍》卷四,题作"与金眉生廉访"。

无所不有，一代说经之书，虽不尽于此，然亦可谓集大成矣，后有作者，但当踵事而增，不必别开门户。此则区区私见之不与尊意同者，辄布陈之，以附孔门“盍各”之义。

按，札中称“文正薨逝”，则当作于同治十一年(1872)二月初四日曾国藩(谥文正)殁后。俞樾于此提及他有续刻《皇清经解》的想法，可与致戴望札第五通参看。

致金吴澜[1]

金吴澜(1826—1888),字鹭(螺、胪)青(卿),浙江嘉兴人。优廪贡生,尝入曾国藩幕。历宰江阴、吴江,补昆山县。

一

螺青仁兄姻大人阁下:

闻荣绾首符,适弟抱疴累日,今晨始扶杖而出至外斋,是以有稽走贺。履新择于何日?再当趋叩也。敝处于黄鹂坊巷开设长春西号,已蒙给示悬挂,顷定于本月二十四日开张。伏求饬差二名,于是日黎明至小号招呼,庶借德威,以资弹压,感德无量。外附去先君时文二本,乃弟今岁新刊者。先君文理法清真,颇足备家塾观摩也。手此,敬颂台安,顺贺大喜,再走叩,不一一。

姻愚弟期俞樾顿首,二十二日

按,札中俞樾称新刻其父所作时文,此事可与致朱之榛札第一通参看。彼札作于光绪八年(1882),亦系此札于该年。

二

螺青仁兄姻大人阁下:

闻履新在即,再容走贺。顷有敝寓家人言其亲戚长邑书办张维慎求派充漕书,此事想有关系。张姓弟亦不识,据云人甚妥慎,姑为

---

① 以下三十四通手札均辑自《曲园老人书札不分卷》册三,国家图书馆藏,馆藏号 SB17533。

代陈,统候裁定,勿泥鄙言也。手肃,敬请台安。

姻愚弟期俞樾顿首,八月初九

按,上札询问何时履新,此札则称"履新在即",故系此札于后。光绪七年(1881)八月二十五日俞樾长子卒,故至光绪八年八月初九日俞樾仍在期服中。

三

螺青仁兄姻大人阁下:

兹有敝相好徽人吴绍铭,为汪赞钫呈控台端,系为房产交易细故。其事曲折,弟亦不能尽知,惟吴绍铭实系贸易场中忠厚老实之人,并非串吞人产业者。只须原卖主交出底契,伊自将产价付清,审断时尚求垂怜良懦,稍加照拂为荷。手此,敬请勋安,不一。

姻愚弟期俞樾顿首

日内衣服,尚未便,改日再趋候,又及。

按,此札末署"期",暂系于前两札之后。

四

螺青仁兄姻大人阁下:

日前吴肇熙控方德昌欠款业已清还,谨将吴姓收条呈览,饬销案为荷。手此,敬请升安。

姻愚弟功俞樾顿首,六月初九

按,光绪八年十二月十八日,俞樾次女卒,此或即札末署"功"之由。暂系此札于光绪九年(1883)。

五

胪青仁兄姻大人阁下：

日前惠顾，未及趋答为歉。承属撰《憺园集序》[1]，已草一篇，录呈雅正。集中错字似亦不甚多，但卷首宋序第一叶第九行第九字"而"误作"面"[2]，此则一览即见，必须改正者也。又第七卷十一叶十七行十三字"柰"字未刻清[3]。校书本如扫落叶，弟匆匆一览，亦未能悉校耳。前承示印书造纸章程两本，忘未缴还，今附去，乞照入。《图书集成》之字诚不宜太小，然亦不宜过大，如过大，则仍须五千馀本，将来收藏与携带均不方便也。《申报》馆所照之样亦颇爽目，惟恐书中所有各图终嫌太小，不甚清楚耳。然每股只一百五十，又可三年交清，在吾辈无力者颇觉相宜。弟亦拟附一股，但沪上无熟识可托之人。有一舍亲在彼当差，但因其妻重病，久无信来，心绪可知，未便托之。尊处必有熟人可托，可否为弟附一股，并望先赐垫付规银五十两，其银八月中必可归赵，决不有误。因弟日内适无此款耳。如尊意以为可，望为寄付，并以其收据书样付下为感。至明岁仍须大衍之数，则为时宽展，筹措非难，且亦当有可托之人也。手此奉商，敬求示复，即颂升安。数日内当至东路拜客，便道再奉访也。

姻愚弟功樾顿首，六月廿四日

按，《憺园全集》(光绪九年重刻本)卷前《重刻憺园集序》末署"光绪九年岁次癸未六月下澣德清俞樾谨序"，故此札当作于光绪九年(1883)。光绪九年四月二十七日起，《申报》刊登《招股缩印〈古今图书集成〉启》，此应即札中讨论照印《图书集成》开本尺寸、股份等问题之由。

---

① 《重刻憺园集序》，见《春在堂杂文四编》卷五。

② 《憺园全集》(光绪九年重刻本)宋序中此字不误，或即据俞樾意见改正。

③ 《憺园全集》(光绪九年重刻本)卷七叶十一行十七第十三字作"柰"。

六

鲈青仁兄姻大人阁下：

前承代付点石斋规银五十两，费神之至。今奉上规银券五十两，缴还前款，伏乞鉴入，赐复为荷。手此，敬颂升安。

姻愚弟功俞樾顿首，七月廿五日

再者，前承代购之票系二百十四号，惟是否羲记，抑或义记，不甚清楚，便中示悉，以便明年续交也。载请升安。

弟再顿首

按，此札所奉还之银钱应即上札中请金氏所垫付者，故系其后。

七

螺青仁兄姻大人阁下：

顷有徽人江东城与程姓为酱业事涉讼，弟本不预闻其事，惟从前在徽处馆时曾与江东城之父相识。此酱业实江氏祖业，因中间与程姓合股，遂至喧客夺主，启此争端。是非曲直，想秦镜高悬，自有公断。惟求早日判结，俾安生理，戴德无既矣。渎冒清严，惶切惶切。此颂台安。

姻愚弟功俞樾顿首，九月初十

按，札末署“功”，或由仍在次女绣孙丧服期内，故暂系于光绪九年(1883)。

八

螺青仁兄姻大人阁下：

弟于廿一日还苏，病卧床褥，俟病间再趋候琴堂也。《申报》馆件已径由信局寄复。弟意以为，印照此极小之样，不如排印此稍大之样。尊意何如？力疾，布颂勋安。

姻愚弟俞樾顿首

谢函附缴。

承示节略，适案头冗杂，未及细阅，总须为自己辨白，而仍与督辦、提调两君□触为佳。请与金鲈兄细酌之可也。朱方有理，当可见效。手此拜复，诸件并缴，不尽。

按，光绪九年(1883)十二月十三日起，《申报》刊登《致股印〈古今图书集成〉诸君启》，称“本斋仿印《图书集成》，前将石印之小字样与摆版之大字样各印一纸，随信分寄有股诸君，听凭选择”。此应是札中“弟意以为印照此极小之样，不如排印此稍大之样”之说的背景。《致股印〈古今图书集成〉诸君启》又称：“现计已有一半回信寄到，皆以大字样为醒目雅观，愿用摆版”，则此札或应作于《申报》发表启示之前。

九

鹭青仁兄姻大人阁下：

前日趋送行旌，未得登堂为怅。比惟允升吉坐，荣晋崇阶，遥望花封，定符芜祝。舍亲姚晋卿茂才荷蒙招延莲幕，兹特令其趋赴，伏乞量材驱策。文墨事非所擅长，并闻。晋卿系弟至亲，幸推爱垂情，不烦客气也。手肃，布请勋安，顺贺大喜，统惟惠照不儩。

姻愚弟俞樾顿首

按，此札感谢金吴澜将姚晋卿招入幕中，下札则以姚氏将到馆托带信件，故暂系此札在前。

十

鹭青仁兄姻大人阁下：

月初承光顾敝庐，有失倒屣，越二日趋诣鹢首，闻已移棹阊门，未及踵诣为歉。敬惟新岁以来，政体咸宜，循声卓起，莺迁在即，鹤望良殷。弟于正月廿五买舟还浙，绕道德清而至杭州，闻刘学使①于二月中旬按试湖州，弟送小孙应试，试毕再还苏也。少渠想尚在沪上，弟屡向上游言及，未知如何。兹乘姚晋卿到馆之便，敬请台安，匆匆不尽。

姻愚弟俞樾顿首

按，札中称浙江学政刘廷枚将于湖郡取士，据《清代职官年表》，刘廷枚光绪十年三月十七日始授浙江学政一职，光绪十一年五月又被瞿鸿禨接替，则其仅有光绪十一年二月间在浙江。故此札当作于光绪十一年(1885)二月中旬之前。

十一

螺青仁兄姻大人阁下：

前肃一函，交舍亲姚晋卿带呈。因其迟迟未行，故至今尚在其行箧也。弟西湖之行于二月十六日还苏，刘学使尚无出棚日期，如其病即有起色，则三月中可按临贵郡，而苕上次之。如其病不愈，则杳无期日也。昨见《申报》催交《图书集成》股分，其事似可有成。尊处想必须续付。弟意欲仍附尊便，求垫付规银五十两，掣还收票，寄交敝处。弟之股号乃二百十四号，羲记名下，敬以奉闻。其银俟后寄赵台端，渎费清神，无任感荷。手此，敬请台安，并希惠复

---

① 刘学使，即刘廷枚，字赞虞，号叔涛，江苏吴县人。同治七年(1868)进士。改庶吉士，授编修，曾任浙江学政。官至祭酒。著《慊斋诗文钞》。

为盼。

姻愚弟俞樾顿首，二月廿一

按，此札内容接续上札，当作于光绪十一年(1885)二月二十一日。光绪十一年二月十八日起，《申报》刊登《请缴第二批古今图书集成股银》启示，请各位入股者于三月二十九日之前交清第二批股银，札中称“昨见《申报》催交《图书集成》股分”云云，即指此。

十二

螺青仁兄姻大人阁下：

前日旌旆晋省，辱承枉顾，是日因小有不适，未克亲趋鹢首，殊歉于怀。蒙交下点石收单，知此款已由台端垫付，容即措缴。《图书集成》未知已排印几何？尊处既倩人往看，想其事可望有成也。刘叔涛学使廿六取齐湖郡，即于其日起马。弟廿五日自苏赴湖送小孙应考，四月望后可整归帆。手肃，布请台安，琐渎清神，并谢不尽。

姻愚弟俞樾顿首，三月廿四日

按，此札内容与上札接续，当作于光绪十一年(1885)三月二十四日。

十三

鹭青仁兄姻大人阁下：

前在吴下布复寸笺，定尘记室。比惟勋望清崇，循声卓著，定如所颂。弟苕上之行已返棹金阊，湖郡试笔告蒇，小孙得入县学第一名，殊为侥倖。小诗一律[①]，聊以志幸，录奉粲正。学使已于十六日

① 即《孙儿陛云应科试，以第一名入县学，口占志喜》一题，见《春在堂诗编》卷十一。

起马按临贵郡矣。手肃，布颂升安，统惟惠照不宣。

姻愚弟俞樾顿首

外致姚舍亲一函，敬求饬致为感。

按，俞陛云光绪十一年(1885)春成秀才，札中既称“小孙得入县学第一名”，故当作于该年。

十四

螺青仁兄姻大人阁下：

四月望后曾寄一书，附上小诗一首，又致姚舍亲一函，未知照入否？尊处所配滑胎丸，少渠曾惠付二服，但据单开每月三服，则需用甚多。兹因小孙妇怀妊已及三月，伏望寄惠十数服为感。手肃，敬请升安。外附名刺，恭贺节禧，统惟观察不宣。

姻愚弟俞樾顿首，四月廿八日

按，此札所言事与第十三、第十五两通分别相接续，故系于此。

十五

螺青仁兄姻大人执事：

昨展华椷，猥以令节刚逢五日。小孙倖博一衿，吉语遥颁，佳章赐和，循诵至再，感怍良增。辰惟薰风阜财，时雨及物，禔躬政绩，与夏俱长，定如所颂。承赐滑胎丸，谢谢。少渠言是尊处亲合，故敢渎请。今乃知亦自他处购来，并承赐片往取，但未知须给药资否？抑或可由尊处总算也？弟寓托芘顺平，足纾雅注。少渠尚在沪未归。闻其与同事不洽，然抚藩尚无芥蒂也。手肃布复，敬请升安，统惟惠照不宣。

姻愚弟俞樾顿首，午日

按，此札内容接续上札，故当作于光绪十一年(1885)五月五日。

十六

鹭青仁兄姻大人阁下：

昨得还函，知前呈大衍已荷鉴收，并以小孙秋闱伊迩，锡以卷资，拜嘉之下，莫名盛泐。小孙初博一衿，更无妄想，不过既作秀才，则三场辛苦亦分内事耳。少渠许久不见。闻令爱抱病而归，儿妇辈频遣人问候，未见轻松，但愿医药有功，即有转机乃妙。省中局面又复更动，想早已闻之矣。肃谢，敬请勋安，不庄。

姻愚弟俞樾顿首，初二日

按，札中称"小孙初博一衿……既作秀才"，则当作于光绪十一年(1885)俞陛云入县学之后；又称"以小孙秋闱伊迩，锡以卷资"，则是时秋闱尚未开考。故将此札系于此。

十七

鹭青仁兄姻大人阁下：

久疏笺候，遥惟勋名福履，与秋俱高，定如所颂。弟送小孙回浙乡试，甫于昨晚返棹金阊。浙闱揭晓，闻在十五日，小孙初次观场，初无妄想也。舍亲姚晋卿本拟与弟同至吴门，即行到馆，乃其夫人大病几危，日内稍有转机，不得不在家照料医药，是以到馆稍稽，属弟转达台端，想蒙原谅。手肃，敬请台安，统惟惠照不宣。

姻愚弟俞樾顿首，十一日

按，札中称"浙闱揭晓，闻在十五日"，则作札时秋闱尚未揭晓。《春在堂诗编》卷十一"乙丙编"有《九月之望，浙闱揭晓，余孙陛云中式第二名，赋诗志喜》一题，与此札所言合，故此札当作于光绪十一年(1885)九月十一日。

十八

螺青仁兄姻大人阁下：

久疏笺候，伏惟政体绥和，定如所颂。弟于九月廿二到杭料理小孙榜后事宜，顷由苕霅吴松，迤逦而归，计到苏在仲冬之初矣。兹将硃卷敬呈鉴政，并附小诗二律，聊博一笑。另呈硃卷五本，如能于贵相好中代为分致，更所心感。桐太尊处一卷亦望饬送。叨在姻好，想不嫌琐渎也。手肃，敬请升安，统惟惠照不尽。

姻愚弟俞樾顿首，小孙侍叩，十月廿三申江舟次

按，札中所谓"小诗二律"，应即《春在堂诗编》卷十一《九月之望，浙闱揭晓，余孙陛云中式第二名，赋诗志喜》一题，则此札当作于光绪十一年(1885)十月二十三日。

十九

螺青仁兄姻大人阁下：

顷奉惠书，并承嘉贶，感佩良深。即敬悉政体绥和，禔躬康泰，快如私颂。弟由苕霅吴松迤逦而至沪上，句留旬日。虽酒坐歌场，性所不近，未一阑入。而东西洋人，无不倒屣承迎，亦颇极闻见之瑰琦也。兹于仲冬三日仍还苏寓。小孙计偕，当在明正矣。手肃布谢，敬颂台安，惟照不宣。

姻愚弟俞樾顿首，十一月十二日

按，札中称"弟由苕霅吴松迤逦而至沪上"，与上札所言事相接续，故当作于光绪十一年(1885)十一月十二日。又称"小孙计偕，当在明正"，指俞陛云光绪十二年入京会试一事，亦与实情合。

二十

鹭青仁兄姻大人阁下：

久疏笺候，遥惟为政宜民，顺时纳福，琴歌逖听，鼓舞良殷。弟于端午后四日还苏，往返十旬，俱叨平顺。即于吴门销夏，西湖之游，须待中秋以后矣。《图书集成》闻八月中可以出书，但分作六期，不知几月为一期，恐全书插架尚遥遥无期也。原领股票似未便掣销，然则凭何取书？即另有票据，然往返几处，邮寄亦恐有疏虞，未知点石斋究定有妥善章程否？尊处能遣人一探否？弟处本买一部，去年又为舍亲彭宫保代买二部，共有三部，均已交清第二次股银，极望早日得书，而迟滞至此，如何如何，想阁下情亦同之也。兹因舍亲姚晋卿到馆之便，灯下草草泐布，即请勋安，统惟朗照不宣。

姻愚弟俞樾顿首

按，光绪十一年十一月二十五日起，《申报》刊登《〈古今图书集成〉出书告白》，称该书拟分六期出书，与此札中之说正合。故此札或当作于光绪十二年(1886)端午之后。本年春夏间，俞樾送孙儿陛云进京应礼部试(可与致盛宣怀札第二至第五通参看)，故札中有"弟于端午后四日还苏，往返十旬，俱叨平顺"之说。

二十一

螺青仁兄姻大人阁下：

前日一函定照入矣。今晨走候，未晤为怅。所托陈金宝事，定蒙派长解径解通州。惟据敝师母孙文节公[①]夫人来函称，一到通州，必有留难需索之处。顷与许星翁[②]方伯商量，拟托阁下除备文外另作一函致通州海门厅牧，托其于到日即取保释放，不致留滞，是所深幸。想方伯必以为意面致台端，弟亦修函奉渎，伏求照办为荷。手此，敬请台安。

姻愚弟俞樾顿首，闰月十一日

二十二

螺青仁兄姻大人阁下：

前面恳海门案内牵涉之陈金宝，系敝师母孙文节夫人亲戚，顷闻其人在押患病，且天时炎热，可否施恩将此人移至外班房，庶其家属可以看视，感德非浅。手肃，敬请台安。

姻愚弟俞樾顿首，五月十七日

按，以上两札均提及陈金宝案，俞樾为此曾与许应锛商量。而称许氏为"方伯"，则当作于光绪十年（1884）九月十七日许氏授浙江布政使[③]之后。光绪十三年（1887）有闰四月，则将以上两札暂系于本年。

---

① 孙文节公，即孙铭恩（？—1854），字兰检，江苏通州人。道光十五年（1835）进士，选庶吉士，授编修，累迁詹事。咸丰二年（1852），典试广东。三年，擢内阁学士、兵部侍郎，督安徽学政。四年，以父病请开缺省视，文宗允其回籍，俟假满以三四品京堂降补。太平天国间遇害。赠内阁学士，入祀京师及安徽、江苏昭忠祠，予骑都尉世职，谥文节。

② 许星翁，即许应锛（1820—1891），字昌言，号星台，广东番禺人。道光二十三年（1843）举人，咸丰三年（1853）进士。曾出任江西临江府知府、南昌府知府、广饶九南兵备道、吉南赣宁兵备道、河南按察使、江苏按察使、浙江布政使、护理浙江巡抚。

③ 《清德宗实录》卷一百九十四。

二十三

螺青仁兄姻大人阁下：

前得复函，知《守湖杂记》[①]承允排印，虽忠节有知，亦当感荷，非独宋君拜德也。弟因畏酬应，今秋西湖之行竟不果矣，且待明岁春融再去。日前有《和恽太夫人落叶诗》[②]四章，颇似为衰朽写照，因索观者众，刻以代钞，附呈，以博一笑。又有《题故人孙莲叔翦烛谈诗图》[③]一诗，诗固不佳，而孙君一生可见梗概，弟拟假尊处活版排印一百纸分布同人，非欲传此诗，实欲使人因此诗而知有此人也。琐琐奉渎，惟公亮之。姚舍亲前日过苏，想已到馆矣。手肃布恳，敬请勋安。

姻愚弟俞樾顿首，十月十三日

敬再启者，孙君之孙名祖恩，字泽臣。来此谋馆。其人自幼失学，文艺非所长也。据云略通书算，人颇循循谨饬，大约衙门中徵收号件硃墨等类尚可胜任。公居首台，如能推荐一席，感德无涯。手此，载请升安。

弟樾再顿首

按，札中提及之《和恽太夫人落叶诗》与《题故人孙莲叔翦烛谈诗

---

① 《守湖杂记》，应即《湖防私记》，宋韵初撰，记太平天国间赵忠节守湖事宜，光绪十三年(1887)，嘉兴金吴澜以木活字排印。

② 《春在堂诗编》卷十二“丁巳编”有《落叶次洗蕉老人韵》一题四首。按，洗蕉老人，据《春在堂诗编》卷十二《用洗蕉老人除夕诗韵述怀老人乃恽次山抚部之夫人》一题知其为恽世临夫人，则《落叶》一题即此处所言之诗。

③ 此诗见于《春在堂诗编》卷十二“丁巳编”，诗题较此札多“为其孙泽臣作”六字。而据此札所附信可知，俞樾向金吴澜推荐孙殿龄(字莲叔)之孙祖恩(字泽臣)，则《翦烛谈诗图》确应是泽臣携来请俞樾题诗者。《春在堂随笔》卷十亦有“丁亥秋间，其次子祖恩字泽臣至吴下求见……出旧时《剪烛谈诗图》乞题”云云。

图》两诗均在《春在堂诗编》卷十二《光绪十四年正月十二日甲子，是日逢金，又值奎宿。相传金奎甲子为文字之祥，祭之者吉，因命孙儿陛云祭焉，并勖以诗》一题之前，知两诗当作于光绪十三年(1887)。则此札亦当作于光绪十三年十月十三日。

二十四

鹭青仁兄姻大人阁下：

节近天中，神驰坐右，敬惟祥凝榴幄，政静蒲鞭，遥企莺迁，良深鹤望。弟还浙之行，往返五旬，均叨平顺。途次有诗二首，附呈吟正。又《文昌生日歌》一篇，自谓独得之见，亦呈订定。兹有慈溪女子张贞竹[①]，能书盈丈大字[②]，卖字养亲。其意可嘉，其字亦有可观。故代呈二字。手肃，敬请勋安，顺贺午禧，不尽。

姻愚弟俞樾顿首，四月卅日

按，札中提及《文昌生日歌》一诗见于《春在堂诗编》卷十二，在《光绪十四年正月十二日甲子，是日逢金，又值奎宿。相传金奎甲子为文字之祥，祭之者吉，因命孙儿陛云祭焉，并勖以诗》一题之后，故此札当作于光绪十四年(1888)四月三十日。

二十五

螺青仁兄姻大人阁下：

顷奉惠函，并承赐张女润笔洋帙十圆，具见推爱之深。交其祇领，同深感荷，敬谢敬谢。弟此次由杭旋苏，取道上河，于临平小泊，

---

① 张贞竹，字碧筠，慈溪人。《春在堂随笔》卷十详载其事。

② 《春在堂诗编》卷十二有《慈溪女子张贞竹字碧筠，年十有二，能书盈丈大字，陈鹿笙太守属其书"福寿龙虎"四字见赠，为赋此诗》，可与此札参看。

钓游旧地，风景全非，大有丁令威化鹤归来光景。偶得小诗数首[1]，乃门下士张小云明经即以灾之枣梨，殊为可笑。今附一纸，可同一笑也。再渎，来示今年似有莺迁乔木之意。但上之倚畀方隆，下之爱戴弥切，未必竟能如愿乎？如果有此举，周子云阅文一席可否以告新令尹。此亦过临平时家表姊八十老人[2]所托也。草草布泐，敬请勋安，统惟惠鉴不宣。

姻愚弟俞樾顿首，初九薄暮

按，上札中俞樾向金吴澜提及张贞竹能书盈丈大字，此札则感谢金氏赠予张女润笔，因知此札作于上札之后，初九日最早为光绪十四年(1888)五月初九。

二十六

鹭青仁兄姻大人阁下：

顷奉手书，敬悉清对冰壶，春回花县，琴歌在迩，鼓舞同深。拙诗得大笔亲书，宾友传观，无不叹美，并拙诗为之生色矣。手肃布谢，敬请勋安，统惟惠照不宣。

姻愚弟俞樾顿首，初五日

二十七

鹭青仁兄姻大人阁下：

弟于三月下旬自浙还苏，欣闻执事不日荣逮首台，从此器重上游，声达朝听，黄堂在望，快慰良深。俟琴鹤贲临，再当走贺。兹有渎者，舍亲蔡芸庭为吴中办徵收老手，练达老成，人极可恃，用敢专函奉

---

① 《春在堂诗编》卷十二有《临平杂诗》，当即此处之所指。

② 《春在堂诗编》卷十二《临平杂诗》之一有小注云“伯兰表姊八十有一矣”，此札所谓“家表姊八十老人”当即此人。

荐，务求推爱，为留一席。请问之令亲家张少渠，亦深悉其人也。手肃布恳，敬请台安，并贺大喜，不尽万一。

姻愚弟俞樾顿首

二十八

螺青仁兄姻大人阁下：

前日蔡芸庭奉访未晤，曾留一函，定入台览。伊信中所求，务望怜其老而许之。手此布达，即请勋安。

姻愚弟俞樾顿首，六月廿四

二十九

鹭青仁兄姻大人阁下：

拜展还云，如亲光霁，兼闻琴从不日莅吴，吴下莺花为之生色矣。宾席久盈，所荐蔡君，无从位置，亦事之不可如何者，非执事不推屋乌之爱也。乾餱之惠，恐未敢领，缘去岁于万小庭兄处已缴还乾脩，未便自乱其例，且反对不住万小翁也。手肃，复请台安，馀容面叙，不尽。

姻愚弟俞樾顿首

三十

螺青仁兄姻大人阁下：

弟已还寓，迟日再当趋候。兹闻上海邵观察之太夫人于本月内庆六十生日，是否六旬正寿？的系何日？尊处必有确闻，示知为佩。手此，敬颂台安。

姻愚弟俞樾顿首

三十一

螺青仁兄姻大人阁下：

昨承交到琴西[①]敝同年书，兹有复函，乞饬寄江阴学使署中转交。此书虽复琴西，实复漱兰[②]，望即从速寄达，免其盼望也。弟回苏大病，今日始能起坐。力疾布托，即颂升安。

姻愚弟俞樾顿首，十二月二十一日

三十二

螺青仁兄姻大人阁下：

久疏笺候，深切驰忱，敬惟春满花封，恩承枫陛，飞双凫而莺迁志喜，超五马而豸绣腾辉。遥企琴堂，良殷鼓舞。是月之吉，又逢尊夫人设帨良辰，梁案眉齐，谢阶玉立，吉辉在望，引睇为欢。弟因路远，未克趋祝，手书楹联表意，伏乞莞存。手肃，敬请勋安，虔祝千春百益。

姻愚弟俞樾顿首

三十三

螺青仁兄姻大人阁下：

前日姚晋卿到馆，曾托带上拙诗一本，诗虽陋，而刻颇精，曾鉴入否？比惟政体绥和，禔躬佳胜，定如所颂。弟自浙还苏，又阅月馀。

---

① 琴西，即孙衣言。

② 漱兰，即黄体芳(1832—1899)，字漱兰，号莼隐，瑞安人。咸丰元年(1851)举人，同治二年(1863)进士。授翰林院编修，累官至内阁学士、江苏学政、兵部左侍郎、左都御史。后主讲金陵文正书院。晚年参加强学会，主张变法图存。

天寒日短，碌碌鲜暇。昨得舍表弟姚少泉[①]此弟母党之亲，与晋卿同姓不宗。来书，言今年洋贱米贵，卒岁不敷，属弟荐一漕馆。弟思所谓漕馆者，不过抽丰之意。弟知交落落，无可吹嘘，亦颇不愿轻于干求。惟念与阁下素相契合，又叨附葭末，未知可许稍分廉润，以拯儒酸否？恃爱渎陈，恕其冒昧，如蒙惠允，并望于信局停班前掷付，庶可寄到浙西也。手肃布肊，敬请台安，不庄。

姻愚弟俞樾顿首，廿九日[②]

三十四

前阅省抄，今又得大讣，惊悉尊公遽归道山，凄惋累日。然念尊公一生，文学政事，不愧循吏传中人，年近古稀，全归无憾，尚祈兄等援礼节哀，以肩大事。弟以苏常之隔，未及亲叩灵前，手书联语，聊以达意。肃此布唁，即颂素安。

姻弟俞樾顿首

按，此札未署收信人名号，以订于致金吴澜诸札书册中，故暂系于最后。

---

① 姚少泉，即姚钺，俞樾舅平泉公之子。故札中称“母党之亲”。

② 札中既言“天寒日短”，则当作于是年岁末；又言如有回信，希望在“信局停班前掷付”，则当作于十一月。

致金武祥

金武祥(1841—1926),字溎生,号粟香,又号陶庐,别署一斥山人,江苏江阴人。与缪荃孙为中表兄弟。曾官通判。光绪六年(1880)官粤赤溪厅同知,十一年(1885)榷盐梧州。辛亥革命后寓居上海,与徐乃昌等人相往来。善诗词,著有《冰泉唱和集》、《霞城唱和集》、《陶庐杂忆》、《粟香室随笔》、《江阴艺文志》等。

一[①]

顷奉手书,并赐《粟香室丛书》[②]及《粟香随笔》全帙,诵清咏骏,见家学之渊源;考献徵文,示词林之根柢。马氏《琐记》一卷,有裨经义;《江上孤忠》诸录,足补史阙。末附《江阴艺文》、《赤溪杂志》,皆自著书也。《楚辞章句》终《九思》之篇,《玉台新咏》存孝穆之作;古人固有此例矣。案头得此,亦一伟观,百朋之赐,殆未足喻。惟来书于鄙人推许过深,则非所望也。仆于经学全无师法,于诗文亦未克成家,徒以不知妄作,岁久益多,流播人间,旁及海外,遂致盗窃虚名,为鬼神所祸。老运屯邅,家门凋落,亟思谢去虚名,稍自忏悔。东坡所谓“过实之名,畏之如虎”,而足下又过为揄扬,殊非鄙意。近作《亡孙妇

---

① 此札辑自《春在堂尺牍》卷七,题作“与金溎生”。

② 《粟香室丛书》五十八种,金武祥辑,光绪至民国间江阴金氏刊本。此札中提及的《江阴艺文志》二卷校补一卷、《赤溪杂志》二卷、《粟香随笔》(一至五集)四十卷(以上金武祥撰)、《江上孤忠录》一卷(清黄明曦撰,黄怀孝、龚丙吉重订)皆收入此丛书中。《琐记》未详。札中既称马氏“《琐记》一卷,有裨经义”,知其为经部著作;而《粟香室丛书》中所收与此特征相合者为《读书琐记》一书,作者江阴凤应韶。称“马氏《琐记》”云云,或系俞樾误识作者使然。

传》[①]一篇，附诗四首[②]，遍赠知交，谨以寄呈左右，览之可知近怀矣。

按，俞樾孙妇彭见贞卒于光绪二十年(1894)五月十七日，札中既提及“亡孙妇传”云云，则当作于此后。

二[③]

溎生仁兄大人吟席：

久隔芳尘，忽承雅教，更披瑶集，顿涤烦襟。率题一章，聊副来命。弟犬马之齿，计闰八十，精神衰茶，学术荒芜，不为所弃，感荷注存，肃谢。敬请吟安，兼颂春祺，不尽万一。

愚弟俞樾顿首

按，札中称“计闰八十”，则实为七十八岁，故此札当作于光绪二十四年(1898)。

三[④]

溎生仁兄大人阁下：

昨承惠顾，失迎为歉。弟自二月廿二日送客一揖，闪腰挫气，病卧经月。至今眠食如常，而腰脚软弱，头目昏花，竟不能出房一步也。大著刻本谨存，钞本奉缴，已拜读一过，率题六绝句[⑤]，聊副来意，即希雅正。附去拙诗二十卷，又拙刻时文两本，均与诗注有涉，故以奉

---

① 即《孙妇彭氏传》，见《春在堂杂文五编》卷三。

② 《春在堂诗编》卷十五有《哭孙妇彭氏》一题四首，应即此。

③ 此札辑自北京瀚海拍卖有限公司 2004 年 11 月第 1824 号拍品。

④ 此札辑自《上海图书馆藏名人手札选刊·俞曲园手札》，第 243—244 页。

⑤ 应即《读金溎生武祥陶庐绝句，率书六绝句于其后》一题，见《春在堂诗编》卷二十一。

呈，并求鉴定。手肃，敬请著安。

愚弟俞樾顿首，端六日力疾书

按，札中称“附去拙诗二十卷”，《春在堂诗编》卷二十之作止于光绪二十九年，则此札当作于光绪三十年(1904)五月初六日。

致金友筠

金文潮(约 1816—1896),字友筠,号林阴仰雪翁,青浦人[①]。

一[②]

两得手书,如亲言论风采。虽漫郎聱叟,姓名未许人知,而猗玗洞中,已可踪迹,三十六鳞,不愁传书无路矣。来书言:孟献子之友三人,或本不以名传。仆谓,姓名之传不传,亦自难料。即以《论语》所载诸隐士言之,荷蒉者之不传姓名,宜也,如长沮、桀溺,亦宜不传姓名者,此二人,问津且不告,岂肯自言其名?而至今沮、溺姓名炳然天壤,此不可料者也。又如荷篠丈人,此不应[不]传姓名者,子路既与有一夕之雅,并其二子亦得见之,岂有不问其姓名之理?乃至今无闻焉,此又不可料者也。足下将为沮、溺乎?将为荷篠丈人乎?仆固不足以知之矣。属写拙诗,草草书奉,再附去联一额一,聊识爱慕,不足以疥草堂也。

按,《春在堂诗编》卷十二有《青浦金友筠明经文潮,匿姓名与余书,余属青浦校官陈子愚访得其姓名,寄诗戏之》一题(作于光绪十三年),诗曰:"堪笑林阴仰雪翁,其寓名也。居然荷篠丈人风。楚狂歌凤无名姓,早有人知是陆通。"此札题下有注曰:"其人与余书,不著姓

---

① 《楹联录存》卷四有《金友筠处士挽联》,在《杨见山太守挽联》之前。杨见山,即杨岘(1819—1896),则金氏之卒不晚于光绪二十二年(1896)。序曰:"友筠名文潮,青浦人,与余神交十年,书问频通,而未一面。年逾六十,衰病相乘,犹谓明春如小愈,当来苏一见,以遂平生之愿,竟不及也。"

② 此札辑自《春在堂尺牍》卷六,题作"与林阴仰雪翁"。

名，自云：生平于天下所最慕者，彭雪琴、俞荫甫也。故自署所居云‘林阴仰雪庐’。”因知此札作于诗前。

二[①]

承示论题一纸，涵咏白文，上章重“有”字，下章重“为”字，自是不刊之论，斫轮老手，良所深佩。惟以“不与”作“无为”解，则舜、禹无为，而尧转有为矣，似分量小有未合，不如竟云舜、禹有而不有，尧为而无为，较浑沦无弊，高明以为何如？鄙意，此两章[②]是一部《金刚经》。上章明言有天下，然“不与”二字则已将“有”字扫去。以《金刚经》文法论之，当云所谓有天下者，即非有天下，是名有天下也。下章特题一句，云：“大哉，尧之为君”，人人洗耳而听，不知将说出陶唐氏如何掀天盖地一番大事业来；乃“惟天为大，惟尧则之”，止是比况之词，“民无能名”，亦止形容之语，究竟尧之为君如何，毫无实在。下节言成功、言文章，似乎有所指实矣。然此节文势大有蹊跷，吾人从小读熟，不觉得耳。上句有“也”字，下句何以无“也”字？圣经必无此参差文法，此中大有妙理。夫子当日盖仰而望之曰：“巍巍乎，其有成功也。”然究竟所成何功，其功安在，亦竟说不出来。略一停顿，乃曰：“焕乎，其有文章”，成功不可见，见之于文章。文章有何实际，仍归之于空而已。盖上句有“也”字，一宕成功，亦化为烟云也。《金刚经》云：“所谓一切法，即非一切法，是名一切法。”道理实是如此，非曲园叟之援儒入墨也。因尊论，走笔及之，聊发一噱。

---

① 此札辑自《春在堂尺牍》卷七，题作“与金友筠”，题下小注云：“即第六卷之林阴仰雪翁。”

② 据札中所言，当指《论语·泰伯》“子曰‘巍巍乎！舜、禹之有天下也，而不与焉’”与“子曰‘大哉，尧之为君也，巍巍乎，唯天为大，唯尧则之。荡荡乎，民无能名焉。巍巍乎，其有成功也，焕乎，其有文章’”两章。

按，俞樾《金刚经注序》尝以儒家学说解读《金刚经》大旨，可知其会通儒释的思想是一贯的，可与此札参看。

致蒯德模[①]

蒯德模(1816—1877),字子范,安徽合肥人。咸丰末,以诸生治团练,积功洊保知县,留江苏。同治三年(1864),署长洲。治长洲四年,判八百馀牍,尽惬民意。旋署太仓直隶州知州、苏州知府。九年,调署镇江。再调署江宁,未几,擢四川夔州知府。在夔四年,卒於官。著《吴中判牍》、《带耕堂遗诗》。

伻来,辱惠书,并赐读大箸《四书义》,理法清真,格律遒上,犹见先正典型,非时下东涂西抹者比,亦名山一盛业矣。来书以刘蕡不第自谦,然韩昌黎《颜子不贰过论》、白香山《汉高祖斩蛇剑赋》,在当时皆是不第落卷,而至今传诵。文之传不传,岂视名场得失乎?周、吕二君,为阁下徵六十寿言,于龚黄治行叙述颇详。樾近来遇友朋生日,贫不能具礼,往往以一文为寿,刻入《春在堂杂文》者,不下数十篇矣。阁下大寿,亦拟献一小文[②]。乃使者远来,值鄙人外出,由苏而杭,由杭而沪,由沪还苏,则使者已将遄反矣。匆匆,不获属稿,当补撰奉寄,亦不过一纸之书,费"春在堂五禽笺"数幅而已,无所谓锦屏十二也。

按,据《蒯子范太守六十寿序》,知光绪元年(1875)蒯德模六十岁,故此札当作于该年。

---

① 此札辑自《春在堂尺牍》卷四,题作"与蒯子范太守"。

② 即《蒯子范太守六十寿序》,见《春在堂杂文续编》卷五。

致勒方锜

勒方锜(1816—1880),原名人璧,选贡时改此名。字少仲,号悟九,江西新建人。贡生。曾入曾国藩幕。光绪元年(1875)八月迁江苏按察使,三年十一月迁广西布政使,十二月调江苏布政使。五年四月迁福建巡抚,七年四月调贵州巡抚,八月改东河河道总督,未赴任病免。著《太素斋诗钞》,《太素斋词》,俞樾赞曰"虽紫霞翁见之,不能更易一字"①。

一②

昨席上谈及古时金价,因记忆不真,故未详述。归而考之《汉食货志》,曰"黄金重一斤,直钱万",是金一两直钱六百二十五也。按《管子·轻重戊》篇"桓公使人之楚买生鹿,楚生鹿当一而八万",当作"楚生鹿一而当八万"。此八万,盖以钱计,言一鹿直八万钱也。下文云"令中大夫王邑载钱二千万,求生鹿于楚",是其证也。又下文云"管子告楚之贾人曰:'子为我致生鹿二十,赐子金百斤。'"是一鹿直金五斤。以上文证之,则黄金五斤直钱八万,每金一斤直钱一万六千,盖金一两而钱一千也,视汉时金价较贵矣。昔人未见及此,拙著《诸子平议》始及之③。又,古书言黄金,每以金计,高诱注《战国齐策》曰"二十两为一金",此说是也。赵岐注《孟子·公孙丑》篇曰"古者以一镒为一金",而注《梁惠王》篇曰"二十两为镒",则一镒为一金,仍是二十两为一金耳。汉儒说镒皆与赵氏同,惟《文选注》有"一镒二十四

① 《勒少仲同年〈太素斋词〉序》,《春在堂杂文四编》卷六叶二。
② 此札辑自《春在堂尺牍》卷二,题作"与勒少仲同年"。
③ 详见《诸子平议》卷六。

两”之说，恐误衍“四”字，不足为据。

二[①]

前辱手书，并佳墨佳茗之赐，即于病中草草复数行，定达左右矣。嗣又于平斋处交来大著《词》一本，又屡承寄声存问，甚感甚感。弟五月下旬在吴中大病，卧床月馀，至今虽愈，而未复元。《礼》云“五十始衰”，樾今年五十，衰自此始矣。病之初起，起于疟疾。平斋遣人来问，而寓中阍者是扬州人，其言疟疾似乎热疖，故由平斋处讹传，有弟患外症之说，其实非也。春间承以宣纸索书，而弟已赴杭，其还也又病，是以竟未及书，而又重之以后命，属书大字楹帖。伏念拙书至劣，阁下乃深嗜之心，诚怜白发去，其信然乎？病后腕弱，小字尚可勉强，大字未能握管。然必有以报命，不敢虚雅意之拳拳也。拙著已刻者六种，谨寄求是正。内有《词》二卷，于律未谐，聱牙不免，方之大作，是谓小巫，不足辱紫霞翁点定也。

按，札中既称“樾今年五十”，则当作于同治九年（1870）。札中称“拙著已刻者六种”，当指《群经平议》、《诸子平议》、《宾萌集》五卷本、《宾萌外集》、《春在堂词录》二卷本、《春在堂诗编》六卷本。

---

① 此札辑自《春在堂尺牍》卷三，题作“与勒少仲同年”。

致李慈铭[①]

李慈铭(1830—1894),初名模,字式侯,后改今名,字爱伯,号莼客,室名越缦堂,晚年自署越缦老人。会稽(今浙江绍兴)人。光绪六年(1880)进士,官至山西道监察御史。承乾嘉汉学之馀绪,治经学、史学,蔚然可观。著《湖塘林馆骈体文抄》、《白桦绛柎阁诗初集》、《重订周易小义》、《越缦堂词录》、《越缦堂经说》、《柯山漫录》、《后汉书集解》、《霞川花影词》、《十三经古今文义汇正》等。

前承惠顾,尚未趋前,殊歉于怀,然月初必当上谒矣。承招雅集,理当趋赴。但弟自戊寅以来久不赴人嘉招,几成一例,牢不可破。虽素仰斗山、深愿趋陪者,亦不欲破此迂阔之例。缴还大柬,幸之见原。至浴佛日乃先人忌日,然□□辞谢者,则固不徒忌日然也。草草复谢,敬请台安。

樾拜上

莼客先生大人

按,札中题及之戊寅为光绪四年(1878)。

① 此札辑自《咸同间名人书札》,国家图书馆藏,馆藏号14900。

致李桓

李桓(1827—1891),字叔虎,号黼堂,湖南湘阴人。以荫官至江西布政使。著《宝韦斋类稿》,辑《国朝耆献类徵》、《贤媛类徵》。

一[1]

去岁湖堤讲舍,深以临况为荣,嗣又辱书,并赐读先集,具感惠爱之深。修复稽迟,非尽疏懒,缘私心欲以拙著就正左右,而《全书》印订需时,直至今年正月始竟厥功。仆即由苏而沪而杭,又以家兄在福宁郡斋病故,由浙而闽,奉母北归。舟车跋涉,笔墨倥偬,一纸之书,未遑布复,想知我者必不责此形迹之阔疏也。顷又奉手翰,并示我纪游诗百三十首,题名三纸,《三山归棹图》石刻模本一幅,诗格清严,字体雄浑,想见烟霞云水中,兴到挥豪,洵天际真人也。仆从前避地舟山,频年往返闽浙,于天台、雁荡、普陀,皆有可到之缘,而竟未一蜡游屐,清才清福,两不如公,辄题七言古体诗一章[2],悔前事之蹉跎,冀后游之弥补,未知山灵许我否也。

按,据《先壬甫兄家传》,俞林卒于同治十二年三月十七日[3],札中既称"今年……家兄在福宁郡斋病故",则当作于同治十二年(1873)。

---

① 此札辑自《春在堂尺牍》卷四,题作"与李黼堂中丞"。

② 此诗今不见于《春在堂诗编》。

③ 《春在堂杂文三编》卷二叶四十六。

二[①]

两得手书，未及一复，不尽由疏懒之咎，缘案头笔墨颇亦丛杂。而今年八月又值老母九十正寿，以在国恤之中，乃借七月十二万寿蟒服之期称觞一日，虽止一日排当，颇费兼旬料理，故久而不及函也。金风玉露，按候而来，杖履清娱，定如所颂。弟因奉母寓吴，故湖上之游未能尽兴，春初小住，只奉陪退省庵主[②]一入山探九溪十八涧之胜而已，秋间必当再往。然须待槐花忙后，否则酬应烦也。江浙书局会刻全史已告成功，浙局见刻子书，苏局刻《五礼通考》[③]。承示何文安公[④]所刊《宋元学案》原版毁于京寓，俟见江苏诸当事者当纵臾之。此书自是讲学家所必读，然弟谫陋，实未之见；亦因素研经训，于此事微分蹊径也。将来从者重游苏杭，如行箧中有此书，请借读之。

按，札中称“老母九十正寿”，据《先妣太夫人行述》，俞樾母姚太夫人生于乾隆五十一年（1786）八月十一日[⑤]，至光绪元年九十岁（1875），则此札作于该年。同治帝于同治十三年（1874）十二月初五

---

① 此札辑自《春在堂尺牍》卷四，题作“与李黼堂中丞”。

② 退省庵主，即彭玉麟。

③ 《五礼通考》二百六十二卷总目二卷卷首四卷，秦蕙田著。《周礼》中记载五礼，曰吉、凶、军、宾、嘉，又记小宗伯掌五礼禁令等。该书依《周官》五礼之目，网罗古今，折衷众说，对《礼》经之文，如郊祀、明堂、宗庙、朝会、冠、昏、宾、祭、宫室、器用等，以经证经；对历代诸儒注疏，取相抵者互为参证，凡聚讼纷纭之处，一一疏通分明；对唐宋以来诸家考论之事义，取百家之说相端审，终成此古代礼制的总结性著作。有乾隆间刻本及光绪六年（1880）江苏书局刻本。

④ 何文安公，即何凌汉（1772—1840），字云门，号仙槎，湖南道州人。何绍基父。嘉庆十年（1805）进士一甲第三名，授翰林院编修，先后主广东、山东、福建乡试。后官顺天府尹，历任工部、吏部、户部尚书。谥文安。

⑤ 《宾萌集》卷五叶三十八。

日崩，故札中称“在国恤之中”；七月十二日为咸丰帝孝贞显皇后（时为皇太后）生辰，故札中称“万寿蟒服之期”。《宋元学案》，黄宗羲原著。书未成而卒，其子黄百家续作，弟子杨开沅、顾諟等补述，私淑弟子全祖望补成，亦未及刊刻。全氏原稿由卢镐保管，黄宗羲玄孙黄璋抄录一份，经六世孙黄徵乂、七世孙黄直垕校补为八十六卷本。全氏残稿存蒋学镛处。道光间王梓材、冯云濠访求诸本，校订为一百卷。道光十八年由冯云濠出资刻成，二十二年冯宅遇火，书版被毁。道光二十二年秋，王梓材应何绍基之邀，以冯刻本为底本重刻此书，二十六年刻成，然不久亦毁于火灾（此或即札中所称之本，唯札中称“何文安公所刊”有误[①]）。光绪五年龙汝霖重刻于长沙，此书始有通行本[②]。该书从草创到成书、刊印、流通，前后历经近200年，可知彼时文献著作与流传之不易，这也是俞樾每每以刊刻书籍游说各当事者之由。

三[③]

读手书，知女公子昙华一见，良可悼伤。然香山念金銮子诗，其终归于理遣，想达人必能同之也。大著《耆献类徵目录》，披览一过，搜罗宏富，体例精严，洵必传之书也。昨日与文卿中丞[④]书，纵臾其以此书付梓，然时局方窘，未知能料理及此否。弟见闻甚陋，不足裨益高明，甚愧甚愧。惟录中如蔡文恭公新，似宜入《宰辅》，不宜入《儒林》。文襄公福康安既已入《宰辅》，不必更入《将帅》。徐文敬公潮，

---

① 《宋元学案》书前有何凌汉道光十八年所撰《叙》一篇，此或为札中误此本为何凌汉所刊之由。然细审何叙文意，实为冯云濠刊本而作。道光二十六年，何绍基为其重刻本撰叙，对其父于该书之用心等亦有所揭出。俞樾札中没有提及何绍基，或所指实为冯本？文献不足，暂且存疑。

② 陈金生：《点校前言》，《宋元学案》书前，第1—9页。

③ 此札辑自《春在堂尺牍》卷五，题作“与李黼堂方伯”。

④ 文卿中丞，即谭锺麟。

即花农之六世祖，官至吏部尚书，似宜入《九卿》，不宜入《疆臣》。又所谓“九卿”者，即《明史》之七卿，六部、都察院而益之以通政司、大理寺，然则沈端恪公近思官至左都御史，似宜入《九卿》，不宜入《台谏》。所谓“台谏”者，惟科道诸公而已。至于顾亭林、王船山两先生，国史已入《儒林传》，似不宜入《隐逸》。陆桴亭先生，近已从祀两庑，亦宜移入《儒林传》中。率书所见，惟公裁之。又如“孝友类”中黄洪元，此据《尧峰集》也，而《陆桴亭先生集》中则作“王洪元”。“卓行类”中宋释之，此据《刘绍攽集》也，而彭端淑《白鹤堂集》中则作“宋石芝”。如此之类，似可附录，以广异闻。道光中，朱兰坡先生所辑《国朝古文汇钞》初、二编，未知案头有此书否，其中可采者甚多。嘉兴钱衎石①先生有《徵献录》，自将相大臣以至儒林文苑，凡八百馀人，此书今当在子密②枢部处。又宗湘文太守有《碑传录》之辑，闻冯竹儒观察曾借钞一通，用钱三十万，其书亦必不少。能以此两家之书补苴之，当更美备矣。柳门③侍读小有疾，久不见，尊书即送去。弟近日又续成

---

① 钱衎石，即钱仪吉(1783—1850)，初名逵吉，字蔼人，号衎石，又号新梧(一作心壶)，浙江嘉兴人。自幼好诗能文，年十二，效选体作《山赋》千言。嘉庆十三年(1808)进士，改翰林院庶吉士。散馆，授户部主事，升刑科给事中。累迁至工科给事中，罢归。道光年间游广东，主讲粤东学海堂。晚年客居河南开封，主讲河南大梁书院凡数十年，培养不少人才。钱仪吉博通群籍，工文章，治经讲求故训，读史长地理，尤精史学。编著《碑传集》一百六十卷首末各二卷，为清代人物传记汇编，收有清代人物 1680 馀人，又妇女 300 馀人的生平资料，采自方志、文传凡 500 馀家。又著有《三国晋南北朝会要》、《补晋书兵志》，均有益于后学。文集《衎石斋记事稿》正稿十卷，续稿十卷，亦多记名人行谊。精研儒家经典，辑有《经苑》一书，汇编唐宋元代儒家解经之著作。此外，还有《北郭集》四卷、《澄观集》四卷、《定庐集》一卷、《衎石斋晚年诗稿》五卷、《飏山楼初集》六卷、《飏山楼骈文稿》、《衎石先生刻稿》一卷、《刻楮集》一卷、《旅逸小稿》二卷、《皇舆图说》四十卷、《国朝献徵集》等，传于世。

② 子密，即钱应溥。

③ 柳门，即汪鸣銮。

《笔记》四卷付梓，贤者识大，不贤者识小，此之谓也。

按，李桓《国朝耆献类徵初编》七百二十卷，其中包括《述意》、《总目》、《通检》、《满汉同姓名录》三十二卷。开纂于同治六年(1867)，历时十五年成初稿，又七年校刊成书①。是书辑录清天命元年(1616)至道光三十年(1850)满汉臣工士庶万馀人之传志史料。先采国史馆本传，再及私家文集中的碑传志铭等，凡所采摭，无论长篇短札，均录全文，并随文附载文体及撰人姓名。传分宰辅、卿贰、词臣、谏臣、郎署、疆臣、监司、守令、僚佐、将帅、材武、忠义、孝友、儒行、经学、文艺、卓行、隐逸、方技等十九类。以《钦定宗室王公功绩表传》、《钦定外藩蒙古回部王公表传》及续修各表传冠首。俞樾此时所见为《耆献类徵目录》，并对所收人物的归类提出自己的意见。此书刻本蔡新在《宰辅》卷二十五，福康安在《宰辅》卷三十四，徐潮在《卿贰》卷十七，沈近思在《卿贰》卷二十七，陆世仪在《儒行》卷四，顾炎武在《儒行》卷六，王夫之在《儒行》卷九，则俞樾的意见，李桓一一采纳。

四②

读来书，知外观虽杜，而内养自充，《说瞽》一篇，真盲左以来未有之妙文也。至《明论》第十三篇，即《仪礼》经文两虚字，看出绝大义理，有宋诸大儒均未见及，此可谓善读书矣。窃就尊说推之，《经》云“为人后者”，《疏》云“此文当云‘为人后者为所后之父’，阙此五字者，以其所后之父或早卒，今所后其人不定，或后祖父，或后曾、高祖，故阙之，见所后不定故也。”贾公彦此疏，自谓补经文所未及，意义圆足，实则“为人后者”，《经》文本无父名，何容增益。至所后者，则不必祖

---

① 李桓《述意》称：“丁卯开纂，十有五年粗具写本。”《国朝耆献类徵初编》扉页背面有牌记，题“光绪甲申开雕庚寅蒇工湘阴李氏藏版”。

② 此札辑自《春在堂尺牍》卷六，题作“与李黼堂中丞”。

父及曾、高祖诸尊属也。即为兄弟后、为兄弟之子后，亦无不可。《公羊传》曰“为人后者为之子”，此语有病，而意则未始不是。盖以服制言也，虽为兄子后，而仍以子为父服之服服之，故曰“为人后者为之子”，汉儒语质故耳。大抵名称是一事，服制又是一事。如以明世宗论，考兴献，伯孝宗，兄武宗，此名称也；为武宗持三年之服，此服制也。此议一定，后世或有君薨无世子者，大臣议所立，不必拘拘于伦序之间，任择贤且长者立之，在故君，无莫为之后之虑，在新君，无谓他人父之嫌，斩断无数葛藤矣。子夏传曰：“同宗则可为之后。”此亦周公制礼以后之言。若以上古公天下而言，则不必同宗也。尧禅舜，舜即为尧后也；舜禅禹，禹即为舜后也。舜、禹为尧、舜行三年丧，此即持为人后之服也。舜父瞽瞍而不父尧，禹父伯鲧而不父舜，此正名之义也。自后世私天下之心太重，汉高帝诏曰：“父有天下，传归于子，子有天下，尊归于父。”于是视天下为囊中私物，非父子不得授受，而议论自此多，事变自此滋矣。尊论一出，洵足扫千秋之浮议，定万世之大经。不揣鄙陋，以意推阐，幸命侍史详读之。

五[①]

公在孤山所筑芋禅[②]并未摧颓，但西畔之墙，危欲倾圮。弟拟拆低一二尺，而墙外作小廊护之，便无风雨漂摇之患。所费无多，弟忝附芳邻，自宜力任，且与敝楼亦有益也。至久长之计，未易为谋。窃谓，佛门重一“无”字，最妙。有所有，即有所累矣。弟初到西湖，一无所有，一无所累；既而有俞楼，即受俞楼累；有右台仙馆，即受右台仙馆累，究竟一无善策也。去日已多，来日有限，无我即无有矣，无有即无累矣，然则受累或亦不久乎？

---

① 此札辑自《春在堂尺牍》卷六，题作“其二”，紧接上札。

② 芋禅，李桓在孤山所筑别业。光绪七年（1881）七月，俞樾题写篆字“芋禅”，今存西泠印社“还朴精庐”附近的小磐谷。

按,《春在堂诗编》卷十一有《次韵答李黼堂方伯同年》一题(作于光绪十一年),诗云:"芋禅小筑近俞楼,君于俞楼后山筑精舍,曰"芋禅"。几度清谈共茗瓯。别后顿惊同调少,书来兼有好诗投。且为昭代存青史,君所撰《国朝耆献类徵》甚富。莫念前情感白头。君比年频有天伦之戚。三复佳章聊一和,西湖谱作榜人讴。"或与以上二札先后而作。

致李瀚章

李瀚章(1821—1899),字筱泉,一作小泉,晚年自号钝叟,合肥人。道光二十九年(1849),以拔贡朝考出曾国藩门下,初为湖南知县。曾国藩建湘军之初,奏调瀚章至江西南昌综理粮秣。官至两广总督。

一①

小荃大公祖年大人阁下:

揖别武林,瞚又星回岁转矣。遥惟玉帐高搴,冰壶清对。写便宜之表,天语温多;张吉利之旗,军门春满;引瞻辕戟,莫罄轩鬒。令弟少荃相国,想频有信来。闻正月中即赴任武昌,未知果否?樾度岁吴中,一无佳况,腊灯如粟,冻笔不花,仍借故书,以销短晷。前得书局同人书,知《周官》②业已告成,想今年《七经》③可毕矣。金陵拟接刊《三国志》,苏局谋开雕《明史》。吾浙《七经》毕工后,未知刊刻何书,已有定见否?或与金陵、吴门合成全史,或竟将《十三经注疏》刊行,经经纬史,各成巨观,洵士林之幸也。率尔布及,未知尊意有当否?手肃,敬请台安,虔颂春祺,伏惟惠察不宣。

治年愚小弟俞樾顿首谨上,元旦试笔

---

① 此札辑自《浙江图书馆馆藏名人手札选(二)》,第23—25页。

② 即《钦定周官义疏》。

③ 即《御纂七经》,包括《御纂周易折中》二十二卷卷首一卷,清李光地等撰;《钦定书经传说汇纂》二十一卷卷首二卷《书序》一卷,清王顼龄等撰;《钦定诗经传说汇纂》二十一卷卷首二卷《诗序》二卷,清王鸿绪等撰;《钦定周官义疏》四十八卷卷首一卷;《钦定仪礼义疏》四十八卷卷首二卷;《钦定礼记义疏》八十二卷卷首一卷;《钦定春秋传说汇纂》三十八卷卷首二卷,清王掞等撰。

按，札中提到李鸿章正月中赴任武昌，据《清代职官年表》，李鸿章同治六年正月由江苏巡抚迁湖广总督，未到任，直到同治八年正月十一日方始抵任。因知本函作于同治八年(1869)正月初一。札中提及之书局指浙江书局，又名杭州书局。同治六年(1867)浙江巡抚马新贻奏设于杭州小营报恩寺，首刊《御纂七经》。后参加四书局合刊《二十四史》，分刻新、旧《唐书》和《宋史》。本札即初议及此事。

二①

元旦手肃一笺，奉贺春祺，定已照入矣。二月初吉，为太夫人览揆良辰。洪惟我国家中兴伊始，应五百年名世之期，适当太夫人庞褫延洪，届七十载古稀之候，阁下与少荃相公任兼将相，威镇东南，而哲弟观察、都转诸公②，又皆凤举鸿轩，同佐熙朝景运，门望甲乎海内，歌颂遍乎人间。虽浙水东西，未得安舆戾止，而慈云一片，覆露无垠。大君子景星福曜所照临，即太夫人冬日春风所煦被。吾浙士女，瞻拜南陔，天竺烧香，不如军门献寿也。樾以小事，句留吴下，不克先期趋赴。歌《白华》三章，为太夫人寿，辄撰楹帖一联以献③，词旨浅薄，不足揄扬万一，甚愧甚愧。

按，《春在堂杂文》卷二有《李太夫人七十寿序》一篇，即为李瀚章母贺寿而作，文中有“岁在祝犁大芒落圉如之月，太夫人行年七十矣”一语，即时在同治八年(1869)己(祝犁)巳(大芒落)二月，则此札当作于之前。

---

① 此札辑自《春在堂尺牍》卷二，题作“与李筱泉中丞”。

② “观察”为道员之别称、“都转”为盐运使之别称。李瀚章三弟李鹤章(1823—1881，字季荃)，从曾国藩镇压太平军得官，又助李鸿章镇压捻军，官至甘凉道；六弟李昭庆(1835—1873，字幼荃)，以镇压太平军及捻军积功，以盐运使记名简用。

③ 即《李太夫人七十寿联》，见《楹联录存》卷一叶四。

三[①]

筱泉大公祖年大人阁下：

越中之行，于月初返棹。连日霖雨，未克趋奉教言，怅甚。昨得马穀翁书，言自晋至隋，尚有八百馀卷，不拘何局，剞劂先成，请分刻一二种，以冀早日毕工。此意闻已函达台端，将来自可通融，此时亦无庸预计也。少荃前辈有信来否？刻史之举，以为何如？前所求一节，有无回音？敬求示悉。雨生中丞[②]闻二十日出京，坐轮船南回，未知果否？雪琴侍郎是否尚在吴中？兹有一函，敬求加封递去为感。手肃，敬请台安，惟鉴不宣。

治年小弟俞樾顿首

按，同治八年(1869)四月，俞樾以事至上虞、绍兴[③]，应即札中所谓“越中之行”，故此札当作于该年五月。据此札，俞樾已就合刻二十四史之事，与两江总督马新贻、湖广总督李鸿章相商。

四[④]

筱泉大公祖年大人阁下：

日前得侍清游，甚畅甚幸！启节之期，想准于十六日？一城远隔，不及趋送，歉何如之！只好俟来岁春风，再陪游豫矣。命撰湘乡师寿序[⑤]，日内因监院校官属选院课，未及撰拟，亦俟明春呈正，想一

① 此札辑自《浙江图书馆馆藏名人手札选(二)》，第21—22页。

② 雨生中丞，即丁日昌。

③ 《春在堂随笔》卷二、卷七，《春在堂诗编》卷七。

④ 此札辑自《浙江图书馆馆藏名人手札选(二)》，第15—16页。

⑤ 应即《曾涤生相侯六十寿序其三》(小注“为李筱荃抚部作”)，见《春在堂杂文》卷二。

时亦非所急也。书局《七经》样本，业已写完，当即向吴晓翁[①]处先借《旧唐书》扬州买岑氏版[②]，想不果也。付局接写。并以奉闻。手肃，敬请勋安，并送吉行，无任依驰。

治年小弟俞樾谨上

世兄已返棹否？一路想俱安吉也。又及。

按，札中题及为曾国藩寿辰撰写寿序，并称"明春呈正"，而曾国藩六十寿辰在同治九年十月十一日，则此札当作于同治八年(1869)。

五[③]

筱泉大公祖大人阁下：

西湖一别，瞚又兼旬。想旌麾之所临逮，即福曜之所照临。敬想兴居，伏惟万福。命撰湘乡师相寿言，谨代拟一首呈正。如有未妥之处，即求郢削为幸。朔风冽冽，湖上先寒。大约出月上旬，仍当买棹还吴下寓庐矣。手肃，敬请勋安，惟鉴不宣。

治年小弟俞樾顿首拜上，十月廿八日

修笺未寄，适奉惠函并治痰方，感甚感甚。令弟少翁前辈书亦谨领到。此复，载请台安。苏台闻小有蠢动，近日何如？

治年小弟俞樾顿首

内有要件，祈即递至行辕，幸勿遗失为托。十一月初一日诂经精舍封寄。

---

① 吴晓翁，即吴煦（1809—1872），字晓帆，号春池、荔影等，浙江钱塘（今杭州）人。官至江苏布政使兼苏松太道，组织、督带"洋枪队"。时已罢官回籍。富藏书。有《清来堂书目》。

② 应指岑建功撰《旧唐书校勘记》六十六卷《逸文》十二卷，有道光二十八年甘泉岑氏惧盈斋刻本。

③ 此札辑自《浙江图书馆馆藏名人手札选（二）》，第17—18页。

按，此札提及代李瀚章作曾国藩寿序已撰成，故当作于上札之后，时在同治八年(1869)十月二十八日。

六[①]

前得仲冬中浣温州来书，知旌麾所至，浙东山水为之生色，甚善甚善。近闻又拜恩命，代令弟少荃相公节制全楚。惟幕府于国事家事无异视，故朝廷倚伯氏仲氏如一人，此旷世之遭逢，亦中兴之盛事。昔人有东川西川对持虎节者，未足喻此恩荣矣。惟浙人方欣冬日之可亲，又送春风而远去，西湖花柳，当亦为之黯然。而樾以部下编氓，谬承知遇，犹忆秋风湖舫，半日句留，登杰阁而看云，步长桥而问水，此番一别，未卜何时再共清游。来岁徙倚湖楼，翘瞻钤阁，《召南·甘棠》之爱，而重以渭北春树之思，依依之情，当比壤叟辕童而更切也。节钺何时过吴？樾明年正月拟附轮船至闽中省视老母，往返约须月馀，未识能于吴中祗候八驺否？少荃前辈闻有经略黔中之命[②]，贤者多劳，自所不免，而伟业丰功，亦因之益远矣。

按，札中称“近闻又拜恩命，代令弟少荃相公节制全楚”，据《清代职官年表》，李瀚章同治八年(1869)十二月授湖广总督，则此札当作于嗣后不久。

七[③]

筱荃大公祖年大人阁下：

前奉还云，具承眷注。昨胡子继广文来苏，述知年嫂夫人仙逝之

---

① 此札辑自《春在堂尺牍》卷三，题作“与李筱荃中丞”。

② 同治八年十二月初七日，上谕“李鸿章威望素著，现在重庆暂驻，着即驰赴贵州。所有川楚贵州各军，均归节制”(《清穆宗实录》卷二百七十二)。

③ 此札辑自《浙江图书馆馆藏名人手札选(二)》，第55—56页。

信。忆夏初奉谒，曾言病体已就平和，何期乍届九秋，遽归三岛？贤者多情，能勿怆怀。伏求上念朝廷倚毗之重，慈闱爱念之深，勉节哀情，顺时摄养，是所切祷。旌旆出省，想需稍迟，已定启行之日否？弟俟大小儿北上后即买棹西湖，大约总在二十边也。手肃奉慰，敬请台安，伏希亮察不宣。

治年小弟俞樾顿首上

按，从函称“夏初奉谒”及李瀚章因夫人去世还未启行赴任湖广总督看，本函或亦作于同治八年(1869)。

八①

小荃大公祖年大人阁下：

日前晋谒，得接谦光，载深荣幸。兹有寄少荃前辈书及寄覆曾爵相书，均求加封寄去。寓楼雨坐，惟以笔墨自遣。拙作一首，聊奉一笑。手此，敬请台安，惟鉴不宣。

治年小弟俞樾敬上

按，据札中所言，俞樾其时在杭州，且曾面见李瀚章。则此札当作于李氏赴任湖广总督之前，故暂系于此。

九②

筱泉大公祖年大人阁下：

客岁知拜两湖之命，即肃贺函。嗣杨见山大令交到嘉惠食物两种，又肃谢函，未知均登台览否？顷闻驺从于十三日自浙首途，极思于吴门迎谒清尘，借图良晤。而樾有闽中省亲之行，期于二月底旋吴

---

① 此札辑自《浙江图书馆馆藏名人手札选(二)》，第20页。

② 此札辑自《浙江图书馆馆藏名人手札选(二)》，第26—27页。

下寓庐，三月初至西湖精舍。必早去乃得早来，定于初十日赴上海候船，不得留待旌麾，甘棠之思与春树暮云而俱永矣。翘瞻节钺，良用依依。或夏秋之交，沪上有轮船之便，尚拟附之而来，从公鄂渚，再续坠欢也。手肃，敬请台安，并送行旌，统惟惠察不宣。

年治愚小弟俞樾顿首上

浙局刻《旧唐书》之举，台旌行后，想必仍如前议也。鄂局得大君子主持，妙甚矣。又及。

按，同治九年(1870)正月，俞樾航海至福建省亲，时俞樾兄俞林在福建任职。此即札中所谓“省亲之行”，则本札作于该年正月。

十[①]

筱荃大公祖年大人阁下：

两奉惠书，备承眷注，感荷良深。入庚伏来，想车前甘雨，扇底仁风，坐镇从容，兴复不浅。黄鹤楼头，定远胜金牛湖畔也。樾于五月十九日还吴下寓庐，廿二日即患大病，卧床月馀。至今尚未能出房，每日在房中扶杖而行。《礼》云“五十杖于家”，洵不虚矣。拙刻六种，遇便当寄呈清政。鄂局所刻《国语》及《经典释文》甚佳，便中寄惠各一部为感。浙局见刻《通鉴辑览》，杨石翁[②]云，俟毕工后再刻《唐书》、《宋史》。苏局见刻《明纪》，所派各史，亦俟毕工再刻。而丁雨翁又有津门之行，未知如何？伏思会刻全史之议发自台端，未知何日观成，以副嘉惠后学之盛心耳。手肃，敬请台安，惟鉴不宣。

治年愚小弟俞樾顿首谨上

---

① 此札辑自《浙江图书馆馆藏名人手札选(二)》，第 29—31 页。又收入《春在堂尺牍》卷三(不包括两则“再启”)，题作“与李筱荃中丞”。今据稿本整理。

② 杨石翁，即杨昌濬。

外有致樊舍亲[1]一函，敬求加封寄咸宁县，并求转托咸宁令君专差送去，为感。

再启者：去岁曾托致书小荃相国前辈，为儿子绍莱求一保举，相国复书，已承许可。嗣得相国七月中书，知已于六月底出奏。伏求莅鄂后饬下一查。如已奉准，并求给予钧札，行知本员，以便赴司注册。感荷玉成，实无既极。儿子绍莱是知府用北河候补同知，求归先尽班前先用，并加道衔。谨以附陈，伏惟鉴察。

樾谨再启

外附致相国前辈书，敬求附寄，为感。

谨再启者：儿子绍莱滥与保案，皆叨大德栽培，莫名感戴！惟前交衔条求保先尽班前。所谓"先尽班"者，河工有此名目，即地方之候补班也。顷都中友人书来，言折中误"先尽"为"尽先"，河工并无尽先专班，将来只可作本班，尽先仍是试用班也。未知果否？俟相国咨到前已有牍知照，求为一查。恃爱布陈，幸恕其烦渎，幸甚。

樾力疾谨再启

按，札中有"五十杖于家，洵不虚"之谓，同治九年（1870），俞樾五十岁，是年四五月间大病二月，则此札作于该年无疑。本札所附两则"再启"，均为单张。从其一中提到李鸿章七月中书来看，应置此；其二从内容看，应在其一之后。另外，册中还有一则"再启"，装于第九通之后。然从内容看，当作于同治九年三四月间，应为本札之前的另一札所附，因该札已失，而其内容也言及为俞绍莱谋官事，故暂附于此：

谨再启者：去岁曾奉求函致少荃相国，于保案内为儿子绍莱附列微名，今春又再致名条。想素承关爱逾恒，无不在意。未知此案已入

---

① 樊舍亲，疑为俞樾长子绍莱妻族。绍莱舅氏樊琨（1809—1868），湖北咸宁人。

告否？伏求示悉。将来奉准后能给小儿钧札饬知，尤所深感。樾五月中旬仍还吴寓，如赐书，递吴中当事转交，极便也。手此，载请勋安。

弟樾谨再启

十一①

筱荃尊兄大公祖年大人阁下：

顷从何子永②中翰交到惠书，发缄烂然，古香四溢，如诵神泉诗，如观峿台铭。初疑幕府中必有精于玉箸者，及读手毕，乃知佳公子所为。忆前在武林，甫逾幼学，今岁未知妙龄几许，而篆体工整乃尔，且皆《说文》正体，无一向壁虚造之字，知其致力于洨长书者深也。循诵再三，爱莫能释。即悉驺从于夏初旋鄂，辖疆静谧，军府清闲。看佳儿问字而来，佐慈母含饴之乐。屈指中兴名臣，勋名、福泽如公者稀矣。承赐鄂局所刻书四种，皆以善本而精刻之，允足嘉惠来学。樾今年又刻《第一楼丛书》卅卷，《杂文》二卷，《尺牍》三卷，《随笔》四卷，俟刻成再呈大教。先附去拙书木刻拓本两种，字既不工，刻手称是，不足供公子一笑也。手肃，敬问起居万福，并颂世兄文吉，统惟雅察不宣。

治年愚弟俞樾顿首谨上，九月廿有六日

按，俞樾《第一楼丛书》同治十年初付刻，俞樾有《辛未春日以第一楼丛书付剞劂，率题五韵》③记其事。据此可知本函作于同治十年(1871)。

---

① 此札辑自《浙江图书馆馆藏名人手札选(二)》，第34—36页。又收入《春在堂尺牍》卷三，题作“与李筱荃制府”，文字略有不同。今据原稿整理。

② 何子永，即何慎修(？—1881)，字子永，安徽南陵人。举人，官至内阁中书。

③ 《春在堂诗编》卷七叶十一。

十二[①]

筱荃大公祖年大人阁下：

山川修阻，音敬阔疏，勋望日隆，定如臆颂。幼泩六兄[②]，文通武达，未竟厥施，遽归道山，海内咸惜。在阁下鸰原之痛，自不待言，尚祈勉抑悲怀，强自排解，以副圣眷而慰慈怀，幸甚。樾今岁三月间遭先兄之变，驰赴福宁家兄官福宁知府，奉母而归。以八十八岁之老亲，走一千八百里之长道，水陆兼程，幸叨平顺。然望云之愿虽酬，而听雨之情难遣，不谓与阁下云泥迥判，而景况略同也。世兄所学，计必日进。今岁应秋试否？鄂局各史，已否开雕？闻新刊诸子书，能寄赐数种否？手肃，敬问起居，并求代叩年伯母太夫人慈福。

治年小弟期俞樾顿首上

按，札中称"樾今岁三月间遭先兄之变"，俞樾兄俞林同治十二年(1873)三月病逝于福建福宁任上[③]。札中又提及秋闱，则当作于是年秋冬间。

十三[④]

筱荃大公祖年大人阁下：

昨由杭州寄到惠书，知前肃寸缄已登台览，并以先兄见背，慰问拳拳，又承寄赐薛、欧《五代史》各一部。拜登之下，感荷良深。伏念汇刻全史之议，发自台端。浙局两《唐书》业已刊成，从事《宋史》，明岁可望卒业。苏局辽、金亦将告竣。金陵所未刻者宋、齐、梁、陈、北

---

① 此札辑自《浙江图书馆馆藏名人手札选(二)》，第37—39页。

② 即李瀚章六弟李昭庆，同治十二年(1873)卒，故下文称"遽归道山"。

③ 《春在堂杂文三编》卷二叶三十六至四十七。

④ 此札辑自《浙江图书馆馆藏名人手札选(二)》，第40—42页。

齐、周书及南北两史，卷帙不多，次弟开雕，两三年间亦可蒇事。鄂局已精刻两《五代史》，请再饬筹经费，踵刻《明史》，以成钜观。想公必以为然也。世兄学养愈深，造就益大，正不必争一二年之迟速。今年从缙云县经过，拓得阮客洞石刻[①]，虽不尽合六书，而笔意殊胜。未识从前曾得之否，今寄奉一纸，聊备世兄临摹。手肃布谢，即此敬问起居，惟鉴不宣。

治年小弟期俞樾顿首

按，札中提及俞樾兄俞林已去世与李瀚章来信慰问，则当作于上札之后。

十四[②]

筱荃大公祖年大人阁下：

年来碌碌无状，未敢以寒暄常语轻渎清严，以致有疏笺候。而暮云春树之思，无日不在黄鹤楼头也。辰下敬惟军府多闲，慈闱有庆并闲。鸾翔凤翥，喜溢门楣，逖听之馀，未得其审，而忭舞之忱，因之弥切矣。前闻公与薛觐唐[③]同年为姻家，未知近相见否。今岁承其延

① 阮客洞在浙江缙云南宫山上，传为东汉名士阮肇修身之所而名，有唐缙云首任县令李蘂及后人题刻。《春在堂随笔》卷六有详细记载。

② 此札辑自《浙江图书馆馆藏名人手札选(二)》，第43—47页。此札与下札各有一部分内容被俞樾抽取合为一，题作《与李筱泉制府》，收入《春在堂尺牍》卷三。现据原札整理，以见本真。

③ 即薛焕(1815—1880)，字觐堂，湖北宜宾人。举人，官江苏巡抚、两江总督、侍郎、左副都御使、通政使等职。同治十三年四月，“兴文薛侍郎偕通省荐绅先生十五人，投牒于总督、学政，请建书院，以通经学古课蜀士”(张之洞：《创建尊经书院记》，《张之洞全集》第12册，第11073页)。故下文有“今岁承其延主蜀中受经书院”云云。

主蜀中受经书院[①]，虽不能赴，心感之也。弟自去年五月奉老母至吴下寓庐，未敢远离，虽西湖精舍，不过春秋佳日作两月句留而已。吴下寓庐，又苦偪仄，今年于马医巷西头买得隙地一区，筑屋卅间，其旁馀地，杂莳花木，以奉版舆。而年来砚入所赢，微嫌未足，不识公能少助我以草堂之资乎？恃爱渎陈，幸勿罪也。浙局《唐书》已成，《宋史》则明年三四月可毕。鄂局《明史》何时毕工？将来刻成后，仍求见惠一部为感。然年来精力日减，学业日退，得之亦恐不能致力于是矣。手肃，敬颂台候，动静万福。

治年小弟俞樾顿首

再启者：日前有成衣朱姓云来尊处服役，未知确否？其人旧常出入敝寓，人尚诚实，技亦尚精，用敢附闻。

樾谨再启

按，同治十三年(1874)俞樾买得苏州马医科巷潘氏废地治宅曲园，札中提及此事，故当作于是年。

十五[②]

筱荃大公祖年大人阁下：

顷奉还云，知前函已登台照。即敬悉旌旗日暖，裘带风和，迎来九陛恩光，播作两湖春色，胪欢蔀屋，集庆萱堂，骧首五云，载欣载忭。弟因故里无家，卜筑吴中，暂谋栖息。承分鹤俸，以润蜗居，发函展诵，赤芾三百，惊喜之情，不啻邺骑至而宝玦来也。年内正屋可三十

① 受经书院，同治十三年创设于四川。其名取自《华阳国志》文翁"遣隽士张叔等十八人东诣博士，受七经"一语。后因"有人议及受经须在京师，外省不可用受经字样"，乃改为"尊经书院"。

② 此札辑自《浙江图书馆馆藏名人手札选(二)》，第 48—52 页。又收入《春在堂尺牍》卷四，题作"与李筱荃制府"，文字略有不同。今据原稿整理。

楹，已算粗成，卫公子荆以一“苟”字了之。其旁尚有隙地，自南至北十三丈，又自西至东六丈，地狭而曲，如曲尺形，于其中凿池垒石，小筑亭榭，杂莳花木，即如其形，名曰“曲园”。一曲之士，聊以自娱，无当大方家数也。然土木之工，亦颇不少。初意不过二三百贯青蚨，兹则竟须倍之。若非嘉惠，不获观成。将来《曲园记》[①]中，定当铭镌盛德也。世兄篆法，与年俱进。觐唐同年来鄂相攸，未审即是世兄嘉礼否？觐翁尚在鄂否？抑回蜀度岁乎？见时乞代达拳拳。明年有便，当以拙刻《全书》托寄觐翁，以报其在津沽时殷勤劝刻之雅意也。手肃奉复，敬问起居，即贺岁喜，并谨叩侍祺，不尽万一。

治年小弟俞樾顿首

天寒笔冻，劣不成书。又因应敏斋[②]同年招至大云庵[③]蔬食，匆匆欲往，草率至此，不足世兄一笑也。附笔，并问文福。今年未知英年几许？并未知其表德何字？便中示知之。又及。

按，俞樾于光绪元年(1875)四月迁入曲园新居，而此札则称“年内……粗成”，则当作于同治十三年(1874)十二月。下函称“客腊肃谢一笺”，应指本函。

十六[④]

筱荃大公祖大人阁下：

客腊肃谢一笺，定尘青睐。嗣以纸色不便，笺牍久稽，曾托彭雪翁代致拳拳，亦未知其何时过鄂也？兹当节近天中，敬祝恩承日下，遥觇节钺，神与俱驰。樾二月底赴杭，四月初由沪旋苏，即于四月十

---

① 见于《春在堂杂文续编》卷一。

② 应敏斋，即应宝时。

③ 大云庵在苏州，现名沧浪亭。

④ 此札辑自《浙江图书馆馆藏名人手札选(二)》，第53—54页。

九日移居新屋。苟完苟美，聊以自娱。有《曲园记》一篇，冯竹儒观察用活字排印，辄寄呈，以发一笑，亦借铭大德于弗谖也。手肃，敬颂起居，伏惟爱鉴不宣。

治年小弟俞樾顿首上

按，札中提及移入曲园新居，又称"节近天中"，则当作于光绪元年(1875)端午节前夕。

致李鸿藻[①]

李鸿藻(1820—1897),原名洪藻,字兰生,后字兰荪(孙),直隶高阳(今属河北)人。道光二十四年(1844)举人,咸丰二年(1852)进士。历任五部尚书,谥文正。

前阅邸抄,知恭膺宠命,管领枢廷[②]。以公才公望之隆,任斯谋斯猷之寄,桓荣稽古,原是帝师[③],陆贽在朝,斯称内相,儒臣勋业,自此远矣。甲辰同年,内有阁下,外有少荃前辈,非皆所谓"天生李晟,以为社稷"者乎?斯中兴之盛事,亦同谱之美谈,虽樾之不肖,与有荣施焉。樾侨寓天津,已逾三稔,今秋因二小儿在苏大病,不得已浮海南旋。适苏州紫阳书院主讲乏人,当事者遂以鄙人承乏,借坛坫之清闲,养山林之枯槁,前尘昔梦,久付飘风。或为樾诵白香山《闻李尚书拜相因寄贺微之》诗,曰:"怜君不久在通川,知已新提造化权。"樾亦诵香山《渭村退居寄崔侍郎》诗曰:"提携劳气力,吹播不飞扬。"千里寄知,以博老同年一笑。

按,此札提及俞樾因次子之病回苏,并主讲紫阳书院之事,则当作于同治四年(1865)。

---

① 此札辑自《春在堂尺牍》卷一,题作"与李兰生同年"。

② 同治四年(1865)十一月十一日,李鸿藻入军机(《清穆宗实录》卷一百六十)。

③ 咸丰十一年(1861)三月初八日,咸丰帝特诏李鸿藻为皇太子载淳(即同治帝)师(《清文宗实录》卷三百四十五),故此札中称其"原是帝师"。

致李鸿章

李鸿章(1823—1901),字少荃,安徽合肥人。道光二十七年(1847)进士。授编修。累官至两江、湖广、直隶等地督抚,北洋大臣。有《李文忠公全集》。

一[①]

顷阅邸抄,知承恩命,摄篆两江。朝廷以节钺付重臣,东南顾而金汤万里;幕府以诗书为韬略,上下江之壁垒一新。不特钟阜烟云,有资管钥,抑且珂乡父老,都拜旌麾,逖听之馀,墫墫起舞矣。樾侨寓津门,又将三载。今年承崇地山同年延修《天津府志》,而苦无经费,未能设局,不过从故书中钞撮,终朝伏案,劳而无功。因思金陵为名胜之区,又得阁下主持其间,未识有一席之地可以位置散材否?近世以浙人而作白下寓公者,惟随园老人,至今艳称之。其人品、其学术,均非樾所心折,然其数十年山林之福,实为文人所罕有;而非尹文端为制府,则亦安能有此耶?樾之薄福,固不敢希冀随园;而阁下勋名,则高出文端万万矣。企予之私,率尔布陈,伏惟惠察。

按,同治四年(1865)四月二十九日,以江苏巡抚李鸿章暂署两江总督[②],此即札中所谓"摄篆两江"所指,故此札当作于是年。札中俞

---

① 此札辑自《春在堂尺牍》卷一,题作"与肃毅伯李少荃同年前辈"。同治三年,李鸿章克复太平天国天京江宁,封一等肃毅伯。俞樾与李鸿章同为道光二十四年(1844)举人,故称"同年";而李鸿章道光二十七年(1847)成进士,早于俞樾(道光三十年成进士),故又称"前辈"。

② 《清穆宗实录》卷一百三十七。

樾请李鸿章为其在金陵安排一讲席，最终则得主苏州紫阳书院。

二[1]

紫阳[2]一席，辱承订定，借讲席之清闲，养山林之疏懒，为幸多矣。因适有旋浙之行，故未及以一笺陈谢。比来玉梅花下，将交三九，阁下以赵衰之冬日，拥羊祜之轻裘，乐可知也。樾自十月下旬买棹武林，住补帆署中旬有五日。适琴西同年主讲杭州之紫阳[3]，不期而遇，彼此欢然，一时遂有“两紫阳”之目。老前辈闻之，得无诧庚榜之阔乎？见在自杭回苏，舟窗姓色，颇宜笔砚，手书布谢，不尽万一。

按，同治四年(1865)，李鸿章荐俞樾主讲苏州紫阳书院[4]。据札中所言物候，知此札作于是年末。

三[5]

正月下浣，接展惠书，猥承奖借之溢词，弥愧皋比之虚拥。江南

---

① 此札辑自《春在堂尺牍》卷一，题作“与李少荃前辈”。

② 此指苏州紫阳书院。清康熙五十二年(1713)，江苏巡抚张伯行在府学中创设紫阳书院。清雍正三年(1725)，布政使鄂尔泰出资扩建，并改宋学为汉学。其后，江苏巡抚多次拨款以促进书院发展。道光年间，书院根据当时形势设置地理、算术、天文等课程，追随洋务运动“中学为体，西学为用”的口号，但仍没有摆脱儒学。咸丰十年(1860)，太平军攻陷苏州，文庙被烧毁，府学和书院成为废墟。同治十三年(1874)，巡抚张树声耗费巨资在原址重建。

③ 杭州紫阳书院，在城南紫阳山脚，原名紫阳别墅，始建于康熙四十二年(1703)，由两浙都转盐运使高熊征及盐商汪鸣瑞等捐资建造，起初主要招收商人子弟。乾隆年间，学生多至三百馀人。咸丰十一年(1861)，院舍毁于战乱。同治四年(1865)，得以重建，更名为“紫阳书院”，孙衣言在此主教。光绪十八年(1892)改为仁和县高等小学堂。今为紫阳小学学校。

④ 《曲园自述诗》叶十四至十五。

⑤ 此札辑自《春在堂尺牍》卷一，题作“与李少荃同年前辈”。

三月，草长莺飞，老前辈顺时布化，合三江之黎庶，而以春风披拂之，又以夏屋幈幪之，熙熙焉民气和颂声作矣。前闻议举乡试，嗣又不果。然令士子得多读一二年书，人文自当益盛，未始不于大典有光也。樾承乏紫阳，已于三月七日补行二月望课，至本月望课亦即举行。吴下为人才渊薮，兵乱以来，不无荒废，殊尠佳文，未识老前辈甄别正谊[①]，得有绩学能文之士否？昌黎有言，“文章岂不贵，经训乃菑畬”。吾人作秀才时，或侈言时务，或空谈心学，二者皆不无流弊，总以经史实学为主。省会书院，宜存贮《十三经》、《廿四史》及周秦诸子之书，诸生中有笃学嗜古者，许其赴院读书，师友讲习，以求实学，或亦造就人才之一助乎？兴到妄言，老前辈以为然否？

按，同治五年（1866）二月二十日，俞樾于紫阳书院开课[②]，札中既提及紫阳开课及三月望课等事，则当作于是年三月。札中俞樾建议李鸿章在书院中存贮经史诸子之书，提倡讲求实学，以挽救太平天国运动后江南地区文化荒废的状况。

四[③]

三月中曾布一笺，托松岩[④]中丞官封邮寄，未知已达否？自交庚伏以来，想老前辈牙旂严肃，羽扇从容，招来天上薰风，播作人间甘雨，两江黎庶，拜赐多矣。樾承乏紫阳，倏又半载，如期开课，裨益毫

---

① 正谊书院，在苏州。嘉庆十年（1805）两江总督铁保、江苏巡抚汪志伊建，以经义课士。咸丰十年（1860）毁于兵火。同治间，李鸿章重建之，乃专课经解古学。

② 《曲园自述诗》叶十五。

③ 此札辑自《春在堂尺牍》卷一，题作“与李少荃前辈”。

④ 松岩，即刘郇膏（？—1866），字松岩，河南太康人。道光二十七年（1847）进士，江苏即用知县。咸丰元年（1851），署娄县，有政声。太平天国间，以军功累加同知衔、道衔，以知府用。擢海防同知，超署按察使。寻实授，署布政使。寻又命护理江苏巡抚。后丁母忧回籍，同治五年（1866），自缢卒。

无。自惭绛帐之虚悬，莫副青衿之疑问。所著《群经平议》已刻于浙中，尚未毕工，比来又著《诸子平议》，得二十馀卷矣。章句陋儒，终朝伏案，刘歆谓杨子云曰："空自苦，恐后人用覆酱瓿。"每念斯言，时复自笑。樾非不知儒者读书当务其大者，特以废弃以来，既不敢妄谈经济以干时，又不欲空言心性以欺世，并不屑雕琢词章以媚俗，从事朴学，积有岁年，聊贤于无所用心而已，固不直大人先生一笑也。中州捻势，近日何如？闻海外又起微波，中原蛾贼，尚未扫除，能措意于鳞介乎？小诗二首，兴到妄言，勿示他人，幸甚。

按，同治五年(1866)十二月，《群经平议》刻成。刘汝璆、丁丙主其事，高均儒任校雠。俞樾作《群经平议序》，说明该书著述与刊刻之过程①。札中既称《群经平议》尚未刻完，则此札当作于之前。

五②

正月间得覆书，藻饰有加，甚愧甚愧。嗣闻恭承恩命，节制两湖；又闻令兄小荃中丞移节三吴，摄临全楚。蜀龙吴虎，并佐中兴；金友玉昆，迭为交代。历观载籍，无此遭逢，洵竹帛之美谈，衣冠之盛事。前史所称，大小冯君、前后夏侯，方此蔑如矣。捻势近日如何？想旌麾所至，不难指日肃清也。樾承乏紫阳，皆出阁下之赐，遥瞻大树，深用依依。惟望惠顾寒儒，不以在远而遗之。曲赐久语、怀刷之恩，区区之心，无任延企。

按，同治六年(1867)正月十一日，"以江苏巡抚李鸿章为湖广总督，仍在营督办剿匪事宜。调湖南巡抚李瀚章为江苏巡抚，命署理湖

---

① 《群经平议序》叶一。

② 此札辑自《春在堂尺牍》卷一，题作"与李肃毅伯"。

广总督”[1]。札中提及李鸿章“节制两湖”,李瀚章“移节三吴”,则当作于嗣后不久。

六[2]

去秋以来,因萍梗浮踪,迁流不定。而老前辈旌麾所指,亦转战靡常,是以久未通候,当不罪其阔疏也。比闻玉帐牙旗,驰驱畿甸,扼黄、运两河之要,抒紫宸三辅之忧,伟烈丰功,隆隆日上,想金瓯名氏,不久储以有待矣。军书旁午,帷幄贤劳,餐卫奚如?伏惟万福。樾自乙丑岁承延主紫阳书院,皋比绛帐,忝窃两年。一从大树远移,便觉孤根难托,适马穀山制府以西湖诂经精舍见订,遂辞苏而就浙。且喜令兄小荃中丞移抚是邦,甘棠两树,原是同根,初不异躬庇宇下也。今年以讲席而兼书局,丁禹生中丞又推屋乌之爱,吴门书局,许挂虚名,笔墨生涯,比往年腴润,颇拟稍稍积蓄,为将来入山之计。又拙著各书,已刻者四十八卷,未刻者尚五十馀卷,倘橐中积有五百金,便可尽刻之。然二者恐不可得兼也。寓楼雨坐,寂寥寡欢,拉杂布陈,伏希照察。

按,同治六年(1867),浙江巡抚马新贻(穀山)聘俞樾出掌杭州诂经精舍讲席(详参俞樾致应宝时札第二十五通)。札中提及此事,则当作于嗣后。

七[3]

夏间曾肃寸笺,托小荃中丞寄达,未知入照否?顷阅邸抄,知捷书飞奏,优诏褒扬,以枚卜之金瓯,作酬庸之铁券。仰惟德望,允副具

---

① 《清穆宗实录》卷一百九十四。

② 此札辑自《春在堂尺牍》卷二,题作“与肃毅伯李少荃同年前辈”。

③ 此札辑自《春在堂尺牍》卷二,题作“与李少荃揆帅”。

瞻。犹忆昔岁金陵，八驺下访，小舟促膝，情话移时，深以早出玉堂为憾。樾率尔言曰：他年以大学士还朝，则仍是本衙门也。三稔未逾，片言果验，虎符绛节，新试沙堤。于介圭入觐之馀，重莅芸香旧署，集庶僚之黻佩，瞻使相之威仪。此礼唐人于拜命后三日行之，故刘禹锡诗云："犹有当时旧冠剑，待公三日拂埃尘。"惜樾跧伏草茅，不获身逢其盛。然自此甲兵净洗，吾侪得安耕凿之常，拜赐多矣。手此布贺，惟为时自重，不宣。

按，同治四年(1865)秋，俞樾至金陵拜访李鸿章[①]。札中所谓"犹忆昔岁，金陵八驺，下访小舟"云云，当即此时之事。而札中又云"三稔未逾"，则是札当作于同治七年(1868)。

八[②]

九月廿六日得六月四日书，雅意拳拳，读之增感。七月廿七日曾肃寸笺，奉贺金瓯枚卜之喜，托禹生中丞作寄书邮，未知已达典签否？比者恭闻玉节小驻金陵，军府多闲，慈帏伊迩，于剑履趋朝之后，修槃匜适寝之仪，开戏彩之堂，衣披一品；住鸣珂之里，车拥八驺，韩魏公昼锦之荣，方斯蔑如矣，不胜欣羡之至。樾寓居湖上，仍以图籍自娱，明岁承令兄筱泉中丞推爱，一枝之借，仍许蝉联，精舍数楹，聊以藏拙，借湖山之胜地，养蒲柳之衰姿，餔啜如常，足慰存注。仲冬中浣，拟还苏寓，以后书札，仍托吴中当事诸公为便。前者惠书，邮筒径递，鄙人江湖踪迹，本是萍蓬，驿使一枝，无从持赠，以致日月久稽。白香山诗云："何意使人犹识我，就田来送相公书。"戏为相公诵之，以博一笑。

---

① 《春在堂尺牍》卷一叶六。《曲园自述诗》叶十四至十五。

② 此札辑自《春在堂尺牍》卷二，题作"与李少荃参知"。

按，据此札所言“樾寓居湖上，仍以图籍自娱，明岁承令兄筱泉中丞推爱，一枝之借”云云，则此札当作于同治六年(1867)十二月李瀚章接替马新贻出任浙江巡抚之后，聘请次年诂经山长为其职责。

九[1]

前得手书，知玉节金符，联翩西上，想韦皋所至，蜀道难化为蜀道易矣。但长路迢遥，未识何时返旆武昌？西望旌麾，劳劳曷已。樾自六月初回吴下，以事久留，见在定于九月下浣买棹武林。于吴中为雁户，于浙中为雁臣，往来仆仆，可一笑也。儿子绍莱，材轻年幼，寸效豪无。在鄙人怀舐犊之私，都忘冒昧，乃大贤推屋乌之爱，曲予成全，猥以凡庸，滥邀奖叙，既感且惭。谨奉书陈谢，不尽万一。

按，同治八年(1869)五月八日，时李鸿章在湖广总督任上，奉命入川查办四川总督吴棠被参案[2]。此即札中“玉节金符，联翩西上”、“蜀道难化为蜀道易”云云之背景。故此札当作于是年。札中所言李鸿章保举俞樾长子绍莱之事细节，可与俞樾致李瀚章札第十通参看。

十[3]

前月得复书，知敏斋同年携致一函，已登记室矣。南中自庚伏以来，炎歊特甚，未知津门何似。想诸葛君纶巾羽扇，自与下士虮虱不同也。闻于西沽新筑一城，铁关铜廓，扼要襟喉，洵足壮日畿而控月窟，较李赞皇之筑御侮城、柔远城，规模当远过之矣。从此角飞城外，风景一新，惜不克浮海北来，登高而赋之也。樾近状如恒，畏暑杜门，经月不出。柳州云：“无能常闭阁，偶以静见名。”殆鄙人之谓乎？惟

---

① 此札辑自《春在堂尺牍》卷三，题作“与李少荃相国”。

② 《清穆宗实录》卷二百五十九。

③ 此札辑自《春在堂尺牍》卷三，题作“与李少荃爵相”。

为衣食所累，不免痴拥皋比，外则毁誉交乘，内则心力坐耗，甚无谓耳。秋暑犹酷，幸自爱，不尽所怀。

按，同治九年（1870）六月，天津发生教案。七月十四日，李鸿章奉谕赶赴直隶[①]。后因成功调解天津教案，被任命为直隶总督，旋兼任北洋通商事务大臣。札中提及李鸿章时在天津，则当作于是年七月之后。

十一[②]

秋间，敏斋同年自津门南返，交到惠书，备承眷注。即由敏斋述知，来年正月五日，恭值崧生岳降之辰，运佐中兴，算符大衍。届五十服官之岁，而入相已及五年；应五百名世之期，故诞降适逢五日。此乃熙朝之盛事，岂惟同谱之美谈。况畿疆之水患初除，知幕府之贤劳尤甚。富郑公境内，屋庐衣服皆全；邓仲华车前，斑白垂髫尽乐。以数百万人帡幪之所托，卜二十四考福报之攸隆，请歌《鸿雁》三章，代《南山有台》一什矣。樾因道阻且长，不获跻堂介兕，谨献楹帖一联[③]，词旨浅陋，未足揄扬，伏求惠存，并赐是正。

按，札中提及次年李鸿章将值五十岁，则此札当作于同治十年（1871）无疑。且札中提及该年京畿发生水患，亦与《清史稿》所载合[④]。

---

① 《清穆宗实录》卷二百八十六。

② 此札辑自《春在堂尺牍》卷三，题作“与李少荃伯相”。

③ 即《李少荃爵相五十寿联》，见《楹联录存》卷一。

④ 《清史稿》卷二十二，第837页。

十二[①]

承惠书，并赐额“德清俞太史著书之庐”九字，魄力沈厚，结体谨严，如对垂绅正笏气象，从此银钩铁画，照耀蓬庐，不独圭荜之光，抑亦子孙之宝也。又以浏览拙著《春在堂全书》，嘉许殷殷。自惟闭户著书，徒费岁月，得大君子一言以自壮，酱瓿上物，价增十倍，虽奖借之情或过，而慰藉之意良深。伏而诵之，墫墫起舞矣。畿辅仍荒于水，而高原幸尚有秋，福曜所临，自足迓和甘而消疹疠。然劳来安集，以奠民居，疏瀹决排，以除水害，又费一番经画矣。昔禹抑洪水，周公兼夷狄，公以一身任之，天生李晟，岂偶然乎？樾吴中消夏，一住四月，纸劳墨瘁，无可言者。重阳后三日，买棹武林，西湖秋色，早又阑珊矣。回忆诂经承乏，于今五年，当事诸公，颇未厌弃，精舍生徒，亦无间言。而杭州一伧父，自恃其老，无理取闹，肆口谩骂，殊觉咄咄逼人。意者鄙人湖山缘尽乎？今春于壬甫家兄福宁郡斋得先祖手批《四书》一部，虽止为初学设，而逐章逐节逐句逐字，从白文注文一一研求，可见老辈人读书精细，无一字轻易放过，盖不仅八股家指南针而已。然其书蝇头小字，朱墨杂糅，猝不易读。樾手自写定，以意联贯，粗有条理。恩竹樵、应敏斋、杜小舫三君子见而好之，集赀刊刻，已在吴下开雕，不揣冒昧，欲求椽笔题签[②]，以为光宠。想表扬耆旧，嘉惠方来，大贤其必许我也。

按，札中称“诂经承乏”已五年，则此札作于同治十一年(1872)。是年春，俞樾至福建省亲，著《闽行日记》一卷，后刻为《曲园杂纂》卷四十；并自福宁携归祖父南庄公《四书评本》，亲自写定，六月由恩锡、

---

① 此札辑自《春在堂尺牍》卷四，题作“与李少荃相国”。

② 《四书评本》扉页题“俞南庄先生/四书评本/李鸿章署检”，可知李氏应俞樾之请为该书题写了书名。

应宝时、杜文澜醵赀刊刻[1]。亦与札中所言吻合。

十三[2]

客腊一笺，定照入矣。樾田间伏处，西清故事，久已茫然，竟不知黄阁尊严，不当复论玉堂行辈。年来奉致书函，仍称年侍生，荒谬极矣。昨偶与补帆同年言及，始知之，谨贡寸笺，以赎前咎，想山林疏放者，必蒙海量包涵也。补帆又言，凡致书相国，并不当称前辈。此说于翰林掌故未见明文，樾窃以为，朝廷之宰相固尊矣，而本衙门之前辈亦未始不尊，义可并行，理不相背。若必不称前辈，转似乎尊而不亲，且何以别于不翰林而宰相者？区区愚见，是否有当，伏候裁示。

十四[3]

得嘉平初七日手书，抚今感旧，略分言情，循诵再三，怅然曷已。虽然，阁下秉国之钧，陶镕万类，春风所至，句萌茁达，岂当与山泽之臞同怀抱哉？儿子绍莱，驽钝之材，谬承推爱，惟当令其勤慎服官，以冀无负培植。来示又云"叙补可期"，更深感荷。鄙人笔耕谋食，精力日衰，譬之其犹璅蛣乎？蟹如得食，蛣亦可以无饥矣。谨奉书陈谢，计邮筒递到之时，正岁籥更新之候。伏惟勋名福履，与岁俱增，不尽万一。

---

① 《曲园自述诗》叶二十。《四书评本》扉页背面有牌记，题"同治十有一年夏六月恩竹樵中丞、应敏斋方伯、杜筱舫廉访集赀于吴下开雕，是年十有二月毕工。孙樾谨记"。

② 此札辑自《春在堂尺牍》卷四，题作"与李少荃相国"。

③ 此札辑自《春在堂尺牍》卷四，题作"与李少荃相国"。

十五[①]

情通分隔，意密书稀，瞻望之诚，乃心北向。顷闻旌节远指之罘[②]，洞悉机宜，奠安中外。其出也，郭令公单骑以见回纥；其归也，叶子高免胄以慰国人。想见谋国之忠，任事之勇，岂独当代所希，求之古人，亦所罕觏者也。樾奉母寓吴，杜门无事，幸借旋乾转坤之力，海宇静谧，仍以撰述自娱。近著《曲园杂纂》一书，已成者三十卷矣。蚓窍蝇声，伊唔一室，视公之龙骧凤举，运量八荒，大小之不同盖如此。

按，札中称李鸿章"旌节远指之罘，洞悉机宜，奠安中外"，当指光绪二年(1876)因"马嘉理案"导致的中英之间的交涉，七月初三日，李鸿章与英国公使威妥玛在烟台正式开始谈判，并于七月二十六日签订了《中英烟台条约》。故此札当作于该年。

十六[③]

新岁得书，知勋猷福履，与岁俱新，遥望黄扉，无任欣慰。并承示知，晋豫奇荒，力筹拯济，饥黎百万，赖以安全，仁人之利溥矣。吴江沈瓞生中坚[④]，好义乐善，出于天性。去岁曾纠同志，集钱万贯，托其

---

① 此札辑自《春在堂尺牍》卷五，题作"与李少荃伯相"。

② 之罘，也作芝罘，山名。在今山东烟台市北。

③ 此札辑自《春在堂尺牍》卷五，题作"与李少荃伯相"。

④ 沈中坚(1843—1897)，字致五，号瓞生，吴江人，懋德孙。生有致性，小试不利，弃举业，游于艺。诗境激昂，书法颜褚，通音律，习骑射、搏击。刻《大学》、《中庸》、《论语》善本及名医、劝善等书，近百种。

友谢绥之嘉福[1]、李秋亭金镛[2]、凌丽生淦[3]赍赴豫省，于济源县设局拯饥，今岁又续筹二万以往矣。惟晋省相距较远，未能兼筹，是以又出己赀白金四千两，属樾加函，寄达台端，或径解晋省，或托清卿[4]太史买米运晋，悉候尊裁。飏生阴行其善，初不求名，并属勿以微名上达清听，然樾既为致书，自不容没其实也。

按，光绪三、四年，直隶、山西、河南、山东、陕西等省遭遇严重干旱，赤地千里，百姓饿死、逃荒者千万；其中尤以山西、河南两省为巨。此即札中所称"晋豫奇荒"。光绪四年(1878)春，谢家福等江南士绅集金往赈，李金镛经理直隶、山东事，凌淦、熊其英经理豫中事，详情可参看苏州博物馆所藏谢家福档案及其整理成果[5]。故此札当作于是年，且据俞札所言，则沈中坚亦颇有功于赈灾事。

十七[6]

年前曾肃谢函，定尘记室矣。春日载阳，风和气畹，恭值太夫人八旬设帨之期。斯时也，花浓鸟哢，觞举颜和，桃三千年自西池献到，

---

① 谢家福(1847—1896)，字绥之，一字锐止，号望炊，又号锐庵，江苏吴县人。光绪年间因募集赈灾款受到李鸿章的赏识，补直隶同知。晚年回到苏州，受盛宣怀委托办理苏州电报学堂等。

② 李金镛(1835—1890)，字秋亭，号翼御，江苏无锡人。少时务农，不久赴沪经商。光绪初，因多次倡导义捐赈灾，安抚各地灾民，被提升为知府。后任吉林府知府、长春厅通判。

③ 凌淦，字丽生，一字砺生，吴江人。举人。

④ 清卿，即吴大澂。

⑤ 苏州博物馆：《熊其英(等)致谢家福(等)有关光绪四年河南赈灾尺牍》，《历史档案》2010年第1期；吕健：《谢家福与曾国荃往来函札考释》，《苏州文博论丛》2011年。

⑥ 此札辑自《春在堂尺牍》卷五，题作"与李少荃伯相"。

餐十七物从北阙颁来，洵德门之庆，盛世之祥矣。忆从前，太夫人七十庆辰，樾曾献小文以介大寿，备述阁下禀承慈训，光辅中兴，福绪祥源，方兴未艾，迄今又满十稘矣。阁下纬武经文，隆隆日上，太夫人翔禨集嘏，岁岁长春，此岂鞶帨之词所能揄扬盛美哉？欲测高深之万一，姑举新近之一端。昔富郑公自言，在青州全活数万人，胜二十四考中书令。比岁晋豫大无，阁下上承恩命，下轸饥黎，仁粟义浆，待于四境，男钱女布，泽及万家，遂使晋豫间之赤子都庆再生，以视富郑公在青州更加百倍。阁下仁风所广播，即太夫人慈荫所周流，于以乘寿车而行福途，岂有量欤？樾因在菲五五中，未敢以诗文为寿，手肃芜启，敬祝太夫人千春，顺候起居，不能宣备。

按，此札可与俞樾致李瀚章札第二通参看。同治八年(1869)李鸿章母七十岁，则其八十岁当在光绪五年(1879)。光绪四年八月十四日俞母姚太夫人卒，此即札中称“樾因在菲五五中”之由。

十八[①]

正月中一笺，托仰蘧[②]观察邮达，未知已尘记室否？顷闻荣膺丹诰，宠锡紫韁。伏思唐宋以来朝服用紫，向不知其义，及读王逵《蠡海集》云：“天垣称紫微，紫乃赤与墨相合而成，水火相交，阴阳相应，而万物生焉，故为万物之主宰。”然则尚紫大有意义。又刘熙《释名》云：“韁，疆也。”以是言之，紫之为色，表相臣燮理之功；韁之为物，重节使封疆之任。上符异数，下副具瞻，海内舆情，同深钦仰。樾山中老矣，衰病益增，遥望黄扉，虔修赤牍，敬问起居，不尽万一。

按，光绪十五年(1889)正月二十二日，奉皇太后懿旨，直隶总督

① 此札辑自《春在堂尺牍》卷六，题作“与李少荃相国”。

② 仰蘧，即龚照瑗。

李鸿章着赏用紫韁[1]。札中提及此事，则当作于嗣后不久。

十九[2]

顷在西湖寓楼，由苏寓寄到惠书，并李黼堂同年《耆献类徵》全帙。此书卷帙之繁富，已足壮我书城。而我公议论之崇闳，尤足破人疑蔀。往年黼堂初创是书时，鄙人亦窃有所疑在。黼堂之意以为，书名"类徵"，舍此更无可分之类。今读公钞示寄黼堂书，知于此事讨论极精，非鄙见所能及也。因公高论，发我狂言。即以樾论，昔时曾忝玉堂，实则陆天随之散人，元次山之聱叟耳。使黼堂异日更缉《续编》，必将我列入"词臣类"矣。江湖而冒禁近之名，后世观之，得无笑彼其之子之不称乎？率笔及之，聊发轩渠。

按，光绪十七年(1891)二月初四日，李鸿章致俞樾一函，附上李桓所纂《耆献类徵》，并抄附其致李桓讨论该书体例之函件[3]。此札应即俞樾复信。

二十[4]

伏读来书，承索观《九九销夏录》，此书至年底始剞劂告成，谨以一部呈览。忆昔年侍曾文正公坐，公谓樾曰："今日江湖好汉毕集于此，君其宋江乎？"樾应曰："不然，时迁也。"公问故，樾曰："无他，剽窃之学耳。"今《销夏录》一书，无一非剽窃而来，真时迁手段矣。阁下览之定一笑也。外附《琼英小录》一卷，虽创论，而自谓确论，未识然否，

---

① 《清德宗实录》卷二百六十五。

② 此札辑自《春在堂尺牍》卷六，题作"与李少荃爵相"。

③ 《李鸿章全集》第35册，第21页。

④ 此札辑自《春在堂尺牍》卷七，题作"与李少荃伯相"。在稿本中被删去。

并求论定。

按，光绪十九年(1893)二月二十八日，李鸿章致俞樾一函，索观新刻成之《九九销夏录》[①]。此札应即俞樾复信。据俞樾《琼英小录序》[②]，该书亦作于是年。

二十一[③]

拙著《销夏录》一书，不过逭暑杜门，借以遣日，豪无足采。乃承不鄙，俯赐览观，兼且广为蒐罗，弥其罅漏，不特见茹古涵今之夙学，星宿罗胸，抑足徵旋乾转坤之馀功，指挥如意。此则悦服之馀，尤深赞叹者也。樾所著书，几及四百卷，流布海内，计左右亦必有之。然章句陋儒，训诂末学，何足当公一览。惟有《茶香室丛钞》、《续钞》、《三钞》，此三种书连目录共八十卷，亦《销夏录》之类，而随见随钞，疏漏更甚。如钧轴馀闲，偶然流览，有所抨正，尤鄙人所幸也。本朝文治昌明，超逾前代，闻上海见在照印《古今图书集成》[④]，不日可蒇，洵足嘉惠无穷。惟念前明《永乐大典》一书，虽体例未为尽善，而古籍实赖以幸存，如能照印流传，亦艺林一盛事。明知此举良难，然公以阁臣而总商务，故敢为公言之，当勿笑其狂瞽耳。

按，光绪十九年(1893)十月初三日，李鸿章致俞樾函，于《茶香室丛钞》、《续钞》、《三钞》三书颇有增补，并赠英洋百元助刻[⑤]。此札应

---

① 《李鸿章全集》第35册，第496页。

② 《琼英小录序》叶一至二。

③ 此札辑自《春在堂尺牍》卷七，题作“与李少荃伯相”。

④ 《古今图书集成》有光绪二十二年(1896)上海同文书局据雍正本石印之本，或即此处所指。

⑤ 《李鸿章全集》第35册，第571—573页。

是李氏札之前俞樾将三书寄赠李鸿章时的附函，故称“如……有所抨正，尤鄙人所幸也”。

二十二①

时局艰危，朝廷又倚重长城，郭令公真身系安危者也。窃惟，今日事势不早转圜，中外将皆受其祸，何也？此时津沽一带洋人与拳匪相持不下，然海外各国，全力注此一隅，拳匪虽众，终有溃散之一日。洋人长驱直入，进逼京师，宗社震惊，乘舆播越，其事尚忍言乎？此中国之祸也。然在外国，亦未必是福。拳匪虽败，直隶、山东两省拳匪可尽乎？非独此两省也，各省伏莽之徒，所在皆是，不必拳匪，亦何莫非拳匪乎？中国果有此大祸，分崩离析，溃败决裂，朝命不行，乱民四起，豪杰之士，奋臂一呼，闻者响应。遇教堂毁教堂，遇教士杀教士，甚而凡通商之地，无不焚烧劫掠，荡为白地。洋人虽船坚炮利，不与战于水而与战于陆，待其离船稍远，民团大起，如蜂涌，如蚁附，憝不畏死之徒，冒死而进，死者自死，进者自进，滚舞而入，肉搏而攻，短刀在手，逢人斫人，逢马斫马。洋人枪炮利于远而不利于近，至此有束手而已。其船虽布满海口，譬犹鲛鳄之类，兴风播浪，听其自来自去，而洋人之技穷矣。非但瓜分痴愿至此冰销，即欲长如往日之通商沾其利益，亦不可得，故曰外国亦将受其祸也。上天以好生为德，吾儒以博爱为仁，亦何乐乎中外之皆受其祸乎？为今日计，惟有和解而已。然外国既万不甘心，拳匪亦势难歇手，和解之说，竟不可行。窃谓：欲和洋人，须先散拳匪，而欲散拳匪，既不可以兵力制，又不可以空言解，将如此拳匪何哉？曰：拳匪之起，非以通商而起，乃以传教而起也。外国之传教于中国有年矣，在朝廷诏旨曰，是劝人为善也，官府告示亦曰，是劝人为善也，然而民间固不信也。其入外国之教者，

---

① 此札辑自《春在堂尺牍》卷七，题作“与李傅相”。天头处岛田翰贴一签条，谓为写字生所书。

又借其势力，把持官府，鱼肉闾阎。小民怀疑既深，积憾更甚，遂群起而与教为雠，致成今日之变。然则欲散拳匪，在不传教而已。夫外国亦何为必传教哉？其意固劝人为善也，劝之而不从，则亦可废然而返矣。想彼国之教王，亦必将胥中国之人而屏之不屑教诲之列矣。方今，海外各国所信服者，莫如我公，宜剀切详明，与各国熟商。自今以往，只通商，不传教，所有教士，一概撤[撤]还，所有教堂，悉听毁去。愚民之愤既平，则拳匪不解而自散。从此和辑邦交，振兴商务，中国之财可流通于外国，外国之财亦可流通于中国，既庶且富，娱乐无疆。除通商口岸外，蚩蚩之民皆不与洋人相接，自不与洋人为难。寰海镜清，中外禔福，岂不美哉！樾老矣，恃其夙爱，进此瞽言，愿明公实图利之。

按，据札中"此时津沽一带，洋人与拳匪相持不下"一言知当作于光绪二十六年(1900)。

致李嘉乐[①]

李嘉乐(1831—?),字德申,号宪之,河南光州人。同治二年(1863)进士。官至江西布政使。著《仿潜斋诗钞》、《齐鲁诗草》、《齐鲁游草》。

去夏小孙南回,知在都下曾谒清尘,北阙觐光,东山养望,苍生霖雨,企仰何穷。只以衰病疏慵,未克裁笺布达,乃承不弃,远道书来,大集一函,与书并至,发椷盥诵,则从前未刻之三卷补刻完全,得窥全璧,胜拜百朋。尊意谋再刻分体一集,与此编年者并行,甚善。但以诗多不欲尽刻,而命鄙人为之斟酌去留。此非特力有不能,抑且理有不可。何者?文章千古事,得失寸心知。凡文类然,而诗尤甚,他文章如传、记、辨、论之类,事之异同,人得而考正之也,理之是非,人得而驳正之也,此他人所能为谋者也。至于诗,则其吟弄风月也,固人人同领之风月,而其抒写性情也,实一人独具之性情。吾辈之诗,抒写性情者多,而吟弄风月者少,则非他人所能代谋矣。往往有寂寥短章,他人读之,嚼蜡无味,而作者于存亡今昔之间,有往复流连之意,则一唱三叹,有不能割爱者矣,此非局中人深知甘苦不能为是言也。使弟一日偶发高兴,取年来友朋所赠之诗,以意去取,选为一集,则大集必亦在所选之中,应选者选,应删者删,妄以笔削之权自任,此亦所谓当仁不让者。然其成也,止自成为曲园之一家言,而非复仿潜斋之本来面目矣。鄙见如此,故敢有方尊命,尚乞亮之。

按,《仿潜斋诗钞》光绪十五年(1889)刻本为编年之本,目录前有

---

① 此札辑自《春在堂尺牍》卷六,题作"与李宪之方伯"。

李嘉乐自叙，称“自十五岁至五十二岁存诗一千五百六十首，计十五卷，续刊卷俟附。此数十寒暑中，鸿泥驹隙，赖覆瓿物为记事珠，偶一披阅，聊以自娱，非敢问世，遑论传世耶？光绪己丑九日宪之记于京师之匏庐，时年五十有七”。此本应即李氏寄赠俞樾之书。故此札至早作于光绪十五年。且光绪十五年为会试之年，俞陛云曾入都应试[①]，札中既称“去夏小孙南回”，则当作于光绪十六年(1890)间。俞樾有《李宪之仿潜斋分体诗钞序》一篇，于诗集分题、编年编排之优长均有所阐发，并称“李宪之方伯，诗人也，其陈臬三吴，与余时相过从，亦时相唱和。未几开藩江右而去，旋闻其仗节钺抚豫章，浸浸大用矣。俄而内召，浮沈京国，一岁有馀，乃出其旧刻之《仿潜斋诗集》，补其未刻者三卷，寄以示余。且谋再刻分体一集，与此编年者并行，而属余斟酌芟薙，去非存是，余既谢不敏矣。然而分体之刻，则固不可少也。因豫为之序，以纵臾其成”。是俞樾的确婉拒了李嘉乐邀其代为选刻分体诗集的请求，此札则对自己无法承担李集斟选之由加以说明。

① 《曲园自述诗》叶三十二。

致李洵

李洵(生卒年不详),原名壮庚,字古渔,广西永福人。道光十四年(1834)举人,官云南永平县知县。著有《松窗馀事草》。

一①

手示读悉,如樾之梼昧,何足议《礼》,乃承不弃,询及刍荛,惭愧惭愧。此事《礼》无明文,惟读《穀梁传》云:“作主、坏庙有时日,于练焉坏庙。”范宁解曰:“礼,亲过高祖则毁其庙,以次而迁,将纳新神,故示有所加。”但释坏庙之义,不言坏庙之时。然《传》曰“于练焉坏庙”,则是作主、坏庙同时矣。乃杨士勋疏则云:“作主在十三月,坏庙在三年丧终。而《传》连言之者,此主终入庙,入庙即易檐,以事相继,故连言之,非谓作主、坏庙同时也。或以为练而作主之时,则易檐改途。”于《传》文虽顺,旧说不然,故不从之,直记异闻耳。夫如或说,岂不顺于《传》文,而先儒皆不之从,存为异说,可知自汉至唐,其奉练主入庙,皆在三年丧毕之后,三年内既未入庙,自然仍奉之于寝,于事为便,于情为安。辄贡所见,质之达者。

二②

承询《昏礼》醮子,鄙意“醮子于寝”,郑注《昏义》有明文。《仪礼》贾疏又极明白,但必以不言神位为证,转涉于泥耳。其上数言,塙不可易。《昏义》篇云:“纳采、问名、纳吉、纳徵、请期,皆主人筵几于庙。”至父亲醮子,不言于庙,则在寝可知。孔、贾皆无异说,近儒胡、

---

① 此札辑自《春在堂尺牍》卷七,题作“与李古渔明府”。

② 此札辑自《春在堂尺牍》卷七,题作“与李古渔别驾”。

黄，辄违郑义。尊说正之，是也。惟据《荀子》正定醮位，窃有所疑。愚旧说《士昏礼》“夫妇对席”[①]，引《唐礼乐志》为证。今说“醮子”，请亦证之《唐志》。据《志》言皇太子纳妃之仪云：“临轩醮戒，有司设御座于太极殿阼阶上，西向，尚舍设皇太子席位于户牖间，南向。”夫言临轩醮戒，又言于太极殿，则不于太庙可知，唐以前固无在庙之说也。惟御座西向，皇太子位南向，则与《荀子》不同。下文言诸臣之子昏礼，亦云：“父公服坐于东序，西向，子升自西阶，进，立于席西，南向，赞者酌酒，北面，授子。”窃以此言之，醮子之位仍与冠礼同。《士冠礼》：冠者南面，宾北面，而冠者之父则在阼阶下，直东序西面，如故也。然则昏礼亲醮，但无宾耳。子南面，父在阼阶，西面，使赞者酌酒，北面，授子，此赞者即当冠礼之宾。冠礼有宾，故使宾北面授酒，昏礼无宾，故使赞者北面授酒耳。父子之位，自当不易。若《荀子》所云“南面而立，北面而跪”，与《孟子》所云“南面而立，北面而朝”相似，乃朝廷之位，非行礼之位也。古制必不如此，希更酌之。

---

① 说详《士昏礼对席图》，见于《曲园杂纂》卷八。

致廖寿丰

廖寿丰(1836—1901),字谷似(士),号省三、止斋,江苏嘉定人。同治十年(1871)进士。官浙江按察使、浙江巡抚。

一①

穀似大公祖姻大人阁下:

闱墨甫出,而拙作拟墨亦已刻成,谨以一册呈政。另四十本,每本卖洋钱一角,将来集有成数,寄上海助赈,刻《申报》为凭,想公勿责其琐渎也。手此,敬请台安。

治姻小弟俞樾顿首,十五日

按,据《春在堂诗编》卷十二,光绪十四、十五两年秋,俞樾均曾以拟闱墨之文助赈。《申报》光绪十四年十月十五日第四版有俞樾所发启示,曰:"小册每册卖洋一角,今售出一千册,得洋一百元,谨寄贵局助赈。在鄙人杯水之薄润,本不足言,而同人集腋之雅意则不可没矣。手此儆请安,惟鉴不宣。愚弟俞樾顿首。"应即札中"将来……刻《申报》为凭"云云之所指,故此札当作于光绪十四年(1888)十月十五日之前。

二②

昨得浙友来书,知以变通书院章程饬各监院会议,所议云何,吴

① 此札辑自《浙江图书馆馆藏名人手札选(二)》上册,第 86 页。

② 此札辑自《春在堂尺牍》卷七,题作"与廖谷士中丞书"。此札在稿本中被删去。

中未有闻也。方今之世，士子不可不知西学，晋抚变通书院一疏①，诚为当务之急。然骤议变通，颇非容易，窃恐虚被变法之名，而不能实收变法之效。以吾浙论，诂经精舍本不课时文，专课经义，而经义之中，天算等学无所不包，西人新法亦未始不出于此，似乎诂经精舍不必变易旧章，但请官师两课于照常出题外兼出算法一二题，是亦通经致用之义。此外书院，专课时文，于西法颇难兼习，不知宜如何变通。愚谓：欲士子通晓西学，则江苏见行之中西学堂其法甚善。挑选年轻聪敏子弟粗通中国文法者取入学堂，使之先学西人语言文字，然后次第授以西学，数年之后，可望有成。若夫书院肄业者，则皆已成之士也，年岁已长，心力难专，就使勉强为之，亦不过袭其皮毛以为欺人之具，断不能入其奥窔而成自得之奇。即诂经诸人，亦必不免此病。方今之世，欲习西法，宜如晋抚所言：裁减书院经费。杭城中敷文、崇文、紫阳、诂经、学海暨东城讲舍，书院凡六，自山长束脩至监院薪水、考生膏火，酌减一二成或二三成，即以节省之费设立中西学堂。少成若性，习惯为常，久之而中国自多精通西学之士矣。如此则既不失中国旧有之规模，而可以收西学将来之效验，未识公意以为然否？然此非鄙人之自为谋也。弟自承乏诂经，二十九年矣，私心初愿，以为若再忝一年满三十年，便宜辞退。今变通之际，苟自揣力不能胜，即当引避贤路。所以陈此区区者，乃敬献刍荛，以助集思之益，非贪恋栈豆而为自便之谋，想公亦必鉴之而谅之也。

按，札中称“弟自承乏诂经，二十九年矣”，则当作于光绪二十二年(1896)。廖寿丰于光绪二十三年六月十七日上《开办求是书院兼课中西实学事奏折》，云：“查浙江省城旧有敷文、崇文、紫阳、学海、诂经、东城书院六所，今方以制艺取士，势难骤为更张，另设则无此经

---

① 光绪二十二年(1896)三月初一日，山西巡抚胡聘之奏时艰需才，请变通书院章程，增课天算、格致等学，以裨实用(《清德宗实录》卷三百八十七)。

费……泰西各学，门径甚多……而算学则其阶梯，语言文字乃从入之门，循序以精，蕲有心得，非博通格致不得谓之学成。”又曰：“所有常年经费，如教习、翻译、监院及司事人等薪工资并奖赏、伙食，每年需银五千馀两。此外，尚有随时购置仪器、图籍暨学生纸笔一切杂用不在此数。除将东城书院每年膏火银一千馀两全数拨用外，于各书院奖赏、存典、生息项下岁提息洋三千元有奇，及各局裁省减并共洋四千元有奇，合之数不及万，均未动支正项。当此开办之始，规制不敢过侈，俟经费稍充，再图展拓。省外各府属，经臣分札饬办，如宁波、绍兴、金华、湖州、台州、严州、温州、海宁等属，或就书院加课，或设学堂专课，各视经费多寡议章开办，亦均未请动公帑。”[①]所言颇有与俞札建议相合者。

三[②]

久疏笺候，驰想为劳。见闻假期将满，计已拜疏销假，潞国精神与富韩勋业俱高矣。弟今年气血骤衰，春夏间闪腰挫气者三次，是以竟未一至杭州。伏念弟主讲诂精精舍三十一年矣，精力衰颓，学业荒落。久思辞退，所以迟迟未决者，实欲为精舍支撑门面耳。方今大势所趋，似不必再费螳螂之力，伏望别订高贤，主持斯席。弟愚不识时，老而求息，想必蒙见怜。秋间腰脚稍健，尚当重来湖上谒清尘，兼收残局也。

按，札中称“弟主讲诂精精舍三十一年矣”，则当作于光绪二十四年(1898)。

---

① 中国第一历史档案馆：《光宣年间浙江兴办新式学堂史料(上)》，《历史档案》2004年第2期，第38、39页。其中句读，小有改动。

② 此札辑自《春在堂尺牍》卷七，题作“与廖谷士中丞”。

四①

接展惠书，诂经一席，承雅意綮维。弟本寒儒，笔耕为活，何敢固辞。惟念方今宏规大启，功令一新，即治经亦宜别有门径，断非章句陋儒、训诂末学所宜窃据皋比。仍望别订高贤，主持斯席。从此抱遗经而究始终，鄙人仍守生平之旧；借经术以谈世事，诸生别开风气之新。浙士幸甚，弟亦幸甚！

按，此札在稿本中紧接上札，所言亦为请辞诂经讲席之事，故当作于上札之后不久。

① 此札辑自《春在堂尺牍》卷七，紧接上札，题作“又”。

致刘炳照[①]

刘炳照(1847[②]—1917),字光珊,号柏荫、语石,江苏阳湖人。诸生,候补训导。著《复丁老人诗纪》、《感知集》、《无长物斋诗存》、《留云借月盦词》。

语石先生侍右:

叠奉手书,知前寄书籍及文稿均已入鉴。至承寄联纸三件、纨扇一柄,并未收到,未知何日所寄,或交信局,或托便人,求查其浮沈何处。如果查到,自当书奉,以副尊属。“丙舍”二字出钟太尉帖,所谓“墓田丙舍”者,“丙舍”未知何义,或即就其方位而言也。漏泽园起于宋时,乃是今之义冢,未可以指殡房。至“指归”二字,未知所出。手肃布复,敬请吟安。

愚弟俞樾顿首,秋分节

按,“墓田丙舍”为钟繇“六帖”之一,今所传者虽为临本,但较好地保持了钟体神韵。

---

① 此札辑自《近代名人手札真迹》第九册,第4046—4047页。

② 《春在堂诗编》卷二十三叶五。

致刘秉璋①

刘秉璋(1826—1905),字仲良,安徽庐江人。咸丰十年(1860)进士,官至四川总督。著《刘文庄公遗书》。

前者西湖小住,适逢大旆莅临,节署湖楼,两瞻光霁。一别以后,两月有馀,艾绿榴红,又值天中令节,想薰风阜物,时雨宜民,两浙东西,均在夏屋帡幪之下矣。樾自还苏寓,宿疾日臻,累月杜门,无状可述。自惟江湖病叟、章句陋儒,忝主皋比,谬兼书局,局中刊刻书籍,揄得与闻。见在议刻《续三通》,因原书尚须钞补,未遽开雕,似宜先以他书一二种参之。鄙意,朱竹垞先生《经义考》,实为六艺之钤键,唐宋以来说经诸家于此可得其梗概。原版闻尚在禾中,残缺过半,今未知存否?印存之本,日见其少,坊间偶一有之,索价亦昂。此本浙中乡先辈之书,理宜于浙局重刊,未始非经学之一助。至《二十四史》,业已刊行,浙局新刊李氏《长编》,一时为之纸贵。当时议并刻李心传之《建炎以来系年要录》,因循未果。此书久佚,国朝从《永乐大典》录出,其叙述宋高宗一朝之事,实与《长编》相续,宋室南渡,事在临安,南宋之史书,即西浙之掌故,此亦宜在浙局刊行者也。浙局所刻子书,外间颇称善本。此外诸子,驳杂者多,不必一一刊刻。窃谓,诸子之中,其有益民生日用者莫切于医家,宋元后,诸家师心自用,变更古义,立说愈多,流弊愈甚,宜多刻古本医书,如《难经》、《甲乙经》、《巢氏诸病源候论》、《圣济总录》等书,俾学者得以略闻周秦以上之绪言,推求黄炎以来之遗法,或有一二名医出于世间,于圣朝中和位育之功,未始无小补也。至集部浩如烟海,且或不甚有裨实学,似可缓

---

① 此札辑自《春在堂尺牍》卷六,题作"与刘仲良中丞"。

刊。惟道光中仁和有王君文诰者,曾注《苏东坡先生诗集》,远出旧注之上,不特诗中故实略无遗漏,且于坡公一生事迹考订详明,卷首载《年谱》数卷,几于为坡公作日记者。樾幼时读其书,深为叹服,今原版已毁,印本无存,似宜访求其书而重刻之,不特读苏集者为之一快,且使王君毕世苦心不致泯灭,亦盛德事也。拉杂布陈,统惟裁察。

按,札中提及浙江书局拟重刊"续三通",据《钦定续通典》之浙局本,有牌记题"光绪十二年浙江书局上版",则此札当作于1886年之前。至"浙局新刊李氏《长编》",指光绪七年浙江书局校刊之李焘《续资治通鉴长编》,则此札当作于嗣后不久。札中俞樾向刘秉璋胪列了一批浙江书局宜刻之书,其中《经义考》,有浙江书局光绪二十三年刻本;王文诰所编注《苏文忠公诗编注集成》四十六卷、《苏文忠公诗编注集成总案》四十五卷及《苏海拾馀》四卷,有清光绪间浙江书局刻本,可见俞氏之倡议大多得以落实。

致刘恭冕①

刘恭冕(1824—1883),字叔俛,号勉斋,江苏宝应人。刘宝楠次子。光绪五年(1879)举人。幼承刘氏家学,博涉通经。曾入金陵书局,后主讲湖北经心书院多年。主持修纂黄州、汉阳、沔阳、黄冈等地方志。以十多年心血完成其父刘宝楠《论语正义》一书。另著有《何休论语注训述》、《广经室文钞》等。

叔俛仁兄大人阁下:

去岁承寄示《论语正义》一卷,受而读之,视邢《疏》详备,视皇《疏》谨严,真不朽之盛事矣。惟说"萧墙"一事,引方氏观旭之说②,与鄙见未惬。而适有闽中之行,其还也,又如杭州,及杭州还,又卧病两月有馀,是以迟迟未复,想不罪也。今病小间,辄粗述所见,以副下问之怀。方氏据《礼》"天子外屏,诸侯内屏,大夫以帘,士以帷",谓"季氏之家,不得有萧墙",是也;因谓"萧墙之内,隐斥鲁哀公"。果然,则是夫子此言适以启其君臣之猜嫌,而以危言怵之,使为篡弑之事也。方氏亦意有未安,故自圆其说曰:"此夫子诛奸臣之心。"若曰"季孙非忧颛臾而伐颛臾,实忧鲁君疑己而将为不臣,所以伐颛臾耳",然则经文"吾恐"当改作"吾知",于文义始合。是故方氏之说未足据也。按《国语》"自卿以下,合官职于外朝,合家事于内朝",韦《注》曰:"外朝,君之公朝也;内朝,家朝也。"以《考工记》"外有九室,九卿朝焉"证之,郑《注》曰:"外,路门之表也;九室,如今朝堂,诸曹治

---

① 此札辑自《上海图书馆藏名人手札选刊·俞曲园手札》,第95—97页。又收入《春在堂尺牍》卷三,题作"与刘叔俛"。今据原稿整理。

② 见方观旭《论语偶记》"萧墙"条。

事处。”然则韦《注》以外朝为君之公朝，其说自塙。陈氏《礼书》谓“卿大夫二朝皆在家”者，非也。萧墙之内，所包者广，卿大夫外朝亦即在此，不均不安，则内变将作，或同列谋之，或僚属谋之，皆可发于萧墙之内，不必定斥鲁公也。鄙见如此，未知有当否？承拳拳之意，辄以奉闻，惟恕其狂言，幸甚。

愚弟俞樾顿首顿首

按，同治九年(1870)正月，俞樾至福建省视慈亲。三月初还吴，旋至杭州开课。五月还苏，大病两月馀。正与札中所言吻合，故此札作于是年。

致刘汝璆①

刘汝璆(生卒年不详),字笏堂,安福人。官至金衢严道。有《环生馆集》。

前承招饮,得亲言论丰采,虽古循吏,无以远过,私心所餍饫者,固不徒在尊俎之脎嘉也。临行又承厚赐,俾将拙著《群经平议》三十六卷,广集钞胥,写成定本,以便付刻。而所赐实从借贷而来,令人感叹不已。伏念阁下,实心任事,清德传家,所示琴苋一图,允足千古,将来史传中添一佳话,驾昔人一琴一鹤而上之矣。弟诗不过率直语,未足揄扬。采南②闻作长歌,惜未之见,琴西③计必有佳构也。兹因琴西以琉球国纸见赠,辄篆书"琴苋图"三大字奉寄。笔力疲茶,不足观也,惭愧惭愧。

按,同治四年(1865)冬,俞樾致杭州。刘汝璆时摄杭州守,有《琴苋图》志其父母,求诗于俞樾。俞氏遂作长歌报之④,是即札中"所示琴苋一图"云云之所指。因知此札当作于是年。

---

① 此札辑自《春在堂尺牍》卷一,题作"与杭州刘笏堂太守"。

② 采南,即章鋆(1820—1875),字采南,浙江鄞县人。咸丰二年(1852)状元。官至国子监祭酒。著《望云馆文诗稿》、《治平宝鉴》。

③ 琴西,即孙衣言。

④ 《春在堂随笔》卷一叶三。诗见《春在堂诗编》卷六。

致刘树堂

刘树堂(1832—?),字景韩,保山人。监生,官至浙江巡抚。光绪二十六年(1900)革职。书法古厚遒劲,有《双清堂帖》。工诗,著《师竹轩诗集》。

一[1]

去年得复书,具见观时之深识,经世之远谟,诵之感叹不已。入新岁来,伏惟动定多福。弟年七十有六,衰龄冉冉,后路茫茫,抚兹时局之新,守我儒氈之旧。溯自道光丙申,初入县学,至今光绪丙申,六十年矣。俗有重游泮水之说,功令无之,不敢以琐事烦渎官师,但取当年院试文诗题重作之,刻《重游泮水试草》,附以七言古诗一章[2],遍赠知交。今以十册寄奉左右,流览之馀,分贻宾从可也。铁路之议已定否?将来经由汴中[3],又费幕府一番经画矣。愚意则谓:铁路不足兴中国之利,而适足以扩外国之利也。他如纺纱、缫丝诸局,不足分外国之利,而适足以夺小民之利。所见如此,真腐儒哉!

按,札中称"年七十有六"、"至今光绪丙申",则当作于光绪二十

---

① 此札辑自《春在堂尺牍》卷七,题作"与刘景韩中丞"。

② 即《余于道光丙申年入县学,至今光绪丙申,六十年矣。追念前尘,怃然有作》一题,见《春在堂诗编》卷十五。

③ 光绪二十二年(1896)八月初九日,直隶总督王文韶、湖广总督张之洞奏请设立芦汉铁路公司(《清德宗实录》卷三百九十四);九月十四日,铁路总公司正式设立,盛宣怀以四品京堂候补,督办该公司事务(《清德宗实录》卷三百九十五)。札中言"铁路之议已定否",则应作于八月之前。《春在堂诗编》卷十五有《送刘景韩方伯移藩汴梁》,乃知是时刘景韩已调职开封,札中遂有此问。

二年(1896)。

二[①]

读来书,敬悉近状。弟年力衰颓,学问荒落,无可为左右告,惟有一小事可以奉闻。今年,弟于西湖石屋岭下,觅得一小洞,曰"乾坤洞",《西湖志》所不载。距洞数武,又有一洞,狭仅容人,深可三丈,不知何名,旁有明人霍韬题名,因为赋一诗[②]。偶以示丁松生[③],松生使人入山摹拓,则又得查应兆、李元阳二人题名,皆明人也。其名位虽不及霍之显,然其人品纯正,或有过之,弟因为各赋一诗[④]。松生欣然入山相度,拟就其地筑屋三间。鄙意中间供佛,右间住僧,左间设一小龛,奉此三人之位,署曰"明三游客",未知能成否。李元阳乃公乡人也,故辄为公述之。

按,札中称"今年弟于西湖石屋岭下,觅得一小洞,曰乾坤洞",并提及为霍韬、查应兆、李元阳赋诗,三诗均见于《春在堂诗编》卷十五,在《余于道光丙申年入县学,至今光绪丙申六十年矣,追念前尘,怃然有作》一题之后,则此札当作于光绪二十二年(1896)。

---

① 此札辑自《春在堂尺牍》卷七,题作"与刘景韩中丞"。

② 即《石屋岭睹明人霍韬题名》一题,见《春在堂诗编》卷十五。

③ 丁松生,即丁丙(1832—1899),字嘉鱼,别字松生,晚号松存。浙江钱塘(今杭州)人。家世经营布业,富于资财,好藏书,其藏书室称"八千卷楼"。咸丰十年(1860),杭州文澜阁《四库全书》散佚,他多方收集、补抄。著有《庚辛泣杭录》,辑刻有《武林掌故丛编》等。丁丙与俞樾相善,光绪十三年(1887)俞楼(俞樾寓所)第一楼不戒于火,丁丙为之重建,且增建"式古堂"。俞樾部分著作,如《群经平议》、《俞楼诗记》、《琼英小录》等,皆丁丙为之刊印成书。

④ 即《前诗序中所云余应兆,实查应兆也,余偶误记耳。丁君松生以拓本见示,查之为人颇非碌碌者,又赋此诗正之》、《松生又于乾坤洞拓示明人李元阳题名,再赋一律》两题,见《春在堂诗编》卷十五。

三①

曹孝廉②来，得手书及关书、聘币③，公之拳拳，于弟可谓深矣。人非草木，岂不知感？自宜承命而来，然弟之下情，实有不能再就者。弟去岁辞馆，以衰老也，今隔一年，岂老者转少，衰者转壮乎？不但今岁就之为无名，转觉去岁辞之为别有他故矣。书院去就，诚不足言出处，然亦出处之一端，不可不一揆度也。且年来精力实亦颓唐，翻一叶书，不能终读，写数行字，必有误笔，岂可再尸诂经之席？又，弟性卞急，计诂经每课一百馀卷，明知徐徐为之，分数日阅看，万无不给之理，而弟必以两日了之。此两日中，终朝伏案，手不停披，费心费目费手，三者皆疲。尝戏语人曰：昔人言，人之元气重十六两，我此两日中必耗去两许矣。此虽戏言，实亦确论。公见爱有素，鉴此情形，亦必不欲弟再主斯席矣。至湖上山水之胜，又得公为管领湖山之主，每一念及，逸兴遄飞。秋间如腰脚稍健，必当买棹而来，以旧部民观新德政，必不因不就诂经而自外于公也。

按，俞樾请辞诂经讲习之事，参见其致廖寿丰函第三、四通。此札即称“去岁辞馆”、“今隔一年”云云，则当作于光绪二十五年(1899)。

---

① 此札辑自《春在堂尺牍》卷七，题作“复刘景韩中丞”。

② 曹孝廉，应指诂经精舍监院曹小槎。《春在堂诗编》卷十七有《余前辞诂经讲席，诗云：“可容末座附孙王”。兴到妄言，且亦身后计也。乃诂经诸君子即言于中丞，于精舍设立长生位，虽感盛意，实非鄙怀，漫赋四诗》一题，小注云：“余一辞于监院曹小槎孝廉。”曹小槎，即曹树培(生卒年不详)，浙江钱塘(今杭州)人。光绪二十年(1894)举人，二十七年捐江苏直隶州州同。

③ 《春在堂诗编》卷十七有《诂经精舍今岁又虚讲席，刘景韩中丞两次来书，请复主诂经，而精舍诸生亦同禀中丞，力申是请。率赋小诗谢之》一题，当与此札所言“手书及关书、聘币”为一事。

致柳商贤[①]

柳商贤(1834—1900),字质卿,江苏元和(今苏州)人。同治九年(1870)举人,光绪二十二年(1896)官宁海知县。著《蘧龛诗钞》、《文钞》。

承示《横金志》二十四卷,详明而有法,甚善甚善。惟第四卷《镇村志小序》引《姑苏志》云:“商贾所集谓之镇。”此非塙论也。镇之名,实起于古之镇将,虽大小不同,然名由此起,有可考也。宋谈钥《吴兴志》曰:“镇戍置将,起于后魏,唐高祖尝为金门镇将是也。唐制:每五百人为上镇,三百人为中,不及三百人者为下。置将副,又置仓曹、兵曹、参军,掌仓库、戎器之类。自藩镇势强,镇将之权日重,以至五代,为弊益甚,县官虽掌民事,束手委听而已。国朝平定诸国,收藩镇权,诸镇省罢略尽,所存者,特曰‘监镇’,主烟火,兼征商。至于离县稍远者,则有巡检寨”云。以是言之,今所称镇者,本于宋之监镇,而宋之监镇,实元魏镇将之馀波。谈《志》此条最为详悉,《姑苏志》云云,近于臆说矣。又按,今所称镇者,皆设官镇防之地,横金非巡检司治所,已不得称镇,其附属诸村更可知矣,宜易其名曰“村聚”,于义为合,名亦甚古。《史记·五帝本纪》:“一年而所居成聚。”《注》曰:“聚,谓村落也。”然则村聚连文,不嫌牵合矣。“村”字,《说文》所无,宜作“邨”。然《说文》曰:“邨,地名。”则亦非村落之谓也。盖古字止作“屯”,《汉书·陈胜传》注曰“人所聚曰屯”,是也。作“邨”者,假借字。《一切经音义》卷一引《字书》曰:“屯,亦邨也。”是其明证。今相沿既久,不必定从本字,惟村则俗字,不可从耳。

---

① 此札辑自《春在堂尺牍》卷二,题作“与柳质卿”。

按,《横金志》卷四“村聚”小引称:“《史记·五帝本纪》‘一年而所居成聚’,《注》‘聚,谓村落也’。《说文》所无,古止作‘屯’。《汉书·陈胜传》注曰‘人所聚曰屯’,是也。今作‘邨’者,沿用既久,故仍之。余录其有闻于时者,若郡邑志之所载而今迷其处者,姑从盖阙。”[1]是小引文字已据俞樾此札中的意见作过修订。今抄本《横金志》仅二十卷,与札中所谓“二十四卷”者不同,分卷或亦有修订。

---

① 柳商贤:《横金志》卷四叶一。

致陆润庠①

陆润庠(1841—1915),字云洒,号凤石,江苏元和(今苏州)人。同治十三年(1874)一甲一名进士,授修撰。光绪初,屡典湖南、陕西等乡试,入直南书房,督山东学政。光绪二十四年(1898),补祭酒,擢内阁学士,署工部侍郎。光绪三十二年(1906),以尚书兼领顺天府尹事,明年,授吏部尚书、参预政务大臣。宣统元年(1909),协办大学士,由体仁阁转东阁大学士,充弼德院院长。武昌起义后,反对时变,仇视革命,充宣统帝师傅,授太子太保。一生俭朴,衣如寒士,卒谥"文端"。

凤石仁弟大人阁下:

去岁承吉词致贺,因知即有中州之行,因循怠缓,至今未克肃复,良所歉也。伏惟剑履归朝,声华益盛,黄扉在即,企望良深。兄年逾八十,虽眠食无恙,而精力殊衰,气机易于阻滞。自去夏以来,杜门不出,聊以养疴。入新正来,惟与柳门辈时相唱和,得诗颇多,盖著述之事业已辍笔,而吟咏之兴犹未衰也。去岁有七律八首,述怀感遇,不足言诗,聊奉一笑。小孙到京奉谒,惟随时教益之,幸甚感甚。手肃,敬请台安,伏惟雅照不宣。

馆愚兄俞樾顿首

按,札中称"兄年逾八十",则当作于光绪二十六年(1900)之后。光绪二十七年八月初一日,以回銮有期,派员致祭岳渎,中岳嵩山派

① 此札辑自《上海图书馆藏名人手札选刊·俞曲园手札》,第241—242页。

陆润庠前往[1]，应即札中称陆氏“去岁”“有中州之行”之由，故此札当作于光绪二十八年(1902)间。

① 《清德宗实录》卷四百八十六。

致陆心源

陆心源(1834—1894)，字刚父，号存斋，晚号潜园老人，浙江吴兴(今湖州)人。咸丰九年(1859)举人，以知府发广东。同治四年(1865)简广东南韶兵备道，六年调高廉道，十一年署闽粮盐道，后因与署督不合，即乞养归湖州。光绪十七年(1891)被荐受召，辞不就，专意于丹铅。收集江南藏书颇丰，尤以宋元刻本为多，号其藏书楼曰“皕宋楼”。著《集韵校误》、《群经音辨校误》、《宋史翼》、《穰梨馆过眼录》、《仪顾堂集》、《皕宋楼藏书志》等，合署为《潜园总集》。

一①

存斋仁兄大人阁下：

客腊在吴下得书，知旌旆有惠临之意，而竟不果，甚为怅恨。辰惟梓里优游，拥图书金石之富，而极山水友朋之乐，神仙中人，良深羡慕。弟武林觅屋不成，遂于吴下用青蚨千贯典潘文恭故宅而居之。故里无家，苏杭皆寓，原亦无所不可。不过就目前论，有馆在杭，往来稍嫌仆仆耳。筱泉中丞纠合宁、苏、鄂三书局刻《廿四史》，属弟与江南诸公商量，顷已定议，浙局分刻新、旧《唐书》及《宋史》，数年之后，全史告成，亦一大观也。局中诸友以刻史必得书籍校雠，开单请借；想尊处藏书极多，兹将书目钞览，如能借付数种，精校唐、宋三史，嘉惠士林，阁下之赐也。弟在杭开课，因患肺疾，是以即还吴下，出月下旬仍当来杭。兹有渎者：拙著《诸子平议》在吴市开雕，已成十七卷，尚有十八卷未刻；然每卷刻资止须洋蚨八枚，若得洋泉一百五十，即

---

① 此札辑自《上海图书馆藏名人手札选刊·俞曲园手札》，第132—135页。

可尽刻之，未知阁下能助我一臂之力否？弟诗集已承石泉方伯付梓，文集拟托杜小舫观察刻之，外集久已灾梨；若《诸子平议》再得刻成，生平之丑便已献尽，此外零星各种，可刻可不刻矣。因辱知爱，故敢奉商，或不责其不情也。弟吴寓尚在胥门内大仓口，出月即须移居马医科巷所谓潘文恭旧居也。金衙庄因循不成，至今以为惜，自问亦无此福耳。闻四间尚虚其一，欲借重左右，未知果否？手肃，虔请台安，惟察不宣。

小弟樾力疾拜上，十五日灯下书

按，同治八年(1869)四月初七日，俞樾赁苏州马医科巷潘文恭旧第(东宅)以居[①]。札中提及下月将"移居马医科巷"，则当作于是年三月十五日。札中俞樾为汇刻《二十四史》之事，向陆氏商借善本参校，并望其助刻《诸子平议》。

二[②]

存斋仁兄大人阁下：

在苏寓接奉手毕，知履道康娱，甚善甚善。拙著《诸子平议》年内总可毕工，允助剞劂，何感如之。大著《正纪》二卷，议论持平，考订该洽，如摘卢本《大传》[③]之多讹，论北宋以前《史记集解》与《索隐》、《正义》无合刊本，辨杨诚斋不以党禁罢官，皆塙凿有据。弟史学荒芜，不能赞一词，重违来意，聊识数语于简端，不足以裨补高深也。惟鄙意窃有所未安者，《提要》虽纪文达手笔，而实是钦定之书，观其《进简明目录表》曰："元元本本，总归圣主之持衡；是是非非，尽扫迂儒之胶

---

① 《曲园自述诗》叶十八。

② 此札辑自《上海图书馆藏名人手札选刊·俞曲园手札》，第128—131页。又收入《春在堂尺牍》卷三，题作"与陆存斋观察"。今据原稿整理。

③ 卢本《大传》，应即清乾隆二十一年(1756)卢见曾雅雨堂写刻本《尚书大传》。

柱。”则固有以间执后人之口矣，非如杨氏《丹铅录》，不过私家著述，陈氏耀文不妨有《正杨》之作也。世道多艰，人言可畏，吾辈生平又雅不为俗人所喜，设有持其后者，何以应之，此弟彭祖观井、蔡公过航之鄙见，未识高明以为何如？因叨挚爱，不敢不以闻于左右也。外拙诗六卷，杨石泉[①]方伯新刻于武林，寄呈大教。即请台安，并附缴大著一本，伏乞照入，不尽欲言。

小弟樾顿首上

按，据札中言，知陆心源已答应助刻《诸子平议》，故当作于上札之后。陆著《正纪》一书，今未见，据俞札所言，应为纠正《四库全书总目》之误而作。

三[②]

存斋仁兄大人阁下：

吴中一别，又数月矣，每念清晖，如何勿思。尊论庄子圣人之义，极有见解，以此读古人书，然后古人不死，已采入《春在堂随笔》[③]矣。兹寄上拙集[④]两册求教，其末附有先人[⑤]行述，并求史笔表扬，赐一传文，附之郡志，殁存均感，叩头叩头！湖上早寒，不堪久住，已于月之十九还吴下寓庐。明岁笔耕如旧，惟春间须如闽中省视老母[⑥]，往返

---

① 杨石泉，即杨昌濬。

② 此札辑自《上海图书馆藏名人手札选刊·俞曲园手札》，第136—137页。

③ 详见《春在堂随笔》卷二。

④ 当为《宾萌集》，其卷五有《先府君行述》。

⑤ 先人，即俞樾父俞鸿渐(1781—1846)，字仪伯。嘉庆二十一年(1816)科举人。曾任知县，后在常州等地授馆。著有《印雪轩文集》二卷、《诗集》十六卷、《随笔》四卷，《读三国志随笔》一卷，皆刊行于世。

⑥ 同治十一年(1872)，俞樾赴闽省视慈亲。

总须五六十日耳。正月中台旆来吴市否？尚可迎候清尘也。手肃，敬请大安，惟鉴不宣。

小弟俞樾顿首

按，此札当作于同治十年(1871)末，札中俞樾请陆心源为其父俞鸿渐作传。同治九年，陆氏发起并参与撰修《湖州府志》[①]，其《仪顾堂集》(二十卷本)中有《湖州府志人物传政绩》、《湖州府志人物传文学》、《湖州府志人物传艺术》、《湖州府志人物传寓贤》四部分内容[②]。这应该就是札中"赐一传文，附之郡志"之由。不过陆氏似乎并未完成俞樾的心愿，至少《仪顾堂集》中未见他为俞鸿渐所作传记。[同治]《湖州府志》卷七十六有俞鸿渐传，称资料出自"行述"，或许是对俞樾此札的一种回应[③]。

四[④]

存斋仁兄大人阁下：

自杭还苏，闻台旆曾驻吴阊，各处询问，或云如京师，或云还苕上，未详也。兹忽拜奉手书，敬悉起居多福，惟行止仍未得其详。北

---

① 杨昌濬《重修湖州府志叙》([同治]《湖州府志》卷首，同治十三年爱山书院刻本)曰："湖州周缦云侍御、陆存斋观察亟议重修郡志。"郭式昌《重修湖州府志序》(同上)曰："自同治九年冬季开纂，不四年而书成。"

② 其中卷十一、卷十二《湖州府志人物传政绩》有传记31则，卷十三《湖州府志人物传文学》有传记30则，卷十四《湖州府志人物传艺术》有传记4则、《湖州府志人物传寓贤》有传记12则。

③ [同治]《湖州府志》各卷多署编者名氏，如卷七十四叶一署"归安陆心源丁宝书编辑"，卷七十五叶一署"归安丁宝书编辑"之类，卷七十六则没有相关题署，故其编纂者不可确知。

④ 此札辑自《上海图书馆藏名人手札选刊·俞曲园手札》，第122—125页。

上乎？暂留南中乎？香山居士新失金銮子，昙花一见，亦无庸过于悲哀也。大集曩曾赐读，今又益于续刻之篇，根据详明，笔力清老，在本朝集部中亦杰出者矣。晏、韩二子究以何本为最善？弟从前所据者，《晏子》止孙渊如本[①]，《韩非》止吴山尊本[②]，未见宋元古本也。浙江书局近议汇刻诸子，弟意善本难得，得之亦未必能仿刻，莫如取法乎中，就孙刻、毕刻、卢刻诸子校刊。今乃并此不能，局中止以坊间所鬻《十子全书》为蓝本，弟贻书局中同人，删去圈点评语，改头换面，稍异俗本而已，未知能从否。官局中书不过如是，不足当大雅一哂也。率复，敬请台安，不一。

愚小弟俞樾顿首

大集《经典释文跋三》[③]谓《檀弓》"杜氏之葬"，"葬"当作"藏"，弟旧有一说，足以证明。按《说文》无"藏"字，愚谓即"葬"之或体也。古之葬者，厚衣之以薪，故字从"艸"，犹"葬"从"茻"也，"臧"其声也。《檀弓》云"葬也者，藏也"，以"藏"释"葬"，实止一字，亦犹《毛传》"蕑，兰也"，亦一字也。《列子·杨朱篇》云："及其死也，无瘗埋之资。一国之人受其施者，相与赋而藏之。"古字古义，仅见于此。说详拙著《湖楼笔谈》[④]。今得尊说，又于九经中得一明证矣。

按，同治十三年(1874)秋，浙江书局谋刻诸子，俞樾以嘉庆九年(1804)重刻本《十子全书》助选刻[⑤]。札中提及此事，当作于本年。

---

① 应即孙星衍校《晏子春秋》七卷并《音义》二卷，乾隆五十三年(1788)阳湖孙氏刻本。

② 应即嘉庆二十三年(1818)吴鼒刻《韩非子》二十卷。

③ 文见《仪顾堂集》(二十卷本)之卷十六。

④ 详见《湖楼笔谈》卷五叶八。

⑤ 《春在堂随笔》卷六叶十四。

五[①]

存斋仁兄大人阁下：

十月下旬自杭还苏，旋即赴沪，其时适台旆在吴中而不知也，未及走访为歉。比想履蹈绥和，定如所颂。今年尚来吴下否？弟初三日由沪还苏，诸叨平顺。杨石泉中丞欲刻《皇朝三通》[②]，如尊处有其书，尚求惠借，以凭写刻。此书如流播士林，则朝章国典，可以人人通晓，亦盛举也，阁下想必乐成之。手肃奉商，敬请台安，伏求示复为盼。

愚弟俞樾顿首，初七

按，札中提及杨昌濬"欲刻《皇朝三通》"，则当作于杨氏尚在浙江巡抚任上时。据《清代职官年表》，杨氏同治九年(1870)出任浙江巡抚，光绪三年二月十六日，因处理"葛毕氏谋害亲夫案"(即"杨乃武与小白菜案")不当被革职[③]。则此札作成时间下限为光绪二年(1876)末。可与致吴云札第六通参看。

---

① 此札辑自《上海图书馆藏名人手札选刊·俞曲园手札》，第126—127页。

② 《皇朝三通》即《清通志》、《清通典》、《清文献通考》，浙江书局本《皇朝通典》牌记题"光绪八年上版"。

③ 《清德宗实录》卷四十八。

致陆元鼎

陆元鼎(1839—1910),字春江,浙江仁和人。同治十三年(1874)进士。历任江宁知县,江苏粮储道、江苏按察使、江苏布政使,漕运总督,湖南巡抚、江苏巡抚。著《退思斋文稿》、《诗稿》。

一①

【前缺】私恩。有宜堂额余亲定,好向诸公俏一尊。落成之日,余以浙江名之江取《诗》"左之右之"之义题曰"有宜堂"②。

衰病怜余春复春,今春一病,至今未瘉。敢从开府斗清新。羸躯已分长扶杖,废学难言老斵轮。何幸之吴来旧雨,尚烦一顾到陈人。龙门万尺高难上,敬命吾孙拜后尘。余病,不能趋谒,命陛云代往。

春江中丞以湘中留别诗见示,次韵奉酬,即呈雅正。

曲园弟俞樾

按,《春在堂诗编》卷二十二"乙巳编"有《陆春江中丞自湘移苏,以留别湘人诗见示,次韵奉赠》一题,则是札当作于光绪三十一年(1905)。唯《诗编》之诗与此诗字句差异较大,当是刻入诗集时有所改动。

---

① 此札辑自北京瀚海拍卖有限公司2004年1月第1581号拍品。

② 《春在堂诗编》卷二十一有《吴下浙江会馆落成,同乡诸君请署堂名,欲见浙江全省会聚于此之义。余名曰"有宜堂",而纪以诗》一题,可知有宜堂为苏州浙江会馆。

二①

春江仁兄大人阁下：

弟衰病，有失趋前，小诗八首，谨奉吟正。前由朱叔梧观察交上舍亲姚县丞名条名祖顺，未知其事如何，已定局否？闻因风阻，初一竟不及接印，未知改至何日也？手肃，敬请勋安。

愚弟俞樾顿首，初六日

① 此札辑自中国书店海王村拍卖公司2003年11月第30号拍品。

致罗丰禄[1]

罗丰禄(1850—1903),字稷臣,福建闽县人。毕业于福州船政学堂,光绪三年(1877)赴英国留学,之后先后兼任清朝驻英公使馆翻译、驻德国公使馆翻译。回国后入北洋大臣李鸿章幕,兼任李鸿章的英文秘书、外交顾问兼翻译。九年调升水师营务处道员,后协同北洋水师提督丁汝昌及林泰曾等起草《北洋海军章程》。二十二年以二品顶戴记名海关道,赏四品京卿,出任驻英兼意、比三国公使。二十七年(1901),调任驻俄公使,授一品顶戴太仆寺卿,因病未赴任。旋卒。

稷臣尊兄侍右:

奉到惠书,备承奖借,并赐示图书,大哉此著乎!弟常叹《图书集成·职方典》不载江河及沿海形胜各图,当时纂述诸公亦似小疏。近吴清卿中丞《黄河图》颇核,而今又得公此书,足补前人所未备,为筹海者不可不读之书。惜老夫耄矣,出门一步便以为远,西湖咫尺,三年来屐齿不及,尚能望洋而向若乎?拟有人,便寄小孙京师,或不虚公持赠之意也。属书联额,率尔涂呈,不足观,不足观。复谢,敬请勋安。

愚弟俞樾顿首

按,光绪十四年(1888)七月至光绪十六年(1890)元月,吴大澂任河东河道总督。其于十五年二月奏请"于汴省设立河图局,选调津、沪、闽、粤各局熟谙测绘之委员学生二十馀人,分段测量"[2]。此应与札中所谓《黄河图》事体相关。

---

① 此札辑自《名人手札真迹》。

② 《清德宗实录》卷二百六十六。

致马晋藩①

马晋藩(生卒年不详),原名丙奎,字燕香,浙江仁和人。道光二十年(1840)举人。著《东城唱和诗》。

萍身去后,芳字飞来,驴磨仍回,鹊函尚在。既辱归云之翰,兼投供佛之诗,读之而云分水隔之愁,墨瘁纸劳之感,几乎通天台上,从武帝求归;寰瀛图中,倩仙翁剪叶矣。仆方罹五五之戚,未敢为一一之吹,久谢寒竽,难酬清瑟。然而桓伊之曲,谢太傅闻而伤心;颜远之诗,殷领军诵之流涕。香山云:他人尚不堪闻,况仆哉?夫以足下润古雕今,陶元浴素,残膏共饫,藻匠交推,宜乎天上笔星,长依霄汉;人间墨水,直到蓬瀛。而乃人自英多,迹惟蓬转,千山万山之路,何处望云;十囊五囊之钱,不堪买月。鱼劳难息,鸟倦未还,墨席暂温,莱衣久冷,能无感乎?虽然,赤水求珠,君岂艰于一第;碧卢似玉,我亦共此浮生。伏念仆贫等相如,只少《上林》之赋;高非陶令,并无下潠之田。虽亦浪迹名场,叨陪乡赋,而龙门浪小,未许扶摇;燕市尘多,不堪捉搦。既乘下泽车而出,遂坐上水船而游。爰因旧雨之招,来作新安之客,一年旅泛,千里乡愁。每当参横月落之天,鼓叠更残之候,蒙头睡熟,著翅飞还。白板扉中,为老母扶杖;红蛮窗底,听娇儿读书。荒鸡一声,睡蛇便去,短檠有焰,茵席无温,未尝不魂怳怳以若迷,泪涔涔以欲下也。今夫山乡牛户,泽国鱼蛮,女爨男舂,常同灯火;芹虀蒲鲊,亦具旨甘。吾人略识姓名,粗通章句,虽身未离乎颓舍,而名已隶于容台。顾乃泛只随萍,梦常占柳,掷客中之岁月,忘堂上之晨昏。不如刺草之民,尚有采兰之乐,此足下来书,所以虀音如诉,绵叹良深

① 此札辑自《宾萌外集》卷二,题作"答马燕香书"。

也。况如仆者，存亡既两无所效，覆载将何以自容。每一念之，黔娄之汗常流，子产之心犹痛矣。所愿鱼鸭之租粗给，鹤猿之料稍充，筑屋数椽，买田几棱，兄锄弟耨，婢织奴耕。三竿两竿，庾子山之竹；十枝五枝，李山甫之花。奉慈母之春秋，守先人之邱垄，区区之愿，毕于斯矣。低头而坐，愁邓禹之笑人；伸眉而谈，恃惠施之知我。伏惟垂察，不尽狂言。

按，札中称"仆方罹五五之戚"，当指俞樾父俞鸿渐(1781—1846)之卒，故当作于道光二十六年(1846)四月初八日之后。道光二十五年秋，俞樾到新安，授馆于孙殿龄家[1]。与此札中"来作新安之客，一年旅泛"之说亦合。

---

① 《曲园自述诗》叶六。

致马新贻

马新贻(1821—1870),字穀山,号燕方、铁舫,山东菏泽人。道光二十七年(1847)进士。同治三年(1864)授浙江巡抚,六年(1867)迁闽浙总督。

一①

校住武林,得瞻山斗。军门深邃,因下士而晨开;宾席从容,共高朋而夜集。归舟循省,为幸良多。自别以来,想节钺清严,带裘轻缓,为朝廷宣德意;人在春台,与父老起疮痍。民歌冬日,大贤临莅之地,即福星照耀之方。樾因故里无家,不得躬庇宇下。梅子真作吴门市卒,远不如湖上林逋、江东罗隐矣。临颖神驰,不尽万一。

按,同治四年(1865)十月下旬,俞樾至杭州探访亲家王补帆,住其官署旬有五日(详参致李鸿章札第二通、致王凯泰札第三通)。此即札中所谓"校住武林"之事,故此札当作于该年末。

二②

夏间自苏旋浙,于石门水次望见旌旗,因时已昏黄,未遑奉谒。拟俟八驺南返,再叩龙门,而旋闻移节金陵,殊增恋恋。伏念两江重地,为朝廷注意之区,允赖大贤,用资坐镇。湘乡相公以旋乾转坤之略规画于前,阁下以经文纬武之才恢张于后,两贤接踵,若羊叔子之继元凯,李临淮之代汾阳。后先焜耀,三江黎庶,拜赐良多。而浙水

① 此札辑自《春在堂尺牍》卷一,题作"与浙抚马穀山中丞"。
② 此札辑自《春在堂尺牍》卷二,题作"与马穀山制府"。

东西，亦仍是馀光所及照，虽借寇公而不可，然瞻召父其非遥，翘企清尘，又未始不私相庆幸也。樾今年承延主诂经讲席，湖山坛坫，叨窃为惭，惟是故里无家，故仍寄孥吴下，而以扁舟往返其间。倘还苏寓后有金陵之便，尚可附之而来，以旧部民观新德政也。

按，同治七年(1868)七月二十日，马新贻由闽浙总督改两江总督兼通商大臣，驻节金陵[①]。札中提及马新贻"移节金陵"，则当作于嗣后不久。

三[②]

辱手书，知春初有赐覆之函，迄未领到，不知浮沈何所矣。薰风南来，时有养日，大君子顺时布化，令闻嘉畅。三江黎庶，既登熙熙之春台，又庇渠渠之夏屋，何乐如之？逖听颂声，良用欣抃。刻史之举，金陵书局直任至《隋书》而止，不特见嘉惠来学之盛心，抑且徵举重若轻之大力。即携尊函与筱泉中丞共读之，同深叹服。计自《旧唐书》以下，尚馀九种，雨生中丞允刻《辽》、《金》、《明史》，则又去其三矣。见在与筱翁议定，浙江刻新、旧《唐书》及《宋史》，而以薛、欧两《五代史》及《元史》请合肥相国于湖北刻之，三四年间，全史可以毕工，伟然大观矣！樾去年承招致浙局，乐观厥成，实喜且幸。尊意，全史格式宜求一律，请将金陵新刻前、后《汉书》样本寄一二本来，俾各局知所法守，幸甚。

按，札中称"樾去年承招致浙局"，则此札当作于同治八年(1869)。浙江、金陵、江苏、湖北书局合刻二十四史之事，可与俞樾致李瀚章札参看。《袖中书》卷二收录马新贻札两通，其一称"此间校刊

① 《清穆宗实录》卷二百三十八。

② 此札辑自《春在堂尺牍》卷二，题作"与马穀山制府"。

俱照汲古阁本，苏、浙局中亦能仿照，则将来全史一律，庶成巨观”①，可知在刻书倡议之时，马新贻提出各局刻本格式当一律。俞樾复信表示赞同，并请以金陵书局所刻前后《汉书》为法式。

四②

顷杨石泉方伯交到前、后《汉书》各一部，传述尊意，嘉惠陋儒，拜受之馀，不啻邺骑到而宝玦来也。昔人云，“写得一部《汉书》，便是贫儿暴富”，今班、范两家，双双俱至，寒窗坐拥，富可知矣。所惜年来精力就衰，著述都懒，春蚕食叶，未必再吐新丝，虽感持赠之情，益增荒落之惧。略一展玩，其字体工整，格式大方，洵为海内善本。即函告浙局诸同人，新、旧《唐书》，照此刊刻，使成一律，亦艺苑之巨观也。惟得陇望蜀，食熊思鱼，人之常情。将来《史记》、《三国》诸书告成，窃更有发棠之请，公其许我否？

按，此札接续上札，为俞樾收到马新贻寄到之两《汉书》样本后的回复。金陵书局所刻《汉书》有牌记题“同治八年九月金陵书局刊”，《后汉书》有牌记题“同治八年九月金陵书局校刊”，则此札之作，当晚于是时(1869)。

---

① 《袖中书》卷二叶二。

② 此札辑自《春在堂尺牍》卷三，题作“与马榖山制府”。

致毛子云

毛子云，杭州人。秀才。俞樾门生。馀不详。

一[1]

子云仁弟苫次：

接手书，惊悉尊翁于中元已归净土，不胜凄惋。伏念兄与尊翁相交二十年，承其关爱拳拳，一切事托其照料，无不周匝。去冬兄临发西湖，承其远来相送，孰意此一别竟永诀耶！小孙今春自杭归，言尊翁有来苏之意，兄欣然待之，不意其旋以事不果也。吾弟连遭大故，哀毁可知。然尊翁既撒手西归，则诸事皆在贤昆仲矣，尚望勉抑哀思，仔肩大事，尤望勿坠先规，善继善述，将来益自勉励，大振家声。此则尊翁在莲界亦所深慰，而兄是老友，亦企予望之者也。兹附上呢幛布联，乞县之灵右，稍尽微忱。兄九月间如来杭，尚当薄陈刍奠也。手肃布□，敬问素履。

愚兄俞樾顿首

令弟均此，不一。

按，《楹联录存》卷四有《挽处士毛葆园》，在《朱竹石观察六十寿联》与《黄漱兰侍郎挽联》之间，朱之榛（字竹石）光绪二十五年六十岁，黄体芳（字漱兰）光绪二十五年卒，则《挽处士毛葆园》一联亦作于该年。挽联序云："葆园白手起家，人甚诚笃，余与交二十年，湖楼山馆，皆托其照料。去年余自湖上归，尚来相送，不意竟永诀也。葆园事佛，终年不茹荤血，今岁七十矣。七月初微疾，梦见地藏王菩萨，语

---

① 此札辑自《浙江图书馆馆藏名人手札选（二）》上册，第119—122页。

其子曰：'我不起矣。'至中元日趺坐而卒。有四子，存者二，皆县学生。"则葆园即毛子云父。札中既提及毛葆园之卒，必作于光绪二十五年(1899)七月十五日之后。

二[①]

子云仁弟惠览：

接手书，知尊翁窀穸之事择期正月，有定日否？其地想即在右台仙馆之旁，明春来杭，当可一拜高阡也。承开示清账，费神之至。今缴还英洋伍十陆元，请查收为荷。明年湖楼、山馆钱粮及右台看守之钱、紮笆之费，仍费吾弟之心，代为应付，想率由旧章。吾弟大孝，亦断所不辞也。手此，敬颂礼祉。

兄樾顿首

尊慈前及令弟均此。生阳知在杭，为候。

按，札中询及毛葆园入葬日期，又称"明春"云云，则当作于光绪二十五年(1899)。

三[②]

子云仁弟惠览：

接手书，知尊翁大葬有期。二十年老友，不获执绋一送，私心歉然。附上洋钱贰元，乞代买香烛，聊表微忱。湖楼又须修葺，深费清心，并知从省办理，尤感相知之深。鄙意，如挑角等类，只须照寻常住屋之式，不必照亭台之式，则工省而较结实，尊意以为然否？五十但求好看，为招致游客起见，不必尽听其言也。手此布复，敬问近祉。

世愚兄俞樾顿首，二十一日

---

① 此札辑自《浙江图书馆馆藏名人手札选(二)》上册，第143—144页。

② 此札辑自《浙江图书馆馆藏名人手札选(二)》上册，第147页。

外附去拙诗三纸。

按，此札称“大葬有期”，则当在上札之后。

四[①]

子云仁弟惠览：

接手书，并承赐曾孙衣饰，皆精美之至，足徵爱我之深也。清恙想已全愈。大葬届期，诸凡料理，当悉臻妥。恰兄远在苏台，不能躬与执绋，为有负故人耳。贱体无恙，小孙亦频有信来，足慰存注。率此布谢，即颂礼祺。

愚兄樾顿首，十一日

尊慈前请安，令弟均此。

按，光绪二十五年(1899)十二月初八日，俞樾曾孙僧宝(即俞平伯)降生[②]。札中提及毛氏赠曾孙衣饰，当作于之后。

五[③]

子云仁弟惠览：

久不得信，想兴居佳胜，潭第平安为慰。尊翁窀穸事，计早已毕工，已种植树木否？兄寓苏平顺，但时事如此，心绪殊劣耳。小孙于七月初四出京，不知何时可到，心甚县之。今岁湖楼、山馆千万不必修理，□幕危巢，不必再费事也。入伏至今，酷暑已逾一月，较往年加甚。今寄去白痧药及衍泽膏，以备施送。手此，敬颂素履，匆匆不尽。

愚兄俞樾顿首，十一日

---

① 此札辑自《浙江图书馆馆藏名人手札选(二)》上册，第157—158页。

② 《春在堂诗编》卷十七叶十一。

③ 此札辑自《浙江图书馆馆藏名人手札选(二)》上册，第183—184页。

按，札中称“时事如此”、“小孙于七月初四日出京”，当指光绪二十六年(1900)八国联军入京，慈禧携光绪帝出逃，俞陛云请假离京等事，故应作于该年七月十一日。

六[1]

子云世仁弟惠览：

奉到手书，猥以贱辰，宠颁吉语，并寿以番佛八尊，深感厚意。但兄向来不作生日，不收寿礼，亲故所同知也。是日扃门谢客，举家蔬食，有赐礼者，一概璧还。尊处虽属至交，未能破例，谨将来洋八元仍由局寄还，伏希照入。外附去拙作诗文，聊博一笑，借见敝怀。手泐奉谢，敬颂文安，惟希惠照，不一。

世愚兄樾顿首，初五日

按，此札或作于光绪二十六年(1900)十二月初五日，是年俞樾八十整寿，毛子云或即以此而有贺寿之礼投赠。

七[2]

子云仁弟惠览：

入新春来，想潭第清吉为颂。兄寓苏平顺如常，惟时局未定，总不能□□忧耳。兹附上年糕六斤、柚子四只，皆素品也，乞代呈尊大人灵席，亦每年成例耳。此颂侍安。昆仲均此。

世愚兄俞樾顿首，腊二十二日

此信本拟十二月二十三交局，而信局已不收信，是以新正始寄。

新正五日

---

① 此札辑自《浙江图书馆馆藏名人手札选(二)》上册，第185—186页。

② 此札辑自《浙江图书馆馆藏名人手札选(二)》上册，第118页。

按，札中称“时局未定”，或当作于光绪二十六年(1900)十二月二十三日，附言则为光绪二十七年正月初五日写。

八[①]

子云仁弟足下：

久失通候，想兴居佳胜，潭第绥安，定如所颂。兄衰状益增，今年不拟来杭，明春或当一至。所有本年钱粮及右台看守之费、札篱笆之费，以至别项托买物件等，均望即行开单示悉，以便由局寄缴，迟则局寄恐有不便也。小孙已于十月初七日到京销假，然明年有无乡试，亦殊不可必耳。外附去《经义模范》一本，小孙所刻；又《经义塾钞》一本，则前年兄所作也；又新宪书一本，均请查收。此颂文安

愚兄樾顿首，十月廿一日

按，此札作于光绪二十七年(1901)十月二十一日。本年七月俞樾所作《经义塾钞》在吴下开雕[②]。

九[③]

子云世仁弟足下：

前寄去痧药等，未知已收到否？昨接手书，以小孙倅副蜀轺，殷殷致贺，不独见吾两家交谊之深，亦见足下仁孝之思至切也。循诵再三，为之怃然。小孙已于六月初二日出京，长路迢遥，亦颇念之。兹托吾弟代买火腿膧三元、火腿腰峰三元、兰溪豆豉即上次所买者四斤、庆馀堂辟瘟丹一元，买就寄苏为感。又从前贡院修理时，必托尊大人于井中置放雄黄、明矾二物，每次用洋二元，未识吾弟亦能照办否？

---

① 此札辑自《浙江图书馆馆藏名人手札选(二)》上册，第129—130页。

② 苏州图书馆藏该书牌记，馆藏号410.4/312。

③ 此札辑自《浙江图书馆馆藏名人手札选(二)》上册，第115—117页。

如可办，请照往年办理，所用各洋，均请开列敝账，俟兄秋冬到杭算缴也。手此，敬问文安。

世愚兄俞樾顿首，初六日

按，光绪二十八年(1902)五月二十二日，俞樾孙陛云简放四川副考官①。札中提及此事与六月初二日俞陛云已出京，应作于该年六月初六日。

十②

子云仁弟惠览：

前接到火腿、豆豉、辟瘟丹等，均无失误。兄近来烦冗善忘，以为久已函复矣，今乃知未也，有劳记注，甚感甚愧。杭城疫气未涤，自是深居简出及薄滋味为养生要义。兄自二月以来，竟未出门拜客，每膳只蔬食，久不肉食也。小孙于十八日行抵山西洪洞县，有电报来，计山西省城必发信，则犹未到也。拙诗二首，一是上海西法摹印，一是杭州所刻，寄奉各一纸。此颂暑安。

世愚兄樾顿首，六月二十三

按，此札俞樾称已收到之物，均为上札中托买之物，故此札当作于光绪二十八年(1902)六月二十三日。

十一③

子云世仁弟惠览：

前日寄复一笺，并小诗两首，已照入否？比惟台候佳胜为慰。杭

---

① 《春在堂诗编》卷十九叶八。

② 此札辑自《浙江图书馆馆藏名人手札选(二)》上册，第145页。

③ 此札辑自《浙江图书馆馆藏名人手札选(二)》上册，第146页。

城时症,近日如何?饮食切宜小心,水果亦不可与,即西瓜亦宜戒之也。附去痧药等一包,聊备施送。此颂暑祺。

世愚兄樾顿首,廿六日

按,此札询及杭城时症,或即上札所谓"杭城疫气未涤"云云;上札附寄诗两首,此札则询及收到否,故此札当作于光绪二十八年(1902)六月二十六日。

十二[①]

子云仁弟惠览:

入秋来,想潭祉佳胜为颂。兄亦尚平善。小孙已于八月初二抵成都,当可照常考试也。外,诗八首附览,馀者分贻吟好。兹托买对开锡箔十四元,乞用蒲包装好,持兄名片,送三角荡汪考寓十六七送去为妙,托其带还。其钱乞登账,容冬月面缴也。此颂秋祺。

曲园拜上,初九日

按,据札中"小孙已于八月初二抵成都"之说,知此札作于光绪二十八年八月初九日。

十三[②]

子云仁弟惠览:

献岁以来,伏惟潭第万福。兄亦叨平顺,小孙尚未入都,大约二月初动身也。兹托买庆馀堂万应膏廿张,闻有数号,只消数十文一张者。请买就交局寄下,其钱归敝账总算可也。手此,敬颂春禧。

世愚兄樾顿首,十六

① 此札辑自《浙江图书馆馆藏名人手札选(二)》上册,第155页。
② 此札辑自《浙江图书馆馆藏名人手札选(二)》上册,第125页。

按，此札称“小孙”“大约二月初动身”，下札则有较确切日期，则此札在前。

十四[①]

子云仁弟世讲惠览：

接手书，并代购膏药，收到无误，其钱恳开入敝账可也。此药闻治喘疾甚效贴背梁第三脊上，故须买之耳。开河在即，小孙拟初六七动身，兄上半年不拟来杭也。手复，敬颂文祉。

兄樾拜上，廿七

世兄入泮，贺贺。示知其号。

按，上札钤“单心著述”印，此札钤“恩奖耆儒”、“海内翰林第二”印。光绪二十八年(1902)七月初三日，俞樾奉上谕，曰：“俞樾早入词林，殚心著述，教迪后进，人望允孚，加恩开复原官，准其重赴鹿鸣筵宴。”[②]因刻“殚心著述”、“恩奖耆儒”印，以志荣幸[③]。则两札或即分别作于光绪二十九年(1903)正月十六日与正月二十七日。

十五[④]

子云仁弟足下：

久疏笺候，惟兴居佳胜，潭第顺平为颂。去年世兄入泮大喜，兄无以为贺，谨以先祖《四书评本》一部并手书纨扇一柄奉赠，聊以表意，勿哂为幸。再附上洋钱五十元，请收入敝账，备今年之用，秋冬再行算找可也。兹托买对开锡箔三十元请作三包，又新笋干一元，买就

① 此札辑自《浙江图书馆馆藏名人手札选(二)》上册，第126页。

② 《春在堂诗编》卷十九叶九。《春在堂全书》卷前朱文牌记。

③ 《春在堂诗编》卷十九叶二十五。

④ 此札辑自《浙江图书馆馆藏名人手札选(二)》上册，第160页。

请持兄片并信送交汪柳门先生带苏为幸。手此，敬颂文安。世兄均此。

世愚兄樾顿首，十三日

十六①

子云仁弟惠览：

汪柳门来，交到锡箔三包，费神为感。新笋干尚未上市，俟后再买可也。兄眠食如常，小孙亦频有信来，足慰存注。此复，即颂潭安。

世愚兄樾顿首，初九

按，从第十五、十六两札所提及采购什物及经汪鸣銮手转致的情形看，当相互接续。而前者提及“去年世兄入泮”，则当在第十四通之后。第十五通信笺正面钤“恩奖耆儒”、“海内翰林第二”印，背面写“三月十三日”；第十六通信笺背面写“四月初九”，则前者或作于光绪二十九年(1903)三月十三日，后者或作于该年四月初九日。

十七②

子云世仁弟惠览：

接手书，并代购笋干，甚佳，费神，谢谢。已托人带至京师送人矣。兹再托买种德堂回生第一丹一料，交局寄下为感。向年科场前必买雄黄等置贡院井中，每届用洋二元。今年吾弟能照办否。手肃，敬颂文祺。

世愚兄樾顿首，闰月朔

① 此札辑自《浙江图书馆馆藏名人手札选(二)》上册，第159页。
② 此札辑自《浙江图书馆馆藏名人手札选(二)》上册，第179页。

十八[1]

子云仁弟惠览：

接书知潭祉清平，甚慰。承寄回生第一丹，收到无误。苏寓近多时症，杭城如何？乡试在即，兹寄去白痧药两匣、观音救急丹一匣、正气丸两匣（均有折纸），以备分送。令子侄辈今年下场者几人，惟祝联翩得意，以慰尊翁也。手肃，敬颂元祉。

世愚兄樾顿首

十九[2]

子云世仁弟足下：

久不通候，未知足下入闱应试否？子弟应试者几人？场作想必得意，如有高捷者，庶足慰尊翁于九原也。兄老病无聊，日益颓废，今年虽有重宴之举，未必能来杭躬与其盛矣。手肃，布问起居，敬颂元祉。

世愚兄樾顿首，廿六

令弟、令郎均此。

按，第十七至十九通信札均提及科场事，据其意编次如上。第十九通又言"今年虽有重宴之举"云云，《春在堂诗编》卷二十"癸卯编"有《浙闱将次揭晓，由布政司行湖州府檄，委乌程县教谕徐君志芬持中丞聂公名柬来苏，请余重赴鹿鸣筵宴。余以衰老谢不能赴，赋诗志感》一题，则重宴事在光绪二十九年浙省乡试之后。故第十七通当作于光绪二十九年（1903）闰五月初一，第十九通则作于该年浙江乡试后。

---

① 此札辑自《浙江图书馆馆藏名人手札选（二）》上册，第180页。

② 此札辑自《浙江图书馆馆藏名人手札选（二）》上册，第163页。

二十[①]

子云世仁弟惠览：

小孙回，询悉潭第平安，欣慰欣慰！承购寄笋干，亦收到矣。兹兄有一事奉托，良以时事至斯，吾道将废，拙著《春在堂全书》，几及五百卷，计此后百年之内无人过问矣。窃有微意，愿藏之名山，以待其人。俞楼后面山上，从前汪柳门、徐花农为我凿石藏书，题曰“藏书”，然彼时拙书尚少，今请吾弟暇时至俞楼，命五十导往一看，雇工凿开，扩而大之，藏吾《全书》。日内正在刷印，俟印钉成功再行寄上，以便酌其大小，开工凿造。应工料钱若干，老弟必能估计，示知即寄奉也。手此布托，敬颂文安，并贺节禧。

世愚兄樾顿首，四月廿九

按，《春在堂诗编》卷二十二（乙巳编）有《往年柳门、花农两君为我凿书藏于孤山，其地卑湿，不能耐久，今年命门下士毛子云茂才改凿于南高峰下。而诸暨令张子厚，亦门下士也，又为凿书藏于其邑之宝掌山。两藏同时落成，以诗纪之》一题[②]，则营造书藏事在光绪三十一年（1905）。第二十至三十五札均为营造书藏期间的通信，故均系于该年，并据各札文意排次。

二十一[③]

子云世仁弟惠览：

接手书，知亲至西湖为兄相度，甚感。拙书正在刷印，六月初印钉告成，其广狭大小当可有数，容再奉闻。约略计之，大约将原藏扩

---

① 此札辑自《浙江图书馆馆藏名人手札选（二）》上册，第139—141页。

② 《春在堂诗编》卷二十二叶二十八。

③ 此札辑自《浙江图书馆馆藏名人手札选（二）》上册，第127—128页。

充一半，必可容矣，未知工料钱约须几何也。学使者按试杭州，尊处有人应试否？计应科考者必有数人，当在高等也。兄病只如旧，每日仍至外斋，但艰于步履耳。手肃布复，即颂潭祉。

世愚兄樾顿首，十一日

二十二①

子云世仁弟足下：

得手书，知大世兄科试高列，二世兄及令侄均掇芹香，洵德门之庆也，贺之！二世兄、侄世兄未知何号，示知为盼。兄病体如常，湖上书藏，得暇一看最妙，亦不必急急。见在刷印未齐，大约须六月中方可印钉俱成，每部一百六十本，谨以奉闻。手肃，祇请潭安，并贺大喜。

世愚兄樾顿首，廿三

二十三②

子云世仁弟惠览：

接手书，并属书楹帖一联、团扇、折扇各一柄，均涂成奉缴，乞察入。世兄及侄世兄同掇芹香，德门盛事，从此以往，其科名蔚起乎！足以慰尊翁于九泉矣。谨手书纨扇各一柄，附以织画尺墨拓对联，聊表贺意，即希哂存，勿哂辎亵。此贺大喜，并颂潭安。

世愚兄樾顿首，六月八日

附去白痧药两匣，聊备分送。又及。

---

① 此札辑自《浙江图书馆馆藏名人手札选(二)》上册，第 182 页。

② 此札辑自《浙江图书馆馆藏名人手札选(二)》上册，第 131—132 页。

二十四[①]

子云世仁弟惠览：

前复一笺，已照入否？比惟潭第兴居并吉为颂。《春在全书》业已印钉齐全，计一百六十本，装三洋铁箱，不日可以寄杭。但洋铁一经潮湿，容易锈烂，绍兴诸暨县张大令[②]为我凿书藏，于洋铁之外再加砖椁，以期坚固，未识老弟能为我别设法否？计三铁箱共高三尺、广二尺、深一尺馀，如能用石版制一小椁，未知所费几何？倘不过十数元，不妨奉托一制也。右台书藏，曾往开看否？所藏书霉烂否？均望示复。此颂秋祺。

世愚兄樾顿首，十八日

二十五[③]

子云世仁弟惠览：

接手书，知亲劳文驾，至西湖启视书藏，中有积水，书已成泥。然则洋铁诚不足恃。兄见在印钉之书，虽已装三洋铁箱，寄到之日，仍望代制石板作椰，将铁箱存贮其中，使抵御潮气，不致浸入，以期巩固。然兄意孤山之麓，地本潮湿，可否乘游屐入山之便，为兄于南山等处另觅一可凿之石？记得法相亭子对面及六通寺后面均有岩石，请一相度。如有合式处，则量予和尚数元，此是废地，想亦必无不肯。然后再命工开凿，以成书藏，方不负此一举。幸老弟为我善计之。总之，此乃为万古千秋起见，务期坚固妥当，将来石穴必须深凿，穴口封固，尤宜严紧，勿使雨水得以内侵，庶可耐久。即多用数十元，非所惜

---

① 此札辑自《浙江图书馆馆藏名人手札选（二）》上册，第189页。

② 张大令，即诸暨县令张善友（生卒年不详），字子厚，云南呈贡人。监生。光绪二十八年至光绪三十一年八月为诸暨县知县。

③ 此札辑自《浙江图书馆馆藏名人手札选（二）》上册，第167—169页。

也。因叨世好，故敢奉商，幸千万留意。先酌量示复为盼。手此布托，敬颂秋祺，合潭均吉。

世愚兄俞樾顿首，廿二

书藏：宽 一尺八寸

高 一尺五寸

深 一尺　　约计如此，均裁尺也。

再者，所开尺寸，乃专指拙书而言，计一部共三铁箱，其高广约略如此。尚有先祖、先君及先舅氏著作，共十本，另装一匣，只好临时再酌定高广之数矣。手此，再颂暑祺。

樾再顿首

按，“书藏”以下用一朱栏信笺书写，纸背有“廿二”字样，此纸原接第十五通，据文意应与此札相接，故移至此处。“再者”以下用钤“萅在堂”、“海内翰林第二”两印之信笺书写，原接第十五通，据文意移至此处。

二十六①

子云世仁弟惠览：

廿二日布复一缄，已入青照否？今因曹小槎还杭之便，托其将《全书》带上计洋铁箱三只，伏祈查收。办法已详前函，务乞照前函所商制造石椁，并于南山等处另为相择高燥山岩，量予地主数元，买地开凿，是所深感。此乃千秋万古之事，稍费数十元，非可惜也。手此布托，即颂秋祺。

世愚兄樾顿首，廿四日

前孤山所藏之书既已成泥，即弃之瓢池中可也。又及。

---

① 此札辑自《浙江图书馆馆藏名人手札选（二）》上册，第171页。

二十七[①]

子云世仁弟惠览：

廿二日曾详布一函，廿三日又交曹小槎带上《全书》一部计三洋铁箱，想先后可邀青照矣。接二十三日手书，具承关注，感感。兄意孤山书藏所以霉烂者，孤山本水中之山，非陆地之山，山石之性自然潮湿，当日又只用洋铁匣，洋铁非铁也，乃铅锡之类，更易锈坏。此番藏书，兄意欲请吾弟游屐入山，于南山觅一高燥之山岩，如法相寺亭子对面及六通寺后山均可。给予和尚数元，想彼亦无所不肯。再将此三个洋铁箱竟行撤去，照依此三捆书大小，打一总铁箱，如用黄铜更好，但恐太贵耳。然后凿石成穴，藏贮其中，四面稍宽寸许，至封口石版，亦宜稍厚，封闭严固。尊意欲稍留石缝，以沈内水，然兄意内水未必沈出，而外间雨水，转将沈入也，仍以固封为是。铁箱关好，仍宜镕铁汁封固，勿使透气，如此办理，应可耐久。总之，数百年后谁人知得，不过我尽我心耳。重费清神，不安之至，叨在世好，自必乐为。共费若干，开入敝账，以便奉赵。手此，敬颂秋祺。

世愚兄樾，二十六日

二十八[②]

子云世仁弟惠览：

得手书，知俟天晴为我入山相地，甚感甚感！但亦不必拘定法相、六通两处。总之，南高峰下如有高燥之地，皆可用也。想南山一带，足下所熟悉，必有可用之地耳。手此布复，即颂秋祺。

世愚兄樾顿首，初三

---

① 此札辑自《浙江图书馆馆藏名人手札选（二）》上册，第173—176页。

② 此札辑自《浙江图书馆馆藏名人手札选（二）》上册，第181页。

二十九①

子云世仁弟惠览：

接初八日手书，知入山为我相度，已于南高峰下得一坚硬之石壁，甚善甚善！竟请就此地凿书藏可也。法相寺僧不肯受值，未知当以何法酬之，能为一筹否？铁箱已承铸造，将来一切工料，均开入敝账，种种费神，谢谢。手此，布颂秋禧。

世愚兄樾顿首，初十

三十②

子云仁弟世讲惠览：

昨复一笺，定尘青照。书藏已择定南高峰下，甚善。亦飞昨有信来，坚不受值，兄有书谢之，乞便中交付。铁匣已铸好否？将来仍须镕铁封口，以免泄气受潮。书藏外面须刻石标识其字样附览，惟不知大小尺寸，乞示知，以便用黄纸写寄刊刻也。右台本无书藏，并闻。此颂节禧。

世愚兄俞樾顿首

三十一③

子云世仁弟惠览：

前日一笺，定入青照。今将书藏字样写奉，即用尊款。此乃金石文字，不用图章。其字照诸暨书藏大小，两藏大小，想不甚悬殊也，但须选光洁坚致之石，命刻工深刻之，庶可经久。种种费神之至。手肃

---

① 此札辑自《浙江图书馆馆藏名人手札选（二）》上册，第170页。

② 此札辑自《浙江图书馆馆藏名人手札选（二）》上册，第177页。

③ 此札辑自《浙江图书馆馆藏名人手札选（二）》上册，第151页。

布托，敬颂节喜。

世愚兄樾顿首，中秋日

三十二[①]

子云仁弟世讲惠览：

前得手书，敬悉兴居佳胜为慰。敝寓平顺，兄亦如常。书藏何日告成？连日天晴，想可开凿也。小孙今岁未必来杭。今因傅晓渊[②]之便，送上英洋伍十元，请收入敝账。今年用款几何？定再找上也。此颂台祉。

世愚兄樾顿首，二十日

三十三[③]

子云世仁弟足下：

许久不得信，惟兴居佳胜为颂。兄寓均叨平顺，勿念。书藏事已毕工否？用钱几何？幸开示。吾弟所为，谅无不坚固也。近日枭匪滋事，闻临平等处皆有风鹤之惊，省垣能否安谧如常？便中示悉一二，以慰远念。手此布达，即颂台绥，并瀛眷均福。

世愚兄樾顿首，十月七日

各处毁贡院，吾浙贡院尚无恙否？

---

① 此札辑自《浙江图书馆馆藏名人手札选（二）》上册，第 178 页。

② 傅晓渊，即傅振海，字晓渊，浙江诸暨人。诂经精舍生。知县。著《守梅山馆诗稿》。

③ 此札辑自《浙江图书馆馆藏名人手札选（二）》上册，第 165—166 页。

三十四[1]

子云世仁弟足下：

得手书，知书藏只用五十七元，甚为简省，非吾弟办理之善，不能如是，谢谢。法相饭钱，望游屐入山时早日从宽算付为感。肃谢，敬颂冬祺。

曲园拜上，廿九

三十五[2]

子云世仁弟惠览：

前知书藏告成，曾肃谢函，定邀青照。比惟冬祺佳胜，定如所颂。兄眠食如常，足纾雅注。小孙年内不能来杭，大约二月初必来扫墓，自当奉访也。本年敝账计不敷尚钜，今寄上英洋五十元，伏祈查收登账为感。法相寺僧应算给饭赀，望从丰致送，并为道谢。手此，布颂潭祺，即贺年祉。

世愚兄樾顿首，腊十三日

三十六[3]

子云世仁弟惠览：

小孙回，述知兴居佳胜，潭第平安，慰如所颂。并知去年经营书藏，深费清神，衔感无既。并承惠赐食物四种，拜登谨谢。右台坟前泥路一条，乃往来必由之道，必须早日买回，以免纠葛。兄是以手书此信，信到，望老弟即与汤名魁妥商，能止买路不买地固妙，即路与地必须兼买亦无不可，老弟即与名魁议定价钱，写契成交，不必再候苏

---

① 此札辑自《浙江图书馆馆藏名人手札选（二）》上册，第 156 页。

② 此札辑自《浙江图书馆馆藏名人手札选（二）》上册，第 113—114 页。

③ 此札辑自《浙江图书馆馆藏名人手札选（二）》上册，第 133—134 页。

信。既买之后，即将此契赴县过户，种种费心，叨在至交，不以虚言致谢也。日内许汲侯[1]外孙即将来杭，兄即将洋钱壹百带交尊处，俟用后再算可也。手此布托，即颂文安。

世愚兄樾顿首，三月朔

三十七[2]

子云世仁弟惠览：

昨发一信，定照入矣。所云右台坟地事，兄已与汲侯商量一妥办之法，吾弟不必急急与汤姓买地，俟汲侯到杭，伊自能与老弟妥商办法也。前云托汲侯带上洋百元，亦暂且从缓矣。手此敬颂潭安。

世愚兄樾顿首，初二日

三十八[3]

子云世仁弟惠览：

两接手书，知承冒雨入山相度，何感如之！明奎妻之言既不足凭，则前所云云，竟作罢论。汲侯来杭，老弟与之言明，伊亦当了然矣，好在洋钱并未托伊带来也。小孙回杭，亲至书藏一看，甚为坚固，可见吾弟经理之善。法相寺僧，亦复殷勤可感。兄意伊每年必到苏收米，兄亦愿写助米若干或五或四斗在其簿子上，每年来取，以作长年功德，老弟以为何如？手此，敬颂潭安。

世愚兄樾顿首，初九

前托买纺线，如买就，即交局寄下。

按，从第三十六至三十八通信札所言内容来看，三札应相接续。

---

① 汲侯，即许引之（？—1925），字汲侯。许祐身子，俞樾外孙。

② 此札辑自《浙江图书馆馆藏名人手札选（二）》上册，第 123 页。

③ 此札辑自《浙江图书馆馆藏名人手札选（二）》上册，第 153—154 页。

前札中称“去年经营书藏”，则当作于光绪三十二年（1906）三月初一日，中札则作于三月初二日，后札或作于三月初九。

三十九[①]

子云世仁弟惠览：

承代购豆豉收到，又知尊疾已愈，甚慰。然尚宜节劳，勿远行也。需用施送诸药，今检奉一匣，乞查收备送。兄虽愈而未能复原，则衰老之故耳。手此敬颂文祺。

世愚兄樾顿首，五月十八日

四十[②]

子云世仁弟惠览：

前托买锡箔、笋干均收到，费神，谢谢。笋干甚好，再托买三篓，买就即交局寄苏为感，其钱仍开在账上可也。附去小诗一首，此颂文祺。

世愚兄樾顿首，初二日

四十一[③]

子云世仁弟惠览：

接手书，并代购笋干，价廉而味好，甚费清心。兹再托买三篓，仍如前样，买就望即交信局寄苏为盼。二十边有人进京，亦须带京送人也。手此，敬颂潭祺。

世愚兄樾顿首，五月十三日

---

① 此札辑自《浙江图书馆馆藏名人手札选（二）》上册，第124页。

② 此札辑自《浙江图书馆馆藏名人手札选（二）》上册，第135页。

③ 此札辑自《浙江图书馆馆藏名人手札选（二）》上册，第142页。

四十二[①]

子云世仁弟惠览：

前复一函已照入否？比惟潭第清平为颂。前托买笋干者，如已有之，求即一买交局寄苏。因旬日内有人进京，欲带与小孙也。手此布托，即颂元祉。

兄樾顿首，十五日

四十三[②]

子云世仁弟惠览：

久疏笺候，惟兴居佳胜为慰。兄病已愈而未能复元，幸眠食尚如常耳。五十来言，俞楼墙圮，请吾弟便中出城一看，如果要修据云需洋十馀元，请酌量饬匠修理，其钱归敝账总算。闻西爽亭已将坍损，兄意此不必修，竟将此亭拆卸，木料等有可用者，存留一处，备用可也，尊意想亦以为然。附上白痧药一匣、正气丸两匣计二十颗，以备随时施送。此颂暑祺，并潭福百益。

世愚兄樾顿首，廿五

四十四[③]

子云世仁弟惠览：

久稽书候，想暑祺安吉，潭第绥和，定如所颂。兄衰颓加甚，而眠食如常，差堪告慰廑注。月前阴雨太多，前两日又炎歊特甚，杭地尚平安否？清和坊大火，尊处有租房否？均念。附去白痧药两匣、正气

---

① 此札辑自《浙江图书馆馆藏名人手札选（二）》上册，第 137 页。

② 此札辑自《浙江图书馆馆藏名人手札选（二）》上册，第 149—150 页。

③ 此札辑自《浙江图书馆馆藏名人手札选（二）》上册，第 136 页。

丸两匣，以备施送。手此，敬颂潭安。

世愚兄樾顿首，初九

四十五①

子云世仁弟惠览：

久疏笺候，惟兴居佳胜，潭第绥和为颂。兄二月一病，至今遂成废人，幸眠食如故，尚不废我啸歌耳。小孙碌碌，今年不克来杭。今托便人带上英洋伍拾元，请将本年买物账及湖楼、山馆看守费以及应完钱粮一并算结，如有不敷，示知，再补奉也。叨在世好，恕不以空言致谢。附去新宪书，聊以伴函。此颂台绥，匆匆不尽。

世愚兄樾顿首，廿五日

四十六②

子云仁弟足下：

前日托汪柳门山长带上信一函，洋五十元，参须一匣，未知已送到否？信内托买对开锡箔十二元，既又思，一年祭祀需用甚多，十二元尚觉不敷，请竟为买对开锡箔廿元，交柳门带苏为荷。手此，敬颂文安。

世愚兄樾顿首

如此信到，前件已买就送到祝公馆，则亦不必添买，以省周折，又及。

四十七③

子云世仁弟惠览：

---

① 此札辑自《浙江图书馆馆藏名人手札选（二）》上册，第138页。

② 此札辑自《浙江图书馆馆藏名人手札选（二）》上册，第187—188页。

③ 此札辑自《浙江图书馆馆藏名人手札选（二）》上册，第191—192页。

久不通候，想入新岁来文祺潭祉，益臻佳胜也。兄病日益不支，幸眠食尚如常度。陛云之妻妾子女出痧子者八人，且有甚重者，今虽就愈，然半月以来料理医药，惫亦甚矣，故一时不能来杭。兹有舍外孙许汲侯观察引之来杭省墓，托其带上此函，并托买各物另单开览，其价乞垫付，俟小孙来再算奉也。许汲侯并拟到府奉访，乞进而见之。兄所买各物，买就饬交横河桥许宅，即托汲侯带苏。伊三月上旬必回苏，想伊自必与吾弟言也。手此布托，即问春祺。

世愚兄樾顿首

再附上兄去年所作诗一册，吾弟览之，借知兄病来情状耳。顷有胡太守为兄医，尚未服其药，且看服后何如？

兄再拜

四十八[①]

子云世仁兄惠览：

前托舍外孙许汲侯带上一函，定照入矣。汲侯曾晤见否？伊不知几时回苏。兄托买各件想已照单买齐。兹再托买笕桥麦冬两瓶，一并交汲侯望开明各件带苏为荷。小孙大约二十外必回杭扫墓也，手此布托，即颂文祺潭祉，不一。

世愚兄樾顿首，三月朔

外附去贱名片一纸，将来可持此送物件至横河桥许宅，庶免其门口失误也。

托买

对开锡箔	二十元
火腿腰峰	六元
红寿眉茶叶	一斤
红饭茶(每两十二文)	六斤

---

① 此札辑自《浙江图书馆馆藏名人手札选(二)》上册，第193页。

致冒广生

冒广生(1873—1959),字鹤亭,号疚斋,江苏如皋人。冒氏为如皋大族,书香门第,先祖为元世祖忽必烈。光绪十五年(1889),历县、州、院三试,皆列第一;光绪二十年(1894)举人。任刑部及农工部郎中,入民国历任农商部全国经济调查会会长、江浙等地海关监督;抗战胜利后任中山大学教授、南京国史馆纂修。新中国成立后,被特聘为上海市文管会特约顾问。著有《小三吾亭诗文集》、《疚斋词论》、《冒鹤亭诗歌曲论著述》、《四声钩沈》、《蒙古源流年表》等等。辑刻《如皋冒氏丛书》、《永嘉诗人祠堂丛刻》、《楚州丛书》等。

一①

鹤亭仁兄大人吟席:

辱手书,推许过分,非所克承。示读《同人集》②,仰见其时人文之盛。拙刻《全书》中有《袖中书》二卷,皆友朋书札,今若补续之,又可得三四卷,亦因循未果也。尊意谓宜刻同人集,窃谓袁氏之同人集已不及君家,若鄙人续为之,恐又不如袁氏矣。此亦时运使然也。附去拙诗十五卷,求正。内有未钉者二卷,恕之。手此,敬颂文安。

愚弟期俞樾顿首

再者,近作一诗呈览,馀纸可分示吟好也。对联写就,劣不足观。

---

① 此札辑自《冒广生友朋书札》,第21页。

② 《同人集》十二卷,冒襄辑。冒襄(1611—1693),字辟疆,号巢民,一号朴庵,又号朴巢,江苏如皋人(冒广生为其六世侄孙)。十岁能诗,董其昌为作序。崇祯十五年(1642)副榜贡生。入清隐居不出。著述颇丰,传世有《先世前征录》、《巢民诗集》、《影梅庵忆语》、《寒碧孤吟》和《六十年师友诗文同人集》等。

弟十八日赴杭，俟杭旋再奉候。《五先生集》序亦彼时呈上可也。樾顿首。

按，《春在堂诗编》卷十五止于光绪二十二年，则此札当作于光绪二十三年(1897)。

二[①]

鹤亭仁兄大人文席：

弟于二十日到杭，日内应酬，忙碌殊甚，数日后尚拟入山中小住也。承属撰《五先生集》序，已拟一稿，乞转呈令外祖季贶[②]先生，未知有当否。手肃，敬颂文安，匆匆不尽。

愚弟期俞樾顿首，二月二十八日

季贶先生前请安。

五先生集序

夫弟兄竞爽，自古难之，郊祁轼辙，世所艳称。至于花萼之集，合为一编，同传千古，则尤其难者也。稽之前代，有兄弟二人为一集者，如唐皇甫冉、皇甫曾《二皇甫集》是也；有兄弟三人为一集者，如宋孔文仲、孔武仲、孔平仲《清江三孔集》是也；有兄弟四人为一集者，如宋柴望及其从弟随亨、元亨、元彪《四隐集》是也；有兄弟五人为一集者，如宋窦常、窦牟、窦群、窦庠、窦巩《联珠集》是也。乃今又得之于祥符周氏。周本吾浙山阴人，寄籍祥符，遂为汴中著姓。其兄弟八人，知名者五。余庚戌成进士，与畇叔都转为同年生，则其于兄弟行居七者也。余留京师日浅，故虽与畇叔[③]同年，且同官翰林，又知其能诗，然

---

① 此札辑自《冒广生友朋书札》，第21—22页。

② 季贶，即周星诒(1833—1904)，字季贶，浙江山阴人，冒广生外祖父。官福建建宁府知府。工诗，好为近体。著《窳櫎诗质》、《瑞瓜堂诗钞》。

③ 畇叔，即周星誉，周星诒兄。

未得与之酬唱也。同治之元,余至京师,与畇叔相见,始稍论及诗,旋即别去。其后与畇叔同寓姑苏,时相过从,然畇叔又不久下世矣。其弟季贶太守,宦游闽中。余有表侄戴子高茂才,主其家,极相得。与余书,屡言季贶负才名,有奇气,所为诗词,高出侪辈,又喜收藏金石书籍字画,手自校阅,精审绝伦。子高落落少许可,而心折季贶如此,余又知季贶之才也。比年以来,季贶亦与余同寓姑苏,竟未一见,韦李艮坤,渺若楚越,吾两人之衰老亦可见矣。今年春,冒鹤亭孝廉见余于春在堂,乃季贶之外孙也。以《五周先生集》见示,则自其长兄柯亭太守[①]至季贶之诗皆在。诗皆不多,盖撮拾于蟫断蠹朽之中,非其全者。涑人刺史[②]止有文而无诗,惟畇叔存诗一卷、词二卷,于昆弟中为稍多矣。嗟乎,五先生皆旷代逸才,而所存止此,亦可悲也。然诗文皆自能成家,不染近代浮靡之习,则此一集也,亦如精金美玉,其光气固不可埋没,窦氏《联珠》,不得专美于前矣。五先生中,惟季贶如鲁灵光,岿然独存。余虽衰老,幸相距不过数里,尚愿介鹤亭而从之游也。光绪丁酉仲春,年愚弟俞樾书于西湖寓楼。

按,所附《五先生集序》署"光绪丁酉",则此札当作于光绪二十三年(1897)二月二十八日。

---

① 柯亭太守,即周沐润,字文之,号柯亭。河南祥符人,祖籍浙江山阴。道光十六年(1836)进士,官苏州常州府知府。著《蛰室诗录》。

② 涑人,即周星譼(生卒年不详),字涑人,号神素,沐润第五弟。道光二十三年(1843)举人,官安徽无为州知州。著有《传忠堂学古文》。

致梅启照[①]

梅启照(1827—?),字小(筱)岩,江西南昌人。咸丰二年(1852)进士。官至浙江巡抚。著《强恕斋吟草》。

昨由沪上传来邸报,知新有内召之命。伏思古大臣宣力,初无中外之殊,想执事必不以此介怀,将来三接龙光,重持虎节,不久出领兼圻,固在意计中也。惟樾以部民,谬充坐客,宾筵醴酒,湖舫清茶,略分言情,推襟送抱,兹当远别,能勿依然。此则借寇之情,较浙东西壤叟辕童而倍切者也。樾迭遭变故,精力衰颓,未识异时节钺重临,尚能迎候道旁否。附去诗一本,乃黄门哀逝之辞,如赐览观,足知鄙人怀抱。想知爱有素者,必不嫌以荆布之私渎陈清听也。

按,札中既称"黄门哀逝之辞"、"荆布之私"云云,则当作于光绪五年(1879)四月二十二日俞樾之妻姚夫人卒后。八月十四日,姚夫人殁已百日,俞樾赋七言绝句百首矜念之,题作《百哀篇》[②],此即所谓"黄门哀逝之辞"。光绪五年八月二十九日,上谕浙江巡抚梅启照进京另候简用[③]。九月初十日,《申报》转载此谕。则此札之作晚于是日。

---

① 此札辑自《春在堂尺牍》卷五,题作"与梅小岩中丞"。

② 《俞楼杂纂》卷四十一叶一。

③ 《清德宗实录》卷九十九。

致孟沅①

课卷阅定，送还，乞即榜示。附去题名一纸，敬借游屐入山之便为我相度可刻之地，付石工深刻之。其地不妨稍僻鄙，意在数百年后，嗜奇爱古之人，洗苔剔藓而得之，不在一时有目共见也。文士名心，可笑可笑。

---

① 此札辑自《春在堂尺牍》卷三，题作“与孟兰艇”。

致缪荃孙

缪荃孙(1844—1919),字炎之,又字筱珊,晚号艺风老人,江苏江阴人。幼承家学,年十一修毕五经。淮安丽正书院肄业,习文字音韵训诂之学。光绪二年(1876)进士,授编修,事编撰校勘十馀年。历掌南菁、钟山等书院,及江南图书馆、京师图书馆,开创中国近代图书馆事业。著《艺风堂藏书记》、《艺风堂金石文字目》、《艺风堂文集》等。

筱珊仁兄馆丈世大人阁下:

极拟走谈,阴雨未果。弟今年重游泮水,戏取当日院试题再作一篇,刻《重游试草》,分贻知好,以为笑噱,谨以一卷呈览。又拙著《杂文》第五编八卷,文虽卑下,然近时名公颇有见于鄙文者。又《经课续编》第四卷,皆说经之作,近时所吐弃者。然"有妇人焉解"一首[①],自谓极确,并以呈教。从者留吴下尚有几日?天色晴和,再当走候。先此,敬问起居。

世愚弟期俞樾顿首

按,俞樾道光十六年(1836)入县学,至光绪二十二年(1896),为重游泮水之期。故此札当作于光绪二十二年。据缪氏《日记》,其于

---

① "有妇人焉",语出《论语·泰伯》:"舜有臣五人而天下治。武王曰:'予有乱臣十人。'孔子曰:'才难,不其然乎?唐、虞之际,于斯为盛。有妇人焉,九人而已。三分天下有其二,以服事殷。周之德,其可谓至德也已矣。'"俞樾以为古注"妇人"为"文母"即"文王之后太姒也"非是。"妇人"当指《史记·秦本纪》所谓"郦山之女,为胥轩妻"者。此说除见于《经课续编》卷四外,又见于《曲园杂纂》卷三十八《小浮梅闲话》。

本年十一月二十二日至二十九日在苏，并于二十六日拜谒俞樾[1]。此札中既问及缪氏“留吴下尚有几日”，则必作于此期间。而十二月二十二日，缪荃孙“接……俞荫甫年丈信，寄《文编》并《试草》”[2]，应即此函。

---

① 《艺风老人日记》，第911—912页。

② 《艺风老人日记》，第918页。

致聂缉椝

聂缉椝(1855—1911),字仲方(一作芳),号心斋,湖南衡山人(一作衡阳人)。曾国藩女婿。历任上海制造局总办、苏松太道、浙江按察使、江苏巡抚、安徽巡抚、浙江巡抚等职。有《各种经验良方》、《曾惠敏公荣哀录》等存世。

一①

日前承惠顾畅谈为幸,比计已吉旋沪上矣。沪上新出一平话曰《万年清》②,演说高宗纯皇帝私下江南之事,览之不胜骇异。伏思小说传奇,无非假设姓名,驾称唐宋,未有于本朝祖宗肆诋諆视同儿戏者,小人无忌惮,一至于此。且闻其尚欲续成后部,不知其更将如何诬罔。俗语不实,流为丹青,愚夫愚妇,信以为真,互相传述,不但上为盛德之累,抑且下贻风俗之忧,此诚地方大吏所宜严禁者也。用敢陈之左右,乞饬该书坊以后不准照印,其照印已成之本,责令缴出,当堂焚毁,以严上下之分,而杜后世之疑,幸甚幸甚。

按,光绪二十年(1894)三月十四日《申报》书讯中有《万年清》初集及二集,而此札则称"闻其尚欲续成后部",故当作于《申报》刊登二集书讯之前。

---

① 此札辑自《春在堂尺牍》卷七,题作"与聂仲方观察"。

② 《万年清》,指《绘图万年清》,又名《圣朝鼎盛万年清》、《绣像万年清奇新传》,八集七十六回,作者未详,清光绪间石印本。系书贾将有关乾隆(高宗)皇帝游江南的传说与方世玉、胡惠乾等武侠人物的事迹捏在一起编撰而成的小说,随刻随卖,可视为清末民初报端连载小说的滥觞。

二①

昨得杭友书，言敷文、诂经两院生徒风闻有裁撤之说，吁恳暂留，禀由监院代达台端，未知果有此事否？伏思功令虽停止科举，未始不体恤寒微，是以展行优拔之说。如蒙推广朝廷德意，略留寒士生涯，未始非杜厦白裘之雅意也。敷文弟未深悉，诂经每岁支领不过二千馀金，即使拨入学堂，亦属钩金杯水。闻江苏、安徽、湖南、湖北各留片席，安顿老生，未知吾浙亦可仿行否？弟三十一年诂经老山长，不能忘情，冒昧渎陈，伏求裁定。

按，光绪三十一年(1905)，袁世凯、赵尔巽、张之洞、端方等封疆大臣联名奏请立停科举。八月初四日，光绪帝下诏"立停科举，以广学校"，自丙午(光绪三十二年)科起，所有乡会试一律停止，各省岁科考试亦即停止；然仍须为以前所举贡生员分别量予出路，故由"政务处奏酌拟章程六条：一酌加优拔贡额；一考用誊录；一已就拣选举人，准捐分发，免交补班银两；一截取举人，请毋庸用教职；一生员考职；一贡士准赴部呈请带领引见录用"②。此即札中"功令虽停止科举""是以展行优拔之说"云云的背景，故此札当作于该年。《春在堂诗编》卷二十二《自笑》一题注曰："余历主江浙讲席，共三十三年，今各书院皆废，惟诂经精舍存，近亦议废。"此诗为光绪三十一年之作，亦证此札当作于该年。张崟《诂经精舍志初稿》称精舍"罢于光绪三十年"③，不确。

---

① 此札辑自《春在堂尺牍》卷七，题作"与浙抚聂仲芳中丞"。

② 《清德宗实录》卷五百四十八。

③ 张崟：《诂经精舍志初稿》，《文澜学报》第二卷第一期，第2页。

致潘大人①

潘大人：

令亲班生公祖属致方伯书，求代寄去。人微言轻，其实无裨于事，聊副诿诿而已，班翁前不及作复函，并求代达歉忱。手肃，敬请台安。

世小侄俞樾顿首

外浙信一函。

---

① 此札辑自《浙江图书馆馆藏名人手札选(二)》上册，第5页。

致潘衍桐①

潘衍桐(1841—1899),字菶廷,一字孝则,号峄琴,广东南海(今广州)人。同治七年(1868)进士,官至侍讲学士。光绪间,督浙江学政,以振兴文教为务。著有《朱子论语集注训诂考》、《两浙輶轩续录》、《集雅堂诗话》等。

峄琴老夫子仁兄大人阁下:

岁月绵邈,关河阻深,音问遂疏,缅怀殊切。闻以目疾未愈,致阻趋朝。昨得赐小孙讣函,又惊悉偏弦骤折,中馈俄空。遥想盅怀,不无少郁,伏惟台候万福。弟老怀索寞,家境屯邅。夏初亡孙妇彭病故,贤而不寿,深恻于怀,为作小传一篇②,谨呈青鉴。又秋间在杭作《毛烈女诗》③一篇,语虽率直,意在表章,亦附呈数纸,或亦輶轩旧使所乐观也。自秋徂冬,海风大劲,不图外患一至于斯,气数乎?人事也?近闻和局可成,暂偷一时之安,亦复大佳。或曰如此则后患方长,弟则应之曰:后患方长,老夫后路则甚短也。想公闻之,应为干笑。手肃布慰,敬请道安,统惟台鉴,不宣。

通家愚弟俞樾顿首

外,小孙陛云附呈番佛六尊,聊佐斋奠。因弟等在杭为亡孙妇营葬,接奉尊函甚迟,故修复稽缓,并祈原鉴。

---

① 此札辑自《上海图书馆藏名人手札选刊·俞曲园手札》,第237—240页。

② 即《孙妇彭氏传》,见《春在堂杂文五编》卷三。

③ 诗见《春在堂诗编》卷十五。

按,札中称“夏初亡孙妇彭病故”、“自秋徂冬”云云,则此札作于光绪二十年(1894)冬。札中称“不图外患一至于斯”,当指该年清廷之北洋舰队在黄海海战中被日军击败,随后日本又攻陷大连、旅顺等地。十一月二十二日,日本通知清廷,和议地点在日本。清廷派出张荫桓议和,十二月十日,张离京,赴日和谈。札中既称“近闻和局可成”,则或作于张氏离京之后。

致潘曾玮

潘曾玮(1818[1]—1885),字宝臣、季玉,号玉泉、养闲居士,江苏吴县人。纳赀入仕,官至郎中。著《自镜斋文钞》、《诗钞》、《玉泉词》等。

一[2]

承询"卣"字,《说文》所无。议以"酉"字代之,然于经典无徵。近人有谓"卣"字即《说文》"卣"字者,据"𠧪"字隶书作"逌"为证。然隶体变易,多未足凭,𠧪字从卣从乚,隶变从卣从辵。若谓卣是篆文卣,岂辵是篆文乃乎?窃谓,卣、酉二字,其形与音皆与卣相近,与假借之例皆合,而求之经典则皆无。据《周官》"鬯人"职"庙用修",郑注曰:"修,读曰卣。"又"司尊彝"职,郑注引《尔雅》"彝、卣、罍,器也"之文,陆氏《释文》曰:"卣,本亦作攸。"然则古人书"卣"字,有作"修"、作"攸"者,较之作酉作卣,或稍有据乎?

二[3]

置身仕隐两途间,天付优游岁月闲。小筑园林聊寄兴,全收风景不嫌悭。临流潇洒偏宜竹,叠石嶙峋便当山。领略濠梁庄惠意,一亭知乐妙题颜。小亭颜曰知乐。

---

① 《潘玉泉方伯六十寿序》(《春在堂杂文续编》卷五)称"天子在位之三年,太岁在强梧汭汉,其月曰涂,其日庚戌,为吴下玉泉方伯潘公六旬览揆之辰"。是光绪三年(1877),潘曾玮六十岁。

② 此札辑自《春在堂尺牍》卷一,题作"与潘玉泉观察"。

③ 此札辑自《浙江图书馆馆藏名人手札选(二)》上册,第4页。

手携佳客此娱嬉，正是橙黄橘绿时。此日萧疏宜野服，昔年飒爽见英姿。闲云飞倦仍归岫，老树花开定满枝。诵取一篇池上句，相从何减白公池。

羖闲主人小园落成，次销英道人[①]韵见示。时适有武林之行，即于舟窗和之。草草落笔，殊未推敲，惟方家是正。

巾山逋客俞樾录稿于由拳舟次

按，《春在堂杂文》卷一有《潘玉泉观察养闲草堂记》一篇，其中有“君行年五十矣”一语，可知“羖闲主人小园落成”于潘曾玮五十岁，即同治七年(1868)。

三[②]

七载旬宣，是坐镇苏台，诗酒神仙。绮筵飞玉盏，正永昼如年。却好松凉夏健，紫薇仙署棕榈馆。旧雨客来，愿年年此日，共醉花前。

记否崎岖兵间，似慷慨王章，辛勤陶侃。喜今蔗境甜，又翠幰朱轩。管领莺花茂苑，乍交庚伏炎犹浅。一阕小词，侑瑶觞，也算倡和诗篇。竹樵翁曾谱此调寿西圃翁[③]，故末句云然。

养闲翁正律。

曲园录呈

按，札中词作见于《春在堂词录》卷三，为《长寿仙》“寿竹樵方伯六十”之作，文字小有差异。竹樵即恩锡(1817—1877)，故此札当作于光绪二年(1876)。

---

① 销英道人，即金安清。

② 此札辑自《浙江图书馆馆藏名人手札选(二)》上册，第3页。

③ 西圃翁，即潘曾玮从兄潘遵祁(1808—1892)，字觉夫，一字顺之，号西圃、简缘退士、抱冲居士等，吴县(今江苏苏州)人。道光二十五年(1845)进士，二十七年(1847)翰林，旋乞归，隐邓尉。著有《西圃集》。

致潘祖同

潘祖同(1829—1902),字桐生,号谱琴,江苏吴县(今苏州)人。咸丰六年(1856)进士,选庶吉士,充国史馆协修。咸丰九年七月,因涉嫌科场舞弊被捕,事白得释,遂不复入仕途。诗、词、文俱佳,有《竹山草堂诗稿》、《竹山草堂词稿》、《竹山草堂诗补》等。

一①

谱琴仁兄世大人史席:

承示读陶公年谱②,颇有见解。据《孟参军传》称渊明,为在晋名渊明之证;据对檀道济语称潜,为入宋改名潜之证,陶公名字,从此定矣。惟《晋书》、《宋书》、《南史》、梁昭明太子所作传,于陶公名字竟无一合者,殊可笑也。《晋书》作陶潜字元亮,名字尚皆不错;惟止书其所改之名,不及其本名,稍疏耳。年谱先缴还,乞照入。承询"擘窠"二字所出,宋朱长文《墨池编》云:"字体有擘窠书,今书家皆不解其义。"按《颜真卿集》有云:"点画稍细,恐不堪久,臣今谨据石擘窠大书。"王恽《玉堂嘉话》云:"东坡《洗玉池铭》,擘窠大字,极佳。"又"韩魏公书杜少陵《画鹘》诗,擘窠大字。"是"擘窠"乃唐宋时常语。然朱长文北宋时人,已云"今书家皆不解其义",则其义云何,固不可知矣。宋人避"殷"字,一部《宋史》,无一殷姓者;至于寻常"殷勤"等字,则不知是何书法。计此等字,宋人诗文集中当必不少也。

---

① 此札辑自《上海图书馆藏名人手札选刊·俞曲园手札》,第100—102页。

② 陶公年谱,应指杨希闵《晋陶征士年谱》。杨希闵(1809—1885),字铁佣,号卧云,又号息斋,新城樟村(今属江西)人。道光十七年(1837)拔贡,候选内阁中书。

齐次风言是翼祖讳，此却有误。宋翼祖名敬不名殷，其名宏殷者乃宣祖，即宋太祖之父也。明陈禹谟《骈志》二十卷、国朝周亮工《同书》四卷，均收入《四库全书》类书类中，案头却无其书。《孪史》[1]四十八卷，近人王雪香希廉所著，《申报》馆中排印本，如欲观之，只消写片纸交送《申报》人，三四日即可得，价亦不甚昂也。今日为一同年生写墓志铭，几一千字，甚累。草草布复，即颂著安。惟承下问，多不能对，甚愧。

世愚弟俞樾顿首

翁叔平[2]尚书忽以修墓南旋，不可解。尊处有所闻否？曲谱暂留，亦不得其要领。

按，光绪三年(1877)七月十七日，翁同龢请假出京回籍修墓；八月二十六日奉皇太后懿旨，令由陆路行走，于九月抵京；翁同龢以新遭五兄同爵之丧，迟至十月十六日回京[3]。札中提及翁氏回籍修墓事，而不及其他，则当作于此年七月十七日后不久。

二[4]

谱琴仁兄世大人阁下：

顷奉手示，适因亡妇忌辰，在内设祭，未及肃复。承询“宪圣”，乃宋高宗之吴皇后，《宋史·后妃传》所称“宪圣慈烈吴皇后”是也。高宗既内禅，后与帝同居德寿宫，故《贵耳集》云“宪圣在南内”也。孙叔敖葬地名，疑以作白土为是，然亦无的证。丁鹤年墓自在湖北，有乌斯道诗可证；在杭者恐系传讹。检《图书集成·职方典》，杭州古迹有

---

① 《孪史》，清王希廉撰，有光绪二年(1876)上海申报馆排印本。

② 翁叔平，即翁同龢。

③ 朱尚文编：《翁同龢先生年谱》，第36—37页。

④ 此札辑自《上海图书馆藏名人手札选刊·俞曲园手札》，第106页。

丁高士鹤年墓，又不称孝子也。手复，敬颂著安。

曲园拜上

按，札中既称“亡妇忌辰”云云，则当作于光绪五年（1879）四月二十二日俞樾妻卒后。

三[①]

谱琴仁兄世大人阁下：

顷承惠顾畅谈为幸。附去拙刻一部，但未及装钉为歉。《茶香室续钞》俟印成再奉也。手此，敬请著安。

世愚弟俞樾顿首

按，光绪十三年，《茶香室三钞》撰辑中[②]。札中提及《茶香室续钞》付印，或在此前，故暂系于光绪十二年（1886）。

四[③]

顷承检示苏诗，甚感。弟案头止有《施注苏诗》，此诗在第十六卷，诗云：“云龙山下试春衣，放鹤亭前送落晖。一色杏花三十里，新郎君去马如飞。”后二句与世所传“一色杏花红十里，状元归去马如飞”不同。未知尊处所有冯注本如何也。又检《古今图书集成·山川典》载文翔凤《徐州登云龙山记》中云：“有亭于山际，曰放鹤台，足镌坡老《云龙绝句》，‘新郎君’为‘状元归’。盖坡老于彭城送人春试，遂为壮游赏意之什”云云，以此证之，《坡集》自作“新郎君去马如飞”，而石刻改作“状元归去马如飞”。其上一句之异同，当亦如是。此石刻

① 此札辑自《上海图书馆藏名人手札选刊·俞曲园手札》，第112页。

② 《茶香室三钞》卷一，第995页。

③ 此札辑自《春在堂尺牍》卷六，题作“与潘谱琴庶常”。

为坡老笔乎？抑后人写刻乎？未见其拓本，不可详矣。窃谓题是《送蜀人张师厚赴殿试》，则当作“新郎君去”为是。盖送之赴试，非试毕送之还蜀也，何得云“状元归去”乎？

按，光绪十五年(1889)五月，俞樾著成《曲园自述诗》一卷。其中有“一鞭十里趁晨晖，远自宣南赴棘闱。戏咏东坡旧诗句，新郎君去马如飞”一首，注曰：“凡会试者，例于贡院前赁屋作小寓。是科，余与壬甫兄径自吴兴会馆往。馆在宣武门外半截胡同，而贡院在崇文门内，相距十里而遥。同试者皆诧之。东坡《送蜀人张师厚赴殿试》诗云：‘一色杏花三十里，新郎君去马如飞。’末句即用坡语。东坡此诗有石刻在彭城云龙山，作‘一色杏花红十里，状元归去马如飞’。不知谁所改也。十里、三十里姑置不辨；而送之赴试，非试毕送之归，何云‘归去’乎？从集本是。”与此札所言颇同，或即同时之作。

五[①]

考汉寿有二考见《十七史商榷》第八本四十一之四。《前汉地理志》“武陵郡·索”下《注》引应劭曰：“顺帝更名汉寿。”《后汉书》续志“武陵郡·汉寿”下注云：“故索，阳嘉三年更名。”是后汉之汉寿县，即前汉之索县。此一汉寿也，今湖南常德府龙阳县即其地也。《晋书·地理志》云：“刘备据蜀，分广汉之葭萌、涪城、梓潼、白水四县，改葭萌为汉寿，又立汉德县，以为梓潼郡。”是蜀汉之汉寿，即汉之葭萌。此又一汉寿也，今四川保宁府广元县即其地也。关公封汉寿亭侯，在建安五年《商榷》作“四年”，其时昭烈未帝蜀，蜀尚未有汉寿县，则公之所封，尚是武陵之汉寿。至《蜀志·费祎传》“十四年夏，还成都，冬复北屯汉寿”，此则梓潼之汉寿矣。晋泰始二年又改为晋寿者也。因承下

① 此札辑自《上海图书馆藏名人手札选刊·俞曲园手札》，第108—109页。又收入《春在堂尺牍》卷六，紧接上札，题作“其二”。今据原稿整理。

问，拉杂书复，即颂著安。

谱琴仁兄大人史席

弟樾拜上

六[1]

谱琴仁兄世大人史席：

前奉访未晤为怅。清恙已大安否？寒燠不时，祈珍摄为幸。承示苏慈碑，名慈，字孝慈，而《北史》及《隋书》止称苏孝慈，竟以其字为名，是碑详而史略也。《隋书》称从武帝伐齐，赐爵文安县公，寻改封临水县公，而碑只称文安县公，不言改封临水，是史详而碑略也。碑文有“天和七年”，而后周武帝天和止六年，无七年。考是年三月改元建德，当以事在三月以前，故仍称“天和七年”耳。碑与史似异而不足为异也。至葬同州莲芍县，尊意颇以为疑，谓莲勺自汉以来均属冯翊，唐武德元年始改冯翊为同州，碑文不云冯翊而曰同州，或武德以后补撰。则鄙意以为不然。同州之名旧矣，《隋书·地理志·冯翊郡》注云：“后魏置华州，西魏改曰同州。”则自西魏至隋开皇时，其地正名同州也。所属有下邽县，注云：“大业初并莲勺县入焉。”则大业未并之前，同州有莲勺县可知矣。碑文所书，正得其实；尊跋谓武德元年始改冯翊为同州，此考之未审。《唐书·地理志》大书“同州冯翊郡”，注云：“武德元年更诸郡为州，天宝三载以州为郡，乾元元年复以郡为州。”然则武德元年尽改天下之郡为州，故冯翊郡改为同州，天宝三载又改同州为冯翊郡，乾元元年又改冯翊郡为同州。同州也，冯翊郡也，皆承其旧名。但州郡改易，以从一时之制而已，非武德元年始

---

[1] 此札辑自《上海图书馆藏名人手札选刊·俞曲园手札》，第103—105页。又收入《春在堂尺牍》卷六，题作“与潘谱琴庶常”。今据原稿整理。

有同州之名也。史与碑均不误。谨述所见，以质高明。即颂著安，匆匆不尽。

世愚弟俞樾顿首，二十二日

碑文附缴。

七①

彭子寿不知何人，张元恪亦未详。昨少深兄以百鸟长卷索题，率书数语而归之，竟未审及此，乃叹阁下实事求是之不可及也。《仪礼》孙适人者在《小功》章，贾公彦云："以女孙在室，与男孙同大功，故出适小功也。"自是以后，《开元礼》、《政和礼》、《朱子家礼》、《明会典》并同。而今制则无服，此不可解。惟《五礼通考》卷十三小注引律文，有《孙女出嫁小功图》，岂礼、刑二律参差乎？手此布复，即颂
谱琴仁兄著安。

弟樾拜上

《经钼堂杂志》无有，并复。

八②

昨检李斗《扬州画舫录》卷五、黄文旸《曲海》所载国朝传奇，知《一》、《人》、《永》、《占》四种，皆吴县李玄玉所作。李玄玉共有三十一种，不止此四种也，未知今尚有存者否？手此奉闻，其名录后：

《一捧雪》、《人兽关》、《永团圆》、《占花魁》、《麒麟阁》、《风云会》、《牛头山》、《太平钱》、《连城璧》、《眉山秀》、《昊天塔》、《三生果》、《千忠会》、《五高风》、《两须眉》、《长生像》、《凤云翘》、《禅真会》、《双龙珮》、《千里舟》、《洛阳桥》、《虎邱山》、《武当山》、《清忠谱》、《挂玉带》、

---

① 此札辑自《上海图书馆藏名人手札选刊·俞曲园手札》，第107页。

② 此札辑自《上海图书馆藏名人手札选刊·俞曲园手札》，第110—111页。

《意中缘》、《万里缘》、《万民安》、《麒麟种》、《罗天醮》、《秦楼月》[①]。

谱琴世仁兄吟席

曲园拜上

《风云会》似是宋太祖事，《昊天塔》似是杨六郎事，馀皆未详。吴中如尚有流传，得一览亦佳。

九[②]

谱琴仁兄世大人阁下：

闻清恙已瘳，幸甚慰甚！但须节劳自爱，天寒风烈，勿早出门，且亦不可过费心神也。弟亦发老病，日来稍愈矣。"四府"出《皇极经世书》，以《易》、《书》、《诗》、《春秋》为圣人之四府，宋人语耳，非有典则也。手此，复颂大安，顺贺年禧。

世愚弟俞樾顿首

---

① 《李玉戏曲集》(上海古籍出版社，2004 年)收入其作《一捧雪》、《人兽关》、《占花魁》、《永团圆》、《麒麟阁》、《风云会》、《牛头山》、《太平钱》、《连城壁(残)》、《眉山秀》、《千钟录》、《五高风》、《两鬓眉》、《清忠谱》、《意中人》、《万里图》、《一品爵》等十七种，馀作恐皆佚。

② 此札辑自《上海图书馆藏名人手札选刊·俞曲园手札》，第 113—114 页。

致潘祖荫

潘祖荫(1830—1890),字伯寅,号郑庵,江苏吴县人。咸丰二年(1852)进士。官至工部尚书,军机大臣。著《癸酉消夏诗》、《郑庵诗存》、《文存》、《潘文勤公杂著》。

一[①]

一别春明,五更寒燠,遥瞻槐棘,时用依依。前岁寿阳相国寄到安丘王氏《说文》,有阁下所制序[②]。今年王子庄[③]孝廉从京师来,携赠金诚斋先生《求古录补遗》[④],亦阁下所刻。乃知近来垂意斯文,研求实学,乾嘉一脉,庶几未队,甚善甚善。伏念数十年来斯事衰息,非在位之君子,安能振而起之?区区之心,窃为左右望也。仆穷老著书,聊以自娱,于斯道绝续之交,无所禅益。兹奉上拙刻三种,其一种刻而未成。自公退食,俯赐览观,有所订正,幸甚。

---

① 此札辑自《春在堂尺牍》卷二,题作"与潘伯寅侍郎"。

② 安丘王氏《说文》,可参俞樾致祁寯藻札第一通。同治四年二月,王筠嗣子王彦侗表上《说文句读》、《说文释例》二书,由礼部进呈,先上同治帝留览,后旨下南书房诸臣覆阅。太子太傅潘祖荫阅毕,跋其书后,备极推崇,谓"君之学积精,全在《释例》,标举分别,疏通证明,能启洨长未传奥旨。《句读》则博采慎择,持平心,求实义,绝去支离破碎之说。是二书也,于许学理而董之,庶几达者矣……君书晚出,乃集厥成,补弊救偏,为功尤巨",时在同治四年(1865)五月。

③ 王子庄,即王棻。

④ 即《求古录礼说补遗》一卷,金鹗著。金著《求古录礼说》赵之谦即访得七篇佚文,被潘祖荫作为"补遗"刻入《滂喜斋丛书》中。潘祖荫同治六年(1867)作《求古录礼说补遗》序。

按，同治初，俞樾为避乱寄寓天津数年，三年春，以遣嫁次女入都，四年秋，以次子患病南归[①]。札称"一别春明，五更寒燠"，则此札当作于同治七年(1868)。

二[②]

承示克鼎铭搨文，诚吉金中一钜观也。弟于金石考订最为疏陋，既未闻高明所论定，又未见诸家所释文，竟无从赞一词。但不知诸家以克为何人？《博古图录》、《钟鼎款识》并载有"克尊"，因文有"高克"字，遂定为郑文公时之高克。按，《诗序》云："高克好利，而不顾其君。"若此鼎亦出此人，则不光矣。窃谓古人名克者甚多，周有王子克，楚有斗克。鼎文既无高字，不必亦以为郑之高克也。其文云"王若曰克"，又云"克拜稽首"，则克是其名，而文又两称"善夫克"，"善夫"疑是其字。古人名字并举，或先名后字，如云桥庇子庸、玗臂子弓是也；或先字后名，如云弗父何、孔父嘉是也。善夫克，正先字后名之例。辄以私意断之，此克为邾子克，即隐元年《春秋》所书邾仪父也。邾仪父亦作邾仪甫，见《释文》。古"仪"字止作"义"，义与善通，《礼记·缁衣》篇"章善瘅恶"，《释文》作"章义"，云"《尚书》作善皇"，云"义，善也"。是义、善通也。甫与夫通，《士冠礼》注曰："甫是丈夫之美称。"《诗·甫田》笺云："甫之言丈夫也。"是甫、夫通也。以是言之，善夫即义甫，即《春秋》所书之邾仪甫，《左传》所载之邾子克矣。邾仪甫以托王之始，首先朝鲁，见美《春秋》。今岁为天子亲裁大政之年，公以朝廷重臣而得此鼎，殆非偶然，其为瑞大矣，是亦金石家美谈乎？率书所见，聊效一得，未知然否？

---

① 《曲园自述诗》叶十三至十四。

② 此札辑自《春在堂尺牍》卷六，题作"与潘伯寅尚书"。

按，光绪十五年(1889)二月初三日，慈禧归政光绪①。札中既称“今岁为天子亲裁大政之年”，则当作于是年。札中提及之克鼎为大克鼎，西周晚期的青铜器，清光绪中出土于陕西扶风任村。铭文共28行290字，为西周大篆的典范之作。内容分为两段：第一段是克对祖父师华父的颂扬与怀念，赞美他有谦虚的品格、美好的德行，能辅协王室，仁爱万民，管理国家。英明的周天子铭记着师华父的伟绩，提拔他的孙子克担任王室的重要职务膳夫，负责传达周天子的命令；第二段是册命辞，周天子重申对克官职的任命，还赏赐给克许多礼服、田地、男女奴隶、下层官吏和乐队，克跪拜叩首，愉快地接受了任命和赏赐，乃铸造大鼎歌颂天子的美德，祭祀祖父的在天之灵②。此鼎历见著录，流传有绪，至晚在光绪十五年归潘祖荫所有③。

---

① 《清德宗实录》卷二百六十六。

② 有关释读与研究，详参孙诒让《克鼎释文》、王国维《克鼎铭考释》。

③ 上海崇源拍卖品有限公司2002年首次大型艺术品拍卖会第448号拍品为“大克鼎全角及铭文拓片附四家题跋”，拓片上有“伯寅宝藏第一”、“己丑所拓”钤印，又有李文田跋曰：“郑盦太保(潘祖荫)得周克鼎，命文田读之，今以意属读而已，经义荒落，知无当也。光绪十五年五月顺德李文田识。”

致彭见贞[1]

彭见贞(1869—1894)[2],字素华,湖南衡阳人。彭玉麟长孙女,俞樾孙陛云妇。

接廿八日手书,知出痧已愈,近日精神何如?阿胶及坤顺丸仍吃否?令祖谥法,前所传皆误。浙江潘学台[3]书来,言得京信,知确是"刚直"二字,湖南已闻知否?昨得令弟佩芝[4]书,托作墓铭,阅所寄《行状》,王壬秋[5]先生所作,自是名笔,但其中事实有可商者。如所载少年受知高螺舟先生入学一节,与令祖所自言者迥异,其事吾载入《春在堂随笔》第六卷,倘令弟处有其书,可检出观之,便知与《行状》所载大相反矣。此事虽细,而一生名节有关,今《行状》中有此一节,吾意万不可刻,刻之则冥漠中必有馀恫也。此外,所叙战功,如沙口、沌口一事,与令祖所述亦有不同,至晚年赴粤东防俄,其心血所注,全在大角炮台。大角在虎门外,同事诸君皆以为散漫无可守,令祖亲履其地,始知海水有清、黄之别。黄水浩渺无极,而清水则止一线,曲折而来,无论帆船、轮船,必由此路,从大角山下经过,于此开炮,击之必

---

① 此札辑自《春在堂尺牍》卷六,题作"与孙妇彭书"。

② 《春在堂杂文五编》卷三叶二十六。

③ 潘学台,即潘衍桐,光绪十四年(1888)至十六年间为浙江学政。

④ 佩芝,彭玉麟孙,见贞弟。官邵武府。《湘绮楼联语》卷三《哀挽》中有《挽彭佩芝》曰:"骢马继家声,犹有棠阴留邵武;鹦洲非旅殡,得归船厂溯前勋。"

⑤ 王壬秋,即王闿运(1833—1916),字壬秋,又字壬父,号湘绮,湖南湘潭人。咸丰二年(1852)举人,入曾国藩幕府。光绪六年(1880)入川,主持成都尊经书院。后主讲长沙思贤讲舍、衡州船山书院、南昌高等学堂。授翰林院检讨,加侍读衔。辛亥革命后任清史馆馆长。著有《湘绮楼诗集》、《文集》、《日记》等。

中，故力主扼守大角，劈石为台，藏炮其中。至甲申之冬，警报日至，言明年正月必犯广东。令祖于除夕亲驻大角，因疑似之间，开放一炮，误伤盐务巡船，方悔卤莽，而乙酉正月寂无警信。后阅外国新闻纸，有一条言，大角炮台，深得形势，不可轻犯。乃知此一击之误不为无功，亦令祖与吾言之。此等事宜，细询当日随征将佐，务得其详，传示后世，勿使人言粤东之役但以虚声胁人，侥倖无事也。又令祖在粤有一折，极诋和议，有"五不可和"、"五可战"之说。当时朝议不甚许可，然实令祖一生大见识、大议论，安可不传示千载乎？吾因此数端，未能动笔，亦未便函复令弟。而手书与汝，可与令弟及亲党晓事者同看也。吾衰且病，此等大题目，恐不胜任。窃意，王益吾[①]祭酒，本令祖旧友，又是同乡，何不托渠作之？如必欲吾作[②]，当更博考参稽，非可率尔操觚也。

按，光绪十六年(1890)三月初六日，彭玉麟卒；四月初三日，赐谥刚直[③]。札中提及其谥号，必作于此后。

---

① 王益吾，即王先谦(1842—1917)，字益吾，号葵园，湖南长沙人。同治四年(1865)进士。官国子监祭酒、江苏学政。主湖南岳麓、城南书院。校刻《皇清经解续编》，并编《十朝东华录》、《汉书补注》、《后汉书集解》、《荀子集解》、《庄子集解》、《诗三家义集疏》、《续古文辞类纂》等。著《虚受堂文集》。

② 俞樾有《彭刚直公神道碑》一篇，见《春在堂杂文四编》卷一。

③ 《清德宗实录》卷二百八十四。

致彭生甫

彭生甫(1807[①]—?),字丽崧。孝廉,曾国藩幕客。

一[②]

前年得手书,并赐和章,去年又于金陵节署得书,知杖履优游,起居佳胜。并承降达尊齿德之重,订异姓昆弟之欢,且喜且幸!吴楚睽隔,无从寄复,双鱼尺素,迟滞至今,良用愧恧。属篆墓表额,弟翰墨颓唐,姓名微末,不足增先德之光,重违来意。辄已书就,适贵同宗雪琴侍郎来游西湖,一见如旧,即托其携致左右,然恐缓不及事矣。弟自去年春从苏州紫阳书院移主杭州诂经精舍,其地在孤山之麓,有楼三楹,足揽全湖之胜,风晨月夕,倚栏俯瞰,不减贺季真之在鉴湖矣。老兄倘不远千里惠然肯来,颇可于此中作十日饮也。

按,札中称"弟自去年春从苏州紫阳书院移主杭州诂经精舍",则此札当作于同治八年(1869)。《春在堂诗编》卷六有《赠彭丽崧生甫孝廉》一题,序称:"彭孝廉,乃陶文毅公之婿也。文毅抚吴时,孝廉为赘婿,后迁两江总督,复从之金陵。陶没,遂不复来,至今垂三十年矣。湘乡相公,其老友也。因访相公,复来白下。余适客节署,遂同晨夕。俱坐威林密轮船至沪上,共寓南园。又于吴门相聚,杯酒论文,颇有忘年之雅。于其别也,不能无诗,辄以长歌诒之。"同治六年(1867),俞樾至金陵拜见曾国藩,结识彭氏,并与彭氏一同赴沪,临别赋诗送行。札中所谓"前年得手书,并赐和章",或即彭氏和俞樾赠诗之作。

---

① 《春在堂诗编》卷十一叶十八。

② 此札辑自《春在堂尺牍》卷二,题作"与彭丽崧孝廉"。

二[①]

去年在西湖寓楼托贵同宗雪琴侍郎携致一函，未知得达左右否？千里而遥，企望清晖，如何弗思？今年正月八日，与李质堂[②]军门会饮于友人所，始知去岁有贤女之变，然不得其详。翌日军门招饮，出示贤郎所撰《行状》，一再读之，不禁废书而叹曰：贤女之死，极激烈，极宛转，所谓“慷慨赴死”、“从容就义”兼而有之，虽古烈丈夫，何以加兹？然此《状》也出，輶轩之使不能据以闻于朝，柱下之臣不能据以登于史，而贤女于是为徒死矣。夫贤女，所以千古不朽、万代瞻仰者，全在三月二十七夜一事。此一夜，狂且入室，肆行无状，贤女必有握拳透爪、啮齿穿龈、勃勃不可磨灭之气，必有大声疾呼、动天地、泣鬼神之言，载笔者宜谨书而备录之。今按《状》，止云“妹侍姑汤药，以寒疾归寝室。嗣远是日适以问疾至，假宿外厢，而变作矣”，又曰“久之始得其颠末”。然所谓“变作”者，既不详叙于前；所谓“始得颠末”者，又不补叙于后。徒载贤女之言曰“若有一豪生理，我当不死”，又曰“我当夜求死不得”，使读者不知此夜情事如何，以意县揣，反至失真而过实。夫嗣远既阑入寝室，或以言语调戏，或以威力逼胁，皆所必有之事。即或不幸而至于失身，而既以一死自明，则仍不失为完人。朝廷功令，初不因此而夺其旌表，秉笔者何所用其忌讳欤？况贤女当夜未必不幸而至此，乃《状》中不用据事而书之直笔，反用讳莫如深之曲笔，如画龙然，东云见鳞，西云见爪，卒莫知龙为何状。设大吏以此事

① 此札辑自《春在堂尺牍》卷三，题作“与彭丽崧孝廉”。

② 李质堂，即李朝斌（？—1895），字质堂，湖南善化人。由行伍隶长沙协标。咸丰四年（1854），调充曾国藩水师中营哨官，累功擢至参将。六年，擢副将。十一年，以总兵记名。再加提督衔。同治元年（1862），擢浙江处州镇总兵。二年，署江南提督。三年，实授。五年，移驻苏州。八年，移驻松江。光绪四年（1878），两江总督沈葆桢疏请以外洋兵轮统归朝斌节制。十二年，以病乞归。二十年，卒于家，赐恤，建专祠。

入告，其能以“变作”二字鹘突上闻乎？设史馆为贤女立传，海内士大夫为贤女作碑碣，其能以“得其颠末”一言为包括之辞乎？夫死者为贤女，状其死者为贤郎，贤郎胸中自不免有为亲者讳之意，然此事实不必讳，且不可讳，讳之是讳贤女之烈也。嗣远以功服夫兄为禽兽之行，法当竿首，今听其自死，倖逃显戮。贤父子已不免深负贤女，惟有吁告朝廷，表扬泉壤，及遍求当代名人文字垂信千秋。而此《状》又不可据。乌呼，贤女为徒死矣！弟承兄不弃，有异姓昆弟之谊，故不敢以烦嬻辞，伏求惠我数行，详示贤女死事状，弟虽不才，请执笔以待。

按，札中称“去年在西湖寓楼托贵同宗雪琴侍郎携致一函”，或即上札，则此札作于同治九年(1870)。

致彭玉麟

彭玉麟(1816—1890)[1],字雪琴,湖南衡阳人。历官水师提督、兵部尚书。谥刚直。著《彭刚直诗稿》、《奏议》等。

一[2]

西湖讲舍,得识荆州,饫之以清尊,宠之以妙墨,何幸如之!比想旌旆,已在越中,探禹穴之幽深,揽兰亭之清朗,较西子湖头,风景又胜矣。樾登舟后,于二十日抵苏,肺疾已愈。出月下浣,又可放棹武林。望从者于湖楼从容小住,再当追陪觞咏,接续坠欢也。兹有湘乡相公一书,代为寄奉,乞察入。

按,同治八年(1869)春,彭玉麟居诂经精舍养疴,俞樾与之一见如故[3]。札中既称"西湖讲舍,得识荆州",则当作于嗣后。

二[4]

舟中别后,即作越中之游,五月朔始还西湖讲舍。使人入城侦视,则台旌发矣。瞻望不及,我劳如何。吴门未知有几日句留,若能迟至月底,尚可于销夏湾头奉陪觞咏也。越中山水殊胜,大贤游览于前,贱子登涉于后,相距不过旬日,而稽山镜水间,篱鷃云鹏,后先翔集,亦一奇也。所游如禹陵、南镇、兰亭,皆拟作一诗,而力不胜题,大

---

① 《春在堂杂文四编》卷一叶二十一。

② 此札辑自《春在堂尺牍》卷二,题作"与彭雪琴侍郎"。

③ 《曲园自述诗》叶十七。

④ 此札辑自《春在堂尺牍》卷二,题作"与彭雪琴侍郎"。

有秦武王举鼎之惧。因别寻题目，避重就轻，庶几齐王用三石弓便自称十石也。其《兰亭》一章[①]，即以奉怀，辄录博一笑。

按，同治八年(1869)四月中旬，俞樾至杭州，未几即作上虞之行，展舅氏姚广文之墓，并以舅母黄孺人附焉。归次绍兴，登香炉峰，谒禹陵、游禹寺，观唐开成五年往生碑[②]。札中提及此行，则当作于该年。

三[③]

前岁西湖讲舍，得接英姿，不胜执鞭之慕。嗣得途中所寄书，并赐读佳章，樾亦尝寄上七言古诗一首，乃是年游会稽兰亭有怀左右而作者，想已入青睐矣。两载以来，未通音问，不知在绿野堂中优游岁月乎？抑或从赤松子辈笑傲烟霞乎？功成不居，长揖归山，真英雄也！求之古人中且不易得，况今人乎？樾诂经主讲，仍借湖山养拙，无足言者。去岁贵同乡徐寿蘅[④]侍郎画蛇添足，殊属多事，然在樾亦无所损益耳。本无出门西笑之心，何有留滞周南之叹？但得饘粥粗给，伏腊有资，岂独前尘昔梦，概付飘风，并山长头衔，亦谢勿受矣。樾今岁行年五十有一，精力颓唐，意兴消耗，蒲柳早衰，天所赋也。湘乡师言，本朝经生，多享大年者。然樾则学问既不逮昔贤，精神又不如远甚，殆无能为役矣。湘乡师重隶江南，矍铄更甚于前，龙马精神，固自不同乎！阁下有兴，何不来作秣陵游，并再探西湖之胜。樾仍当

---

① 即《游兰亭，有怀彭雪琴侍郎，作歌寄之》一题，见《春在堂诗编》卷七。

② 《春在堂诗编》卷七叶二至四，《春在堂随笔》卷二叶五至六、卷七叶十九。

③ 此札辑自《春在堂尺牍》卷三，题作“与彭雪琴侍郎”。

④ 徐寿蘅，即徐树铭(1824—1900)，字寿蘅，湖南长沙人。道光二十七年(1847)进士。官至工部尚书。著《澂园诗集》、《约园志》。

于第一楼头，迎候清尘也。

按，札中称"樾今岁行年五十有一"，则当作于同治十年(1871)。同治九年十二月初九日，浙江学政徐树铭奏请将"俞樾赏还原衔，交翰林院带领引见，听候录用"，上谕"徐树铭辄为俞樾乞恩……实属私心自用，谬妄糊涂"，并将其降四级调用[1]。此即札中"去岁贵同乡徐寿蘅侍郎画蛇添足"云云之所指。

四[2]

四月二日，在西湖精舍接惠书，知去年所致之函由曾文正师五百里火票飞递，一十四日而达。左右羽书，星火送到山人诗瓢，是亦千秋佳话，而不意琼瑶报我之时，已在文正师箕尾归天之后。缅怀知遇，曷胜泫然！伏读来书，语长心重，旨远词文，令人有云中白鹤、天半朱霞之想。所钤小印有曰："儿女心肠，英雄肝胆。"樾请益以二语，曰"书生面目，神仙骨相"，便足尽君之为人矣。和章如行云流水，随笔抒写，风韵神味，无一不胜，真天才也！惟揄扬之过，在所不免，然亦见贤者之多情矣。樾正月之末至闽中省视老母起居，在家兄福宁郡斋小住一月，于三月廿八日仍还西湖，补行课事。文正师之丧，不克躬与执绋之役，于心歉然。闻素车白马，飞隶金陵，阁下风义甚高，笃于师友，古之人，古之人也！未识能便道至苏杭一游，访名山兼寻旧雨乎？此间当事诸君皆言，已有诏书趣公出山，不知此信果否？伏念功成身退，长揖归田，自是大丈夫行径，然近者朝廷虽号治平，而西北军事犹亟，东南伏莽未清，吾师柱石忽摧，未免厪圣明南顾之虑。阁下上念朝廷倚畀之隆，下念苍生属望之切，纶巾羽扇，再出东山，以成文正师未竟之志。至海内晏然，中外无事，然后归从赤松子游，度

① 《清穆宗实录》卷二百九十九。

② 此札辑自《春在堂尺牍》卷四，题作"与彭雪琴侍郎"。

天下后世，必不以冯妇笑公也。阁下倘有意乎？

按，札中提及曾国藩之卒，则当作于同治十一年(1872)。同治十一年九月五日，诏彭玉麟署理兵部右侍郎[①]。札中既称“诏书趣公出山，不知此信果否”，则当作于此时。

五[②]

前覆一函，并纪行小诗五十八首[③]，定入照矣。比闻纶巾羽扇，横大江而扬舲，以整暇治兵，以德威驭将，文正师骑箕之后，有此替人，不特纾朝廷南顾之忧，且以继文正东山之志，翘瞻大树，良用欣然。惟未识虎节朝天之后，何日南来？须知望军门而企踵者，将佐、苍生而外，更有漫郎揅叟也。樾于五月中还吴下寓庐，杜门经月，幸辞褦襶之讥，伏案终朝，殊乏萧闲之致。八月后，拟仍至西湖讲舍。前年赐书联额，尚县第一楼中，每瞻妙墨，如挹英风也。

按，此札紧接上札，亦作于同治十一年(1872)。

六[④]

腊八前一日，承惠顾吴下春在草堂，叙数年契阔，甚善。而鄙人竟未尝登舻一送，知游于人外者，必不责形迹之往来也。日内想云装烟驾，已至西湖六桥风雪中，毡笠芒鞋，徜徉自得，韩蕲王后，五百年无此乐矣。尝读左太冲诗曰：“功成不受爵，长揖归田庐。”此二句，诵

---

① 《清穆宗实录》卷三百四十。

② 此札辑自《春在堂尺牍》卷四，紧接上札，题作“又”。

③ 应指《壬申春日自杭州至福宁杂诗》三十二首、《福宁杂诗》十二首及《自福宁还杭州杂诗》十四首，均见《春在堂诗编》卷七。

④ 此札辑自《春在堂尺牍》卷四，题作“与彭雪琴侍郎”。

之似口头恒语，而一部《廿四史》中，克副此语者，实难其人，乃今于阁下见之。以两宫眷念之笃，举朝仰望之隆，敝车羸马，翩然南归，一仆两僮，寄居烟水之乡，非所谓"连玺耀前廷，视之如浮云"者乎？以当代第一流，居西湖第一楼，是谓人地两宜。而仆忝为第一楼主人，因得冒为第一流主人，私自循省，实为万幸。湖上严寒，风景萧索，而冷淡中自有佳趣，非公不足领略。吴下寄奴，不获与孤山梅鹤同侍清游，思之又自惘惘也。小诗二首①，即用春间见赠韵，聊博一笑。

按，同治十一年(1872)十二月，彭玉麟过苏州，访俞樾。俞樾赋诗，送其至西湖精舍度岁②。札中既称"以当代第一流，居西湖第一楼"、"湖上严寒"云云，则当作于本年末。

七③

前致一函，并小诗二首，已照入否？闻吴中别后，旌旆又作吴兴之行，而后至武林。苍弁山边，碧浪湖畔，得谢屐经临，山川生色矣！西湖岁晚，风景何如？孤山梅花，南枝开未？三潭印月是前年从者去浙后新修，平桥九曲，精舍三楹，视平湖秋月更为有致，其东北隅尚馀隙地，似可仿邵康节先生安乐行窝之例筑屋数掾，题曰"西湖退省庵"，为巡视长江两年一往来鸾装鹤誓暂驻之所，则西湖又增一名迹矣。公以为何如？秋间有客自中州来，以高庙御笔梅花小幅搨本见诒，敬以转赠。前所惠梅花横幅，如行箧中尚有存者，求更赐数纸，以便分诒同好也。仆二月中有五湖之游，公如有兴，可鼓棹而来，同探莫厘、缥渺两峰之胜，或视南北两峰所见更空阔乎？

---

① 即《彭雪琴侍郎过苏州见访，即送其至西湖诂经精舍度岁，次春初所赠诗韵》一题，见《春在堂诗编》卷七。

② 《春在堂诗编》卷七叶二十四。

③ 此札辑自《春在堂尺牍》卷四，题作"又与彭雪琴侍郎"。

按，此札接续上札，当作于同治十一年(1872)末或次年初。

八[①]

获读手书，并《大婚恭纪》七律十章[②]，音节谐和，注释详备，如设交杯宴，唱交祝歌，用团栾膳，进子孙饽饽，服龙凤同和袍，以及奉迎时置如意于舆中，亲题"龙"字，入宫时安苹果于槛下，上覆马鞍，皆足考见典章，传为故事。又如奁中大镜一方，进乾清门不得入，去架乃入，亦足见天家富贵，使山泽之癯眼界一开也。元旦以来，风日晴和，恭逢亲政之年，喜睹升平之兆，虽耕凿野人，亦为鼓舞，况阁下为国股肱者乎！湖楼啸傲，意兴何如？登眺虽佳，春寒犹劲，积病之馀，千万珍重。

按，同治十一年九月十五日，同治帝大婚；十二年正月二十六日，两宫撤帘，清穆宗亲政。札中提及两事，则当作于同治十二年(1873)春。

九[③]

西湖一别，寒暑环周，昔柳而今雪矣。读致石泉中丞书，知已旋节衡阳，宿疴有瘳，旧庐无恙，惟三径松菊，小需修葺，想竹头木屑，又费陶公一番运甓精神矣。诵至末幅，垂念鄙人，寄声存问，感在远之不遗，愧无状之可述。自与公别后，即遭先兄福宁太守之变，驰赴福宁，奉母北归，以八十八岁之高年，行千八百里之长路，水陆舟舆，幸

① 此札辑自《春在堂尺牍》卷四，题作"与彭雪琴侍郎"。

② 即《同治十一年壬申九月十五日大婚庆典，恭纪七律十首》一题，见《彭刚直公诗集》卷四。

③ 此札辑自《春在堂尺牍》卷四，题作"与彭雪琴侍郎"。

叨平顺,曾有句云:“回首长途心转悸,二千里路九旬人。”[①]想阁下为我动色也。归来仍寓吴中。自惟向来山野之服,可以傲公卿,不可以奉老母,适儿子绍莱去年在大名署任内,由道衔为请二品封,遂腼然受之。六月初三,山妻生日,即服其服,戏为小诗云:“频年韦布谢簪缨,忽荷推恩意转惊。此日承欢当彩服,将来借重到铭旌。蓬瀛旧籍三朝远,云水闲身二品荣。聊与山妻作生日,笄珈重为换钗荆。”[②]千里寄知,博故人抚掌。“蓬瀛旧籍”二句,颇可作楹联,得暇能为书之以辉蓬壁乎?西湖退省庵尚未落成,迟至明年,必可毕工。记文已写一通[③],交黎乔松太守。此记皆记实语,文尚不甚劣,而书颇不工,未足张此名迹也。庵成后,尚须制一小舟,往来云水间,亦宜先事谋之。

按,同治十二年(1873)三月十七日,俞樾兄俞林病逝福宁府任所[④]。札中提及此事,则当作于该年。

十[⑤]

别后久不得信,正以为念,昨由兰舫[⑥]寄到十二日书,并书画各一幅。清恙甫瘳,即烦濡染,感荷良深。日来起居何似?想已安善如常。湖上天寒,朔风凛冽,游览非宜,且俟春融,再蜡阮公之屐可也。岐黄一道,久已失传,药饵不宜轻试,总以养气为主。弟杜撰有三字

---

① 为《家兄壬甫太守殁于福宁郡斋,因驰赴福宁,奉太夫人北旋,于五月二十六日至吴下庽庐,谨记以诗》一题之末联,见《春在堂诗编》卷八。

② 此诗题作《旧岁覃恩,儿子绍莱为请二品封,亦纪以诗》,见《春在堂诗编》卷八。文字小有不同。

③ 即《西湖退省庵记》,见《春在堂杂文续编》卷一。

④ 《春在堂杂文三编》卷二叶四十六。

⑤ 此札辑自《春在堂尺牍》卷五,题作“与彭雪琴侍郎”。

⑥ 兰舫,即沈灿(1826—?),字兰舫,浙江仁和人。以校官任诂经精舍监院十年。

诀曰：塑，锁，梳。所谓“塑”者，力制此身如泥塑然，勿使有豪发之动，此制外养中之要道也；所谓“锁”者，谨闭其口，如以锁锁之，勿使气从口出，不从口出，则其从鼻出者，亦自微乎其微，有绵绵若存之妙矣；所谓“梳”者，存想此气，自上而下，若以梳梳发然，不通者使之通，不顺者使之顺，徐而至于丹田，又徐而至于涌泉穴，则自然水火济而心肾交矣。此三字，至粗至浅，然当寒夜漏长，展转反侧，不能成寐，行此三字，俄顷之间，自入黑甜。若无论日夜，得暇辄行之，其功效当不止此。不敢自秘，谨布之左右，以为湖楼养疴之一助。

按，《俞楼杂纂》卷四十四《枕上三字诀》中所言与此札相同而加详，可参看。

十一①

吴弁回，奉一笺陈谢，定照入矣。昨又得五月十九日书，爱我拳拳，有逾骨肉，诵之感泣。弟自问能达观而不能忘情。能达观，故早岁罢官，终身无介怀之日；不能忘情，故晚年丧耦，终身无忘怀之时矣。承劝我作西湖之游，然回忆春间与内人同舟泛水，联步看花，再到俞楼，徒增凄悼耳。又大儿百日满后仍须至直隶当差，未便以家事付之。内人亡后，米盐琐屑，均托一老友王济川料理，而银钱出入，弟总其成，如此则诸事井井，仍与内人在日无殊也。日内天时酷暑，既不欲出门作褦襶客，而入内则繐帷相对，殊觉伤心，是以终日在书房坐起。每念湖楼卜筑，深费门下诸君子之力，而又得大力成之，故于《曲园杂纂》之后，又撰《俞楼杂纂》，大约亦可五十卷，已成其半，络续付梓，庶借著述流传，使海内外知有此楼，不负吾兄及诸君子一番雅意耳。此后敬当勉抑哀情，以副良朋至爱。亦望吾兄善自保重，一切视如行云流水，万勿激于忠爱，过涉焦劳。行旌所至，节宣寒暑，谨慎

① 此札辑自《春在堂尺牍》卷五，题作“与彭雪琴亲家”。

风波，为国家保此柱石，支椿东南，但愿江海无波。明岁秋风，早来湖上，以续湖楼清话。兴之所至，或芒鞋竹杖，从吾兄作天台、雁荡之游，当可豁开眼界，消释牢愁也。书至此一笑，读至此亦当一笑。

按，札中有“晚年丧耦”、“内人亡后”等语，则当作于光绪五年(1879)四月二十二日俞樾妻姚夫人卒后。光绪四年四月，俞樾门生徐琪等人集资鸠工营建“俞楼”于西湖六一泉西之孤山山麓[①]；冬，彭玉麟至杭，访俞楼，出赀财，扩而大之[②]。光绪五年二月，彭玉麟又于俞楼前叠石为山，为俞楼增一景致[③]。此即札中称“每念湖楼卜筑，深费门下诸君子之力，而又得大力成之”之由。

十二[④]

五月中详复一笺，未知得达青览否。比想大旆已安抵退省庵中，今年夏秋间暑热殊酷，舟行不劳顿否？旧疾不发否？甚以为念。弟素性能达观而不能忘情，虽承劝慰殷殷，终觉心胸郁郁。附去诗一卷，览之可知鄙怀。伏念去岁老母见背，今年内人继之，似乎鄙人行期亦当不远。弟视死生，不过如苏杭之往返，此亦何足挂怀。但思年来与阁下同住西湖，湖楼对宇，湖舫连桡，未知此乐尚能为继否。此亦弟能达观不能忘情之一验也。所最念者，小孙陛云，荷蒙雅意，许订朱陈，而吴楚迢遥，弟又日形衰老，初议壬午岁阁下巡江东下，携令孙女俱来，癸未春再成大礼。然至今日，情事又殊，不识弟尚及相待否。伏念内人在湖楼时，尚痴望得与令孙女相见，今则泉台永隔矣。昔人云：“既痛逝者，行自念也。”以弟自问，必不永年，即以老亲家积

---

① 《俞楼杂纂》卷五十叶三至四。

② 《俞楼杂纂》卷五十叶五至六。

③ 《俞楼杂纂》卷五十叶八。

④ 此札辑自《春在堂尺牍》卷五，题作“与彭雪琴亲家”。

劳久病之身，此等事亦宜早了为是。不揣冒昧，辄敢渎商，可否于明年巡江东下时，即携令孙女同至西湖，在退省庵度岁，至辛巳之春，择吉过门，是年令孙女妙龄十六矣。忆二小女完姻，亦止十六岁，是亦不为过早。惟小孙则止十四，拟先完花烛大礼，俟一二年再择吉圆房。如此办理，虽似局促，然使弟目中得见令孙女过门，此后时至即行，一无遗恨矣。惟老亲翁矜许焉。内人临卒，留有金钏、翡翠钏各一事，遗言冢孙妇入门时答其拜见之礼。弟谨藏箧笥，俟见令孙女交付，以副内人九泉之意。书至此，又不胜泫然矣。

按，札中言“去岁老母见背，今年内人继之”，则当作于光绪五年(1879)。光绪三年，彭玉麟过苏州，俞樾携小孙陛云见之。雪翁一见属意，以汉玉佩一枚相赠。旋由勒方锜为媒，聘彭氏长孙女为孙妇[①]。此即札中“小孙陛云荷蒙雅意，许订朱陈”之所指。

十三[②]

得十月二十四日书，又承劝慰殷殷。自非顽石，无不点头，弟亦非全不知此理者，自应善保馀龄，以副雅爱。况内人一生亦算全福，弟与为四十年夫妇，无小亏负之处，异时相见黄泉，可无愧色，原不必过为奉倩之神伤。乃自到湖楼，饮食减少，胸膈隐隐作痛，精力日见衰颓，非坐情痴，良由数尽。数尽之故，厥有二端：其一则戊辰之春，内人在吴下，大病几危，弟自西湖飞棹而归，为疏以祷于神，愿将己寿与内人平分，此一事也。其一则癸酉夏间，奉老母自福宁北归，甫出郡城，将入山径，老母即在舆中欧吐，是午便不能饭，弟惶遽万分，每过高山大水及道旁小小丛祠，默祷于神，愿减己十年之寿，保老母平安到苏，一日之后，老母果臻康健，登山涉水，了不知劳，此又一事也。

---

① 《春在堂诗编》卷十三叶九。

② 此札辑自《春在堂尺牍》卷五，紧接上札，题作“又”。

此二事者，从前自内人外，虽儿女不使知之。今老母见背，内人又长逝，言之亦复无伤。老亲家爱我，有逾骨肉，故偶一及之。匹夫一念之微，未必能感动幽明，然实是弟之至愿。以此减算，心所安也，是以衣衾棺椁，一一预备，今来为内子营葬，即自营生圹，自题墓碣，并自撰挽联，其上联云："生无补于时，死无损于数，辛辛苦苦著成二百五十卷书，流布四方，是亦足矣。"其下联云："仰不愧于天，俯不怍于人，浩浩落落历数半生三十年事，放怀一笑，吾其归乎。"今录奉老亲家，同一笑也。自念生固不恶，死亦大佳，委心任运，时至即行，了无恋恋。惟区区之意，尚思一见孙妇，虽死亦瞑。而前书所请，未蒙许行，为之怅惘。夫妆奁何足道，吾辈人家，不宜计校及此。弟从前遣嫁两女，亦无妆奁也。即女功未习，亦是细事，苏杭间妇女最逸，老亲翁亦素知之，但须自制鞋耳，或年幼，并鞋未能制，亦所谅也。此二者，毋劳介意。惟少夫人母女之爱，未忍遽离，此则人之至情，最宜体贴。弟偶思得一妙策，明年老亲翁巡江东下，竟请挈令孙女同来，择吉先完花烛大礼，及从者自浙启行，仍请偕还，只算嫁后归宁，本是礼之所有。下届巡江，又请挈令孙女同来，若少夫人未能恝然，不妨再随旌麾归去，如此两往返，令孙女与小孙年皆长成，便可择吉圆房。此则女大须嫁，人事之常，少夫人亦可弗恋恋矣。此策也，有三善焉：少夫人母女以渐分离，相忘不觉，一也；令孙女往来吴楚，于寒家眷属，日形浃洽，二也；老亲翁高年多病，跋涉长江，得令孙女随行，则军旅之间，有家庭之乐，三也。思之狂喜，辄布陈之，幸力言于少夫人，曲从鄙意。

按，此札接续上札，与彭玉麟讨论为孙儿陛云和彭氏孙女完婚之事，应亦作于光绪五年(1879)。

十四[1]

二月间,承口授侍者,寄我一函,裁覆犹稽,讣音遽至。回思客秋,鸳湖一别,遂成永诀,痛何可言!以吴楚迢遥,未克白马素车,敬赴灵前,凭棺一恸,负疚多矣。山中以歌代哭,成一百六十韵[2],命令孙女焚寄泉台,又有《西湖杂诗》八首[3],一并焚寄。湖山不异,风景顿殊,公追念前游,当亦怃然乎?西湖退省庵之右,贵同乡诸君子已为构建崇祠,落成在即矣。弟言于崧镇青[4]中丞,并邀集敝同乡诸人,禀请为公建祠,将来即以贵同乡所私建者作为浙省专祠。湖山俎豆,从此千秋,想良辰美景,明月清风,笙鹤来游,仍与生平不异也。小孙又荐而不售,有负期望。在小孙甫逾弱冠,何贵速成。但弟老矣,不久将从公游,恐不能待耳。每念古人交谊,不以生死而殊,敢援庾元规追报孔坦、刘孝标重答刘沼之例,敬书一纸,远寄九京,灵而有知,尚其凌云一笑。

按,光绪十六年(1890)三月初六日,彭玉麟卒[5]。此札作于嗣后。

---

① 此札辑自《春在堂尺牍》卷六,题作"焚寄彭雪琴亲家"。

② 即《哭彭雪琴尚书一百六十韵》一题,见《春在堂诗编》卷十三。

③ 见《春在堂诗编》卷十三。

④ 崧镇青,即崧骏(?—1891),字镇青,瓜尔佳氏,满洲镶蓝旗人。咸丰八年(1858)举人,由兵部笔帖式累迁郎中。同治六年(1867),出知广东高州府,以忧解。服除,起授山东沂州府,历广西按察使、直隶布政使、漕运总督。光绪十二年(1886),巡抚江苏,调浙江,所至兴利除弊。十七年,卒於官。

⑤ 《春在堂杂文四编》卷一叶二十一。

致祁寯藻

祁寯藻(1793—1866),字叔颖,号春圃,山西寿阳人。嘉庆十九年(1814)进士。官至吏部尚书,军机大臣。

一[1]

受业俞樾谨启

中堂老夫子函丈:

樾自庚戌岁得附门下士之末,以为光荣。乙卯秋出使中州,敏谒门墙,备闻榘训。而乃奉职无状,孤负师恩。嗣后跧伏草茅,瞻望龙门,如在天上矣。窃闻东山啸咏,德望益高。姚崇救时,是称贤相;桓荣稽古,亲为帝师[2]。海内学者莫不依附声光,得一言以自壮。而樾废弃之馀,自问不足当大君子一顾,故景仰虽殷,未敢率投笺素。惟己未岁曾呈诗稿一部[3],与孙琴西诗稿同寄,亦未知果登记室否。比年来妄事撰述,以遣穷愁。所著八十卷,惟《群经平议》三十六卷粗有成书。其中第十四卷专论《考工记》世室重屋明堂制度,津门有好事者取以付梓。伏念吾师[4]以经学提撕后进,当代治经者,舍函丈无所折衷。古人有一面未交而负书车前不耻自献者,况出大贤之门,得在

---

① 此札辑自华宁:《俞樾"门下士"、"群经"二札考释》,《故宫博物院院刊》2004年第2期。又收入《春在堂尺牍》卷一,题作"上祁春圃相国"。今据原稿整理。

② 祁寯藻为道光、咸丰、同治三代帝师。

③ 己未岁为咸丰九年(1859)。"诗稿一部",刻本作"诗稿十卷"。咸丰八年季夏,俞樾《日损益斋诗钞》十卷刻于吴门(据南京图书馆藏该书牌记),此处"诗稿"当指此本。

④ 祁寯藻为道光三十年会试读卷官,故俞樾每以"吾师"称之。

弟子之列，而鳃鳃焉惧于谴责，不敢布露于左右，是亦自弃之尤者矣。用敢不揣冒昧，寄呈鉴定。倘蒙俯赐览观，有以教之，是所望也，非敢请也。肃此，恭请钧安，伏求垂鉴。

樾谨启

外附呈所著书目一纸，并求赐览。

《宾萌集》二十卷。《外集》四卷。

《群经平议》三十六卷。《周易》二卷、《尚书》四卷、《逸周书》一卷、《毛诗》四卷、《周官》二卷、《考工记世室重屋明堂考》一卷、《仪礼》二卷、《大小戴礼记》六卷、《春秋三传》五卷、《外传国语》二卷、《论语》二卷、《孟子》二卷、《尔雅》二卷、《序》一卷。

《诸子平议》十卷。《管子》二卷、《老子》一卷、《晏子春秋》一卷、《荀子》一卷、《吕氏春秋》二卷、《太玄》一卷。

《字义载疑》四卷。《金石琐谈》一卷。《春秋名字解诂补正》二卷。《读史汉随笔》三卷。

按，同治四年(1865)春，天津张汝霖[①]刊《群经平议》卷十四《考工记世室重屋明堂考》行世[②]。札中提及此事，故当作于之后不久。

二[③]

敬启者：

樾自寄呈《群经平议》第十四卷，私衷惴惴，惟恐学术浅薄，文义

---

① 《天津文史资料选辑》和《第二次鸦片战争》记载，张汝霖是“国子监生，选用同知，改候选道员，加盐运使衔，赏二品顶戴”，其父是曾受清廷“一品封典”的天津著名大盐商张锦文。

② 《群经平议序》叶一。

③ 此札辑自华宁：《俞樾“门下士”、“群经”二札考释》，《故宫博物院院刊》2004年第2期。又收入《春在堂尺牍》卷一，题作“再上春圃相国”。今据原稿整理。

粗疏，不足当大君子之一顾。乃于闰月廿七日接奉钧函[①]，猥以小子之斐然，上博夫子之莞尔，殷殷奖借，情见乎词。伏读再三，感而且愧。又承垂问其馀各种，樾此书已算粗成，惟家贫，乏人钞写，止有稿本。今年宋雪帆[②]前辈来津，见其一二，颇为加可，小助刻资。见在已将《仪礼平议》二卷寄京，交旧徒汪仪卿[③]水部校刊，俟毕工后即当寄求钧诲。此外各卷，尚在箧中，窃恐将来徒饱蠹腹，颇拟集众擎之力，次第灾梨。而时方多故，当道诸公未遑留意于此；且此道好之者希，扣寂求音，未必即有同声之应。倘将来得如痴愿，一律刊成，尚当叩求宠赐弁言，借元晏一言，为《三都》增重，想吾师以裁成后进为心，不嫌妆嫫费黱乎。至诗稿旧曾刊于吴门，兵乱以来，原版久毁，印本亦无存者。去年删旧增新，订为十卷，闻京师鲍小山观察家有活字版一副，已托人向其世兄告借。若得此板排印成书，便可寄呈函丈，但未知能得否。如师门有与鲍氏熟悉者，可否为樾转询？外寄上《平议》二本，阎梦岩[④]农部处即求代致其一。肃此，恭请钧安，伏求垂察。

再者，自出承明，久不作楷，字体丑劣，统望鉴原。

受业俞樾谨启

按，此札内容接续上札，亦应作于同治四年(1865)。且札中提及“闰月廿七日”，同治四年恰有闰五月。《袖中书》卷一收录祁寯藻致俞樾札两通，其二称“称惠大著二册，谨已拜登，其一即致梦岩农部，

---

① 《春在堂全书·袖中书》卷一收录祁寯藻给俞樾函札两通，其第一札中对《考工记世室重屋明堂考》大加赞赏，疑即是此处所言之“函”。

② 宋雪帆，即宋晋(1802—1874)，字锡蕃，号雪帆，江苏溧阳人。道光二十四年进士(故俞樾称其“前辈”)，累官至礼部、户部左侍郎。

③ 汪仪卿，即汪鸿逵，参见致胡澍札脚注③。

④ 阎梦岩，即阎汝弼(生卒年不详)，字梦岩，山西寿阳人。咸丰六年(1856)进士。著《周易爻徵广义》。

均深感佩”[①],应是对此札的回复。

三[②]

樾自去年八月间,因二小儿在吴下大病,不得已航海南归视之,其时仓卒启行,未及以一笺闻之左右也。今年二月二十九日,由津门寄到赐书,奖借溢词,读之颜汗。虽吾师诱掖之盛心,实非樾所敢当也。入春来,南中雨水频仍,春寒殊剧,未知都下如何?想平泉花木,造化甄陶,元老起居,玺书存问,无边春色,都归杖履间矣。樾南归后,因二儿痁疾,积久不痊,坐是因循,未能他去。适苏州紫阳书院主讲乏人,当事者遂以樾承其乏,皋比虚拥,无状可言。所著《群经平议》,浙江蒋芗泉方伯许为付梓,因写副本寄去,而至今尚未开雕,未识何时可以蒇事。比来又从事周秦诸子之书,将旧著《诸子平议》再为写定,然卷袠亦颇烦重,今年能否卒业,未可知也。伏念圣人之道,具在于经,而周秦诸子,亦各有所得,虽申、韩之刻薄,庄、列之虚诞,要皆本其心之所独得者而著之书,非后人剽窃陈言、一倡百和、若应声虫者也。国朝经术昌明,扫虚浮而归之实学,诸老先生发明古训,是正文字,实有因文见道之功。数十年来,此事衰息,独吾师以经学受主知,倡后进,海内治经者奉为圭臬,乾嘉一脉,庶几未队。今又引疾去位,然则登高而提唱之者谁乎?樾以不才,为时所弃,穷年兀兀,不过聊以自娱,其无与于斯道也宜矣,其不足振而起之也审矣。率意直陈,勿罪其狂言,幸甚。承寄赐王氏篆友[③]书二种,尚在天津大小

① 《袖中书》卷一叶二至三。

② 此札辑自《春在堂尺牍》卷一,题作“上祁春圃相国”。

③ 王氏篆友,即王筠(1784—1854),字贯山,号篆友,山东安丘人。道光元年(1821)举人,曾任山西宁乡、徐沟、曲沃知县。著《说文句读》、《说文释例》、《文字蒙求》、《四书说略》等。据《袖中书》卷一所录祁寯藻札知,祁氏所寄为《说文句读》、《说文释例》两书。

儿处，秋间王补帆南还，必可带到，先此陈谢，不宣。

按，札中俞樾提及同治四年秋因次子生病离津南旋，同治五年开始主讲苏州紫阳书院，以及《群经平议》将由蒋益澧付梓诸事，则当作于同治五年(1866)。

致钱应溥[①]

钱应溥(1824—1902),字子密,号葆慎、闲静老人,浙江嘉兴人。官至工部尚书。

接手书,承不遗在远,慰问拳拳,而词意超然,尤令人想见天怀清旷。然以阁下之才,辅政枢廷,海内方为圣朝得人贺。今虽众正盈廷,而于外面情形或未尽深悉,公则阅历深矣。江海形势、地方利弊、将佐贤愚、兵力厚薄,无不了然于胸中,以之赞襄皇极、匡济时艰,真轻车熟路也。若林下优游之乐,恐不能不让尊先文端[②]之专美于前矣。兄行年七十五,夕阳光景,不久人间,且素守“隐居放言”包注“放置不言世事”之戒,故于时事,从未傀言,即有所言,亦从不示人。乃今则为时势所迫,窃有不能自已者,因将旧作数篇刻成一卷,名曰《宾萌集补篇》,又作《迂议》一篇,三千馀言。嗟乎,九河横溢,而欲以一凷之土塞之,多见其不知量耳。以承知爱,不敢自秘,未识览之以为何如?[③]

按,札中称“兄行年七十五”,则当作于光绪二十一年(1895)。本年六月,钱应溥入直军机处,此即札中“以阁下之才,辅政枢廷”之谓。《迂议》,今未见。然《楹联录存》卷四《杨见山太守挽联》序曰:“见山乃吾湖名孝廉,以太守官吴中,一摄常州守而罢。然其翰墨颇行于

① 此札辑自《春在堂尺牍》卷七,题作“与钱子密侍郎”。

② 钱应溥五世祖钱陈群(1686—1774),谥文端。

③ 稿本原有“《补篇》中有《补宴鹿鸣》一议,此则兄之妄想,能为玉成之否?如晤翁大农,不妨一谈,亦尝以此示之也”一句,后圈去。

时。余与踪迹稍疏，去岁余著《迂议》一篇，见山读之则曰‘语语如吾所欲出’云。卒年七十八，长于余两岁。”可知俞樾七十五岁时确曾作《迂议》。

致乔松年[①]

乔松年(1815—1875),字健侯,号鹤侪,山西徐沟人。道光十五年(1835)进士。授工部主事,迁郎中。任江苏松江、苏州知府,江宁布政使,安徽、陕西巡抚,东河河道总督。著《论语浅解》、《乔勤恪公全集》。

昨由少仲[②]处交到惠书,知前年因奉题《含饴授经图》,有寄复之函,而未获拜读,不知浮沈何所矣。兹当小园梅信初回,想谢傅东山,兴复不浅,披一品仙衣而踏雪,携上尊御酒以寻春,较吾辈竹屋纸窗,得少佳趣者,迥不侔矣。然而四海苍生,正思霖雨,恐司马君实不能久留独乐园中。明年旌麾北上,定在何时?但愿虎符玉节,翩然南来,俾野鹤闲云,亦得飞傍军门,借亲君子之光,以慰生平之愿,区区之心,实所企望。樾于十一月底回吴下寓庐度岁,腊灯如豆,冻笔无花,仍借故书,以消短晷。前为少仲捉刀,代书斋额,乃承见爱,授简命书,草草报命,殊无足观,勿罪为幸。

---

① 此札辑自《春在堂尺牍》卷二,题作"与乔鹤侪中丞"。

② 少仲,即勒方锜。

致瞿鸿禨

瞿鸿禨(1850—1918)，字子玖，一作子九，号止庵，晚号西岩老人，湖南善化人。同治十年(1871)进士，授编修。光绪间，大考一等，擢为侍讲学士。历官内阁学士。先后典福建、广西乡试，督河南、浙江、四川学政。后擢军机大臣、政务处大臣、外务部尚书。持身清刻，锐于用事，以直言忤西太后，被革职。辛亥革命后，寓居上海。有《圣德纪略》、《恩遇纪略》、《旧闻纪略》各一卷；另有《止庵诗文集》、《汉书笺识》等行世。

一①

子玖学使仁兄大人阁下：

别将两月，如隔三秋。前由监院寄到公牍一函，敬悉轺车所至，延揽人材，浙东西喁然向风矣。弟前书以阮文达相况，兹阅《雷塘弟子记》②，知文达于三十五岁浙江学政报满；而阁下适以三十五岁莅浙，岂非文达之替人乎？为吾浙幸，尤为斯文喜也。弟于仲冬四日始还苏寓，碌碌昕宵，夙学荒废，无以为知己告。手肃，敬问起居，伏惟为道珍重。

愚弟俞樾顿首

按，《春在堂诗编》卷十一“乙丙编”有《赠瞿子玖学使鸿禨》一题，小注云：“阮文达年三十五岁浙江学政报满，君今年三十五，新任浙江学政，君其阮文达之替人乎？”正与札中所言同，故此札当作于光绪十

---

① 此札辑自《上海图书馆藏名人手札选刊·俞曲园手札》，第 290—291 页。

② 即张鉴等编《雷塘庵主弟子记》八卷，系阮元年谱。

一年(1885)。

二[①]

子玖尊兄大人阁下：

弟明日辰初即可成行，不及走辞，秋间到杭，再领教言也。承赐佳菌拜登，感感。尊夫人书略一展阅，朴茂之气，迥非时流所能办，容俟细阅再缴。青馀[②]同年在中州时相往还，中郎有女，殊可喜也。卢舍庵极承佽助，功德无量。去年所作诗，即写奉青览。又拙诗第十卷，未知案头有否？因有《哀王张顾》诗[③]，一并附呈一笑。倚装布谢，即请台安。

愚弟俞樾顿首

按，据《春在堂诗编》卷十二《卢舍庵纪事》一诗知，光绪十三年(1887)三月初八日，卢舍庵被风吹毁，俞樾捐资修葺，并于同仁中集资。此札提及瞿鸿禨亦资助卢舍庵，则当作于本年。

三[④]

子玖仁兄大人阁下：

日前接奉复函，知局寄一缄已达典签矣。尊夫人墨宝已交舍亲

---

① 此札辑自《上海图书馆藏名人手札选刊·俞曲园手札》，第292—293页。

② 青馀，即傅寿彤(生卒年不详)，字青馀，贵州贵筑人。道光二十四年(1844)举人，咸丰三年(1853)进士。未散馆，以军功特授检讨。官至河南按察使。著《澹勤室诗集》。

③ 见《春在堂诗编》卷十。该诗序云："老王，舆夫也；老张，舟子也；老顾，右台仙馆之守者也。皆事我于湖楼、山馆者，不数年皆死矣。各赋一诗哀之。"

④ 此札辑自《上海图书馆藏名人手札选刊·俞曲园手札》，第294—299页。

姚茂才带杭，计端节前后可送到也。《说文五翼》[1]一书，未知上虞广文如何申复？闻蔡朧客[2]言，此书都门有刊版，未知曾见否？然外间流播绝少，卷帙幸而不多，或发书局刻行，以广其传，未始不可。《小尔雅疏证》[3]则书局已有版在，即"邵武丛书"之一也。前呈《文昌生日歌》[4]，谬承许可，今又作碑记一首求教[5]。鄙意如请尊夫人隶书一通，刻石贵署文昌宫中，未始非一名迹，尊意以为何如？郑集久佚，卢氏见曾刻《周易郑注》[6]，即附刻郑集，向在舍亲戴子高处见之；《相风赋》误入，亦子高为弟说也。复见太仓张《百三名家集·傅鹑觚集》[7]果有此赋，子高所说良是。今子高已殁，其遗书散佚，弟案头却无卢刻《易注》也。至严氏全上古至南北朝文目，则弟处有之，今将其所载郑文开奉订正。闻此书已在粤东开雕，则亦可不刻，刻之亦寥寥不成卷帙耳。前序所云，姑作为文章波澜可也，一笑。手此布泐，敬请台安，顺贺午禧，不尽万一。

愚弟俞樾顿首，五月二日

按，札中提及之《文昌生日歌》作于光绪十四年(1888)二月初三日，故此札当作于该年五月初二。札中俞樾向瞿鸿禨历数之宜刻书，经查，均未见浙局刻本。

---

① 《说文五翼》八卷，清王煦撰。有嘉庆十三年(1808)上虞王氏芮鞠山庄刻本、光绪八年(1882)上虞观海楼刻本，应即此处俞樾询及之本。

② 蔡朧客，即蔡启盛，字朧客，浙江诸暨人。诂经精舍生。著《经窥馀烬》，校《春在堂全书》，与修《天津志》。

③ 《小尔雅疏》八卷，清王煦撰。收入《邵武徐氏丛书》初刻中，光绪七年(1881)至十年间刻本。

④ 见《春在堂诗编》卷十二。

⑤ 即《浙江学署文昌宫碑》，见《春在堂杂文四编》卷一。

⑥ 卢氏《雅雨堂丛书》中收入郑玄注《郑氏周易》三卷及《郑司农集》一卷。

⑦ 即明张溥所辑《汉魏六朝百三名家集》中之傅玄集。

四①

子玖仁兄老夫子大人阁下：

日前旌旆莅苏，纡尊枉顾，草堂促膝，快慰渴衷。比闻太仓试毕，想文旌又在峰泖间矣。行部贤劳，伏惟台候万福。弟去岁与人谈论，尝妄言"庚"者"更"也，"辛"者"新"也，恐庚子、辛丑乡、会试，将有更新之事，今果见其端于武童小试矣，曷胜吾道之忧！然即以武童小试而论，似亦不无窒碍，何也？民间娴习弓马，其事甚便；今改用枪炮，此岂民间所有！而火药又岂民间所宜私蓄耶？果使家有此具，则从此小而械斗，大而作乱，其害不胜言。且如民教不和，以火器从事，伤人必多，构衅益大矣。或谓宜设武备学堂，使皆就堂学习，民间不得私习，然乡僻小县中，欲试一教八比时文之书院力尚不足，其能遍设武备学堂乎？当事者于此殆未之深思也。方今沿海要隘，尽付他人；东南利权，非复我有，而搜刮及于闾阎，新奇见于学校，阁下深识远虑，职任文衡，何以兴起斯文、保全元气乎？跂予望之矣！小孙于廿九日始抵都门，盖以在沪待船，故迟滞至此。今日放总裁，明日或可得信也。前面呈章、董两生著作，今两生各认专门，另单开览。章炳麟素以经学见长，乃诂经高材生；董祖寿则阁下视学浙中以第一名取入学者也。弟向来自恃短视，不患昏花，乃今亦花矣，多写数字，遂致模糊。草草布达，即敬请台安，惟为时为道自重，不尽万一。

馆世愚弟俞樾顿首

去年诂经开课，有诗一首②，附呈雅正。

---

① 此札辑自《上海图书馆藏名人手札选刊·俞曲园手札》，第280—285页。

② 应即《余主诂经精舍讲席，至今岁三十年矣，开课之日慨然有作》一题，见《春在堂诗编》卷十六。

按，光绪二十四年(1898)正月二十九日，清廷以荣禄、高燮曾、胡燏棻先后奏请设武备特科，命各省武乡试自光绪二十六年(1900)、会试自光绪二十七年(1901)、童试自下一科始，一律改试枪炮。此即札中“更新之事，今果见其端于武童小试”与“今改用枪炮”云云之背景。札中俞樾对武科自童试即改试枪炮之议的可操作性问题提出不同意见，确实说到关键处。又，光绪二十四年春，俞樾孙陛云应礼部试，并以探花及第。而此札中仅称“小孙于廿九日始抵都门”、“今日放总裁，明日或可得信”，则作此札时，春闱之试尚未举行。

五[①]

子玖仁兄大人阁下：

久疏执讯，时切驰思。敬惟入伏来绛帐论文，碧筒销夏，兴居佳胜，定协颂忱。秋后何时启节，按试维扬？功令一新，时文遂废，初不料如此之速。改试策论，与八股途径稍殊，幕府中须添一二友否？康熙中亦尝有此事，不久而复，今则恐未必复矣。八股与策论，同是以文取士，亦无甚轩轾；乃阅礼部所定学堂章程[②]，似乎科举亦不久将废，此则所关颇不小也。弟感年龄之将暮，惊时局之骤新，诵《兔爰》之诗，为之太息。已于六月朔致书廖谷翁，辞诂经讲席矣[③]。小孙久困礼闱，滥登上第。然如此时势，一第亦何足为重。弟有诗三首[④]，姑从世俗之见，附博一笑。特科限期举办，朝廷志在必行，未知夹袋

① 此札辑自《上海图书馆藏名人手札选刊·俞曲园手札》，第286—289页。

② 应即光绪二十四年五月十五日王文韶所奏《京师大学堂章程》(《清德宗实录》卷四百十九)。

③ 应即俞樾致廖寿丰札第三通。

④ 或即《礼闱揭晓，孙儿陛云获售，口占一律》、《胪唱日，孙儿陛云以第三人及第，再纪以诗》、《书戊戌科会试闱墨后》三题，均为孙儿陛云中第后的志喜之作，见《春在堂诗编》卷十六。

人材已储几许？前所说章、董[①]、赵三士，似皆可登荐祢之章，公意何如？手肃，敬请台安，统惟惠鉴，不宣。

馆愚弟期俞樾顿首

按，光绪二十四年（1898）四月二十三日，光绪帝颁诏“明定国是”，宣布变法。五月五日，诏废八股取士，自下科始改试策论。此即札中“功令一新，时文遂废”、“改试策论”云云之背景。

六[②]

子玖老夫子仁兄大人阁下：

奉到手书，以小孙倖捷，厚锡贺钱，愧甚，感甚。金风应候，玉节渡江，想首指绿杨城郭矣。功令方新，风气一变，冰壶玉尺，又当别具清裁，未识果能得一二闳通之士否？近来新政如麻，鄙意，香帅并武试于武营[③]，最为有利无弊。高见以为何如？数千年典籍，皆将别裁于梁氏一人[④]，彼所诋为新学者，今则又将为康学，未知谁得谁失也。本朝经学，超越元明，盖有三派：毘陵一派，主微言大义，流弊最多，康氏之学亦出于此；新安一派，主名物制度，此其用力最勤，而实无益于当世，即如戴东原考古时车制，岂能制一车以行陆乎？高邮一派，主声音训诂，其事至纤细，然正句读、辨文字，实有前人所未发者。阮文达序《经传

① 章、董，应即上札提及之章炳麟、董祖寿。

② 此札辑自《上海图书馆藏名人手札选刊·俞曲园手札》，第272—279页。又收入《春在堂尺牍》卷七，题作“与瞿子玖学使”。今据原稿整理。

③ 光绪二十四年五月十六日，张之洞上奏折，要求变通武科考试办法，“臣详稽旧制，参考新章，审酌通筹，谨拟一营伍、学堂、武科三事合一之法”（吴剑杰：《张之洞年谱长编》，第552页）。

④ 梁氏指梁启超。此处当指光绪二十四年五月十四日，光绪帝命梁启超负责办理京师大学堂译书局事务（《清德宗实录》卷四百十九）。

释词》曰："使古人复生，当喜曰：吾言本如是。"[①]此虽戏言，实确论也。鄙人生平致力于此，虽无能为役，亦有数十条惬心贵当者，使古人见之，亦当把臂一笑。乃亦时时旁溢于彼二派。然如详考玉佩之制[②]，新安派也，未知于古佩究有合否？即使果合，亦何用于今之世乎？又如以《王制》一篇为孔子将作《春秋》[③]，先自定素王之制，门弟子掇其绪论而为此篇。蜀士廖季平[④]见而喜之，采入其书[⑤]，遂为康氏学之权舆。虽康学非渊源于此，然高谈异论，终自悔失言也。此事从未向人谈及，偶因知爱，聊一倾吐，幸勿示人。特科保举，理宜郑重。承示章、董二生均从割爱。章生所持往往多非常异义，至董生，则本不足充上驷也。夹袋人才，究储几许？弟所知又有章式之孝廉钰[⑥]，此君实是美才，学问淹博，见识闳通，向因其入都会试，故未及之，今特补闻。如公有意，乞问之赵君宏，伊亦深识之也。手此布复，敬展谢忱，即请台安。挥汗率书，恕其不庄。

通家馆愚弟期俞樾顿首

---

① 此语实出阮元《王伯申经义述闻序》，云："使古圣贤见之，必解颐曰：'吾言固如是。'"（《研经室集》，第120页）

② 俞樾此说见于《俞楼杂纂》卷十《玉佩考》。

③ 俞樾此说见于《达斋丛说·王制说》。

④ 廖季平，即廖平(1852—1932)，初名登廷，字旭陔，后改名廖平，字季平，四川井研人。著《古今学考》、《穀梁春秋经传古义疏》、《起起穀梁废疾》、《释范》等。其《知圣篇》倡"孔子素王受命改制"说，康有为受其影响，作《孔子改制考》。故札中称其为"康氏学之权舆"。

⑤ 蒙文通《井研廖季平师与近代今文学》曰："(廖季平)以为《王制》者孔氏删经自订一家之制、一王之法，与曲园俞氏之说出门合辙。然俞氏惟证之《春秋》，廖师则推之一切今文家说而皆准。"(《经学抉原》，《蒙文通文集》第三卷，第104页)可与俞樾札中所言参证。

⑥ 章钰(1864—1934)，字式之，号茗簃，江苏长洲(今苏州)人。肄业于紫阳书院，光绪十五年(1889)举人，二十九年(1903)进士，官至外务部主事。辛亥革命后，久寓天津，以收藏、校书、著述为业。著有《四当斋集》、《钱遵王读书敏求记校正》、《胡刻通鉴正文校字记》等。

按，札中既称“小孙倖捷”，则当作于光绪二十四年(1898)间。上札询及所荐章、董、赵三士“公意何如”，此札则称“章、董二生均从割爱”，故系于后。

致如山①

如山(1811—?),字冠九,号古稀男子,满洲镶蓝旗人,姓赫舍里氏。道光十八年(1838)进士。历官武昌府知府、浙江粮道、长芦盐运使、四川按察使。书法雅近六朝,山水画笔意苍浑,晚年深悟泼墨法,作品气韵生动。

冠九老前辈大人阁下:

前日光顾,畅领清谈,幸甚。兹有渎者:王君廷鼎,才而隐于下位者也,略通绘事,兼善诗歌,又精医理,而骈文尤所擅长,古雅秀逸,六朝遗音,老前辈见之,必所赏识。而其人穷甚,曾托秦澹翁②奉上名条,未知照入否?如有相当差使,酌量一委,亦大君子怜才之雅意也。手肃,敬请台安。

侍俞樾顿首

按,此札或当作于如山在浙江任职期间。至晚在光绪二年(1876)四月,如山为浙江粮道③;同年十二月十四日"杨昌濬奏:冬漕次第开办,升任粮道如山熟悉情形,请暂缓交卸,并请催新任粮道胡毓筠迅速赴浙等语。如山着准其暂留浙江办理冬漕,并着吏部催令胡毓筠迅赴新任,以重职守"④。至晚光绪三年十二月,如山已在长芦盐运使任上⑤。

---

① 此札辑自《上海图书馆藏名人手札选刊·俞曲园手札》,第15—16页。

② 秦澹翁,即秦缃业(1813—1883),字应华,号澹如,江苏无锡人。道光二十六(1846)年副贡,官浙江候补道、盐运使。托病归,旋卒。善书、画,有《虹桥老屋遗稿》。

③ 《清德宗实录》卷二十九。

④ 《清德宗实录》卷四十四。

⑤ 《清德宗实录》卷六十四。

致沈秉成[①]

沈秉成(1823—1895)[②],字玉材,号仲复、听蕉,浙江归安人。咸丰六年(1856)进士。历官常镇道、苏松太道。至安徽巡抚。著《蚕桑辑要》。

阅邸抄,知拜移节之命。伏念沪上一隅,为中兴来旋乾转坤之枢纽,比年转漕南北,贯串华夷,皆赖观察之得人,以维中外之大局,乃朝廷第一注意之区。今得阁下临隶是邦,文章动蛮貊,忠信格豚鱼,儒臣勋业,从此远矣。樾精力颓唐,学植荒落,迂阔之见,不知其他。惟望既树英略,益振文教。鄙人虽衰病,尚将来游来歌,与观其盛也。

按,据札中"移节"、"沪上"云云,知此札为俞樾庆贺沈秉成任苏松太道而作。沈秉成同治十年(1871)调苏松太道[③],则此札当作于本年。

---

① 此札辑自《春在堂尺牍》卷三,题作"与沈仲复观察"。
② 《春在堂杂文六编》卷四叶三十三。
③ 《春在堂杂文六编》卷四叶三十三。

致沈凤士[①]

沈凤士，生平事履未详。朱一寿《酒肉头陀遗稿》有《赠答沈凤士学博》一题，序曰："君世居嘉兴之梅会里，仆家于秀水之新塍镇，虽盈盈一水，计程卌里，未暇访也。今因汪君芑周介绍，相见恨晚，谈及故乡烽火，知避地萧山已十载矣。仆于甲子春糊口省垣，迨丁丑夏渡江，馆于哦松之居，落落无奇，乃蒙赠诗见宠，谨勉步元韵答谢。又成另韵一律，并缮呈之。"[②]知沈凤士为嘉兴人，萧山学博。《萧山县志稿》卷十二记沈景修[③]，秀水人，拔贡，光绪六年(1880)任萧山县训导。则与沈凤士字号行实不甚吻合，未知的是此人否。

尊论申生事，谓六日之胙虽旨甘，亦必色变臭变，此不待言而可释。然者乃仓皇一奔，予父以可疑之迹，冒昧一缢，坚父以可信之心，晋国之乱，申生为之，因诛其心为忍人，斥其行为孝之贼，此自是独得之见。然鄙意不敢以为然也。夫胙至六日色臭必变，固事理之常。然其事在冬日，非盛夏郁蒸之候，其地在晋国，非吴越炎燠之乡，则至六日而不变，容或有之。且予犬，犬毙，予小臣，小臣毙，则非特鱼馁肉败已也。《国语》云："置酖于酒，置堇于肉。"《左传》不备载耳。胙之必有毒，虽申生亦不能辨其无。而毒之由申生欤？由骊姬欤？申

① 此札辑自《春在堂尺牍》卷七，题作"与沈凤士广文"。

② http://blog.sina.com.cn/s/blog_6ebd285801011o5a.html。

③ 沈景修(1835—1899)，字蒙叔，一作梦粟，号蒙庐、汲民，又号蒲寮子，晚号寒柯，别署颇罗居士、阿蒙、蒙老等。秀水(今嘉兴)人，居闻湖(今嘉兴王江泾)，兵乱后卜居江苏盛泽。顾佩英夫。咸丰十一年(1861)拔贡。乡闱屡荐不售，援例为教谕，历署宁波、萧山、分水、寿昌等地。

生辨，骊姬亦必辨，徒费口舌，谁与证明？晋献昏愦，未必信申生而不信骊姬也，则辨亦徒辨而已。不得已而出奔，不得已而自缢，大是可怜。尊论或尚宜斟酌乎？

致沈梦岩

沈梦岩（生卒年不详），字吉斋，吴兴人。秀才。著《廿二史杂说》、《尚书汇解》、《柔谱》、《匹夫小史》、《古云通叶》、《庚癸一家言》、《题榴庵诗集》等。

一[①]

夫师旷弹琴而鹤下，瓠巴鼓瑟而鱼听，物且有不谋而合者，况于人乎？然而人少清矑，世多聋俗，陈奇《论语》，竟烧游雅之庭；白傅文章，虚贮赞皇之箧。故知人间知己，亦由天上平章。伏念仆与足下，既乏抚尘之素，又无为钵之人，李东山初不识韩，孔北海何尝知备。乃蒙足下共其茀鲔，惠我琼瑶，萧世谦以落叶言情，卢照邻以病梨寓意，虽迷高惠梦中之路，已得张堪知己之言。夫古人或七年而并坐，或三世而倾衿，从无有睢涣未交，而淄渑先合者。将毋空王坐上，曾同香火因缘；太上宫中，等是神仙官府乎？且夫郁栖陵舄，质异者性同；橄榄木威，柯分者条合。愿停先生之左右，略陈贱子之生平。仆旧住乌巾山下，新居石鼓河边，距郦元作州书之岁，尚待一稘；较陆机为《文赋》之年，已逾再稔。补砌台之使，深得父怜；执熨斗而随，偏蒙母爱。次伯山于杜氏，作仲海于姜家。陶潜贫妇，颇可佐耕；阿鼎娇儿，才知索栗。年十六游泮水，年十七副贤书，簪非簪而钗非钗，功名可笑；布似布而帛似帛，假借遂多。自是之后，盲儿索乳而无从，枯树经秋而善病。璞凡再献，蜡尚一经。比年来，颇复有心著述，妄冀斯文。或得异书，燃脂以写；偶闻奇解，怀饼以钞。董谒家贫，惟资掌录；王筠心苦，多在瞥观。亦思假荧烛之明，竭篑撮之力，编划文字，

① 此札辑自《宾萌外集》卷二，题作“答沈吉斋书”。

颉颃古人。然而十驾空勤，一钱不值，虽缝掖之服，二千石不如；而笔墨之资，九万钱何有。执猱搏虎，长此安穷；贩鼠卖蛙，依人作计。区区之志，何日偿哉？敬折疏麻，以酬芳讯，临书悒悒，不尽所怀。

按，陆机二十岁作《文赋》①，札中既称“较陆机为《文赋》之年，已逾再稔”，则应作于道光二十三年(1843)俞氏二十三岁之时。

二②

订交文字，二十五年矣；虽未谋一面，然未尝一日忘也。朱采荪来，忽奉手书，知著述名山，自有千古，春华秋实，学与时增，甚善甚善。苕上至吴中，邮筒甚便，大著能寄示一二否？仆自幼不学，溺于词章，罢官以后，无所事事，既不敢高谈经济以干时，又不敢虚言心性以欺世，杜门息辙，惟日读书，不自揣量，妄有撰述。《群经平议》三十五卷，已镂版武林，《诸子平议》亦三十五卷，拟开雕吴下，未知果否。仆所撰述，此二种最用力，卷袠亦较繁，其外尚有《字义载疑》四卷，去岁曾录副本寄京师，就正祁春圃相国，适相国薨逝，今未知在何所矣。又有《金石琐谈》一卷、《春秋名字解诂》二卷、《史汉杂志》二卷，其《易贯》一书，未定卷数，不知能卒业否？《宾萌集》亦未定卷数，随时尚有增益，《外集》四卷，皆骈体文，已刻于吴市，今寄去一部，博贤郎一笑而已。古今体诗十一卷，旧作居多，近作寥寥，自同治建元以来，未盈一卷也。古人诗文无异集者，惟合编为《宾萌集》，则嫌文少而诗多，不甚相称，或别编为《春在堂诗录》。然拙诗无家法，亦不足传也。他若《春在堂随笔》、《金鹅山人尺牍》，皆其琐琐者，因承垂问，故纵笔及之。春寒，惟自爱。

---

① 此说出杜甫《醉歌行》，据考有误(俞士玲：《陆机陆云年谱》，第32、253—260页)，但于古人而言则为通则。

② 此札辑自《春在堂尺牍》卷二，题作“与沈吉斋”。

按，札中提及“去岁”祁寯藻(1793—1866)“薨逝”，则此札当作于同治六年(1867)。据《宾萌外集序》，该书同治五年七月付刻[①]，故俞樾能以此书附函赠与沈氏。札中俞樾提及古人诗文无异集，而自己最初亦有合编诗文为《宾萌集》的想法，但考虑到自身诗文创作数量不均衡，最终将诗集命名为《春在堂诗编》[②]。《字义载疑》四卷，今未见。或因稿本遗失，或后改名别刻，然札中未对该书内容给予介绍，尚不能明。《金鹅山人尺牍》稿本今存，藏华东师范大学图书馆，内容则为今传《春在堂尺牍》卷一。

三[③]

去岁辱惠书，并赐读《尚书汇解》六卷。樾于经学，至为粗疏，虽有撰述，真所谓不知而妄作者，视阁下综贯群书，断以卓见，迥不侔矣。乃拳拳下问如此，所谓问道于盲者与？适其时旋里营先人窀穸，躬亲畚挶，未遑披览。至岁底始还吴寓，新正又至武林，正月下旬又还吴。仆仆往返，无一日之暇。然而雅意未敢久虚也，是以此次来杭，携之舟中，穷日之力，伏读一过。以蹄涔之力，而欲测学海之津厓，有望洋向若而已。且舟窗无书籍，未由献一得之愚，甚愧甚愧。惟“君牙”或作“君惟”一条，恐是据误本为说。考《尚书释文》曰：“君牙，或作君雅。”而《礼记·缁衣》篇引《君牙》，正作“君雅”。郑注曰：“雅，《书序》作‘牙’，假借字也。”盖“雅”本从“牙”声，故古书“牙”、“雅”通用。《吕氏春秋·本味》篇“伯牙”，高诱《注》曰：“牙或作雅。”即其证也。“君惟”当是“君雅”之误，刻本麻沙，不足为据。此条虽无

---

① 《宾萌外集》叶一。

② 上海图书馆藏《春在堂诗编》卷一至卷五稿本、国家图书馆藏《春在堂诗编》卷六稿本卷端题名与圈改正能证明此说。详参拙文《俞樾著述稿抄本叙录》，《中国典籍与文化论丛》第十四辑，第333页。

③ 此札辑自《春在堂尺牍》卷二，题作“与沈吉斋”。

关要义，然是错误之显然者，当删去之，免为全书之累。至因《书疏》引“由也喭”证“叛谚”之义，而痛诋孔颖达，此自为圣门高弟效捍卫侯遮之力，然实亦可以不必。叛谚也，畔喭也，即吸喭也。岂独如此而已，《皇矣》篇之“畔援”、《卷阿》篇之“伴奂”、《访落》篇之“判涣”、《君子偕老》篇《毛传》之“伴延”，虽美恶异词，而意义皆同。盖古书中双声、叠韵、形况之言都无定字，宜依声以求之，勿泥形以求之。阁下因其字偶作“叛”、作“畔”，遂谓孔颖达坐吾子路以大逆无道之名，大声疾呼，义形于色，而古人或不受也。请于治经之暇，略及周秦古书，必自得之。又因晁以道责侍子之说，而以御案从之为非，私家著述，原不必拘然，何敢昌言非之，宜删此句为是。恃爱妄言，幸勿罪其狂瞽。

按，同治六年(1867)冬，俞樾偕姚夫人返德清，奉葬仪伯公于金鹅山，又以蔡、嵇两夫人祔焉[①]。此即札中“去岁……旋里营先人窀穸”之事，故此札当作于同治七年(1868)。

---

① 《曲园自述诗》叶十六。

致沈能虎[①]

沈能虎(1842—?),字子梅,号怀景、轶侪,浙江海盐人。曾从李鸿章攻捻,官直隶通永道,后任招商局会办、总办等。

子梅仁兄世大人阁下:

久疏笺候,惟于味似[②]令兄处询悉勋祺佳胜为慰。昨由味翁交到楚宝[③]观察致阁下书,弟与楚兄未谋一面,承其推许殷殷,致为可感。所属题之《竹居图》、《三石图》及《济南十二胜》,又属书堂幅一张、屏条四张、楹帖一联,均草草写成,仍托味翁寄至尊处转交。又弟有枕上三字诀[④],颇为楚宝所信,今将此三字写一小幅,亦乞转呈,或借此广其传也。又弢楼石刻二种,已拜领,具见悬解超超,迥非恒流所能望及,见时乞致钦慕之忱。厚润亦已拜领,并为致谢。手肃,敬请勋安。

世愚弟俞樾顿首,初四

按,光绪二十八年(1902),周馥出任山东巡抚,奏准由张士珩主持山东学务处,兼参谋处,办理武备学堂。札中提及张士珩请俞樾题《济南十二胜》,或即作于张氏到山东任职之后。

---

① 此札辑自《上海图书馆藏名人手札选刊·俞曲园手札》,第317—318页。

② 味似,即沈玉麒。

③ 楚宝,即张士珩(1857—1918),字楚宝,号弢楼,晚年自号因觉生。安徽合肥人,李鸿章外甥。同治元年(1862)参加淮军,官至候补道。

④ 枕上三字诀,详参俞樾致彭玉麟札第十通。

致沈三三①

接手书，始知尊公已于前年归道山。忆是年之夏曾致一函，并附还《尚书管见》二册，小有献替，久而不得复书，以为区区之愚，未蒙采纳，不意已作古人也！订交文字，垂三十年，不获一面，而今已矣！遗书手泽，想必什袭珍藏。伏愿足下勉承先志，努力显扬，使数十载寒窗心血大显于时。不独九京之下为之一慰，抑亦神交老友之所大快也。

按，同治六年俞樾致沈梦岩札称“订交文字，二十五年矣；虽未谋一面”，此札则称与沈三三之父“订交文字，垂三十年，不获一面”；同治七年又致沈梦岩札称读其“《尚书汇解》六卷”，并有所更正，此札则称于沈三三之父所作《尚书管见》“小有献替”；两处所说多有吻合，因疑沈三三即为沈梦岩之子。则沈梦岩卒于同治七年(1868)当年，而此札则作于同治九年(1870)。

---

① 此札辑自《春在堂尺牍》卷三，题作“与沈三三”。

致沈善登

沈善登(1830—1902),字尚敦,号谷成、谷人、行一,法号觉尘,浙江嘉兴人。出身书香门第,早年就学于钟文烝,受春秋穀梁学。同治七年(1868)进士,授翰林院庶吉士。中年,深研佛学,兼涉西学。光绪四年(1878),结坛苏州邓尉圣恩寺,写《弥陀经》、摩崖于杭州西湖小霍山。参与佛经刻印活动,曾向日本佛学家南条文雄等托请中国失传佛典,择善付梓,并与居士杨文会、许灵虚相交甚密。晚年专精《周易》。勤于著述。有《报恩论》、《经正民兴说》、《论余适济编》、《古本大学顺文》、《需时眇言》、《证心室集》等行世。

一①

承示《东家杂记》二卷,叙述井然,颇有条理。惟卷首载《杏坛图说》及《夫子琴歌》,颇为全书之玷。此歌鄙俚,疑出《冲波传》等书,与"南枝窈窕北枝长"四句相似,其伪不足辨。且"杏坛"之名,见于《庄子·渔父》篇,所谓孔子游于缁帷之林,休坐乎杏坛之上,本属寓言,未必实有其地。《东家杂记》下卷有"杏坛"一条,云:"先圣殿前有坛一所,即先圣教授堂之遗址……本朝乾兴间……因增广殿廷,移大殿于后,讲堂旧基不欲毁拆,即以瓴甓为坛,环植以杏,鲁人因名曰'杏坛'。"然则自《庄子》寓言之后,至宋乾兴间始实有杏坛。孔世文言之凿凿,何得于卷首乃载此《杏坛图说》,且述夫子之言,谓是臧文仲誓盟之坛乎?此必非孔世文原书所有,其为后人窜入无疑。其下又载《北山移文》,甚无谓;又载石岨崃《击蛇笏铭》及《元祐党籍》,更无谓。愚谓,卷首四条均可删也。影钞旧籍,宜仍其旧,固不当有所删削,然

---

① 此札辑自《春在堂尺牍》卷六,题作"与沈谷人庶常"。

此说则不可不知。尊意以为然否？

按，札中俞樾根据《东家杂记》正文中关于杏坛的记述，推测该书卷首的《杏坛图说》等内容为后人窜入。国家图书馆藏《东家杂记》宋刻本一部，有钱大昕跋称“考四十九代孙玠袭封衍圣公时，世文已称本家尊长，而卷中述世系讫于五十三代孙洙，计其时代当在南宋之季，盖后来续有增入矣。卷首《杏坛图说》与钱遵王所记正同，窃意此图说及《北山移文》、《击蛇笏铭》、《元祐党籍》三篇亦后人增入，非世文意”。则钱氏据孔传生活时次推测此本中应有后人搀入的内容。今考国图藏宋刻本版式，书口上题“东家”或“东家记”，中部题页次，下题刻工名姓；序文及上下两卷（首孔传序、次卷上、次卷下）连续编次，共计五十六叶。后有“续添袭封世系”及四十六代孙宗翰序、四十八代孙端朝序、五十代孙拟序，书口对鱼尾，无书名，无刻工，只题页码，而页码从一开始重新编次（共计十七叶），与前五十六叶明显不同，应非同时刻版。该本中《杏坛图说》及《北山移文》、《击蛇笏铭》、《元祐党籍》三篇（共计七叶），装订于《东家杂记》叶二与叶三之间（应属装次错误），其版式与“续添袭封世系”以下相同，则其与《东家杂记》序及上下卷内容非一时所刻亦明矣。因知钱氏、俞氏之说可信。

二①

昨面论那吒事。按，那吒乃毗沙门天王之子，见《开天传信记》，似出梵书。而《夷坚志》载“程法师持那吒火球呪”，则尊意疑出道家之书，不为无见矣。那吒有火球呪，则世传那吒风火轮，疑非无因。国朝方氏濬颐《梦园杂说》载：伊犁某大臣遇异人，以三千金为贽，传得两奇术，一为风火轮，其法觅千年古瓦当，雕作两小车轮，装入鞋底，捏诀讽呪，其行如飞，日可八百里。则风火轮之术，今尚有传也。

---

① 此札辑自《春在堂尺牍》卷六，题作“与沈谷人庶常”。

又世传那吒为托塔天王之子,《宣和画谱》有陆探微《托塔天王图》,是托塔天王六朝时已见图画矣。又有展子虔《授塔天王图》、吴道元《请塔天王图》、范琼《降塔天王图》,此类甚多,其名义不知何取,佛家之说乎?道家之说乎?老而失学,惟怪欲闻。幸有以教我。

昨又谈地藏王事,未毕其说。《图书集成》所载地藏事,即引《地藏本愿经》也。地藏王一世为大长者子,又一世为婆罗门女,是地藏之为男、为女固不定矣。莲社高僧《昙翼传》云"感普贤大士化女子身,披采服,携筠笼,至前相试",是普贤大士亦见女子身矣。观音大士为男、为女更无定论,《金刚经疏记》云,"罗汉性刚直,表为善男子;菩萨性柔和,表为善女人",然则诸菩萨摩訶萨其,皆女子乎?拉杂书布,聊资一噱。

致沈树镛[①]

沈树镛(1832—1873),字韵初,一作均初,号郑斋,江苏南汇(今上海浦东)人。与吴大澂为姻亲。咸丰九年(1859)举人,官中书舍人。收藏丰富,尤嗜汉唐石刻。卒后其藏物归吴大澂所有。

韵初中翰孝廉足下:

前日奉访未晤为怅。属书之件,在湖楼草草涂写,不足观,不足观。所假汉隶亦即附还。衰病之馀,精力非昔,亦不能有所发明,可愧也。杭州医局,闻是高宰平[②]广文管理。有舍表弟姚少泉钺[③],精于岐黄,欲求函荐,未知可否?如可,则请给函,由樾寄舍亲面投也。此颂文安。

友人樾顿首

---

① 此札辑自《上海图书馆藏名人手札选刊·俞曲园手札》,第115页。

② 高宰平,即高学治(1814—1894),仁和人。台州府学教授。研治三礼,喜好宋明儒书,与劳权、戴望为友。

③ 姚钺(生卒年不详),字少泉,俞樾舅之子。

致沈玉麟

沈玉麟(生卒年不详),字旭初,室名味似斋,别署味是斋主人,能虎兄,浙江海盐人。曾任电报局总办。

一[①]

旭初仁兄世大人阁下:

昨承交到花农信件,费神,感感。花农并有寄陈六笙[②]书,弟记得六笙已放某省臬台,未知其现在何处?已赴新任耶?抑尚权湘臬耶?乞为探示。所询卫夫人事,不在《左传》,乃见于刘向《列女传》,盖三家诗说也,别纸录览。未婚而守贞,此大难事。从前彭刚直有女公子,欲其过门守节,弟力阻之而后已,今此女已归他族,颇得所也。若其女必欲来守,则亦礼之所许。弟曾有《书张贞女事后》一篇,刻《宾萌集》第五卷,必如明归太仆之痛诋为非礼,亦非弟之所敢言也。但其事极难,总在夫家处之得法,恩礼兼尽,勿使失所,郁郁而死耳。尊意以为然否?屺怀[③]家事如此,吾侪宜往吊耶?往贺耶?且俟其讣来再计矣。手此,敬请台安。

世愚弟俞樾顿首

---

① 此札辑自《上海图书馆藏名人手札选刊·俞曲园手札》,第21—24页。该书整理者将收信人定为毛昶熙(1817—1882,字煦初,一作旭初,河南武陟人)。然从所录诸札写作时间来看,已晚于毛氏卒年,则收信人必非毛昶熙。

② 陈六笙,即陈璚(1827—1906),字六笙,号息庐,广西贵县人。同治贡生。官至四川布政使,护理川督。著《澹园吟草》(刊入《柳堂师友诗录初编》)。

③ 屺怀,即费念慈(1855—1905),字屺怀,号西蠡,江苏武进人。光绪十五年(1889)进士,授编修。著《归牧集》。

按，此札可与俞樾致徐琪札第二十七通参看。两札均提及陈璚护理湖南按察使，则此处“六笙已放某省臬台”云云，当指光绪二十七年(1901)三月陈氏由岳常澧道迁山西按察使，则此札必作于之后。

二[①]

昨阅新闻报，有星使过浙一条。朝鲜使许子衡未届期满，何忽改派？此使者名刘秉观，系外务部协理，世袭忠祖都尉，官、职均可疑。其舟泊拱辰桥，将由苏而往耶？未见其人。由沪而往耶？未闻其事。又云衔命出京，由江西至浙、再由浙而闽，赴韩京就任，取道亦复纡回。公能知其详否？手肃敬询，即请

旭翁台安

弟樾顿首，十八

按，《申报》清光绪二十九年(1903)五月二十二日第二版载：五月十一日，朝鲜协理外务大臣刘秉观过杭[②]。此应即札中“昨阅新闻报，有星使过浙一条”。故此札或即作于该年六月十八日。

三[③]

赐荔鲜美，谨谢。命篆率呈。弟不能刻印，故不能篆印，恐以拙篆转有累于佳刻也。特科江苏最多，湖南次之，吾浙又次之，已为注明省分，奉览。正场所取第一人竟落孙山，全不照应，可见弥封严密，

---

① 此札辑自《上海图书馆藏名人手札选刊·俞曲园手札》，第27页。

② 文曰：“朝鲜人刘秉观者，言是彼国协理外务大臣。本月十一日，道出浙省，舟泊下马头。仁和、钱塘两县宰及洋务局员均往江干迎迓。刘于接见后即命驾入城，拜会护抚翁筱山大中丞及司道洋务县宰等员。随于十四日起程赴闽江。”

③ 此札辑自《上海图书馆藏名人手札选刊·俞曲园手札》，第28—29页。

竟是凭文。然正场一等四十八人，存者十七人；二等八十七人，存者止十人，不得云文字无凭也。手肃，祇请
旭翁午安。

樾顿首

按，光绪二十九年(1903)闰五月十六日，经济特科人员在保和殿考试，取列梁士诒等48人为一等，桂坫等79人为二等；闰五月二十七日在保和殿复试，取袁嘉穀等27人为一等(俞樾孙陛云为一等第八名)；六月初十日引见[①]。俞樾札中称"正场所取第一人竟落孙山"，即以此。此次与考者均为各省保荐人员，共186人，其中江苏省籍者48人，湖南省籍者27人，浙江省籍者19人[②]。是以札中有"特科江苏最多，湖南次之，吾浙又次之"云云。则此札之作当在该年特科试后。

四[③]

刻印古谓之缪篆，古文二篆结体皆圆，刻印则变而为方。分朱布白，屈曲密慎，有绸缪之象焉。弟不能刻印，故亦不能篆印，承遵命，勉为之，不免为奏刀人所笑矣。憞字古只作敦，有《尔雅》郭注可证。此颂台安。
旭翁

樾

按，此札与上札中俞樾均称不能篆印，而此札又有"勉为之"之说，或由沈氏固请也，故暂系于后。

① 《经济特科同征录》"谕旨第一"。
② 据《经济特科同征录》"齿录第四"统计。
③ 此札辑自《明清名家书法大成》第六卷。

五[①]

《白云集》甚佳。其人以徐渭、卢楠自命，而我辈不能举其名，可愧，然亦可叹也。顷问之丁修甫[②]，覆书附览。弟又问其府县志有传否，俟覆到再闻。李文忠函稿奉缴。其论铁路事，彼亦一是非，此亦一是非也。小说字小，不能即读，容再缴；弹词奉还。此请
旭翁台安

樾顿首

按，此札信笺上钤"恩奖耆儒"、"海内翰林第二"两印，知其作不应早于光绪二十九年(1903)。

六[③]

承假小说，奉缴。弟有不识之字，稽之字典，未定其音；徵之时俗语，亦未闻其说。公如知之，乞惠示。此颂台安。
旭翁

樾

趧：趧到外边去。
踧：踧在一旁。

按，此札奉缴之小说，或即上札"容再缴"者，故暂系于后。

---

① 此札辑自《上海图书馆藏名人手札选刊·俞曲园手札》，第26页。
② 丁修甫，即丁立诚。
③ 此札辑自《上海图书馆藏名人手札选刊·俞曲园手札》，第30—31页。

七[①]

《宋史·仪卫志三》载大驾卤簿，有拱宸管二十四，此诗所用玉琯，或即本此。至“二九”、“初九”句不可解。古乐府云：“初七及下九，嬉戏莫相忘。”所用当即此典，殆谓九加七即十六也。古诗所云下九者，古以二十九日为上九、初九为中九、十九为下九，并女子嬉戏之期，见伊世珍《瑯環志》；初七则未详也。手肃敬复，即请勋安。

旭初仁兄世大人阁下

弟樾拜上，十一日

八[②]

味似仁兄世大人阁下：

前承交下骎楼属书各件，均已涂成。并有致令弟子梅兄，乞一并寄沪为感。手肃，敬请勋安。

世愚弟俞樾顿首

---

① 此札辑自《上海图书馆藏名人手札选刊·俞曲园手札》，第25页。

② 此札辑自《清代名人墨迹》。

致盛康

盛康(1814—1902),字勗存,号旭人,晚号留园主人,常州武进人。道光二十年(1840)举人,二十四年(1844)进士。初任铜陵令,后任庐州府、宁国府知府、和州直隶州知州。太平天国间以布政使衔掌湖北盐法武昌道,为清军筹集军费。同治六年(1867)丁忧,服除,改官浙江杭嘉湖兵备道按察使。致仕,购得苏州刘氏寒碧庄,经修葺后改名留园,优游林泉。

一①

旭翁仁兄大人阁下:

顷有敝相好歙县吴载之兄万,老成练达,人极可恃,向在当铺管钱,因乱后失业,频岁赋闲,敢求吾兄大人于各当中酌量位置一席,感德无涯。樾因尚在百日之中,未便登堂面恳,谨以手书奉恳,伏求鉴纳。手此,敬请台安,统惟惠詧不尽。

俞樾稽颡

再,吴载兄系贵相好汪昆友兄亲串,如阁下欲知其为人,请问之昆翁,自知其详也。

樾又启

按,第一、二两通均为俞樾替吴万谋职,且本札称"尚在百日之中",下札末署"制",则均当作于光绪四年(1878)八月二十二日俞樾母姚太夫人卒后。

① 此札辑自《近代名人手札真迹》第九册,第4024—4025页。

二[①]

旭人仁兄世大人阁下：

前日趋谢，未克登堂，为歉。辰惟台候胜常，定符臆颂。敝相好吴载之万久寓苏垣，弟曾渎求栽植，未知有可位置？伊家况甚艰，而人甚诚实可恃，想杜陵广厦万间，定有庇寒之处也。手肃，敬请台安，伏希谅鉴不宣。

世小弟制俞樾顿首

再闻尊处新刻有《通鉴》一部[②]，未知何本，可见惠一部否？弟再顿首。

三[③]

旭人大公祖世大人阁下：

别后敬惟台候万福。弟于二月廿三日还吴下寓庐，帆叨平顺，足尉注存。局事得公主持，想必日有起色矣。兹有渎者，闻浙中新设电报局，一切由世兄杏孙观察为政，有王贰尹廷鼎，能诗文，能绘事，能篆隶书，亦美才也。以细故去官，尚留寓之江，将游涸辙，敢求言于杏孙世兄，于电局筹一位置，聊谋餬口，无多求也。手肃布恳，敬请台安。

治世小弟功俞樾顿首，三月初十

按，此札有信封一枚，题“即补道台牙厘局总办盛大人台启”，并有“俞荫翁信，王二尹廷鼎带来，癸未三月十四到，廿六复”字样，可知

① 此札辑自《近代名人手札真迹》第九册，第4022—4023页。

② 应指光绪二年(1876)武进盛氏思补楼所印《资治通鉴补》。

③ 此札辑自上海图书馆藏盛宣怀档案第086950号。

此札作于光绪九年(癸未,1883)。光绪八年(1882)十二月十八日,俞樾次女卒[①]。此即札末署"功"之由。

四[②]

旭人尊兄大公祖世大人阁下:

昨读还章,并由贵号交到英洋陆百圆,费神之至。惟书局二月分薪水已寄至苏州,应俟三月为始,自三月至十月而止,共八个月薪水,均托陈谔[③]兄交至尊处,以清此款,非六个月所能了也。兹有致谔士一函,敬求饬交书局为感。电报事前阅《申报》,始知其详,恐亦未易位置。承函致世兄杏孙观察,具见推爱之意。手肃布谢,敬颂台安。

治世小弟功俞樾顿首,立夏后一日

再启者,弟顷为亡次女刻遗稿一卷,虽诗词均不足传,聊塞悲思。附呈二本,伏希清鉴。

弟再顿首

按,此札有信封一枚,题"旭人大公祖大人柬启",并有"俞荫甫太史,癸未四月初四到,四月初十复"字样,故此札当作于光绪九年(1883)。

---

① 《春在堂诗编》卷十叶九。

② 此札辑自上海图书馆藏盛宣怀档案第086955号。

③ 陈谔,即陈霖(? —1894?),字谔士,浙江仁和人。江西补用知县。间作小画,秀逸有致。

五[①]

留园主人侍史：

前日惠顾畅谈，并命撰《留园义庄记》[②]。昨日即拟得一稿，未知可用否。敬呈鉴定。外拙诗十二卷，附呈吟正。《俞氏义庄记》[③]容稍缓写奉。手肃，敬请寿安。

曲园居士拜上

按，札中提及《春在堂诗编》十二卷，该卷作品止于光绪十五年，则此札或作于光绪十六年(1890)。

六[④]

旭翁大公祖世大人阁下：

承属撰《俞氏义庄记》，谨录稿呈政，并原来节略缴还。即请饬交为感。弟初十由沪赴杭，俟还苏走叩寿安。

治世愚弟樾顿首，二月朔

按，此札亦提及《俞氏义庄记》，应与上札相距不远。

---

① 此札辑自上海图书馆藏盛宣怀档案第 044451—2 号。此件档案中有信封一枚，题"盛老大人台启，俞樾，要件"(用"曲园居士俞楼过客右台仙馆主人尺牍"信笺一张)，又有"壬辰五月初三到"字样，从时次看，或并非本札信封。

② 见《春在堂杂文五编》卷一。

③ 见《春在堂杂文五编》卷一。

④ 此札辑自上海图书馆藏盛宣怀档案第 044451—1 号。

七[1]

《冠云峰赞》[2]草草撰拟，未知有当尊意否。南皮相国所题五字记忆不真，如有错误，乞为更正。此上
留园主人青照。

曲园再拜，初二日

按，《冠云峰赞》称："盛旭人方伯买刘氏寒碧山庄而葺治之，名曰留园。园之旁有奇石焉，所谓冠云峰焉……岁在辛卯，购得其前之隙地而筑屋焉。"则赞文至早作于光绪十七年(1891)，或札亦作于该年。

八[3]

旭人大公祖世大人阁下：

二月间曾布一笺，并以拙撰《俞氏义庄记》奉托转交。此函因从者回毘陵，托贵账房收存，未知已照入否。弟于初三日自杭旋苏，再当趋候。新刻《彭刚直公奏稿》、《诗稿》及拙诗第十三卷均呈台览。手肃，敬请颐安。

治世小弟俞樾顿首，四月十四日

按，《彭刚直公诗稿》有光绪十七年(1891)仲冬十月俞樾序，此札必晚于是年。《春在堂诗编》卷十三之作亦止于光绪十七年，则此札当作于光绪十八年(1892)四月十四日。

---

① 此札辑自上海图书馆藏盛宣怀档案第044451—2号。

② 见《春在堂杂文五编》卷八。

③ 此札辑自《近代名人手札真迹》第九册，第4026—4027页。上海图书馆藏盛宣怀档案第044451—1号中有信封一枚，题"盛老大人台启，俞樾。要件，外红封一个，诗四本"，并有"壬辰四月廿二到"字样，从时次看，似为此札信封。

致盛宣怀

盛宣怀(1844—1916),字杏荪,江苏武进人。盛康子。同治九年(1870)入李鸿章幕,协办洋务。光绪五年(1879),署天津河间兵备道。十年(1884),署天津海关道。十一年(1885),任招商局督办。十二年(1886),任登莱青兵备道道台兼东海关监督。十八年(1892),任直隶津海关道兼直隶津海关监督。二十一年(1895),奏设北洋大学堂(现天津大学)。二十二年(1896),任铁路公司督办,奏设南洋公学。二十八年(1902),任正二品工部左侍郎。宣统三年(1911),任邮传部大臣。

一①

杏孙仁兄世大人阁下:

承手书并赐赙,叨在世好,不敢固辞,谨拜登。另具柬谢,附去拙刻笔记十六卷,聊博一粲。手此,敬颂勋安。

世愚弟期俞樾顿首

按,札中所谓"笔记十六卷"应指《右台山馆笔记》,可与致唐树森札第三通参看,彼札作于光绪七年(1881)间。光绪七年八月二十五日,俞樾长子绍莱卒于天津。长媳樊氏扶柩归苏州,家人以先生在杭,秘不使知②。冬,俞樾由杭归苏始悉丧子③。此札署"期",且盛氏

---

① 此札辑自上海图书馆藏盛宣怀档案第106953号。有信封一枚,题"贵大人台启"(用"曲园尺牍"信笺),"荫甫,十一月望日到,外书八本"(信封上题)。

② 《春在堂诗编》卷九叶三十九。

③ 《春在堂诗编》卷九叶三十九。

“赐赙”，或即由此，故暂系于光绪七年(1881)末。

二[1]

杏孙仁兄世大人阁下：

顷奉访未晤，承惠顾小舟，又失迎候，歉仄良深。贵局著名之轮船，已皆开赴北洋，未识尚有稳妥可坐之舟否？如其不然，竟以静待海晏为是，尊意以为然否？弟一行人众，内外上下共八人，须得大菜舱房三间。如能如去年尊谕，出散仓之钱而坐大菜之舱，固属甚妙，如或不能，则照例出钱，弟亦非所吝也。罗少翁云：每舱包银卅两，连家人下舱则四十两，然否？务求代弟酌定是感。手肃，布请台安。

世愚弟俞樾顿首，初五日

三[2]

杏荪仁兄世大人阁下：

顷奉访未晤，为怅。托搭轮船，承允为搭海晏官舱，未知已可算定否？应出银如干，如已可算定，弟当函致邵筱村[3]观察，请给免单

---

① 此札辑自《近代名人手札真迹》第九册，第4036—4037页。

② 此札辑自《近代名人手札真迹》第九册，第4033页。

③ 邵筱村，即邵友濂（1841—1901），字筱村，浙江馀姚人。同治四年(1865)举人。入曾国荃幕。同治十年，补工部员外郎。十三年，补总理各国事务衙门汉章京。光绪元年(1875)出使俄罗斯。五年署理俄罗斯钦差大臣。八年，补授苏松太道。九年，中法战争发生，调命邵友濂襄办台湾防务。十年中法和约成，以功劳卓著赏一品封典。十二年，补授河南按察使，因病开缺。十三年，迁台湾第一任布政使。十五年，补授湖南巡抚，兼署湖南提督。以忧免。十七年，补授台湾巡抚。光绪二十年，调署湖南巡抚。甲午战争爆发后，清朝海陆军接连败北，清廷被迫求和。邵友濂与张荫桓同为钦差大臣，出使日本。次年，和谈决裂，邵友濂回国后署湖南巡抚。二十一年，沙皇尼古拉斯二世加冕，为李鸿章副使往贺。次年归国，不久因病免职回乡疗治。二十七年卒于家。

也。手此，敬请台安。

世愚弟俞樾顿首，二月初七日

按，光绪十二年(1886)，俞樾送孙陛云入京应礼部试，所乘正是海晏轮[①]。故此札当作于该年二月初七日，时俞樾向盛宣怀询问该船是否可以搭乘及花费如何。从上札所言内容及时间看，或即作于此札前。

四[②]

杏荪仁兄世大人阁下：

沪上诸叨雅教，深费清神，比惟勋望兼隆，起居益胜，定如所颂。弟于二月望至津，所坐官舱，宽舒而又清静，较大餐殊胜也。到京后寓居潘家河沿，小屋数椽，杜门不出，非门外入刺、巷侧过车落落然，不知其在日下也。四月望后当可南旋。手肃展谢，敬请台安。

世愚弟俞樾顿首，三月朔

按，此札与上札相接续，当作于光绪十二年(1886)三月初一日。

五[③]

杏孙仁兄世大人阁下：

在京曾布谢一函，定入台照。比闻大旆已驻津门，连日贤劳，伏

---

① 《春在堂诗编》卷十一叶十五。

② 此札辑自《近代名人手札真迹》第九册，第4028—4029页。

③ 此札辑自上海图书馆藏盛宣怀档案第094272号。附有信封一枚，题“即补道台盛大人勋启”(用“曲园居士俞楼过客右台仙馆主人尺牍”信笺)，并有“廿四复”字样。

惟万福。弟已于今日到津，闻海定[1]明后日即开，望为弟搭定。弟带有家眷，能稍清静不混杂最妙。近后之舱未免骯髒，亦所不愿，幸酌之。如全舱难包，则占住一边亦可也。统候知爱者为我酌定。手此布渎，敬请勋安。

世愚弟俞樾顿首，廿三日

按，此札应为光绪十二年（1886）俞樾陪孙陛云进京会试后至天津候船南归，请盛宣怀代为安排乘船，故当作于该年。

六[2]

杏荪仁兄世大人阁下：

道出津沽，诸荷关垂，兼叨厚惠，私衷循省，感佩无涯。登舻后，沿途平稳，顺抵吴松，承致许承兄书已饬投递，当即可买棹还苏也。幸归艎之无滞，载德音以俱流。舟次草草，肃函布达，聊鸣谢悃。敬请勋安，统惟惠照，不尽所云。

世愚弟俞樾顿首，初六日海晏舟中

按，此札所言应为光绪十二年（1886）俞樾陪孙陛云进京会试后南归行程，故当作于该年。

七[3]

杏荪仁兄世大人阁下：

前读环章，方叹浮沈于津吏，今披邸报，欣看观察乎海邦。从此以一道之福星，承九霄之湛露，即超柏薇而晋秩，实偕葵藿以输忱。

---

① “海定”二字填写在旁，原作“丰顺”。

② 此札辑自《近代名人手札真迹》第九册，第 4062—4063 页。

③ 此札辑自《近代名人手札真迹》第九册，第 4050—4052 页。

遥企豸辉，莫名燕贺。弟吴中销夏，碌碌如恒，西湖之游，俟之秋半。日内杜门息辙，仍对蠹简一编。台端旧有续编《经世文》之议，此后之罘坐对，幕府多闲，未识尚有意及此否。手肃，敬请勋安，顺贺大喜，统惟青照不宣。

世愚弟俞樾顿首

按，烟台开埠后，清政府出于政治和经济利益的需要，于同治元年(1862)将山东登莱青兵备道由莱州移驻烟台，并负责东海关事务。此札即称"此后之罘坐对"云云，则盛氏所授当为登莱青道。光绪十二年(1886)六月二十五日《申报》刊登六月二十二日上谕，"山东登莱青道员缺着盛宣怀补授"。俞樾或即据此得知盛宣怀任职变迁的消息，故将此札系于本年。

八[①]

杏孙仁兄世大人阁下：

远隔光仪，久疏笺候，企予之望，时系怀来。敬惟勋望清崇，兴居佳胜，即超柏薇而晋秩，实偕葵藿以输忱。犊戟遥瞻，轩饕曷罄。弟寓居吴下，一切如常，惟是衰病有加，颓唐无状，唐人云："白发悲花落，青云羡鸟飞。"此则遥望之罘，载欣载忭者也。手肃布达，敬请勋安，统惟惠鉴不宣。

世愚弟俞樾顿首

按，暂据札中称"遥望之罘"，系于上札之后。

① 此札辑自《近代名人手札真迹》第九册，第4048—4049页。

九[1]

敬再启者，弟旧著《茶香室丛钞》、《续钞》，并目录共五十卷，已刻入《全书》中矣。近来又成《茶香室三钞》三十卷，丛残荟萃，不足登大雅之堂，然其中多小掌故、小考据，则亦未始非不贤识小之意。亦思付之剞劂，而核计非洋帙三百不能集事，叨附同声之末，窃为将伯之呼，如蒙惠助如干，俾资集腋，得以灾梨，感荷高情，实无既极。又有渎者，拙著《春在堂全书》三百卅二卷，虽已流布人间，然弟实未食其丝豪之利，袁子才所谓"左思悔作三都赋，枉自便宜卖纸人"也。今春在杭州，承尊大人垂怜，谓：寒士有一卷书，子孙犹食其利，君胡独否？乃属刷印数十部，于僚友中代为销售，每部钉壹百本，装六夹版，定价十二洋钱。月前甫印钉寄杭，未定能销否？因思阁下太邱道广，呼应尤灵，拟以数十部奉托代销，有轮船带费，拟每部十金。未知可否？恃爱渎商，伏求裁复，载请台安。

弟再启，六月朔挥汗书

按，札中俞樾托盛宣怀代售其著作。下札则称"拙著蒙允代销售"云云，则此札在前，或即作于光绪十三年(1887)。

十[2]

杏孙仁兄世大人阁下：

顷奉环章，备承绮注，并悉以诪张之小故，烦威德之兼施。贤者多劳，可以想见，而勋望自此益远矣。弟吴下寓居，百凡如昨，惟精力日衰，学问日退，比来又刻《茶香室经说》十六卷，数年心血，姑以一刻了之，实不足传也。拙著蒙允代销售，詅痴衒丑，颜汗良多。兹遵由

---

① 此札辑自《近代名人手札真迹》第九册，第4058—4061页。

② 此札辑自《近代名人手札真迹》第九册，第4068—4073页。

招商局寄呈十部，虽不足云结绿青萍，而一登薛下之门，或亦可为之长价乎？到乞检收为幸。尊辑《经世续编》，不朽大业，深以先睹为快。沪上闻亦有辑此书，想必不及大纂之美富也。去岁恽太夫人以《落叶》诗索和，率成四律，颇似为衰朽写照，寄博一笑。手肃，敬请勋安，顺贺春祺，统惟惠照不尽。

世愚弟俞樾顿首，元宵日

按，札中所谓《落叶》诗见于《春在堂诗编》卷十二，在《光绪十四年正月十二日甲子，是日逢金，又值奎宿。相传金奎甲子为文字之祥，祭之者吉，因命孙儿陛云祭焉，并勖以诗》一题之前，故此诗当作于光绪十三年。此札则作于光绪十四年(1888)。本年二月，《茶香室经说》十六卷刻成[①]。札中提及该书付刻之事，时次亦合。

十一[②]

杏孙仁兄世大人阁下：

春间曾肃寸笺，并拙书十部，由文报局寄呈，来知已登记室否？比惟榴红艾绿，福集天中，虎武龙文，威扬海外，即超柏薇而晋秩，实偕葵藿以输忱。弟吴下闲居，诸凡如昨，春夏间作西湖之行，往返五旬，途中有诗二首，附博一笑。又《文昌生日歌》[③]一首，自谓独得之见，亦寄请订正。尊翁闻已来署，优游杖履，其乐可知。弟日前曾至留园奉访，则于三日前启行，未及晤谈，望于趋庭时道及。手肃，敬请勋安，统惟爰鉴。

世愚弟俞樾顿首，重五日

---

① 《茶香室经说序》叶一。

② 此札辑自《近代名人手札真迹》第九册，第4053—4055页。

③ 见于《春在堂诗编》卷十二。

按,《文昌生日歌》为光绪十四年之作(1888),则此札当作于该年五月五日。

十二[1]

杏孙仁兄世大人阁下:

陆世兄来,交到手书并番饼百枚。拙书滞销,致烦垫付,尤感垂爱之深。即敬悉勋福并隆,快符远颂。弟吴中销夏,畏暑杜门,无善可告。承属书条幅,草草涂鸦,丑态百出,聊以报命,不足糊壁。彭雪翁风病日甚,言不成声,行不成步,两手拘挛,不能执匕箸,至握管,更无论矣。属书之纸,谨即缴还,太约此翁写字、画梅今生未必有此乐矣。手肃布复,敬展谢忱,即请勋安,统惟惠照不宣。

世愚弟俞樾顿首,六月初八日

舍侄事仍望随时留意。

按,前三札均提及盛宣怀为俞樾代售《春在堂全书》之事,此札称全书滞销,盛氏先为垫付书款,故当作于稍后,或即光绪十四年(1888)六月初八日。

十三[2]

杏孙仁兄世大人阁下:

久疏尺牍,弥感分襟,每企公才,时殷私望,敬惟爵随年晋,勋共春长,即启藩封,允符臆颂。弟一事无成,七旬已届,无可为知爱者告。小孙今岁仍逐队春闱,然学植毫无,未必有望也。兹有舍侄祖

---

① 此札辑自《近代名人手札真迹》第九册,第 4088—4091 页。

② 此札辑自《近代名人手札真迹》第九册,第 4074—4076 页。

福[1]，乃先兄壬甫之次子，向以盐大使需次闽中，当一小差，聊可餬口。去岁差满赋闲，势难久占家食。尊处电报局需人颇广，敢求推爱，遇有缺出，为位置一席，无论江浙等省皆可，不必定有闽中也。手肃布恳，敬请勋安，统惟渊鉴不庄。

世愚弟俞樾顿首，闰月十七日

按，札中自称“七旬已届”，故当作于光绪十六年(1890)，是年闰二月。俞陛云本年又赴礼部试，即札中所谓“小孙今岁仍逐队春闱”。

十四[2]

杏孙仁兄世大人阁下：

顷闻大旆还苏，适弟在杭，未得把晤，为歉。闻金陵返沪，即赴烟台，勋望愈崇，封圻即晋，定如所颂。弟西湖之行，句留四十馀日，有小诗八律[3]，聊附《香山集》中“闲适诗”之体。因索观者众，以刻代钞，谨寄奉一赈。恽季文[4]言，尊意索观拙注《金刚经》[5]，亦呈一册，并求印可。舍侄祖福欲求电局一差，季文言承允随时留意，感甚。如有相当之处，务求札委，不必定在闽中也。手肃布达，敬请勋安，统惟惠鉴不宣。

世愚弟俞樾顿首

---

① 俞祖福(生卒年不详)，字黻堂，俞樾兄俞林次子。任福建及台湾盐场使(俞泽民:《曲园先生世系简乘》,《杭垣旧事》第150页)。

② 此札辑自《近代名人手札真迹》第九册，第4077—4080页。

③ 应即《西湖杂诗》一题及《余既成〈西湖杂诗〉四首，山中小住旬余，又得七律四首》一题，见《春在堂诗编》卷十三。

④ 恽季文，即恽炳孙。

⑤ 光绪九年(1883)十月，俞樾作《金刚经注》二卷(《金刚经注序》叶一)。

按，札中提及之《西湖杂诗》八首作于光绪十六年(1890)，则本札亦作于该年。

十五[①]

杏荪仁兄世大人阁下：

春间台旆来苏，适弟还浙，未得一见。乃由恽季文阁书传述尊意，垂问拳拳，曷胜感荷。金风应候，玉节延釐，勋望愈隆，封疆在即，定如所颂。弟近状如恒，衰病加甚，远不如尊翁之矍铄，蒲柳松柏，固自不同也。春间在杭，得诗数首，后因彭刚直骑箕之耗，又有所作[②]，索观者多，以刻代钞，寄呈数纸，敬求吟正。尊纂《经世文续编》，未知已告成否？弟前寄呈拙作数种，未知尚存否？内有《服制私议》一卷，似尚可采，恐已失之，今附上《杂纂》一册，内有此卷，求赐览为幸。又近作一篇，似有关系，亦呈鉴定，未知可附入否？手肃，敬请勋安，统惟惠察不宣。

世愚弟俞樾顿首

再启者，去年为舍侄祖福求电报局差，允为留意，感感。兹闻福州电报分局陈司马同书已保知府，年内必须辞差，可否就近赏派舍侄接充？谨附上名条，伏求裁复，为感。

弟再启

按，札中提及彭玉麟(1816—1890)之卒，故当作于光绪十六年(1890)。俞樾《丧服私论》收入《皇朝经世文续编》卷七十，应即札中所谓“《服制私议》”。

---

① 此札辑自《近代名人手札真迹》第九册，第4081—4084页。

② 应即《哭彭雪琴尚书一百六十韵》，见《春在堂诗编》卷十三。

十六[①]

杏孙仁兄世大人阁下：

顷展覆函，谨悉一切，即谂勋望益崇，起居增胜，为慰无量。弟蒲柳之资，犬马之齿，何足言寿。夏间有宁波友人方君豫以寿联见赠，谨即璧还，并致谢函，言明俟来岁再自行备纸恭求法书，以免开罪，周折甚矣。阁下虽有金玉，幸勿见投，省两边费事，或亦有当于大君子"老者安之"之雅意也。手肃布谢，敬请勋安，惟鉴不宣。

世愚弟俞樾顿首，九月五日

再启者，如尊意必欲有赐，沪上《图书集成》局有《二十四史》股票出售，全股洋帙五十，如作两次，则先二十。公能买一纸寄赐乎？

弟再顿首

按，此札在《近代名人手札真迹》中分别以"贰柒"、"贰陆"收入，今据其意连接，正文中俞樾婉拒了盛氏惠赐寿礼的盛意，附函中则称"尊意必欲有赐"云云。《申报》光绪十五年(1889)二月二十七日刊登图书集成局主人《发售廿四史预启》(此启至光绪十五年十二月二十五日仍在刊登)，称"《图书集成》印竣之后即刊《廿四史》，刻下已将排至一半，用中国洁白连史纸印成，纸色首尾一律。此书为读书人必不可省之书，想莫不欲家置一编。谨与诸君约，倘有预定此书者，每部收回工本洋五十元，先付洋二十元，给以收单，书成之日再行交足；如欲随时取书者，须先将银交足，给以分期取书单子，可以逐部随印随出。约于本年终全书可以告竣。"与附札中所言正合，故附札应即作于光绪十五年二月二十七日之后。而光绪十六年是俞樾七十整寿，盛氏或即以此而要有所馈赠。故将此札定为光绪十六年(1890)九月五日之作。

---

① 此札辑自《近代名人手札真迹》第九册，第4086—4087页。"再启者"以下辑自《近代名人手札真迹》第九册，第4085页。

十七[①]

再，川省电报局未知尚须添人否？有震泽人王梦薇廷鼎，亦居弟门下，其人颇多材艺，写作俱佳，与该局吴君亦属旧好。如可资驱策，请为罗致。手此，再请勋安。

弟樾再顿首

按，札中为王廷鼎（1840—1892）谋职，则至晚作于光绪十八年（1892）。

十八[②]

杏荪仁兄世大人阁下：

顷奉惠书，敬悉从公沪上，懋著贤劳。招商一局，所关颇钜，非长才八面，孰克仔肩？虽雅抱谦冲，恐有所不能辞也。前所荐谢从九，既无可位置，只可听之。惟其人耐于勤劳而又练于事务，于贵局颇相宜耳。中外议和，稍可无事，《经世文编》续刻，尚望得暇即为之。弟从前曾有续刻《皇清经解》之意，然近今说经之文，未必能出阮氏范围。若经世之文，则自通商以来，诸君子高掌远蹠，崇论闳议，若辑成一集，必有突过原书者，此弟所以深为贤者望也。手肃，复颂勋安，统惟惠照不尽。

世愚弟俞樾顿首，七月二十

按，盛康《皇朝经世文续编叙》称"遂初多暇，命子宣怀益加编次，凡四朝经制事宜，具详六政，其有关中外交涉者别为外编，不与焉。体例悉仍前编，而增损其目，书成，卷数亦如之。阅七年，为光绪丁酉

① 此札辑自《近代名人手札真迹》第九册，第4034页。

② 此札辑自《近代名人手札真迹》第九册，第4030—4032页。

之岁，校刊始毕”，是该书为光绪二十三年(1897)刻成，而始刻则在光绪十六年(1890)。札中俞樾请盛宣怀得暇续刻该书，则应作于光绪十六至二十三年间。札中所谓“中外议和”，或指光绪二十年(1894)中日甲午海战之后签订《马关条约》之事，若是，则此札当作于光绪二十一年(1895)。

十九①

敬再启者，舍侄祖绥，丙子科举人，历年充浙江书院监院。今年以年分太久，不能蝉联，闲居无事，厥况颇艰。闻尊处所辖电报局用人颇多，如蒙于江浙两省酌赐位置一局，则感荷玉成，实无既极。手肃布恳，载请台安。

弟樾谨再启

按，此札为俞祖绥(？—1896)谋职，则最晚作于光绪二十二年(1896)。

二十②

杏荪仁兄世大人阁下：

正初承枉顾寓庐，失迎为歉。辰惟政体绥和，勋猷卓越，遥瞻景曜，定协颂忱。弟于二月底到杭，四月初又将还苏，湖楼山馆，两处勾留，亦尚不恶。足慰注存。兹有渎者，钱唐钱君英甫茂才系苏省试用府经历，因乏赀验看，故未到省。其人才具开张，应酬周到，书画兼

---

① 此札辑自《近代名人手札真迹》第九册，第4056—4057页。

② 此札辑自上海图书馆藏盛宣怀档案第016758号。附信封一枚，题“天津海关道台盛大人勋启”(用“曲园居士俞楼过客右台仙馆主人尺牍”信笺一张作封，背钤“曲园拜上”朱方)。又附名条，题“蓝翎指分江苏试用府经历兼袭骑都尉廪贡生钱清颢”(红纸一张)。

工，亦一美才。现在寓居上海，苦无机会。弟意此人于轮船账房颇属相宜，虽非熟手，而□应固其所长也。其妻张氏，□名弟门下，能写盈丈大字。弟因其夫妇贫困，恐其失所，故敢奉上名条。无论何项轮船派其一席，感荷逾恒。如公冗，无暇及此，转交子梅兄亦可。肃请勋安，统惟青鉴不庄。

世愚弟俞樾顿首

按，《春在堂诗编》卷十五有《于右台仙馆遣嫁张贞竹女士，口占两绝句》一题，自注曰："所适钱君英甫，乃花农门下士。"此诗为光绪二十一年(1895)冬之作。此札为张贞竹夫钱清颢(字英甫)谋职，又有"二月底"、"四月初"之说，则至早作于光绪二十二年(1896)春。

二十一[①]

杏荪仁兄世大人阁下：

前阅邸钞，敬悉荣拜奉常，典司铁路，轶前贤之轨辙，效皇路之驰驱，即晋封圻，允孚舆颂。弟趑趄陋儒，颓唐暮境，犒叨平顺，无善可陈。春间为钱英甫茂才清颢说项，定尘青照。闻年终轮船执事者颇多更换，未识能为筹一位置否？其妻即善书大字之张贞竹，想公亦尝闻之也。手肃布托，敬请勋安，匆匆不尽。

世愚弟期俞樾顿首

按，光绪二十二年(1896)九月十四日，设立铁路总公司，盛宣怀以四品京堂候补，督办铁路公司事务[②]。札中既称"荣拜奉常，典司铁路"，则当作于嗣后不久。而上札应即此札所谓"春间为钱英甫茂才清颢说项"之作。

---

① 此札辑自《近代名人手札真迹》第九册，第4040—4041页。

② 《清德宗实录》卷三百九十五。

二十二[①]

杏孙仁兄世大人阁下：

正初旌麾晋省，承惠顾敝间，翼日报谒，则已返旆沪滨矣。辰下敬惟祉共春长，勋随年晋，遥瞻辕戟，弥切轩饕。弟侨寓吴门，粗叨平顺。舍侄孙箴墀[②]，乃先兄壬甫之孙，年龄尚幼，学业豪无。闻天津中西学堂招考学生，不自揣量，亦来应试，未知得容虱于其间否？手肃布渎，敬请勋安，顺贺春祺，伏惟惠照不宣。

世愚弟俞樾顿首

按，《春在堂诗编》卷十六有《天津二等中西学堂招考学生，从孙箴墀考取第二，送之北去，为赋此诗》一题，作于光绪二十四年(1898)春。札中俞樾向盛宣怀询问该生是否考取，则至晚作于该年。

二十三[③]

杏荪仁兄世大人阁下：

顷承嘉招，感感，奈弟无此口福何？兹遵雅教，奉上硃卷二十本，谨求代为分送，广赐吹嘘为感。手此布托，敬请台安。

世愚弟俞樾顿首，廿三日

马眉翁[④]前并求致意申谢。称谓谦抑，殊不敢当也。

---

① 此札辑自《近代名人手札真迹》第九册，第4066—4067页。

② 俞箴墀(1875—1926)，字丹石，号德孟，俞祖绥长子。毕业于北洋大学，先后任教于无锡竞志学校、厦门集美学校，并在江苏省立图书馆、京师图书馆供职。

③ 此札辑自《近代名人手札真迹》第九册，第4035页。

④ 马眉翁，或即马建忠(1844—1900)，字眉叔，江苏丹徒(今镇江)人。太平军进军江南时，随家徙居上海。第二次鸦片战争后，因愤外患日深，开始研习西学。著《适可斋记言记行》、《文通》(通称《马氏文通》)十卷。

按，札中提及之硃卷，疑为俞樾孙陛云会试硃卷，若是，此札当作于光绪二十四年(1898)俞陛云高中榜眼之后。

二十四[①]

杏孙宫保仁兄世大人阁下：

睽隔钧辉，阔疏笺启。比闻旌旆已自鄂归，想主持全局，宏济时艰，为国理财，为民请命，坛坫折冲，其功不下中兴李郭矣。弟自二月以来颓唐加甚，病久不疗，幸饮啖如故，尚可勉强支持。小孙倖副蜀轺，深恐不胜其任，已于六月二日出京。长路暑行，亦殊念之。兹有恽司马福麟，乃季文长子也，季文因奉母不能出山，困于家食，故命其长子筮仕浙中。然宦海浮沈，亦复出头无日。闻公处随带人员甚多，用敢附上名条，如蒙垂爱，俾得虱于其间，则戴德无既矣。公与季文交好有年，而此子材具亦尚有可造，当亦乐以玉成也。季文不乞当途有力者之书，而属先容于衰病之一叟，可见季文于公知之者深而重之者至矣。挥汗布渎，敬请勋安。统惟惠鉴不宣。

世愚弟俞樾顿首

按，光绪二十八年(1902)，俞陛云任四川副考官。札中提及此事，则当作于本年。

二十五[②]

杏荪星使仁兄世大人阁下：

日前旌麾晋省，适弟在西湖，未克趋候为歉。比惟勋望日隆，壮猷云上，即膺疆寄，允协舆情。弟衰老益增，无状可述。舍表弟蔡县丞镜莹事，前由蔡二源转达，已邀钧鉴。其光景甚窘，不能久赋闲居，

---

① 此札辑自《近代名人手札真迹》第九册，第 4042—4045 页。

② 此札辑自《近代名人手札真迹》第九册，第 4038—4039 页。

务求于和甫观察前鼎力一言，随便派给一差，戴德无量。手肃布渎，敬请勋安，统惟霭照不尽。

世愚弟俞樾顿首

二十六[①]

杏孙仁兄世大人阁下：

去年托转寄小婿许子原信，半月而达，深费清神，同深感荷。入新岁，想勋望益隆，四海瞻仰，乾坤軆𨺗之时，计尚需大力转旋也。弟侨寓如昨，桑榆待尽，无可言者。惟小婿及花农来信均以不得弟信为念，致烦电问，谅由邮局稽迟之故。兹有一函，仍求饬寄京城，幸勿以琐渎为罪。手肃布托，敬请勋安，顺贺春禧，并恕不庄。

世愚弟俞樾顿首

---

① 此札辑自《近代名人手札真迹》第九册，第 4064—4065 页。

中国近现代稀见史料丛刊【第一辑】

张剑 徐雁平 彭国忠 主编

俞樾函札辑证

（下）

俞樾 著
张燕婴 整理

凤凰出版社

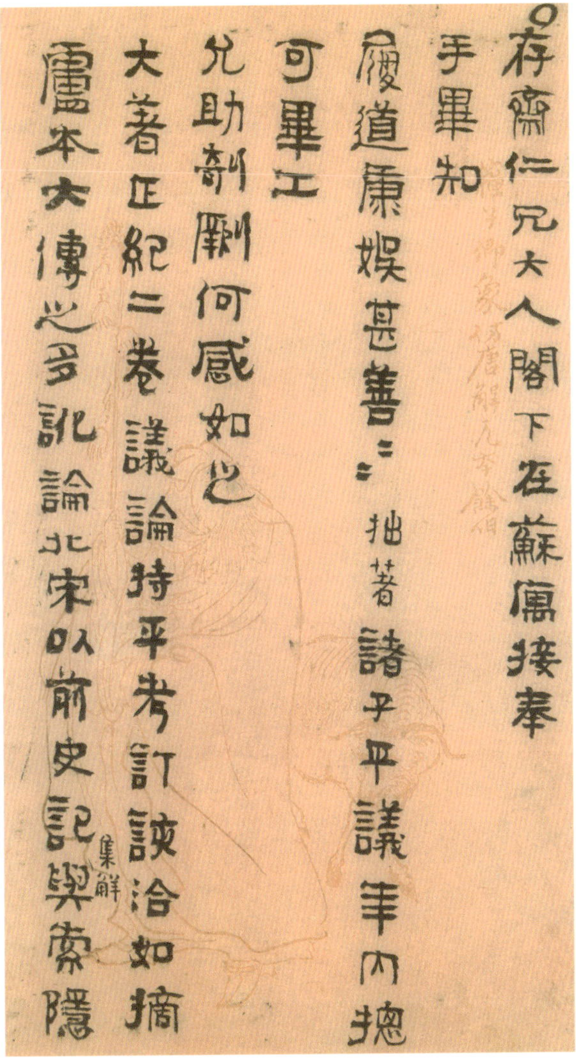
○存齋仁兄大人閣下在蘇寓接奉
手畢知
履道康娛甚善善　拙著諸子平議年內揔
可畢工
允助剞劂何感如之
大著正紀二卷議論持平考訂該洽如摘
盧本大傳之多訛論北宋以前史記與集解索隱

书影一

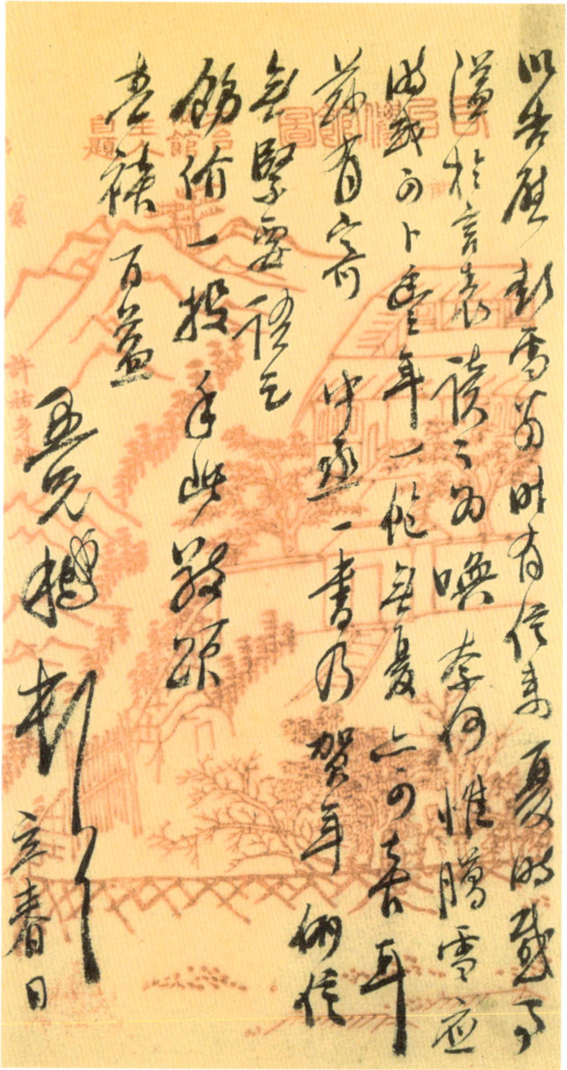

书影二

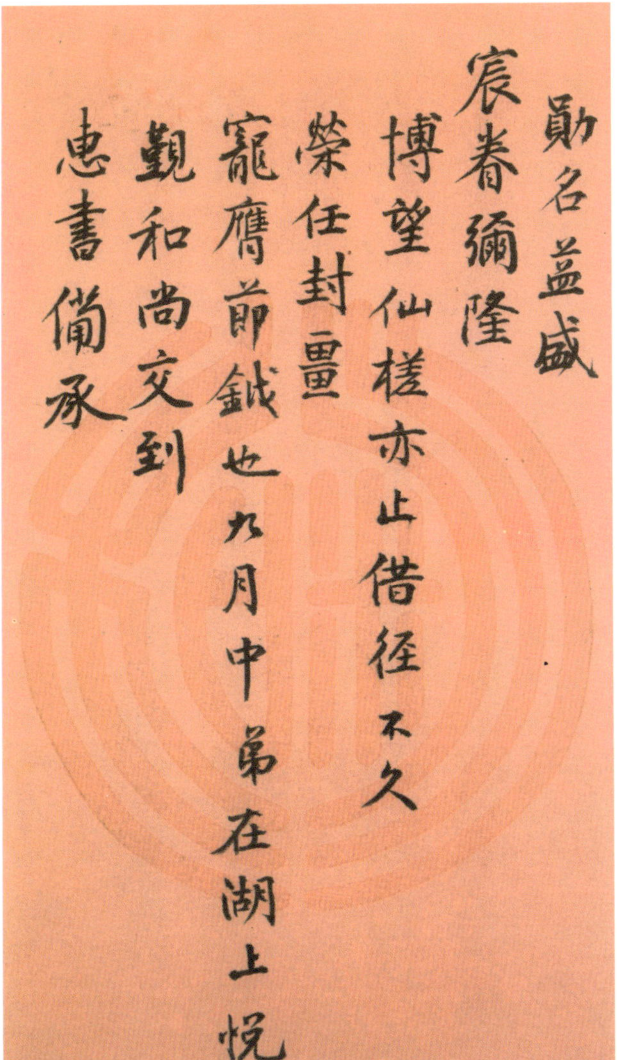
勛名益盛
宸眷彌隆
博望仙槎亦止借徑不久
榮任封疆
寵膺節鉞也九月中弟在湖上悅
覿和尚交到
惠書備承

书影三

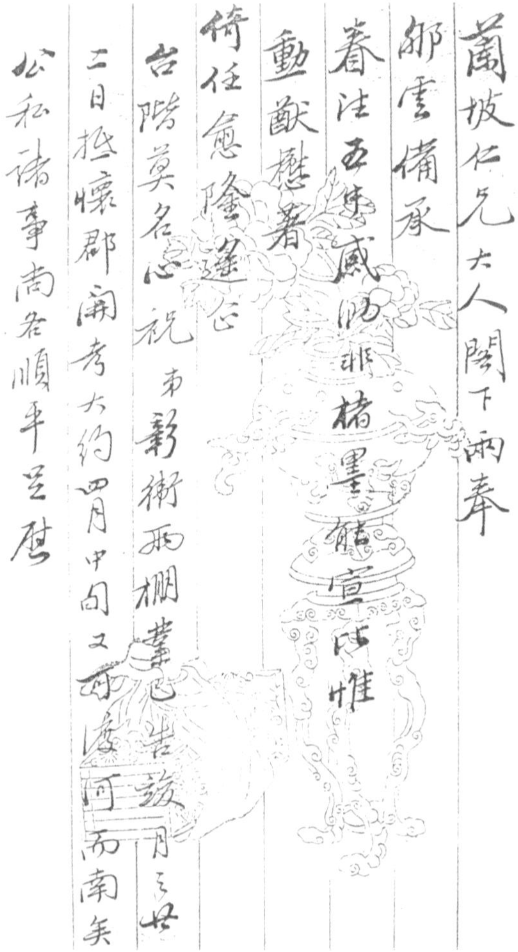
蘭坡仁兄大人閣下兩奉
鄉雲備承
眷注至厚感泐非楮墨能宣比惟
勳猷懋著
倚任愈隆遙心
台階莫名心祝 弟彰衛兩棚業已告竣月之廿
二日抵懷郡開考大約四月中旬又可渡河而南矣
公私諸事尚屬順手足慰

书影四

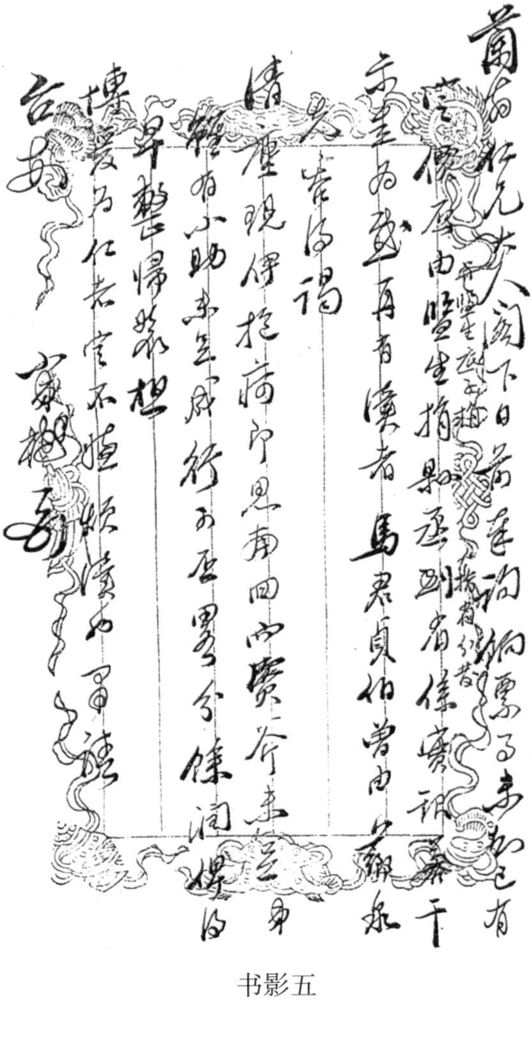

书影五

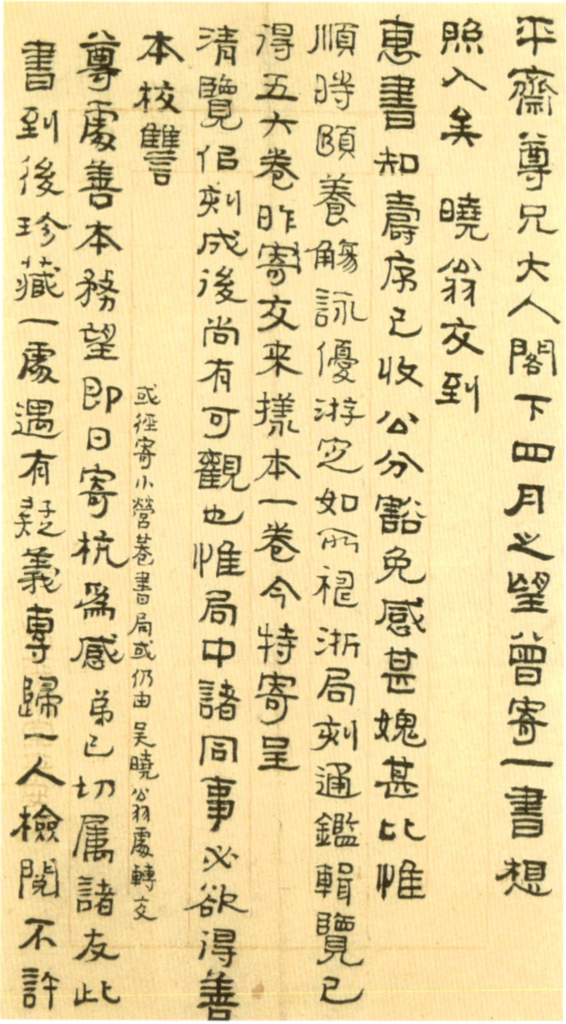
平齋尊兄大人閣下四月之望曾寄一書想
照入矣　曉翁交到
惠書知壽序已收公分豁免感甚媿甚比惟
順時頤養觴詠優游定如所禱浙局刻通鑑輯覽已
得五六卷昨寄交来樣本一卷今特寄呈
清覽俟刻成後尚有可觀也惟局中諸同事必欲得善
本校讎
或徑寄小營巷書局或仍由　吳曉翁處轉交
尊處善本務望即日寄杭爲感弟已切屬諸友此
書到後珍藏一處遇有疑義專歸一人檢閱不許

书影六

致寿锡恭[①]

寿锡恭(生卒年不详),号梅契,诸暨墨城湖人。同治末孝廉。诂经精舍生。致力桑梓教育,开办“平湖女子高等小学堂”。好中庸之学,著《庸言斋十二则》[②]。

寿氏以春秋时考之,固吴人也。《襄五年》有寿越,《哀十三年》有寿於姚,并吴大夫,则其为吴人无疑。惟以为吴子寿梦之后,则吴子寿梦于襄十二年始卒,而襄五年已有寿越见于《传》,其非寿梦之后明矣。尊谱谓帝尧之后,封于祝,据郑注“祝或为铸”,寿氏即出于铸,省去金旁耳。然《广韵》十遇“铸”字下云:“又姓,尧后,以国为氏。”则尧后自有铸氏。至四十四有“寿”字下但云:“又姓,王莽衮州牧寿良。”似不得谓寿即铸省,并作一姓也。古事难明,聊书所见以质。

---

① 此札辑自《春在堂尺牍》卷七,题作“与寿梅契”。
② 《墨城村志》,转引自 http://szqhut. blog. sohu. com/164922423. html。

致宋仁寿[①]

宋仁寿(1836—1918),字树之,号如芝,宋颐(号叔元)长子,江苏溧阳人。太学生,应同治甲子(1864)科顺天乡试,挑取誊录。历任上海电报局总收支,南浔、嘉兴电报局总办。奖叙三品衔,升用知府,委办徽州盐局,帮办宁波督销局、绍兴盐局专办等差。

树之仁兄世大人阁下:

前奉到瑶函,敬悉侍奉万安,起居百福,慰甚。令弟澄之[②]计早已安抵金陵,今年极盼其一捷也。尊慈太夫人八旬荣寿,谨撰一联,聊寓祝意,廿外到杭,再登堂补祝。然计舞彩称觞,亦须待澄之归也。尊属云云,谨当在意,亦俟到杭面致矣。手此,敬颂勋安。

世愚弟功俞樾顿首,八月四日

太夫人前叱名叩祝,恕不具柬。

按,札中称宋文蔚"计早已安抵金陵,今年极盼其一捷",则当作于秋闱之岁。《楹联录存》卷三有《宋母彭夫人八十寿联》,序曰:"彭夫人为宋叔元观察德配,长子树之筮仕吾浙,次子澄之应试金陵,皆有时誉。八月十四日其生日也。"即札中"尊慈太夫人八旬荣寿,谨撰

① 此札辑自《上海图书馆藏名人手札选刊·俞曲园手札》,第153—154页。

② 澄之,即宋文蔚(1854—1936),字澄之,一字彬儒。邑优禀生,诂经精舍肄业,光绪甲午(1894)举人。选授常州府荆溪学训导,光禄寺署正衔。宣统元年(1909)选授江宁府溧水学训导。著《文法津梁评注》、《湖楼笔谈——说文经字疏正》、《说研室诗存》等。

一联”之所指。此联在《楹联录存》中下接《许子社明经挽联》，后者序云：“子社于今年元旦作五言绝句一首，句首冠以‘甲午大吉’四字，和者甚众。”故此联、此札均当作于光绪二十年(1894)，是年确有乡试。又，光绪二十年五月十七日，俞樾孙妇卒，札末署“功”，当以此。

致宋恕

宋恕(1862—1910),原名存礼,字燕生,号谨斋,改名恕,字平子,号六斋,后又改名衡。浙江平阳人。俞樾弟子。与陈虬、陈黻宸交好,时称“东瓯三杰”。著《六斋卑议》,倡变法,影响甚大。

一①

题奇赋更奇,议论纵横,意义周匝。

《中庸》云:“能尽其性,则能尽人之性;能尽人之性,则能尽物之性;能尽物之性,则可以赞天地之化育。”愚尝谓:子思子少说了一字,当云:“能尽人、物之性,则可以赞天地之化育。”双承而下,方无语病。否则,尽人之性尚不足以赞化育,必尽物之性始足以赞化育,此近乎西之人学,非吾中国圣贤之学也。今读此赋,实能发挥“尽物性”、“赞化育”之理,周公之制,子思之言,或者意本如此乎?

曲园识

按,光绪十六年(1890)三月初八日,宋恕初见俞樾于杭州孤山;二十三日,又见于右台仙馆,呈所作文。据注,宋氏所呈为《夷隶掌与鸟言、貉隶掌与兽言赋》,俞樾批曰:“题奇赋更奇,议论纵横,意义周匝。”并赞许“此赋实能发挥尽物性、赞化育之理”②。因知此段俞樾批识当作于该年。

---

① 此札辑自《宋恕师友手札》上册,第21页。

② 《宋恕集》下册,第918页。

二[1]

燕生仁弟惠览：

正深驰念，欣逢来书，知仍从事水师学堂，瀛眷亦已安抵丁沽，从此折桂征兰，喜叠其室，可豫贺也。承示《卑议》一册，议论卓然，文气尤极朴茂，可与《昌言》、《潜夫论》抗衡，非王氏《黄书》、黄氏《明夷》所能比也。属为弁言，兄非元晏先生，不足为《三都》生色。窃书数语于后，然亦未必有当尊意，不必存神。又示知拟赴北闱，自较南闱为便。然以足下排山倒海之才，绝后空前之识，在南中已难必有赏音，北闱寻行数墨，久成痁疾，况今岁又新有厘正文体之命[2]，恐更无人相赏于牝牡骊黄之外，似仍以南闱为宜。况北试又须捐贡或捐监，移此费作南来之资，所费不多。七月初十外发天津，八月二十外可抵天津，为时亦不甚久，尊意以为何如？琴西同年已登八十，不可无诗，然泛泛寿言固非所宜，而数十年交情，垂老殊为着笔耳。兄年力益衰，学术益退，今年刻有《琼英小录》一册，附奉一笑。手肃，布颂元祉。

愚兄俞樾顿首，六月十六日

附上《卑议书后》一篇，又《嫁娶说》一篇，又《琼英小录》一册。

《卑议》书后

尝读《后汉书·王符仲长统传》所载《潜夫论》、《昌言》诸篇，辄叹诵不置，以为唐宋以后无此作也。不图今日乃得之于宋子燕生。盖燕生所为《卑议》，实《潜夫论》、《昌言》之流亚也。其意义闳深，而文气朴茂，异时史家采辑，登之国史，亦可谓“宁固根柢，革易时弊”者

---

① 此札辑自《宋恕师友手札》上册，第 9—20 页。

② 光绪十八年(1892)十一月二十一日，“谕内阁御史郑思贺奏请饬厘正文体并慎防弊端一折，应试文字总以清真雅正为宗，不得穿凿附会，渐趋怪诞……着礼部申明禁例，于乡会试前严行晓谕，勿得视为具文”(《清德宗实录》卷三百十八)，应即此处“厘正文体之命”所指，惟此谕实作札之年上年末发出。

矣。惟《变通篇》三十七章，鄙意以为宜缓出之，其造端闳大者，固未必即能见之施行；琐屑诸端，不知者且谓妨于政体。而嫁娶停旌之说，尤不免见嫉于礼法之士。窃谓君子之论，论其大纲而已。孔子"富之"、"教之"两言，千古不易。三代以上，圣人治天下以此，即汉唐以来，凡治天下亦以此。然何以富之，何以教之，则孔子不言也。一国有一国之富、教，不能通于他国；一时有一时之富、教，不能概于他时。至孟子屑屑然论之，即如"方里而井，井九百亩"，此或可施于七十里之滕耳，齐梁大国，能用之乎？而况后世乎？《易》曰"穷则变，变则通"，不变固不能通，而变之实难，是以君子慎言之也。燕生属序其端，余谢不敢，窃书其后云尔。癸巳长夏，曲园俞樾。

嫁娶说[1]与尊说别[2]，或可各存其说。

古礼，男子三十而娶，女子二十而嫁，此示人以极至之时，明逾三十无不娶之男，逾二十无不嫁之女，非以此为定期也。《传》曰："国君十五而生子。"则男子之娶有不待三十者矣。《礼》曰："女子虽未许嫁，二十而笄。"则女子有逾二十而未嫁者矣。嫁娶之故，情事万端，圣人不能预定，姑示以极至之期而已。然愚谓：圣人于此，殆未之深思也。夫妇人内夫家，外父母家，此惟妇人之贤明者知之，愚妇人不知也。女子出嫁，则为异姓，而子妇自异姓来归，转为至亲，此舅姑之贤明者知之，不贤明者不知也。舅之知者，或十而六七，姑之知者，不过十而二三，而家庭之变，自此繁矣。窃谓：上古圣人既定嫁娶之礼，即当定嫁娶之期，大夫以上，不自乳其子者，所生女子三月而嫁；士以下，必自乳其子者，所生女子三岁而嫁。依此行之，有六利焉。无愆期之男女，一利也。无嫁娶之浮费，二利也。女子自幼即居夫家，所见尊卑长幼，皆夫家之人，则于夫家不期内而自无不内矣；兄弟、伯

① 此文见于《宾萌集》卷六，文字小有不同。

② 宋恕《卑议》"变通篇"第三十"婚嫁章"提出厉禁童养媳的主张(《宋恕集》第31页)，而俞樾"嫁娶说"则力主女子自幼即居夫家，故称"与尊说别"。

叔、诸姑、姊妹可以觌面不识，则于父母家不期外而自无不外矣，三利也。女子自幼依舅姑以生以长，自无不孝；舅姑自其妇幼时保抱携持，自无不慈；其夫与之自幼相习，饮食同焉，嬉戏同焉，自无不怜爱，四利也。先后筑里，易启猜嫌，兄弟之不和，半由娣姒之不睦。此法行，则兄弟之妻皆由一舅姑抚育，自幼至老，何异同胞，无不睦之娣姒，既无不和之兄弟矣，五利也。父母遣嫁其女，未有不衋然伤心者，故《礼》有“三夜不息烛”之文，念其后之不得时时相见，而夜以继日，冀缓须臾，亦可悲矣。此法行，则三月之女未解笑啼，三岁之女甫离褓襁，时日不久，恩爱未深，率然抱持而去，初亦未能忘情，久之竟如未有，父母之悲思可以销释，为女子者，虽罔极之恩一无所报，而不至以此身重父母悲思，则心亦可以稍安，六利也。或曰：今世童养之妇，往往为舅姑虐遇而死，此法一行，死者益众矣。余谓不然。今世惟不行此法，故童养妇惟小家有之。小家妇女，姿性愚蠢，故多此弊。若诗书仕宦之家，必不至此。且爱女甚男，亦人情所常有，膝下既无女子，则必以爱女子者爱其子妇，锦褓绣被中，其珍护可知也。小家化之，亦当不复肆其虐矣。此事理之常也。若仍虐遇之者，此事理之变也，凡事论其常而已。天下妇女，岂无不得于舅姑与夫而抑郁以死者？然则女子将不嫁乎？请陈六利，释此一虑，圣人复起，不易吾言。

按，札中所附《卑议书后》末署“癸巳长夏”，则此札当作于光绪十九年(1893)六月十六日。本年春，俞樾在杭州俞楼，浙江巡抚刘树堂赠琼花数朵；及入右台山馆，山中人则称此花为聚八仙。后丁丙示以明人杨端《琼花谱》，乃知琼花九朵，聚八仙八朵，实有所区别。三月诂经精舍望课，遂以《杭州琼花歌》命题。还吴，移琼花一株，归种吴下寓园。并著《杭州琼花歌》八百六十八言，绘《古今琼花》两图，作《琼英小录》一卷[①]。

---

① 《琼英小录序》叶一至二，《春在堂诗编》卷十四叶十七。

三[①]

频年占望文星，不知照临何处？今奉手书，乃知翩然南飞，戢影沪上，怀抱利器，郁不得试，意绪可知矣。承见和拙作《重游泮水诗》，上下五千年，奇诡至此，惜题目小，不足副之耳。方今天下，乃大战国也，每读《孟子》书，无一语不如意中所欲出。其曰"平治天下，舍我其谁"，似乎言大而夸，实则确有此理。如云"以齐王，犹反手也"，又云"举此心加诸彼而已矣"。当日如此，今日何尝不如此？然孟子在当日已不能行，况我辈在今日乎？为我辈计，惟有仍守孟子两言，曰"守先王之道，以待后之学者"，但不知待至何年。兄去年除夕有诗云"行当再见唐虞盛，屈指天元九十年"[②]，未识谰言有验否？

按，俞樾道光丙申年(1836)入县学，至光绪丙申(1896)为六十年，札中题及之《重游泮水诗》作于光绪二十二年丙申，此札则作于之后。

四[③]

燕生老弟台赐览：

久不得书，未知萍踪所寄。今奉手毕，乃知去年近在杭州，旋又辞去，闲云舒卷，明月去来，令人钦仰不已。乃诵至末幅，又知新丁大艰，茕然苫块，大孝哀慕，如何如何！承以令外舅止庵先生[④]墓

① 此札辑自《春在堂尺牍》卷七，题作"与宋燕生"。

② 见于《春在堂诗编》卷十五。

③ 此札辑自《宋恕师友手札》上册，第23—24页。

④ 宋恕岳父即孙锵鸣(1817—1901)，字韶甫，号蕖田，晚号止庵，浙江瑞安人。孙衣言弟。道光二十一年(1841)进士，官翰林院侍讲学士，以重宴鹿鸣加侍郎衔。历主苏州正谊书院、金陵钟山书院、金陵惜阴书院、上海龙门书院、上海求志书院、瑞安玉尺、平阳龙湖、永嘉东山等书院讲席。著《止庵读书记》、《东瓯大事记》、《海日楼遗集》。

铭见属。伏念止庵先生为昆弟同年，实翰林前辈，其学问粹然，出处大节，亦殊落落，为生平最所敬服。后死之责，本不敢辞。乃读尊撰《行状》[①]，洋洋万言，叙学术之得失，人材之盛衰，几令人怖若河汉。兄年老废学，即在壮盛之时亦止于训诂章句稍有微长，实不足以见其大者。至于近日，无三日不病，扶病起坐，取闲书消遣而已。若勉强下笔，不特无以表扬令外舅之盛德，亦断不足以副足下之来意。知难而退，用敢谨辞。想哀怜其老，亦必谅之也。兄本甲辰举人，因是恩科，例于癸卯正科重赴鹿鸣之宴。而疆臣于今夏即行陈请，遂奉恩命，有诗纪之[②]，辄陈雅览。览其诗，知其人，即知前所诿诿者为未得其人矣。又一纸，请转致仲容[③]。手此，复请礼安，匆匆不尽。

愚兄樾顿首，九月十日

按，札中提及之"癸卯"为光绪二十九年(1903)，是年为俞樾重宴鹿鸣之年，而浙江巡抚于光绪二十八年夏奏请。故此札当作于光绪二十八年(1902)九月十日。

---

① 即《外舅孙止庵师学行略述》，《宋恕集》第320—329页。宋恕此稿为"壬寅二月廿二日起草，三月初八日改定完稿，八月十八日始清誊，稍有增入，至廿二日午前誊毕，首尾五日，廿二日晚交仲、季"(《宋恕集》第320页脚注①)。

② 应即《光绪二十八年六月辛亥，浙江巡抚任公，以樾中式道光二十四年甲辰恩科举人，遵例于光绪二十九年癸卯正科重赴鹿鸣筵宴，先期陈奏。奉上谕"俞樾早入词林，殚心著述，教迪后进，人望允孚，加恩开复原官，准其重赴鹿鸣筵宴"。闻命恭纪》一题，见于《春在堂诗编》卷十九。

③ 仲容，即孙诒让。

五[①]

诠"倦"字，独具至理。愚前年亦曾有拟作，未见及此。然天下事无论曲艺杂技，苟出其所心得，而非由摹拟剽窃而来，则竟可终身不倦。

"其间必有名世者"，解"其间"二字，与鄙见合。

曲园识

① 此札辑自《宋恕师友手札》上册，第22页。

致孙殿龄

孙殿龄(1820—1862),字莲叔,号大台山人,安徽新安人。著《红叶读书楼诗草》、《萱荫山房杂著》、《桑宿集》。

一①

黄海别君,青山送我,一枕眠月,孤帆饱风。朝停杨树湾头,暮泊木樨滩下。方补唇之原上,仍有白云;谢晞发之台边,已无朱鸟。烟波趣远,云水程长,月之八日,始抵里门。遥计足下,束皙笙清,徐陵笔艳,红霞一室,登观旭之楼;绿醑三升,启暖寒之会,乐何如乎?仆闻淄渑之水,源异而流同;蔡蒙之山,始分而终合。况弟兄四海,无非黄土抟成;而朋友一伦,或亦赤绳系定。足下以惨绿之年华,飞黄之意气,王昌十五,别有情怀;阮何一双,自矜风貌;人是魏收蛱蝶,赋成袁淑鸳鸯。而仆局促辕驹,氋氃舞鹤,负书千里,闭户十年,虽席帽生涯,秀才之衣已绿;而齑盐况味,瞿昙之面仍黄。乃蒙啖以牛心,订为龙尾,桃枝仙母,拜许堂前;兰茁佳儿,见曾座上。两宵客枕,金迷纸醉之中;一夕华筵,宠柳娇花之乐。犹忆金花烛灿,玉李星低,脯进虬红,褥排熊绿。住段相炼珍之馆,不羡肥甘;入宋家不晓之天,都忘昏旦。凡客里难逢之胜,皆主人无尽之情。所惜迢迢归路,催还如叶之装;策策朔风,送入看花之梦。而足下赠以远志,盼我先鞭。肤金充季子之囊,子墨佐相如之赋。万重高谊,浮邱峰顶之云;千丈情波,曹阮溪边之水。今者问长安之日,远道未娴;望京雒之尘,征衣已制。敬从江上,远寄双鱼;聊当樽前,同飞六鹤。此时一别,暂为风马之睽

① 此札辑自《宾萌外集》卷二,题作"与孙莲叔书"。

违;他日重逢,再作云龙之角逐。

按,道光二十五年(1845)秋,俞樾授馆于新安汪村孙殿龄家,嗣后春来冬往,凡五年[①]。此札即与孙氏别,则至早作于本年冬。

二[②]

每遇清风明月,辄忆故人;敢云羽扇纶巾,即成名士。乃蒙悯其褦襶,赠以清凉,传书不待飞奴,入坐居然凉友。因从今日,回忆去年,亦曾分吉甫之清,解敬奴之热。然而书皆绿字,如含太乙之辉;画亦黄花,不借盗庚之色。盖以仆素冠犹御,墨绖未除也。蹉跎白日,忽五五之已周;奉扬仁风,又双双而俱至。匀红晕绿,活色生香,物固珍矣,意亦挚焉。仆愧热恼之未祛,幸冷环之在握,鲁诸生倘来问字,便与传观;夏二子纵使逼人,岂容轻扑。来札云:驱蚊则可,见客则不可。报以尺素,感在寸衷。

按,札中称"素冠犹御,墨绖未除"、"五五之已周"云云,则当作于俞樾之父(1781—1846)卒后一年,即道光二十七年(1847)夏。

三[③]

夫班固之史,贮于葫芦;白傅之文,藏于柏柜。成之非易,传之良难。不有桓谭,则《太玄》覆酱矣;倘逢游雅,则《论语》代薪矣。即或瞽叟箧中,汇成小集;山人瓢内,流出遗诗;然必待其白首蓬飞,青山木拱,则流水之赏音太晚,夕阳之光景无多。纵存姓氏于名山,已掩文章于荒土。况乎造物有时而见忌,文人从古而相轻。义山身上之

---

① 《曲园自述诗》叶六。

② 此札辑自《宾萌外集》卷二,题作"谢孙莲叔赠扇启"。

③ 此札辑自《宾萌外集》卷二,题作"谢孙莲叔为刻骈散二体文书"。

衣,捋撦欲破;长吉囊中之锦,厕溷长埋。可胜慨哉！且其人类,皆负润古雕今之学,擅前杨昔马之才,犹或且付之飘风,去如逝水。矧如仆者,学非麟角,痴甚虎头,六岁受经,课自折蓤之慈母,十龄就傅,偕乎骑竹之群儿。未游通德之门,岂识达人之论？徒以少耽图籍,长爱交游,磨祖砚而几穿,读父书而欲破,因而纵谈天下,尚论古人。洛阳少年,呼之为友;儋州秃鬓,奉之为师,此古体诸文所为作也。鸠车之岁,忝窃科名;马磨之身,难辞奔走。先世乘车之友,颇未寒盟;向来投贽之门,亦容温卷。不得不因缘翰墨,雕镂词章。贫女思斗巧于蛾眉,伧父转强调其鸩舌,此近体诸文所为作也。然而欧九未尝学问,阳五岂足流传,虽爱我者未许逃声,而知我者当为藏拙。方思焚砚,何敢灾梨,乃蒙足下悯其仰屋之勤,刊作断金之集。好事儒者,竟许成书;元晏先生,并为制序。噫嘻,童子聚沙之戏,老僧饶舌之谈,不堪秘之枕中,矧乃悬之市上,将钮其丑乎,抑诊其痴乎？图海神之貌,未必堪观;书混沌之眉,得无太过。虽然,文章千古,元是无凭;知己一人,亦堪自恃。君以为可,仆又奚疑？且使异日者,飘萧垂白之年,零落杀青之业,始加戢舂,再付麻沙,纵有微名,不堪把玩。而况阿婆涂抹,后生之描画尤多;老子婆娑,众婢之憎嫌更甚乎？仆私计之,与其画暮年之蛇足,不如附壮岁之骥旄也;与其留身后之豹皮,不如作生前之鸡肋也。虽知非分,不敢固辞。登大雅之堂,岂云无愧;附先人之集,或与俱传。总赖玉成,岂忘丝绣,谁之赐也？享敝帚以千金,何以报之？博胡卢之一笑。

按,此札是孙殿龄为俞樾刻骈散文体之书后俞氏之谢函。俞氏《草草庐骈体文钞》,首有道光二十八年(1848)孙殿龄序,称“因付诸梓,以广其传,贡此一言,弁其全帙”,则其时此书当已刻成。故暂系俞氏谢札于本年。

四[①]

臣向所校，初无汇萃之书；《皇览》告成，始有编排之体。纪事提要，选词就班，于浩如烟海之中，为学者津梁之助，意甚善也。然博者既病其繁，约者又难于核。欲鱼而又欲熊掌，未免伤廉；食肉而不食马肝，究为失味。惟我朝《渊鉴类函》一书，灿若鳞罗，朗如眉列，继永乐之《大典》，而妙削其芜；仿安期之《类函》，而更增其简。洵足广青衿之疑问，集《白帖》之大成矣。仆晓惟一孔，洗未三毛，读五千卷而未能，呼百六公而何敢，银绳奉到，玉躞开时，如入嫏嬛，如游宝藏。俾多识于草木鸟兽，然后治其雕镂文章。不须半部《汉书》，已令贫儿暴富；何异万金良剂，顿令肉骨成仙。

按，此札已见于《草草庐骈体文钞》，则当不晚于道光二十八年(1848)。

五[②]

中年多故，来日大难，生憎白眼之人，苦忆黄泉之弟，何言之悲也！君自分金，人犹下石，暮四朝三之术，翻云覆雨之情，何言之激也！夫愤能忘食，忧可伤人，请献愚公之一言，以当枚叟之《七发》。足下家传陶白之书，世擅程罗之富，虽春光烂漫，已过牡丹；而素魄盈亏，何伤明月？门前之客，少亦两三；席上之钱，俭犹十万。酌金凿落，吹玉参差，有名士之风流，无诗人之寒瘦，可乐一也。堂前仙母，长奉桃枝；膝下娇儿，尽如迦叶。而且刘纲佳偶，共作神仙；高柔贤妻，雅宜爱玩。曲歌子夜，诗仿丁娘，除封臂之纱，从郎学字；把画眉之笔，代妇抄诗。此一事之寻常，已三公之不易，可乐二也。竹马鸠

---

① 此札辑自《宾萌外集》卷二，题作“谢孙莲叔惠《渊鉴类函》启”。

② 此札辑自《宾萌外集》卷二，题作“报孙莲叔书”。

车之岁，便露聪明；肥肉大酒之场，别饶风味。年才三十，诗已千秋，柳三变尤善词章，顾八分兼工篆隶，人推慧业，天付俊才，仙家之酒逡巡，菩萨之轮如意，可乐三也。若夫世态炎凉，人情轻薄，或拒狼而进虎，或养虺而成蛇，则亦学贾子之养空，法庄生之齐物。树上钩辀之鸟，与之辨论则已烦；水中孑孓之虫，听其浮沈而自去。何足介怀抱、辱齿牙哉？仆未消平子之四愁，虚拟启期之三乐，辄奉和原韵六篇，既以广君，亦藉自遣焉。

按，札中既称孙殿龄（1820—1862）“年才三十”云云，则当作于道光二十九年（1859）或稍后不久。

六①

大台山人尚书郎阁下：

接手翰，知前日两纸书均照入矣。但未识弟前附补云书并拙作究竟不浮沈否？便中示知。官封及红单帖尽可待便付来，非所急急。如有佳书可供消暑者，暂告借一观乃妙耳。

此复，即请暑安，不尽乙乙。

半生樾顿首，六月十六日申

① 此札辑自《小莽苍苍斋藏清代学者手札》。

致孙憙[①]

孙憙(生卒年不详),字欢伯,江苏吴县人。监生,历署宁海、黄岩、鄞县县令。

秋风起矣,正有蒹葭伊人之思,而天外郇云,飞来吴会,发缄循诵,兰藻纷纶,无泛问之寒喧,有过情之推许,老杜所谓"来书语绝妙,远客惊深眷"者也。仆频年闽中往返,遍历浙东,地主之贤,无逾公者,不特维絷之私情,实亦循良之公论。汉世于贤二千石之久于其任者,玺书褒美,增秩赐金,公卿有缺,即以补之,求之今世,公即其人矣。黄堂在望,无任欣盼。仆自五月下旬还吴下寓庐,畏暑杜门,又逾庚伏。承惠野朮,真扶衰之妙品也。古谚云:"必欲长生,当服山精。"仆何修而得此?请诵庾肩吾《谢赉朮启》之辞,曰"味重金浆,芳逾玉液",谨以为谢。外附去《春在堂全书》二部,一以奉赠,一请留存九峰书院[②]中,妄借名山,希图不朽,倘许我乎?

按,同治十二年(1873)三月十七日,俞樾兄俞林病逝于福宁府任所[③]。四月,俞樾得讣,由杭州关间,水陆兼程,至嵊县、新昌,取道台、温而至福宁[④]。途径黄岩县,孙欢伯明府为具车徒,并使健儿护送[⑤]。此即札中"仆频年闽中往返,遍历浙东,地主之贤,无逾公者"

---

① 此札辑自《春在堂尺牍》卷四,题作"与孙欢伯"。

② 九峰书院,孙憙创建,购置书籍,优给膏火,专课经学。故俞樾赠书。

③ 《春在堂杂文三编》卷二叶四十六。

④ 《曲园自述诗》叶二十一。

⑤ 《曲园自述诗》叶二十一至二十二,《春在堂随笔》卷六叶五。

之所指。此行俞樾奉迎其母姚太夫人北旋，于五月二十六日返抵吴中寓庐[1]。札中又称“仆自五月下旬还吴下寓庐”云云，或即作于本年。

① 《春在堂诗编》卷八叶三。

致孙衣言

孙衣言(1815—1894),字劭闻,号琴西,浙江瑞安人。道光三十年(1850)进士。官至太仆寺卿。著《逊学斋诗钞》、《文钞》等。

一①

顷由谭君克仁交到手书,书无月日,然云:到杭后补行二课,则作此书当在六七月间,远哉遥遥矣。天下事多有名无实,而山长必看文章,诚哉怪事!虽然,其名山长,其实止看文章,是亦有名而无实也。樾在此已举六课,每课卷约计三百左右,率以六日了之,一月之中,尚有二十四日可以读我书也。承示《紫阳十六咏》②,洵足为浙紫阳生色,然苏紫阳竟无一可咏者,不太减色乎?昔元、白以州宅相夸,今孙、俞讲舍则县绝矣,如何如何!拙著《群经平议》,究已刻成几卷,笏堂调严州,伯平卧病,无人经理其事。若将未刻者寄吴下刊刻,有三便焉:省刻赀,一也,速时日,二也,便校雠,三也。有此三便,老兄何不为吾力言之?

按,同治四年(1865)末,俞樾由李鸿章推荐,主持苏州紫阳书

---

① 此札辑自《春在堂尺牍》卷一,题作"与孙琴西同年"。

② 即《乐育堂》、《五云深处》、《春草池》、《凌虚阁》、《簪花阁》、《别有天》、《寻诗径》、《巢翠亭》、《螺泉》、《鹦鹉石》、《笔架峰》、《垂钓矶》、《校经亭》、《观澜楼》、《景徽堂》、《听经岩》诗各一题,见《逊学斋诗续钞》卷一叶六至十。

院[①];其时孙衣言正主讲杭州紫阳书院[②],一时有“庚戌两紫阳”之目。此即札中以“浙紫阳”与“苏紫阳”相较之由。同治五年(1866)二月,俞樾在紫阳书院开课,札中提及“樾在此已举六课”,则至早作于该年秋。孙衣言《紫阳书院十六咏》有序,署“丙寅六月瑞安孙衣言记”,则诗当作于同治五年六月,亦与此札时次相合。

二[③]

昨少仲同年言,兄已抵金陵[④],东山复出,为同谱光,幸甚。吾榜虽落寞,然颇多盛事,湘吟以中允得学士,补帆以编修得臬使,枢元以候补道得巡抚,皆近来所罕见,继之者,其在老兄乎?龙生九子,应龙好飞,鸱吻好望,各成一种。诸君子飞,而鄙人望焉可也。弟今年主讲浙中,而仍寄孥吴下,颇拟于武林觅屋数椽,为移居之计,而不可得。吴下有潘文恭公旧居,玉泉观察属弟修葺而居之,果从其议,竟作吴下阿蒙矣,兄以为何如?拙诗删存六卷,杨石泉方伯刻之于杭州,明春可以毕工。《诸子平议》已刻成小半,明年得二百金便可全付剞劂矣。此外零星各种,尚颇不乏,区区酱瓿上物,岂亦吾榜之盛事乎?书至此,哑其笑矣。子高在金陵书局,想常见。闻伊近患末疾,颇念之。金陵近年来名流翕集,得老兄为敦槃长,是亦一盛事也。随笔书布,天寒,幸自爱。

---

① 《春在堂诗编》卷六叶十一。

② 同治四年十月,浙江巡抚马新贻聘请在家居丧的孙衣言主讲杭州紫阳书院;本年十一月五日,孙衣言抵杭(孙延钊:《孙衣言孙诒让父子年谱》,第62—63页)。

③ 此札辑自《春在堂尺牍》卷二,题作“与孙琴西”。

④ 同治七年(1868),孙衣言服阕,入都引见。两江总督马新贻上疏荐之,十月二十四日,朝廷应其请,将孙衣言发往两江,以道员补用。十一月已抵金陵(孙延钊:《孙衣言孙诒让父子年谱》,第77、84页)。

按，同治七年（1868）十月，杨昌濬为《春在堂诗编》六卷作序推介[①]。此札提及该书付刻，当作于嗣后不久。

三[②]

客腊致一书，而不得复函，忙欤？忘欤？顷得吴中信，知摄行方伯事[③]。因思枢元同年亦先摄藩条而旋拜节钺，阁下必与同之，弟前言为有验矣。夫人鱼轩闻适于前三日戾止，慰农[④]山长因以为戏。弟谓，行中书省止是先为之兆耳，他日右丞大拜，其亦由夫人裙带乎？此善颂善祷之词，勿以戏言为罪。弟四月中来杭，即作山阴之游，旬日而返。日内仍寓湖上，或乘篮舆，或棹扁舟，放浪于西湖山水间，以自娱乐，此月之末，仍回苏州。西湖虽好，销夏湾固在吴中耳。

按，同治八年（1869）四月中旬，俞樾有上虞之行，展舅氏姚广文之墓，并以舅母黄孺人附焉[⑤]。归次绍兴，登香炉峰、谒禹陵、游禹寺[⑥]。此即札中所谓"山阴之游"，故此札当作于该年。

---

① 《春在堂诗编》卷首。

② 此札辑自《春在堂尺牍》卷二，题作"与孙琴西"。

③ 同治八年四月，两江总督马新贻奏孙衣言在任六月，清积牍、澄吏治，凡事循照定章，实事求是。升署江宁布政使（孙延钊：《孙衣言孙诒让父子年谱》，第90页）。

④ 慰农，即薛时雨（1818—1885），字慰农，又字澍生，号桑根老人，安徽全椒人。咸丰三年（1853）进士，历任嘉兴、嘉善知县，杭州知府。后主讲杭州崇文书院、江宁尊经书院和惜阴书院。著《藤香馆诗删》、《藤香馆小品》。

⑤ 《春在堂诗编》卷七叶四，《春在堂随笔》卷二叶六。

⑥ 《春在堂诗编》卷七叶二，《春在堂随笔》卷二叶五、卷七叶十九。

四[①]

自湖上归，始知拜皖臬之命。此时陈臬之邦，即昔年领郡之地，皖公山色，青苍如故，回忆十五年前之事，可以掀髯一笑矣。平生读书不读律，骤居刑名总会之区，似乎耳目一新。然大才宜无所不可，且臬事藩条，亦皆借径耳。异日坐镇封疆，土持运会，宏奖风流，此兄之所优为，而鄙人所望于兄者也。入觐何时首途？雨雪北辕，幸自爱。

按，同治十一年(1872)十月，孙衣言出任安徽按察使[②]，札中既称“知拜皖臬之命”，当作于嗣后。孙氏咸丰八年(1858)曾任安庆知府[③]，故札中称“此时陈臬之邦，即昔年领郡之地”。

五[④]

日前知内擢阁卿，即拟函贺，而以旌旆不日当还过吴门，故未函也。嗣知航海而归，不觉失望。比来计已安抵珂乡，北上之期，想在来岁矣。从前吾兄在京师，注《易》至《明夷》，而出守安庆。《明夷·象传》曰：“君子以莅众，厥后簉历藩垣。”此其兆矣。其六二爻辞曰：“用拯马壮，吉。”或即以太仆还朝之兆乎？既有吉象，此行必利，可预贺也。弟迭遭变故，精力衰颓，自问不复永年。弟视死生，不过如苏杭之往返，初不以此挂怀，惟至好弟兄，多年睽隔，追惟畴曩，能弗凄然？明年如道出吴中，务必小住十日，弟新近于屋之西南隅筑屋三间，种竹栽花，小有风景，即可于此中下榻也。外附去新刻诗一卷，乃

---

① 此札辑自《春在堂尺牍》卷四，题作“与孙琴西廉访同年”。

② 《清穆宗实录》卷三百四十二。

③ 孙延钊：《孙衣言孙诒让父子年谱》，第 36 页。

④ 此札辑自《春在堂尺牍》卷五，题作“与孙琴西太仆”。

哀逝悼亡之作，如赐览观，可算弟一本行述矣。

按，光绪五年(1879)七月十八日，有旨召孙衣言以太仆寺卿还朝；八月初四日，孙衣言请假回籍省墓①。此即札中“日前知内擢阁卿”、“嗣知航海而归”云云之由，故此札当作于嗣后不久。光绪四年八月，俞樾母姚太夫人病逝；五年四月，妻姚夫人病逝，故札中有“弟迭遭变故”之说。八月，姚夫人百日已过，俞樾赋七言绝句百首，题作《百哀篇》②。此即札中“新刻诗一卷，乃哀逝悼亡之作”。

① 孙延钊：《孙衣言孙诒让父子年谱》，第174—175页。
② 《俞楼杂纂》卷四十一叶一。

致孙诒让①

孙诒让(1848—1908),字仲容,仲颂,号籀庼,浙江瑞安人。衣言子。同治六年(1867)举人。官刑部主事。著《周礼正义》、《墨子间诂》、《契文举例》、《札迻》、《籀庼述林》等。

久不通问,想读礼之馀,著述益富矣。时势至此,几有斯文将丧之虞,而实不然。愚意百年后,必当复见唐虞,或且复古封建,一洗秦以来郡县上下相蒙之积习,亦未可知。使孟子生于今日,亦无他说,惟曰"守先王之道,以待后之学者",如是而已。老夫耄矣,无能为也,吾子勉之!

按,札中称"读礼之馀",实指孙诒让居丧。其父孙衣言光绪二十年(1894)十月卒,本札或即作于此后。

① 此札辑自《春在堂尺牍》卷七,题作"与孙仲容孝廉"。

致谭献

谭献(1832—1901),初名廷献,字仲修,号复堂,浙江仁和(今杭州)人。同治六年(1867)举人。屡赴进士试不第。曾入福建学使徐树藩幕。后署秀水县教谕。又历任安徽歙县、全椒、合肥、宿松等县知县。后去官归隐,锐意著述。晚年受张之洞邀请,主讲经心书院,年馀辞归。骈文师法六朝,尤工词,家藏前人词曲甚富。著《复堂类集》、《复堂日记》。

一①

前在武林,得读大集,钦迟之心,怦怦曷已,时从子高询悉近状,用慰饥渴。今岁子高回浙,属其转借章氏《文史通义》。子高报称,足下此书,时置按头,晨夕相对,车裘可共,而此或难。不揣冒昧,窃有所请,倘集钞胥,写本见赐,百朋之锡,殆未足喻,写书之费,即当寄奉,可否裁覆,引领以冀。外拙书《文庙祀典记》②一篇,文既疲苶,字更丑恶,无足观览,聊以将意。为道自重,不尽万一。

二③

仲修先生尊右:

去岁至杭,未谒一客,但于廉访④署中小住四日,至西湖一游而

① 此札辑自《春在堂尺牍》卷一,题作"与谈仲修"。

② 文见《宾盟集》卷五。

③ 此札辑自《复堂师友手札菁华》,第128—130页。又收入《春在堂尺牍》卷二,题作"与谈仲修"。今据手稿整理。

④ 廉访,刻本作"王补帆廉访"。

已。德晖在望，而不奉谒，疏懒之罪，如何可言。乃辱赐书，不遗在远，且有愿学之称，不敢当，不敢当。樾自幼失学，于治经不识途径，中年无事，惟曰读书，先儒旧义，有所未安，窃不自量，妄有论说，岁月既久，云云遂多，既已作之，不忍自弃，《群经平议》已毕工于杭州，《诸子平议》谋续刊于吴下，詅痴四方，贻笑大雅，甚无谓也。黄君元同，和甫同年极所激赏，昔岁书来，曾述及之。所著《经礼通诂》[①]，先睹为快。其先德薇香先生《论语后案》，如尚存有印本，亦望寄示。局船寄苏，甚妥且速，如尊处不便，交臬署亦可。子高仍馆金陵炮局，今岁曾兼书局，李少翁移节[②]，书局中辍，甚望曾侯来复兴之也。灯下覆候起居，不尽万一。

愚弟俞樾顿首

按，札中称"李少翁移节(两湖)"、"甚望曾侯来复兴之"，则此札当作于同治六年(1867)李鸿章迁湖广总督、曾国藩回任两江总督之际。可与俞樾致戴望札第四通参看。

---

① 《经礼通诂》，即《礼书通故》。

② 移节，刻本作"移节两湖"。

致谭锺麟[1]

谭锺麟(1821[2]—1905),字云觐,号文卿,湖南茶陵人。咸丰六年(1856)进士。历官江南道监察御史、杭州知府等,官至甘陕总督、浙江巡抚。著《谭文勤公奏稿》。

昨由梦薇[3]寄到惠书,知此月上旬即将临莅嘉湖,举搜乘补卒之经,寓察吏安民之意,旌麾所至,景庆同瞻矣。承示中秋节后渡江巡阅浙东,弟拟八月初来西湖,尚可于行前一接清谈也。文澜落成,即派沈广文[4]管理书籍,甚善甚善。此后到湖上,可以纵观未见书矣。吴下坊间所有《图书集成》闻亦不全,且索价甚昂,亦无过问者,容再探闻。李黼堂方伯《耆献类徵》多采官书,诚如尊论。然京官如词臣、台谏,外官如监司、守令,初不尽采自官书。惟所分门类,间有可议者耳。鄙意,国史自为金匮石室所尊藏,不必私家为之刊布。吾人闭户著书,若欲网罗放失,以补柱下之缺遗,但宜从诸家文集中刺取其碑表纪传,录为一书,字句悉依原文,不加增减,编纂概从时代,不别部居,庶可备后人之考镜,而不贻外人以口实。然亦颇非易易也。

按,光绪六年,浙江巡抚谭钟麟重建文澜阁,次年落成[5]。札中既言"文澜落成",则当作于光绪七年(1881)。

---

① 此札辑自《春在堂尺牍》卷五,题作"与谭文卿中丞"。

② 《春在堂杂文三编》卷四叶二十七。

③ 梦薇,即王廷鼎。

④ 沈广文,指沈灿,字兰舫,浙江仁和人。光绪七年(1881)闰七月起出任文澜阁董事(《文澜阁志》卷上)。

⑤ 孙峻、孙树礼:《文澜阁志》卷上叶二至三。

致唐翰题[①]

唐翰题(1816—?),字鷦安,一作鷦庵、蕉庵,别号新丰乡人,浙江秀水(今嘉兴)人。咸丰间,以贡生捐青浦县训导。同治二年(1864)权淮郡丞,受知于曾国藩、李鸿章、郭嵩焘等,代理南通州。同治五年(1866)除吴县令,六年十月,署太湖厅事、淮安同知,官至南通知府。前后宦游二十年,于光绪元年(1875)归里读书。晚年寓居苏州。著《说文臆说》、《唯自勉斋存稿》。

蕉庵仁兄大人阁下:

自浙江回,碌碌,有疏趋候。兹有渎者:弟从前曾奏请以子产从祀两庑,孟皮配享崇圣祠,均蒙俞允[②]。曾作《奏定文庙祼典记》一篇[③],久思一刻,因无刻手,且亦无刻赀。前见尊处刻《夏承碑》[④],刻手极佳,阁下风雅好事,为冠盖中不可多得之人,当亦不吝刻赀,计共五百九十五字。倘蒙饬付手民,刻一木本,俾得搨印,分赠知好。虽其文浅薄、其字恶劣,而其事颇有关典礼,得阁下此举而传,则为感无厓

---

① 此札辑自《上海图书馆藏名人手札选刊·俞曲园手札》,第19—20页。

② 咸丰六年(1856)十一月,俞樾疏请以郑公孙侨(子产)从祀文庙西庑,孟皮(孔子兄)配享崇圣祠。诏下部议,从之(《宾萌集》卷五叶一)。

③ 文见《宾萌集》卷五《杂篇》。

④ 《夏承碑》,全称《汉北海淳于长夏承碑》,又名《夏仲兖碑》。东汉建宁三年(170)立,隶书。14行,行27字。原碑久毁。宋赵明诚《金石录》跋云:"碑在洺州,元祐间,因治河堤,得于土壤中。"宋洺州广平郡,故治在今河北永年县。明成化十五年(1479),广平知府秦民悦发现此碑仆倒于府治后堂,遂于堂之东隅建"爱古轩"以覆之。但碑之下半截一百一十字,已为后人剜剔。至明嘉靖二十二年(1543),因筑城为工匠所毁。

矣。手此渎求，敬请台安，再面谢，不尽欲言。

愚弟俞樾顿首

按，俞樾致应宝时札第十七通（作于同治六年间）附寄《文庙祀典记》一部，称为唐翰题所刻。此札则为请唐氏募刻《文庙祀典记》而作，故当早于彼札。唐翰题雅好金石，尝以宋拓本钩摹精刻《夏承碑》、《张元异碑》、《王伯敦碑》①。

---

① 《春在堂杂文》卷一叶十一。

致唐树森

唐树森(1823—1896),字榖九,号澹吾,又号艺农,湖南善化人。优廪贡生,同治六年(1867)起仕于浙,光绪十八年(1892)授贵州按察使。著有《澹吾室诗钞》。

一①

得手书,知元宵以后即将驻节南田,于疆于理,伟哉!日辟百里,公其今之召公乎?此山封闭垂二百年,风会所开,得大贤为理,谢屐所临,山川生色矣。来书云,山多鹤鹿,足为好友。然鄙人则不敢因公而与之交。何者?曲园地窄,固不足以容之,宾萌力薄,更不足以养之也。此外,如有奇花异草,珍禽怪石,小而易致者,乞为物色一二,幸甚。

二②

艺农仁兄大公祖大人阁下:

顷承惠顾畅谈,甚慰。弟今年曾以敝同年张厚甫参戎培基奉托栽培,荷蒙首肯。今其来言,外间风闻湖州协有将及瓜期之说,未知确否?然未必无因。张君人固谙练诚实,且从前曾任此缺,人地相宜;惟此时湖州协一缺未有更动明文,未便函托中丞。用敢恃爱,函达台端,届时方便一言,则感德无既也。手肃,敬请台安,惟鉴不宣。

治小弟禫俞樾顿首

---

① 此札辑自《春在堂尺牍》卷四,题作“与唐艺农观察”。

② 此札辑自《上海图书馆藏名人手札选刊·俞曲园手札》,第93—94页。

按，光绪四年(1878)八月十四日，俞樾母姚太夫人去世，俞樾为其母服丧，至光绪六年十一月服除。札末署“禫”，则为丧服的第二十七个月，故此札作于光绪六年(1880)十月至十一月间。

三[①]

艺农大公祖大人阁下：

昨世大兄来，快接英标，今日又交到手书，并颁赐珍物，谨登。笋脯及管城中书令托由竹报陈谢，定为转达矣。首夏清和，兴居畅豫，吉晖在望，欣慰良殷。弟自还吴下，又发肝胃夙疾，频有呕吐，弥见衰羸，日内稍已痊可，亦勿药也。彭雪翁已由瓜步上驶，行次频有书来。垂老多病，彼此同情，互相劝勉，亦无益耳。前在山中，汪柳门学使、徐花农庶常，偶于僧舍坏垣得福寿残砖，置之右台仙馆，弟实不足当之。三和坡诗[②]，乃黼堂中丞高兴，聊复效颦，遂尘大雅之览，得毋颜汗。弟今年又将诗稿第九卷续刊，此三诗皆入其内，俟刊成刷印，再当寄奉。弟近来又续成《右台仙馆笔记》二卷，俟有四卷，即当续付手民，并前成十六卷。所苦见闻不多，如公有所闻所见，能命记室录示一二否？手肃申谢，敬请午安，不尽。

治小弟俞樾顿首，四月廿有六日

按，光绪七年(1881)清明后三日，汪柳门、沈兰舫、徐花农、王梦薇、倪倬云、潘凤洲、许子原等至右台仙馆燕集，游法相寺，得断砖于

---

① 此札辑自《上海图书馆藏名人手札选刊·俞曲园手札》，第87—89页。

② 即《余于右台仙馆隙地埋所著书稿，封之崇三尺，立石识之，题曰“书冢”。李黼堂方伯桓用东坡〈石鼓歌〉韵为作〈书冢歌〉，因依韵和之》、《〈书冢歌〉成，门下诸君颇有和者，因迭前韵，申未尽之意》、《清明后三日，徐花农庶常携尊至右台仙馆燕集，遂游法相寺。得断砖于坏垣，有“福寿”二字，取归，置之山馆，因纪以诗，仍用东坡〈石鼓〉韵》三题，见《春在堂诗编》卷九。

坏垣，有“福寿”二字，取归，置之右台山馆[①]。是即札中“前在山中……得福寿残砖”云云，故此札当作于本年四月二十六日。是时《右台仙馆笔记》已完成十四卷，距光绪六年春俞樾分柬故旧同年、儒林学士、门下诸生，约以各举异闻十事寄春在堂，以为助作《秋灯丛话》（后成书刊行时易名为《右台仙馆笔记》）之用[②]，不过一年有馀，足见俞樾著述之勤。

四[③]

艺农大公祖大人阁下：

久疏笺候，前由花农寄读大制两章，以兴会之有加，卜起居之增胜，为尉良多。鰰翁匆匆旋里，未及以一函送之，良深怅惘；订于明春复来，不知果否？退省翁两江之命，已于闰月十三日疏辞，闻荐黎中丞[④]摄两江，未知如何？想此月初十前必见分晓也。文卿[⑤]中丞浙东之行何时启节？弟初意到浙相送，而以俗事牵绊，到浙总须月底，只好在湖上守候其回辕再见矣。手此，敬请台安，顺颂秋祺。

治小弟樾顿首上，初三日

再启者，有唐参将连胜，贵省人也，颇谙韬略；王武举金元，则杭人也，娴习弓马。兹当浙东多事之时，可否言于中丞，俾随鞭镫，得以自效乎？曲园文士，而为武夫说项，得无不称？若青莲之于汾阳，固

① 《春在堂诗编》卷九叶二十二至二十三，《春在堂随笔》卷八叶二十一。

② 《春在堂诗编》卷九叶四至五。

③ 此札辑自《上海图书馆藏名人手札选刊·俞曲园手札》，第90—92页。

④ 黎中丞，即黎培敬（？—1883），字简堂、开周。湖南湘潭县人。咸丰十年（1860）进士，选翰林院庶吉士，散馆授编修。同治三年（1864），出任贵州学政。同治六年，权贵州布政使。光绪元年（1875），擢贵州巡抚。五年，降任四川按察使。六年，擢升漕运总督。七年，擢任江苏巡抚，未到任而病发，返湘。次年病卒。谥文肃。著有《黎文肃公奏议》和《求补拙斋诗文略》。

⑤ 文卿，即谭锺麟。

不敢妄为窃比矣，一笑。

弟曲园再启

按，光绪七年(1881)，彭玉麟署两江总督，辞不就[①]。札中称“退省翁两江之命，已于闰月十三日疏辞”，本年有闰七月，则此札作于是年无疑。

五[②]

农道人侍史：

顷接手书，并雪老秋兴诗[③]。弟处亦曾录副，以供同好传观，然不如公付之剞劂，流传尤广也。昨雪老专弁来书，言合滇、粤、桂三省之兵，出关直捣法鬼西贡老巢，使之回顾，以解台洋之警，此策殊妙。其兵共十八营，以前提督冯子材[④]及右江镇王公[⑤]总统其众，亦允称得人。乃外间传言又有朝命杨宫保[⑥]至粤接办防务，雪老出关督师。

---

① 《春在堂杂文四编》卷一叶三十。

② 此札辑自《上海图书馆藏名人手札选刊·俞曲园手札》，第83—85页。

③ 应即《南海军次，病魔作祟，倚枕孤吟，得秋兴二十四律，不过虫声蛩语，聊遣愁怀，工拙不计也》一题，见《彭刚直公诗集》卷五。

④ 冯子材(1818—1903)，字南干，号萃亭，祖籍博白，生于钦州，客家人。咸丰间从向荣、张国梁镇压太平军。同治间累擢广西提督。中法战起，用为广西关外军务帮办，大败法军于镇南关，攻克文渊、谅山，重创法军司令尼格里，授云南提督。甲午战争间奉调驻守镇江，官终贵州提督。卒谥勇毅。

⑤ 王孝祺，右江镇总兵。

⑥ 杨宫保，即杨岳斌(1822—1890)，原名载福，字原庵。湖南长沙人。行伍出身。咸丰二年(1852)，在湘阴抵抗太平军，授千总。次年，曾国藩创水师，拔为水师右营营官，与彭玉麟统领湘军水师，并称“彭杨”。累升至总兵，兼署湖北提督、福建陆路提督。咸丰八年，升福建水陆提督。同治三年(1864)，授陕甘总督。光绪元年(1875)，受命与彭玉麟整顿长江水师，后会办福建军务、帮办江南军务、率师赴援台湾。后任福建水师提督，驻闽会办海防事宜，署理船政。光绪十年，赴台湾，协同刘铭传共御法军。次年中法和议成，致仕回乡。有《杨勇悫公奏议》。

然以衰老之躯，涉瘴疠之地，殊非所宜。国有重臣，犹家有重宝，用之不可轻也，此信不确乃妙。弟舟中静摄，感冒已愈，到苏后正幸顽健如初，乃近日严寒，宿疴又有发动之意。衰年善病，意兴索然。许星翁[①]已奉来见之谕，然启行尚早，闻此月初十日交卸臬篆，月底为其孙世兄毕姻，即在苏台度岁，正初再料理此行，然则到浙须在春末矣。德晓翁不过吴中，想取道沪上而至金陵，即溯江而上至九江也。手肃布复，即请台安。

曲园居士奉状，冬至前一夕

按，札中称"合滇、粤、桂三省之兵，出关直捣法鬼西贡老巢，使之回顾，以解台洋之警"，当指光绪十年、十一年中法战争期间，为缓解法军进攻台湾而采取的在越南方面的战斗策略。故此札当作于光绪十年(1884)冬至前一日。

六[②]

艺农大公祖大人阁下：

弟拟初八日由上河走临平返苏，因小有应酬。欲求借给炮船一艘护送，并求饬该船管带之弁于初七日到湖上敝寓订定开船之所，以便同行。费神之至，愧愧。外诗呈政，肃请勋安。

治小弟俞樾顿首

---

① 许星翁，即许应鑅。光绪十年九月十七日由江苏按察使迁浙江布政使，故下文称"此月初十日交卸臬篆"。

② 此札辑自《上海图书馆藏名人手札选刊·俞曲园手札》，第86页。

致陶甄①

得手书，知闲官无事，壹意读书，所学必日进矣。贾公彦《仪礼疏》，文法冗长，殊不易读，然其精处实足抗衡孔疏，补苴其间，恐亦未易言也。唐宋以来，小学荒芜，仆近读毛居正《六经正误》，其书号为“正误”，而误处甚多，仆又正其误者数十事，存《曲园杂纂》②中。《字原正讹》等书，其误必不少，但县许书为鹄，则得失自见矣。完白山人③书颇为时尚，足下临之数十过，以应求书者，必门限穿矣。其以为不可学者，实正论也。虽然，吾侪皆八股时文出身，请以时文喻完白山人书，犹之乎周犊山④、陈句山⑤诸君时文也。推而上之，则有国初大家文，此神泉诗、峿台铭也；又推而上之，为前明之启、祯，此石鼓文也；又推而上之，为成、弘、隆、万，此钟鼎文字也。为时文者，固宜取法乎上，然必谓周犊山、陈句山诸家之文当屏而不观，得无持论过高乎？辱陈下问，拉杂布复，无以裨益高明，殊用惭愧。

---

① 此札辑自《春在堂尺牍》卷五，题作“与陶柳门州同”。

② 应指《正毛》，《曲园杂纂》卷二十九，为订正毛居正《六经正误》而作。

③ 完白山人，即邓石如（1743—1805），初名琰，字石如，避嘉庆帝讳，遂以字行，后更字顽伯，因居皖公山下，又号完白山人、笈游道人、凤水渔长、龙山樵长，安徽怀宁人。少好篆刻，客居金陵梅镠家八年，尽摹所藏秦汉以来金石善本。遂工四体书，尤长于篆书，以秦李斯、唐李阳冰为宗，稍参隶意，称为神品。性廉介，遍游名山水，以书刻自给。有《完白山人篆刻偶存》。

④ 周犊山，即周镐（1754—1823），字怀西，号犊山，无锡人。乾隆己亥（1779）举人。历官漳州知府、福建护理汀漳龙兵备道、浙江衢州府知府。有《犊山诗稿》存世。

⑤ 陈句山，即陈兆仑（1700—1771），字星斋，号句山，钱塘（今浙江杭州）人。雍正八年（1730）进士，授知县。乾隆元年（1736），举博学鸿词，授检讨，官至太仆寺卿。工诗善书。著《紫竹山房诗文集》。

致陶然[1]

陶然(1830—1881),字黎青,号艺孙。祖籍江苏兴化,其先明末迁吴中周庄。咸丰十一年(1861)拔贡。擅词章,富诗名,著有《味闲堂词钞》、《味闲堂诗文集》等。俞樾曾为其题"亦吾庐"匾额。

承询方响之制,坐间记忆不真,未及奉答。及求之载籍,则《乐府杂录》所言最不足据,直以击瓯当"方响",疑有脱文。其云:"武宗朝郭道源,后为凤翔府天兴寺丞,充太常寺调音律官,亦善击瓯。"玩"亦"之一言,其有上文无疑,殆"方响"条本缺,"击瓯"自为一条,而文不全,后人钞合之,遂成此误耳。《旧唐书·音乐志二》载立、坐二部所用乐,有大方响一架,后又载其制云:"方响,以铁为之,修八寸,广二寸,圆上方下,架如磬而不设业,倚于架上,以代钟磬,人间所用者才三四寸。"然则大方响者,别于三四寸者而言也,惟方响一架,其数如干,《志》未详载。《文献通考》云:"方响编县之次,下格以左为首,一黄钟,二太蔟[2],四中吕,五蕤宾,六林钟,七南吕,八无射;上格以右为首,一应钟,二黄钟之清,三太蔟之清,四姑洗之清,五中吕之清,六大吕,七夷则,八夹钟。"始知方响一架分上下两格,每格各八,共十有六,乃十二律外加四清声也。考《朱子大全集》载"宋十六字谱",合黄钟四下、大吕四上、太蔟一下、夹钟一上、姑洗上、仲吕句、蕤宾尺、林钟工下、夷则工上、南吕下凡[3]、

---

① 此札辑自《春在堂尺牍》卷四,题作"与陶艺孙"。

② "蔟"下,《文献通考》多"三姑洗"三字。

③ 南吕下凡,《书蔡传旁通》引《朱子大全集》作"南吕凡下"。

无射凡[①]、应钟六、黄钟清下五、大吕清上五、太蔟清紧五、夹钟清，正于十二律外加四清声，与“方响”同，而四清声用黄、大、太、夹，则《通考》所云姑、仲二清，或传写误也。

① 无射凡，《书蔡传旁通》引《朱子大全集》作“无射凡上”。

致汪丙照

汪丙照(1812—1878)①,字莲府,安徽休宁人。咸丰元年(1851)举人,官至兵部候补主事。

一②

朵云天末,忽传执讯书来;落月梁间,刚好怀人梦醒。知足下栖迟家衖,浏览乡山,钓李白台边,游任公村里,乐可知已。方春日之载阳,正归帆之小驻,仆方冀高轩之过,共联曲室之谈,乃书传黄耳而终虚,信寄红鳞而不达。遂使成都市上,莫访君平;洛阳城中,难寻季子。茫茫此别,负负空呼。回忆潭水桃花,相依五载;昆陵烟树,许借一枝。交穆氏之醍醐,识谢家之宝树。伯雅季雅,秋风陶令篱边;长歌短歌,春夜杜陵席上。鹅儿酒绿,鱼子笺红,诸君则觞咏方遒,下走亦激昂其末。又或千里嵇康之驾,访我南村;三年范式之期,作君东道。文杏住王维之馆,青杨寻萧奋之家。三接琴樽,七擒风月,何其盛也!无何,抟沙之聚散不常,赴壑之光阴易逝,君还故里,仆赋近游。梦中之路都迷,怀里之书欲灭。是则依依杨柳,每忆王恭;落落孤松,辄思叔夜者矣。且夫望故人而不见者,三秋之思也;嗟来日之大难者,中年之感也。故园松菊,已就荒芜;人海萍蓬,自怜飘泊。因砚田之租少,难为巧妇之炊;致堂上之齿高,未息劳人之驾。辱承垂问,弥觉汗颜。窃思冷淡生涯,我辈原无别策;而艰难时世,此生偏不逢辰。山头之石鼓一鸣,喧传兵起;门内之铁笼四出,几至城空。走

① 《春在堂杂文三编》卷一叶三十八。

② 此札辑自《宾萌外集》卷二,题作"答汪莲府昆季书一"。

也不才，生于其际，将遂投班生之笔，弃介子之觚，披褐谈兵，负楯习勇，则长枪大戟，本无措大功名；而朝虀暮盐，亦岂封侯骨相。若乃挟生毛之刺，打行脚之包，蹑鞒游秦，担簦入赵，则无论堂上之桑榆欲暮，乡关之烽火方新。而且素高眼盼，未肯负书献沈约车前；雅爱腰肢，不能持帚扫曹参门下。异日者，开云而处，买李渤之山；依岩而成，构郑修之屋。良朋数辈，洗竹浇花；童子一人，焚香扫地。罗浮山上，听仙客弹琴；少室峰头，共高僧面壁。生平之愿，毕于斯矣。尘梦劳人，愧无善状，故人知我，遂发狂言。来岁持弹入梦，当访我于西子湖边；此日削栋陈词，先报君于浮邱峰下。

按，道光十五年，俞樾父俞鸿渐馆于客居常州的新安汪氏[①]，俞樾随父侍读，与汪氏子弟甚熟[②]。札中既称"相依五载"，则至早作于道光十九年。道光二十二年，俞鸿渐失馆，命俞林、俞樾兄弟分爨，各谋生计[③]。札中既称"堂上之齿高，未息劳人之驾"，则当早于是年。道光二十年(1840)，第一次鸦片战争爆发。此或即札中"喧传兵起"、"几至城空"之所指，故暂系此札于该年。

二[④]

青衣鼓瑟之辰，黄海观云之地，诸君子拥商陆之火，张博塞之筵，柏叶酒香，梅花帐暖，乐何如哉！仆自别后，金梯有路，玉札无名。秋驾三年，春婆一梦，氄毨病翮，不随黄鹄以飞；懵懂顽仙，仍跨赤牛而走。犹忆绿杨堤畔，青豆房中，雨访苏端，月寻裴迪，清谈既洽，情话益欢。饭颗山头，深怜杜甫；桃华潭上，许伴汪伦。径因求仲而开，醴

---

① 俞鸿渐:《印雪轩诗钞》卷十四叶一。

② 《春在堂杂文三编》卷一叶三十八。

③ 《春在堂诗编》卷十九叶一。

④ 此札辑自《宾萌外集》卷二，题作"答汪莲府昆季书二"。

为穆生而设，果使秋风此夕，听鲍龙跪石以吟；春水明年，看墨翟吹笙而至。岂非缘从人定，愿竟天从也哉？无如毁舟为杕者，故人之情；买钗得楛者，鄙人之命。盼素书而不到，信断飞奴；坐墨席而难温，身同兰子。遂乃击汰过严陵之濑，呼舟乘胥母之潮。雪影入船，每当月看；滩声到枕，常作风听。拽篸眠迟，束囊起早，虽疲远涉，颇惬幽寻。而落日荒荒，方补唇之故宅；寒风策策，谢晞发之高台。又何能无老大之悲，天涯之感也？今者，劳人草草，弹铗随人；君子阳阳，执簧招我。方知诸君子因孟玉而悬榻，为子义而立竿，置薪井上，以待夷吾；接草道傍，将迎伯玉。仆岂忘宜生之切肺，而为伯牙之逃声哉？饥雀逢仓，渴乌遇水，良亦不能自主耳。浮云南北，流水东西，团雪散雪之歌，今雨旧雨之感，所望香火之缘未昧，烟波之梦仍通。他日曹阮溪中，一篷撑月；浮邱峰顶，双屐踏烟，再与诸君子访翡翠之岩，探芙蓉之岭，甚未晚也。仙难缩地，佛不唐捐。此日相思，聊劈芨皮而写；异时话旧，再挥松柄而谈。

按，道光二十年(1840)秋闱，俞樾因病未应[①]。札中既称"秋驾三年，春婆一梦，氋氃病翮，不随黄鹄以飞"，或即指此，故暂系此札于该年。

三[②]

获读手书，恍如面晤。知足下将为王寿之焚书，不作卞和之抱璞。繁华富贵，怕逢春梦之婆；冰雪文章，耻就冬烘之试。而仆犹以腐鼠相吓，不知焦鹏已翔，咥其笑矣。因君纸上之云烟，触我胸中之芒角，请为知己，更进狂言。大千世界之中，数十暑寒之内，忽凭黄土，抟此一身，纵到白头，曾无百岁。佛氏譬之泡影，圣人视若浮云，

① 《曲园自述诗》叶三。

② 此札辑自《宾萌外集》卷二，题作"答汪莲府书"。

生老病死之来催，喜怒哀乐之相感。牛溲马渤，世味如之；鸡廱豕零，吾生寄耳。仆家在乌巾山下，馀不溪边，有先世之敝庐，乃童时之旧地。阡陌则罗罗交错，衡宇亦簇簇相连。后即祖茔，松楸可望；前为溪水，菱芡颇饶。每当新谷既登，老农多暇，禾主人有时见召，村夫子亦与俱来。芦帘土锉之间，絮帽蒲鞋而坐，茅柴之酒既压，脱粟之饭亦蒸。始进鱼虾，继陈鸡黍，苏家萝卜，配之以盐；郑公壶卢，呼之为鸭。行无算爵之礼，占不速客之爻，学康节之诗，打乖亦可；仿温公之会，真率自佳。当此时也，自谓住白帝之屯，入王官之谷矣。又邑之南有金鹅山者，先君子之墓地也。三里而远，一水可通，厥田颇良，其民多朴。倘得种稻五十亩，诛茅八九椽，开陶公南北之窗，以受日月；凿张子东西之牖，使容图书，良所愿耳。人事牵挽，夙诺蹉跎，徒虚买山之心，将改观河之面，兼以先子生平之遗意，慈亲属望之苦心，来岁之春，又将驱北上之车，踏东华之土。既无温卷，可投光范门前，未必寒人，竟列长名榜上。即使问盲得路，出手成卢，亦安能作蓬莱之文章，窃芸香之清俸哉？嗟夫，士之处世，岂不自揆。如仆者，既骨里之无仙，又眼中之有铁，州郡之职，殆非所堪；俎豆之事，庶从吾好。异日者，或借广文之一毡，以当云林之十赉。比梅子真之为市卒，自觉稍尊；如郑康成之为啬夫，仍无废学。山资粗足，江水有盟，不归东冈之陂，甘受北山之檄。区区之志，先为足下陈之。拉杂而书，遂尽数纸，言语无味，勿示他人。若夫食粟之躯，日堪五合；卖文之笔，月秃一枝。想君所知，不乙乙也。

按，札中既称“先君子之墓地”云云，则当作于俞樾父俞鸿渐（1781—1846）卒后。札中又称“来岁之春，又将驱北上之车，踏东华之土”，则当指道光三十年进京参加礼部试①。故此札当作于道光二十九年（1849）

① 俞鸿渐卒后，道光二十七年（1847）亦为会试之年，俞樾以守制未赴（《曲园自述诗》叶五）。

四[①]

至好弟兄，久不相见，又久不得书，离索之感，可胜言乎？闻年来谢事家居，优游桑梓，亦足自娱。但未审精力何如，步履饮食均如前乎？《礼》云“五十始衰”，弟今年适届五十，乃信“始”之一字。揽镜自照，须发未苍，而只觉精神不能，运其肢体，举动皆累，读书未终卷早已厌烦。有生客来，与坐谈良久，辄忘其姓名，客去又索阅其刺。老母在，固不敢言老，然衰则从此始矣。所著之书，已刻成者八十七卷，曾赋《高阳台》词，首云：“早岁诗歌，中年笺注，句销钟鼎旂常。”[②]言之亦可笑也。今年至闽，省视八十五岁老母，起居康健，可冀期颐。吾兄笃念师门[③]，定亦闻而色喜。惟家兄壬甫，贫而且病，一官落拓，后路茫茫，窃为虑之。弟此行轮船往返，颇为顺速。然大险即伏乎其中，信乎子夏之言“死生有命，富贵在天”也。眷属仍寄吴中，弟则自来西湖精舍，小楼高踞，平视湖山，时复棹一叶扁舟，放浪六桥内外。昨乘篮舆入山，至天竺、灵隐礼佛，遍探紫云、金鼓诸洞，又逾棋盘岭，于山顶佛庐试龙井雨前新茗，亦一乐也。兄能来此同游乎？

按，札中称“弟今年适届五十”，故当作于同治九年(1870)。本年春，俞樾乘飞星轮船至福建省亲。居闽期间，飞星轮将自闽返沪，使人来问，为姚太夫人及壬甫兄所留，未行。飞星轮甫开出口即触石而沉，遂得免[④]。此即札中“弟此行轮船往返，颇为顺速。然大险即伏乎其中”之所指。

---

① 此札辑自《春在堂尺牍》卷三，题作“与汪莲府”。

② 见于《春在堂词录》卷二。

③ 据《兵部候补主事汪君行述》(《春在堂杂文三编》卷一)，汪丙照曾从俞樾父读书。

④ 《曲园自述诗》叶十九。

致汪鸣銮

汪鸣銮(1839—1907),字柳门,号郎亭,原籍安徽休宁,先世以盐策起家,后隶籍浙江钱塘(今杭州)。同治四年(1865)进士,选庶吉士,授编修。历督陕西、江西、山东、广东学政,主持数省乡试。历官内阁学士、工部侍郎、总理衙门行走。甲午海战后,力主强帝权、抑后党,遭慈禧太后忌恨,被革职。后主讲杭州诂经精舍、敷文书院。精小学,擅书画。收集古籍丰厚,著《万宜楼善本书目》等。

一[①]

柳门大兄世大人阁下:

廿九日晤石泉中丞,询知文旆即日发矣,不及一送,良用怅惘。惟望今岁轺车北去,明年即使节南来,相别亦非久也。乾嘉学派,衰息已久,他日主掌文衡,转移风气,幸留意于此,振而起之。临别赠言,想蒙嘉纳。缙云阮客洞诗[②]所谓李蒈者,《新唐书·宰相世系表》有其人,在"汉中李氏表"内,高宗朝宰相李安期之元孙,其父名泳,有兄名筶,但不言其为缙云令。石墨流传,足补史阙,昨偶检得之,因大著有《阮客洞诗考》,故以奉闻。行色匆匆,尚及厘正乎?手肃,敬颂行安,不尽万一。尊大人前请安。

世愚弟期俞樾顿首

---

① 此札辑自《小莽苍苍斋藏清代学者手札》。又收入《春在堂尺牍》卷四,题作"与汪柳门太史"。今据原稿整理。

② 诗曰:"阮客身何在?仙云洞口横。人间不到处,今日此中行。"在南宫山山口左侧山崖上,直写五行,篆书,字迹清晰。据《缙云县志》,作者李蘛为唐建中间(780—783)缙云县令。

令叔母镜轩夫人处，拟奉赠洋泉四十，聊助集腋，由焕卿大令寄达，以副尊属，并闻。

按，同治十二年(1873)春，俞樾兄壬甫卒，俞樾前往福建奔丧、迎母归吴，途中从缙云县经过，拓得阮客洞石刻(参见致李瀚章札第十三通)。此札提及之阮客洞诗即为此行所得，且札末署“期”，或即为其兄服丧，故暂系于该年。

二①

昨承言及大行慈安皇太后之丧，丁忧人员不当与哭临之列。彼时弟意中止有三年之丧不吊一义，颇以尊说为然；既而思之，三年之丧不吊，其义在《礼记·曾子问》篇，盖只为族姻朋友而言，若君亲并重，分属三纲，恐非可以寻常吊问为例。因考《曾子问》本篇，其下文曰：“曾子问曰：‘君薨既殡，而臣有父母之丧，则如之何？’孔子曰：‘归居于家，有殷事，则之君所，朝夕否。’曰：‘君既启，而臣有父母之丧，则如之何？’孔子曰：‘归哭而返送君。’曰：‘君未殡，而臣有父母之丧，则如之何？’孔子曰：‘归殡，反于君所，有殷事则归，朝夕否。’”以此三条言之，知臣子并遭君、父之丧，未可竟因私而废公。经文虽止就先遭君丧后遭父母丧者立论，然其理自可推知。是以孔氏作《正义》，则申其说曰：“若臣有父母之丧，既殡而后有君丧，则归君所。若父母之丧有殷事之时，则来归家，平常朝夕则不来，恒在君所。”又曰：“父母之丧既启，而有君之丧，则亦往哭于君所，而反送父母。父母葬毕，而居君所。”又曰：“臣有父母之丧，未殡，而有君丧，去君殡日虽远，只得待君殡讫而还殡父母，以其君尊故也。”以上三条，孔氏因经文而推阐之，至为详备。是人臣遭遇君丧，虽在未殡以前，尚宜奔赴。今足下

① 此札辑自《春在堂尺牍》卷五，题作“与汪柳门侍讲”。

居亲之丧，已在既葬之后，小祥之外[①]，以古礼论，仍宜与于哭临。虽今之哭临，朝夕两集，似近乎古所谓朝夕哭者，不妨援"朝夕否"之例以自解。然人臣在外，于所谓殷事者皆不得与，则除朝夕哭临之外，更何所尽心乎？《礼》曰"门外之治义断恩"，《正义》谓："既仕公朝，当以公义断绝私恩，若[②]'父母之丧，既卒哭，金革之事无辟'是也。"国家遭逢大故，视金革之事，殆有过之。但弟处无《会典》诸书，古今异宜，未知本朝掌故如何，姑陈经义，以答下问。

按，札中提及慈安皇太后之丧，则当作于光绪七年(1881)三月慈安皇太后卒后。

三[③]

承示大著，引功令，"列圣大事，凡有父母丧者，免其成服，无庸给予孝布"，又引雍正七年上谕，"内外官员，有奉旨在任守制者，遇朝贺、宴会、祭祀、典礼齐集之处，委属员代行"，援证详明，比附精切，此论可以定矣。惟此乃古今事理之异，弟前说泥古而不通今，不可用也。尊说与今制合，而于古制微有不符，盖《曾子问》所言，正普指在廷之臣，拟以今之恭理丧仪者，未必果得《礼》意。至三年之丧不吊，虽有明文，止可施之朋友之间。《杂记》云："三年之丧，虽功衰，不吊，如有服而往哭之，则服其服而往。"《正义》谓："有五服之丧，则往哭，不著己功衰，而依彼亲之节以服之。"可知三年不吊之说，止可施之五

---

① 叶昌炽所撰《墓志铭》称汪鸣銮"己卯补右中允，出为江西乡试正考官，即留视学闱中，选晋洗马、侍讲，一岁之中六膺策命，帝眷之隆，自此始矣。未几遭赠公忧，再起补原官，转侍读，三迁而至内阁学士"(《奇觚庼文集》卷下叶十六)，知此时汪氏正丁父忧。

② "若"字之下，《礼记正义》多"《曾子问》"三字。

③ 此札辑自《春在堂尺牍》卷五，题作"又与汪柳门"。

服以外之人。君、父并尊，万不宜援引此礼。至“君子不夺人之丧”，《注》谓：“重丧礼。”味其语意，盖如王子母死，而其傅为请数月之丧，是谓夺人之丧。若王子从其傅之请，即为自夺其丧。试以《注》、《疏》反复玩之，其义自见。若以服君之服释亲之服，谓之“夺丧”，然则父母相继而丧，郑君谓“虞祔练祥，各以其服”，岂得谓以父丧夺母丧，以母丧夺父丧乎？足下引《礼》诸条，宜更酌之。惟《曾子问》篇“朝夕否”三字，则可援为不哭临之确据。鄙人前函云云，固不足以破之也，请更援《穀梁》之说，为足下证成其义。定元年《穀梁传》云：“周人有丧，鲁人有丧，周人吊，鲁人不吊。”是周、鲁并有丧，天子可使人吊鲁，而鲁君不得奔天子之丧，此与所谓“待君殡讫而还殡父母”义已不同，信如足下所云《曾子问》三条为亲臣、近臣言也。窃愿足下执“朝夕否”三字为据，又援引《穀梁》之说以成之，而断以功令明文，则要言不烦，可无疑义。鄙人将此函与前函之稿，并刻《春在堂尺牍》中，亦礼家一重公案也。

按，此札紧接上札，讨论为父母服丧期间如遇国丧，为人臣者是否需要服国丧之服。

四[1]

承惠乌程严氏《上古至南北朝全文编目》一百三卷，甚善。但有录无书，殊令人有眼饱腹饥之叹，安得取《全文》而刻之，恐须待吾兄建节矣。承询私家谱牒所自始，鄙意《隋书·经籍志》所载，如《京兆韦氏谱》二卷、《北地傅氏谱》一卷，此即私家谱牒之权舆。又如《杨氏血脉谱》二卷、《杨氏家谱状并墓记》一卷，则其为私谱而非官谱，更不待问矣。《旧唐书·经籍志》载《韦氏谱》十卷，韦鼎等撰；《新唐书·艺文志》载《吴郡陆氏宗系谱》一卷，陆景献撰，《徐氏谱》一卷，徐商

---

① 此札辑自《春在堂尺牍》卷五，题作“又与汪柳门”。

撰，诸如此类，皆纂修家谱人之姓名见于史志者也。

五[①]

柳门仁兄大人阁下：

自赋诗赠别后，疏懒成性，音问遂稀。即闻拜视学山东之宠命，亦未克以一笺陈贺，想知我有素者必见谅也。闻轺车已出，而行部此行也，登太山、观于海、游圣人之门，可谓极天下之大观。而齐鲁之秀民，得使者以经术文章振起之，当亦蒸蒸日上。但闻近日洪流横溢，四野哀嗷，未知幨帷所至，风景何如也？弟衰病如前，无状可述，去年腊月又有二小女之丧，想见子原，必已言及之。弟前年丧子，去年又丧女，老怀如是，不问可知也。前承为先君《印雪轩文钞》署检，兹已刻成[②]，谨寄呈一部。又今年为亡女刻诗词一卷，聊以塞悲，亦附博一笑。弟新刻《茶香室丛钞》廿三卷，并目一卷，为廿四。此书皆极僻之典故、极小之考据，固不足登大雅之堂也。九月间可以刷印，而建霞[③]行急，恐不能待，俟有便再寄请教益矣。建霞留心小学，好学深思，自是后来之秀。兹乘其便，作书敬问起居，伏惟惠察，不宣。

世愚弟功俞樾顿首，秋分日

沈仲复言其夫人所绘《耦园饯别图》已交洪文卿[④]带京矣，未知收到否？如未到，可诒书文卿取之也。又及。

---

① 此札辑自《上海图书馆藏名人手札选刊·俞曲园手札》，第200—203页。

② 《印雪轩文钞》有“光绪二年七月吴大澂署检”，未见汪氏署检。

③ 建霞，即江标（1860—1899），字建霞，号萱圃，一号师许，江苏元和人。光绪十五年（1889）进士，授编修。官湖南学政。尝刻《灵鹣阁丛书》，世称精本。

④ 洪文卿，即洪钧（1839—1893），字陶士，号文卿，江苏吴县人。同治七年（1868）状元，授翰林院修撰。后出任湖北学政，主持陕西、山东乡试，并视学江西。光绪七年（1881）授内阁学士，官至兵部左侍郎。光绪十五至十七年任驻俄、德、奥、荷兰四国大臣。

按，札中称“闻拜视学山东之宠命”，汪鸣銮光绪九年(1883)四月二十八日授山东学政[①]。札中又有“去年腊月又有二小女之丧”(此则札末署“功”之由)，俞樾次女卒于光绪八年腊月，则此札当作于光绪九年八月二十三日(秋分)。

六[②]

久疏音问，忽奉手书，开缄三复，真老杜所谓“来书语绝妙，远客惊深眷”者也。乃以去岁鄙人七十生日，赐以寿联，则思之至再，不敢拜受，受之，无以对许星叔[③]矣。谨由信局奉璧。此联留存尊处，一无所用，未免可惜，然弟早见及此，有以处之，请问花农，自得其法也。右台山馆旧悬大笔所书一联，其句云：“曾闻古有归真室，已视身如不系船。”即鄙人旧句也。岁月既久，馆人又不善收藏，竟至烂脱。如有暇，能为补书之乎？

按，札中既称“去岁鄙人七十生日”，则当作于光绪十七年(1891)。

七[④]

郎亭仁兄世大人阁下：

顷有海州才女刘古香名清韵[⑤]，能诗能画，并能制传奇共廿四种。

---

① 《清德宗实录》卷一百六十二。

② 此札辑自《春在堂尺牍》卷六，题作“与汪柳门侍郎”。

③ 许星叔，即许庚身。

④ 此札辑自西泠印社2010年秋拍第94号拍品。内容与2010年嘉德春拍中俞樾致吴承璐一札相同而文字小异，当是同时之作。

⑤ 刘古香(1842—1915)，名韵清，以字行，淮安沭阳人。著《小蓬莱仙馆诗钞》、《瓣香阁词》、《小蓬莱仙馆传奇十种》等。关于刘古香的研究，可参看李志宏：《清韵满天写传奇——记晚清女戏剧家刘古香》，《江苏地方志》2003年第4期。

今年海州大水，其夫妇挈其二子逃荒到苏。弟恐其久而流落，拟代为集腋，资送北归。纠合知好十馀人，每人出五元，各酬以女史画一幅，若得十二人，便得六十元，弟自出十元，又亲串三家各出十元，合成百数，以资其归。因阁下高义，故敢渎求。附女史画一幅，即布鉴入。手肃，敬请台安。

世愚弟俞樾顿首

按，光绪二十四年(1898)十月初三日，以江苏淮安、徐州、海州等属被水，予以赈济[①]。札中既称"今年海州大水"云云，或即作于本年。

八[②]

郎亭先生侍史：

《茶香室四钞》封面大笔所书，今始刻成，奉呈一纸。又，包缵甫[③]兄求法篆一联，勿吝珠玉。又一联托转求建霞书，未知可否。手此，敬颂吟安，天暖再走叩起居，不一一。

弟樾顿首，初九

按，札中提及江标(1860—1899)，必不晚于光绪二十五年(1899)。

九[④]

今日勉出至外斋，竟未能久坐，甚矣，衰也！明月二分[⑤]，彭舍亲

---

① 《清德宗实录》卷四百三十一。

② 此札辑自西泠印社2010年秋拍第94号拍品。

③ 缵甫，即朱友绪。

④ 此札辑自《清代名人手札选》，第30页。

⑤ 唐徐凝《忆扬州》诗曰："天下三分明月夜，二分无赖是扬州。"故"明月二分"指代扬州。

失之，许舍亲得之，亦殊非偶然。但小孙在京又须迁寓耳。肃复，敬请
郎亭先生颐安。

樾拜上

按，光绪二十八年(1902)三月初一日，许祐身由京畿道监察御史补授江苏扬州知府[①]。札中既称"明月二分，彭舍亲失之，许舍亲得之"云云，则当作于此后。

十[②]

手示谨悉。弟今岁不特得一曾孙，又得一曾孙女。小孙虽不得差，然亦不谓无所获也，一笑。同甫乃同姓不宗，然向来却认本家，乃袭芸太史之子也。此番伊得吴淞差，弟已荐二人矣。已赴沪矣，明日接手。手肃布复，敬颂
郎亭仁兄世大人安。

樾顿首

同甫乃抚署文案，认识者必多，原条奉还，或可另托人也。

按，光绪二十五年(1899)十二月初八日，俞樾始得曾孙[③]；二十七年(1901)秋，又得一曾孙[④]；二十九年(1903)六月二十七日，再得一曾孙[⑤]。札中称"今岁……得一曾孙"，则当作于此三年中。其中

---

① 《清代官员履历档案全编》第7册，第93页。
② 此札辑自西泠印社2010年秋拍第94号拍品。
③ 《春在堂诗编》卷十七叶十一。
④ 《春在堂诗编》卷十八叶二十七。
⑤ 《春在堂诗编》卷二十叶二十三。

光绪二十九年，俞陛云散馆，考差[1]。札中既称其“已得差”，则当作于此年。

十一[2]

承示大作，风骨开张，意义周匝，自是杰作。有拙作之率易，不可无大作之雄奇也。略有献替，别幅录呈。知小感冒，想不日即愈，敬念。此颂
郎亭先生颐安。

弟樾顿首，廿六

十二[3]

承惠茶栗，均佳品也，拜嘉，谢谢。今日小孙信来，乃知贵门生王主政崇论闳议，实有三说。小孙忘其一，一说请二圣游历海外，自东而西，不设警跸。一说改从西国衣冠。并以奉闻，想老师必为莞尔也。肃谢，敬请台安。

樾拜上

十三[4]

手示读悉。海宁面实不知是何粉，其云豆粉者，亦偶闻此一说，不知确否也。弟处食之已数年矣，亦并不觉其有流弊。惟此次之面较陈，须出汤再煮乃可耳。外小诗二首，发一噱。此颂
郎翁颐安。

弟樾拜上

---

① 《春在堂诗编》卷二十叶二十。
② 此札辑自《清代名人手札选》，第29页。
③ 此札辑自《清代名人手札选》，第27—28页。
④ 此札辑自西泠印社2010年秋拍第94号拍品。

十四①

顷有人寄来槜李，味似尚可，未必真道地也。请试一番。手此，敬颂
郎翁秋安。

弟樾顿首

外槜李十六枚。

十五②

来件奉缴。脩脯六百乃老式也。从前孙琴西及弟初主书局亦是六百，今则止二百七十矣。花农事俟晤教再议。此颂晨安。
郎翁先生。

樾顿首，初八日

十六③

珍惠拜嘉，贵体又微有不适，岂前日出门感冒耶？温通自佳，表散非宜矣。贵门生徐锡畴脉理颇好，或命其参酌乎？肃谢，敬请
郎翁大安。

弟樾顿首

十七④

承赐小孙多珍，感谢之至。小孙本拟再趋叩辞行，因遵尊命，不再叩矣。二儿妇近日已能出至外房，知念并及。肃谢，敬请

---

① 此札辑自西泠印社2010年秋拍第94号拍品。

② 此札辑自西泠印社2010年秋拍第94号拍品。

③ 此札辑自西泠印社2010年秋拍第94号拍品。

④ 此札辑自西泠印社2010年秋拍第94号拍品。

郎亭先生颐安，诸希珍摄。

世愚弟樾顿首

十八[①]

郎亭先生侍史：

昨惠顾畅谈为快。闻吾兄与纺纱厂祝少英兄相熟，有敝友胡小楼茂才祖荫在纱厂当拣花司事，出息甚微。闻近有日报账房王君辞退一缺，祈求鼎言，即托祝少英兄将拣花司事胡小楼调派日报账房，光景稍佳，感戴无既。手此布渎，即颂大安。

世愚弟期樾顿首，三十

十九[②]

郎亭仁兄世大人阁下：

顷有同乡敝年侄沈大使自江西奉差到此，意欲求阁下致翁方伯[③]一书，春风嘘拂。其人在江西多年，老成历练，翁方伯亦深知其人，但欲得鼎言为重耳。如尊处说项人多，不妨说此人是弟所托，亦无不可也。手此布渎，即颂台安。

世愚弟樾顿首

---

① 此札辑自西泠印社 2010 年秋拍第 94 号拍品。

② 此札辑自西泠印社 2010 年秋拍第 94 号拍品。

③ 翁方伯，疑即翁曾桂（1837—1905），字筱珊，一作小山，江苏常熟人。翁同书三子。荫生。初以助饷奖郎中，分刑部。后官安徽按察使、江西布政使。光绪二十四年（1898）七月，护理江西巡抚，九月以忧免。

致汪曰桢[①]

汪曰桢(1813—1881),字仲雍,一字刚木,号谢城,又号薪甫,浙江乌程人。咸丰四年(1854)举人,官会稽县学教谕。精于史学,兼通数学、天文、历法。搜罗群书,致力30年,编纂成《二十四史日月考》五十卷,并附《古今推步诸术考》二卷、《甲子纪元表》一卷,上起西周共和元年,下接清钦天监《万年书》。谙熟乡土历史、地理,曾修撰《乌程县志》、《南浔镇志》等志书。工于填词,精通音韵学,著有《四声切韵表补正》、《随山宇方钞》、《荔墙词》、《历代长术辑要》、《古今朔闰考》、《授时术诸应定率表》、《古今诸术考》、《玉鉴堂诗集》等20馀种,大多汇集在其所刊《荔墙丛刻》中。

越中一别半年矣,为学日益,谅如所祝。尊著《廿四史月日考》已有成书否?今有一二事,辄求教于左右。直隶永年县娄山有石刻云:"赵廿二年八月丙寅,群臣上酬此石北。"沈西雍[②]观察谓是石虎建武六年所刻,上溯石勒之年而并记之,故云"赵廿二年"。此殊不足据。刘宽夫侍御[③]谓,"汉侯国得自纪年,此赵王遂之廿二年也",较沈说

---

① 此札辑自《春在堂尺牍》卷三,题作"与汪谢城广文"。

② 沈西雍,即沈涛(约1792—1855),原名尔政,字西雍,号匏庐,浙江嘉兴人。清嘉庆十五年(1810)举人。幼有神童之称,曾从段玉裁游,生平学尚考订,兼嗜金石,著述精湛。与归安吴云最相契,赏鉴所获,辄绘图征诗唱和成帙。著《十经斋文集》、《柴辟亭诗集》、《匏庐诗话》。

③ 刘宽夫侍御,即刘位坦(1802—1861),字宽夫,号后园,顺天大兴(今属北京)人。道光五年(1825)拔贡生。咸丰元年(1851)以御史出守湖南辰州府,八年乞归。收藏碑帖拓本极富,典籍、金石、书画,无不收罗。工画花卉、雀鸟,书法精隶、篆书。撰《弟子职集解》。

为得之。然考两《汉书》，前汉有赵敬肃王彭祖、共王充，后汉有赵节王栩、顷王商、惠王乾，并享国长久，得有廿二年。侍御只据鲁卅四年石刻上冠以“五凤二年”，谓此不冠以汉年，明是文帝时未有年号之故，遂断以为赵王遂，此亦未必然。汉侯国得自纪年，初不必冠以王朝之年，鲁卅四年石刻未可执为定例①。鄙见以为，欲知赵廿二年之为何王，当求八月丙寅之在何年。足下讲求有素，请详考两《汉书》赵诸王之廿二年，何年八月有丙寅日，则此碑庶可定矣。又馀姚客星山有汉碑新出土，所称“三老碑”②是也。其文有云：“建武十七年岁在辛丑四月五日辛卯。”据《光武纪》，是年二月晦乙亥，四月有乙卯，则四月不得有辛卯，亦祈一核之，明以教我。

按，札中俞樾欲以“娄山石刻”、“三老碑”两通碑文中的纪日干支作为考查石碑年代的依据，可谓酌见。惟据《二十史朔闰表》，汉光武帝建武十七年四月丙寅朔，则辛卯为四月二十六日，与碑文“四月五日辛卯”不合。

---

① 以上有关“娄山石刻”之考证，又见于《春在堂随笔》卷二。

② 三老碑，全称《汉三老讳字忌日碑》，记汉代建武年间地方官“三老”祖孙三代的名字（讳字）和祖、父辈的忌日。咸丰二年（1852）出土于浙江馀姚客星山，碑额已断缺，但碑文基本完好（《春在堂随笔》卷二详录碑文），书体介于篆隶之间。

致王棻

王棻(1826—1899),字子庄,号耘轩,台州黄岩人。清同治六年(1867)举人。后不复试,一意执教、著述。光绪二十四年(1898),以学行受赏内阁中书衔。尝任黄岩九峰书院、江西南昌经训书院、台州郡城正学书院等地之山长。著有《台学统》、《柔桥文钞》、《中外和战议》、《史记补正》等。俞樾尝为其《中外和战议》作序,见《春在堂杂文五编》卷六。

一[1]

顷由陈桂舟[2]茂才交到惠书,词旨贬抑,称谓谦卑,不敢当,不敢当!辱以先德[3]行状属为志铭,夫表微阐幽,必待道德文章之士,仆非其人也。重违来意,辄撰一篇[4],未知可用否。如须刻石,请示知广狭修短之度。按状有云,长不满六尺,此本《晏子传》语,然古尺今尺不同,今人而不满六尺亦云长矣,非所以言短也,故虚其字,以待酌定。又有"四书""六经"语,自《乐经》亡而六艺止存五矣。若以今列学官之"十三经"而论,则除《论语》、《孟子》入《四书》外,尚有十一,不知此"六经"何指?鄙意,汉武立五经博士后,相沿至今,场屋命题,经亦止五,不如竟云"四书""五经"较无语病。盖《四书》既实举今制,则"六经"不宜虚设古名也。迂拙之见,高明裁度。

---

① 此札辑自《春在堂尺牍》卷四,题作"与王子庄孝廉"。

② 陈桂舟殿英,诂经精舍肄业生。

③ 王棻父王维祺(1779—1857),字道龄,号梅庵。著《时鸣集》一卷、《有真意斋杂纂》二卷、《医学约钞》四卷,《家训》六篇。

④ 即《王梅庵处士墓志铭》,见《春在堂杂文续编》卷四。

按，同治十三年(甲戌，1874)四月，王棻《致俞荫甫先生书》中称："去岁十二月二日，陈桂舟过黄，递于尊函并先君墓志铭一首。"[①]应即指此札，故当作于同治十二年(1873)。

二[②]

承示《祖制不可变论》[③]，至哉言乎！《诗序》云："《车攻》，宣王复古也。"夫以复古而中兴，则知变古之必至于中衰矣。窃谓当今之世，必复三代之古而后可以言治，何也？郡县之天下，不能制四夷，封建之天下，乃可以制四夷。封建不可以骤复，则宜稍复唐藩镇之制，以驯至乎复古封建之制。尝论三代下有二大变：秦始皇罢侯置守，一变也；宋太祖杯酒释兵权，二变也。自宋而明，以至本朝，皆受制于敌国，宋太祖一杯酒之为祸烈矣！四夷之横，至今日而极，物极必反，将来必有复封建之一日，但吾侪不及见耳。中国必不至于亡，黄农之遗种，必不至于灭，无庸为之惴惴也。

按，王棻《祖制不可轻变论》篇末有喻长霖跋语曰："先生此论成于戊戌。"[④]则此札最早作于光绪二十四年(1898)间。

---

① 《柔桥文钞》卷十二叶十九。

② 此札辑自《春在堂尺牍》卷七，题作"与王子庄山长"。

③ 文见《柔桥文钞》卷五叶六至八。

④ 《柔桥文钞》卷五叶八。

致王继香

王继香(1846—1905),字子献,号蓼斋、醉庵,浙江会稽人。光绪十五年(1889)进士。官河南候补知府。著《止轩集》、《醉吟草》、《醉庵词别集》。

一[1]

子献孝廉仁兄大人阁下:

诗痴炫丑,正深惭怍。尺书远贲,褒宠有加,发函烂然,珠零锦灿。并示五言诗四章,指麾曹刘,尘埃徐庾。感颓流之喧杂,冀朴学之光昌,施之下走,固非其人,清藻芳风,良可玩味。弟自谢尘鞅,妄研经训,蜚声无实,贻笑翰音。不图吾贤,聆声响附,虽感见爱之深,实恧过情之誉。乃更重之以嘉贶,锡之以珍药,合浦之桂,潜山之术,金浆玉液,有苾其香,冀度颓龄,永铭雅意。手肃布谢,敬颂起居,不能宣备。

愚弟俞樾顿首,四月廿有四日

二[2]

子献仁兄大人阁下:

展读惠书,敬悉侍奉康娱,文祺清吉,为尉良多。承赐墨搨二种,

---

① 此札辑自《浙江图书馆馆藏名人手札选(二)》上册,第59—61页。又收入《春在堂尺牍》卷五,题作"与王子献孝廉"。今据手稿整理。

② 此札辑自《浙江图书馆馆藏名人手札选(二)》上册,第57—58页。

感感。跳山字迹①，虽多曼漶，然厓石模搨，甚不易易。此与馀姚“三老碑”，同为浙东汉墨，可宝也。吕祠石刻，所惜杨跋不全，似失中幅者，岂石已失其一欤？樾九月中回德营葬，事毕仍还吴寓，杜门谢客，粗托顺平。当兹读礼之时，仍有研经之意。手肃复谢，即颂侍祺，并问台候，不尽一一。

愚弟制俞樾顿首

按，札末署“制”，当在光绪四年(1878)八月十四日之后俞樾为其母服丧期间。俞樾《先妣姚太夫人行述》②称当年即将其母合葬于其父之茔，结合札中“九月中回德营葬”云云，则此札当作于该年九月之后。

三③

敬启者，秋间家慈弃养，猥承慰藉之殷拳，又辱赙施之厚锡，私衷感激，莫可名言，敬维
子献仁兄大人文祉清佳，潭祺康善，夺侍中之席，承色笑于庭闱，下博士之帷，笃躬修于黉舍，令名卓著，殷盼实深。弟苫块馀生，倚庐读礼，光阴易逝，倏逾百日之居。诸高谊难酬，曷胜五中之铭泐。肃函布谢，祗请文安，伏祈朗鉴不宣。尊翁前请安道谢。

愚弟制俞樾稽首

---

① 跳山在绍兴富盛与乌石之间。此应指道光三年(1823)在此山上发现的汉代摩崖刻石，即“建初买地刻石”，隶书，22字。上列一行，直刻“大吉”二字，高40厘米，宽15厘米。下列五行，每行四字，共20字，即：“昆弟六人，共买山地，建初元年，(造)此冢地，直(值)三万钱。”高67厘米，宽110厘米。

② 《宾萌集》卷五叶三十八。

③ 此札辑自《浙江图书馆馆藏名人手札选(二)》上册，第66—67页。

按，札中称“秋间家慈弃养”、“倏逾百日”，则当作于光绪四年(1878)末。

四[1]

子献仁兄大人阁下：

前复寸笺，定照入矣。兹因内人溘逝，复承尊公赐赙，感甚。弟日来心绪阑珊，属跋《兰亭》，随笔书数语，又不知大小合式不？聊以报命，不刻可也，外具柬谢。手此，敬请侍安。

愚弟制期俞樾顿首

此为定武真本[2]，经何蝯叟[3]论定矣，王杏泉广文得此石，因三晋大无，精搨数百本售于人，即以其直助振，真仁者之用心也。光绪五年俞樾记。

按，札后所附跋语即署光绪五年(1879)，札中又有“内人溘逝”之语，当作于此年四月二十二日其妻卒后。

---

① 此札辑自《浙江图书馆馆藏名人手札选(二)》上册，第62—63页。

② 唐太宗喜晋王羲之父子书法，得《兰亭序》真迹，命人(传为欧阳询)临拓，刻石于学士院。五代梁时移置汴都，后经战乱而遗失，北宋庆历间发现于定武(今河北正定)，故名定武本。大观中，徽宗命取其石，置于宣和殿。北宋亡，石亦散失。明宣德四年(1429)，东阳人何士英任两淮都转盐运使，于扬州石塔寺发现此碑，碑缺一角，何士英遂呈进皇上。皇上赐其石，携归东阳。后断为三截，一直由何氏子孙按孟、仲、季三房分开保存。每遇修族谱(20年一次)将此石合而为一，用宣纸拓印，馈赠亲友。解放后刻石入藏浙江博物馆。

③ 何蝯叟，即何绍基(1799—1873)，字子贞，号东洲，晚号蝯叟。湖南道州人。道光十六年(1836)进士。咸丰初简放四川学政，曾典福建等省乡试。历主山东泺源、长沙城南书院。通经史，精小学金石碑版。据《大戴记》考证《礼经》。著《惜道味斋经说》、《东洲草堂诗文钞》、《说文段注驳正》等。书法初学颜真卿，又融汉魏而自成一家，尤长草书。

五①

子献仁兄大人苫次：

客腊十六日始由杭返棹吴中，方得展诵大讣。惊悉尊公遽归道山，即欲以一书奉慰，而适当岁杪，信局停班，入新正来，又碌碌罕暇，笺牍久稽，未知已安奉灵輀还归梓里，抑尚留滞甬东也。弟以道远，不克亲诣奠醊，歉悚良深。敬具楮敬一函，伏祈循世俗之说，买纸钱焚化灵前，稍伸微意。手肃，布问起居，伏惟援礼节哀，不尽万一。

愚弟制期俞樾顿首

此函仍寄由宗湘翁转交，未知何时得达。以后书来，示知梓乡住址为幸。

按，俞樾《王孝子传》（详下）中记王继香之父卒于“己卯十月二日”，而札中称“客腊”、“展诵大讣”、“惊悉尊公遽归道山”云云，则当作于光绪六年（1880）初。

六②

子献仁兄大人阁下：

夏间得手书，因病久未奉复，顷又得书，注意拳拳。弟衰病颓唐，不殖将落。何意贤者犹不见弃，以令弟佳传属之下走，重违来意，辄拟一稿。因表扬奇孝，故亦不循常格，其体例窃从《伯夷传》来，然笔力庸劣，不足副雅意也。录呈是正。弟于九月既望至湖上俞楼，十月朔至山中右台仙馆。小住兼旬，仍将还湖楼，由湖楼而还吴下曲园，计在十一月之初矣。踪迹如是，聊以布闻。小诗四律，借博一笑。手

① 此札辑自《浙江图书馆馆藏名人手札选（二）》上册，第68—69页。

② 此札辑自《浙江图书馆馆藏名人手札选（二）》上册，第64—65页。

肃，敬颂文安，不尽。

愚弟禫俞樾顿首，十月二十日

按，此札是王继香托俞樾为其弟作传之后，俞樾的报命之作。传文即《王孝子传》[1]，称："光绪六年某月日宁波府知府宗君源瀚具王孝子事实上院司，浙江巡抚谭公循例于岁终汇题，旌如律……孝子之兄曰继香子献者，痛厥弟之已死而论未定，乃为书哀于旧史氏俞樾，请为之传。"则此札当作于光绪六年(1880)十月二十日。且札末署"禫"，为丧家除服之祭(距丧二十七月)，从光绪四年八月十四日其母卒，至光绪六年十月二十日则已进入第二十七个月，正当服除之际。

七[2]

子献仁兄大人阁下：

展读大讣，惊悉萱帏之变，创深痛巨，如何可言！惟念令弟业已成神，则太夫人依然就养，九原含笑，亦可稍减悲思矣。弟自月初卧病，今日始扶杖出至外斋，乃始知此事，即驰书布慰，并手书楹帖，聊寓微忱，乞代县灵右，然已缓不及事矣，罪甚，歉甚！敬问素履，统希鉴亮。不一一。

愚弟俞樾顿首，九月二十二日

按，《楹联录存》卷二有《王母俞太恭人挽联》，序曰："太恭人为王孝子继谷之母，孝子因母病为疏祷于神，请以身代，遂自投月湖以死，死后相传为月湖之神。太恭人病愈，又数年而卒，卒之日八月廿四也。"与札中"令弟业已成神"云云合，应即俞樾为王继香母所撰挽联。此联在《陆星农观察挽联》之后、《钱湘吟侍郎挽联》之前，而陆增祥

① 见《春在堂杂文三编》卷二。

② 此札辑自《浙江图书馆馆藏名人手札选(二)》上册，第70—71页。

(号星农,1816—1882)、钱宝廉(字湘吟,?—1882)均卒于光绪八年(1882),则此札当作于本年九月二十二日。

八[1]

子献仁兄大人阁下:

去岁得惠书,记曾奉复,今似未达典签。其付之浮沉邪,抑鄙人衰病多忘,竟未修复也?示读太夫人志、传,皆名作也,已足表扬。如弟之文,何足为重?又自前岁以来,辍笔已久,若勉副尊命,恐无以对诸君。有小诗二首,寄呈请览,或将来有暇,随意作一文、作一诗,以志景仰之忱。然近来不能久用心,能否如愿,却未敢必也。赐和小孙入学诗,工稳之至,但语意则非所克任,徒增惭愧耳。至此次小孙倖获一衿,不足言喜,在吴下初不领贺,亦不刻试草。承以隆仪宠锡,谨心领而已,仍由信局寄缴,伏乞照入。樱花在东国有高出屋者,且或数里皆是,自是大观;至移来中土者,乃是小株,亦不甚足观。或云即樱桃花之千叶者,其说可信。读大著,殊足为此花生色,当即录寄陈君子德[2]。将来传诵海外,亦佳话也。拙著亦无好句,不过得此新题,聊弄笔墨耳。附去数纸,借博一笑。手此,敬请文安。

愚弟俞樾顿首,五月廿九

按,此札是王继香请俞樾为其母作志传,俞樾的答复。《春在堂诗编》卷十一(乙丙编)有《孙儿陛云应科试,以第一名入县学,口占志喜》、《咏日本国樱花》等诗,即札中提及的"小孙入学诗"与"新题"之作,故此札当作于光绪十一年(1885)五月二十九日。《诗编》同卷还有《余于壬午年曾作小诗布告同人,有停止作文三载之约,至今秋满

---

① 此札辑自《浙江图书馆馆藏名人手札选(二)》上册,第72—76页。

② 陈君子德,即井上陈政。据《咏日本国樱花》一诗注,俞樾所见樱花正是他赠送的。

矣，虽宿疴小减，而精力仍衰，敢援旧例，再展三年，即用前韵，又赋一律》一题，则俞樾在札中婉拒王继香之请，亦非一般搪塞之辞。

九[1]

子献仁兄大人文席：

廿五日曾布复一笺，并有小诗奉和，未知照入否。昨又得手书，并马君沤堂樱花佳作，气体深稳，意味深长，自是名流吐属，诵之不胜钦佩。乃承马君雅意，下问刍荛，若徒以浮词奉复，殊失直谅之道；而三复原诗，又实无可摘之瑕，不得已妄言一二："迈种"句用意稍迂；"赢秦"之与"禹域"，属对稍欠工，此句意亦略似未豁；若云"流传佳种"，或"赢秦"似较明白矣；结句"得半成名"，未详其意，殆弟一时粗忽，未细细领略也。所言实无一是，或不必与马君观之。惟马君既喜内典，弟所注《金刚经》，未知见过否？请代呈教。手此，敬颂吟安。

愚弟俞樾顿首，六月廿九

再，弟新刻第十卷，想未经寓目，今亦附去一卷求教。沤堂兄如有嗜痂之癖，不妨同正之也。

弟再顿首

按，此札当在上札俞樾向王继香寄示樱花诗之后，故作于光绪十一年(1885)六月二十九日。且札中附赠《春在堂诗编》卷十，该卷止于光绪十年，亦证此札当作于光绪十一年间。

十[2]

子献仁兄大人阁下：

频年占望德星，未知临莅何方，致疏音敬。顷奉惠书，始知驱五

---

① 此札辑自《浙江图书馆馆藏名人手札选(二)》上册，第77—79页。

② 此札辑自《浙江图书馆馆藏名人手札选(二)》上册，第81—85页。

马而至大梁，为之欣抃。出承明而典郡，亦儒者之至荣。从此循声大起，东马严徐，与龚黄同传矣。承示《清芬录》[1]，一门文献，百世典型，而纸墨精良，尤可爱玩，谨什袭藏之。往年所惠，竟未奉到，不知为谁氏所珍藏矣。弟今年八十有二，老病时作，精力益衰，猥以年例，滥被恩施，良用愧悚。乃承以万年红大笺书楹联见赠，词意之美，非所克当，翰墨之工，允堪为法，县之楹间，敝庐为之生色矣，感谢，感谢！拙诗八首[2]，感遇述怀，呈博一笑，馀纸可分贻同好也。小孙倅副蜀轺，幸而平安蒇事，已请假归省，九月尽行抵重庆，大约此月内必可到家也。弟病卧经旬，今始出至外斋，腕力固疲，目眊亦甚，写此等字，如隔烟雾，甚矣吾衰！率复并谢，即请勋安，统惟雅鉴。

馆愚弟俞樾顿首

按，札中称"弟今年八十有二"，又称俞陛云典试四川已毕，"九月尽行抵重庆，大约此月内"可到家，则当作于光绪二十八年(1902)十月间。

---

① 《会稽王氏清芬录》，王继香撰，有清光绪二十五年鸿文书局石印本。

② 应即《光绪二十八年六月辛亥，浙江巡抚任公以樾中式道光二十四年甲辰恩科举人，遵例于光绪二十九年癸卯正科重赴鹿鸣筵宴，先期陈奏。奉上谕"俞樾早入词林，殚心著述，教迪后进，人望允孚，加恩开复原官，准其重赴鹿鸣筵宴"。闻命恭纪》一题四首、《前诗意有未尽，再成四律》一题四首，见《春在堂诗编》卷十九。

致王凯泰

王凯泰(1823—1875),字幼轩,号补帆,江苏宝应人。道光三十年(1850)进士,授编修。同治五年(1866)授浙江按察使,迁广东布政使,九年(1870)七月授福建巡抚。

一[1]

补帆老弟亲家同年大人阁下:

正月三日接十一月廿二日信,廿六日又接十八日信,手书稠叠,眷注有加。然十一月十八至正月廿六,辽乎阔哉,远道之思,良用惘然。协成乾会兑局所寄之信,至今未到,不知何也?所谓前函缕陈者,迄未得奉读。津门自封河后南北不通,南闱题名录至今未见,两郎君得意否,亦无从探悉,更怅怅也。江南今岁开科,曾否定议?尊处吉期已择定否?若未有定期,则迟之冬日,似稍从容。亲家以为何如?兹遵将衣裙尺寸开具清单,附呈台览,不过择其要者为之,以后随时添补,无须一时赶办也。兄去岁一无进款,而春间遣嫁二小女,夏间为二小儿捐官,又为置办行装,秋间又为大小儿授室,以及一年浇裹,约计千二百金矣。而二小儿娶妇是南中旧存之款,尚不在此数。兄之满头大汗,亦可知矣。所以大小女[2]裙布钗荆,一无豫办。若今冬毕姻,此气稍宽,尚可略尽为人父者之事,倘在春间则难矣,恐不免为老亲翁、亲母所笑,奈何!兄今年为天津当轴者请修府志,地翁[3]之力也。虽所入无多,而地翁又为转借张秀岩屋一所,聊足栖

① 此札辑自《香书轩秘藏名人书翰》中册,第300—304页。

② 大小女,即俞锦孙(1844—1902),字云裳,俞樾长女,适王豫卿。

③ 地翁,即崇厚。

息，免出屋租，地翁之于我，不为薄矣。惜北方局面褊小，故所能为者不过如此耳。志书自乾隆以来旧志成于乾隆四年。文残献杳，苦于无徵，而采访又无可恃之人，现拟先就官书所有者摘录备用，成书尚无期也。《经训》一书已写定卅二卷，已算辀成。惟旧名《经训弼鞁》，"弼鞁"二字，近于与人争论。拟用伏生《尚书大传略说》之名，改为《群经略说》，然亦未定也。兄此书颇费数年心血，虽未敢谓尽得经旨，然颇有发明，视贵乡先达《经义述闻》，博洽不及，细致或过之。因其成之也不易，遂不免妄冀流传，且欲于吾身亲见之，万一先狗马填沟壑，则私恨无穷矣。此事成后，更有一鄙愿：中兴以来，诸名臣名将颇不乏人，倘得蒐罗其行事，荟萃一编，以补国史之万一，是亦一大题目。但访求更不易矣。阁下数载来颇有所得否？尊制将阕[1]，作何行止？二小儿承照拂，兼承佽助，且感且谢。伊年幼资浅，且一无材具，诚不宜骤得优差。惟娶妇后不无家用，餬口之资亦不可少，想自当念及，无烦渎告也。手此，布请近安。

正月廿八日，姻年愚兄俞樾顿首

按，札中称"去岁……春间遣嫁二小女"，同治三年(1864)春，俞樾次女绣孙归于杭州武林望族许祐身[2]。札中又称"南闱题名录至今未见"，同治三年恰有乡试。是此札当作于同治四年(1865)正月二十八日。

二[3]

来示有归里种桑之意，古人称"千亩桑与万户侯等"，然则老弟勋

---

① 同治元年，王凯泰丁父忧(《春在堂杂文续编》卷一叶三十一)。

② 《曲园自述诗》叶十四。

③ 此札辑自《春在堂尺牍》卷一，题作"与王补帆亲家"。

名，可以方驾湘乡[①]矣，一笑。寒家蚕事，惟先祖母[②]最擅其长，家母[③]杭人，已不能嗣音，内人[④]侄从其姑，更可知矣，又何论乎小女辈？承问甚愧。抑兄有一说，蓄之已久，请因阁下种桑之意而发之。夫蚕桑之利，兴自西陵，由来久矣。然蚕之作茧，本以自藏，必糜烂之于鼎镬而缫取其丝，无乃不仁之甚！自唐以来，木棉之利，日盛一日，又变木本为草本，而其种益蕃，衣被天下，驾蚕丝而上之，岂造物者有意以彼易此乎？吾湖蚕事，甲于海内。而兵兴以来，受害最酷，菱湖、荻港等处，向称蚕桑渊薮，而村落化为邱墟，人民转于沟壑，几乎靡有孑遗焉。意者积数百年养蚕之孽而发之一旦乎？不然，吾湖风俗循良，谚云"湖州人，苦脑子"，有何获罪于天而酷烈至此？是故广种桑树，不如多植木棉。天地之间，生命至重，凡蠕蠕者，无非与我并生之物。兄近来虽食瓜果，中得一虫，必捉置青草间，明知未必能生，要使吾不见其死也。迂阔如此，老弟以为何如。

三[⑤]

游子归故乡，适老亲翁驻节是邦。适馆焉，授餐焉，临行又馈赆焉。朝廷为吾浙置一贤大夫，实则造物为巾山设一贤居停耳，何幸如之！兄虽于望日登舟，然是日仍泊大关，至次日始解维而去。舟行甚迟，私计若绕道亭子村，竟须二十外方可到苏。虽痴儿不解候门，然老妻望眼穿矣，是以亭子之行迄不果也。今日略有顺风，明日或可望

---

① 湘乡，即曾国藩。

② 俞樾祖母戴氏(1745—1806)，浙江德清人。乾隆壬申恩科副贡生樗园公之季女。传见俞鸿渐《印雪轩文钞》卷二。

③ 俞樾母姚氏(1786—1878)，出仁和望族，知书达理，粗通经义。传见《宾萌集》卷五。

④ 俞樾妻姚文玉(1820—1879)，字季兰，为俞樾母舅第四女。故此处称"侄从其姑"。

⑤ 此札辑自《春在堂尺牍》卷一，题作"与补帆"。

到。舟中将致谢诸当事书写好寄去，乞为分送。因亦作一书，布谢老弟，不敢迟滞尊公祖也。归寓后若别有说，当续寄。

按，同治四年(1865)五月，王凯泰以道员留浙江补用，摄粮储道事[①]，此即札中“老亲翁驻节是邦”之事。同年八月，俞樾以次子患病南旋。故此年冬，俞樾回浙江，于杭州得见王凯泰。

四[②]

三月初，在武林两得手书，适因肺疾还吴下寓庐，未及奉复，想不罪也。粤事故不易为，非阁下分风劈流之手，不能董而理之。能者多劳，自所不免。然计阁下不久节钺矣，或者总其大纲，优而游之，以节贤劳而养威重乎？兄肺疾已愈，去年以青蚨千贯典得马医科巷潘文恭旧宅，今年四月中迁入居之，屋不甚多，而听事、便坐，颇亦具体，内屋五间，尤为轩厂，鷦鷯巢林，暂焉栖息。天地吾逆旅也，又何择苏杭乎？从前踪迹，宛若浮萍，屈指生平，居然与宣尼相似，盖未尝有所终三年淹也。此屋潘玉泉观察本以五年为约，兄请从小国之例，期以七年。然赵孟视荫，不能待五，何论七乎？姑存此说而已。寓中均平善，惟山妻多病，日形衰老，兄亦自觉精力不支，人事牵挽，未能休息，而著述之兴衰矣。《诸子平议》集资刊刻，未竟厥功，《诗集》已为梨枣灾，乃杨石泉方伯一人之力。秋间拟至沪上，用西法聚珍版排印《文集》，未知果否。麝护其脐，犀藏其角，在达人闻之，奚足一笑乎？

按，同治八年(1869)四月初七日，俞樾赁寓苏州马医科巷潘文恭旧第[③]。札中既称“今年四月中迁入居之”，则当作于该年。同治六

① 《春在堂杂文续编》卷一叶三十一。

② 此札辑自《春在堂尺牍》卷二，题作“与王补帆”。

③ 《曲园自述诗》叶十八。

年(1867)七月二十九日，王凯泰出任广东布政使[1]，此即札中称“粤事故不易为”之由。

五[2]

六月中得手书[3]，并《皇清经解》[4]全部，感甚。惜年来精力衰颓，得之不能读，读之不能有悟入处，有负盛意，为可惜耳。西法活字版，兄亲至沪上访之，惟金山钱氏文富楼书坊[5]，其值较廉，然止有小字耳，大字尚未全，以明春为期，未知果否？所费亦殊非细也。拙著《宾萌集》，承许为刊刻，感何可言！前闻冯景庭前辈言，粤中每刻百字止须钱七八十，拙集辜较五万字，然则刻费约计在四五万钱之数矣。兹将草稿寄上，并求明眼人视之果可刻否？敝帚千金，文人习气，兄近来并此勘破，不过既已作之，不得不以一刻了事。自入世来，百龄将半矣，来日无多，宜早为出世之计。所以写定著作、刊刻诗文者，亦犹人久客思归，预先料理赀财、清厘薄籍也。

按，同治九年(1870)正月，王凯泰校刊俞樾所著《宾萌集》成，并序其端[6]。札中称“拙著《宾萌集》，承许为刊刻”，则当作于之前。

---

① 《清穆宗实录》卷二百八。

② 此札辑自《春在堂尺牍》卷二，题作“与王补帆”。

③ 《袖中书》卷二收录王凯泰札五通，其一称“寄上《经解》一部”，应即此札。

④ 《皇清经解》，阮元辑，有道光九年广东学海堂刊本。此处所言或即此本。

⑤ 杜文澜《江南北大营纪事本末》二卷为同治八年金山钱氏文富楼书坊活字印本。

⑥ 王凯泰：《宾萌集序》，《宾萌集》卷首。

六①

得手书，知今年三度执讯，皆达左右矣。贤郎归应乡试，即奉夫人鱼轩，暂还珂里，于计亦得，而老弟遂与鄙人有西湖浮梅槛之约。粤事故不易为，贤者多劳，倦而求息，此亦人情。但浮梅槛尚未成，盍稍待之乎？昔郗嘉宾好闻栖隐，然招隐与反招隐各成一说，阁下怀抱利器，未竟所施，善刀藏之，似乎可惜。想造物者必有以位置之，或仍来浙中，与巾山作贤居停，未必竟令作浮梅槛中之客也。率笔布复，幸勿疑吾有王荆公一壑自专之意。

七②

承示《应元书院章程》，措置周详，规模宏远，即此一端，而阁下之嘉惠粤士者无量矣！惟每月膏火以官课为定，则鄙人窃有不能无言者。夫以区区膏火之资，为鼓舞人才之具，其意固已末矣。然今日而设立书院，其势不得不出于此，是故立法不可以不详，要使尽一日之长，即获一日之利，然后操觚之士有所劝诱，而不致卤莽灭裂以从事。向来书院章程，每月膏火之资以内外课为差等，而所谓内外课者，以春初甄别为定，则是终岁所得，取决于甄别之一日也。后人知其法之未善，于是有改，而以每月官课为定者，视旧章稍密矣。然一取决于官课，则士子于师课必至于敷衍成文、苟且完卷而后已，何者？利所不在也。是故，中兴以来江浙兴复书院，率皆随课升降，官师一律，譬如每月膏火银三两，则官课、师课各得一两五钱。如此，则尽一日之长，必获一日之利，而卤莽灭裂以从事者寡矣。闻直隶莲池书院③亦

---

① 此札辑自《春在堂尺牍》卷三，题作"与王补帆"。

② 此札辑自《春在堂尺牍》卷三，题作"与王补帆中丞同年"。

③ 直隶莲池书院，雍正十一年(1733)直隶总督李卫奉旨创办，随后逐渐发展成为北方最高学府。直到光绪二十九年(1903)停办。

以官课为定，其师课不到者扣除之，故师课人数不下于官课，而文则黄茅白苇，无一可观，山长徒费目力，不见佳文，劳而且厌，恣意涂抹，甚或付子弟句读之，若曰“吾课非所重也”。夫自校官之职不修，其略存学校遗意者，惟有书院，乃使为弟子者率尔而出之，为师者率尔而应之，岂非立法之未善乎？阁下旌节所至，创设书院必多，故敬陈所见，幸裁察焉。

按，同治七年(1868)冬，王凯泰创意设立应元书院[1]。此札当作于之后。《应元书院志略》载其章程，有关膏火银的部分称“举人膏伙作十个月，内课三十名，每名月给银三两；外课二十名，月给银二两；附课五十名，不给银”，“每月文课二次，奖赏例银，第一名一两，第二、三名各八钱，第四、五名各六钱，第六名至第十名各四钱”，与札中“惟每月膏火以官课为定”之说不同，第九通中称“知前所陈《书院章程》已见之行事”，可知王凯泰的确采纳了俞樾此札的建议。

八[2]

辱手书，并以李次青廉访所撰《国朝先正事略》[3]见赠。其书考核详明，叙次有法，李君此作，为不朽盛业矣。兄从前在天津时，亦思访求中兴以来名臣名将事迹纂成一书，彼时精力犹可也，今则无能为矣，读书未终卷辄厌倦，今日置一物，明日便忘之，有生客来，与久坐遂忘其姓名，愦愦如此，尚可言著述乎？乃信宣尼假年之叹为不虚

---

① 《应元书院志略》叶一。

② 此札辑自《春在堂尺牍》卷三，题作“与王补帆同年”。

③ 《国朝先正事略》六十卷，李元度(字次清)撰。同治三年(1864)开始撰著，两年后定稿，分名臣、名儒、经学、文苑、遗逸、循良、孝义七门。人各一传，计500人，附见者608人。据作者自述，为撰该书，曾遍阅诸家文集及郡邑志乘，参考史馆列传，据以作为定稿的依据。同治年间刊。

也。承询近事，兄亦不自知开罪之由，大约此老为人捉刀，兄偶失照，未置前茅耳。昔年视学中州，为曹芗溪[①]前辈一劾而罢，今主讲西泠，又得罪于魏武之子孙，岂鄙人前身是祢正平乎？浙中当事诸公，颇未厌弃，院中生徒，亦无间言，兄亦不必急急求去西湖也。

按，《袖中书》卷二收录王凯泰札第五通称"执事自云前生为祢正平"[②]云云，当为此札之回复。

九[③]

七月之望，杭州诂经监院寄到惠书，即从贡甫大令交来者。读之，知前所陈《书院章程》已见之行事矣。区区刍荛之献，何补高深？阁下从善如流，迩言必察，即此一端，而他事之集思广益、舍己从人概可见矣。又承示，于书院常课外别设一课，专考经济有用之学，美哉斯举也。夫通经而不足致用，何贵通经？经义治事，固胡安定之成法也，使士子知上之所求，不徒在八股试帖，而孜孜讲求于其大者远者，洵为国储才之要务矣。然鄙人窃有所过虑者。贾、董之才，旷世间出，岂易责之？寻行数墨之陋儒，恐亦不过掇拾陈言、敷衍了事而已。其甚者，浮浪之子，巧以行其尝试之端，健讼之夫，阴以佐其攻讦之术，处士横议，由此而起，于治道无益，而转于政体有妨，此亦不可不防者也。兄尝谓，师儒之教，总以经史实学为主，苟于经史并通，即于体用兼备。今于书院增此一课，鄙意请以史事命题，凡政治得失之由，形势成败之迹，理财治兵之策，建官取士之规，或统筹全局，或试论一事，观其断制乎古者不谬，则其施设于今者可知。数年以后，父

---

① 曹芗溪，即曹登庸，字芗溪，河南光山人。御史。咸丰七年七月初六日，参劾俞樾秋闱命题割裂(《清文宗实录》卷二百三十一)。俞樾遂遭罢职。

② 《袖中书》卷二叶二十一。

③ 此札辑自《春在堂尺牍》卷三，题作"又与补帆"。

子兄弟，互相研究，人材辈出，必由此途矣。迂拙之见，高明以为何如？

十[1]

得惠书，并和诗二章，乍抛节钺，便事啸歌，自兹以往，山水方滋，令人艳羡不已。至辞气之潇洒出尘，自是君身有仙骨，宜乎碧幢红旆间不足久溷公也。闻十二日又须拜疏，想一月假满，即请开缺矣。彼芃芃黍苗，欲沾郇伯之膏雨者，无不意在攀留，而兄则久在山中，方喜林泉添一佳伴，必不以世俗之言来相劝勉。然亦有一说，不能无词。窃闻，数月以来，岩廊之上深以台湾为意，在江南诸君子，尚且劳心敝舌，冀纾朝廷南顾之忧，而阁下适于其时抗疏归田，彼不谅者，或以为知难而退，或以为见机而作，转与执事引疾之初意不甚相符，此事得无尚宜一斟酌乎？出处事大，不厌详求，聊布区区，伏惟裁度。兄望后必归吴下寓庐，当可相见。承索近作，无以报命。吾弟初入山，故喜作诗，兄久在山中，转不甚作诗也。率笔及之，聊发一笑。

十一[2]

得手书，并诗数章，想见一路停桡觅句，策杖寻僧，兴复不浅也。惟诵别纸所示，乃知申屠因树之屋尚未经营，陆生使粤之装已将悉索，山中一枕，似亦未甚相安，而朝命又赏假两月调理，则可见平时治迹上结主知，以朝廷注意之厚，或未便恝然归去，高卧邱园。窃谓，天之所助者顺也，流行坎止，总宜听之自然，有意求进，不可也，有意求退，亦不可也。圣人绝四，第一在毋意，然则此必欲求退之意，倘亦非所宜有乎？以鄙人愚见，似乎两月假满仍宜束装北上。至闽垣清苦，辇下诸君子谅亦深知，此时求退不得，勉强出山，与南宫敬叔载宝而

---

① 此札辑自《春在堂尺牍》卷四，题作“与王补帆同年”。

② 此札辑自《春在堂尺牍》卷四，题作“与王补帆同年”。

朝者光景迥别，人事应酬，损之又损，未必不见谅于人。朱修伯[①]所谓“江东子弟足以了之”者，或亦确有所见乎？阁下归兴方浓，而鄙人以此言进，得毋格格不入。然田园清况如此，而又有慰留温诏，出处事大，或者尚宜三思；非山林中人，不欲以风月分贻也。

按，同治十二年十二月十六日，命福建巡抚王凯泰陛见[②]。次年春，王凯泰行经苏州，因病请假开缺，着赏假两个月，无庸开缺[③]。札中称“朝命又赏假两月调理”，当指此。故此札当作于该年。

十二[④]

差弁来，得手教，并枣糕、桂元膏之赐，谢谢。兄在湖上句留未及一月，因老母病，匆匆还吴下寓庐。幸老母之病日就平复，今已行动如常矣，谨以告慰。康侯[⑤]频有信来，拳拳下问。兄所得本粗疏，今又荒落，不足为师，已复一书，聊述一二。大意谓：《说文》不过字书，读经固贵识字，而读经要不徒在识字，若欲讲求典礼，则宜就孔、贾《正义》中择其成片段者，先逐段钞撮，如《王制正义》，可钞者便不少，久久会通，自能贯串。若欲讨论声音训诂，则莫妙于先熟读高邮王氏《述闻》、《杂志》二书，门径既正，自能深入。苟徒读《说文》，恐九千馀字，如满屋散钱，无收拾处也。尊意以为何如？焦君事极可笑，兄止据其所自述，行箧中无同年录，冬烘头脑，错认颜标。然不奇于兄之

---

① 朱修伯，即朱学勤(1823—1875)，字修伯，浙江仁和。咸丰三年(1853)进士，选翰林院庶吉士，改户部主事，入军机处，历任鸿胪寺少卿、大理寺卿。一生好学，过目不忘，博通古典。政事之馀，喜搜罗古籍善本，家有“结一庐”，藏书甚丰。编成《结一庐书目》。著《结一庐遗文》二卷。

② 《清穆宗实录》卷三百六十一。

③ 《清穆宗实录》卷三百六十六。

④ 此札辑自《春在堂尺牍》卷四，题作“与王补帆同年”。

⑤ 康侯，即王豫卿。

误焦君为同年，而奇于焦君之子误其父为庚戌进士，岂焦君之子，亦谚所谓瓜皮搭李皮者乎？来书剿袭云云，未知其详，大约欲就兄所作《自强论》[1]中采择数言，后知不果用，甚善。兄此论，乃下第落卷，非当行闱墨，不可钞也。且鄙论亦近一偏。兄尝言，当今不宜用兵，如有病不宜服药，而病后却宜多服补药，此是确论。然所谓补者，有食补，有药补，食补则兄所作《自强论》是也，药补则当路诸君子所孜孜讲求制造火轮船、铁甲船及洋枪洋炮是也，二者不可偏废。然二者亦各有似是而非之处：大约食补则如《乡党》所云"食不厌精，脍不厌细"，推而至于"失饪不食，不时不食"，万不可以尘羹土饭，聊且塞责，甚而至疗饥于附子，止渴于酖毒，非徒无益，而反害之；药补则宜访求真正道地药材，参必辽参，朮必於朮，近来药肆中工于作伪，花草子伪沙苑，蒺藜、香栾伪枳实、枳壳，此类甚多，不可不慎。兄非岐黄家，不能处方，阁下医国妙手，请裁度之。

十三[2]

读手书，具见谋国之忠，任事之勇，钦佩无已。台洋之事，非阁下之精心果力，不克当其任。海外风气，待公而开，良非偶然。三代下，东南运会日辟，吴越蛮夷之地，今日居然邹鲁。赤嵌城边，红毛楼下，得阁下一番经理，安知他日不媲美苏杭乎？惟是江浙膏腴腹地，尚有弃之不毛、未尽开垦者，而必力辟此海外之荒岛，此则诸巨公高掌远跖，度越寻常，而非趢趗小儒所能识也。兄奉母寓吴，幸叨平顺。承询曲园风景，日来柳阴藤蔓，青翠高低，亦小有景致。惟望阁下，功成身退，早赋归来，为小园评量花木，妆点林泉也。

---

① 见《宾萌集》卷六。

② 此札辑自《春在堂尺牍》卷四，题作"与王补帆同年"。

按，光绪元年(1875)四月十九日，俞樾迁居入苏州新建之曲园[1]。札中称“承询曲园风景”云云，则当作于此后。同治十三年(1874)三月，日军在琅琊登陆，在龟山设都督府，意图久踞台湾。福建船政大臣沈葆桢率兵赴台，进行防御部署。八月，日本特使大久保利通等抵达北京，要求赔偿军费。清廷代表开始据理力驳，后在英国驻华公使威妥玛“调停”下，九月二十二日，恭亲王奕訢与大久保利通在北京签订了《台事专约三款》。十月二十五日，日军全部撤离台湾。此即札中“台洋之事”的背景。光绪元年，清廷以台湾孤悬海外，难于治理，议移福建巡抚驻其地。五月，王凯泰由福建赴台[2]，故札中有“赤嵌城边，红毛楼下，得阁下一番经理”之说。

---

① 《曲园自述诗》叶二十三。

② 《春在堂杂文续编》卷一叶三十一。

致王韬甫①

久不相晤，忽奉手毕，兼锡箴言，善哉言乎，皆俞楼诸子所未闻也。俞楼之筑，本是诸君子借老夫以妆点湖山，华而不朴。职此之由，欲识山中真面目，请至右台仙馆观之，否则，登吴中春在堂，亦可见鄙人之质朴，古人风也。至以梦为妄，似乎所见未达。人生皆梦也，仆与诸君子皆在梦中，安见此梦为真而彼梦为妄乎？蛙降于树，尊意不信。昔人云，未到老夫地位耳！聊发一噱。若夫随园居士，其人品，其诗文，不免失之流荡，然其大节实无可指摘。以仆自问，经术既不足名学，诗文亦未足成家，徒以小有聪明，妄事撰述，虚名过实，海外皆知，遂使外人谬以随园相比，方深惭愧。乃如足下云云，转似以鄙人下伍随园为耻者，得无相待过高，与满壁腴词分谤乎？

按，《春在堂诗编》卷九有《俞楼四异》一题，其中《神异》诗序曰："辛巳春，花农与倪儒粟及孤山寺僧本慧同至俞楼，于西爽亭小坐，既下山，见松树上一蛙，浅绿色，竟体如碧玉琢成，无磊砢之状，知为金华将军之神，咸耸然异之。余前已作长歌一首，兹又作此诗，以为四异之一。"此即札中"蛙降于树"一事所指，故此札之作至早在光绪七年(1881)。

---

① 此札辑自《春在堂尺牍》卷六，题作"复王韬甫比部"。

致王廷鼎

王廷鼎(1840—1892),字铭之,号梦薇,又号懒鹤,江苏震泽(今吴江)人。官浙江县丞。有《紫薇花馆集》、《裕德堂一家言》等。

一①

梦薇老弟惠览:

昨布复一缄,定照入矣。澹翁回杭,曾否相见?所事能托伊一言否?拙刻《曲园杂纂》告成,奉上一部,然此书实不足观,即在仆所著书中亦下驷也。手此,敬颂升吉。

樾顿首,十九

按,札中称"拙刻《曲园杂纂》告成",该书刊成于光绪二年(1876)。此札之作至早在该年。

二②

读手书,知云帆转海,未获同游。为贫而仕,抱关击柝,亦何伤于大雅乎?曩者湖楼小集,乃承诸君子播之丹青,形之歌咏,可谓妆嫫费黛矣,惭愧惭愧。虽然,绘图题句可也,若以"俞楼"二字榜之精舍,则大不可。仆偶承诂经之乏,为第一楼暂作主人,雁爪雪泥,十年寄迹。尔来学业日就荒疏,行且谋引去,数年后,楼犹是也,楼中人不知张王李赵矣,岂可妄据为己有乎?此榜一县,外间必有议论,务望转致子乔,勿重吾咎。或者诸君妙绘妙咏,翰墨流传,异时更有好事如

---

① 此札辑自《上海图书馆藏名人手札选刊·俞曲园手札》,第229页。

② 此札辑自《春在堂尺牍》卷五,题作"与王梦薇"。

诸君者补作小楼，以存旧迹，则子乔所题之榜，颇可焜耀楹楣。然其事未必有，即有之，亦当在五百年后矣。聊发一大噱焉。

按，札中称“仆偶承诂经之乏”、“十年寄迹”，则此札或作于光绪三年(1877)，至本年，俞樾已主讲诂经精舍十年。

三[①]

梦薇老弟惠览：

昨复寸笺，并托寄眉仙信，定收到矣。承手书并团扇一柄，内人极为欣幸，属笔致谢。转饷之行，何日启行？富兰翁业已启行，到京必见，或再属子原一说亦可。张家口路亦不甚远，然须出居庸关，寒燠与内地迥殊。此行也，颇可壮游览、助吟兴也。《含薰室集》[②]收到，乞为转谢。《说文外编》[③]昨检案头尚有二部，仆留其一，以一奉赠。甘老书不必送去，仍附还。此颂升祉并侍福，不宣。

五月二日，樾顿首

按，《王梦薇传》称“又以解口外饷，诏俟补缺后以知县用”[④]，应即札中所谓“转饷之行”。《申报》光绪四年(1878)二月三十日有“补用县王廷鼎奉粮道饬知，准保补缺后以知县升用”之说，则转饷之事应在此前。故此札至晚作于光绪三年(1877)。

---

① 此札辑自《上海图书馆藏名人手札选刊·俞曲园手札》，第227—228页。

② 《含薰室集》，疑为吉锺颖《含熏室文集》六卷、《含熏室诗集》二卷。

③ 《说文外编》，吴县雷浚著。

④ 《春在堂杂文五编》卷三叶九。

四[①]

梦薇仁弟惠览：

昨布一笺，定收到矣。兄处得德清门斗信，言刘学使于正月廿五日取士湖州，而今接舍侄孙信，又言未奉明文，因此函托吾弟即日向院房一问，问知实信，即日寄信到苏，至要至要。此托，即颂春祺百益。

愚兄樾顿首，正月十五日

按，此札为确认学使按试湖州之时间而作，故极可能作于光绪十一年（1885）。是年春，俞樾孙陛云应湖州府试，故需询知考试时间。此札还可与致金吴澜诸札参看。

五[②]

承寄赠骨牌草一小筐，青葱如新撷者，已栽之瓦缶矣。惟骨牌草即七星草，乃鸭脚金星草之小者，其叶如鸭脚，薄而大，背有点，似骨牌形，但缺五六一扇耳，其气香烈，虽枯不变，功用极广，亦谓之辟瘟草，真药笼中佳品也。详见钱唐赵恕轩氏所著《本草纲目拾遗》。今所寄来者，乃鱼鳖金星草也。其叶一长而尖，一短而团，长者为鱼，短者为鳖，鱼叶老则背有金星，鳖叶无之，亦见赵氏《拾遗》。兄细验此草，实与之合，故决为鱼鳖金星草。功用不如鸭脚金星，然亦能治鼓涨瘰疬，消痞块，叶背之星，不能竟与骨牌同，可知非骨牌草。案头如有赵氏书，请一检阅，自悉也。兄前书所言横河桥许氏老桂树忽生骨牌叶，此乃草木之异，不可以常论。其叶实肖骨牌，三四、三六、幺六最多，上下斜正，与牌无异，虽三十二扇，亦不能全，然可凑成不同一副，惜此桂不久即枯死，今不可得矣。拉杂书布，聊当叶子戏，消遣永日。

---

① 此札辑自南京图书馆藏《曲园手札》，馆藏号 120165。

② 此札辑自《春在堂尺牍》卷六，题作“与王梦薇”。

致王同

王同(1839—1903),字同伯,号肖兰,晚号吕庐老人,浙江仁和(今杭州)人。光绪三年(1877)进士,官刑部主事。历主杭州诸书院。工诗文,精小学,擅书法、篆刻。有《吕庐文集》、《塘栖志》、《杭郡麈谈》、《校勘金石随笔》、《考释古泉录》等。

一①

同伯仁弟惠览:

接手书,知兴居佳胜。苏州已得雪,未知杭州如何?湖上风冷,想未必能至小蓬莱吟眺也。十二月花客有一两月不甚的确者,不知丁松兄所定如何?兄吴下度年,亦无佳况,记为儿童时以度年为最乐,老则徒增伤感耳。兹有寄抚藩书,求饬去。手此,敬颂年禧,并叩侍福。

愚兄樾顿首,廿日

按,光绪七年(1881)夏,吴叔和筑伴坡亭、灵松阁于俞楼之后。有轩高敞,徐琪题曰"小蓬莱"②。札中称"未必能至小蓬莱吟眺也",则至早作于本年。《曲园杂纂》中有《十二月花神议》一卷,序曰:"世俗所传十二月花神鄙俚不经,悠谬已甚,吴下养闲翁乃议更定十二月花神,属草,稿未定,辱以示余。余适将有西湖之行,笑而诺之,未遑暇也。已而舟窗独坐,苦无聊俚,乃就养闲翁原议以意参酌之。"养闲

---

① 此札辑自《上海图书馆藏名人手札选刊·俞曲园手札》,第185—186页。

② 《春在堂随笔》卷八叶二十,《曲园自述诗》叶二十七。

翁即潘曾玮(1818—1885),俞樾作此札或即为作《十二月花神议》,故暂系于潘氏卒前。

二[1]

同伯仁弟惠览:

十六日寄还课卷[2],已照入否?今日接手书,并洋券一纸,收到无误。惟所示云云,断不可行。果如此,是吾弟摈鄙人于交游之外,而以市侩相待也。兄素行不足取信于老弟,甚为愧悚。惟夏脩剩款既已寄来,若必仍缴寄尊处,殊多周折。兄将此项收入,以清夏季束脩之数。前托寄吴叔和之八十元,在秋季扣除,千万千万不可再施。手此,布颂文绥。

愚兄功俞樾顿首,六月廿一日

按,光绪十二年(1886)十一月,《小蓬莱谣》付刻,俞樾作序记起缘起,以报花农,并慰吴叔和于泉下[3],则吴叔和其时已卒。此札提及吴叔和,必作于之前。光绪八年(1882)十二月十八日,俞樾次女卒[4]。此或即札末署"功"之由,故暂系于光绪九年(1883)。

---

① 此札辑自《上海图书馆藏名人手札选刊·俞曲园手札》,第175—176页。

② 《楹联录存》卷五《王同伯比部挽联》序称:"同伯以进士官刑曹,奉母家居,遂不出。余主讲诂经,曾来充监院。"故俞樾致王同札中每每提及"课卷"、"课题"事。

③ 《小蓬莱谣序》叶一。

④ 《春在堂诗编》卷十叶九。

三[①]

同伯仁弟惠览：

接手书，并课卷，即草草阅定奉还。闰月无课，六月夹课，可偷两月之闲矣。刘宗师[②]闻于五月廿五接印，有忌州忌口之俗例，出棚必先金华矣。如闰月出棚考金华，则考毕回省歇夏，七八月可按试嘉、湖；若七月中考金华，则必顺道及温、台、处三郡，而嘉、湖恐今年不及矣，幸为探示。再有渎者：兄得杭州叶宅讣一函，书名者叶君葆元，甲辰乡榜。查同年录有叶德元字春伯，想即其人也。兄寄一挽联，而来函竟无住处，不能由局寄，未识尊处有来往否？其人乃广西知府，官成而归，想必可问也，乞为探投，费神之至。即颂台祉，不一一。

兄樾顿首，闰端六日

按，札中称“闰月无课，六月夹课，可偷两月之闲”，末署“闰端六日”，故此年为闰五月无疑。据《二十史朔闰表》，光绪十年(1884)有闰五月。札中俞樾询及学使按试湖州的时间，光绪十一年，其孙陛云应府试，则之前一年问及此事已属正常。故系此札于光绪十年闰五月六日。

四[③]

同伯仁弟惠览：

接手书，并夏季脩羊，费神，谢谢。入庚伏来，梅雨未收，郁蒸殊

---

① 此札辑自《上海图书馆藏名人手札选刊·俞曲园手札》，第169—170页。

② 刘宗师，即刘廷枚。

③ 此札辑自《上海图书馆藏名人手札选刊·俞曲园手札》，第173—174页。

甚，尊候想必安善。兄宿疴亦间或小发，而不加剧，较秋冬殊胜也。刘宗师有金华试毕即试浙西之说，果尔则大妙，未知的否？尚望随时探示。其金华试题，能探知寄览更妙也。法事闻昨日由曾九帅在上海会商，未知如何？雪翁处亦久无信，谅山之捷，伊颇以为快，至和局反复后则未得伊信，不知如何扼腕也。手此布复，即颂暑祺，不一。

愚兄樾顿首，六月初八日

按，札中“金华试毕”、“金华试题”云云，当接续上札而发，故系于光绪十年(1884)六月初八日。札中“法事闻昨日由曾九帅在上海会商”云云，当指光绪十年闰五月法军挑起“北黎冲突”后，闰五月二十七日，清廷派两江总督曾国荃赴沪与法使巴德诺议和之事。

五[①]

同伯仁弟惠览：

前寄还课卷，定照入矣。顷又望课将来，寄去题目，乞留存。兄来杭未定日期，梦薇所言廿四动身，不知其说之所自来，然约略亦在此时也。届期仍托招呼烧饭者一人，容再函布。海外殊未定风波，昨闻刘省帅拜闽抚[②]，未知果否？台湾无援，则殊可虑。左相有驻延平之说，果如此，亦鞭长莫及也。外子原一书，饬致之。此颂台佳。

愚兄樾顿首

按，札中“海外殊未定，风波时闻，刘省帅拜闽抚”云云，应即光绪十年(1884)七月，法国远东舰队司令孤拔率领舰队在福建、台湾一带

---

① 此札辑自《上海图书馆藏名人手札选刊・俞曲园手札》，第191—192页。

② 刘省帅，即刘铭传(1836—1896)，字省三，安徽合肥人。淮军将领，洋务派骨干，台湾第一任巡抚。

海域进行侵略；清廷任命刘铭传以巡抚衔奔赴台湾督办军务之事。

六[①]

同伯仁弟惠览：

迭接手书，并承探示学使者试题，欣悉兴居佳胜为慰。学使者题，大约非虚缩即有情搭题，亦可略见一斑矣。以后如上府有录寄者，随时寄示，否则亦不必费心探听也。兄宿疾如故，日内每晨服山药粉一碗，颇觉其佳，因亦不吃药也。中秋阴晦如此，外观时局，内顾孱躯，弥觉情怀之落寞也。前日得邹镜堂[②]书，言俞楼门外有服毒而毙者，其言似涉惝怳，不知究竟如何？吾弟有所闻否？兄到西湖，当在九月望后，因儿妇辈或有随侍同来者，而小孙妇于昨夜小产，须待其满月也。手此，布颂台佳，并贺秋祺，不一一。

愚兄樾顿首，中秋夜

按，此札获知“学使者试题”及“外观时局”之说，或与前两札时次不远，故暂系于光绪十年间(1884)。

七[③]

同伯仁弟惠览：

前日得手书，知所奉楹联已承青睐，此秀才人情，尚烦齿及，殊增我颜汗矣。所托探杭郡小试题目，不须全单，只须童生正场及覆试

---

① 此札辑自《上海图书馆藏名人手札选刊·俞曲园手札》，第189—190页。

② 邹镜堂，即邹宝惠(？—1884在世)，字镜棠，祖籍丹徒，侨居杭州。师从俞樾。兼工书画，得赵孟頫笔意。生平喜集句。著《云锦天衣集》。

③ 此札辑自《上海图书馆藏名人手札选刊·俞曲园手札》，第161—162页。

题，并童经古题足矣，此外不必探示也。场规严否？搜检否？均乞寄示。兄寓苏平顺，宿疴亦不发，足以告慰。彭雪翁昨有信来，忧时感事，溢于言表，读之为唤奈何！惟腊雪应时，或可卜丰年，一饱无忧，亦可喜耳。兹有寄中丞一书，乃贺年例信，无紧要语，乞饬价一投。手此，敬颂春禧百益。

愚兄樾顿首，立春日

按，此札用光绪十年(1884)七月十六日许祐身所绘"俞楼图"信笺书写，则作时晚于此。札末署"立春日"，札中有"贺年例信"之语，则是年立春时仍未到新年。据《二十史朔闰表》，光绪十一年正月朔在公历二月十五日，则与立春尚未到新年的特徵合。此年恰为俞樾孙陛云县试入学之年，而札中正好询及童生考试的情况，故将此札系于光绪十年十二月十九日(立春日)，大抵不误。

八①

同伯仁弟惠览：

承电知学使起马之期，费神，谢谢。但廿六起马，廿九到湖，行程何迟滞如此？或传电稍讹乎？兄已雇定船只，廿四发行李，廿五上船，廿七必可到湖矣。此次课卷，可交全盛信局寄湖州馆驿河头舟次探投，较寄苏省一周折，兄一到湖，即遣人至全盛局招呼，告以泊船所在也。计湖郡考试十三四日可毕，大约出月望后又可返棹金阊矣。手此，布颂台佳。

愚兄樾顿首，三月廿四日

按，札中言及湖州府试时次，应是其孙赴试之年，俞樾亦亲赴湖州，

① 此札辑自《上海图书馆藏名人手札选刊·俞曲园手札》，第163—164页。

故当作于光绪十一年(1885)三月二十四日。可与致金吴澜札第十二通参看。

九[①]

同伯仁弟惠览:

接手书,并课卷,夹课人多,而额仍止此,未免遗珠。惜当年未定章程,凡夹课定两内课、两外课,开销一样,而取额较宽也。瞿子久[②]宗师已于廿四日请训,计七月初必可到浙矣。久雨新晴,想农事必有起色。和事大定,而昨阅《申报》,有刘渊亭之说[③],想未必确也。兹有寄复叶、过两君书,乞交去。臞客[④]想已返里门,故不作复。手此,布颂台祺。

愚兄樾顿首,六月五日

按,光绪十一年(1885)五月十五日,瞿鸿禨授浙江学政[⑤]。札中"瞿子久宗师已于廿四日请训"云云,应指此。故此札当作于本年六月五日。《申报》光绪十一年六月初三日载:"香港德臣西报录东京法字报云:刘渊亭军门因与云贵总督论事不合,督宪勃怒,即将刘军门暨同来数人悉行杀戮。军门部下之黑旗兵大为愤怒,即与滇军鏖战,互有死伤,其数颇多。嗣以黑旗兵少,卒为滇军所败等语。据称此信

---

① 此札辑自《上海图书馆藏名人手札选刊·俞曲园手札》,第171—172页。

② 瞿子久,即瞿鸿禨。

③ 刘渊亭,即刘永福(1837—1917),字渊亭,汉族客家人,广东钦州(今属广西)人,祖籍博白东平。原是反清的黑旗军将领,光绪九年(1883)率黑旗军参加中法战争,屡次大败法军。甲午战争期间,奉命赴台抗日,但最终失败。

④ 臞客,即蔡启盛(生卒年不详),字臞客,浙江诸暨人。诂经精舍生。著《经窥馀烬》,校《春在堂全书》,与修《天津志》。

⑤ 《清德宗实录》卷二百七。

由红河传来，然此系何等大事，如果属实，中国必有所闻。止以近日粤地大水，电杆有被冲坏者，故龙州一边消息不通。然恭读二十五日上谕，尚有刘永福赏给三代一品封典。朝廷正在褒庸之际，何至疆臣忽有专杀之端，恐该报所传未足深信。姑录之以俟确闻。”即札中“昨阅《申报》，有刘渊亭之说”云云所指。

十[①]

同伯仁弟惠览：

连日不晤，想太夫人所患日见康复矣，深以为念。八月课卷阅定缴还，本月望课题一并送上，乞照入。兄欲为小孙领旗匾及牌坊银，请饬书办为写领纸，正、副各二张，二张旗匾，二张牌坊。即以“浙江乙酉科中式第二名举人俞陛云”书名具领；借用监院钤记，写明遵例借印；至银两若干，且空其数勿填，兄送至藩署，请其填写可也。领纸格式，书办写惯，自当不误耳。手此布托，即颂侍奉万安。

愚兄俞樾顿首，十五日

按，札中有“浙江乙酉科中式第二名举人俞陛云”云云，则此札作于光绪十一年(1885)浙闱揭晓之后。《春在堂诗编》卷十一有《九月之望，浙闱揭晓，余孙陛云中式第二名，赋诗志喜》一题，则此札即作于九月十五日浙闱揭晓当天。札中“八月课卷阅定缴还，本月望课题一并送上”云云亦可佐证。

---

① 此札辑自《上海图书馆藏名人手札选刊·俞曲园手札》，第182—183页。

十一①

同伯仁弟惠览：

两接手书，知兴居佳胜为慰。兄于十九日出京，因在津待海晏轮船，恐须月初展轮，计到苏在端午后矣。二月望课，在京寓即已阅定，因其时适有同乡朱虎臣文炳回杭，即托其带交；不料此君在津门留滞，至今未回，已命人前赴其舟索还课卷，亲自带归。然烦诸君久待，甚不安矣。三、四月卷，想均在苏寓，俟到苏再阅寄。子原暂留京，七八月间回南。手此，布颂台安。

愚兄樾顿首，四月廿五日

按，光绪十二年(1886)，俞樾亲送其孙陛云入京应礼部试，其后俞樾再未北上。故此札当作于是年四月二十五日。可与致盛宣怀札第五、第六通参看。

十二②

同伯仁弟惠览：

初二日一函，未知曾照入否？是晚即接惠书及课卷，并承搨印小唐碑二分见贻，费神之至。课卷即阅定寄缴，并下届课题寄奉，此课照往年之例提前也。制造局之灾，可危之至，此与诂经事迥不同。学使未知何日回省，相见时谅必须提及也。此番课卷中无臞客字迹，未知其在省城否？所托查之《小蓬莱谣》，望查明示复。拙作杂诗十七

---

① 此札辑自《上海图书馆藏名人手札选刊·俞曲园手札》，第165—166页。

② 此札辑自《上海图书馆藏名人手札选刊·俞曲园手札》，第177—178页。

首，澄之取付手民，颇精工，未知曾见过否？手此，布颂冬祺。

愚兄樾顿首，初四日

按，光绪十二年(1886)，俞樾仿厉鹗《游仙诗》体作《小蓬莱谣》二百首，每首皆运化一故实于其中，此或即札中"托查之《小蓬莱谣》，望查明示复"云云之由，故系此札于该年末。

十三[①]

同伯仁弟惠览：

前得手书，知明年又得同事湖楼，甚以为幸。又接到课卷，阅毕寄还，乞照入。承问"魁星飓"出处，此出王渔洋《香祖笔记》，鄙人《茶香室丛钞》卷十二曾引及之也。顷又撰《茶香室续钞》二十五卷付刻，未知年内能成否。时方多故，而吾侪乃窥陈编以盗窃，可笑之至。此颂文绥。

愚兄樾顿首，重九前二

按，光绪十三年(1887)，《茶香室三钞》撰辑中[②]。札中提及《茶香室续钞》必在此前，故暂系于光绪十二年(1886)。

十四[③]

同伯仁弟惠览：

得手书，知两世兄均列前茅，德门家学，良深艳羡。转瞬子、丑两

---

① 此札辑自《上海图书馆藏名人手札选刊·俞曲园手札》，第187—188页。

② 《茶香室三钞》卷一，第995页。

③ 此札辑自《上海图书馆藏名人手札选刊·俞曲园手札》，第167—168页。

科，郊、祁同捷矣。兄闰夏以来，宿疴频发，精神兴会，日益阑珊。诂经诂事，想仍旧贯，兹寄上五月题，乞留存，届期行课可也。花农要上届课艺，刻有伊所作《钱唐怀古赋》者，未知在几集[①]。未知有可寻觅否？兹有寄中丞贺函，敬希饬送。手此，布颂节禧，即候台祉，并贺两世兄文福。

愚兄樾顿首，五月二日

按，此札署“五月二日”，札中称“闰夏”云云，则是年当有闰四月，又称“转瞬子、丑两科”，则是年在子、丑年前。据《二十史朔闰表》，光绪十三年丁亥(1887)有闰四月，正与上述年节特徵相合，故此札当作于是年五月初二日。

十五[②]

同伯仁弟大人讲席：

奉到手书，敬悉献岁以来，起居、潭第并臻安吉，欣慰颂忱；并知文旆未即渡江，计二月下旬到杭，尚可相见，甚幸。兄今岁重游泮水，戏刻试草，分贻交好，谨以呈鉴。又《经课续编》第五卷亦于年下刻成，一并附呈；其第六卷亦将付刻，观成尚早也。时事至此，吾侪尚抱遗经而究终始，可发大噱矣。外诗三纸，皆近作也，均希察入。此颂道安，并贺春禧。

愚兄俞(俞)[樾]顿首，十六日

按，札中称“献岁以来”、“计二月下旬”云云，则札末所署之“十六日”当为正月十六日。札中称“兄今岁重游泮水”，俞樾于道光丙申年

---

① 《诂经精舍五集》卷七有《钱唐怀古赋》一篇，但作者是沈祖荣，未见徐琪所作者。

② 此札辑自《上海图书馆藏名人手札选刊·俞曲园手札》，第184页。

入县学，则此札作于光绪二十二年丙申(1896)。

十六[①]

同伯仁弟惠览：

辱手书，承眷注之深，并承寄到秋季束脩，费神，谢谢。兄日内总算全愈，但到杭多应酬，殊畏之。见在拟于初八日动身，由德清一转，到湖上总在初十外也。课卷想不日可到，容再寄缴。手此布复，即颂侍福，不一。

愚兄樾顿首，十月二日

十七[②]

同伯仁弟惠览：

前寄缴课卷，并附去本月课题，定照入矣。子原已到杭否？兄来杭之期未能确定。闻杭州书坊有《串学》一书，载有各种秘方，乞代买一部寄下为荷。其书问藩台前书坊即有之。手此，敬颂台佳。

愚兄樾顿首，十月初七日

按，俞樾主杭州诂经精舍讲席，前后三十一年，至光绪二十四年(1898)末始辞去。以上两札均提及“课卷”，则当作于执教期间。

---

① 此札辑自《上海图书馆藏名人手札选刊·俞曲园手札》，第193—194页。

② 此札辑自南京图书馆藏《曲园手札》，馆藏号120165。

十八[①]

同伯老弟台讲席：

世兄来，接手书，疏懒未复，今又得惠函，欣悉起居清胜，良慰远怀。世兄英俊自是不凡，惜吴下格于新章，未能遽试其锄也。老弟紫阳一席，来年仍旧最妙；如此时势，得守旧即佳矣。兄今年与任筱翁[②]言，鄙人三十一年老山长，至戊戌而力辞者，非囊中有钱也，非生徒有违言也，非宾东不协也，其时现任为廖谷士，亲串也；继之者为刘景韩，世好也；所以决意告退者，实见天下之变局，必自书院开端。从俗浮沉，既所不欲；固执不变，又所不能；故不得不先避其锋。承老弟有先见之誉，故聊复言之耳。兄年逾八十，精力益衰，著述之事，业已辍笔，惟兴到或作小诗。今年诗颇多，络续付刻，已将一卷[③]，明正此卷刻成，当寄呈教。手复，敬颂道安。目眊草之，恕之。

愚兄俞樾顿首，十一日

按，札中称"鄙人三十一年老山长，至戊戌而力辞者"云云，则此札当作于光绪二十四年(1898)之后。又有"兄年逾八十"之说，当在光绪二十六年(1900)。

十九[④]

同伯仁弟大人阁下：

顷奉惠书，猥以小孙倖副蜀轺，殷殷致贺，深感盛情。小孙年轻

① 此札辑自《上海图书馆藏名人手札选刊·俞曲园手札》，第179—181页。

② 任筱翁，即任道镕。

③ 当指《春在堂诗编》卷十七，此卷诗止于光绪二十六年。

④ 此札辑自南京图书馆藏《曲园手札》，馆藏号120165。

学轻，川中乃文物之邦，今科乃更奉之□，未知能胜其任否。即长路暑行，亦殊念之。小诗志喜[①]，敬呈一笑。有相好索观，请传示之。手肃，复谢。敬颂暑安，统惟惠照不宣。

愚兄樾顿首，初六

按，光绪二十八年(1902)五月二十二日，俞陛云简放四川副考官。札中称"小孙倖副蜀轺"，故当作于本年。

二十[②]

同伯仁弟台赐览：

昨奉手书，殷殷致贺。兄以年例，滥被恩施，承贲饰之有加，弥惭惶之无地。即悉起居佳胜，潭弟康绥，慰如私颂。兄今年多病，精力愈衰，又新遭归王氏长女之度，老怀愈郁。小孙于八月初二抵成都，有电报来，想试事尚能如常也。拙诗八首呈览[③]，兼分贻吟好。杨春翁佳章拜读，谢谢。诗八纸，求饬致之。肃谢，即请道安。

愚兄功俞樾顿首

按，光绪二十八年(1902)七月十四日，俞樾长女锦孙卒。札中称"新遭归王氏长女之度"，则当作于该年。

---

① 即《五月二十二日，余孙陛云蒙恩简放四川副考官，电音驰报，喜赋一律》一题，见《春在堂诗编》卷十九叶八。

② 此札辑自南京图书馆藏《曲园手札》，馆藏号120165。

③ 或即《春在堂诗编》卷十九《光绪二十八年六月辛亥，浙江巡抚任公以樾中式道光二十四年甲辰恩科举人，遵例于光绪二十九年癸卯正科重赴鹿鸣筵宴，先期陈奏。奉上谕"俞樾早入词林，殚心著述，教迪后进，人望允孚，加恩开复原官，准其重赴鹿鸣筵宴"。闻命恭纪》、《前诗意有未尽，再成四律》两题之诗。

二十一①

同伯仁弟大人阁下:

承属堂之件,率涂,殊不足观,聊以报命。今日有僧灯裕字定能者来见,兄未及见,小孙见之。自言在俗家时名王克家,其兄未知其名字刑部主事,与老弟同年,能示知其详否?此颂冬禧。

愚兄俞樾顿首

按,《春在堂诗编》卷十九(壬寅编)《西湖杂诗》一题中有一首诗曰:"抛开手版即袈裟,一十年前王克家。头白尚书竟安在,老僧相伴有烟霞。"小注云:"王克家,安徽通判也。其兄丁丑进士,刑部主事。克家于光绪十八年入京引见,兄与之书,使投浙藩赵展如方伯,一至湖上,爱其山水,即出家为僧,名灯裕,字定能,通内典,书法酷似六朝,亦奇人也。至山馆相见,为赋此诗。"即此札所称王克家。是札或即作于光绪二十八年(1902)冬。

二十二②

同伯仁弟大人讲席:

久疏笺候,郎亭归,询悉兴居佳胜为慰。兄清明日一病,至今两月,未能复原,甚矣衰也。小孙频有信来,十五考差,平平而已,今年非比往年,无可出色,殊无把握也。子原归,已见过否?兹有舍亲卫茂才光庆,唐西人,向充本镇婴堂义塾师,数年以来尚属认真。婴堂董事夏蓉伯作古,深恐更易堂董,而义塾一席亦与之俱换。卫生光景甚窘,倚此餬口,伏求老弟言于萧蕴斋公祖,谕知新董,其义塾一席仍请卫君,俾不失馆,感德无尽。附上名条,伏乞转致。手肃布托,敬颂

① 此札辑自南京图书馆藏《曲园手札》,馆藏号120165。

② 此札辑自南京图书馆藏《曲园手札》,馆藏号120165。

台安，并贺午祺，不一一。

愚兄俞樾顿首，初四日

按，光绪二十九年(1903)，俞陛云散馆，考差[①]。故系此札于本年。

二十三[②]

同伯仁弟大人讲席：

接手书，知台候绥和为慰。陈孝子诗自应遵撰，但原启止骈文一篇，未得其详，碍难下笔。如能将县志中孝子本传开示，应有发挥也。务祈转致为荷。兄近来容易闪腰挫气，自廿五日闪挫后，至今未能出房，甚矣衰也！来杭拟在二十边，未知果否。□拟无理取闹，大有野哉由也之态。附去四篇，聊供一噱，然不久即出榜，此亦刍狗矣。手肃，敬颂道安。

愚兄俞樾顿首，初八日

二十四[③]

同伯老弟大人讲席：

久疏笺候，惟兴居佳胜，潭弟绥愉为颂。世兄辈应乡试者几人？想摩厉以须矣。兹有汪柳门侍郎之世兄，名原恒，钱唐监生，还杭应试，惟故乡如客，人地生疏。监生应试似须由县备文纳卷，申送学使录遗，宜如何办理，望于门下诸生中择一妥友，托其照料，是所深感。柳门乃贵同年，想必自有函奉托也。兄近来心绪不佳，老境愈进，无可告述。手此，敬颂台安。

愚兄期功俞樾顿首

---

① 《春在堂诗编》卷二十叶二十。

② 此札辑自南京图书馆藏《曲园手札》，馆藏号 120165。

③ 此札辑自南京图书馆藏《曲园手札》，馆藏号 120165。

二十五[①]

同伯仁弟大人讲席：

前复一笺，定尘青照。秋暑犹盛，惟兴居佳胜为颂。尊事已函达中峰，但鄙言殊不足为重耳。好在老弟台本有讲席，此事成否，亦不妨听之也。手肃，复请秋安。

愚兄樾顿首，十一日

二十六[②]

同伯仁弟惠览：

昨晤吴仲英[③]兄，始知尊体近患外症，计已十日，当可全愈矣。如尚未愈，兄处有红毛膏，治外症极验，今寄去四张，可试用之。如买□黄少许□在膏药上，为效尤捷也。手此，敬颂痊安。

愚兄俞樾顿首，十一月初七日

二十七[④]

同伯仁弟大人阁下：

久不通候，汪郎亭来，询之起居佳胜为慰。顷满舟和尚来，言以事获罪台端，将见驱逐。其事本末，兄未得其详，惟闻衅起争桑，为事甚细。而此僧在圣因多年，尚是彭刚直当年所送进者，兄在湖上亦相识多年。用敢函恳推情，免其驱逐，以后令其一切小心，勿再多事。想老弟亦能容其改过也。手肃布恳，敬请颐安。

愚兄俞樾顿首，廿二日

---

① 此札辑自南京图书馆藏《曲园手札》，馆藏号 120165。

② 此札辑自南京图书馆藏《曲园手札》，馆藏号 120165。

③ 吴仲英，即吴恒（生卒年不详），字仲英，仁和人。光绪初任松海防同知。善书画诗词。与任伯年、杨岘等熟稔。

④ 此札辑自南京图书馆藏《曲园手札》，馆藏号 120165。

二十八①

同伯仁弟大人惠览：

两奉手书，敬悉兴居曼福为慰。前日晤修甫，乃知满舟事，竟由其自发难端，其不晓事一至于此，所谓“自作孽不可逭”也。兄已面恳修甫，姑念其年将七十，度亦不久人世，留三潭一席以养其老。兄亦何爱于满舟，但追念刚直之遗意，爱屋及乌。请诸公不看僧面看佛面也，乌至可憎，因屋而爱及之。此僧亦一乌耳。手肃布复，敬请道安。

愚兄俞樾顿首，四月十一

再启者，满舟本三潭印月之僧，彭刚直送之而后入圣因寺，若以圣因之故而并失其三潭，恐刚直有知，必深悔当年之多此一送矣。可否夺其圣因，留其潭月，希酌之。兄何爱于满舟，无非不忘刚直而已。手此再布，鉴之亮之。

兄又顿首

二十九②

同伯仁弟足下：

拙诗两绝，附呈一笑。其和诗之女史，望示知其姓氏名字，并希将诗寄读为幸。手此，敬颂道安。

愚兄樾顿首

---

① 此札辑自南京图书馆藏《曲园手札》，馆藏号 120165。

② 此札辑自《上海图书馆藏名人手札选刊·俞曲园手札》，第 195 页。

致王同、许祐身、俞祖绥[①]

同伯贤弟、子原贤倩暨剑孙吾侄同览：

八月初接邹镜堂来书，言有茅姓事，其辞气已觉可怪；嗣接同伯贤弟书，极言此事不过寻常路毙，远在水滨，与俞楼无涉，因亦不复措意矣。乃今日又得镜堂书，乃知此事与俞楼大有关涉，总由和林以俞楼为客寓，留宿多人，致有茅姓身死之事。此人之死，究竟不明，虽未必和林致死，然和林之万分不妥，致惹事端，几酿大衅，则和林实系万不可用之人。因此函致吾弟、婿及吾侄，即日会同至俞楼，将和林撵逐，务令当日搬出，不得刻留。至俞楼，不可无人看守，如吾弟、婿及吾侄意中有妥人，不妨竟与议定；如一时无其人，鄙意，涌金门外管船之宣连生，总算小有身家之人，竟属其派人来管。小浮梅即归其经手，如仍照和林之例，不给工值，即以小浮梅为津帖之资，大妙。但亦须写一承揽，载明禁约，俾有遵守。如或略须给予工值，亦由诸君妥议可也。手此布达，即颂台佳，并希寄复。

九月十四日，曲园顿首

再，看守人如需略予工值，竟请议定，每岁敝处自当给付；即如右台仙馆看守人，亦每岁有工值也。不过俞楼有小浮梅，若归宣连生管，必大得法，想即议工值，亦不得多耳。

曲园再白

按，此札或作于光绪十年(1884)九月十四日，参见致王同札第六通。

---

① 此札辑自《上海图书馆藏名人手札选刊·俞曲园手札》，第196—199页。

致王文韶[①]

王文韶(1830—1908),字夔石,号耕娱、庚虞,又号退圃,浙江仁和(今杭州)人。咸丰二年(1852)进士。权户部主事,同治间任湖南巡抚,光绪间权兵部侍郎,直军机,后任云贵总督,擢直隶总督兼北洋大臣,奏设北洋大学堂、铁路学堂等,旋以户部尚书协办大学士,官至政务大臣、武英殿大学士。

夔石制府大人阁下:

前由朱道福春带呈一函,未知已尘台照否?辰惟雄镇日畿,风清海表,宇内销干戈之气,朝端铭柱石之功,遥企龙门,良深鹤望。弟于四月中旬到杭,湖楼山馆,两处勾留,旬有八日。湖上风景如前,士女进香,尚不寂寞,足慰远怀。兹有邓孝廉应璜,贵州人,会闱报罢,家远难归,欲就近觅一枝栖,以待下届会试。其人诚笃,笔墨亦尚佳,用敢函渎清听。或赐留幕府,或赏荐属僚,栖息有资,感戴无既。手肃,敬请勋安,伏惟惠鉴不宣。

愚小弟俞樾顿首

按,札中称王氏"雄镇日畿",疑当作于光绪二十一年(1895)至二十四年(1898)其任直隶总督期间。

---

① 此札辑自中国嘉德国际拍卖有限公司第21期拍卖会第4524号拍品。

致王豫卿[1]

王豫卿(1845—1889),字康侯,江苏宝应人。王凯泰次子,俞樾长女婿。以门荫授员外郎。

辱手书,以八股文字为问。仆于此事,入之不深,又吐弃已久,不足副来意。且轮扁不云乎,“斫轮徐则甘而不固,疾则苦而不入;不徐不疾,得之于手而应之于心。口不能言[2],臣不能以喻臣之子,臣之子亦不能受之于臣”,斯言真实不虚,非英雄欺人也。然则仆又何以为足下告乎?虽然,窃有一浅近之说,凡人欲立言传后,不必作八股文字,凡作八股文字,不过乡、会两试借作敲门砖耳。仆从前治举业时,每代阅文者设想:夫闱中阅文,犹走马看花,想其夜阑人倦之后,烛光摇荡,朱字麻茶,且又同此题目,同此文字,千篇一律,其昏昏欲睡久矣。故作文者,须有呼寐者而使觉之法,使一展卷,眼目一醒,精神一提,觉此卷文字与千百卷不同,自不觉手之舞之矣。其法,第一在命意,同一题目,而我之所见深人一层,高人一筹,读者自欢欣鼓舞而不自知;次之在立局,虽意思犹人,而局阵纵横,有五花八门之妙;又次之在造句,虽格局犹人,而字句精卓,有千锤百炼之功,亦足以逐去睡魔,引之入胜。凡此皆是代阅者设想,所谓“古之学者为己,今之学者为人”,虽非圣贤之道,而作八股文字,不得不尔。若徒向纸上捉摸,不向闱中揣摩,此是“古者为己,不求人知”之学,竟不如闭户著书为妙也。近来时文家争言“揣摩”。夫揣摩,自以苏秦为鼻祖,观苏秦,揣摩成而曰“此可以说当世之君矣”,然则苏秦当时亦是揣摩人主

---

① 此札辑自《春在堂尺牍》卷三,题作“与王康侯女婿”。

② “言”之下,《庄子·天道》篇多“有数存焉于其间”。

之意，如何可以动听。今作文，不揣摩阅者之意，如何可以动目，而徒自揣而自摩，则何益之有乎？率书所见，为足下揣摩之一助，幸勿示人，恐为高明笑也。

按，俞樾为王康侯所作传中称，“年十七入县庠，年十九补饩额，意谓科第可立致。然以文勤贵，故以官生应试，官生有定额，视民卷似易而实难，属试不得意。庚午科，已中式矣，因文逾八百字，又见摈，郁郁成心疾”，“康侯虽承门荫，拜郎官，志欲以科第进，遇乡试，仍赴之，卒不售”①。可知王康侯于八股文写作之用心。而俞樾则提出可从立意、布局、造句等方面用心，揣摩阅卷者心意，写出有新意的文章。

① 《女婿王康侯及长女云裳合传》，《春在堂杂文六编》卷三叶四十五、四十六。

致王原让[①]

王原让(生卒年不详),字逊之,江苏宝应人。王凯泰弟。

一江睽隔,廿载驰思。大令侄廉泉[②]来,奉到手书,知小恙已瘳,大年未艾,甚慰甚慰。二令侄康侯挈眷来吴,相依十稔,虽久抱沈疴,而去秋之变,实出意外,老怀为之盡然。承命廉泉远来,抚慰其孤,且谋挈之归里,推犹子之爱,垂注拳拳,小女与外孙辈同为感泣。惟小女云:"依理自以北归为是,而逝者遗言,不愿北归,言犹在耳,何忍负之?"一时未能定见,只好待儿曹成立,听彼主张,想长者当亦鉴此苦情也。至来书又有承继一议,足见旷怀远识,思虑周详,弟即向小女言及。据小女云,先姑曾有遗命,以五叔承继二房,叔舅、叔姑皆与闻之。此说弟未知其审,但阁下立嗣,本应属康侯,康侯未嗣而没,则应属五令侄薇阁矣。康侯生前既未正名定分,忽于身后强为之名,非所以安逝者于九原。阁下无子立嗣,乃不立见在之子,而立一已逝之子,又何以承欢膝下乎?遍考史传,无身后出继为人后者。《晋书·荀顗传》,顗无子,以从孙徽嗣,不追立徽之父为子也;《魏书·王叡传》,叡次子椿无子,以兄孙叔明为后,不追立叔明之父为子也;《宋史·礼志》,国子博士孟开请以侄孙宗颜为孙,不追立宗颜之父为子也;《元史·魏初传》,初从祖璠无子,以初为后,不追立初之父为子也。盖逝者已无可继,故宁虚一代而不敢空立此名。今康侯已逝,芸阁年力富强,学问深邃,将来宦学两途,未可限量,亢宗御侮,有此佳儿,深为阁下贺也。此事本非弟所敢僾言,叨在至戚,又承雅意咨询,故辄

---

① 此札辑自《春在堂尺牍》卷六,题作"与王逊之亲家"。

② 廉泉,应即王凯泰长子王儒卿。

贡其一得之愚，幸恕狂瞽。

再读来书，有族众觊觎之说。贵本家素不相安，弟所深悉。如果觊觎者众，则宜豫立本根，以杜窥伺，不特阁下宜急以薇阁为嗣，即廉泉，年近五旬，石麟未降，亦宜早为之计矣。谨按，《仪礼·丧服》传曰："何如而可以为人后？支子可也。"又曰："適子不得后大宗。"国朝秦氏蕙田著《五礼通考》发明此义，引《晋书·安平王孚传》、《魏书·于忠传》、《唐书·崔祐甫传》、《旧唐书·王正雅传》、《宋史·宗室传》，皆以支子后大宗为得礼之正，而申论其后曰："古人立后之法，专为大宗。而后之人必以支子，乃习俗成讹。动谓：长房无子，当以次房长子为嗣。此无稽之说。夫大宗百世不迁，犹不敢夺人嫡子为后，况区区继祖继祢者乎？知礼之士，慎无夺人之嫡，亦不可为人夺嫡也。"以上并秦氏之说。又考，嫡子不为后，在贵族自有故事，《白田先生集》有《立后辨》一篇，云："同寰公生四子：重甫、纯甫、和甫、玉甫。纯甫无子，以和甫之次子宗武为嗣，不以和甫之长子祖武为嗣。"此一证也。"重甫生绳武，绳武生二子，长子天擎，次子楚材。天擎无子，而楚材止一子，于是天擎临没遗言，且不立嗣，以待楚材次子之生，及楚材生次子，立为天擎嗣。"此又一证也。以此论之，则廉泉立嗣，自应属康侯之子，而康侯长子念曾，在"嫡子不为后"之例，不独礼法难违，抑且家规当守。则廉泉立嗣，宜在康侯次子念植矣。弟不揣冒昧，因承垂询，敢陈所见，愿阁下即立薇阁为嗣，而廉泉亦立念植为嗣，早日定见，则本支百世，固于金汤，又何族众觊觎之足患乎？非分妄言，惶悚惶悚。

按，光绪十五年（1889）九月癸亥（二十日），俞樾长婿王康侯病逝[①]，此应即札中"去秋之变"云云之所指。故是札当作于光绪十六年（1890）。

---

① 《女婿王康侯及长女云裳合传》，《春在堂杂文六编》卷三叶四十六。

致魏锡曾[①]

魏锡曾(？—1882),字稼孙,号鹤庐,浙江仁和人。贡生,官福建盐运使。撰《非见斋金石文字》、《魏稼孙集》、《绩语堂诗存》、《文存》。

闽中小住,得接清谈,兼读《非见斋金石文字》,考订之勤,蒐罗之富,一时无两矣。仆此次来闽,除敬问老母起居外,不过冠盖往还,酒食徵逐,真成一俗客。幸足下时相过从,一雅可医百俗也。《金石萃编补正》写定几卷？书名及体例,想已有定见矣。王氏原版[②]见在沪上,仆言之吴中当事[③],拟补刻完全,移置书局,未知果否。尊慈两太孺人传谨已撰就[④],词旨浅薄,名位卑微,不足表章潜德,聊副仁孝之意而已。两母自以合传为宜,将来附入《家乘》,或分录之,亦无不可也。

按,同治九年(1870)春,魏稼孙以《禹陵窆石》拓本示俞樾[⑤]。札中俞樾称在福建与魏氏相识,并得读其《非见斋金石文字》,则或即作于该年俞樾至福建省亲之后。

---

① 此札辑自《春在堂尺牍》卷三,题作"与魏稼孙"。

② 即王昶《金石萃编》。

③ 详参俞樾致丁日昌札第三通。

④ 即《魏氏两王孺人传》,见《春在堂杂文》卷一。

⑤ 《春在堂随笔》卷二叶十九。

致翁同龢[①]

翁同龢(1830—1904),字叔平,号松禅、瓶庐居士,江苏常熟人。咸丰六年(1856)状元。官至户部尚书,协办大学士。著《松禅相国尺牍》、《翁文恭公日记》、《瓶庐诗稿》等。

夏间曾以拙著《宾萌集》第六卷,属贵同宗少畦大令[②]转呈左右,未知已鉴入否?阁下以傅说启沃之臣,居皋陶赞襄之任,辅成主德,匡济时艰,身系安危,望隆中外。方今海内,人人言自强,人人思变法。窃谓:自强贵有强其强也,孟子"反本"一言,乃自强之上策,寿陵学步,施家效颦,徒以见笑,未足为强。至变法,尤未易言。中国自有制度,但能持以实心,则亦足以为国。即如以时文取士,明季已极言其弊,亭林先生至比之探筹,然本朝循用之二百馀年,文治武功,儒林词苑,超逾唐宋,可知人材盛衰,初不由此,亭林探筹之喻,殊未允协。若果行探筹之法,则市井、屠沽、舆台、隶卒皆将攘臂而一探矣,时文取士,何至于此?诗赋止尚浮华,策论徒资剿袭,实未见有胜于时文者。议者或谓宜改用西法,窃恐数十年后【中缺】[③]本图变法,实非容易。每念倾侧扰攘之时世,必有惇庞纯固之大臣,当今之世,舍公而谁?虽繁言朋兴,而秉国之钧者必有一定之权衡,不夺之赤石也。拙

① 此札辑自《春在堂尺牍》卷七,题作"与翁叔平尚书"。在稿本中被删去。

② 少畦大令,即翁传照(1865—1898),字少畦,号心释子,湖南善化人。著《释园诗抄》、《书生初见》、《医时六言》等。《春在堂杂文》六编卷三有传,《楹联录存》卷四有俞樾所作挽联。

③ 此处文意不相连属。原稿中"本"字以下属下叶,因疑其间脱落文字。

著《迂议》一篇，附呈尊览，公得无笑其一肚皮不合时宜乎！

按，俞樾致钱应溥札中亦提及《迂议》，故此札之作时应与彼相近，或亦在光绪二十一年(1895)间。

致吴昌硕[1]

吴昌硕(1844—1927),名俊卿,字昌硕,又字仓石,号缶卢,七十岁后以字行,浙江安吉人。同治四年(1865)秀才,任江苏安东县知县,仅一月即去,自刻"一月安东令"印志之。吴氏先后问业于俞樾、杨岘,研训诂辞章、诗书篆刻,并曾在苏州潘祖荫、吴云、吴大澂处获见古代彝器及名人书画。1913 年,杭州西冷印社正式成立,被推为社长。有《缶卢集》、《缶卢诗存》、《缶卢印存》及书画集多种。

俊卿世仁弟惠览:

前肃复函,曾照入否?比惟兴居佳胜为颂。局闻开雕《通鉴后编》,叔衡太守属梦香[2]赴局校对,但梦香适患湿气,两脚肿痛,不能举步,一时未能来杭。属兄转达,请吾弟与衡翁一言,或即携兄此书转告之,亦无不可。兄病亦只如常,腰脚软弱,头目昏花,每日午后使人舁至外斋一坐,恐亦与梦香一样矣。手肃布泐,即颂秋祺。

世愚兄樾顿首

再者,局中刻《绎史》即梦香校对,由刻字匠寄越中,梦香即在家校对,并可取徐氏藏书楼[3]书籍考证异同,转似较在杭为胜。未识刻《通鉴后编》可仿照否?

樾又拜

按,《绎史》浙江书局刻本书名页为光绪三十年十月钱塘杨振镐

---

① 此札辑自《浙江图书馆馆藏名人手札选(二)》上册,第 87—89 页。

② 梦香,即冯一梅。

③ 应指光绪二十九年(1903)徐树兰在绍兴建立的古越藏书楼。

署检，则此本至早成于本年；卷十一、十七、十八、二十、一百三、一百四、一百五、一百九、一百十一末均有“冯一梅校”字样。札中提及“局中刻《绎史》即梦香校对”，则至早作于光绪三十年(1904)。

致吴承璐

吴承璐(1835—1898)[①],字广庵,号慎思,又署慎思主人,浙江归安(今湖州)人,吴云(平斋)之子。同治四年(1865)进士。以直隶州起家,官至江苏按察使。

一[②]

广庵仁兄世大人阁下:

得覆函,敬悉一切。日来暑又甚酷,想起居必臻康健也。弟患疡就愈,尚未收口,行坐仍有未便,已月馀不出门矣。来示言局事似有为难之处,未知何故。弟意竟须透彻言之,方有着手处,未可顾情面而含糊,尊意然否?震局文书竟未到局,大奇。此事相距已久,中丞已知,似乎久秘非宜,可否函知震局,或属幕府函致更妥。令其早日禀出乎?彭雪翁想今明日可到,未知吴中有几日躭延也。手肃,敬请台安。

世愚弟俞樾顿首,十九

按,札中提及彭玉麟(1816—1890),则当早于光绪十六年(1890)。

---

① 《春在堂杂文六编》卷五叶二十九。

② 此札辑自《上海图书馆藏名人手札选刊·俞曲园手札》,第140—141页。

二①

广庵仁兄世大人阁下：

前承惠顾畅谈，越数日，正拟走候，而有人来，言台旆已发矣。虽增迟滞之愆，适见脱略之美。比想兴居佳胜，定如所颂。弟春间还浙，途中得诗二首，附奉一笑。又旧作一小册，亦请吟正。小册本蘋华兄所代印，想已见之，故不寄。兹有慈溪十五龄女子张贞竹，能书盈丈大字，卖字养亲，其意可嘉，其字亦有可观；代呈二字，伏求赐览，或稍予润资，更感，亦不必多也。舍亲姚祖顺在震泽局充帮办，欲求赏调一小卡，弟早以难复之，今因便附闻，如将来或可挪移，更妙也。手肃，敬请勋安，统惟青照不宣。

世愚弟俞樾顿首，初六日

按，《春在堂诗编》卷十二有《慈溪女子张贞竹字碧筠，年十有二，能书盈丈大字，陈鹿笙太守属其书"福寿龙虎"四字见赠，为赋此诗》，此诗作于光绪十四年(1888)，时张贞竹十二岁。此札中称张氏"十五龄"，故是札当作于光绪十七年(1891)。

三②

顷承谈及合婚之术，因检查拙著《游艺录·相宅》篇所载"人与居宅相宜相忌"，亦即此术也。今姑依上元男命戊辰六，女命己巳一推之，则六一与一六并为游魂，尚属中婚，未知与尊说合否？惟坊间所刻小本《万年书》，则多错误，误天医为福德，误绝体为五鬼，吉凶尚不甚悬殊；误福德为绝体，误五鬼为天医，则大谬不然矣。未知尊处所

---

① 此札辑自《上海图书馆藏名人手札选刊·俞曲园手札》，第142—143页。

② 此札辑自《春在堂尺牍》卷六，题作"与吴广安观察"。

有《万年书》误否。如其亦误，则宜留意。总之，坎一、坤二、震三、巽四、坤艮五、乾六、兑七、艮八、离九，凡数皆出于八卦九宫，而八卦以坎、离、震、巽为东四宫，乾、坎、艮、兑为西四宫，凡两数同宫者吉，生气、福德大吉，天医、归魂次吉；两数异宫者凶，绝命、五鬼大凶，绝体、游魂次凶。以此校正《万年书》，其误否自见矣。

按，《春在堂随笔》卷十有一则校正坊间所刻《万年书》错误的文字，可与此札参看。

四[①]

广庵仁兄世大人阁下：

日前托米生[②]带上一函，闻其迟迟未行，尚滞苏垣。今日有同乡来，言震泽丝捐小委员王君已作古人，不日即当报出。此差乃小班中微薄之差，舍亲姚县丞祖顺可否即赏派此差，随同大委员办事，当不至陨越也。闻米生初一动身，故又草此奉达，伏希鉴纳。米生触暑而来，无非为差使起见，能如其意，俾不虚此行，尤感。手肃，即颂勋安。

世愚弟俞樾顿首，二十八日挥汗作

五[③]

广庵仁兄世大人阁下：

兹有同乡蔡敏孙之妻米氏，自去年敏孙作古，携其七龄幼女寓居

---

① 此札辑自《上海图书馆藏名人手札选刊·俞曲园手札》，第138—139页。

② 米生，即童宝善，字米生，浙江德清人。诂经精舍生。同治癸酉拔贡生。历官崇明县令、华亭县令、安徽知府，和州直隶州知州。修《舍浦童氏宗谱》，光绪十八年居善堂木刻本。

③ 此札辑自嘉德2010春拍第8232号。

苏垣，以针黹自给，衣食不周，债负交迫，时有书来，缕述孤苦之状，为之恻然。弟勉竭绵薄，允每月助以番饼一枚，用敢函恳吾兄，请酌量佽助之，如能于同乡诸公广赐嘘拂，集腋成裘，俾穷嫠母女不致挤于沟壑，亦盛德事也。敬此奉商，即请台安，不一。

世愚弟俞樾顿首，廿二日

蔡舍原书附览。

六[1]

广庵仁兄世大人阁下：

顷有汤伯繁茂才鞠荣，乃雨生都督之族孙，经学、词章皆有门径，可称后来之秀，因与宗湘文观察有连，故弟得识之。知其才富而家贫，年来又失馆，伏思寒士谋生，全在大人先生齿颊间，敢为代陈，遇有可以推荐之处，幸勿吝齿芬也。手肃，敬颂台安。

世愚弟俞樾顿首

七[2]

广庵仁兄世大人阁下：

年前曾以谢从九为托，知尚蒙记忆，甚感。惟弟则又有渎者，舍亲姚祖瑱乃姚祖顺之兄，亦小孙胞母舅也。乃兄糊涂，而此君精明，胜乃兄远甚。去年曾蒙转托朱竹翁[3]派厘局司员差，旋以新章未满二年缴札销差，想公亦尚记忆也。见在两年满矣，昨交来一条，欲求赏委外县保甲差。弟本不敢屡渎，然实是至亲，去年又曾承培植，故敢呈达台端，遇有外县保甲差，敬求赏派。此外，弟无他至亲，亦不再渎，即或有求，亦必泛泛之交，公可不应也。前赐滇肘已煮而尝之，甚

---

① 此札辑自嘉德2010春拍第8232号。

② 此札辑自嘉德2010春拍第8232号。

③ 朱竹翁，即朱之榛。

佳。残牙零落，正喜其肥也。今日已换补服否？弟十七日有一处道喜，应何服？山野不谙，求示悉。手此，敬请台安，并贺佳节。

世愚弟俞樾顿首，元夕

八[①]

广庵仁兄世大人阁下：

顷有海州才女刘古香名韵清，能诗能画，兼能制传奇，共廿四种。今年海州水灾，其夫妇挈二子逃荒来苏。弟恐其久而流落，拟代为集腋，资送北归，纠合知好十馀人，每人出五元，各酬以女史所画一幅，若得十二人，便得六十元，弟自出十元，又亲串三家各出十元，合成百数，便可润其归装，免其流落。因公高义，故敢渎求。附女史画一幅，即请鉴收，手肃，敬请台安。

世愚弟俞樾顿首

按，此札内容与俞樾致汪鸣銮札第八通相同，故亦当作于光绪二十四年(1898)。吴承璐光绪二十四年“七月庚申卒于江苏臬使之署”[②]，则此札之作不晚于是时。

---

① 此札辑自嘉德2010春拍第8232号。

② 《春在堂杂文六编》卷五叶二十九。

致吴承志[①]

吴承志(1844—1917),字祁甫,杭州人。出诂经精舍,光绪二年(1876)中举,光绪十年(1884)四月任平阳教谕(同训导)。致力于学问,专精于经史之学,尤长于考据、边疆地理。著《汉书地理志水道图说补正》、《横阳札记》等。尝撰《平阳县志》,稿由陈筱垞(名锡琛,以字行)保存,后供刘绍宽参考,乃成民国《平阳县志》。

前在湖楼,辱承枉顾,未及畅谈。本拟以一樽相订小聚,疲于应酬,遂复不果。昨接手书,并示我行卷,甚善甚善。计偕之期,想在明春。频年同事研经,与足下有针芥之合,此一别也,去而为金华殿中人,非复精舍中人矣,欣慰之馀,又觉怃然。仲冬望课,仍以大名置第一,敬为明岁状头佳兆耳。

按,札中提及"计偕之期",故当作于光绪二年(1876)吴氏中式举人之后。

① 此札辑自《春在堂尺牍》卷五,题作"与吴祁甫孝廉"。

致吴存义

吴存义(1802—1868),字和甫,号荔裳,江苏泰兴人。道光十八年(1838)进士(故俞樾称其为"前辈")。官至吏部左侍郎。著《榴实山庄诗钞》、《文稿》。

一①

辱手书,知輶轩所至,以经术倡导后进。因定海诸生黄以周解《考工记》"世室"与樾说合②,遂询所自来,而得其先德薇香先生《明堂步筵说》一篇录寄,甚善甚善。樾受而读之,其据《宇文恺传》证《记》文是"堂修七",非"堂修二七",洵与樾合。惟解"广四修一"及"三四步四三尺",似皆不及鄙见之塙。且如其说,夏后氏堂室全基广如干步,究未明白;说周制,较明白矣。然《记》文明言:"五室,凡室二筵。"乃谓"止说四隅之室",义亦未安。老前辈以为何如?此外各种,想必浏览一周,未知都若干卷、卷若干言?定海,海外一岛耳,乃有此通经之士,殊不易得,宜老前辈惓惓欲刻其书也。李少翁重刻段《说文》未成,不知其能料理及此否?窃谓,薇香先生之书,如果卓卓可传,可否先为设法,令其子孙写副本寄存尊处,将来或集赀刊刻,或假活字版排印,似较僻在海外易为力也。其《论语后案》③,闻有印本,能觅寄尤感。

---

① 此札辑自《春在堂尺牍》卷一,题作"与吴和甫前辈"。

② 俞樾之说见《群经平议》卷十四。

③ 《论语后案》二十卷,黄式三著。有道光二十四年(1844)刻本,浙江书局光绪九年(1883)刻本。

按，吴存义同治二年(1863)至五年(1866)间为浙江学政，黄氏之说即其任学政期间试学时所得。《春在堂随笔》卷四详记此事，可参看。

二[①]

春初布复一笺，托补帆作寄书邮，计已早达。自春徂夏，轺车行部，延揽人材，未识得有一二经明行修之士否？伏思乾隆间，文治武功，震铄千古，而士大夫亦皆钻研朴学，实事求是，无虚浮之习。数十年来，老成凋谢，后生小子，又厌实学而喜空谈，而海内亦适多故，群盗如毛，至今未靖。意者学业之盛衰，关乎世运欤？方今中兴伊始，在位之大人君子，宜如何振起之欤？樾学识浅薄，无所发明，所著《群经平议》虽已刻于浙中，而告成尚杳无时日，见在又草《诸子平议》，已写定者，《管子》六卷、《晏子》一卷、《老子》一卷、《荀子》四卷、《商子》一卷、《韩非子》一卷、《吕氏春秋》三卷、《贾子》二卷、《董子春秋繁露》二卷、杨子《法言》二卷、《太玄》一卷，因乏人传写，故无副墨，不克寄呈大教。日来拟治《墨子》书，而庄、列之书亦思以次及之，惜未得善本，不知老前辈处有其书否？德清戴子高茂才望，好学深思，治经具有家法，后来之秀，断推此生。其先德琴庄孝廉[②]，丁酉同年也。向因执事尚将按试湖郡，引嫌未敢谒见，兹湖郡试毕，故以此书为之先。

按，同治五年(1866)间，浙江布政使蒋益澧允刻《群经平议》(详参致蒋氏札第二通)，札中提及此事，故当作于本年。

---

① 此札辑自《春在堂尺牍》卷一，题作“与吴和甫前辈”。

② 琴庄孝廉，即戴福谦(1808—1840)，字贻仲，号琴庄。浙江德清人。俞樾祖母戴太夫人之侄孙。道光十七年(1837)举人。

致吴大澂[①]

吴大澂(1835—1902),字止敬,又字清卿,号恒轩,别号白云山樵,又号愙斋、白云病叟,江苏吴县(今苏州)人。同治七年(1868)进士,由编修历官陕甘学政、广东及湖南巡抚。光绪十一年(1885),以副都御史赴吉林,与俄使勘界,争回被吞的国土。甲午海战时,督师山海关,兵败后被革职回籍,曾主讲龙门书院。工于篆书,兼长丹青,在金石文字研究方面多有著述,如《说文古籀补》十四卷、《补遗》一卷、《附录》一卷、《字说》一卷等。另有《愙斋集古录》、《恒轩吉金录》、《度量权衡实验说》等。

清卿仁弟太史阁下:

夏间韵初带到惠书,碌碌未复,想不罪也。际岁律之将新,知仙曹之多暇,张暖寒之会,联文字之交,纸阁毡炉,丰貂坐拥,乐可知也。樾笔耕为活,无状可陈,明岁又欲至闽中省视老母,往返必须两月馀,舟车仆仆,著述之兴益阑珊矣。拙书至劣,无足观览,谬承嗜痂之爱,聊奉二联,用博一哂。拙著络绎付刻,今年剞劂告成者一百廿有六卷,欲求大笔赐题封面,以为光荣;谨寄呈字样格纸,得暇能早日写寄,尤为深感。俟交手民雕刻后,即印订成书,遇有妥便,寄求雅正也。手肃,敬颂台绥,顺贺年祺不僃。

馆愚兄功俞樾顿首

对联先寄呈小者,其七言联有便再寄。又及。

---

① 此札辑自《上海图书馆藏名人手札选刊·俞曲园手札》,第144—145页。

按,同治十一年(1872),俞樾第二次赴闽省视慈亲。当即此札“又欲至闽中省视老母”之谓,故此札当作于同治十年(1871)末。是年十月二十七日,俞樾嫂孙夫人卒。札末署“功”,当以此。

致吴大廷[1]

吴大廷(1825—1878),字桐云,一作彤云,湖南沅陵人。咸丰五年(1855)举人,官至台湾兵备道。著有《孝经今古文传注辑论》、《小酉腴山馆全集》等。

彤云仁兄大人阁下:

吴门一别,自夏徂秋矣。顷闻兼管厘局,总揽饷源,从此展布益宏,勋名愈远矣。弟奉母寓吴,循陔之外,仍以撰述自娱而已。兹有敝友谢敏斋广文步瀛,向充厘局司事,诸凡谙练,人亦朴诚可恃,用敢给函,令其晋谒阶前。无论总局分卡,有可位置,推情酌派为感。手肃,敬贺大喜,即颂勋安不宣。

愚小弟俞樾顿首

按,札中称"奉母寓吴",则当作于同治十二年(1873)四月俞樾自福建迎其母姚太夫人归养吴中之后,光绪四年(1878)八月姚太夫人卒之前。

---

① 此札辑自《上海图书馆藏名人手札选刊·俞曲园手札》,第98—99页。

致吴康寿[①]

吴康寿(生卒年不详),字友麓,一作又乐,浙江石门人。增贡生。官青浦县知县。光绪间修《武进阳湖县志》、《宝山县志》等。

昨承枉顾,因今日适有小事,未及报谒,想所谅也。前所寄示史忠正公与薛韩城牍墨迹,本拟题数语奉还,而衰病颓唐,因循未果。今日取而审视之,则疑义实多。牍中并未署名,不知何所据而定为忠正公之笔。按忠正本传,为崇祯元年进士,授西安府推官,迁户部主事,历员外郎、郎中,八年迁右参议,分守池州、太平,其秋改副使,分巡安庆、池州,监江北诸军,自此以后,皆居封疆之任。是公生平未尝一日读书东观,而牍中云"滥厕东观,事系职掌,不能忍默不言",则与公历官不合也。且薛韩城于崇祯十年拜礼部左侍郎,兼东阁大学士,入参机务,而是年公已擢右佥都御史,巡抚安庆等处,不在朝中。安得如牍中所云"约同诸词臣而为剖陈"乎?闻此书旧有王良常、翁覃溪诸公跋,今未得见,不知其说如何。鄙意以为,此必非史公书也。未敢附会题跋,谨封还左右,并乞转致沈君伯云,更详审之。此书虽不出史公,要亦是明季人之遗墨,历二百馀年而犹在,且味其词意,亦必出于端人正士,仍宜什袭藏之,倘能考定其人,则大妙矣。

① 此札辑自《春在堂尺牍》卷六,题作"与吴又乐大令"。

致吴庆坻[1]

吴庆坻(1849—1924),字子修,又字敬强、稼如,别号悔馀生、蕉廊、补松老人,浙江钱塘(今杭州)人。光绪十二年(1886)进士,改翰林院庶吉士,散馆授编修。历任会典馆总纂,四川、湖南学政。著有《蕉廊脞录》、《补松庐文录》、《诗录》、《辛亥殉难记》、《庚子赴行在日记》、《杭州艺文志》等。

子修馆丈仁弟大人阁下:

自别以来,瞚逾数载,忽于数千里外奉到手书,欣慰无量。蜀中本人文渊薮,文翁之遗化犹存,杨马之流风未歇,执事振而起之,扶持正学,杜绝莠言,想南皮不得专美于前矣。兄年垂八十,精力益衰,学问益退,不足副海内虚名。去年已力辞诂经讲席,今岁刘景韩中丞又再三敦请,因荐柳门侍郎自代。而精舍诸生忽有设立生位之举,殊非鄙怀,有小诗四首[2],附博一笑。别有一首,亦由衷之言,并呈雅鉴。小孙陛云已于十月廿七日入都销假,承赐膏秣之资,具见栽培后辈之心,代领谨谢。并荷戏言以替人相属,此则万不敢望,窃谓明岁替人

---

① 此札辑自《上海图书馆藏名人手札选刊·俞曲园手札》,第256—259页。

② 即《诂经诸君子即言于中丞,于精舍设立长生位,虽感盛意,实非鄙怀,漫赋四诗》一题,见《春在堂诗编》卷十七。

当属䌹斋太史[①]。南桥北梓，相继而掌东西川文衡，洵玉堂佳话也，请存此书，以观后验。手肃布谢，敬请台安，统希雅照不宣。

世愚兄俞樾顿首

按，札中称“去年已力辞诂经讲席”，则此札当作于光绪二十五年(1899)，是年俞樾七十九岁，故札中自称“年垂八十”。吴庆坻光绪二十三年至二十五年间任四川学政，故俞樾在札中以“扶持正学，杜绝莠言”为寄托。

① 䌹斋太史，即吴士鉴(1868—1934)，字䌹斋，号公詧，一号含嘉，别署式溪居士，浙江钱唐(今杭州)人。光绪十八年(1892)榜眼，授翰林院编修，官至侍读。后曾任江西学政、资政院议员、清史馆纂修。民国间以评骘金石、考订碑板、精研史籍而名重一时。与父吴庆坻笃志藏书。民国初因得商钟九件，遂以“九钟精舍”名其书室。著《含嘉室日记》四十册，续记二册，对金石、碑帖、古籍，悉加考证，旁及读书札记、官庭轶事、戊戌变法、义和团起义，记载详细。另有《补晋书经籍志》四卷、《清宫词》、《商周彝器例》、《九钟精舍金石跋尾》、《含嘉室诗文集》等。

致吴绍正[1]

吴绍正(1821—1888)[2],号焕卿,安徽休宁人。俞樾门生,同治七年(1868)进士。同治九年(1870)官兰溪县令。

得手书,知已谢事还省垣,甚善甚善。惟如足下者,古所称学道爱人之君子也。虽于时下官场不甚合宜,然仕途中实不可无此一二人,于热闹戏场,存书生本色。遽闻解组,鄙意惜之。虽钦知足之高风,实乖期望之夙愿,幸未开缺,尚是藕断丝连。果得闱差,且至闱后徐定行止,彼时仆亦必来杭,湖楼小饮,再商出处可也。尝谓,读书人出而作官,惟上而督抚、下而州县,实能有所建树,行其所学;此外若观察、太守,官秩虽崇,皆因人成事者也。足下抚字有馀,肆应不足,兰溪繁冗,或非所宜。若得一邑,政简民良,可以弦歌而治,为之导扬风化,劝课农桑,数年以后,必有可观者。吏民爱戴,即是生徒,官廨清闲,便同讲舍,正不必归三家村作村夫子,或染指苜蓿槃中,然后谓之秀才风味也。

按,札中称"知已谢事"云云,或指吴氏结束兰溪县令任职。《光绪兰溪县志》卷四"官师表"记吴绍正同治九年任兰溪县令,光绪元年则有程聪训、邢守道先后接任,则吴氏至晚光绪元年(1875)去职,本札当作于嗣后不久。《楹联录存》卷二有《吴焕卿大令挽联》,序曰:"焕卿与余同岁,而焕卿以正月生,余以十二月生,盖长于余也。余馆休宁汪氏时,来受业于门下,后成进士。官浙江兰溪知县,未满两考,改教授而去,有王晋平恐富求归之意。"可见其人风骨,亦与札中所言合。

---

① 此札辑自《春在堂尺牍》卷四,题作"与吴焕卿"。

② 《楹联录存》卷二叶四十一。

致吴棠[①]

吴棠(1813—1876),字仲宣,号棣华,安徽盱眙人。道光二十九年(1849)以举人大挑一等授淮安府桃源县令。咸丰十年(1860)补徐海道,旋授徐海道员。咸丰十一年(1861)擢江宁布政使,代理漕运总署。同治二年(1863)实授漕运总督,三年署江苏巡抚,次年升两广总督,皆因江淮未戢请留而不果行,仍留在漕督原任。同治五年(1866)调任闽浙总督,七年调任四川总督,十年署成都将军。著《望三益斋诗文钞》、《望三益斋存稿》。

云泥阻隔,音敬阔疏。然西望峨岷,辄有但愿一识韩荆州之意,不谓瑶缄琼藻,从锦江玉垒而来,以微末之姓名,蒙高明之甄录,发函庄诵,且感且惭。阁下龙文虎武,光辅中兴,春羽秋干,宏开讲舍,俾多士沈潜乎经义,为朝廷振起其人文,文翁雅化,复见今兹,想梁益间喁喁向风矣。樾章句陋儒,无能为役,乃承不弃,延主皋比。当韦皋坐镇之年,蜀道之易,易于平地,原不难蹑屐西游,以旧部民观新德政。惟老母今年八十有九,晨昏奉侍,未敢远离,不得不赋张司业还君明珠之句。临颖惘然,伏惟垂察。

按,同治十三年(1874),吴棠、张之洞及薛焕自蜀中来书,欲延俞樾主讲受经书院[②]。此札应即俞樾的回信,以奉母居吴不能赴相辞。据《先姚太夫人行述》,俞樾母生于乾隆五十一年(1786)[③],则至同治十三年,确已八十九岁高龄。

---

① 此札辑自《春在堂尺牍》卷四,题作"与吴仲宣制府"。

② 《曲园自述诗》叶二十三。

③ 《宾萌集》卷五叶三十八。

致吴云

吴云(1811—1883)，字少甫，号平斋，晚年又号退楼，浙江归安(今湖州)人。幼孤，能发奋勤学，而屡困场屋。年三十四，始援例以通判发江苏。咸丰中，以筹饷功用为道员，权知苏州府。性喜金石、书法、绘画，收集汉印、晋砖及宋元古籍颇多。有《两罍轩彝器图释》、《焦山志》、《两罍轩藏器目》、《两罍轩印考漫存》等。

一①

承示《古私印人名》一册，几及二百人，无一相识者，亦可云落落寡交矣，惭愧惭愧。谨录副本，置案头，以待采获。其“王绍”一印，虽《魏书》有其人，然篆文明是“綹”字，《说文》糸部：“綹，治敝丝也。从糸，音声。”此印是王綹，非王绍，不知何许人也。又“徐臩”一印，当是“奡”字之省。“奡”与“傲”同，《说文》夰部：“奡，嫚也。从自，从夰。夰，亦声。《虞书》曰：‘若丹朱奡’。”今《虞书》作“傲”。《释文》曰：“字又作‘奡’。”是“傲”、“奡”同字。《汉书·儒林传》有徐傲，虢人，为右扶风掾，传《古文尚书》者，岂即其人乎？“李调”一印，《礼记·檀弓》篇恰有李调，侍晋平公饮酒者，然年代太远矣。“任福”一印，宋时有任福，又嫌太近，想皆非也。其庄宣等八印，汉时避明帝讳，凡遇“庄”字，多追改为“严”。如《汉书·古今人表》鲁严公即鲁庄公、楚严王即楚庄王，而《儒林传》之严彭祖，《公羊疏》作“庄彭祖”，盖本是庄姓，而《汉书》改为严也。倘汉时有严姓之人，与此八印同名者，即可引之为证。拉杂书布，惟裁察之。

按，吴云有《两罍轩印考漫存》九卷，前六卷著录古官印，后三卷

---

① 此札辑自《春在堂尺牍》卷三，题作“与吴平斋观察”。

著录私印六十四枚。书前有光绪七年十一月吴云自序,称"余喜藏先秦两汉以来古铜玺印,前后积至一千馀纽,曾仿昔人编辑印谱之例,将官私各印分类排比,成十二册……己巳年,世侄张玉斧玙下榻抱罍室……爰取所著《古官私印考》十二卷,举而授之……迨至三年之久始刻成,官私各印二百纽中尚有未竣工者,而玉斧已遽归道山矣……查《古印考》十二卷,原定官印八卷,私印四卷,今已刻成官印六卷、私印三卷,虽未蒇事,固已裒然成集矣",可知吴云所藏私印及所辑私印之数,并不止刻本所有之数。俞樾札中称"承示《古私印人名》一册,几及二百人",是其所见应为稿本,而非刻本;而其获见吴氏稿本的时间亦当在同治八年(1869)或之前。今暂系此。

二①

平斋尊兄大人阁下:

四月之望,曾寄一书,想照入矣。晓翁交到惠书,知寿序已收,公分豁免,感甚,愧甚。比惟顺时颐养,觞咏优游,定如所祷。浙局刻《通鉴辑览》②,已得五六卷,昨交来样本一卷,今特寄呈清览。似刻成后尚有可观也。惟局中诸同事必欲得善本校雠,尊处善本,务望即日寄杭为感。或径寄小营巷书局,或仍由吴晓翁处转交。弟已切属诸友,此书到后,珍藏一处,遇有疑义,专归一人检阅,不许众手传观,以免寒具油污。将来刻好,全赖玉成,必以佳纸刷印一部,并原借之书同归邺架也。书局书价亦寄呈清单一纸,如有需,乞示悉。手肃,虔请吟安。

愚小弟樾顿首上

---

① 此札辑自《上海图书馆藏名人手札选刊·俞曲园手札》,第13—14页。

② 《通鉴辑览》一百一十六卷,清廷专设馆局,以大学士傅恒、来保、尹继善、刘统勋四人为总裁,设副总裁七人、提调官十五人、收掌官五人、纂修官十二人、校对官十人、总校官十二人。文渊阁《四库全书》本《御批通鉴辑览》卷首有乾隆三十二年(1767)秋清高宗御制序,又有乾隆三十三年正月初十日馆臣《进书表》。

舫老[1]已全愈否？见时乞为候之。弟还苏当在五月中旬也。

按，札中提及浙江书局刻《御批历代通鉴辑览》一书"已得五六卷"，则当作于同治十年(1871)该书刻成之前。同治九年(1870)吴云六十岁，俞樾为作《吴平斋观察六十寿序》[2]一文，此应即札中所谓"寿序"，故此札当作于本年。

三[3]

退楼吾兄大人阁下：

前日得复函，大费清神，感感。弟初意止托绿荫销金陵一路，尊函有"无论江浙"之语，窃意江浙分销十部，似乎尚觉其少，可否再益十部？以十部寄金陵，以十部寄武林，两江人多，浙江人熟，即不能全销，七八部总可售也。店费请店友自酌，弟意在诗痴，初非牟利耳。从者今日是否回寓？网师风景，领略何如？荷花盛否？弟疾小间，沈羲民言尚有湿热蕴于下焦，非再十数日不能霍然也。手此，布请道安。

小弟樾顿首

拙刻已交书店装订，订就即呈政。

正在修函，知世兄调太仓牧，附此致贺。安车未识就养否？

按，吴承璐同治十年(1871)官太仓[4]，即札中"世兄调太仓牧"之所指。因知此札作于是年。同治十年，俞樾始将个人著述汇编为《春在堂全书》，故札中所言"分销"者，当即《春在堂全书》。

---

① 舫老，即杜文澜。

② 见《春在堂杂文》卷二。

③ 此札辑自《上海图书馆藏名人手札选刊·俞曲园手札》，第9—10页。

④ 《春在堂杂文六编》卷五叶二十八。

四[1]

承示古器铭，第一字不可识，《说文》篆下有籀文，岂即此字乎？“日工”二字，亦未知何义。《尧典》“允厘百工”，《史记·五帝纪》作“信饬百官”，是“官”与“工”义同。《左传》称天子有日官，此日工或即日官也。末一字，更不可识，横看则成字，颇与“四”字相似，《说文》：四，象四分之形，是其中止取象分形，横竖皆可，四者纪其数也。汉器铭多记第几，如好畤鼎第十、孝成鼎第一之类，其取法于古乎？三者皆臆说，聊以质之高明。

按，吴云《两罍轩彝器图释》卷七著录“周爰壶”，铭文释作“作兄日工宝尊彝□”，即此札中提及之器铭。吴氏此著前有同治十一年(1872)秋九月俞樾题写之书名及同治十二年(1873)正月俞樾所撰序，则俞樾至晚同治十二年应已见过此书。是札之作不晚于本年。

五[2]

题签二纸，率尔涂雅，不足一笑。铭词容思之。日内清厘案牍，殊冗也。“”字尊意是“员”字，然“员”下从贝不从人，非见也，宜更思之。复颂
退楼老兄著安。

弟樾上

益济又有减息之说，确不？

按，札中所谓“题签”，或即同治十一年(1872)秋九月俞樾为《两

① 此札辑自《春在堂尺牍》卷四，题作“与吴平斋”。
② 此札辑自《上海图书馆藏名人手札选刊·俞曲园手札》，第11页。

罍轩彝器图释》所写书名，故暂系于此。该书卷七有《周旅簋盖》，铭文释作“□叔作旅簋子＝孙＝永宝用”，其第一字即“[illegible]”，吴云按曰：“[illegible]或释则，《说文》则从刀从贝，古文作[illegible]，亦作[illegible]，又作[illegible]。今篆形近似，疑是则字。此作器者之名，无文义可绎，姑阙竢考。”可知吴氏将此字形释为则字，或即受俞樾提示。

《两罍轩尺牍》卷七收录吴云致俞樾信札十四通，其三一通中有对以上二札俞樾意见的回应，可参看。

六[1]

昨承惠顾草堂，徘徊曲园。蚁垤之山，蹄涔之水，皆蒙欣赏，甚幸，甚愧。方今吴下诸君子，大治园林花木泉石，极一时之盛。窃愿以“广大”二字归之诸君子，而吾两家分取“精微”二字，公得“精”字，鄙人则得“微”字而已，一笑。

按，同治十三年(1874)秋，俞樾在苏州马医科巷营建春在堂新屋，并于屋旁隙地叠石凿山，辟为曲园[2]。札中有“惠顾草堂，徘徊曲园”云云，则当作于此后。

七[3]

退楼尊兄大人阁下：

前日往返均不值，一茗之谈亦有缘乎？小婿今年主崇明讲席，务求世兄广安[4]观察转托崇明君，明岁蝉联为感。《皇朝三通》，未知邺架有此

---

① 此札辑自《春在堂尺牍》卷四，题作“与吴平斋”。

② 《春在堂诗编》卷八叶十三。

③ 此札辑自《上海图书馆藏名人手札选刊·俞曲园手札》，第8页。

④ 广安，即吴承璐。

否？石泉中丞拟刻之于澍局，如他所有之，亦乞示悉。手肃，敬请颐安。

小弟樾顿首

按，此札可与俞樾致陆心源札第五通参看。

八[①]

退楼尊兄大人阁下：

别后伏惟台候万福。弟于廿九日至杭，初三日偕小云[②]、琳粟、仲泉诸君湖舫修禊，颇极一日之欢。雪琴侍郎尚在西湖，其所堆假山玲珑可观，叹此老胸中有五岳也。杭郡传闻宫中又有大长秋之变，据云已确。苏州有所闻否？前托转致潘玉泉世叔一节，想已达到，能早日筹付最妙。缘春初无束修可支，藩运库均开放迟延。而匠人必须络绎付钱，否则不能催其完工也。手此续布，敬请道安。

愚小弟俞樾顿首，初四

按，《俞楼经始》记，光绪五年(1879)二月，彭雪琴于俞楼前叠石为山，为俞楼增一景致[③]；此应即札中"所堆假山"之所指。故是札或作于嗣后不久。

九[④]

承示汉建安弩机刻本，剞劂精工，考证明备，具见好古之诚。惟"市"字之义不可解。古兵器不粥于市，则"市"非市买，不待言矣。诸家或以为弟字，或以为制之半文，皆似是而非。尊说近之，而亦有所未

---

① 此札辑自《清代民国名人手札》，第79—80页。

② 小云，应即张大昌。

③ 《俞楼杂纂》卷五十叶八。

④ 此札辑自《春在堂尺牍》卷五，题作"与吴平斋"。

尽。窃因尊说而推论之。“市”本韨之古文,韨者,韠也,而古文韨韠之“韨”与黼黻之“黻”,以声近而通用,《礼记·明堂位》篇“有虞氏服韨”,《注》曰:“韨或作黻。”桓二年《左传》“衮冕韨珽”,孔《正义》曰:“经传作黻,或作韨,或作芾,音义同也。”“芾”即“市”之后出字。此器“市”字,疑当读为“黻”。阮文达《说黼黻之义》曰:“黼与黻,同为画绘之形。黼形象斧,明矣,黻象两己相背。己何物邪?盖黻形作亚,乃两弓相背之形。言两已者,讹也。《汉书·韦贤传》师古《注》曰:绂,画为弜文,弜,古弗字。《说文》‘弗’字从韦省。”阮文达以为从弓。以此言之,黻形作弜,弜象两弓相背,古即以为弗字。弗通拂,亦通弼。《荀子·臣道》篇“谓之辅,谓之拂”,杨《注》曰:“拂读为弼。”弼,所以辅正弓弩者也。然则此器云“建安廿二年四月十三日所市”,市读为黻,实为弗,亦为拂,其义为弼,弼之言弼正也。凡弓弩初成,必弼而正之。《淮南子·修务》篇所谓“弓待檄而后能调也”。故于弓弩之成,记其年月日而云“某年某月某日所市”,读市为弗,而以为弼正之义,殆其时工匠之恒言,后世古语日亡,故不能通晓耳。鄙见如此,大雅以为何如。

按,吴云著《汉建安弩机》有光绪六年(1880)刻本,札中提及此本,则最早作于本年。吴云考证“市”字曰:“诸家考释,于‘市’字讫无定论,阮氏积古斋云:或以为第字,或以为制之半文。吴侃卡释为币字。《山左金石志》据颜运生家藏拓本摹出,误将‘市八’二字合作一字,释为吏字。此未见原器,故有舛讹,不足置论。翁氏于市字阙疑未及,而其释新莽量铭于德市、于虞德市、于新市字反覆考辨,谓原器不知存亡,所见摹本市字之旁旧有释,云币字。以愚意,非币也。《说文》朩,艸木盛,朩朩然,象形,八声,读若泼,普活切。当即此字也。顾南原《隶辨》云:从朩之字沛,变作沛,讹从市,或讹朮,相混无别也。铭云:黄帝初,祖德市于虞,虞帝始祖德市于新,则即浡发茂盛之意。《汉书·王莽传》班符命于天下,曰:新室之兴也,德祥发于汉,三七九世之后,肇命于新都,受瑞于黄支,即此类文法无疑也。其说甚辨,较诸家为优，详载《两汉金石记》。余按，市字即芾之古文，《说文》'市，韠也'，郑注曰'韠之言蔽也，韍之言亦蔽也'。经传芾与韍、黻、绂音义皆同。《诗》云'三百赤芾'，《后汉书·东平宪王苍传》注作'三百赤绂'，《周礼·司服疏》'黻，黑与青为形则两色相背，取臣民背恶向善之义'。铭云：所市八千五百，所为句，盖造器之所，《诗》献于公所是也。市为纪数之字，故下言八千五百，若曰某字第几千几百也。汉人铭器每用吉羊文字，市训臣民背恶向善，用以铭兵器，亦有意义。当寄老友陈簠斋太史与郑盦宫保家恒轩考定。"可知俞樾的考证，正是在吴氏将"市"读为"黻"的基础上展开的。

《两罍轩尺牍》中所录吴云致俞樾第九札是对俞樾此札的回复，可参看。

十[①]

昨得手书，适杭州许氏壻、女偕至，故有稽修复。灯下展读，理旷而情真，何爱我之深也。《皇朝三通》一书[②]，乃鄙人言于杨石泉中丞而刻之者，此书未成而浙抚屡易，每易一抚，必有所急之书，故迟迟至今，尚未告成。今岁如能毕工，必当代购一函也。赴浙之期亦未定，见西湖虽佳，而鄙意颇厌倦矣。近来精力日衰，意兴日减，海内诸君子，亦似知其不久人间，故乘其犹在，以笔墨诿诿者无日无之，极思逃入右台山中耳。来函有沈香刻像语，俞楼却无此刻，惟去岁门下诸君为设一位，曰"曲园姚夫人之位"。鄙人今岁拟于右台山中筑屋三间，名曰右台仙馆，并鄙人木主亦预立其中，左曰曲园先生，右曰曲园夫人，安知数百年后不即成为右台山中土地公婆乎？一笑。

按，光绪六年(1880)初夏，俞樾鸠工于姚夫人墓侧筑右台仙馆，

① 此札辑自《春在堂尺牍》卷五，紧接上札，题作"又"。

② 《皇朝通典》有光绪八年浙江书局刻本(牌记题"光绪八年浙江书局上版")。

馆中设两位，左曰曲园先生，右曰曲园夫人[①]。札中称“今岁拟”筑右台仙馆，则当作于本年春。

俞樾此札是对《两罍轩尺牍》所录吴云致俞樾第十一札的回复，可参看。

十一[②]

愉庭仁兄大人阁下：

日前接手书，并承惠白花百合，甚佳，感谢，感谢。即望安车就养，已至娄东疁城，风景未识何如，所谓弇山园者，尚有遗址否？杖履优游，计必安善。以弟望吾兄，不异神仙中人也。属书楹联，即涂奉，但不足入方家一顾耳。外去小诗四首，聊发一笑。弟拟十二日到西湖，计必有月馀耽延也。但弟秋后必多病，未卜今年何如。手此，敬颂颐安。

小弟制俞樾顿首，九月二日

广庵观察均候。

按，此札末署“制”，则至晚作于光绪六年(1880)十一月俞樾丁母忧服除之前。

十二[③]

愉庭仁兄大人阁下：

昨承交到悟九[④]书，计尊处必发回书，弟一函，乞附去。时偶得一联，为吾兄大人寿，先录奉一笑，俟弟十一月五五既阙再补写上也。手肃，敬请台安。

弟制樾顿首

---

① 《春在堂诗编》卷九叶十二至十三。

② 此札辑自嘉德 2010 春拍第 8232 号。

③ 此札辑自嘉德 2010 春拍第 8232 号。

④ 悟九，即勒方锜。

合千古之寿寿公，永保用，永保享，左鼎右彝，坐两罍轩，居然三代上
以十年之长长我，六十耆，七十老，望衡对宇，隔一条巷，有此二闲人
愉翁一笑

曲园录稿

按，札中所附联见于《楹联录存》卷二，题作《吴平斋观察七十寿联》，序曰："平斋好金石，所著有《两罍轩彝器图识》，余曾为序之。今年为其七十生日，而余亦六十矣。其所居曰'金太师场'，与余所居马医科巷前后相望，苏人所谓隔一条巷者也。"因知此札当作于光绪六年(1880)，俞樾六十岁。本年十一月俞樾为其母所服丧服将满，是即札中称"弟十一月五五既阕"及札末署"制"之由。

《两罍轩尺牍》所录吴云致俞樾第十二札是对俞樾此札的回复，可参看。

十三①

顷因诂经卷《七十二候考》有引唐删定《月令》者，故欲得严氏《石经考》一核之，而不知严氏之考定者，仅在与郑注本字体小异之处，而《唐石经月令通证》则别有专书，在其所著《类稿》中也，故仍以奉还，乞归之邺架。如有《铁桥类稿》，仍望一借，不在手头，则亦可不必也。天暑屡渎，甚于襬襶造门矣，惶悚惶悚！
吴老大人。

小弟樾顿首

按，《七十二候考》见于《曲园杂纂》卷十三，书中未注明创作缘起，据此札，则系俞樾在诂经精舍所出课卷之题。此札可与致冯一梅札第一通参看。

---

① 此札辑自《上海图书馆藏名人手札选刊·俞曲园手札》，第12页。

致谢增[①]

谢增(1813—1880),字普斋,号梦渔,江苏扬州府仪征县人。道光三十年(1850)探花(故俞樾称其"同年")。官户部给事中。

去年由费芸舫[②]庶常寄到手书,知养望兵垣,优游清吉,太夫人在堂,侍奉康娱,甚善甚善。至于官之落托,有不足言者。阁下尝言,学问与科名,各是一事,科名与官禄,又各是一事,既达斯旨,复何憾乎?弟穷愁著书,聊借自遣,先后灾之梨枣者八十七卷,承阁下有嗜痂之爱,谨寄上全函,都凡廿有六册,伏求惠存。弟今年五十一岁,精力早衰,著述之兴,亦复阑珊,惟将箧中旧稿钞撮成书,又得九种,名之曰《第一楼丛书》。第一楼者,弟主讲西湖诂经精舍所寓楼名也。今年拟付之剞劂,未知果否。家兄新迁福宁太守,然亦多病,后路茫然。家母年已八十有六矣,去岁至闽省视起居,精力虽尚康强,究竟年高,未免喜少而惧多耳。儿子绍莱奉檄署大名府同知,惟望其今年得补一官,鄙人甘心为子叔疑矣。顷阅邸钞,乃知有徐寿蘅侍郎之疏[③],虽承其拳拳之爱,然多事极矣。弟著述足以自娱,笔耕足以自食,虽无当时之荣,或有没世之名,岂复作再入软红之想哉?倘不知者谓寿翁此疏鄙人实怂臾之,则冤矣冤矣!阁下知我,想不以此言为谩也。

按,札中称"弟今年五十一岁",则当作于同治十年(1871)。

---

① 此札辑自《春在堂尺牍》卷三,题作"与谢梦渔同年"。

② 费芸舫,即费延厘(1835—1893),字芸舫,号莪庵、知修老人,江苏吴江人。同治四年(1865)进士,散馆授编修,官至左中允。工书法。

③ 详参俞樾致彭玉麟札第三通。

致徐琪

徐琪(1849—1928),字玉可,号花农,浙江仁和(今杭州)人。“俞门八俊”之一。尝集资在杭建造“俞楼”。光绪六年(1880)进士,官至兵部侍郎。工书法,善花卉,间作山水小景。又工诗词,自制五云笺,与名流往还。著有《粤东葺胜记》、《日边酬唱集》等。

一[①]

得手书,知于中元得子,喜甚!又承述及梦中所闻姜白石“三生定是陆天随”句,乃知天上玉麐,海中仙果,生有自来,良非偶然。甫里先生,亮节高风,自不可及。然际右文之世,生通德之门,此子必当以文学显,昌大门闾,非徒笔床茶灶,称江湖散人而已。属代拟佳名,鄙意竟取词语,名以“定陆”二字,乳名则曰“随元”,亦从“天随”取义。《易》曰“随,元亨利贞”,故配以“元”字,并为足下发解之兆也。辄布陈之,俟咳名时酌用。

按,徐琪为光绪元年(1875)恩科举人[②],札中既称“为足下发解之兆”,则当作于其中举之前。

二[③]

前日一书,定收到矣。书中略言楼工宜停,未尽其说,今更详之。夫露台百金之产,汉文所惜也,况我辈虮虱乎?宜停者一。如果时局

---

① 此札辑自《春在堂尺牍》卷四,题作“与徐花农”。

② 《春在堂杂文四编》卷二叶二十五。

③ 此札辑自《春在堂尺牍》卷五,题作“与徐花农孝廉”。

从容，则借此装点湖山，未始不可；今西北奇荒，议者至欲捐诸生膏火以赈之，而鄙人忝拥皋比，乃于艰难之日，兴此不急之工，是重吾不德也，宜停者二。所醵之资，并未齐全，而先取之钱肆，此日虽有取携之便，异时恐成赔累之端，宜停者三。且物忌太盛，鄙人何德何能，而可据此湖山胜地，薛庐成而慰农去矣，恐俞楼成而鄙人亦将不来也，宜停者四。鄙意，墙垣业经筑就，则已笼有其地，请俟数年之后，足下大得意之时，尔时鄙人海山兜率，或已别有归宿，足下抒怀旧之情，修践言之信，再谋卜筑，重起楼台，则诸君子风义，与楼俱高，而鄙人之姓名，亦庶几与楼并永，较之此时，勉强图成，以诸君子见爱之盛情，而或适以为速谤招尤之地者，相去万万也。足下以为何如？并请持商兰舫[①]、子乔诸君子，以为何如？

按，《俞楼经始》记光绪四年(1878)四月始筑俞楼，其年晋豫大无，俞樾致书徐琪，请停楼工[②]，并录一札，即此札。

三[③]

连接十六、十七日手书，并承示以医理，锡以灵符，惠以甘露，而内人已不及见矣。小人德薄，福过灾生，回忆湖楼风景，昔日之欢肠，皆此时之愁料矣。然内人来去亦颇似分明。往年冬春间必病，病或五六日，或旬日，未尝欲招大儿归也。今年正月间，亦只如常小病，而力请鄙人作书，命大儿南返，此已可异。及其自浙旋苏，虽面目浮肿，气息急促，然一切如常；乃数日后即谓仆曰“吾病不起矣”，频频作永诀语、处分家务语，当时犹不之信，孰知其真不起邪。临危前数日，病

① 兰舫，即沈灿(1826—?)，字兰舫，浙江仁和人。以校官任诂经精舍监院十年。

② 《俞楼杂纂》卷五十叶四。

③ 此札辑自《春在堂尺牍》卷五，题作“与徐花农”。

容殊不可看；及小殓以后，面色腴白，转胜于生，且口角微有笑容，或者已归善地乎？平时自言，愿再作西湖一游，今已如愿。而子妇、女婿、内外诸孙无不咸集，剑孙亦以前一日至，送行可谓热闹，在逝者亦无遗恨矣。惟追念四十年夫妇，其始也，仆一年止有三十洋蚨馆谷，内人赤手支持，以至今日。富贵、贫贱、患难，更迭尝之，心血耗尽。年来小治生计，粗立园亭，皆其累年节省以成之也。仆拙于谋生，每事必咨之，今则已矣。手书二十八字，悬其繐帷，云："四十年赤手持家，君死料难如往日；六旬人白头永诀，我生谅亦不多时。"吾弟读之，可知吾怀抱也。前者拆毁湖亭之议，乃无聊之思，不得已之策，于无如何中冀有挽回，亦古人请祷之意。事已至此，毁又何为，如其未毁，则竟听之，已毁则移置下面亦得，但恐又多费耳。内人恋恋西湖，病中有欲卜葬之意，吾弟若有熟识之堪舆家，托其为吾相度，不求发财发秀，但愿借湖山胜地，为我两夫妇埋骨之乡。或数百年后，死士之陇，尚为樵夫牧竖所识，亦可喜也。然入山太深，将来营葬不易，则亦非所宜耳。心绪恶劣，草草布泐。如晤兰舫诸君问仆近状，即以此告之。

按，札中俞樾提及其妻病逝前后情状，故当作于光绪五年(1879)四月二十二日姚夫人卒后。

四[①]

花农仁弟馆丈惠览：

还苏后即寄一函，并儿妇辈附寄零物，定照入矣。记在通州、天津亦各有书，想必皆登览，而未得惠书，深以为念。想兴居佳胜，阖寓俱各平安，定如所颂。兄到家后适逢梅雨，亦不甚出门，而精神转觉不如在京时，亦不可解。二儿妇及孙儿女均好，惟大儿妇以外症而兼

① 此札辑自《郑逸梅收藏名人手札百通》，第1—3页。

内症，卧病两月，至今未起。前日以来，小孙妇又动胎见红，因之心绪亦不甚佳耳。西湖之行，待之秋仲。许星翁护院似乎为日尚长，将来卫静翁[①]到浙，必别有一番布置矣。柳门何日出京？兹有贺函，乞为饬去。南皮公[②]曾否见过？光景何如？手此，即颂开安。

愚兄樾顿首，五月廿八日

又，致顾孝廉书，饬送为荷。

按，札中提及"卫静翁到浙"云云，当指光绪十二年(1886)五月初八日卫荣光由江苏巡抚改授浙江巡抚一事[③]，故此札应作于该年。光绪十二年春，俞樾陪同孙陛云入京会试[④]。札中称在通州、天津分别给徐琪写了信，亦与本年行止合。

五[⑤]

花农仁弟馆丈惠览：

五月廿四日曾寄一笺，并尊公家传[⑥]及题册各种，定照入矣。南中梅雨兼旬，六月下旬晴霁，则酷暑异常，而日来又发风，早晚甚凉。未识北方何如？想尊寓定皆清吉。兄已逾月不出门，编纂《茶香室三钞》，约可三十卷，然不即付梓也。蔡矅客有《皇清经解编目》之刻，属寄上五部，分致诸同人，乞查入。郭太守已服阕回浙，小孙女姻事恐不免有高辛先我之憾，如京中有相当姻事，望吾弟随

---

① 卫静翁，即卫荣光(1824—1890)，字静澜，号星源，河南新乡人。咸丰二年进士。官山东按察使、安徽按察使、山西巡抚、江苏巡抚、浙江巡抚。

② 南皮公，即张之洞。

③ 《清德宗实录》卷二百二十八。

④ 《春在堂诗编》卷十一叶十四至十五。

⑤ 此札辑自《上海图书馆藏名人手札选刊·俞曲园手札》，第264—268页。

⑥ 即《徐若洲君传》，见《春在堂杂文四编》卷二。

时留意，至属至属。近闻有人为子原令妹说亲，系兵部主事陈夔龙[1]，兄力劝成之。盖其人虽贵州籍贯，实则江西人，大儿妇知之甚详。兄已函告子原，为其令妹竭力赞成，未知果成否也。舍间均平顺。大儿妇已愈，尚未复元，然其所患实有馀而非不足也。小孙妇尚无喜信，因其久离其母，秋间拟令暂一归宁，须待雪翁来商之。雪翁病状龙钟，一切不能如从前之周到矣。外附去东洋玩雀一匣，洋鹦哥有架可悬。又小扇一柄，物虽微而尚精致，聊供令郎之玩。许榴仙兄尚在江阴，前信已寄去，未知有回信到京否？手肃布泐，敬颂开韶并瀛寓清吉。

愚兄樾顿首

又有洋蝴蝶、洋阑干，寄令爱小姐收。

按，俞樾为徐琪父所作《徐若洲君传》中称徐琪"光绪元年恩科举人，六年成进士，今官翰林院编修，国史馆协修"[2]。光绪九年(1883)四月，徐琪授翰林院编修[3]。此札之作必晚于是时。光绪十三年(1887)，《茶香室三钞》撰辑中[4]。札中称正在编纂此书，或即作于本年。

---

① 陈夔龙(1857—1948)，字筱石，又作小石，贵州贵阳人。光绪十二年(1886)进士。授兵部主事，升内阁侍读学士。为兵部尚书荣禄所器重，辟为武卫军幕僚。光绪二十六年顺天府尹出缺，陈夔龙得兵部尚书黄禄保举，升迁顺天府丞，旋署府尹。参与议和及签订《辛丑条约》。光绪二十七年(1901)后历任河南布政使，漕运总督，河南巡抚，直隶总督兼北洋大臣等职。陈夔龙妻为许祐身庶母李夫人次女，即札中所谓"子原令妹"。

② 《春在堂杂文四编》卷二叶二十五。

③ 《清德宗实录》卷一百六十二。

④ 《茶香室三钞》卷一，第995页。

六[①]

花农老弟馆丈足下：

承惠春笋，竹胎初长，其美可知，洋漆布亦光滑可爱，皆珍赐也，谢谢。昨日今朝，天时寒燠不同，竟有白袷重裘之别，想杭城亦复同之。起居如何？伏惟加意珍摄。雪老红症已止，而不思饮食，故未能复原，兹有回信，可察入。渠于人日为兰舫致书中丞，而未得复信，未知如何。清风故址，阑入围墙之内，此事于志乘当必有徵，未知能执卷而与争否？手肃，敬颂春祺不一。

正月廿六日，曲园顿首

按，札中提及雪老即彭玉麟（1816—1890），则至晚作于光绪十六年（1890）。

七[②]

辱手书，并以鄙人七十生辰，赐以寿礼、屏幅、楹联，并皆佳妙。甚矣，老弟之爱我也；甚矣，老弟之不知我也。以老弟而犹有此赐，何责夫悠悠者乎？仍由信局寄璧。明知此件璧还尊处竟无所用，鄙意请老弟代为收存，俟兄死后满二十七个月再请寄至我家，俾我家子子孙孙世世悬挂，以见我两人当日交谊如此其厚也，岂不美哉？

按，札中称“鄙人七十生辰”云云，故当作于光绪十六年（1890）。

---

① 此札辑自《浙江图书馆馆藏名人手札选（二）》上册，第107—108页。

② 此札辑自《春在堂尺牍》卷六，题作“与徐花农太史”。

八[①]

花农仁弟馆丈惠览：

七月中一缄，附致子原信，已收到否？初一日戌刻接到喜电，知拜广东学政之命。伏念此差乃朝廷最所注意者，非得其人，不轻付畀，吾弟此行，已邀简在，不独副从前文望之隆，即可卜此后大用之兆，欣幸之至。未知何日谢恩，奉何温谕，尚求录示，俾故人色舞也。兄于七月廿三日起偶患感冒，今已愈矣，而又发肝胃宿疾，时时呕吐，已九日不至书斋矣。昨日即复电贺喜，亮已照入。枕上又倒叠从前"堪"字韵奉贺[②]，附奉一笑。计启程尚早，行前尚可通书。先此布贺，即颂韬安。夫人及郎、爱均此。

愚兄樾顿首

儿妇及孙儿、妇均侍笔。

按，光绪十七年(1891)八月初一日，徐琪授广东学政[③]。札中提及此事，故当作于嗣后不久。从"初一日戌刻接到喜电，知拜广东学政之命"一语可知，徐琪拜命当日即电告俞樾，足见师徒间交谊之密；而俞樾当日晚间便获悉喜讯，则见北京至苏州讯息传达之速。

九[④]

花农仁弟馆丈惠览：

前复二电，寄二函，示知已先后入照否？久不得信，想因大忙，且

---

① 此札现藏俞氏后人处。

② 即《花农视学广东，飞电来告，倒叠从前"堪"字韵寄贺》一题，见《春在堂诗编》卷十三。

③ 《清德宗实录》卷三百。

④ 此札现藏俞氏后人处。

须俟召对后传述天语，使山中人闻而起舞也。日内部署已有就绪否？行期已定否？幕中得有妥人否？深以为念。广东材薮，亦弊薮也。童米生言及，刘庸斋[1]前辈视学广东时，正弊窦丛生之日。一夕，灯下阅卷，已取定某县某县卷，忽灯烛骤灭，心知有变，即以两手护持其卷，大呼取灯。灯未至，而暗中摸索，竟有数手来攫其卷，幸力护得免。及灯至，则杳无形迹矣。又一夕，以所取卷锁置枕头匣中而自枕之，夜半竟有人来窃其枕。此等事，殊骇听闻。吾弟器宇恢宏，性情豁达，莅任后幸格外留心。鄙意，慎延幕友，少用家人，自然弊绝风清矣。家人尤宜少用，供吾驱策者，本无多人，此外无所事事，多一人，多一弊耳。至爱，故贡其愚想，尊意必不河汉斯言也。兄因感冒发宿疴，几及一月，尚未出房，甚矣衰也。使者行程，不能绕道，俟三年任满后始可请假还珂里一行，未知鄙人尚能于湖堤迎候否。有一言豫先奉告：从前尊意有扩充俞楼之举，千万不必。吾身已矣，此楼亦张王李赵之楼耳，非俞楼矣，归并入孤山寺，最为干净，勿再议更张也。手此，布颂韬安，瀛眷均福。

愚兄樾顿首，八月十九日

再者，行箧中不可不多带书籍，如《十三经注疏》及上海同文馆之《廿四史》同文馆好，点石斋不好，取其小，尚易带。及浙局所刻之子书，均不可不备。如我无书，即我不能为政矣。尊见同否？

樾又启

再者，广东乃人文渊薮，而亦弊薮也。老弟以全副精神照料之，事事亲裁，不假手左右，近习自然弊绝风清，颂声翕然矣。幕僚勷校者宜多，尤宜精，不可不慎。兄未得其人，不敢妄荐一友，先以奉闻。

兄再顿首

---

① 刘庸斋，即刘熙载（1813—1881），字伯简，号庸斋，晚号寤崖子，江苏兴化人。道光二十四年（1844）进士，官至左春坊左中允、广东学政。后主讲上海龙门书院多年。

按，此札当作于光绪十七年八月十九日。

十[①]

花农仁弟馆丈学使惠览：

昨一笺交朱伯华观察带津转寄，今日适接到初七日惠书，知佳瑞重重，灵芝瑞蝶，并集一时，又知此番粤东宠任，实由山右清名[②]，兄前书云，已邀简在，洵不虚矣。所约梦香[③]、小云，均不克赴，兄已电复，又函复矣，想已督入。兄处实无可荐之人。至账房一席，关系亦重，敝内侄姚穀孙，才欠开展，非其人也。且穀孙以巡检到江苏省已五六年，曾当上海货捐差，差不甚佳，而督办者颇器之，今年又接派无锡丝捐差，差亦不甚佳，然其意总在此也，一时亦不能舍之就粤也。兄一病，一月未能出房，吾弟任满假旋，未知尚能相见否。曲园、俞楼、右台均无庸开拓，千万千万。重刻春在书，或老弟有馀力，亦佳耳。手此布复，即颂轺安，瀛眷均此。

兄樾拜上

观风告示，兄力亦不能办矣，歉歉。此书仍交伯华转寄。八月廿日。

按，此札当作于光绪十七年(1891)八月二十日。

十一[④]

花农仁弟馆丈惠览：

前得初七日手书，适朱伯华欲赴津门，即草复一函交其带津寄

---

① 此札现藏俞氏后人处。

② 光绪十五年秋，徐琪充山西乡试副考官。“山右清名”当指此。

③ 梦香，应即冯一梅。

④ 此札现藏俞氏后人处。

京，定照入矣。覆阅来函，殷殷下问。如兄者，但可借鉴以为覆辙之车，非可倚重以为识途之马也。既承问及，辄贡其愚。粤东为人文渊薮，人人畏之，然兄以为不必畏也，仍以我为主而已。衡文一道，老弟所优，此不必论，所难者考经。古时粤东向来积习由考生自请，其人自言某习于某，某善于某，则须如其所请，各出数题。出题愈多，阅卷愈难，天下之学问无穷，幕府之人材有限，事事求精，势必不及矣。然而仍有我在，我所重者重之，我所不重者不重。如考生自言我知兵，则姑就《孙子》、《吴子》中出数论题与之；考生自言我知医，则姑就《素问》、《难经》中出数论题与之，他途仿此。惟算学为近时风会所尚，宜专请一人，所请之人，有学尤宜有品，如不得其人，则亦用我法。经书中言算学者多矣，《皇清经解》中即有一种。出题不难也；注疏具在，可以覆按，阅卷不难也。总之，我自有所重者在，其馀不过以应酬其人，则何难之有。粤东材薮，亦弊薮，尤人人畏之。兄谓，弊亦防其在我者而已，如幕友、家丁，皆在我之人也，关防宜密，稽察宜周，听言宜慎，家丁尤宜少用，少一人自可少一弊矣。至于代枪顶替，乃在人之弊也。我场规严肃，彼自无所施其技，即察出一二，亦不必严办，盖严办而求其净绝根株，此必不可得之数也，徒使其人播散蜚语坏我清名而已。介轩[①]在粤，兢兢业业，而外间仍有议论者，坐此也。兄足迹未至粤东，所说皆以意遥度，未必有当。姑陈所见，备高明采择而已。兄疾仍未全愈，卧榻之侧，力疾布奉，即颂韬安。

愚兄俞樾顿首，八月二十二

按，此札应作于光绪十七年(1891)八月二十二日。

---

① 介轩，即樊恭煦(？—1914)，字介轩，浙江仁和(一作杭县，均今杭州)人。同治十年(1871)进士。历官编修、陕西学政，江苏提学使。擅书法，学赵孟頫。光绪十四年(1888)八月初一日，樊恭煦授广东学政(《清德宗实录》卷二百五十八)，故下文有“介轩在粤”云云。

十二[1]

花农仁弟馆丈惠览：

得中秋日手书，知召对日天颜有喜，垂问甚详，大用之徵即在此矣。知初四请训、十五启节，想到粤在仲冬矣。新诗两章拜读，甚佳，并眷注殷殷，曲意推奖，甚愧也。兄感冒虽愈，而总未复原，觉得头重脚轻，胸膈又不舒畅，大约此番一病，已报归期，任满假还，不及见矣。俞楼切勿增添。兄意近有两议，闲曲园，一也，毁俞楼，二也，与尊意适相左矣。家人亦无可荐，不必虚以有待，如垂念奴辈寒苦，岁暮薄有以犒之，亦无不同声感戴矣。手此，复颂韬安，尊夫人以下均候。

愚兄樾顿首，儿妇辈均侍叩

读《召对恭纪》一篇，知殿廷召对，亦与咸丰初年迥不同矣。物换星移，三十年为一世，况不止三十年乎？殊自叹陈人老物也。

按，据第十通，俞樾八月二十日接到徐琪八月初七日札，则北京至苏州邮递时间大约十三日，据此推测，徐琪中秋日所作札大约八月底到苏，而俞樾复信自在此后。

十三[2]

前书殷殷下问，已详复一笺，定照入矣。再绎来函，有匡其所短之意，愚意以为，使者当用其所长，不必用其所短也。吾弟所长，自在词章，放开眼孔，以此取士，自能得大雅闳达之才，备承明著作之选，是亦文章报国之一道，不必逐时尚、博虚名，讲求朴学、小学，舍己所

---

① 此札现藏俞氏后人处。

② 此札现藏俞氏后人处。

长，授人以柄，大不可也。鄙意如此，尊意何如？再倒叠“堪”字韵[①]，求教。

按，徐琪赴任广东学政前曾向俞樾请教施政之方，俞樾以此札作答，故当作于光绪十七年(1891)。

十四[②]

新正三日，由电局交来贺岁电音。数千里外，不啻遣一介持柬到门，真奇情胜事也。年前钱君自粤还，得嘉平十八书，知履新以来，百凡皆吉。初拟缩刻拙著《茶香室经说》分贻士子，今则改缩刻为翻刻，此意良是。袖珍之本，非使者所宜持赠也。惟兄则又有一说：学使者当堂给发，必须官样文章，近时有奉发之世祖御制《劝善要言》。若以此等书给发多士，庶几正大得体，人无异言；若私家著述，大非所宜。拙著《茶香室经说》成书较后，王逸吾学使纂《皇清经解续编》[③]不及著录，得老弟为我张之，大妙。然不过携数十部于行箧中，考试经古，遇有佳士，以此赠之，或可示以途畛，濬其心源，此则于理可行，于事亦或有益。若人人给以一函，则徒费纸札之资，而适以启揣摩迎合之私，且或以成口舌异同之辨，万万不可也。兄意如此，幸老弟从之。近来时局多艰，人心不古，蹈常习故，可以无咎无誉，稍涉新奇，议论滋多，高明定以为然耳。

---

① 即《花农书来，请益其所短。余谓使者当用所长，不必用所短也。乃倒叠“堪”字韵示之》一题，见《春在堂诗编》卷十三。

② 此札辑自《春在堂尺牍》卷六，题作“与徐花农学使”。

③ 《皇清经解续编》，又称《南菁书院经解》，为王先谦继阮元汇刻《皇清经解》后续刻，续收清代学者训释儒家经典的著作111家，209种。

按，光绪十七年(1891)八月，徐琪拜广东学政[1]；十二月初九日，抵广州接任[2]。札中提及徐琪"年前"在粤履新，故当作于光绪十八年(1892)初。

十五[3]

花农仁弟馆丈惠览：

得八月下旬及九月初两次手书，以节届秋中，吉词贲饰，感感。读另笺，知南雄回省，舟中感受瘴气，以致违和数日。兄因从者晋省后三发电音而无一手毕，正以此为虑，今乃知果然。窃思劳绩之馀又受瘴疠之气，起居颇难调护。吾弟虽精力素强，亦不可过恃其强，以后稍节贤劳，善自颐卫，是所深祷。普洱茶可以辟瘴，既服之有验，敝寓颇蓄有云南真普洱茶，俟回苏当寄奉也。尊赐各珍，多不胜书，有已至苏而未寄杭者，有在途者，有未寄者，兄手书一册，以便点收。至业经奉到者，则惟尊太夫人墓志及文公《钓台碑》而已；此外诸珍，恐须还苏方得，即石丈人亦须彼时方受米颠一拜也。所惠二儿夫妇寿礼，本不敢当，且系吾弟记忆之错，俟还苏收到，再行寄璧，尔时说明就理，吾弟亦必首肯也。兄于八月二十八日自苏动身，九月初二日到杭，十六日移居山馆，两儿妇及陛云与其长女琎宝皆从山中，颇不寂寞，但酬应仍复纷如，精力亦殊苦不继耳。新近有小诗二律，附奉一笑。《九九销夏录》虽已付梓，而成书尚早，承书封面极佳[4]，当命工精刻之。至于改编杂文，则姑从缓，业已刻以行世，亦不必急急乎改头换面也。王梦薇竟于八月廿九日作古，兄到已不及见矣，惟德帐桐棺，令人伤感

---

① 《春在堂诗编》卷十三叶二十九。《补自述诗》叶二。

② 《春在堂诗编》卷十三叶三十八。

③ 此札辑自《上海图书馆藏名人手札选刊·俞曲园手札》，第 260—263 页。

④ 《九九销夏录》，光绪十八年(1892)夏成书(《九九销夏录序》)。扉页有徐琪题写之书名，署"光绪壬辰九月门下士徐琪谨题"。

耳。吾弟已汇付佛番一百，而此次又有三十之赠，足见多情。兄惟劝其家及其门下士早日办葬而已。前次百番已取，有王世兄收条。附览。此次三十，尚未将尊函送去。闻其世兄不甚晓事，拟招其门生三多来，托其转交，并力劝其早营窀穸也。前托俞君差事，能为方伯一言否？首府试毕，何时启节？兄在山中，惟有白云，无可持赠，适有以东洋纸馈者，亦不甚佳，聊以伴函。手肃布复，敬颂台安。

愚兄樾顿首，九月二十一日

尊夫人及郎、爱均候。儿妇率孙儿、女侍叩。

按，札中称"王梦薇[①]竟于八月廿九日作古"，知此札当作于光绪十八年(1892)九月二十一日。

十六[②]

花农仁弟馆丈赐览：

五月十七日一函已照入否？接初十日惠书，知暂寓僧庐，八月中再迁还旧寓。日内轺车甫卸，诸务倥偬，乃承于百忙中购赐参枝，甚感，馀物俟便中购之，不必亟之也。仲衮在沪，并未来苏，尊函先由沪寄苏，参亦未到，想不日可到也，仲衮如见访，自当倒屣迎之。杏文家孙属荐令娣甥郑子文，兄已荐至上游厘局翁少畦大令处矣。子原[③]姻事已允，缠红当在六月间，由敝处备名帖、求帖、庚帖，寄尊处转送子原，子原将敝处代备之名帖、允帖写好，并填写女庚，即寄交童米孙，由米孙交兄，则缠红之礼成矣。盖执柯两位，一则吾弟，一则米孙也。先此奉闻，即颂开轺。

愚兄樾顿首，廿一日

---

① 王梦薇，即王廷鼎(1840—1892)。

② 此札现藏俞氏后人处。

③ 子原，即许祐身。

按，光绪二十年(1894)八月初一日，以内阁学士恽彦彬为广东学政[①]，接替徐琪。札中既称徐氏“轺车甫卸”，则当作于本年交卸学政一职之后。光绪二十一年(1895)七月二十一日，俞樾为其孙陛云聘定许氏第六外孙女为继室[②]。札中称“子原姻事已允”，或即指此事，故暂系此札于该年。

十七[③]

花农仁弟馆丈惠览：

二月十一日托邓芝轩[④]带上信件，廿一日又发一信，未知均照入否？陛云信言，老弟供奉内廷之暇，仍用考差工夫，高驾轺车，指顾间矣，日内又当办理喜事。兄命小孙薄具花粉之资，想已敬致矣。四月内欣逢尊夫人设帨良辰，际四月清和之候，举五旬大衍之觞，黻佩百年，檀栾一室，何乐如之？兄不克登堂，谨手书楹帖一联，佐以聚头团圞扇一柄，杭制也，京中有否？又天青宁绸披风料、大红湖绉裙料，聊尽祝忱，勿哂菲薄。又针线八色，乃小孙妇寄呈者也，亦乞鉴存。手肃布祝，敬颂双安，并贺轺福。

愚兄俞樾顿首

小云侍郎诗尚未奉和，连日颇碌碌也。幸眠食尚如常耳。儿妇辈均于尊夫人请安、祝寿，附笔及之。

按，光绪二十三年(1897)十月初六日，“命翰林院编修徐琪……在南书房行走”[⑤]，此即札中“老弟供奉内廷”云云之由。此札极可能

---

① 《清德宗实录》卷三百四十六。

② 《春在堂诗编》卷十五叶十七。

③ 此札辑自《名人手札真迹》。

④ 邓芝轩，即邓国恩。同治初修水知州，创建凤巘书院。

⑤ 《清德宗实录》卷四百十一。

作于光绪二十四年(1898)春。本年春,俞樾孙陛云在京应会试,故得与徐氏周旋。

十八[1]

花农仁弟馆丈赐览:

陛云回,接手书,并示佳章,意兴仍佳,足徵胸次之不凡也。兄自八月十二日起,一病兼旬,今虽已愈,而胃口未开,精神殊弱,不出房者半月有馀矣。寓中亦多病者。今岁吴中比户皆然,虽无大患,然颇淹缠也。西湖之行大约在九月中旬,兄已力辞诂经,实缘精力衰穨,意兴销歇,非矫情也。时文已复,则书院亦必照旧,诂经亦自然不废。尊款长留,以资津逮,不必再计矣。慕陶拜户侍,兄得电深为吉又喜。兹有复慕陶一函,敬求饬送。手肃布谢,敬颂开安。尊夫人及郎、爱均候。

愚兄期俞樾顿首,八月廿七日

按,光绪二十四年(1898)夏,俞樾致浙江巡抚廖寿丰函(第三、第四通),辞去诂经精舍讲席。札中称"兄已力辞诂经",则当作于本年。

十九[2]

花农仁弟馆丈惠览:

自腊月十六以后,五次寄笺,想均照入。春风和晌,起居当益佳胜。兄眠食无恙,但了无兴会,只好以笔墨销遣而已。《销寒吟》已得

---

① 此札辑自《名人手札真迹》。

② 此札辑自嘉德 2010 春拍第 8232 号。

九首[1],又作九言诗一首[2],昨又成七律一首[3],并付邮筒,聊尘吟几。匆匆,不及多写,即颂台安。尊夫人以下均候。

愚兄樾顿首,二十日

按,札中提及诸诗,均见于《春在堂诗编》卷十七(己庚编),在《余往年七十岁时,亲友馈赠寿言、寿礼,概谢不受,赋诗云:"诸君莫费殷勤意,留唱虞歌赠襚衣。"今年庚子,余八十岁矣,再申前说,敬告同人》一题前,则诸诗作于庚子前一年。而札中又言"春风"云云,则此札之作已在光绪二十六年(庚子,1900)。

二十[4]

花农仁弟馆丈:

查览前得电音,知已安抵固安。想瀛眷同行,福星载道,定如所祝。但固安亦非久住之所,近来已回京乎?抑赴行在乎?瀛眷仍同行乎?抑分道回南乎?京雁杳然,万分悬念。阅各报,知慕陶在京,绮霞同在京否?如有便,务望赐知为盼。兄近状平顺,然心绪则可知矣。小孙已于八月初五到苏,知念并及。手此,敬颂台安。尊夫人以下均此。

兄樾顿首,八月廿八

按,札中询及徐琪是否将赴"行在",又称"小孙已于八月初五到苏",则当作于光绪二十六年(1900)八月二十八日。本年夏,义和团

---

① 即《销寒吟,每字限九笔》一题。

② 即《余作销寒吟,已得九首,而潘补琴庶常又言宜作九言诗九句,因又成此八十一字》一题。

③ 即《戏题销寒吟后》一题。

④ 此札辑自《名人手札真迹》。

在慈禧默许之下进入北京内城活动，后党企图借用义和团武力解决废（光绪）立（载儁）问题。不料义和团在京势力迅速扩大，开始焚烧教堂，搜杀教民，为帝国主义列强入侵华北提供了口实。阴历五月、六月、七月间，八国联军先后在河北廊坊、天津和北京三地进攻清军及义和团，七月二十日侵入北京。慈禧太后挟光绪帝等狼狈出奔至西安，故有“行在”之说。

二十一[①]

花农馆丈仁弟惠览：

二十四日灯下阅新闻报，恭读二十一日上谕，知吾弟超升阁学，为之狂喜，但不知由庶子超升耶？抑已先转一阶而邸报漏载未见耶？秦君绶章[②]得正詹，或即吾弟升任所遗之缺也，未知能亿中否？有小诗奉贺[③]，郎亭及小孙各有诗，又陆春江一书，均希照入。吾弟所发信均到，惟华俄洋行信未到。兄持赠区区，乃承屡屡言之，颇以为愧。今收信收条均到，此后不烦齿及矣。正在修函，又由施子英交来九月十二日信，读悉一切。郎亭信即裁下封好送交，致徐观察亦当裁寄杭州也。倪儒粟[④]已作古人，未知已悉否？前来朱、陆、罗信已送去，郑信仍交濮寄，陈鹿笙书当加函寄去也。手肃布复，敬颂台安，并贺大

---

① 此札辑自《名人手札真迹》，

② 秦绶章（1849—1925），字佩鹤，江苏嘉定县（今属上海）人。光绪九年（1883）进士。选庶吉士，散馆授翰林院编修，升侍读学士。历官詹事、内阁学士、福建学政、工部右侍郎等职。官至兵部左侍郎，镶黄旗满洲副都统。

③ 即《花农拜阁学之命，寄诗贺之》一题，见《春在堂诗编》卷十七。

④ 倪儒粟，即倪茹（？—1900），字儒粟，杭州人。能诗文，善书画，受知于俞樾，自称俞楼弟子。《楹联录存》卷四《倪儒粟明府挽联》称“儒粟于今年闰八月卒于上海”，此联在《宋养初侍御挽联》（序曰“光绪二十六年秋七月京城陷，侍御仰药死”）之前，光绪二十六年恰有闰八月。

喜。尊夫人均贺，郎、爱并吉。

馆愚兄俞樾顿首，十月廿六日

按，光绪二十六年(1900)十月二十一日，命徐琪为内阁学士①。札中称“吾弟超升阁学”，则当作于本年。

二十二②

花农仁弟馆丈赐览：

十一月初八、初十、十八日均有候笺，交日本邮局寄，未知收到否？自得十月初六信后未得信，正深县系，乃于十一月廿四日接到十月初十日信，此信何迟也！发视，得菊花五朵，尚有微馨，而诗句清新，不独见才思之优长，亦足见胸怀之镇定。将来名位，定可追配敬、穆二公也。拙诗二首，别纸录览。内阁公事，想此时必极清简可养。相度阁中有存书否？皇史宬所储《永乐大典》，虽非内阁所掌，未识能一稽察否？兄兴会虽衰，而眠食如故，年内未必即归，勿念。小孙于六月廿三日请假出京，此等公事，未知尚可案否？闻各衙门有书到簿之误，翰林亦有之否？如届回銮，必须查明在京人员实数，小孙宜如何申说？想吾弟在京，必能妥为照料也。慕陶伉俪想均安好，慕陶能补一缺否？毕勉阁信已为寄杭，其寓在佑圣观巷也。手此，敬颂台安。尊夫人、郎、爱均此。

兄樾顿首，十一月廿六日

按，札中称“小孙于六月廿三日请假出京”及“如届回銮”云云，则当作于光绪二十六年(1900)十一月二十六日。

---

① 《清德宗实录》卷四百七十四。

② 此札辑自《名人手札真迹》。

二十三[1]

花农仁弟馆丈赐览：

十二月十八日接十一月初七日书。自接十月初十信后始得此信，为之欣慰。然此信甚迟矣。读知由宫庶超迁阁学，异数也。兄于十一月初八日寄去贺诗，郎亭及小孙均有诗，到否？倚霞幸有前年药裹，得诞麟儿，真吉人天相也。兄今秋已将此方钞寄三分，而竟未到，何也？计自十一月初八日后，初十日、十八日、廿六日，腊月初三日均有书奉寄，并附去诗文，均未知到否？近来寄信究不比从前也。并因小孙虽告假，然衙署焚毁，案牍无存，未知算得数否？而留京大臣又须查京官实数，宜如何申明，想有吾弟，必能为之照料妥协也。和局未定[2]，回銮无期，北望觚棱，曷胜愤懑。苏寓均平顺，勿念。南边光景亦尚帖然。尊处寄来郑信、陈信，均即发去。倪茹粟则已作古人，前函曾言及，想未达也。尊集楹联尚未收到。致雪舟书未知何语，俟到亦即寄也。拙诗四绝，腊八日所作[3]，附呈一笑。如晤子原亦示之。外信饬交为荷。此诗郎亭六叠韵，兄七叠韵，均鼓衰力竭矣。手肃，布复，即颂台安。尊夫人、郎、爱均此。

兄樾顿首，腊廿一日

---

① 此札辑自《名人手札真迹》。

② 光绪二十六年(1900)闰八月二十四日，奕劻、李鸿章照会各国使臣，和议开始；至十一月三日，外交团提出《议和大纲》十二条，以照会形式交清政府议和代表，转达西安行在(是年九月四日，慈禧等已逃至西安)。

③ 应即《僧宝于去年腊八日生，今岁此日岁一周矣。江南风俗，有试儿之例，见〈颜氏家训〉，聊一行之，喜赋此诗》一题四首，见《春在堂诗编》卷十七。

紫泉[1]开印交卸，继之者张子虞[2]。产方再寄一本，能在京中一刻，更妙也。

按，札中称徐琪“由宫庶超迁阁学”，则当作于光绪二十六年(1900)十二月二十一日。

二十四[3]

花农仁弟馆丈惠览：

尊处所发三电及十月初十日、十三日，十一月初七、初九、十六、十八日，十二月十五日信均收到。惟兄所发信，自十月廿六日，十一月初八日、初十日、十八日、廿六，正月初三日共发六信，乃接正月元宵信，知惟十月廿二日信收到，馀均不到。此数信皆交日本邮政局寄，均取有收条，乃竟致浮沈。持收条向局问之，只云俟寄京查问，而亦不见复，外国人作事亦不足恃如此。正月廿一日又发一信，交中国邮政局寄，未知到否？去年十月二十六日之信并有贺诗及郎亭诗、小孙诗，如竟未到，当补录奉。又有五色菊诗两绝句，未存稿，则不记忆矣。又有《八十自悼》诗[4]及《老而不死》文一篇，想亦未到。今有便

---

① 紫泉，应即濮子潼(1848—1909)，字紫铨，号止潜，浙江钱塘人。同治九年(1870)举人，光绪三年(1877)进士，改翰林院庶吉士。散馆，以部属用，任兵部主事。光绪十二年，任会典馆协修官。光绪十九年，任兵部员外郎。光绪二十年，任方略馆协修官。光绪二十一年，任兵部武选司总办。光绪二十二年，改兵部职方司员外郎。光绪二十四年，任江苏松江府知府，后升任湖北荆宜施道。光绪二十九年，任安徽按察使。光绪三十一年，任广东按察使、江苏布政使。光绪三十二年，护江苏巡抚。

② 张子虞，即张预(生卒年不详)，字子虞，号虞庐，浙江钱塘人。光绪九年(1883)进士。工诗善书。

③ 此札辑自《名人手札真迹》。

④ 见于《春在堂诗编》卷十七。

人，补去二册。吾弟月升官迁，□后想诸凡得意，兄则老病日增矣。小孙随侍，无所事事。都中各部院人员正月中有画到之举。小孙实系告假人员，想不过销资而已。吾弟在京，一切均求妥为照料。和议成否？回銮有期否？外间所闻似尚无成说也。手此，布颂台安。尊夫人及郎、爱，及慕陶伉俪均候。

兄樾顿首，正月廿七日

按，札中提及《八十自悼》诗，则当作于光绪二十七年(1901)。

二十五[①]

花农仁弟馆丈赐览：

自客冬以来，为日本邮局所误，寄书不达，乃经查问，一日间骤得之，似亦郁极而通之兆也。乱后初得手书，不过寸许一条纸，每语人曰：花农书如此，时事之窘可知矣。乃近得二月廿三日来书，则二十纸，今日件来，又得书十二纸，即此一端，足徵承平气象，况又惠我都中食物，如蘋脯、萄干、杏仁、冬菜等。兄初意将来蒐罗入《梦粱录》矣，竟俨然罗列我前，真可为中兴贺也。惟世衰可以复兴，年衰不能再盛。兄二月间又晕厥一次，今虽幸而无恙，然精力大逊从前，偶一动作，便觉虚阳上升，光景似不久矣。先舅氏姚平泉[②]老人，有学有行，君子人也，年八十一而终，庶几步其后尘。吾弟此后书来，幸勿以寿字见谀也。小孙株守其间，饱食无事，都下一切，自有老师照料，无须鄙言相托也。今年不乡试，确否？果尔，恐士心涣散耳。老弟此后，青云远到，黄扉在望，桃瑞自非偶然，惟时势至此，兄意不欲侈陈

---

① 此札辑自《名人手札真迹》。

② 姚平泉，即姚光晋(1780—1860)，初名琨，更名庆寅，又更名光晋，字仲瑜，号平泉，浙江仁和人。道光五年(1825)举人。应礼部试，不第，充国史馆誊录。后官上虞教谕。有《瓶山草堂集》、《诗钞》、《琐谈》。

瑞应,佳章容迟再和。去年寄来上方佳绢,久不书写,今即写一联,为尊府纪盛。附拙诗十七卷四本,便贻同人一笑。复颂台安,匆匆不尽。微物伴函:火腿二只、桂花膏一匣、虾子鱼二匣、瓜子四瓶。又,火腿一只送少侯,乞饬去。

兄樾拜上,三月初九日

再,手写一联,交使者带呈,即老弟新刻图章之十二字也。兄今年诗随作随刻,老矣,为收拾动身计也。刻成六页,随呈一噱,但多谬悠之词[①],秘之,勿示人也。又及。

按,《春在堂诗编》卷十七中的作品止于光绪二十六年(1900),札中提及此卷,则当作于光绪二十七年(1901)三月初九。

二十六[②]

花农仁弟馆丈赐览:

初十日使者回京,托带一信,附去火腿二肘、虾子鱼二匣、桂元膏二瓶、西瓜子四瓶,又附致绛霞茶叶两瓶、香纸一大束。但尊使自苏至杭、自杭至沪赴京,转折甚多,未知何时可到。嗣又于中国邮政局寄一信,廿一日发。或此信到在使者之前也。三月廿四日得十五日信,并承钞示谢稿,衣冠盛事,海内所希,可补入《熙朝嘉话》也。比想兴居佳胜,择日到任矣。开得马馆差,此亦小足救穷也。金坛信即由信局去,桓士信加函寄之,谢稿亦附去。兄眠食尚如常,今年乡试想不果举行,以待来年,未始非计。小孙到京亦无所事,暂尔优游,不遑后顾。兹因汲侯回京,附去茶叶两瓶、东洋樱花一匣,聊以伴函。即

---

① 应指《新年杂咏皆用俗语,聊示琎、珉二曾孙女》、《缪悠词》等题,见《春在堂诗编》卷十八。

② 此札辑自《名人手札真迹》。

颂台安。尊夫人以次均候。

兄樾拜上

按，光绪二十七年(1901)二月十三日，徐琪署兵部右侍郎[①]，札中“谢稿”、“择日到任”云云应指此事。故此札当作于嗣后不久。

二十七[②]

花农仁弟馆丈惠览：

吴宅家人及许圃翁带来信件，均有葠。昨由旭初[③]送来伊家人所带信，又承惠葠，极佳。虽感扶衰之雅意，然乱后得此非易，得无重费乎？幸勿频施也。食物均收到。尊管曾否到京？何处耽延？兄托信件颇多，收到即望示悉。李忠肃本朝所赐谥手卷甚可玩，此与陆包山画册，均三希所藏，未敢率尔题句。前寄宣炉诗[④]想已照入矣。今年乡试，此时未奉停止，想仍须举行。小孙告假之员，固不在放差之列也。昨又见有经济特科之旨[⑤]，此与戊戌章程[⑥]想必小异，未识如何。回銮已定七月十九日，想京中亦必闻之矣。武英又灾[⑦]，图籍恐不可保，为之太息。因沈处信件交来，故草此函，以慰悬系。尊诗已钞送桓士，如此宏篇，鄙人何从属和。郎亭谓“郑笺孔疏，无此详赡”，洵不虚也。陈六笙已升晋臬[⑧]，见在尚署湘臬，来信已加一函，由胡万昌信局去，

---

① 《清德宗实录》卷四百八十。

② 此札辑自《名人手札真迹》。

③ 旭初，即沈玉麟。

④ 应即《花农寄赠宣德炉，赋谢》一题，见《春在堂诗编》卷十八。

⑤ 光绪二十七年四月十七日，谕“照博学鸿词科例开经济特科”(《清德宗实录》卷四百八十二)。

⑥ 《清德宗实录》卷四百十四“光绪二十四年正月初五日”实录中详载。

⑦ 光绪二十七年，武英殿内两次失火，版籍俱成烟灰。

⑧ 光绪二十七年三月，陈璚由岳常澧道迁山西按察使。

想必不误。吴下抚、藩、臬三君书均已送交,取有回片。雪舟和尚已入涅槃矣。屺怀不常见,今年伊家事颇欠顺当也。式之断弦待续,郎亭属小孙作媒,未知成否。拉杂布复,即请台安。

愚兄樾顿首,四月二十四

尊夫人以次均此。

再启者,包山画似前半尚有裁缺之处,以画似不应如此截然而起也。然内府所藏,已是如此,其缺也久矣。此画亦不知何名,所谓群仙祝寿,想吾弟为之名耳。群仙中兄除八仙外只认四人:太乙乘莲也、博望乘槎也、曼倩偷桃也、琴高骑鲤也,或是太白骑鲸? 馀皆不识。李忠文书有裱错之处,一札实无首张也。拉杂再布。

樾

按,光绪二十七年(1901)八月二十四日,西太后发卒数万人,带行李车三千辆,出潼关经河南、直隶回北京。札中既称"回銮已定七月十九日",则此札当作于该年四月二十四日。

二十八[①]

辛稼轩寿人八十词云:人间八十最风流,长贴在儿儿额上。校者改下"儿"字为"孙"字,顾涧蘋云:"儿儿"或是奴家之称? 二语之意,当以八字作眉字解。余按,稼轩又有寿岳母八十词云:胭脂小字点眉间,犹记得旧时宫样。则顾说信矣。余八十老翁,赋此一笑

老夫耄矣复何求,齿豁头童万事休。自谓百年如梦幻,人言八十最风流。任从九九图中数,余今年八十一。仍向儿儿额上留。只惜老妻久黄壤,胭脂小字欠眉头。

花农仁弟正句

曲园樾

① 此札辑自《名人手札真迹》。

按，此诗见于《春在堂诗编》卷十八（辛丑编），诗中又有"余今年八十一"之说，故此札当作于光绪二十七年(1901)间。

二十九[①]

花农仁弟馆丈阁下：

叠承手书，并寄□参枝等珍件，均即函谢，定尘青照。兹有临海黄蒸云寄尊处信一函。洋钱二百，兄交仁和钱庄寄上海贵同年施子英[②]汇京，想可速达，是以先草此函，报知左右，俟汇到幸即□复也。兄前托尊管带京信件究竟到否？何以迟迟，曾否函致珂卿一问？手此，敬问台安。

愚兄樾顿首

尊夫人以下均此。

按，札中"兄前托尊管带京信件"云云，或即第二十七通已言及者。

三十[③]

承示续纂《诵芬咏烈编》[④]，而以宋时命妇封典为问。检《宋史·职官志》"叙封"一条，略及命妇封典，止有国夫人、郡夫人、郡君、县君

---

① 此札辑自《名人手札真迹》。

② 施子英，即施则敬（1855—1924），号子英，江苏震泽人。光绪元年(1875)恩科举人，三年考取咸安宫官学汉教习第一名，期满引见，以知县用。以筑河、劝赈有功，历保知州、知府，以道员用。光绪三十年曾五次奏保送部引见，被选用创办中国红十字会。民国后任招商局局长，1916年充汉口中国银行监视员；后在上海创办上海贫儿院。

③ 此札辑自《春在堂尺牍》卷七，题作"与徐花农"。

④ 《诵芬咏烈编》为徐琪所编武林徐氏家谱。俞樾为之作序，见《春在堂杂文》五编卷六。此处应指《诵芬咏烈后编》，光绪二十九年(1903)成书。

四等。而注则云:“观文殿学士、资政、保和殿大学士,并淑人。”然正文已云“观文殿学士、资政、保和殿大学士母、妻,郡夫人”,不知何以又有“淑人”之封也。《志》又云:“文臣通直郎以上,武臣修武郎以上,母、妻孺人。”是宋命妇有六等:国夫人、郡夫人、郡君、县君、淑人、孺人也。惟宋无名氏《枫窗小牍》言:“宋妇人封号,侍郎以上封硕人,大中大夫以上封令人,通直郎以上封孺人。”是又有此硕人、令人名号,《宋史》不载也。今依此说之,尊录中志行公赠通奉大夫,按《宋志》绍兴以后阶官,通奉大夫、通议大夫皆在大中大夫之上,是其妻宜封令人也。茗绳祖公官止江陵府司户参军,按《宋志》合班之制,诸府、诸曹参军事,皆宣教、宣义郎,其阶在通直郎之下,未知得封孺人否?事远无稽,史文又缺略不备,窃谓此等处不能质言,不如浑之为妥也。

按,下札言“嗣又寄二函,一录寄宋封典”,或即指此札。故暂系于此。

三十一[①]

花农仁弟馆丈阁下:

前托施子英寄洋二百元曹君所赠,嗣又寄二函,一录寄宋封典,一寄王大夫人墓表[②],未知收到否?管家已到京否?均念。吴邦佐必有其人,但不可考耳。今又作一歌[③],寄正。任筱翁[④]昨日到苏,接印未定日,早则月底,迟则月初。书至此,有客至,率颂台绥。瀛寓

① 此札辑自《名人手札真迹》。

② 应即《诰封一品夫人徐母王太夫人墓表》,见《春在堂杂文六编》卷六;又题作《翼鄰徐公配王太夫人墓表》,收入《春在堂杂文六编补遗》卷四。

③ 应即《宣德炉第二歌》一题,见《春在堂诗编》卷十八。

④ 任筱翁,即任道镕(1823—1906),字励甫,号筱沅,江苏宜兴人。道光二十九年(1849)拔贡,官至浙江巡抚。著《寄鸥游草》、《欧馆闲吟》。

均此。

兄樾顿首，六月十日

再，吴邦辅乃吴冕曾孙，已在崇祯时矣。并以奉阅，又顿首。

一口三纸，而纸各不同，草率可笑。勿罪。

按，《春在堂诗编》卷十八有《花农寄赠宣德炉，赋谢》一题，序云："炉底刻'大明宣德六年工部尚书臣吴邦佐监造'十六字，他炉所无也。检《明史》，亦无其人，聊赋此诗，质之花农。"据知吴邦佐之名见于宣德炉铭。此诗为光绪二十七年(1901)之作，在第二十八通所引诗之后，故暂系于此札于该年，并置于后。

三十二①

花农仁弟馆丈阁下：

叠接手书，并珍惠各物，及绛霞所惠葠枝、苹果，一一领到，均有书复谢，定鉴入矣。嗣又奉到并蒂莲房及西苑莲蓬十六枚，兼拜读佳章。昨又从沪上寄到妙绘齐纨一握，珍施稠叠，无非见爱深情。又承示疏草，真经国宏猷也，为郎亭取去未归，故未能录寄桓士。闻桓士中秋后须晋省，或可携与共读也。醇邸②小照竟得拜观，幸甚！至赐小孙诗，未免拟不以伦也。前者拜读大作长歌，不胜心折。此人服善之公心，不足见心地之厚薄。惟来书所言，实是洞见本原。窃谓时世

① 此札辑自《名人手札真迹》。

② 醇邸，应指载沣(1883—1951)，爱新觉罗氏，光绪帝胞弟，宣统帝父。光绪十六年(1890)袭王爵。因义和团运动中德国公使克林德在北京被杀，于光绪二十七年被委派充任头等专使大臣赴德国道歉谢罪。光绪三十四年任军机大臣。其子溥仪入承大统，载沣任监国摄政王。次年代理陆海军大元帅。辛亥革命爆发，被迫辞去摄政王职，闭门家居，次年被迫同意溥仪退位。1928 年，迁往天津幽居，后又去东北，拒绝日本人劝降之要求，并怒斥其子溥仪投靠日本做汉奸，之后返回关内居住。解放后，载沣将醇王府贡献给人民政府以作公用。

至此，无一可为子孙之贻，只此方寸之由，尚可留遗后世。即欲求世外桃源，苟全性命，亦不可得，不如只守此方寸地也。高见以为何如？小孙科名已窃占其盛，则官职不必再求其足，寒家所以稍能振起者，皆先祖南庄府君一“留”字之力。然所留几何？可过求其足乎？小孙人材无补于世，处此时世，本可不出，然苦无山资，又不能不一出，果能天从人愿，得一学差，将来餔啜有资，则归而养亲课子、种花读书，亦大福分矣。名保固不敢妄邀，特科亦无可应诏。且由此进身，必做外官，上有重亲，家无昆弟，能容其宦海飘零乎？想老弟亦必以为然也。闻大驾回銮，必取道夷门，如小石[①]彼时已赴汴藩任，或令其先赴中州，图有居停、有照应。然此时亦未定也。恃爱布陈，幸秘之。兄春间颇勇于作诗，甫及半年，已刻成半卷。入夏来，诗兴亦衰矣，眼目昏花，如隔烟霞，腰胯酸疼，入夜更甚，想不久人间也。肃谢并复，即颂台安。尊夫人以下均此。

愚兄樾顿首，七月廿六

外，子原一信求饬去。

按，札中既有“大驾回銮”之说，必作于光绪二十七年(1901)。本年三月，陈夔龙由顺天府尹改授河南布政使，故札中又有“如小石彼时已赴汴藩任”云云。

三十三[②]

花农仁弟馆丈阁下：

腊十一日一书曾照入否？昨阅报大惊，事已至此，无可言者。吾弟官至二品，曾直内廷，未始不极词臣之荣遇。今以微罪行，亦何所

---

① 小石，即陈夔龙。陈夔龙为俞樾女婿许祐身的妹夫，故可称“至亲”。

② 此札辑自《名人手札真迹》。

憾。宜善自排解，以保千金之躯，勿发劳骚，以杜意外之衅。俟冰泮后挈眷南归，优游湖山，未始非福也。兄日内目疾甚剧，草草布慰，即颂□安。

愚兄樾顿首，腊廿日

慕陶回京，二小姐想回曾宅矣。甚念。

按，光绪二十七年(1901)十二月十七日上谕“内阁学士兼礼部侍郎衔徐琪声名平常，不孚舆论，着即行革职”[①]；十九日，《申报》刊载此谕，俞樾遂得阅知，故作此札。

三十四[②]

花农仁弟馆丈赐览：

接正月十八日手书，甚详。即布复一函，并附去食物，交舍侄孙同奎[③]带京。而闻其到上海尚有耽搁，未知何日可到也。四月间旌旆想必南旋，上海有龙门书院一席，岁入千金，本吴清卿中丞主讲。清卿作古，兄函致袁海观[④]观察，为老弟谋之。又属陆春江[⑤]方伯加函，未知成否。此席在南中已算至优，恐兄与春江之言尚不甚得力。老弟在京如能得有力者一书，当无不成，然宜早图之，迟则成中原之鹿矣。尊意如以为然，幸即一谋。兄今春不至杭州，意兴亦颇索寞。

---

① 《清德宗实录》卷四百九十二。

② 此札辑自嘉德2010春拍第8232号。

③ 俞同奎(1876—1962)，字星枢，俞林次子祖福之幼子。英国利物浦大学化学硕士，回国后清廷赏以丙午恩科举人和庚戌格致科进士，授翰林院编修(俞泽民:《曲园先生世系简乘》第150页)。

④ 袁海观，即袁树勋(1847—1915)，字海观，号抑戒老人，湖南湘潭人。历官江苏高淳、铜山、上海知县、苏松太道、江苏按察使等。

⑤ 陆春江，即陆元鼎。

郎亭则兴致颇佳。吾弟如归，亦一郎亭也。手肃，敬颂台安。尊夫人、郎、爱均此。

兄樾顿首，十三

按，札中提及"(吴)清卿作古"，必晚于光绪二十八年(1902)正月二十七日[1]。此札或即光绪二十七年(1901)末俞樾得知徐琪失官后为其谋划出路之作。

三十五[2]

花农仁弟馆丈赐览：

叠奉手书，并拜诗章诗箋之赐，以及鲜合桃、干苹果及棕拂等物，灿烂满前，何爱我之深也。贤郎墨妙，咄咄逼人，大有跨灶之意。长公子大梁就试，想频有信来，颇盼其秋风一捷，一启阿翁笑口也。湉翁手卷收到，率笔题耑，并附一绝句。但一时乏便难寄耳。所叹者，吴君一夔带此件来，兄因病未见，又送礼来，亦谢不收，以此后为日方长，可图一见。不意其竟于月初在客中长逝也。蜉蝣身世，如是如是！兄今年多病，精力益衰，菁华竭矣，殆将搴裳去之。新近又遭归王氏长女之变，弥觉黯然。内人年六十而终，二子二女皆在。鄙人八十二未死，而子女殒其三矣，人生高寿，真非福也。又以各报纸所言，蜀事颇涉张皇，为之惴惴。幸于八月三日得成都电，知小孙已于初二日抵成都，想考试自必照常。但望三场平静，出闱后假还相见，则老夫便可含笑而去矣。重宴一事亦年例使然，其实事在明年，不能待也。小诗八首，感遇述怀，寄呈清正，并贻吟好。手肃，敬颂台安。

愚兄樾顿首，八月五日

---

① 《前湖南巡抚吴君墓志铭》，《春在堂杂文六编》卷五叶五十三。

② 此札辑自《名人手札真迹》。

按，札中称“鄙人八十二未死”，则当作于光绪二十八年(1903)八月初五。本年五月，俞陛云放四川乡试副考官，故札中称其八月二日安抵成都，“考试自必照常”云云。七月十四日，俞樾长女卒[①]，此即札中“新近又遭归王氏长女之变”之所指。

三十六[②]

花农仁弟赐览：

连接手书，并叠拜苹果、鲜合桃及食物之赐，又屡示喜笺、序目及萍踪花影诸大集，具徵挚爱逾恒，并悉兴居佳胜。花瑞又呈，此贤郎今年高捷之兆，及老弟不久光复之徵也，贺之。兄才尽江郎，欲作一诗而不得，姑书此以俟后验。又承绮霞制赠大儿妇金杖一枝，当即交付，欢喜奉持，再三称谢，请为转达。承示重宴鹿鸣人员，喜添得王其衡一人，惜不知何省何科，大约是癸卯同年，检《甲辰齿录》无此公也。查系礼部据咨奏，不知所据之咨由某督某抚，如知之，即得其省分矣。兄衰老颓唐，杜门不出，日前忽有归安同乡自山西贻书大骂，谓：公之议论著述，足以死亡中国人士而有馀。览之悚然，误天下苍生者，竟是老夫乎？忆丁酉年兄与廖谷似中丞书云：弟主讲诂经三十年，将来必有两种议论，一谓曲园在此造就人材不少，一谓两浙人材皆败坏于曲园一人之手。不图今日果有此言，则亦不敢□也。附闻之，博一笑。子原调守吴郡，履新尚早，大集即当寄与之。郎亭不甚得意，又患时感，久不见矣。吴下多病，乃天时使然，幸尚轻，服正气丸、苏合丸即愈也。手此，布颂台祺。

愚兄樾顿首

尊夫人、郎、爱均候，并候绮霞，乞转致。

---

① 《春在堂杂文六编》卷三叶四十九。

② 此札辑自嘉德2010春拍第8232号。

按，许祐身光绪二十九年(1903)移守苏州，札中提及“子原调守吴郡”，故当作于是年。本年秋值俞樾中式举人六十年，故其于札中谈论“重宴鹿鸣人员”云云。

三十七[①]

花农仁弟馆丈惠览：

许纪还及邮局递到之函均收到无误，承惠大参及果脯等，具徵垂爱之深。又示临会稽碑及香山记，伟人伟笔，皆足千古。属题记，一时未敢草草下笔，且亦笨重难寄，好在从者秋冬间必回南，当可面致也。尊寓想均安善，世兄辈且在部当差，每月印结，亦不无小补，暂缓请外，亦无不可。时事日难，外间亦纷如乱丝矣。兄近来头目昏花，日益加甚，步履更咫尺难行，每日坐藤椅出至外斋，只好算作泥菩萨矣。小孙前两日亦患重感，幸服药即愈，不至成大病耳。数日来暑热颇剧，总有清凉，仍苦郁闷也。郎亭常见，前信及书均交到矣。兄仍时时作诗，然诗格益卑下矣。今年所作诗曾刻十四纸，记已呈览，以后续刻当续寄也。《春在全书》近亦刷印，拟将数部分贮名山，为五百年后计，盖逆料一二百年必无披览吾书者耳。手肃布谢，即请颐安。尊夫人及郎、爱、孙世兄均候。

愚兄樾顿首，六月七日

按，札中“《春在全书》近亦刷印，拟将数部分贮名山”云云，可与俞樾致毛子云札参看。则此札当作于光绪三十一年(1905)六月七日。

---

① 此札现藏俞氏后人处。

三十八[1]

花农仁弟台馆丈：

晓渊[2]来，接奉手书，并承惠参枝。此贵重之物，何堪屡赐，虽感扶衰之雅意，殊涉伤惠之微嫌，拜领之馀，感悚感悚。又示法书《岳阳楼记》，与前会稽、香山，得三大手卷，真奇观也。兄均已题数语于末幅，如许汲侯舍外孙月初入都，当令其带呈，如或迟至八月初旬，恐汲侯北去而台旆或适将南来，反致相左，不敢托带也。东瀛小牙章精绝，率成一绝，聊奉一笑，不足示金君也。昨又从三六桥自杭州寄来手翰，内有令孙照片一张，奉览之下，婠妠可喜，真英物也，文敬、文穆两公之后得此宁馨，九世其昌，可为君家卜矣。亦拟作一诗，未敢率尔。小曾孙庆宝见之，曰："比宝宝好。"嘉其甫周二岁，已知礼让，故以附及。吴下天时，忽而大热，忽而大凉，前日葛衣摇扇，今日三夹衫矣，殊亦新法乎？兄及二儿妇皆感冒数日，幸皆痊愈，然如此天时，难保无继之者也。子原丧明，请期服假，实亦可以不必。子已出继，则服已降矣。若因胞侄而请期服假，是疏之也。吴下多事，姑借此偷闲，亦无不可。郎亭比来亦较往年稍衰，不见逾旬矣。薄感初愈，率笔布谢，即颂秋厘。尊夫人及郎、爱、少奶奶、令孙均侯。

愚兄樾顿首，廿一日

按，光绪二十九年(1903)六月二十七日，俞樾孙妇许氏举一男，以其出生日在万寿庆贺期内，为取名庆宝[3]。札中称"小曾孙庆宝""甫周二岁"，故当作于光绪三十一年。

---

① 此札现藏俞氏后人处。

② 晓渊，应即傅振海(生卒年不详)，字晓渊，浙江诸暨人。诂经精舍生。知县。著《守梅山馆诗稿》。

③《春在堂诗编》卷二十叶二十二。

三十九[①]

贞庵老弟惠览：

许宅纪纲还，及叠奉由邮局书，承惠参枝、果脯及手卷、屏幅及《长生录词》以及《日边续唱》等，均收到无误。柳门处信件亦即交去矣。就念兴居佳胜，翰墨清娱，真大福也。较之航海万里、考察政务诸大老，何啻天渊耶？兄头目昏花，腰脚软弱，殆不久人世矣。尊卷香山记业已题二绝句，又会稽秦石大字，拟作一诗，云："海内奇观六十字，前无斯朋后无继。光绪三十有一年，琪也作之樾也记。"此二十八字，质朴无文，颇与相称。但未写上，因未定写隶书、写行书耳，至篆书则不写，有美在前也。《长生箓》自是奇作，兄老耄，未能统阅一过，拟定功课，每日读四首，作六日了之，但未知有无作辍耳。已命小孙细核一通，计得一百九十一人，未知不误否，恐尚有遗漏。兄颇亦思作数首，然非如老弟之腹笥便便，又得笔精墨妙，必不能成。且"长生"二字，雅非兄所乐闻，何也？"寿"之一字，殆有两等，昔周之盛也，其诗曰："乐只君子，万寿无期。"此寿之可以为福者也；及其衰也，诗曰："知我如此，不如无生。"此寿之不足为福也；岂可一例而论乎？《今文尚书·洪范》一曰富，然则必作二曰贵，是今文家言五福，无寿，寿非福也。偶发此论，老弟必不以为然。尊处吉期定于何月，已检定否？文旌何日南来？渴盼，渴盼。湖南、贵州均有安信来否？手肃布泐，敬颂暑祺。尊夫人、郎、爱、孙世兄均候。

愚兄樾顿首，六月二十

按，札中有"光绪三十有一年"云云，则当作于该年(1905)六月二十日。

---

① 此札现藏俞氏后人处。

四十[1]

贞庵老弟如晤：

二十日曾布一笺，未知收到否。昨又奉来书，知大世兄派有佳事，则京寓自足优游，不必急急图南也。二舍外孙人太忠厚，且多疑易怒，已有痰疾根□，得世兄挈之到部，随时提挈之，大妙。昨子原来，已告知之矣。吴下比来酷暑，为数十年所未有，衰年逢此，颇觉为难，《长生箓词》略读一过，率题四绝[2]，懒于誊写，命钞胥录奉一笑。挥汗泐布，即颂暑安。尊夫人、郎、爱、孙世兄均候。

愚兄樾顿首

按，此札接续上札，亦作于光绪三十一年(1905)间。

四十一[3]

花农仁弟馆丈惠览：

前承寄各件并参枝及令孙照片，曾详复一函，定尘青照。吉期伊迩，未识大旆何时南来？盼之。会稽、香山、岳阳各大笔，均题数语，以志倾仰。兹因许汲侯外孙北来，先将会稽一件寄上，以此件最重大也。汲侯八月望前必可到京，想吉旌想未南下也。外附去枇杷叶露四瓶，茶叶两瓶，虾子两瓶，头油四瓶，聊以伴函。率布，即请秋安。尊夫人、郎、爱、少奶奶及令孙均候。

愚兄樾顿首，八月二日

---

① 此札现藏俞氏后人处。

② 即《花农寄示〈长生箓词〉，以余今年八十五，故从八十五起，递推至数百岁数千岁，几及二百人。得七律二十四首，可谓富矣，装成巨册，厚可寸许。率题其后》一题，见《春在堂诗编》卷二十二。

③ 此札现藏俞氏后人处。

按，札中提及之“会稽、香山、岳阳各大笔”，已见于第三十七、三十八札，则此札亦当作于光绪三十一年(1905)。

四十二[①]

花农老弟台馆丈：

接廿二日手书，知小有清恙，非天时之故，乃地气使然，今已全愈，一家亦皆康复，为慰无量。小孙倖米，乃承齿及，宠之以诗，至与相倖并提，未免不伦矣。兄头目昏花，日甚一日，殆将不支。而笔墨之累，仍不能摆脱，如何？尊处旧助诂经一款[②]，已奉中丞提出发还，兄廿五日书中已详布一切，今将中丞照会、介轩公牍寄阅，便知其细。此项兄已函介翁，不必由苏转往，由介轩从蔚长厚汇尊处矣。然汇寄银两不如寄信之捷连，恐非一月不达，汇到后宜函谢中丞，即由介轩处转，介轩亦即借此复中函之命也。至于一切葛藤都已斩断，尊处前两次函达与不达均无要系，若所云京师学堂等语丁函缴，亦不必说矣。尊赠翁事，无不竭力赞成，想陈中丞[③]亦断不作难也。兄一时未必即与相见，当先命小孙往见，说知此事也。濮子泉[④]久病不瘳，进退惟谷；朱竹石[⑤]又有大不得意之事；陆申甫[⑥]赔垫过多；子原量移，几同贬谪。吴下官场，无不垂头丧气也。京师滴雨皆无，吴下则愁霖

---

① 此札现藏俞氏后人处。

② 俞樾致徐琪札第十八通中曾提及。

③ 陈中丞，应即陈夔龙。

④ 濮子泉，即濮子潼，时为江苏布政使。

⑤ 朱竹石，即朱之榛。

⑥ 陆申甫，即陆钟琦(1848—1911)，字申甫，顺天宛平人(原籍浙江萧山)。光绪十五年(1889)进士。以编修办理直隶赈灾。历任江苏督粮道，江苏、江西、湖南按察使，乾隆时株连至数百人之未结大案经其了结。宣统元年(1909)任江苏布政使，三年擢山西巡抚。到任未逾月武昌起义爆发，山西新军进攻抚署，中弹死。谥文烈。

不止，甚非佳象。肃复，即颂台安，尊夫人及令郎、令爱、令媳、令孙均侯。

馆愚兄樾顿首，五月四日

按，光绪三十二年(1906)，陈夔龙任江苏巡抚，于三月二十九日接印[①]。是时俞樾婿许祐身为苏州知府，以陈氏为其妹婿，依例须回避，故改授赣州知府[②]。此应即札中"子原量移，几同贬谪"云云之所指，故系此札于本年。

四十三[③]

昨呈一函，定照入矣，茶砖歌大误，乃由卧榻口占，未检《说文》也。毛西河每使一事，必检出处，殊愧之矣，今改正再录呈教，其意则犹前说耳。尊作佛语诗已读一过，其语则佛也，其则仍仙也。手此，再颂新年百福。

花农侍郎馆丈

樾拜上

四十四[④]

花农仁弟馆丈赐览：

接手书，并新制集喜笺，即事多欣，良用慰籍。并承属赐小曾孙女，惜渠即不写信又不作诗，未免孤负盛意耳。兄自清明以来，时有小病，医者皆言不宜用心，因此益增疏懒，客来既不答拜，书卷亦倦于相对，终日惟以简书消遣。昨日从周季贶处借来外国小说数种，颇耳

---

① 《春在堂诗编》卷二十三叶十八。

② 《春在堂诗编》卷二十三叶二十八。

③ 此札现藏俞氏后人处。

④ 此札辑自《名人手札真迹》。

目一新也。属钞《偃王碑跋》,此在《春在堂随笔》中[1],本非文字,故无题目,另纸钞奉,乞检入。先像赞容稍迟报命。手肃,敬颂台祺,并尊夫人及郎、爱均吉。

兄樾顿首

午节又承致语,然究涉客套,请并此免之何如?附谢,并及。

四十五[2]

花农太史因吴下有福禄寿诗筒摹本,用庚辰年“堪”字韵作诗寄示。而余又有一砖,“福”字下有寿星骑鹿像,更奇也,制笺,次韵奉酬

食虽太少睡犹堪,余近状如此。姑借残砖作美谈。意与形声合为一,寿星象形,鹿谐声,合福禄寿为一字,又可为会意。寿兼福禄得其□。已忘旧句墨池集,且寄新诗卢舍庵。君属书题“墨池”也,倡和诗二首已失记矣。先录寄《卢舍庵诗》。附去此笺博君笑,何须蜀纸假山南。蜀纸谱纸有四色,其一曰假此者。时颇□君得蜀貂,而竟不得,故有此句。

曲园初稿

四十六[3]

花农老弟惠览:

昨入城,本拟午前奉访,乃见尊舆驻于道旁,知已外出,是以不果,及午后,则匆匆出城矣。小诗二首和原韵,即希吟正。此颂留祉。

曲园顿首,廿六日

---

① 见《春在堂随笔》卷七。

② 此札辑自《名人手札真迹》。

③ 此札辑自《浙江图书馆馆藏名人手札选(二)》上册,第 109 页。

致许庚身

许庚身(1825—1894),字星叔,又字吉珊,浙江仁和(今杭州)人。祐身兄。咸丰二年(1852)进士。考取内阁中书。参与撰修《宣宗成皇帝本纪》、皇室宗谱及《臣工列传》等书。咸丰九年(1859)叙功以侍读待用。十年(1860)任军机章京。官至兵部尚书。

一①

顷得手书,知赞襄几务,倚畀日隆,甚善甚善。仆于五月下旬还吴下寓庐,一病月馀,至今未愈。《礼》云"五十始衰",今其时矣。属拟表文二道,极感知爱之深,但骈俪之文久已辍笔,况此等大文章,自宜大手笔为之,台阁中不少造五凤楼手,乃问之江湖之野老,不亦左欤?病中未能握管,口占,授舍侄奉复,不尽一一。

按,札中既称"五十始衰,今其时矣",则当作于同治九年(1870)。

二②

顷由令弟子原寄到楹帖一联,猥以鄙人七十生辰,远颁吉语,光耀轩楹。在远不遗,固为可感,而江湖衰朽,得蒙华衮褒扬,亦未始不足为荣。然犬马之齿,何足言寿,今岁誓于先人影堂,寿言寿礼,概不敢受,虽承公赐,未敢渝之。仍寄由子原令弟璧还,伏求俯鉴硁硁,勿以为罪。他日鄙人死后,如蒙赐以挽联,则九原铭感也。

---

① 此札辑自《春在堂尺牍》卷三,题作"与许星叔京卿"。

② 此札辑自《春在堂尺牍》卷六,题作"与许星叔尚书"。

按,光绪十六年(1890)十二月二日为俞樾七十生日,札中既称“鄙人七十生辰”云云,故当作于本年。

致许景澄[1]

许景澄(1845—1900)[2],字拱辰,号竹筼,浙江嘉兴人。同治七年(1868)进士,选庶吉士,授编修。明习时事,尤究经世之学,大学士文祥以使才荐。光绪十年(1884),任出使法、德、意、和、奥五国大臣,兼摄比国使务。十六年(1890),充出使俄、德、奥、和四国大臣。二十二年(1896),任出使德国使臣。累迁至内阁学士。义和团起,与袁昶等人联名极谏,忤西太后被诛。著有《外国师船表》、《西北边界俄文译汉图例言》、《帕米尔图说》等。

竹筼星使仁兄大人阁下:

曩以带水之睽,空切斗山之慕;今以重洋之隔,弥深望若之思。伏惟博望仙搓,驺虞使节,远播天家之雨露,周游地轴之山川。身系重轻,望隆中外,古之肤使,何以加兹!弟章句腐儒,见闻俱陋,桑榆暮景,疾病交乘,仰企使星,如鷰鷃之望云鹏矣。病中见猎心喜,于江南江【中缺】[3]德无既矣。手肃,载请台安,伏求亮察。

弟樾谨再启

外附呈舍侄名条一纸。

按,从札中"今以重洋之隔"、"望隆中外"云云,知作此札时,许景澄正在外使任上。

---

① 此札辑自《上海图书馆藏名人手札选刊·俞曲园手札》,第251—253页。

② 《春在堂杂文六编补遗》卷五叶四十一。

③ 此处文意不相连属。原札中"德"字以下属下叶,因疑其间脱落文字。

致许国瑞[①]

承示张樗寮所书《金刚经》石刻拓本，佳甚。辄用别纸题数语，戏仿赵凡夫跋语笔意书之，即所谓草篆也，聊发一笑而已。诸家跋语中，弟最喜董香光语，不但深得书法，抑且深得佛法，离合二字，即无实无虚之旨，亦即非法非非法之旨。其云“右军灵和、大令奇纵、虞褚妍丽、颜柳刚方”，即所谓一切法皆是佛法也。又云“以灵和还右军、以奇纵还大令、以妍丽还虞褚、以刚方还颜柳，而自有灵和、自有奇纵、自有妍丽、自有刚方”，此即所谓一切法即非一切法，是名一切法也，亦即所谓我于然灯佛所乃至无有少法可得也，亦即如来所以灭度一切众生而无一众生得灭度也。书法如是，佛法亦如是，一切有为法，无不如是。大善知识，以为何如？

按，张即之书《金刚经》，写于宋淳祐六年（1246），是其书法风格成熟稳定时期的代表作品之一。原迹今藏美国普林斯顿大学美术馆，有泰昌元年（1620）董其昌跋[②]。俞氏札中所引董跋云云，均出自此件。

---

① 此札辑自《春在堂尺牍》卷六，题作“与许榴仙”。

② 《张即之书金刚经》。

致许祐身[①]

许祐身(1848—1912),字子原,号静壹斋主人,浙江钱塘(今杭州)人。许乃恩子,俞樾次女婿。历官苏州知府、松江知府、山东道监察御史。

得嘉平望日手书,知侍奉康娱,闺房清吉,慰甚。二令兄、四令弟已回京否?山东事行查原籍,作何了结?念之念之。仆今年主讲苏州之紫阳书院,岁入四百金,不敷所出。全家已迁居书院,其地在阊门内梵门桥,以后书来,竟寄此处可也。二小儿痴顽如故,不知是病是魔,医巫并进,迄未见功。固由吾德薄,或亦由彼孽重,付之浩叹而已。其妇于去岁举一女,门衰祚薄,又何得雄之敢望?尊处西席是否仍旧?惟望足下,努力下帷,明岁文场,一战而霸,庶鄙人得开口一笑乎?

按,同治四年(1865)十月,俞樾全家移寓紫阳书院[②];五年二月二十日,开紫阳之课[③]。札中提及主讲紫阳、迁居书院等事,则当作于同治五年(1866)间。

---

① 此札辑自《春在堂尺牍》卷一,题作"与女婿许子原"。

② 《曲园自述诗》叶十五。

③ 《曲园自述诗》叶十五。

致严辰[①]

严辰(1822—1893),字子钟,号缁生、芝僧,浙江桐乡人。咸丰九年(1859)进士,授翰林院庶吉士。官至刑部主事。著《桐乡县志》、《墨花吟馆感旧怀人集》、《墨花吟馆诗抄》、《文抄》、《同怀忠孝集》、《达叟文稿》。

芝僧先生仁兄年大人阁下:

承示大著《桐乡县志》,体大而义精,文详而事核,洵必传之书也。近来各郡县志皆设局纂修,麕集多人,獭祭成事,遂同官书,竟尟佳构。先生此志由一人闭户仰屋而成,宜其与他志不同矣。世之言志者,辄推重康氏《武功》、韩氏《朝邑》。鄙意不然,此二志,乃子桑伯子,止一简字耳。古"志"字与"识"通,志即识也。孔子曰:"多见而识之。"此志之所以名也。然则志岂以少为贵者乎?先生积十数年之力,聚百数十种之书,旁徵博引,去非求是,于同时人中求之,汪谢城之《南浔志》[②]差可伯仲,然彼止一镇之书,有此精详,无此博大也。古书从无两序,近今各志,皆属官修,故开卷必有各官之序,连篇累牍,隔靴搔痒,一望而知非名笔。此志为一人独修,则有先生前后两序足矣,鄙人何容著粪佛头。乃先生殷殷之意,更欲鄙人于序中指摘其疵,以示后世。无论鄙人才浅学疏,无以仰赞高深,且亦无此序文

---

① 此札辑自[光绪]《桐乡县志》卷首。又收入《春在堂尺牍》卷六,题作"与严芝僧庶常"。

② 《南浔镇志》四十卷,汪曰桢撰。汪氏搜访史籍、方志、杂说、家集、谱谍等书二千五百馀册,汇编为此书,意在兼综,故巨细不遗。始于咸丰六年(1856)季秋,八年仲冬成书。

体例。惟既承不弃刍荛，辄欲少尽愚瞽。窃见《职官表》中张如戴一人两见，此即详之得者也，苟求其简，则转失之矣。惟弘光元年，实本朝顺治元年，存"弘光"偏安之号，而转失载顺治开国之元，于义未安。《钦定通鉴辑览》亦止附注弘光，未尝竟以是年为弘光元年也。愚谓，此处更不厌其详，宜于甲申年大书"国朝顺治元年"，而以小字附注"明弘光元年"，从《辑览》之例，张如戴下则书"明授"二字，至乙酉年为顺治二年，则又书张如戴之名，而注其下曰"明亡，入国朝"，仍旧如此，庶不贻后人以口实矣。至入主出奴，讲学家积习，秉《春秋》之笔，不必徇门户之私。先生意在独尊张杨园，故施约庵不为立传。然此人实亦一大儒，当日能使夏峰先生千里贻书叩问，其人可知也，乃止于《艺文志》中《姚江渊源录》下一见姓名，粗叙崖略，则著书讲学之施博，与督学纳赃之朱荃一律待之矣。后人读之，得无有未餍乎？鄙意，宜于邱云之下补入施博，但加按语云："施约庵宗主姚江，所学未纯，然亦杨园之友也，故附列之。"如此，则与尊意不背，而后人亦帖然矣[①]。因承下问，率书管见，以副虚怀，死罪死罪。

年愚弟俞樾书

按，[光绪]《桐乡县志》卷首此札后有按语称："此志告成于丁亥之秋，曾请曲园前辈隶书封面。而辰旋撄痼疾，不及以全志就正也。今于己丑之秋就医来苏，借居沈氏耦园，为养疴计。乃得以此志请序，并求指示瑕疵。覆书奖借逾分，而为指示当改之处，不觉茅塞为开。然苦于剜改为难，故即以此书刊列凡例之前，俾后之续修者依此

---

① "矣"下，《尺牍》本多"首卷恭录诏谕，鄙意亦私有所疑。开国典谟，岂专一邑，此何异志书之首载分野乎？且国朝二百年来，列圣诏谕通行天下者，何止此数？有载有不载，则似乎以如綍如纶之天语，视为可笔可削之艺文矣。同治年间有收复桐乡上谕一道，此正是专属桐乡者，何以又不载入首卷乎？可见此例之未可通也"一段。

改正，庶几为辰补过……已丑中秋前七日达叟严辰附识。”因知俞樾此札当作于光绪十五年（已丑，1889）七月至八月初之间。是书扉页有光绪十三年（1887）丁亥六月俞樾隶书题名。卷八《职官表》叶十六张如戴一人分别列于“弘光元年”、“国朝顺治二年”下，卷十三《人物志上》“两庑先儒”中详记张履祥（世称“杨园先生”）事迹，凡三十四叶。“邱云传”下则未见施博事迹，知其书确未经改刻也。

致延清[①]

延清(1846—?),字子澄,号小恬、铁君,蒙古镶白旗人。同治十三年(1874)进士。官至侍讲学士。著《蝶仙小史》、《锦官堂赋抄》、《试帖》、《诗》、《巴里客馀生诗草》、《庚子都门纪事诗》。

子澄仁兄馆丈大人阁下:

久钦雅望,未接芳尘。春间由效山观察示读大著,欣然有作,率尔成章,乃蒙阳春白雪下和巴人,兴往情来,不一而再,发函雒诵,齿颊皆芬。伏惟阁下久播英名,潜居郎署,竟因夙望,荣列清班,昔汉公孙弘年六十举贤良,官博士,其后大开东阁,相案巍然,先生其同之乎?弟浪窃虚名,近益衰废,无以副海内之望,乃承索观近作,时局日新,吾道将废,著述之事,久已辍笔,谨呈诗两卷,聊以见近状而已。其二十三卷,皆今年所作,犹未毕也。又《录要》一卷,乃拙著《全书》之目录,附呈清鉴。天寒,呵冻草草,布陈,即请台安,统惟雅照。

馆愚弟俞樾顿首,小孙侍叩,十一月初九

按,《春在堂诗编》卷二十三所收均为俞樾光绪三十二年(1906)之作,此札当作于本年十一月初九日,距十二月二十三日俞樾之卒仅月馀。

① 此札辑自嘉德2010春拍第8232号。

致杨昌濬

杨昌濬(1826—1897),字石泉,湖南桐乡人。诸生,入左宗棠幕。同治四年(1865)官浙江按察使,历迁至浙江巡抚。著《五好山房稿》。

一①

前月得覆书,承眷注殷殷,甚感甚感。日来九九图中,寒消大半,阁下承流宣化,抱德炀和。坐上春风,播朝廷德意;境中瑞雪,听父老讴歌。乐何如也! 樾虚拥皋比,又将卒岁,一灯静对,况味萧然,治经之外,兼及诸子。梁江总诗云:"聊以著书情,暂遣他乡日。"如是而已。惟鉴察不宣。

二②

辱手书,猥蒙不遗在远,存问殷殷,感甚。又承示,知明岁拟选刻《丛书》,不特嘉惠方来,抑亦表章前哲,甚盛举也。惟既称"丛书",体大物博,宜乎无美不收,如经学、史学,以及天文、地理之书,兵家、法家之言,六书、九数、医卜、杂技,上而朝章典故、名臣言行,下而草木虫鱼之名、琴棋书画之谱,搜罗宜广,选择宜精,不可执一己之见,自狭其门户,又不可徇友朋之请,滥费夫枣梨,庶几美而且富,传播艺林,成一钜观。每种之后,宜仿提要之例,撮其大指,刊附简末,亦或考证异同,辨别得失。如樾谫陋,不足以任斯役,谬承垂爱,许援古人书局自随之例,殊增愧恧。或当从诸贤之后,稍参末议,助成盛事耳。

---

① 此札辑自《春在堂尺牍》卷一,题作"与杨石泉方伯"。

② 此札辑自《春在堂尺牍》卷四,题作"与杨石泉中丞"。

三①

石泉大公祖大人阁下：

自返苏寓，有稽候笺，敬惟台候万福为颂。诂经人数，视往年加倍，精舍用款，已无赢馀。今年益以乡试考费，向章一百二十金。两监院深以不敷开销为虑。闻三书院考费向系别领，不在经费开销，精舍可否亦援此例别给考费？亦大君子栽培寒士之盛意也。如蒙惠允，应由监院禀请。因不敢冒昧，属专函奉商。手肃，敬请勋安，伏惟惠鉴，并赐复为幸。

治小弟期俞樾顿首

按，札中俞樾请杨昌濬于诂经精舍经费之外拨给乡试考费，则当作于同治五年(1866)至光绪三年(1877)间杨氏在浙江任职之时。此期间共有同治六年、九年、十二年、光绪元年、二年五次乡试，而札末署“期”，则当在同治十二年(1873)，本年三月十七日俞樾兄俞林卒。

四②

湖船一别，又将两月，昨得诂经监院书，知大旆已回浙右，而良辰恰近天中，旌节花红，菖蒲酒绿，薰风南来，比春台更上一层矣。前承示及，唐、宋三史刻成将刻诸子，此诚经史后不可不刻之书，具见嘉惠来学之盛意。惟诸子之书讹脱较甚，议者或谓宜访求宋本影写而精刻之。然亦有难者，影写之功，既非容易，雕刻之费，亦必倍常。且宋本疏密大小，每不一例，宜于单行，不宜于汇刻。又其存者，今亦无多。局中既欲汇刻诸子，不精固不足言善本，不博亦不足成巨编。窃谓宜博求周秦两汉之书，汰除其伪托者，尚可二十馀种，如《管子》、

---

① 此札辑自《明清名人尺牍墨宝二集》。

② 此札辑自《春在堂尺牍》卷四，题作“与杨石泉中丞”。

《晏子》、《老子》、《列子》、《庄子》、《墨子》、《商子》、《韩非子》、《荀子》、《孙子》、《吴子》、《吕氏春秋》、陆贾《新语》、贾谊《新书》、董子《春秋繁露》、《淮南内篇》、桓宽《盐铁论》、刘向《新序》、《说苑》、扬雄《法言》、《太玄》、班固《白虎通义》、王充《论衡》、王符《潜夫论》、荀悦《申鉴》、应劭《风俗通义》、徐幹《中论》、蔡邕《独断》之类，购觅家藏旧本，写样校刊，亦艺林一盛举矣。尊意以为何如？都下榜后，不第诸君子即可南旋，如黄以周、潘鸿，皆局中知名士，想可蝉联，将来校勘子书，亦必得力。此外如尚须罗致，则冯一梅、徐琪均其人也。孙瑛才气殊佳，或传其灌夫骂坐，然实不饮酒，并以附陈。

按，刘昫等撰《旧唐书》二百卷，浙江书局同治十一年(1872)刻成[①]；欧阳修、宋祁等撰《新唐书》二百二十五卷，浙江书局同治十二年(1873)刻成[②]；脱脱等撰《宋史》四百九十六卷，浙江书局光绪元年(1875)刻成[③]；札中提及"唐、宋三史刻成"，则最早作于光绪元年。

五[④]

日前得惠书，知引疾之疏，天语慰留，想疆吏精神，即朝廷元气，不日自可复常也。承属访求子书善本，以备续刻。伏念《四库全书》子部，首列儒家《孔子家语》外，有宋薛据之《孔子集语》，今湖北已刊行矣。惟薛氏之书止有二卷，本朝孙渊如先生又续辑至十七卷之多，古书中所载孔子之言，无句不搜，一一注明出处，视薛氏之书，奚啻倍蓰，允宜刊刻，以广其传。又按，《四库全书》中，子书莫古于《黄帝内经》，而外间所有，不过马元台注本，于古义未通，故于经旨多谬。此

---

① 该刻本牌记题"同治十一年四月浙江书局刊"。

② 该刻本牌记题"同治十二年二月浙江书局校刊"。

③ 该刻本牌记题"光绪元年孟陬浙江书局校刊"。

④ 此札辑自《春在堂尺牍》卷五，题作"与杨石泉中丞"。

书以王冰注为最古，而宋林亿、孙奇、高保衡等校正者为最善，鄂局未刻。窃思医学不明，为日已久，江浙间往往执不服药为中医之说，以免于庸医之刃，亦无如何之下策也。若刊刻此书，使群士得以研求医理，或可出一二名医，补敝扶偏，销除疹疠，亦调燮之一助乎。兵家之书，首推《孙子》，鄂局虽刻之[①]，而未刻其注。此书有魏武以下十家注，似宜刻之，以补鄂局所未及，使占毕之儒略窥兵法，庶知节制之师亦足制胜，不必规规焉以学于羿者杀羿，虽刻古书，而未始不切于时用也。率布所见，以副下问。

按，薛据《孔子集语》二卷，湖北崇文书局《子书百家》本刻成于光绪元年[②]；孙星衍《孔子集语》十七卷浙江书局刻本成于光绪三年[③]，而札中称薛氏之书"今湖北已刊行"，孙氏之书"允宜刊刻"，则必作于光绪元年(1875)至三年(1877)期间。《黄帝内经》诸注本中，王冰注《黄帝内经灵枢》十二卷，浙江书局光绪三年刻成[④]；唐启玄子注、宋林亿等校正《补注黄帝内经素问》二十四卷，有浙江书局光绪三年刻本；清高世栻注解《黄帝内经素问》九卷，有浙江书局光绪十三年刻本；清张志聪集注《黄帝内经素问》九卷，有浙江书局光绪十六年刻本。从时次上看，以上诸书之刻，当与俞樾的倡议有关。

六[⑤]

杭城有张烈文侯祠，即岳忠武之将张宪也。不知何时强以忠武幼女银瓶为之配，塑像其傍，并题名氏焉。考《宋史·张宪传》，

---

① 《孙子》有光绪元年湖北崇文书局刻《子书百家》本。

② 该刻本牌记题"光绪纪元夏月湖北崇文书局开雕"。

③ 该刻本牌记题"光绪三年浙江书局据阳湖孙氏本校刻"。

④ 该刻本牌记题"光绪三年浙江书局据明武陵顾氏影宋嘉佑本刻"。

⑤ 此札辑自《春在堂尺牍》卷五，紧接上札，题作"又"。

但云“飞爱将也”，不言为其婿。嘉泰中，忠武之孙名珂者著《忠武行实》二卷，末言“先臣女安娘适高祚，隆兴元年诏补祚承信郎”，亦不及宪，然则宪非王婿明矣。银瓶之名，《行实》不载，据杭州志书及诸书所载，皆言是王幼女，而绍兴二年，张宪已从王讨曹成，据《行实》，王是年三十岁，距王之薨尚十年，则银瓶此时当在襁褓也，与宪年齿县殊，岂可以为配乎？杭人多知此事非实，而流俗相沿，竟难厘正群思，得公一言，以发聋振聩，庶不至诬古而渎神。辄布陈之，惟裁察焉。

按，俞樾有《银瓶徵》，收入《曲园杂纂》卷四十五，即是对此札所言事之详考，可参看。

七①

石泉大公祖大人阁下：

日前代呈黄明经遗书十二册，定尘台览矣。试院添盖号舍，已转告诸同乡，无不踊跃，想即日具呈台下也。弟因天冷，且须回德扫墓，已于十三日自湖上启行，不及走辞。明春再趋敏节堂也。留此奉别，敬请勋安。

治愚小弟俞樾顿首上

按，据札中之意，杨昌濬其时仍在浙江任职，则此札至晚作于光绪二年(1876)末。

八②

去岁得复书，不遗在远，慰问拳拳，甚可感也。伏念樾自乙丑冬

---

① 此札辑自《昭代名人尺牍小传续集》卷十七。

② 此札辑自《春在堂尺牍》卷七，题作“与杨石泉制军”。

与公相见于武林，至今三十一年矣；丁丑别后，不奉光仪，亦已一十九年。星移物换，今昔有殊，凤举龙骧，勋名日盛，白香山已开第八秩，而裴晋公风采仍如初破蔡州时。往者海氛不靖，军事方殷，天子听鼓鼙而思将帅，湘中宿将，落落晨星，惟公屹然，雄镇边陲，朝廷恃以无西顾之忧，海内亦莫不倚之如长城，望之如山斗。盖龙马之精神，即凤麟之符瑞。天祐圣清，而公之福寿亦与俱长矣。樾蒲柳衰姿，不足仰攀松柏，犬马之齿，又长于公者五岁，神明衰耗，意兴颓唐。回忆西湖烟水，屡从公游，明月三潭，清波一棹，追惟昔款，恍隔前生，瞻望龙门，如在天上。贵同乡属为寿言，辄贡一篇①，附呈楹帖②，聊展微忱，伏希鉴察。

按，札中所称乙丑为同治四年(1865)，三十一年后为光绪二十一年(1895)，则此札作于是年。光绪十四年(1888)二月，杨昌濬任陕甘总督，此即札中"雄镇边陲"之所指。光绪二十一年十月杨昌濬革职回籍，则此札之作应在本年十月之前。

---

① 即《杨石泉制府七十寿序》，见《春在堂杂文六编》卷十。

② 即《杨石泉制府七十寿联》，见《楹联录存》卷四。

致杨以贞[①]

杨以贞(1848—1908),字铁山,浙江归安人。著《史记末议》、《求艾录》等。

承示《湖楼史话》,内有"史汉优劣"一则,引晋张辅之言,曰"马迁叙三千年事用五十万言,班固叙二百年事用八十万言",以为不深辨其优劣而优劣自见[②]。此说也,鄙人不甚以为然。史文古略今详,亦由事势使然,《史记》五十万言,其叙汉以前事大约不过十馀万言,叙汉事者,可得三十馀万言,而所叙汉事,止于武帝之世,设使史公一手叙至王莽时,恐亦须八十万言矣,未可以此定《史》、《汉》之优劣也。假使以三千年五十万言核算,则一百年止须一万六千言有奇,而《左传》纪二百四十年之事,几及二十万言,将谓《左传》劣于《史记》乎?

按,《湖楼史话》序称:"侨寓湖上近三年矣,翅垂不飞,弥自愧憾。乙亥夏,同学诸君先后赴科试,以贞独留湖上,既形岑寂,复苦溽暑,遂罢所习帖括,出旧存读史笔记,随检随录,假以破寂,且消暑也。既成稿,复加删汰,尚存若干条,颜曰史话。识隘闻粗,持论罕确,不足当博雅士一盼也。光绪建元季夏之月,归安杨以贞识。"则是书成于光绪元年(1875)夏。札中提及此书,则至早作于本年。

---

① 此札辑自《春在堂尺牍》卷五,题作"与杨铁山"。

② 见杨以贞《湖楼史话》卷四叶十九。

致杨子玉[1]

连日浏览大著，体大物博，文繁事富，洵世间有用之书，为之望洋向若而叹！昔温公《通鉴》，能读一遍者惟王胜之而已。仆章句陋儒，安能尽读足下之书乎？惟博采诸书，宜有次第，大著则如随见随录、不加编次者，于体例稍有未善。抑或不以先后为次第，而别有深意存其间乎？其中微疵，如《经部举例》内谓《尚书》之“尚”，陆德明读如“常”，然《经典释文》但云：“以其上古之书，谓之《尚书》。”并不音常。又引《老学庵笔记》谓“《易・大传》之名，盖古人已有之，不始于欧公”。所谓古人已有者，宜申明其说。史公《论六家要旨》引“天下同归而殊途，一致而百虑”，谓之《易・大传》，此其所本也。今不引此文，于义未备。如此之类，恐尚不乏，匆匆一览，未足尽之也。足下积半生精力，成此大书，自当精益求精，庶足垂示后世，非我辈草草著述，供人覆瓿之用者可比也。《农桑月令表》有关民食，而所采辑不及《齐民要术》，然所采《农桑辑要》诸书实自《齐民要术》来，未可数典而忘之。仆学问粗粗，不足裨益高明，聊贡狂瞽，用答雅意。

---

① 此札辑自《春在堂尺牍》卷五，题作“与杨子玉”。

致姚文玉[1]

姚文玉(1820—1879),字季兰,俞樾夫人。

一别之后,五月有馀,惓惓之情,不以生死有殊,想夫人亦同之也。自夫人之亡,吾为作七言绝句一百首[2],备述夫人艰难辛苦助我成家,而吾两人情好亦略见于斯,已刻入《俞楼杂纂》,流布人间矣。兹焚寄一本,可收览之。葬地已定于杭州之右台山,葬期已定于十月二十五日,今择于十月九日发引,先一二日在苏寓受吊,即奉夫人灵輀同至湖上,仍住俞楼,届期躬送山邱,永安窀穸。吾即营生圹于夫人之左,同穴之期当不远矣。日前曾梦与夫人同在一处,外面风声猎猎,而居处甚暖,有吾篆书小额曰“温爱世界”,斯何地也?岂即预示我墓隧中风景乎?苏寓大小平安,勿念,西南隅隙地已造屋三间,屋外竹篱茅舍,亦楚楚有致。俟落成后夫人可来,与吾梦中同往观之。

按,光绪五年(1879)四月二十二日,俞樾妻姚夫人病逝[3]。此札题中有“亡室”云云,札中又言“一别之后,五月有馀”、“今择于十月九日发引”,故当作于此年九月末。

---

① 此札辑自《春在堂尺牍》卷五,题作“与亡室姚夫人”。

② 即《百哀诗》,为《俞楼杂纂》卷第四十一。

③ 《俞楼杂纂》卷四十一叶一。

致姚文倬[①]

姚文倬(一作文焯,1858—?),字纯伯,号稷滕,浙江仁和(今杭州)人。光绪十六年(1890)进士,任翰林院检讨。光绪二十八年(1902)出任云南学政,后官福建提学使。

纯伯仁兄世大人阁下:

手示读悉,论者以"是禒之"八字为嫌,殊不可解。兄引《王居士塔铭》甚合,古人志铭等文,如此者亦甚多矣。如必以为不可,则竟删去此八字,于文气亦无不可也。再示诸姓入典学生,意须一保人,弟饬敝寓老家人朱喜作保,未知可否?该典是何宝号?能赐示悉,更感。手此,敬颂著安。

世愚弟俞樾顿首,六月六日

① 此札辑自《上海图书馆藏名人手札选刊·俞曲园手札》,第302—303页。

致易佩绅

易佩绅(1826[1]—1906),字子笏,号笏山、壶天遁叟,湖南龙阳人。咸丰八年(1858)举人。官至江苏布政使。后主杭州龙池书院。著《函楼诗钞》、《文钞》、《安顺贵东书牍》。

一[2]

承示大作。因论公私,申论君子、小人,推阐至极精极细之处,而持论又极平正,洵关系学术与世道之文也。鄙意以为,君子以偏心误天下,小人以私心误天下。然小人以私心误天下,人人得而攻之;君子以偏心误天下,则虽贤者,或从而附和之矣。是故为天下人说法,则务在去其私;为吾人自己立法,则尤在救其偏。孔子之教弟子,皆救偏之意居多,如"求也退,故进之;由也兼人,故退之"是也。"克伐怨欲不行焉",此则主乎去私矣,孔子以为难,而不许其仁,可知圣门重在救偏,不在去私。以圣门诸弟子,固皆贤者也。推之,以"非礼勿视"四语告颜渊,亦是救偏。盖古圣人制礼如射鹄然,无不大中而至正,有一毫之偏,即有一毫之不合于礼矣,故必复礼而后为仁也。宋儒以克己为"克去己私",鄙意以为不然。"己复礼"三字连读,己者,身也;克者,能也;克己复礼者,能身复礼也。故下文即曰:"为仁由己,而由人乎哉?""为仁由己"之"己",即"克己复礼"之"己",上下两"己"字正相应,功在于己而效在天下。下"己"字对人言,上"己"字对天下言,皆谓己身也。不然,上文方使颜子克去其己,下文又告以为仁由己,一时之语,不成两橛乎?因论公私,纵言及此,高明以为何如?

---

① 《春在堂诗编》卷二十二叶三十六。

② 此札辑自《春在堂尺牍》卷六,题作"与易笏山方伯"。

二①

前日谈及考试正谊书院，以孔明自比管、乐命题，弟归途于舆中思之，孟子以管、晏并称，太史公亦以管、晏合传，乐毅与管仲，人本不伦，从古无以并论者，孔明独于春秋时取一管仲、战国时取一乐毅，以之自比，此必当有说。盖孔明生当汉季，草庐中自揣其才：若汉室未亡，群公中有能用我者，则我必为管仲，尊汉室以匡天下，计当时惟曹孟德可辅，而惜其不能为齐桓公也，荀文若一误，我不可再误，则管仲已矣。又思：若汉室沦亡，则择可辅者而辅之，兴复汉室，还于旧都，我其为乐毅乎？盖为管仲是一番事业，为乐毅又是一番事业也。其后受知昭烈，辅相后主，拳拳以讨贼为事，盖此时意中惟有一乐毅矣。观其《出师》两表，与昌国君《报惠王书》异曲同工，可知其瓣香有在。乃秋风五丈原，大星遽陨，不能为管，又不能为乐，而其自比管、乐之意，千古遂无知者，可叹也！阁下尚论古人，眼大如箕，未识以此说为然否？

① 此札辑自《春在堂尺牍》卷六，紧接上札，题作"其二"。

致应宝时

应宝时(？—1890[①])，字敏斋，号适园，浙江永康人。道光二十四年(1844)举人。官至江苏按察使，署布政使。著《射雕馆集》。

一[②]

再启者，舍表侄戴子高茂才望，为长洲陈硕甫先生高弟，年甫二十九，绩学能文。新自闽中归，被乱以后，孑然一身。过杭州日，孙琴西同年属其带书至沪求见，而伊因附便舟先至吴门，弟因岁晚，留其在寓度岁，兹先将琴西所寄书及诗册寄呈。子高寒士，以得馆为急务，祈阁下推爱，相其所宜，为之吹嘘，使伊不至谋食废学，亦裁成后进之雅意也。子高与顾访翁[③]亦极相识，如问访翁，自当悉其人品也。伊于书启虽非所擅长，然较时下庸俗杂凑者或胜一筹，但不能向红纸上誊清，此其所短耳。手此，再请台安。外，剑人[④]书乞转致之。

樾再顿首

---

① 《春在堂杂文五编》卷一叶十三。

② 此札辑自《历史文献》第十二辑，第132页。整理者原将此札附于第六通之后，今据其写作时次移至此。

③ 顾访翁，即顾广誉(1798—1865，一作1800—1867)，字豫康、惟康，号访溪，浙江平湖人。咸丰初举孝廉方正，同治间主讲龙门书院。经术湛深，尤精诗礼。著《学诗详说》、《四礼榷疑》、《乡党图考补正》、《悔过斋文集》等。

④ 剑人，即蒋敦复(1808—1867)，初名金和，字纯父，更名敦复，字克父，一字剑人，太仓宝山人(今属上海)。幼聪颖，九岁毕《十三经》。诸生，屡售不荐，遂发奋著书。有《寰镜》十六卷、《英志》八卷、《宫调谱》三卷、《兵鉴》等，未刻；《啸古堂诗文集》、《芬陀利室词》传世。

按，《春在堂诗编》卷六有《朱伯华孝廉福荣、戴子高茂才望，至吴下访余，因留度岁。忆咸丰十年与二子在德清度岁，又六年矣。各赠以诗》一题，在《丙寅春，寄呈祁春圃相国》一题之前，故此诗作于同治四年(1865)末。诗中所言俞樾留戴望在德清度岁之事，与此札相同，因疑此札亦作于此年末。

二[1]

敏斋仁兄老同年大人阁下：

正初承驺从惠临，荣幸良深。旋节以来，想拜真除之命，膺不次之迁，同谱中与有光荣焉。樾侨寓吴下，无状可述。《群经平议》已写寄浙中，未审果能开雕否。沪上张罗，有无就绪，鲍子知我，无待多言。甬东一席，是否可图，乞即与彼中人商之。手此，敬请台安。灯下草草，恕其不庄。

年小弟俞樾顿首，十七日

顾访翁已到沪否？书院章程，计已立定。河汾之学，将相兼储，为益不浅矣。弟承乏紫阳，尚未开课，大约在二月中，然所课止八股时文，亦乏味也。沪上书价廉于苏州，去年在剑老处见阮《十三经》，止索洋泉十二，惜未之买，今春问价于吴市，则需十六洋泉矣。未审阁下能买一部见惠否？此则近于虞卞之无厌，亦恃鲍叔之知我也。

二十一日又书

按，同治五年(1866)二月二十日，俞樾于紫阳书院开课[2]。札中既称“弟承乏紫阳，尚未开课”，则当作于该年正月。

---

① 此札辑自《历史文献》第十二辑，第131页。

② 《曲园自述诗》叶十五。

三[①]

敏斋仁兄同年大人阁下：

得手书，惓惓以士习文风为念。方今大吏中，安得尽如阁下者以主持正学、光辅中兴乎？蒋芗翁粤东之行未知果否，彼处既已肃清，而浙人又多卧辙，似亦不妨少留，但未知朝议何如耳。拙著承其付梓，已交付高君伯平校刊，开雕早晚未定，亦甚愿芗翁留浙料理此事，是则弟一人之私心矣。《高氏祠堂记》已脱稿，附呈鉴定，尚求老同年斧以斯之。此君不归宗而祠所自生，难于措词，弟寻出郭偃即高偃一层，天然玉合子，未识颇当此君之意否。紫阳尚未开课，未便支修，而小女吉期在即，颇费踌躇，郭君倘有所赠，早日惠寄是幸。宁波之事[②]，承屡次函催，感感，阁下之为我谋，胜于弟之自为谋也。手此，敬请勋安，不宣。

年小弟俞樾顿首

按，札中称"紫阳尚未开课"，则必作于同治五年(1866)二月二十日之前。同治五年正月初八日，"命浙江布政使蒋益澧驰赴广东，办理军务，兼筹粮饷"[③]。札中称"蒋芗翁粤东之行未知果否"，则当作于此后不久。

四[④]

敏斋仁兄同年大人阁下：

十六日由局寄一笺并《高氏祠堂记》一首，未知已登青照否。顷

---

① 此札辑自《历史文献》第十二辑，第133页。

② 应即上札所谓"甬东一席"。

③ 《清穆宗实录》卷一百六十五。

④ 此札辑自《历史文献》第十二辑，第134页。

有戚润如[①]孝廉，乃弟门下士，其先德英甫[②]太史，又弟同年至好也，今来沪上，惧孺悲之无介，属以一言为之先，尚求推爱，略垂青盼，是幸。蒋剑人去岁有手书索题，今交润如带沪，乞转交之，未识此君今年尚在幕府否。手此，敬请勋安。

年小弟俞樾顿首

再者，振甫[③]入都后，允将所坐之轿留赠与弟，即属其寄存尊处，有便船来省，交其带付，是所深感。琐渎台严，不安之至。

樾再启

按，此札称"十六日由局寄一笺并《高氏祠堂记》一首"，故当紧接上札。

五[④]

敏翁仁兄同年大人阁下：

十四日曾寄一笺，并拙刻骈文[⑤]两部，未知已照入否。比惟兴居佳胜，展布咸宜为颂。弟于二十日开课紫阳，日内批阅试卷，尚未蒇事。寓次尚叨平顺，足以告慰雅怀。捻踪窜突不常，外间谣传不一，尊处塙

---

① 戚润如，即戚人铣（1839—1891），字振南，号润如，浙江德清人。同治七年（1868）进士。官刑部主事。

② 英甫太史，即戚士彦（1821—1853），字子美，号英甫，浙江德清人。道光三十年（1850）进士。

③ 振甫，即杨庆麟（生卒年不详），字敬士，号振甫，江苏吴江人。道光三十年（1850）进士。官至广东布政使。能治印，克承家学。能画，山水师王原祁，兼吴镇、沈周之法，亦善花卉。富收藏，专贮书画金石古玩，甲于吴下。后其婿邵松年编成《古缘萃录》一书。

④ 此札辑自《历史文献》第十二辑，第131页。

⑤ 应指《宾萌外集》四卷，同治五年（1866）刻本。

有所闻否？万清翁[1]曾否来沪？龙门甄别卷计已阅定，有无佳构？都下大开同文之馆，招致西贤，使海内士大夫抠衣受业。吾侪独抱遗经，穷年兀兀，窃自笑矣，微知己，无以发我狂言。手此，布请台安。

年小弟樾顿首

外小儿致王篔圃兄一函，乞转致之。前荐田升，承派充船头，不致作羊公鹤否？又及。

按，札中称"弟于二十日开课紫阳"，则当作于同治五年(1866)二月二十日之后不久。

六[2]

敏斋仁兄同年大人阁下：

日前在潘玉翁[3]处匆匆一晤，未及畅谈，次日想即扬帆。金陵之行，未知几日躭延，日内想已旋沪。旌麾所至，吉曜照临，定符私颂。弟寓吴平顺，日来为遣嫁长女，不无碌碌，然向平之愿，从此毕矣。郭君厚贶，借润枯豪，要皆出良朋之赐也，曷胜感荷。如续有此种文字，勿惜吹嘘，又及。振甫已北行否？其轿望便中带付是幸。前接大小儿禀，知春圃相国以安邱王菉友《说文释例》及《句读》二书见赠，尚在津寓，海运局中可有妥便南旋，为弟将此二书带归否？手此，布请台安，馀惟心照不宣。

年小弟樾顿首

---

① 万清翁，即万斛泉(1808—1904)，字齐玉，号清轩，湖北兴国州(今阳新)人。少好程朱之学，时称"万理学先生"。咸丰后，历任汉阳崇正书院、省勺庭书院、上海龙门书院主讲，苏州紫阳书院校理，兴国州叠山书院院长。著《资治通鉴纲目前编辨误》、《资治通鉴纲目正编正误补》、《春秋诂经》等，对《朱子全集》、《张杨园先生全集》、《小学集解》等书均作过校理。

② 此札辑自《历史文献》第十二辑，第132页。

③ 潘玉翁，即潘曾玮。

按，同治五年(1866)三月二十六日，俞樾长女锦孙归宝山王凯泰子康侯①。札中称“日来为遣嫁长女”，故当作于本年。

七②

敏翁尊兄同年大人阁下：

顷承枉驾，有失迎门，良用怅然，即拟趋答，而又恐驺从未旋，徒虚往返。阁下有几日躭延，每日何时在舟，乞示悉，以便敬诣鹓首，借聆尘教也。外附去复剑老书，旋节时致之。此请勋安。

年小弟樾顿首

再者，樾今年因嫁女事，不无所费，殊苦支拙，前所求务乞在意。倘沪上修志有成，得与大贤共事，不独救贫，且可增长学识，尤所盼也。因有馀纸，附及之，再容走谈，不一。

谨再启者：顷有致蒋芗泉中丞一信，如尚在沪，乞即饬送，如已赴鄂，乞加封寄去为感。

弟樾再顿首

按，札中称“樾今年因嫁女事”云云，则当作于同治五年(1866)。

八③

敏翁仁兄同年大人阁下：

辱手书，承拳拳，感甚。并知偶患咯嗽，深以为念。有人传一方，用梨汁、藕汁、莱菔汁、姜汁、人乳、童便、白糖、红糖各四两，共重二斤，置磁器中，炭火煎至一斤为度，每日清晨开水调服四钱，此法未知可用否。内人亦患此病，几及一月，推度其原，似亦肝火上

① 《俞楼杂纂》卷四十一叶六。

② 此札辑自《历史文献》第十二辑，第115—116页。

③ 此札辑自《历史文献》第十二辑，第116页。

冲肺金，未识尊处有何良剂否。痴儿之病，至今如故，近服吴仲山方，亦如水投石，或言奉贤城隍神最著灵异，去年实寓其庙而得病，谋奔祷焉，亦未知有益否，因承垂念，故附及。上海志局荷蒙宠招，感感。但史家三长，鄙人不得其一，奈何。所定章程俱极妥善。闻近时志书《扬州府志》、《广东通志》均经阮文达鉴定，有《史》、《汉》笔意，沪上有其书否，能得一二佳本作为楷式，或较易见长也。至与外夷交涉事，似以少叙为宜，不特国体所关，难于下笔，且以一时权宜之计而垂之志乘，使彼中人永远执为口实，更有所不可也，高见以为何如。吴下谣传蒋芗翁至粤后夷局大变，想未必然，能略示一二否。手此，覆请勋安。

年小弟樾顿首，六月十九日

按，同治五年(1866)二月二十六日，蒋益澧授广东巡抚[①]，札中既言"蒋芗翁至粤后"云云，则当作于此年六月十九日。上札称"倘沪上修志有成"，则修志事尚未确定；此札称"上海志局……所定章程俱极妥善"，知修志事已成定局。故将上札置于前。

九[②]

敏翁仁兄同年大人阁下：

十七日接覆函，知嗽疾全愈，惟刻无暇晷，然贤劳益甚，即倚畀益隆矣。弟病足兼旬，日来始能出门，寓中亦尚平顺，惟痴儿之病，冥顽如故，诸医或投以祛痰之剂，或加以镇心之品，如水投石，迄无效也。郭远翁言此病当以温化，然吴中无精於医者，谁与商此，如何如何。志局开已月馀，采访计略有端倪。承招月内趋赴，自当如约。惟数日内适阅课卷，而王补帆舍亲月内过苏，尚是新亲，不得不在苏待之。

① 《清穆宗实录》卷一百七十。

② 此札辑自《历史文献》第十二辑，第115页。

弟意，九月初准可到沪畅叙契阔矣。先此布达，顺诮勋安，惟鉴不一。

年小弟俞樾顿首，十八日

按，上札称"知偶患喀嗽"，此札称"知嗽疾全愈"，故将此札系于其后。同治五年(1866)俞樾女与王凯泰子成婚，而此札中称王氏"尚是新亲"云云，则当作于本年。

十[1]

敏翁仁兄同年大人阁下：

接手书，承定以十月初旬赴沪，敬当如约。见在采访有无眉目？但得采访起全，动手当不难也。弟寓吴平顺，补帆不日可到，婿及女当随之俱去，寓中益寂寥。江总云："聊以著书情，暂遣它乡日。"如此而已。《群经平议》已刻者十之四，然讹字尚多，足见雠校之难。兹有闵司马宝梁，是甲辰同年闵逸云之侄，伊求浏河一差。据云逸云有函奉托，未知收到否，代致名条，伏求酌定。又有渎者，志局中有无小委员，阅旧志衔名，分校、监理颇亦多人。弟有相识高君清严亦浙江人，是江苏候补巡检，人甚诚实，且能小楷，去年二小儿病中，弟尚未还，深赖其照应，若能於局中派一小差使，其人亦无多求，不过略予薪水，或留其局中便饭，伊只算坐一小馆，免于旅食，受赐多矣。如荷许可，此时先赏一札，俟弟到沪时与之同来，未识尊意以为何如。手此奉商，敬请台安，不尽万一。

年小弟俞樾顿首

按，同治四年(1865)八月间，俞樾以次子祖仁在苏州大病，自天津南归[2]。札中既称"去年二小儿病中，弟尚未还"云云，则当作于同

---

① 此札辑自《历史文献》第十二辑，第124页。

② 《春在堂尺牍》卷一叶十六。

治五年(1866)。上札言“弟意九月初准可到沪”,此札言“承定以十月初旬赴沪,敬当如约”,是两札都在商讨俞樾赴沪的时间,且以此札为定,则上札早于此札无疑。

十一[①]

昨由潘玉翁交到惠书,拳拳之意,溢于言表,何爱我之深也!弟自废弃后颇承海内诸巨公垂念穷交,不以盛衰有异,然真挚如阁下者,亦不可多得矣,感甚感甚!又承示龙门书院[②]章程,及顾访翁所定功课,洵体用兼备之学。以阁下之乐育人材,而又得访翁以躬行为之倡导,贤嘉相遇,良非偶然。他日文经武纬,光辅中兴,不独为东南多士幸也。弟章句陋儒,所主紫阳讲席又专课时文,虚拥皋比,一无禆益,视阁下与访翁之以道自任者,不啻走且僵矣。课程已细阅一过,学术粗疏,无所献替。惟有一事,特其小小者,于私心窃有所疑。按,课程第五条:每月朔望,师长西南面立,诸生以次东北面揖,师长答揖[③]。此师、弟子之位,未知所据何典?古之君子,席不正不坐,推之于立,何独不然?今朔望相见,师、弟子各据一隅,此何义也?考古师、弟子之位,经无明文。惟《大戴记》载:师尚父进丹书,武王东面

---

① 此札辑自《春在堂尺牍》卷一,题作“与应敏斋同年”。

② 龙门书院由道台丁日昌于同治四年(1865)在上海倡办。同治六年,道台应宝时拨银一万两,在吾园建成讲堂、楼廊及学舍四十一间。光绪二年(1876)道台冯焌光拨款增建校舍十间。书院第一期录取二十名学生,后每年录取住读生30名。书院聘请著名学者任教,如刘熙载就曾担任书院山长。

③ 《续定上海龙门书院课程六则》中其五仍有“值月朔望……师长西南向立,诸生以次东北向揖,师长答揖”(叶三)的规定,并称“前山长顾访谿先生课程甚详,且当诸生既各置一册矣。兹又举其切要而当守者釐为六则,使诸生揭之座右,相与讲明遵守而责之于身焉”(叶四),是此规定乃从前课程中继承者。《续定上海龙门书院章程六则》末有“同治七年十二月”(叶十一)年款,则顾氏所定课程、章程当早于此。

立，师尚父西面，道丹书之言。《礼记·学记》，《正义》引皇氏之说，以此为王廷之位。若寻常师徒之教，则师东面，弟子西面，与此异也。执是以言，师、弟子宜东西相向矣。然东西相向，或疑非所以尊师，《战国燕策》载郭隗之言，曰："诎指而事之，北面而受学。"是古礼，弟子北面。《汉书·郑康成传》，汝南应劭自赞曰："故太山太守应中远北面称弟子。"是汉时弟子亦北面。今若用皇氏说，师长东面；又依古礼，弟子北面，较之各据一隅，或少胜乎？夫一揖之位，其时甚暂，其故亦甚微，然阁下创立此书院，四方学者将于是乎观礼，礼得则无思不服，礼失则退有后言。观瞻所系，不可不慎，乞与访翁更详之。

按，札中提及俞樾正主讲紫阳书院，则至早作于同治五年(1866)。

十二[①]

《夏小正》一书，唐以前自有专行本，不仅附见于《大戴记》也，宋傅崧卿得其外兄关涂所藏《小正》，即隋唐以来相承单行之旧本，与《大戴》本颇有异同，足资稽考，是傅氏于此书不为无功。沪上诸君子，请照前温州府教授金衍宗详定章程入祀经师祠，自为允当。《孝经》在秦时为河间颜芝所藏，汉初，其子贞出之，凡一十八章，是为今文；而其后又有古文《孝经》出自孔氏屋壁，凡二十二章，安国为之作传。然唐开元时，国子博士司马贞疑古文《闺门章》文句凡鄙，又讥孔传浅伪，是古文《孝经》真伪难明言。《孝经》者，当以今文为正，明皇据以作注，宋邢昺据以作疏，迄今列于学官，士林诵习，皆今文也，颜氏之功，洵不小矣。至刘向、郑众、卢植、服虔，唐贞观时从祀孔子庙廷，明嘉靖时始罢，顾氏《日知录》深以为非。诸君子请与颜芝并祀经师祠，自是公论，阁下宜从其请，以报先儒抱残守阙之功。若夫《孔丛

① 此札辑自《春在堂尺牍》卷一，题作"与应敏斋"。

子》，则伪书也，虽托名孔鲋，而《汉志》初不著录。近孔霁轩氏疑是孔子二十二代孙名猛者伪造，猛从王肃学，承肃意而为之。然而《孔丛子》一书，虽孔氏之裔亦未能笃信矣。至孔壁之书，初不知为何人所藏，无从塙证其为孔鲋，未敢因其为孔子九世孙稍从迁就也。沪人请以孔鲋祀经师祠，似可无庸置议。辱承垂问，故缕缕言之，阁下以为何如。

十三[①]

敏斋仁兄同年大人阁下：

小儿昨已登舟，费神照拂，感何可言。书院各额均已涂就，即呈鉴正，但字丑劣，恐不足用，或择取一二可耳。县志拟俟诸公稿本略定再行动手。见在紫阳试卷亦须批发，弟拟于廿一日束装回吴，乞饬代雇一舟示知官价，由弟给之，主仆三人，无须过大也。明日午后再走别。手此，肃请勋安。

年小弟樾顿首

按，据札中"回吴"、"走别"等用语来看，作此札时，俞樾当与应宝时同在上海。

十四[②]

敏斋仁兄同年大人阁下：

南园小住，辱承惠爱拳拳，感甚。顷得手书，知勋猷日茂为忭。弟廿一日返苏，两课卷堆积案头，手不停披，至廿九日始克了事。日内天时炎热，神识昏昏，只好暂图静摄矣。志稿于彼事过涉铺张，宜为侯相所不取，示令动手时以数语了之。然数语亦须有附丽之处。

---

① 此札辑自《历史文献》第十二辑，第123—124页。

② 此札辑自《历史文献》第十二辑，第122—123页。

鄙意，外国人冢墓即可附见“冢墓”一门之末；其教堂由武庙、书院改还者，即于“武庙”、“书院”后附及之，如此方免另立专条。然不知外国人以为何如？尊见同否？乞示悉。至爵相饬查修志缘起，鄙意，此不必再由局缮申，只消贵衙门将去年绅士公禀装头，报明修志缘由及开局日期；至全书体例，声明此时不过采访，应俟纂辑诸人悉心议定再行申报，如此亦足搪塞过去。而樾之意更有欲白者，去年若不立分纂之名，概作采访，则譬如治庖然，鸡鸭鱼肉，一一买来，听庖人之自为割烹，虽手段平常，尚是一色；今既使各人分纂矣，所分纂者谁不自以为定本，此如馆子中见成之菜，整碗盛来，虽有易牙，不能取而改作之，况手段平常者乎？故推阁下见爱之盛意，则以为局中诸公所拟者皆料也，鄙人删之改之无不可也；而局中诸公则未必然矣，故尚有稿本数卷未及交来。贾云翁云：随时尚须添补，且此数卷无须动笔。然则由苏写本之说，不过阁下与弟之私言，局中诸公所不乐闻矣。即勉强为之，而其啧有烦言，从可知矣。此番所奉督批，又因有所避忌，不可宣布，然则与局中立异者，直是鄙人一人之见，有不身为怨府乎？弟承阁下厚爱，而于上海本地人，则自来未受其一丝一粟之惠，即为怨府，亦复何害？然此书也成，人人欢欣歌舞方妙，若众口同声，吹毛而求其疵，不几负阁下一番美意乎？挥汗书此，幸有以教之。此请勋安。

年小弟樾顿首

按，上札言“弟拟于廿一日束装回吴”，此札言“弟廿一日返苏”，则两札所言应为一事，当前后接续。《曲园自述诗》有一注曰：“上海修县志，设局南园，时应敏斋同年以苏松太道驻上海，延余主其事。”又一注曰：“丁卯正月二十一日，余如上海，微雨，泊唯亭，于舟中成《列子平议》一卷，盖是年日记簿犹存，故可考也。”则上札言“县志”、此札言“南园小住”、“志稿”云云，或均指同治六年(1867)赴上海修志之事。

十五[①]

敏斋仁兄同年大人阁下：

初七日奉覆一笺并闽信一件托寄，定已照入矣。弟本拟二十外来沪，并约陈子庄兄同赴金陵，乃本月课卷较多，二十日收齐，月底方能出案榜，然则沪上之游，索性待之节后矣。有劳局中诸公久待，心甚不安。兹有《艺文》[②]、《金石志》须查者数事，乞转交局中查示。外有致曾相书并书十本，托子庄带去，或子庄不去，由阁下附便人带去可也。务求妥为寄达，是感。手此，敬请台安。

年小弟樾顿，四月廿一日

按，同治六年(1867)五六月间，俞樾至南京拜见曾国藩。此或即札中“约陈子庄兄同赴金陵”一事。本年五月初，俞樾以新刻之《群经平议》请曾国藩作序[③]。此或即札中托应宝时带书给曾氏之由。

十六[④]

敏翁仁兄同年大人阁下：

廿一日曾布寸笺，并书一包，未知照入否。节近天中，想顺阳布化，益增佳胜。弟伏案阅文，殊无意味。兹有渎者，敝门下士俞劲叔

---

① 此札辑自《历史文献》第十二辑，第134—135页。

② 即[同治]《上海县志》卷二十七。

③ 《曾国藩全集·日记(三)》，第1236页。

④ 此札辑自《历史文献》第十二辑，第127页。

刚[1]，见在广方言馆[2]为王梦仙兄权馆，梦仙回去后闻不复出来，可否即延订劲叔以补其缺。劲叔学问优长，人亦沈静，若膺此席，必能愉快也。手此，奉商，即请台安。俟面晤，不尽欲言。

年小弟樾顿首

按，札中称“节近天中”，则当作于五月初五日之前。又称“廿一日曾布寸牋，并书一包”，或即上札，故暂系于此。

十七[3]

敏翁吾兄同年大人阁下：

前得手书，如聆面谈，即念兴居万安，慰甚。弟杜门息辙，终日埋头，大约今年秋试诸君未必如此，真可一笑。然志书竟未能动手，惭愧惭愧，自计总须五月间方可计日程功也。拙著《文庙祀典记》，唐鹪安[4]大令取而刻之，其文其字俱不足观，存其事而已，附呈求教。杨君处有回信否？前与郭君面谈，伊颇欣然，重以鼎言，益当踊跃，但须

① 俞刚(生卒年不详)，字劲叔，浙江归安人。凌奂入门弟子。与同乡陆心源、姚宗堪、戴望、施补华、王竹侣、凌霞并称“苕上七才子”。

② 广方言馆，成立于同治二年(1863)，是上海建立的第一所外国语专科学校。相对于京畿使用的官话，地方语言被叫作“方言”。所谓“广方言”，就是推广方言的意思。清政府把外国语当作“方言”，显然是有点老大自居的傲慢。咸丰十一年(1861)，翰林冯桂芬提出宜在广东、上海设翻译公所，选颖悟儿童，住院肄业，聘西人课以西国语言文字，并习经史算学。这一提议得到李鸿章的首肯。翌年，上海广方言馆在旧学宫建立，冯桂芬被举荐为广方言馆馆长。上海广方言馆最初拟名是“上海外国语言文字学馆”，此名见于李鸿章请设学馆的奏折。其后，在冯桂芬所拟试办章程中，正式定名“学习外国语言文字同文馆”，简称“上海同文馆”，同治六年改名“上海广方言馆”。

③ 此札辑自《历史文献》第十二辑，第 130 页。

④ 唐鹪安，即唐翰题。

待其友，不知为何人、在何地耳。区区诊痴之意，颇望此事之有成也。手此，布请勋安。

年小弟樾顿首

按，札中提及“志书竟未能动手”及“今年秋试”云云，《上海县志》纂修期间同治六年(1867)为乡试之年，故此札当作于本年。

十八[①]

敏翁仁兄同年大人阁下：

昨接三十日手书[②]，知展布咸宜，幸甚。郑志[③]已收，剑老竟作古人，可叹。其书籍得阁下经理[④]，可谓所托得人矣。此老著述所最得意者，为《英志》一书，然必为彼国人作史记，亦殊无谓。此外未知尚有何书，《兵鉴》[⑤]想未必成也。何子贞[⑥]前辈亦有归道山之说，闻之潘玉翁。何今年老成凋谢乃尔！所尤恸者，寿阳相国，乾嘉一派，从此广陵散矣。为吾道惜，非止门下士之私情也。西人屡屡要求，闻之气结不扬，此鄙人议修志所云“彼事从略”者，先有鉴于此也。二小儿之病，自服保心石、虎精丸后似觉稍可，二者皆弟从沪上携归，未知何者得力。惟虎精丸须服三料，而尚止服一料，伏求老同年再为乞二服来。此丸是同仁扶元堂之物，颇所珍惜，重以鼎言，想必得也，早日寄到为盼。大小儿计已抵粤，尊处香港之信有回信否？手此，敬请

① 此札辑自《历史文献》第十二辑，第127页。

② 《袖中书》卷二收录应宝时函三通，其一称“郑志业已索来，即以奉寄，而剑人已作古人矣”(叶十五)，应即此处所谓“三十日手书”。

③ 郑志，应指明郑洛书修[嘉靖]《上海县志》八卷。

④ 蒋敦复《啸古堂文集》有牌记，题“同治七年刊于上海道署”，是为应宝时经理之事。

⑤ 《英志》、《兵鉴》，详参《春在堂随笔》卷一。

⑥ 何子贞，即何绍基。

台安。

年小弟樾顿首

按，此札提及蒋敦复(1808—1867)、祁寯藻(1793—1866)之卒，则当作于同治六年(1867)。又称“何子贞前辈亦有归道山之说”，何绍基卒于同治十二年(1873)，则此处之说当为误传。

十九[1]

敏斋仁兄同年大人阁下：

月之六日回浙扫墓，至廿二日始还苏寓，展读两次惠书，承拳拳之意，感何可言。虎精丸已收到，二小儿服之，亦无大效。顷又觅得白龟壳服之，人言其效如神，亦不知竟如何也。大小儿空费往返，颇出意外，然渠不自树立，浮沉薄宦，所如辄左，又何怪乎？又作书与李少翁谋之，姑尽人事而已。樾日内正阅望课卷，月初当来沪一转，然已迫岁莫矣。晤局中诸君子，乞为致意。匆匆布请勋安，惟鉴，不一。

年小弟樾顿首

按，上札中俞樾请应氏代购虎精丸，此札则称已收到，故如此排序。

二十[2]

敏斋仁兄同年大人阁下：

日前奉布一笺，定入青照。比惟勋望益隆，为颂。弟自二十二日由浙旋苏，即将望课卷赶紧看定，本拟即来沪上，乃廿六日内人忽感受冬温之症，颇形其剧，日内虽小愈，尚未起床。屈指年内，为日无

---

① 此札辑自《历史文献》第十二辑，第126页。

② 此札辑自《历史文献》第十二辑，第135页。

多,同事诸公未免各有岁事,不如待元宵后再至南园,较为从容矣。诸公稿本固极精详,然鄙人之意,每条总须覆核一过,以副执事者实事求是之意,故必须诸公稿本定后,所有书籍均送归弟处审阅,方可按日程功,不然如前次之来,亦不过领略南园风景,无裨实在也,阁下以为何如。前承示叶贞节妇事,因国家旌表于未昏者止称贞女,故文称贞女,但未知究合何如也。于武林归舟作《书后》一篇,别纸录呈大教。又有王子言属书小册俟继寄,亦于舟中草草涂成,殊不足【下缺】

按,上札言"至廿二日始还苏寓",与此札"弟自二十二日由浙旋苏"之说正合。故两札相接续。

二十一[1]

敏斋仁兄同年大人阁下:

昨布一笺,并志稿一本,定照入矣。今日取《建置志》[2]动笔,查原开子目,有邮铺、善堂、会馆、义冢诸项,而原稿均无之,是否遗漏,抑或悉照《嘉庆志》[3],无更改欤?查旧志无会馆。乞饬查局中诸公,如果遗漏,迅即补来是盼。局中倘有陈府志[4],亦望寄示。国朝史、李二县志[5]如有之,亦求寄下。此布,再贺节喜,敬请台安。

年小弟樾顿首

按,此札询问志局中有无史、李二志,下札明言"局中既有其书",

① 此札辑自《历史文献》第十二辑,第124—125页。

② 即[同治]《上海县志》卷二。

③ [嘉庆]《上海县志》二十卷,王大同修,李林松纂。

④ 陈府志指明陈威、喻时修[正德]《松江府志》三十二卷。

⑤ 国朝史、李二县志分别指清史彩修[康熙]《上海县志》十二卷和李文耀修[乾隆]《上海县志》十二卷。

故如此排次。以下诸札谈及编修[同治]《上海县志》之进展，除有明显时间线索可循者，大体按照该志各卷内容次第编排。

二十二[①]

敏斋仁兄同年大人阁下：

十六日接十四日手颁并书籍，读悉兴居万福为慰。志书在苏发钞，以便校雠，惟每卷脱稿终须寄呈雅校方安，至原稿中有删节者自当存留，以便缴还，其馀已订入新稿中，不能分别矣。范志[②]十六本，弟处止十四本，存田赋门四本在局，有局中条纸可据附粘于后，乞仍属局中诸公一查，其史、李二志，局中既有其书，乞全寄下，多一书检查，自然倍形详慎，将来书成后一并封还，断无遗失也。《建置志》中子目有邮铺、善堂、会馆、义冢等，而原稿均无之，望即补录寄下，日内正从事于此也。补帆、振甫信，弟处均未知。浙臬放何人，已知之否？覆请台安。

年小弟樾顿首

外纸一束，乃李总戎威林密属书者，乞饬致。李总戎处因匆匆不及作书，并为道会。

按，札中询问"浙臬放何人"，同治六年(1867)七月，王凯泰由浙江按察使迁广东布政使[③]，故有按察使更换事，则此札当作于该年。

二十三[④]

敏斋仁兄同年大人阁下：

---

① 此札辑自《历史文献》第十二辑，第125页。

② 范志，指清范廷杰修[乾隆]《上海县志》十二卷。

③ 《清穆宗实录》卷二百八。

④ 此札辑自《历史文献》第十二辑，第127—128页。

初三日曾寄一函，并志稿三本，计已照入。是日奉到惠函，并减赋全案，略一翻阅。前呈之稿，第二卷《赋额》[①]尚有宜酌改之处，即弟三卷《漕运》[②]内附“裁除津贴”一折，有“酌提苏粮道库四分漕项”一节，已经部驳，亦宜登明是前稿，尚非定本。阁下阅后，乞仍寄还，弟再向方伯借道光年间全书，参互考订，以期无误。或将来即由弟处写一清本呈政，何如？惟无钞胥，不知雇人钞写其价若何。此请台安。

年小弟樾顿首

连日阅《疆域志》[③]，惟原稿不全，沿革表想即用蒋剑老之稿，然弟意尚宜酌改，至界至、道里、村镇、乡保，原稿均无有，意者与《嘉庆志》无异同欤？草草泐布，不尽所言。

二十四[④]

敏斋仁兄同年大人阁下：

昨接手书并志书等，知尊体偶尔违和，甚以为念，未知近已霍然否。贾云翁书读悉，局中诸事猝难齐集，令人闷闷。阁下旌节，容易超迁即补帆可见，鄙人琴剑，亦殊无定，官场讲舍，彼此萍踪，非如土著诸公可与持久也。随时饬催，得早日蒇事，幸甚。连日从事《水道志》[⑤]，其五年间开吴松江一案已钞得否？从速为荷。稿中夹有一纸，是元二年开吴松江事，未知即此否。又云有俞塘案，亦须查明，务祈转致局中，即行钞示，以便纂录也。王补帆交卸未有日期，渠不航海，如无庸进京，即自浙赴粤矣。小婿即补帆之郎金陵应试，至今未还，亦颇念之。令爱忽得痴疾，亦奇，近来此病颇多，何也？二小儿至

---

① 即[同治]《上海县志》卷六《田赋中》。

② 属[同治]《上海县志》卷七《田赋下》。

③ 即[同治]《上海县志》卷一。

④ 此札辑自《历史文献》第十二辑，第120—121页。

⑤ 即[同治]《上海县志》卷三、卷四。

今未愈，而夏间忽有旬日稍差，鄙人可望抱孙矣，亦一奇也。手此，布请台安。

年小弟樾顿首，八月廿八日

再者，去岁有以白龟壳见赠者，云专治痰迷之疾，小儿服之则确然无效，然吴下一妇人亦痰迷，分少许与之，又居然有效，意者疾之所由起者不同也。贵千金之症近日何如，倘欲少试之，乞示知，可以奉寄。

弟再顿首

再者，弟见将移寓，尚须置办家具，因弟寓一无所有也，需用之处颇多，可否再惠我二百金？感佩厚施，非可言谕。再请台安。

弟樾再顿首

按，同治六年(1867)七月，王凯泰由浙江按察使迁广东布政使[1]。札中既称"王补帆……即自浙赴粤"云云，则当作于该年八月二十八日。

二十五[2]

敏斋仁兄同年大人阁下：

昨接手书，知前寄《啸古堂集》业已照入，即谂动定咸宜为慰。弟已决计移席诂经，因由马中丞敦请，亦缘紫阳一席须让程轮香[3]之故。否则一动不如一静也。若此间开书局，禹翁[4]留弟照料，则尚在吴下作寓

---

① 《清穆宗实录》卷二百八。

② 此札辑自《历史文献》第十二辑，第121—122页。

③ 程轮香，即程庭桂(1796—?)，字芳仲，号楞香，吴县人。道光六年进士。充军机处行走，由主事历官都察院左副都御使、顺天学政、山东按察使。咸丰八年(1858)顺天乡试副考官，以科场案获遣，减死，谪戍黑龙江。久之赦还。著《春秋希道》、《戍庐随笔》。

④ 禹翁，即丁日昌。

公，否则竟归杭矣。惟诂经精舍在西湖上，不能住眷属，而城中又无屋。至此间书局经费无出，未必能开，以此亦甚费崎岖耳。年前为日无多，诸务碌碌，又拟回德作坟。志书已写定八卷而未校，不知年内能再成二卷否。大著“利利欤利害欤”，不知何人批其上曰“疑是利耶害耶”，虽意亦相同，而不如原本之奥衍有味。弟书其旁曰“此不误”，谓原本不误，非谓改本不误也，窃谓此无庸改。至“报可”，“可”字一经拈出，未免授人以口实。弟思前代公牍，凡上司之于所属，每报以“诺”字，故有“画诺”之语，篇中“报可”二字拟改作“报曰诺”，下文“仍报可”作“仍报曰诺”，如此则字面仍古雅，而意可无嫌矣。尊意以为何如？手此，布请台安。

年小弟樾顿首，初二日

再者，写清本一事，此间总须百字十文，亦颇不匪，若百万字便须钱百千矣亦未必有此，姑以计算。弟稿本虽涂改补缀，而行款清楚，若将来由弟付刊，此项竟在可省之例，否则清本万不可少，伏求示知。如写，则并望略寄写赀，即可雇人写本寄奉也。

弟樾又顿首

按，同治六年(1867)，浙江巡抚马新贻聘俞樾出掌杭州诂经精舍讲席。此札即称“弟已决计移席诂经”，则当作于本年。此札称“又拟回德作坟”，再下札称“弟明日即回德营葬”，则此札当在前。

二十六[①]

敏斋仁兄同年大人阁下：

前日覆一书，度入青照矣。“报可”字拟易以“诺”字，虽属古雅，然在近今久不见用，恐违俗，尚不如竟改作“报允”，老实而无弊，尊意

---

① 此札辑自《历史文献》第十二辑，第122页。

何如？晤莫子偲[①]，知毕《通鉴》已印刷矣，便中见惠一部为感。连日从事《学校志》[②]，俟脱稿即集胥钞写也，并以奉闻。即请台安。

年小弟樾顿首，十一月初六日

按，此札与上札均讨论"报可"之用法，当接续而作。

二十七[③]

敏斋仁兄同年大人阁下：

前得手书，承眷注为感。此间书局，迄无成议，禁书发端，无其事也。闻禹翁拟先刻牧令书，亦未必果也。弟日前得子密书，湘乡公拟以周缦翁[④]之尊经易弟之诂经，弟已婉覆。明岁大都回杭之局居多，稍近乡里，渐谋归休，惟杭州无屋，或不得已先于吴下小住，亦步步为营之法也。《学校志》已脱稿，集人钞写未毕。弟明日即回德营葬约有二十日耽延，前钞各卷携至舟中细校，归苏即可寄阅，然年内所就者止此矣约计已得其半，甚愧。兹有寄闽要信一件，敬求并弟片一并饬送丰兴栈，为感。手此，布请台安，惟鉴，不宣。

年小弟樾顿首，廿二日

---

① 莫子偲，即莫友芝(1811—1871)，字子偲，号郘亭，又号紫泉、眲叟，贵州独山人。家世传业，通文字训诂之学，与遵义郑珍并称"西南巨儒"。道光十一年(1831)举人，后屡试不第。道光二十七年客居曾国藩幕府。代曾氏收购江南遗书，后又为曾国藩督领江南官书局，担任校勘经史之职。著《宋元旧本书经眼录》及附录、《郘亭知见传本书目》、《持静斋藏记要》、《韵学源流》、《唐写本说文木部笺异》等。

② 即[同治]《上海县志》卷九。

③ 此札辑自《历史文献》第十二辑，第116—117页。

④ 周缦翁，即周学浚，字缦云，又字深甫，号蛰庵，河南商丘人。道光二十四年(1844)榜眼，授翰林院编修，二十六年任广西学政、山东道监察御史。同治初入曾国藩幕，主持文教事。

再者，朱璞山司马守和在沪谒见，深感栽培，伊欲得松海防一缺，未知可否，朱君托转询，故及。如有惠书，仍寄紫阳，又及。

按，同治六年(1867)末，俞樾回德清为其父治葬，并以蔡、嵇两夫人祔葬，前后经营匝月[①]，应即札中“回德营葬，约有二十日耽延”之所谓。且札中既提到“诂经”，又说“惠书仍寄紫阳”，亦证此札当作于本年末，其时俞樾已决定次年出掌杭州诂经精舍，而尚未搬离紫阳书院。

二十八[②]

敏斋仁兄同年大人阁下：

前得书并洋泉百，久未修覆，比惟起居佳胜，为颂。志稿已集抄胥在书院写定，尚无需此数，将来倘有盈馀，能再写一份，当更清楚矣。惟此月馀以来，酬应较烦，且心亦不定，又间以院课，竟至辍笔月馀。日来又伏案从事，然年前恐难告蒇矣。须查数事，别纸开览，求饬查示。弟明年改就诂经，或留苏，或回浙，未定。此请台安。

年小弟樾顿首

外两信求饬致。

按，札中称“弟明年改就诂经”，又有“年前”云云，则当作于同治六年(1867)末。

二十九[③]

敏斋仁兄同年大人阁下：

新正惠顾，未及畅谈，次日趋前，又未晤。计金陵之行早已旋节，

---

① 《曲园自述诗》叶十六。

② 此札辑自《历史文献》第十二辑，第128—129页。

③ 此札辑自《历史文献》第十二辑，第118—119页。

勋猷日盛，是所私颂。樾初四日赴杭，廿三日始旋苏寓，见仍寓紫阳，花朝后又须还浙。草草劳人，乏味之至，安得稍蓄山资，粗给饘鬻，杜门谢客，不与外事乎？志稿曾否寓目，应增应减，其应改之处，伏求惠示。兹又写定《学校》一卷，伏乞鉴定。外福建信一件，祈饬交丰兴李君处妥寄，为感。灯下草草布臆，即请台安。

年小弟樾顿首

刘庸翁前承惠顾，失迎，见时致意。又及。

按，此札即言"仍寓紫阳"，又有"花朝后又须还浙"之说，当作于同治七年(1868)二月十五日(花朝日)之前。

三十[①]

敏斋仁兄同年大人阁下：

前布一函，定入青盼矣。大著碑文二篇，遵为点窜数语，未知有当否，仍乞核定。局中未竟之稿何时可有？前求将寄呈之《兵防志》[②]寄还一阅，顷又查得《建置志》中须附入义冢，因原稿是续送，故须增入。乞将前呈之《建置志》一并附还。再，局中分纂诸公姓名，某志系某人纂，乞开示，以便裁入卷末序录也，其卷首图说，亦望定稿寄览。此请台安。

年小弟樾顿首

再者，将来付梓，需用手民甚众，弟处有熟识者，如可分任其役，届时当令其来沪也，并望酌示。

按，下札称"三月廿六日、廿八日两次致书"，此札与下札又都提及将《建置志》、《兵防志》寄还之事，则此札或即三月二十八日之书。

---

① 此札辑自《历史文献》第十二辑，第119页。
② 即[同治]《上海县志》卷十一。

三十一[①]

敏翁仁兄同年大人阁下：

三月廿六日、廿八日两次致书，未知已登青览否。今日始接二月二十日惠书，未知托何人所带，迟滞至此。书中言琴西有自崖而返之意，此必尚是彼时之说，今想已久入国门矣。弟初决意旋杭，乃今因内人病体，未能即行，而书院又难久住，是以仍定大仓口之屋，且在吴下度夏再说，见在俟二儿妇弥月后即行移居，大约总在二十外也。志书已写好呈政，并乞付校，其未就之稿，望为催致。前呈之《建置志》、《兵防志》并求仍寄还，以尚须增添也。其原稿及存弟处书籍俟便寄缴，如沪上有便船来苏，示知更妙。法书积功额已交该董祇领，费神，谢谢。此请台安。

年小弟樾顿首

按，同治七年(1868)四月，俞樾自紫阳书院移寓大仓口[②]。札中既称“书院又难久住，是以仍定大仓口之屋”，则当作于本年。本年三月十七日[③]，俞樾二儿妇生子陛云。札中称“见在俟二儿妇弥月后”云云，则作此札时其孙陛云尚未满月，故是札作于同治七年四月十七日之前。

三十二[④]

敏翁仁兄同年大人阁下：

叠上芜函，知已照入。前日由志局径寄到志稿二本，已将应加者

---

① 此札辑自《历史文献》第十二辑，第117页。

② 《春在堂诗编》卷六叶二十一。

③ 俞陛云会试硃卷，《清代硃卷集成》第86册，第229页。

④ 此札辑自《历史文献》第十二辑，第119页。

加入，寄还，祈饬交局。内人病体渐愈[1]，弟又拟移家、旋浙矣大约不出此月。手此布闻，即请台安。

年小弟樾顿首

湘乡公究竟来沪否，想必有准信矣。

按，前两札均提及请应宝时将《建置志》、《兵防志》寄还增添之事，此札则称“已将应加者加入，寄还”，故将此札系于后。

三十三[2]

敏斋仁兄同年大人阁下：

自还苏寓，连布三函，定俱照入矣。弟回苏又匝一月，内子病已愈，而贱体又不佳，同请沈羲民诊治，日与药炉相守，真无味也。二十外拟移居大仓口，前从志局携归各书，今特附信局寄沪，乞交局中收去。外附清单，可以照点，弟处所存者，止《嘉庆志》一部矣。力疾，布请台安，惟照不宣。

年小弟樾顿首

减赋新案尚存，再寄。

按，上札称“内人病体渐愈”，此札称“内人病已愈”，则两札当接续而作。

---

① 上札称“弟初决意旋杭，乃今因内人病体，未能即行”，此札称“内人病体渐愈，弟又拟移家、旋浙矣”，则两札当接续而作。又此札尚未移寓，则当在下一函之前。

② 此札辑自《历史文献》第十二辑，第123页。

三十四[1]

敏翁仁兄同年大人阁下：

前接手书，并兼金厚惠，感荷无量。《选举表》[2]已料理一过，今将原稿一本《选举表》下、新定稿三本《选举表》上、中、下一并寄呈，伏求照入。其《列女传》[3]二本且存弟处。斟酌原稿，双行夹写自为节省纸张起见，亦无所不可，惟体例未惬鄙怀。所标"一门几节"及"姑嫂双节"、"妯娌双节"等类，殊欠大方，且俟酌定后再钞本呈政。手民陶升甫在弟处刻书两年，颇无误事，兹特令其来沪听候局中指挥，一切俱照沪上章程，伊不过分任其役，自当遵办，无须别议也。手此，布请台安。

年小弟樾顿首

再，樾于二十二日移寓大仓口，出月仍当至杭也，并闻。尊记二篇，定后乞交局，附本条之后。

再者，《列女传》上册有"国朝未旌节妇"一百十九人，《列女传》下册又有"国朝合例已故详候题旌节妇"八百五十一人，下又有"未经汇入详册已故合例节妇"二人，此三者实则皆未旌者也。所称"详候题旌"，不知何时可以奉复，若数月内即可奉复，则不妨稍待之，俟复到后一并归入已旌之内。如其一时未能奉复，则县志指日告成，不能久悬以待，宜归并入未旌节妇内，但注明此下八百五十一人已详候题旌，如此则门类较省，且亦罗罗清疏，只消分已旌、额旌、未旌三项名目足矣，未知尊意何如，乞酌复。又，原稿小注有"专旌节妇合传内几人"、"汇旌节妇合传内几人"字样，而原稿所分门类止有已旌节妇、额旌节妇、未旌节妇、详候题旌节妇、未入详册合例节妇五项名目，并无

---

① 此札辑自《历史文献》第十二辑，第119—120页。

② 即[同治]《上海县志》卷十五至十七。

③ 即[同治]《上海县志》卷二十四至二十六。

专旌、汇旌之名，不知何谓专，何谓汇，乞明示为幸。

弟再顿首

按，上札称“二十外拟移居大仓口”，此札则称已于二十二日移寓，则此札在后。

三十五[①]

敏翁仁兄同年大人阁下：

节相来苏，拉作木渎之游，今日方回。接读手书并局中信件，敬悉都凡。弟小住数日，将笔墨应酬逐一清楚，即行赴浙。然湖楼甚热，且多虫，难以消夏，拟五月底仍回吴下。往返仆仆，殊乏味之至也。《列女传》已斟酌妥当，发抄胥誊写，写毕即寄呈。将来刊刻时，其实亦无须樾到局商量。且俟回苏后，如果天气清凉，或可来沪一转，以续坠欢，亦妙也。外附呈致湘乡公一书，乞面致之。此布，即请台安。

年小弟樾顿首

□字板在常州刻，每字不过三文，已是极好者，然排印则颇不易也。

按，同治七年(1868)闰四月初七日，曾国藩有木渎之行[②]；初八日赴胥口，登香山，眺览太湖风光[③]。此行俞樾皆陪同[④]。此札称“节相来苏，拉作木渎之游，今日方回”，应作于初八日之后。此札又称“外附呈致湘乡公一书”，下札称“初九日奉上一函，并托上湘乡相公

① 此札辑自《历史文献》第十二辑，第129页。
② 《曾国藩全集日记(四)》，第1344页。
③ 《曾国藩全集日记(四)》，第1345页。
④ 《春在堂诗编》卷六叶二十一。

一书”，则此札或即作于闰四月初九日。

三十六[①]

敏斋仁兄同年大人阁下：

初九日奉上一函，并托上湘乡相公一书，又附上白龟壳少许，未知照入否。连日将《列女传》料理妥洽，《志馀》一卷亦收拾如式，付钞胥写定呈政，即饬交局详校，其校定之本似即可付刻矣。陶手民来，言局中尚未定议，是以仍回苏听候，俟局议定后，何时开工，请赐示知，当令其来沪，遵照局章分工办理可也。樾过二十即赴武林矣。外有寄闽信件，求饬交李自西兄为感。此请台安。

年小弟樾顿首

再者，樾有一小女自杭回苏，伊未尝荔枝之味，乞将来寄惠二三十枚，是所深感，不必多也，又及。

按，从内容看，此札紧接上札。

三十七[②]

敏翁仁兄同年大人阁下：

前奉一笺，并志稿新旧八本、《嘉庆志》一部，又托寄闽信一件，想均入台照。兹尚有《近人传》一册、《补义》一册，前次忘寄，特再寄呈，乞交局。又字数清单亦缴还，全书约有七十万字，弟所送呈之清本每纸均计有字数也。手此，布请台安。

年小弟樾顿首

---

① 此札辑自《历史文献》第十二辑，第129—130页。

② 此札辑自《历史文献》第十二辑，第129页。

三十八①

【上缺】摒挡，兴之所至，辄有拟作，都是说经者，至词章则荒废已久，只好藏拙矣。书局本拟刻《通鉴》，因经费不敷，是以暂缓。仍刻《钦定七经》，《易》、《诗》已告成矣。志书有宜商定者，乞示知，以便酌改。陶手民因局中诸公言写本未定，刊刻尚早，是以回苏听候，以并省旅费，初无它意，且伊本不烦与议，俟沪上诸事议定，命伊到沪，遵照局章分任其役可也。白龟壳服之不效，想不对症。苏寓尚有一方名七七丹，前署奉贤葛大令之子服之而愈，此方即其所传，并力劝服之，因循未试，不知其效如何。兹命大小儿录寄，乞酌之。手此布谢，敬请勋安，惟鉴，不宣。

年小弟樾顿首

马榖翁到沪住几日？想早附轮船北上矣。琴西有信否，闻拟捐分发也。又及。

按，浙江书局本《御纂七经》之《御纂周易折中》序后有"同治六年十月浙江巡抚臣马新贻敬谨摹刊"一行，《钦定诗经传说汇纂》序后有"同治七年三月闽浙总督臣马新贻敬谨摹刊"一行。札中既称"《钦定七经》，《易》、《诗》已告成"，则最早作于同治七年(1868)间。

三十九②

敏斋仁兄同年大人阁下：

久不得书，伏惟台候万福。日前郑莲君、王子言两兄来，言《志馀》一卷局中未见发出。弟忆此卷两本，一是局中原本，一是吴下写本。已于闰月九日寄呈，或尚在尊斋而未发出，或已交局而郑、王两君未

① 此札辑自《历史文献》第十二辑，第136页。
② 此札辑自《历史文献》第十二辑，第126页。

之见，希一检查是幸，弟处则已无一未缴之稿本矣。弟在吴中度夏，八月初即拟还浙。小女病愈，尚未复原，又继以大儿寓中药铛不断，运气之坏极矣，安得谢绝人事，枯坐深山，涵养性真也。顷有朱朴山司马来寓，交一名条，有所干求，未知有以应之否。又有汪芷荷日诚，向分上海差委，今因署事期满交卸，回沪当差，其乃翁汪春生，是壬辰庶常，□江西州县，樾与有连，又尝就其教读馆，芷荷即彼时执经受业者，幸隶仁帡，欲求推爱垂青。弟方欲谢绝人事，而此等事又缭绕笔端，未免为有道者所笑，然亦不得已也。朱司马事可否，并求酌示，以便覆之。捻迹肃清，升平共庆，如弟等辈得以鼓腹遨游，亦幸矣。手此，敬请台安。

年小弟樾顿首

按，札中称"已于闰月九日寄呈"，[同治]《上海县志》纂修期间，惟同治七年(1868)有闰四月，故当作于本年。札中又有"捻迹肃清"之说，同治六年十二月，东捻军败于扬州；同治七年六月二十八日，西捻军在山东覆没。至此，起义凡十六年的捻军失败。综合札中"八月初即拟还浙"云云，知此札作于此年七月间。

四十[①]

敏斋仁兄同年大人阁下：

初十日曾肃一笺，由局寄呈，未知照入否。在武林晤恽少薇兄，知阁下有赋遂初之意，伏念吾榜自莲衢[②]侍郎引疾后，惟望阁下振而起之，虽钦恬退之高风，实违企望之宿愿，未识尚能少留否。弟尚寓湖楼，城中觅屋，已看定小福祐巷一所，惟谐价未定，前书所求，能俯如所请否。兹因汪瘦槑孝廉工部鸿逵至沪之便，附布数行，敬请台

① 此札辑自《历史文献》第十二辑，第128页。

② 莲衢，即杜联。

安。汪君是弟旧徒，亦佳士也，祈进而教之，幸甚。

年小弟樾顿首

四十一[①]

敏斋仁兄同年大人阁下：

在湖楼曾布一函，仍由苏寓寄呈，定登青览。日来暑雨不时，伏惟台候万福。弟寓西湖月馀，天竺、韬光、灵隐，皆蜡屐一游。因眷属留苏，于月之三日仍回苏寓视之，仆仆往返，自觉无谓。杭有一屋，可以暂典，价尚不过昂，托一友代谋之，未知成否。志书已否写定，其未合处尚求开示为幸。日本国人有至沪上者否？去岁托以拙著《经议》转赠彼中人，未知有可赠否？彼中有《佚存丛书》一种，未知可为转购否？前寄七七丹方曾否配合，有无效验？兹有闽信一件，敬求饬交丰兴栈为感。手此，布请台安。

年小弟樾顿首

四十二[②]

敏斋仁兄同年大人阁下：

在西湖精舍接奉惠书，并鹰扬壹百，即草草付一收条，未及致书，今日又得二十七日书，知自金陵旋节，壹是咸宜，幸甚。弟在杭看小塔儿巷胡存斋司马之屋，屋虽不多，小有园林之胜，颇惬鄙怀，初意千五之数可以典得，乃经手人措词不协，致启参商，事垂成而复罢，甚为惜之。见将典屋之钱交存吴晓帆[③]方伯处，而自于十一月廿七日仍归吴寓，而潘季翁[④]言其老屋在马医科巷，止须修理即可居之，其修

---

① 此札辑自《历史文献》第十二辑，第125页。

② 此札辑自《历史文献》第十二辑，第117—118页。

③ 吴晓帆，即吴煦。

④ 潘季翁，即潘曾玮。

理之费大约洋泉一千此数即为典价。可以蒇事,若此议果成,仍作吴下阿蒙矣。阁下为我计之,宜归浙乎,抑仍留苏乎?今年在杭,为屋事颇费经营,而书生作事,五角六张,迄无成就,大约伯鸾夫妇,止宜庑下赁舂也。来书有偕隐之约,无此福分,如何如何。手肃布谢,即敬请台安,不一。

年小弟樾顿首,初二日[①]

再者,恽少薇兄至武林张罗而无所得,仍回毘陵,云年内即须入都,葬事恐须待明年也。小琴同年索拙刻,而拙刻已就者止骈文四卷[②],容当寄奉,至《群经平议》未知要否。拙诗在武林开雕,明年春可毕,此石泉方伯之力。散文杜小舫[③]兄欲为梓行,今恐不果矣。弟精力日就衰颓,著述之兴,亦复阑珊,零星各种,付之酱瓿可也。因少琴索及,故拉杂书此。

弟再顿首

李中堂有正月间至沪之说,未知果否。

按,以上三札均谈及在杭觅宅之事,其中前两札尚在协议,此札则称协议未果,故将此札系于后。同治七年(1868)十月,浙江布政使杨昌濬(字石泉)为俞樾《春在堂诗编》作序并予推介,此札称"拙诗在武林开雕……此石泉方伯之力",故当作于本年。

---

① 札中既言"自於十一月廿七日仍归吴寓",则此初二日当为十二月初二。

② 俞樾骈文,道光末年由孙殿龄刻为《草草庐骈体文钞》二卷,咸丰九年四月于苏州刻为《日损益斋骈体文钞》四卷,同治五年七月又刻为《宾萌外集》四卷。此处当指《宾萌外集》。

③ 杜小舫,即杜文澜。

四十三[1]

敏斋仁兄同年大人阁下：

闻荣绾藩条，因病未克走贺，为歉。前求张舍亲豫立关差，未知有所位置否？杜舫翁已来省否？弟有复李筱荃制府书，敬求即赐加封递去为感。日内有金陵便人否？如有之，望示知，弟又致马穀翁书并书一部，托带去也。手此，敬贺大喜，即请台安。俟稍痊奉谒，不尽欲言。

年小弟樾顿首

按，应宝时同治"八年，奏署苏藩，俄升授江苏按察使，其后又署苏藩者五"[2]。札中称应氏"荣绾藩条"，当作于本年(1869)。

四十四[3]

顷持笺细玩，乃知□□□式即在八行纸中，谨书三纸，乞择用其一，但字甚小不易作，且恐不易刻也。承问贱恙已全愈，但四肢乏力，步履甚难，而溲尚赤，又未敢服补剂，且静养而已。手此布复，敬请敏翁同年大人安。

弟樾顿首

卞颂翁[4]到家后请开缺否，王补帆有无告病之举？病中无闻见，暇时示悉。

按，此札可与致卞宝第札参看。同治九年(1870)七月初六日，

---

① 此札辑自《历史文献》第十二辑，第133—134页。

② 《上海应公祠记》，《春在堂杂文五编》卷一叶十五。

③ 此札辑自《历史文献》第十二辑，第135—136页。

④ 卞颂翁，即卞宝第。

“福建巡抚卞宝第开缺养亲,以山西布政使何璟为福建巡抚”[1]。札中既询“卞颂翁到家后请开缺否”,则当作于此前。

四十五[2]

承询葛贤墓事,弟戊午之秋泛舟山塘,于五人墓畔见一土阜,视其碑,知为葛贤墓。归而检长洲褚稼轩《坚瓠集》,得其本末,作诗一章存集中[3],今录奉清览。《坚瓠集》未知桉头有其书否?今亦录寄。葛事在万历二十九年,五人事在天启六年,相距二十五年。葛遇赦得出,又十馀年而死,则其系狱中必近十年矣,故得死于五人之后而葬其墓侧也。褚稼轩又称:康熙中于山塘见其犹子,因得瞻其遗像。或其家即在此?亦未可知矣。

按,《吴中唱和诗·和补帆重游焦山》一题小注曰:“应敏斋同年访求山塘葛贤墓,拟重葺之。”[4]此或即应宝时询问葛贤墓事之由。此诗在《补帆同年奉命还闽,叠韵留别,亦叠韵送之》一题前。同治十三年(1874)五月十一日,谕“福建巡抚王凯泰前经行抵苏州,因病奏请开缺,当经降旨,赏假两个月,无庸开缺。……传知该抚,速行回任,以重地方。王凯泰于接奉此旨后即日起程赴闽,毋庸来京陛见,不得俟假期届满,致有迟误”[5]。则上述诗作均当作于同治十三年间,故此札至晚作于该年。

---

① 《清穆宗实录》卷二百八十六。

② 此札辑自《春在堂尺牍》卷四,题作“与应敏斋方伯”。

③ 即《葛贤墓》一题,见《春在堂诗编》卷五。

④ 《曲园杂纂》卷四十一叶二十五。

⑤ 《清穆宗实录》卷三百六十六。

四十六[①]

敏翁仁兄同年大人阁下：

昨盛扰郇厨，感感。顷有书客同乡侯姓送来样书八本，其中《册府元龟》、《文苑英华》、《太平御览》三部大书，每部一千卷，兹所缺者不多，索价百洋。此尚不失为有用之书，如尊意欲得之，乞酌示价值，以便转商。此外《通志堂经解》两部，一竹纸，一白纸，然所缺过多。又《容斋五笔》、《精华录》两书，想非阁下所措意也。手此，布请台安。

年小弟樾顿首

四十七[②]

敏斋吾兄同年大人阁下：

十二日奉上一笺，并缴还邑绅禀函，未知已照入否？今日又得手书并大著二篇，皆详明条鬯，足以垂示方来。稍易数字，以副虚怀，未知有当否。此信到日，适樾濡染巨笔，为人作楹联，遂致有墨沈污其上，如寒具油矣，勿罪勿罪。二小儿痴顽如故，拟明年来沪上，与徐伯蕃商量，向夷人仁济馆乞药治之。内人近日小愈，但尚须摄养耳。灯下草草布复，即请台安，惟鉴不一。

年小弟樾顿首，望日灯下

四十八[③]

敏翁仁兄同年大人阁下：

弟还苏寓后忽患感冒，未克趋候，想吾兄大人及嫂夫人所患均全愈矣。城门之役，闻阊门新出一缺，未知能为张舍亲豫立位置否。力

① 此札辑自《历史文献》第十二辑，第130页。

② 此札辑自《历史文献》第十二辑，第132—133页。

③ 此札辑自《历史文献》第十二辑，第133页。

疾奉布，即请台安。

年小弟樾顿首

四十九[①]

应大人藩台：

致马谷翁信件已托便人带去矣，费心，谢谢。顷有寄小儿一信，敬求即加封寄保定府，托其转交为佩。弟病已愈，迟数日再趋叩，日内尚觉足力乏也。手肃，敬请台安。

年小弟俞樾顿首

外信一件。

五十[②]

敏斋仁兄同年大人阁下：

吴中别后，闻又有金陵之行，使节贤劳，伏惟万福，樾小住湖楼，又匝一月，雨奇晴好，聊以自娱。前属舍亲张豫立求抱关之役，闻尚有盘门一处，务求推爱为感。手肃奉渎，敬诮台安。五月中还苏寓，再走欸起居，书不尽意。

年小弟樾顿首上

再启者，万清轩先生今年在苏否？杨石翁有延主杭郡东城讲舍之意，但脩羊不肥□止二百金，未知肯就否。乞为探示，以便转达。手肃，再请大安。

樾再顿首

---

① 此札辑自《历史文献》第十二辑，第 115 页。

② 此札辑自《历史文献》第十二辑，第 134 页。

致瑛棨

瑛棨(？—1878)，号兰坡居士，汉军正白旗人，本姓郑。荫生，道光间为内务府笔帖式，后出官河南。咸丰初任开封知府，升道员。三年(1853)，授河南督粮道。四年升长芦盐运使，五年升河南布政使，九年任河南巡抚。

一[①]

兰坡仁兄大人阁下：

两奉郇云，备承眷注，五中感泐，非楮墨能宣。比惟勋猷懋著，倚任愈隆，遥企台阶，莫名心祝。弟彰、卫两棚业已告竣，月之廿二日抵怀郡开考，大约四月中旬又可渡河而南矣。公私诸事，尚各顺平，足慰垂注。道经辉县，曾作苏门之游，山翠泉声，颇清心目，因成俚句纪之[②]，惜冗长，未及录寄，俟夏间旋省时尔时或风鹤销声，再当并途中所作奉呈清正耳。东路事近日如何？能有起色否？省垣中得福曜驻临，想必如常安堵，军书馀暇，或惠布一笺，以慰饥渴，尤所深幸。堂皇校士，草草奉书，恕不庄楷。肃请台安，伏希爱照不宣。

愚弟俞樾顿首，廿三日

按，咸丰五年八月初二日，俞樾简放河南学政；九月二十四日，挈眷出都赴任；该年冬抵任；次年二月始出棚考试[③]。札中提及于三四月间考试彰德、卫辉、怀庆等府之事，正是河南学政之职守，则至早作

---

① 此札辑自《清代名人手札汇编》第四册，第191—193页。

② 应即《苏门山纪游》一题，见《春在堂诗编》卷四。

③ 《春在堂诗编》卷四叶十三。《曲园自述诗》叶十。

于咸丰六年(1856)三月二十三日。

二[①]

再启者,万寿圣节,例有贺折,未识须何时拜发?准何日到京?阁下与余仙翁[②]拟何时拜发其折?计与贺元旦折同,有请安折否?务祈便中示悉为感。东路闻消息渐佳,日来何如?能一鼓荡平否?手此,敬请勋安。

弟再顿首

前奉托之敝同年刘令名英、敝世兄闵通判赅曾,未知有可培植否?又及。

按,此札询问何时拜发万寿节贺折,下札称"前曾函商万寿圣节宜于何时拜发贺折",故系此札于前。札中提及之河南按察使余炳焘卒于咸丰七年,四月十五日,以河南河北道周士镗接任其职[③],故此札应作于咸丰六年(1856)间。

三[④]

再启者,弟河南一棚业已蒇事,即前赴陕州,试毕回省,即可面叙阔衷,并谢一切也。前曾函商万寿圣节宜于何时拜发贺折,须于何时到京,应否用请安折,务祈便中示悉,不胜感荷。手肃,载请台安。

弟樾再顿启,端午前一日

---

① 此札辑自《清代名人手札汇编》第四册,第198页。

② 余仙翁,即余炳焘(1791—1857),字吟香,号仙圃,浙江会稽人。道光元年(1821)举人,充景山官学教习。期满,以知县用,分发陕西。补清涧,调盩厔,又调渭南。擢河南怀庆知府。咸丰三年(1853),擢陕西凤邠道。寻改授河南南汝光道。四年,迁河南按察使。七年卒于任。

③ 《清文宗实录》卷二百二十三。

④ 此札辑自《清代名人手札汇编》第四册,第194页。

按，咸丰帝生于道光十一年(1831)六月初九日，故俞樾于五月初四日询问何时发万寿节贺折之事。此札称“河南一棚业已蒇事，即前赴陕州”，下札称“自洛下校试陕州”，则此札在前。

四[①]

兰坡仁兄大人阁下：

节前曾肃贺端喜，定登记室矣。比惟勋猷夏大，治绩风清，敬企台阶，亮符臆颂。弟自洛下校试陕州，计二十边可以蒇事，握晤非遥，藉纾饥渴。前次函商万寿贺折一节，未蒙示覆，弟意尊处及余仙翁处贺折，未知由省中专弁北上，抑或仍汇交中丞处，弟之贺折，可否由吾兄大人处代为一办，附尊处折件一同进京，则更为有事，因叨挚爱，故特专人回省函商，即求酌定，迅赐覆音，如可附发，铭泐无既。所有折弁费回省时缴呈，如或尊处折已发，不能再附，望将折式及用请安折与否详细示悉，俾无贻误，种种渎神之处，当俟回省日趋叩崇阶也。手肃，虔请钧安，敬企环音，临颖依驰不尽。

愚弟俞樾顿首

按，札中所谓“节前曾肃贺端喜”、“前次函商万寿贺折一节”云云，当指上札。则此札至早作于咸丰六年(1856)五月二十日之前。

五[②]

再启者，前承示悉东路事宜，感感。闻九月中又小有蠢动，未知日内何如？诸深悬系。弟自汝而宛而许，一路顺平，惟在宛南时适有樊城之警。然据考试情形而论，仍属静谧，即自邓、新来考者，亦初不张皇。于途中遇周春翁，想早已抵宛矣，办理想无不得手也。弟望前

① 此札辑自《清代名人手札汇编》第四册，第209—211页。

② 此札辑自《清代名人手札汇编》第四册，第200页。

可以赴郑，月底月初又可到省考试开属矣。知念并闻，载请勋安。

弟再顿首

按，咸丰七年七月初六日，以御史曹登庸参劾其命题割裂，俞樾遭罢职[①]。札中提及“九月中”尚在南阳（宛）、许州等地考试，则至晚作于咸丰六年（1856）间。

六[②]

兰坡仁兄大人阁下：

接奉手书，具承眷注，并蒙示阅庚仙翁回信，即附缴呈。知前托祝舍亲事已承推爱嘘拂，铭感之至。马队到齐，想东路事必可得手，而南路又复鸠张，在许时传闻邓州失守，未知果否。弟在彼校试，尚觉平静，何数日间乃至于此也？弟许昌试毕，已至郑州，大约月初即可回省考试开属也。公事碌碌，未及详布。肃复，敬请崇安，伏乞爱照不宣。

愚弟俞樾顿首

按，上札称“望前可以赴郑”，此札称“已至郑州”，则此札在后。

七[③]

兰坡仁兄大人阁下：

前奉覆函，并缴庚仙翁书，定蒙青照。辰惟蕃祺懋介，荩祉延洪为祷。东路马队到齐，能否得手，宛郡事尚无大碍否？弟郑州试毕，月初可回省城，晤教不远矣。兹有渎者，弟于八月初曾行文贵署经

---

① 《清文宗实录》卷二百三十一。

② 此札辑自《清代名人手札汇编》第四册，第215—216页。

③ 此札辑自《清代名人手札汇编》第四册，第195—197页。

厅，补支夏季应补领养廉及支秋季养廉，嗣经将夏季应补领者如数领到，至秋季者，尚未支取，昨敝署信来，言及青蚨告罄，可否饬将弟本年秋季养廉送交弟署，以资接济。因叨挚爱，故以渎陈，伏希裁察为感。手肃，虔请台安，诸祈霁鉴不宣。

愚小弟樾顿首，廿五日灯下

按，上札称“阅庚仙翁回信，即附缴呈”，此札称“前奉覆函，并缴庚仙翁书”，则此札在后。

八[①]

兰翁仁兄大人如晤：

日前曾将开封棚内巡捕刘维岳名条恳求培植，今日其人来见，据称有委署叶县典史之信，但此缺甚属瘠苦，欲求另委武安典史或固始县丞，托弟转求，可否如其所请之处，伏乞裁定为幸。专此，敬请台安。

愚弟樾顿首

元旦贺折何时拜发，弟亦有折附去也。又及。

按，札中既提及开封考棚，则至早作于咸丰六年(1856)，又问及拜发元旦贺折时间，则当作于本年末。

九[②]

兰坡仁兄大人如晤：

元旦贺折何日拜发？中丞折弁曾否到省？查例载元旦庆贺表笺，于二十五日截止，现在为日非遥，以弟处专差而论，极快亦须七日，院上差弁自应较快，然庆贺折不能由驿驰奏，恐极速亦需五六日，

---

① 此札辑自《清代名人手札汇编》第四册，第234页。

② 此札辑自《清代名人手札汇编》第四册，第219页。

若再迟延，必有贻误之虑。弟意拟明日饬差赍递，未知尊见以为何如，务恳示覆，以便遵办。手此，敬请勋安。

愚弟樾顿首

按，据札中所言贺折截止日期及邮驿时间来看，此札至晚作于十二月中旬。上札仅询问发信时间，此札则称次日投递，故系此札于后。

十[①]

兰坡仁兄大人阁下：

接回示，悉一切，弟问敝署折差，据云渡河恐有耽延，且恐天时或有雨雪，总须七日方可到京。弟恐中丞折弁或不由省城转，则敝署走折者六日不能赶到，恐或有误，拟于明日拜发。尊处之折，或附弟处，或仍候院差，均希酌定赐覆为感。此复，即请晚安。

弟樾顿首

如附弟处，乞明日一早送到，又及。

按，札中强调发折时间与到京时间问题，或亦指元旦贺折而言，故暂系于上札之次。

十一[②]

兰坡仁兄大人阁下：

昨得清江祝舍亲信，内有谢禀一件，敬为转呈，乞照入。弟因幕中友人回家度年者尚未到齐，初三日未能出棚，初六日是否四不祥日，吾兄精于诹日，敢求为弟决之。初九日虽好而太迟。前托纳粟一

---

① 此札辑自《清代名人手札汇编》第四册，第 202 页。

② 此札辑自《清代名人手札汇编》第四册，第 199 页。

厝，拟为大小儿办一主事议叙，未知宜如何办理，尚求示悉为感。手肃，敬请勋安。

小弟樾顿首

按，咸丰六年二月初三日，俞樾出棚考试，大风渡黄河，赋诗纪之[①]。此札即称"因幕中友人回家度年者尚未到齐，初三日未能出棚"，则当作于咸丰七年(1857)。

十二[②]

兰翁仁兄大人如晤：

承荐舍亲馆事，感感。但舍亲本拟依侍龙门，故修之厚薄，在所勿论，若出省就馆，则寒士生涯，亦不得不计及修羊之肥瘠，所荐未知何席？每年修脯几何？居停何姓？能否即行到馆？尚希示悉，再行酌度。奉覆，如能借重鼎言，俾研入稍丰，得以自顾顾家，尤感栽培之厚也。手覆，即请台安。

弟樾顿首

十三[③]

兰翁仁兄大人阁下：

手示诵悉，费神，感感。弟初九日未能成行，初九以后竟无可用之日，只好迟至二十一日矣，彼时照或可到也。舍亲杞县之馆，未知有无成议，尚希示悉。连日碌碌，再当趋前面禀一切也。此覆，即请台安。

弟樾顿首

原信缴。

---

① 《春在堂诗编》卷四叶十四。

② 此札辑自《清代名人手札汇编》第四册，第239页。

③ 此札辑自《清代名人手札汇编》第四册，第224页。

再，闻苏省东坝一带有警，未知的否，便中示悉。

按，札中所谓“苏省东坝一带有警”，或指咸丰七年(1857)初清军与太平天国起义军在天京外围的战斗[①]。而札中“初九日未能成行”一说，或亦与第十一通中询问出棚时间一事相关，故暂系于此。

十四[②]

兰翁仁兄大人阁下：

前示小儿捐事，似正项已足而杂费尚无，未知应需若干，如尊处知悉，乞即示知，以便行前奉上。舍亲馆事，荷蒙嘘植，今日何介山已来拜过，但闻县署各席均各人满，惟通札誊清比往年人少，介山晋谒时或再赐一言，竟订此席，俾舍亲有所事之，不致负素餐之愧，更所深佩，琐渎歉甚。肃请勋安。

小弟樾顿首

迟一二日再当趋侍，以禀一切，并及。

按，以上三札均有俞樾为其亲戚谋馆的内容。其一中提出希望能在豫省授馆，其二具体到杞县，其三则提到联络人，今暂据此事进展程度如此系联。

十五[③]

兰坡仁兄大人阁下：

恐妨公冗，久未趋前，为歉。各路军事如何？汝州一带闻不甚平静，鲁、郏等县均有骚扰，尚祈示悉。缘弟此次出省，拟以汝州为首棚

① 《太平天国战争全史》第三卷，第1361—1366页。

② 此札辑自《清代名人手札汇编》第四册，第230页。

③ 此札辑自《清代名人手札汇编》第四册，第240—241页。

也。如汝州不能，只好先至南阳矣。再有渎者，朱顾翁之婿戚润如茂才，乃弟庚戌同年戚英甫编修之子，英甫在日，与庚子仙[①]河帅有师生之谊，现润如世兄随顾翁眷属南旋，道出袁江，拟谒见河帅，欲求钧函，以作先容。或小有润色，皆出大君子之赐。手此布渎，即请勋安。

愚小弟樾顿首

再，月前曾行文贵经厅支取夏季廉钞，计已呈阅，可否即赐支发为感。

弟再顿首

按，此札询问汝州一带平安与否，第十七通称"汝州校试"，则此札在前。

十六[②]

兰坡仁兄大人阁下：

顷晤王吉翁，知明日渠已辞谢，因思弟与老兄更何客气，谨将大柬璧呈，如吉翁明日来赴嘉招，弟亦当趋承如约，或吉翁不果来，则弟行前历碌，竟俟将来闲暇时再扰郇庖也。外附呈小儿履历，费神代办为感。此请台安。

愚小弟樾顿首

按，据札中之意，是瑛棨欲招宴俞樾，而俞氏适将出行，故拟推却。而下札称"行前饫扰郇庖"，故暂系此札于前。

---

① 庚子仙，即庚长(生卒年不详)，满洲镶黄旗人，富察氏。任两淮盐运使。咸丰三年(1853)授直隶布政使，六年迁南河总督。十年革职。第六、第七通提及之"庚仙翁"，或亦即此人。

② 此札辑自《清代名人手札汇编》第四册，第223页。

十七[①]

兰坡仁兄大人阁下：

行前饫扰郇庖，濒行又承车骑亲送，别后溯洄之意与春日而俱长，惟勋祉日隆，定如臆颂。弟汝州校试，碌碌如常，大约二十五六汝属可以蒇事，而光州一带闻甚吃紧，已据该县禀请，援照旧案，岁科并行，将来即由汝而陈，大约归德一时亦难办考，便可渡河而北矣。光、固一带设有缓急，又深南顾之忧，吾兄台蒿目时艰，又费一番筹画矣。大营想仍在亳，克翁[②]能否分兵而南，风便尚望略示一二为幸。棚次匆促，手布，即请台安，伏乞惠鉴不宣。

如小弟樾顿首

按，此札称"别后溯洄之意与春日而俱长"，则当作于春间。

十八[③]

兰翁仁兄大人阁下：

别后曾于董堤行馆手肃一椷，即交首县家人赍还，定已照入矣。比惟劳政优优，百凡集吉，定如所祷。弟邺中蒇事，即至卫辉，约至五月初即可按试覃怀，一切尚叨平顺，足慰注存。广额事仍碍，未禀行，

---

① 此札辑自《清代名人手札汇编》第四册，第217—218页。

② 克翁，即胜保（？—1863），字克斋，满洲镶白旗人，苏完瓜尔佳氏。道光二十年（1840）举人，考授顺天府教授，迁赞善，以乙榜任国子监祭酒，转翰林。咸丰三年（1853）任江北大营帮办军务大臣，截击太平军北伐。同年，授钦差大臣，因攻高唐不下，遭革职，遣戍新疆。咸丰六年，复授副都统衔，帮办河南军务，赴淮北镇压捻军。八年，招降捻军领袖李昭寿、苗沛霖。咸丰十年，抗英法联军于河北通州八里桥。翌年，升兵部侍郎。同治二年（1863）授钦差大臣，督办陕西军务，镇压回民，因作战不力，接连战败，被赐死。

③ 此札辑自《清代名人手札汇编》第四册，第221—222页。

前书已详，想鉴及矣。东路事如何，闻克翁连有胜仗，想无虞北窜也。余仙翁竟尔仙游，可胜慨叹，现放何人？省门得信否？弟在署时曾行文贵署经厅，支春季养廉，未经领到，乞即饬催为荷。外拙诗一纸，公馀鉴定是幸。手此，敬请台安，伏惟爰照，不宣。

愚小弟樾顿首

按，札中提及余炳焘（1791—1857）之卒，则当作于咸丰七年（1857）。

十九[1]

兰翁仁兄大人阁下：

承示各处探报，知军务大有起色。闽省情形亦较松，甚慰。许州考事，昨已得金牧禀请展期，弟已批令缓至八月矣。饷票价值如有的耗，示知为佩。手此，虔请台安。

愚弟樾顿首

外缴还各件。

按，咸丰七年（1857）夏，红巾军据福建汀州，连城、顺昌、沙县、尤溪相继陷，进逼省垣。俞樾兄俞林死守永安危城，按察使裕铎遂得次第收复所失诸县[2]。札中所谓"闽省情形亦较松"或即指此，故暂系此札于本年。

二十[3]

兰翁仁兄大人阁下：

顷惺翁招饮，因肚腹不佳，未及奉陪为歉。马贞伯来省，托弟探

---

① 此札辑自《清代名人手札汇编》第四册，第237页。

② 《春在堂杂文三编》卷二叶三十九。

③ 此札辑自《清代名人手札汇编》第四册，第213页。

听由监生捐训导职衔需钱若干，在外省上先，能否即有部发执照，抑或止有实收，望示悉，以便复知前语也。外有致萧芗泉[①]贺信一件，乞有便附寄为荷。此请尊安。

小弟樾顿首

按，此札为马贞伯打听捐官费用，下札则资送其人南旋，故暂系此札于前。

二十一[②]

兰翁仁兄大人阁下：

日前奉询饷票事，未知已有定价否，由监生并监生底子捐捐县丞到省，指省分发。系实银若干，示悉为感。再有渎者，马君贞伯曾由芗泉先容得谒清尘，现伊抱疴，即思南回，而资斧未足。弟虽有小助，未足成行，可否略分馀润，俾得早整归装，想博爱为仁者，定不嫌烦渎也。肃请台安。

小弟樾顿首

按，第十九通询及饷票价值，或即此札所谓"日前奉询"者，故暂系此札于稍后。

二十二[③]

兰翁仁兄大人阁下：

顷承枉顾，失迓为歉。宋郡试事，已据该府详请援照成案办理，

---

① 萧芗泉，即萧浚兰（1822—1873），字仪卿，号芗泉，江西高安人。道光二十四年（1844）进士。纂[同治]《瑞州府志》。

② 此札辑自《清代名人手札汇编》第四册，第212页。

③ 此札辑自《清代名人手札汇编》第四册，第208页。

日间面恳函催之处,已可无庸矣。手此,敬请台安。

愚弟樾顿首

按,札中既提及考试宋郡之事,则不会晚于咸丰七年(1857)秋。

二十三[①]

兰坡仁兄大人如晤:

折已缮写,拟明日发两折,均奏事之件,一奏考试情形,一即日前就正者。可否一日并进,乞示悉为感。再,折差约八日可到,如尊处有信件欲带,即掷付是幸。此颂勋安。

小弟樾顿首,廿五日

按,札中既称上奏考试情形,则不会晚至咸丰七年(1857)秋。

二十四[②]

兰翁仁兄大人阁下启者:

顷有仆人焦贵自京来汴,特有敝同年张侍御书来见弟,因弟处事少人多,出息有限,故未收用。闻伊曾叩谒台前,可否赏给差使?据张同年书言,其人朴诚可恃也。手此布恳,即请台安。

愚弟樾顿首

按,札中为焦贵谋一差使,并称"弟处事少人多,出息有限",则是时俞樾应仍在学政任上,故不会晚于咸丰七年(1857)秋。

---

① 此札辑自《清代名人手札汇编》第四册,第220页。

② 此札辑自《清代名人手札汇编》第四册,第207页。

二十五[①]

兰坡仁三兄大人阁下：

前奉恳捐米备赈一节，兹特呈上大小儿名条、履历一纸，敬求于米局先捐一监生底子，闻由局捐监，得照甚迟，未知尊处实收即可算数否？应用银若干？示知，以便缴上，至将来由敝署行文贵经厅，宜如何叙法，亦求酌示，渎神之至，再容面叩。专此，敬请台安。

愚小弟樾顿首

二十六[②]

兰翁仁兄大人阁下：

顷承光顾，存问拳拳，感甚。兹有渎者，弟拟为大小儿捐一功名，恳查：由监生报捐，不论双单同知在京铜局上兑，约须实银若干？弟即将银送尊处，求托京友报捐，当较外省得照较易也。费神，再容叩谢。手此，敬请台安。

小弟樾顿首

按，以上两札系俞樾为长子捐监生功名，且其一中有"由敝署行文"之说，则不会晚于咸丰七年(1857)秋。

二十七[③]

兰坡仁兄大人阁下启者：

敝同年方君葆珊[④]处业已探明，现住理事厅衙门左近，与候补

---

① 此札辑自《清代名人手札汇编》第四册，第201页。

② 此札辑自《清代名人手札汇编》第四册，第245页。

③ 此札辑自《清代名人手札汇编》第四册，第203—204页。

④ 方葆珊(1819—?)，本名壶，以字行，安徽桐城人。道光三十年(1850)进士(故俞樾称为"同年")。官内阁中书。

县殷名廷瑞同寓。殷令乃其同乡至好，方同年止一妻一子一女，其子名镶，年十七，曾应北闱乡试，惟除原籍外别无所归。既承高义，敬求登高而呼，庶集腋成裘，得以苟延旦夕，至将来之计，万难代筹久远。幸殷令乃其总角至交，尚可相依，且其子年亦渐长，或笔耕亦能养母，吾辈只济其目前之急而已，未识尊见以为何如，望酌夺示覆为感。祝舍亲已有书去，并闻。手肃，敬请捷安，伏惟爱照不宣。

愚弟俞樾顿首

二十八[①]

兰坡仁兄大人如晤：

秋暑殊酷，久未趋侍为歉。东事如何，有好音否？周勉翁闻补北道，确否？前奉托方同年事，未知有无成说，缘其家望之如岁，务祈早赐玉成为祷。此肃，即请崇安。

小弟樾顿首

按，以上两札均提及方葆珊，且此札有"前奉托方同年事"云云，故系此札于后。札中又称秋暑，则至晚作于咸丰七年(1857)秋，以咸丰八年春俞樾已离开豫省南旋。

二十九[②]

兰翁仁兄大人阁下：

顷蒙枉顾，得畅谈为感。兹有渎者，敝同年唐大令銮在省寓病故，一无所有，眷属十馀口，无以为归计。弟与系同榜同年，用敢代吁鸿慈，伏乞登高而呼，俾得归骨故里，则存殁均拜大君子之赐矣。手

① 此札辑自《清代名人手札汇编》第四册，第235页。

② 此札辑自《清代名人手札汇编》第四册，第236页。

此奉托，即请台安。

愚弟樾顿首

三十[1]

兰翁仁兄大人阁下：

日昨趋前，未晤为怅。兹有渎者，敝同年刘明府名英前在虞城任内，曾有应领垫发留支一项，今年春间曾渎陈清听，现其光景甚窘，闻又具禀台前，如果属应领之项，望早赐以济涸辙。弟因系年好，故敢冒昧代求，伏求原鉴。前托唐令事，未知已赐高呼否。恃爱多求，勿罪为幸。此渎，即请勋安。

愚弟樾顿首

按，以上两札均提及唐鉴身后事，称其人在省寓病故，又有"今年春间"之说，则作札时间至早在夏季，故暂系此札于咸丰七年(1857)间。

三十一[2]

兰翁仁兄大人尊右：

顷有闽信一件，敬求加封饬递为感。但家兄所署系属外县，且未知曾否卸事。此信望寄省中，当还衙门，教不浮沉也。所托捐事，未知粮台饷票较京局能否便宜，便中代为一核是荷。际此公务殷繁之时，恃爱琐求，伏求原恕，即请台安。

小弟樾顿首

---

① 此札辑自《清代名人手札汇编》第四册，第 238 页。

② 此札辑自《清代名人手札汇编》第四册，第 229 页。

按，咸丰七年(1857)，以俞林在永安县守卫有功，特擢同知[①]。札中所谓“家兄所署系属外县，且未知曾否卸事”，或即指此，故暂系此札于是年。此札询问粮台饷票与京局何者便宜，下札则称“既京局较为便宜”，则此札在前。

三十二[②]

兰翁仁兄大人尊右：

发示诵悉，弟因大小儿读书一道未必有成，故勉力为此，既京局较为便宜，竟从京局报捐，开呈履历一纸，费神代办。其照能否速得[③]？如三月初可有，弟当稍待之，以免寄远周折也。其银容日送至尊处，渎亵，不安之至。手此，肃请勋安。

小弟樾顿首

行□单附缴。

三十三[④]

兰翁仁兄大人阁下：

手示读悉，捐项即当奉上，但未知究须若干？拟明日先奉上一千之数，俟示知实需若干再行补上，未知可否？其平是否京平？亦望示悉为感。琐渎，歉甚。覆请台安。

愚小弟樾顿首

---

① 《春在堂杂文三编》卷二叶四十。

② 此札辑自《清代名人手札汇编》第四册，第228页。

③ 柯悟迟记载太平军兴期间江苏常熟地区报捐情况时称：“各州县出示，如有报捐监生，毋庸地邻出结，持银到该礼房交足银数，即将履历年貌填入监部两照带归……功名竟易如转瞬间也。”(《漏网喁鱼集》，第21页)可知其时报捐后得照极易且速。

④ 此札辑自《清代名人手札汇编》第四册，第243页。

三十四[①]

兰翁仁兄大人尊右：

昨发件定蒙照入，兹奉上汴平纹银壹千弍百两，计元宝二十枚，碎银两封。伏求汇京，其零数再找上。代办捐事为荷。午后弟当踏雪而来，面承雅教也。此恳，即请台安。

小弟樾顿首

再者，如捐指有分发，未知必须引见否？如眼前可无须引见，弟竟拟捐指江苏，以便令其逐队随行，学习当差，缘大小儿读书未必能成，故作此想。乞示悉为荷。再渎尊前，伏希渊鉴。

弟再顿首

按，以上三札均是俞樾为长子捐官之事。其一称“其银容日送至尊处”，其二称“拟明日先奉上一千之数”，其三称“兹奉上汴平纹银壹千弍百两”，据以排次如上。其三中“再者”以下写于另一纸上，当为某札之附信。其三称请瑛棨“代办捐事”，附信则对捐指情况提出要求，故暂系于其三后。其一中还有“如三月初可有，弟当稍待之，以免寄远周折也”云云，或因是时俞樾已计划于三月初南旋，希望于行前收到监部执照，可免去再从豫省投递的麻烦，故系以上三札于咸丰八年(1858)。

三十五[②]

兰翁仁兄大人尊览：

舍亲姚钺去年报捐县丞，领有实收，部照未到，兹将实收两纸呈上，如部照到日，乞为缴销，前曾面恳，想不责其琐渎也。再有渎者，

① 此札辑自《清代名人手札汇编》第四册，第242、244页。

② 此札辑自《清代名人手札汇编》第四册，第226—227页。

舍亲现在袁午翁[①]营中当差，兹有信一件，银式十两，如有委员赴营，乞饬带去，妥交为感。去年奉托捐监两个，忆共银肆拾六两，未知是否。兹特缴赵，伏祈检收。手此，肃请勋安。

弟樾顿首

按，札中俞樾提及"去年"、"捐监两个"，其一或即为长子所捐，故暂系此札于咸丰八年(1858)。

三十六[②]

兰翁仁兄大人尊右：

手教诵悉，舍亲事屡渎清心，感甚，愧甚。想介山明府既承台嘱，自即行延订也。弟定于廿一日自水路南旋，小儿之照如彼时未到，仍望饬人至东昌一带探投，是所感汤。迟日再当趋谢，并禀一切。手此致覆，即请台安。

小弟樾顿首

按，此札称"小儿之照如彼时未到"，下札则称"小儿部监两照奉上"，则此札在前。

三十七[③]

兰翁仁兄大人如晤：

手示诵悉，小儿部监两照奉上，乞代寄都呈验为荷。昨嘱舍亲镌小印二方，奉求法正，乞鉴入，未知尚足博大方一笑否？手覆，敬请台安。

小弟樾顿首

① 袁午翁，即袁甲三。

② 此札辑自《清代名人手札汇编》第四册，第225页。

③ 此札辑自《清代名人手札汇编》第四册，第247页。

三十八[①]

兰翁仁兄大人尊右：

前日附上小儿监部两照，捐事想已寄信京中矣。并图章两方，定已照入矣。属题之册，苏帖得七古一章[②]，钱券成律诗四首[③]，笔墨丑劣，有污佳册，深自愧也。手此，肃此台安。

弟樾顿首

按，以上两札所言“部监两照”和图章两方均合，当为先后所作。

三十九[④]

兰翁仁兄大人尊览：

顷承饬纪偕同日升昌掌柜来寓，据云所汇系票银，非现银，所谓票银者，到苏时由该局开一银票交付，持此票买物，则一两竟作一两用，若持此票向该局取现银，则折耗随时上下不等，竟有作七、八折者。又据该掌柜云，如汇现银，每千汇费须八十两等语。弟思汇费如此，未免太钜，至于票银又折耗太多，忆弟前年冬曾汇百金到苏，系八五折，止取得实银八十五两，殊未合算。未识吾兄与该局原议如何，尚希酌示为感。琐渎清神，不安之至，再俟面叩。手肃，即请勋安。

愚小弟樾顿首

按，札中俞樾询及银钱汇苏费用，或即为南旋作准备，故暂系于此。

---

① 此札辑自《清代名人手札汇编》第四册，第246页。

② 即《兰坡方伯瑛棨属题宋刻苏帖》一题，见《春在堂诗编》卷五。

③ 即《兰坡又以钱武肃王铁券拓本见示，自元明来题跋者数十家，亦可观也。为赋四律》一题，见《春在堂诗编》卷五。

④ 此札辑自《清代名人手札汇编》第四册，第231—232页。

四十[①]

兰翁仁兄大人阁下：

前属舍亲镌刻图章，业已告竣，特呈尊鉴。张墨翁眷属不果南旋，弟拟仍走旱道，未知宋郡一带近已肃清否？山东曹、单等处如何？如有所闻，伏祈示悉。此请台安。

愚小弟樾顿首

按，咸丰八年(1858)春，俞樾自河南归里[②]，因皖北、苏北一带为太平天国起义军占据，乃从开封走山东，绕道入江南，至苏州[③]。札中询及宋郡(今商丘一带)、山东曹县、单县等地是否平安，或即为归程作准备，故系此札于本年。

四十一[④]

兰坡仁兄大人阁下：

奉上家兄名条一纸，敬求函致福建庆方伯[⑤]，转恳推情培植，是所深感，外有家信一封，希加封递寄为荷。初六日务望光临，已订周

---

① 此札辑自《清代名人手札汇编》第四册，第 233 页。

② 《春在堂诗编》卷五叶七。

③ 《曲园自述诗》叶十一。

④ 此札辑自《清代名人手札汇编》第四册，第 205—206 页。

⑤ 庆方伯，即庆端(生卒年不详)，字午岩，号正轩，满洲镶黄旗人，富察氏。荫生出身，任新疆镇迪道。道光二十八年(1848)授江苏按察使。迁福建布政使。咸丰七年(1857)授福建巡抚，九年迁闽浙总督。同治元年(1862)调任杭州将军。

蓉翁[1]奉陪矣。是日或有公事,则卜昼卜夜,悉由尊意裁定,示知,以便恭候也。此订,即请台安。

愚弟樾顿首

按,此札并无明显系年线索,但不应晚于咸丰八年(1858)俞樾离豫南旋之时。

四十二[2]

兰坡仁兄大人阁下:

弟拟于四月初一日出省,再当走辞,兹奉上名条三纸,冀充夹袋收藏,如有可栽培,希留意一二,恃爱渎求,幸勿责其琐琐为荷。东路有无捷书?念念,此请台安。

愚小弟樾顿首

按,札中所谓"出省"、"走辞"云云,或指咸丰八年(1858)俞樾即将离开豫省南旋而向瑛棨辞行,暂系于此。

四十三[3]

兰翁仁兄大人阁下:

顷专足回汴,曾覆一函,谅已照入矣。弟因运河水涸无舟,仍走旱路,大约再行八九日可到袁江也。小价卢元曾托面荐,兹从济宁遣回,令其趋叩阶前,如蒙推爱,赏给随便差使,尤所心感。弟已嘱伊勤

---

① 周蓉翁,即周尔墉(1792—1858),字容斋,浙江嘉善人。道光五年(1825)应顺天乡试,中副榜,捐主事,官至户部郎中。以其子士镗官河南,晚年就养于此,主讲开封宜山书院。娱情翰墨,尤长于书,出入欧、虞。

② 此札辑自《清代名人手札汇编》第四册,第 214 页。

③ 此札辑自《清代名人手札汇编》第四册,第 248—249 页。

慎当差，勉图报效，或不至作年公鹤也。此请台安。

如弟樾顿首，二十七日未刻

再启者，正在修函，适专足于二十七日辰刻到济，接到手书并部监照各一纸，诵悉一切，费神之至，感谢无既。其专足费，遵谕不给，但弥增惭感耳。来人赏给大钱壹千文，以作酒资，并闻。弟沿路均托福星所芘，悉臻平顺，所过州县亦俱推情照拂，惟济宁以下因水涸无船，只得仍从陆道而行，闻途次尚平善，足以告慰。俟到浦再行布知一切。衢州之说，惟愿不确乃妙。但弟昨见宗涤翁[1]，此间亦有是说，并云浙抚晏彤翁[2]已出省防剿矣，未知的否，并及。

弟再顿首

按，札中所言行程应即俞樾自豫南归所经之地，故当作于咸丰八年(1858)。咸丰八年春夏，太平军石达开部攻占衢州府之江山、常山、开化，围绕衢州府城的控制权与清军展开激战[3]，此即札中"衢州之说"所指。

---

① 宗涤翁，即宗稷辰(1792—1862)，字涤甫，一作迪甫，号越岘山民，浙江会稽人。道光元年(1821)举人。历官内阁中书、军机章京、起居注主事、户部员外郎、御史，至山东运河道。有《躬耻集》、《四书体味录》。

② 晏彤翁，即晏端书(1800—1882)，字彤甫，号巢云，江苏仪征人。道光十八年(1838)进士，历官浙江宁绍台道、浙江按察使、江西布政使、山东布政使、浙江巡抚等。

③ 《太平天国战争全史》第三卷，第1838—1858页。

致于鬯

于鬯(1854—1910),字醴尊,号香草,清江苏南汇(今属上海)人。著有《香草校书》六十卷、《香草续校书》二十二卷、《战国策注》三十三卷等。《春在堂杂文六编》有《于香草所校书序》。

一①

得手书,垂注殷殷,甚感。昔人言,半部《论语》可以治天下,今则《孟子》半部足矣。"反本"一言,今日之切务也;"正人心"一言,尤本之本也;"贵友"言中国不患不富强,而患人心不正,诚哉是言。所立经生会,未知如何,沪上强学章程,徒为外国讪笑,想经生会得贤者主持,定与俗论不同也。大著《四礼补注》,《奔丧》、《投壶》两篇,以郑补郑,最为精审,《迁庙》两篇则以卢注无可补,不得不自为之说,体例不同,职是之由,不足为病。鄙意,若博采他经郑注之可以移注此篇者而首列之,郑注无可采,再下己意,而仍引郑义证成之,则与《奔丧》两篇体例亦相近矣。高明以为何如?惟"四礼"之名,似乎可酌。因明以来有四礼之学,明宋纁有《四礼初稿》,吕坤有《四礼疑》、《四礼翼》,马从聘有《四礼缉》,韩承祚有《四礼集说》,吕维祺有《四礼约言》,国朝王心敬有《四礼宁俭编》,并见《四库全书提要》。所谓四礼者,冠、婚、丧、祭也,"四礼"之名,恐与彼混,或竟题《礼经四篇补注》何如?弟自九月以来无片刻暇,衰龄冉冉,后路茫茫,外顾世而时切隐忧,内问身而一无乐趣,惟十一月初为小孙续姻,算了却一件事矣。年内又刻成《杂文五编》八卷,俟印订成后,即寄呈大教。然皆碑传序记之文,应酬作也。

---

① 此札辑自于鬯《四礼补注》稿本卷首,上海图书馆藏。

按，光绪二十一年（1895）十一月初八日，俞樾孙陛云续娶许氏[①]。札中既称“十一月初为小孙续姻”，则当作于本年。《四礼补注》书前有于鬯自序称：“向曾补注《小戴》奔丧、投壶二篇，继思《大戴》诸侯迁庙、衅庙二篇亦礼经，非礼记也，则亦在别录补注之例。顾卢注既略，且卢非郑比，同名补注，而其体例视前不同矣。《投壶》亦见大戴，既补于小戴，即不复及云。光绪二十一年五月南汇于鬯。”[②]

二[③]

得手书，知前函已达，鄙意拘拘，甚违诸君子之意。然孟子云：“穷则独善其身，达则兼善天下。”我辈穷居，只能为独善之计，若穷而欲兼善天下，虽孟子不能。汉季党人，明季社友，皆是见义未精，自任太猛，圣贤恐不如是。即使孟子生于今日，亦惟守先王之道以待后之学者而已。孟子“待”之一字，直待至汉时，而后先王之道又昌明于世，然《孟子》一书，犹杂在诸子中，未重也；又待至唐宋，而后孟子之学大重于世。吾人但计有可待与否，远近固不计也。仆去年《除夕》诗云：“行当再见唐虞盛，屈指天元九十年。”[④]姑留此言，以为后验。仆学术粗疏，年龄衰暮，浪窃虚名，深为愧恧。日前与浙抚廖中丞言，老夫主讲诂经已二十九年，若再忝一年，则三十年老山长，海内所无。将来必有两种议论：一谓曲园在诂经造就不少，一谓两浙人材皆败坏于曲园一人之手。此两说，恐究以后说为然。盖方今之世，乃穷则变、变则通之世，而鄙人不知变通，犹执守先待后之说，两浙人士不我

---

① 《春在堂诗编》卷十五叶十九。

② 于鬯：《四礼补注》稿本卷前叶一，上海图书馆藏。

③ 此札辑自《春在堂尺牍》卷七，题作“与于香草”。

④ 即《除夕口占》一题，见《春在堂诗编》卷十五。排在《余于道光丙申年入县学，至今光绪丙申六十年矣，追念前尘，怃然有作》一题前，故当作于光绪二十一年（1895）。

鄙弃者，亦讲求古音古义，沾沾于许郑之书，而人材之为我败坏者不少矣！尊见以为然否？外附去《杂文五编》八卷，此皆应酬之作，然近来名公钜卿，颇多见于鄙文者，则固不得因其文辞之陋而弃之也。

按，札中称“老夫主讲诂经已二十九年”，则当作于光绪二十二年(1896)。

三①

得手书，并示三说云云，前一说不敢当，后二说不足辨。夫谓《茶香室经说》是小说家言，其人不但不曾读《茶香经说》，并不曾见过小说来。试问，唐宋以来小说多矣，何种小说与《茶香经说》相似乎？悠谬之谈，不足一笑。若谓“不知变通”，“沾沾许郑”，实亦未有人言及，乃鄙人自存此见，以为将来必有此说耳。又有一种，讲理学者深不以我所著书为然，因鄙人未尝掊击程朱，故亦尚未受人掊击也。嗟乎！时事日非，斯文将丧，此又何足深论？惟足下来书颇以乾嘉以来崇尚声音训诂之学为当时提唱诸公咎。窃谓不然，不通声音训诂，不能读古书；不能读古书，不能读圣经贤传；不能读圣经贤传，又安能通圣人之道乎？然则诸老辈教人讲求声音训诂，亦是下学而上达之法，盖门径固如是也。学者但致力于声音训诂，自以为绝学，而不知更有其他，此则学者之蔽，而在乾嘉诸钜公，固不任其咎也。尝谓：《论语》“下学而上达”，妙在一“而”字。朱注云：“但知下学，自然上达。”深得此句语妙。吾儒与释氏，同此一理。一部《论语》，止言下学工夫而不及上达，以上达只在下学中也。一部《金刚经》，止言上达而不及下学工夫，然云“修一切善法”，此即下学也。佛云“修一切善法”，孔云“多学而识之”，同一下学工夫。佛云“一切善法，皆非善法”，故孔子亦自以为非也。然孔云“予一以贯之”，而佛则云“实无有法，得阿耨多罗

① 此札辑自《春在堂尺牍》卷七，题作“又与于香草”。

三藐三菩提”，此则稍有分别。盖在吾儒，则千百万亿皆贯之以一，而在佛家，则千百万亿皆归之以无。贯之以一，犹有迹象可寻；归之以无，则无可捉摸矣。此释家所以高于吾儒，而吾儒所以切于释家也。仆生平沾沾于声音训诂，此外未尝致力，然近来于天下事理亦颇觉头头是道，虽不敢言上达，似亦上达之梯桄也。孔子一生辛辛苦苦，至七十岁从心所欲不逾距[矩]，始稍稍享圣人之福，然越三年即梦奠矣。况我辈龌龊小人乎，恐亦不久人世矣。率尔布陈，聊发大噱。

按，此札紧接上札，疑亦作于光绪二十二年(1896)。

四[①]

香草仁兄大人阁下：

辱手书，知读礼之馀，仍事撰述。当此之时，而有此人此事，风雨如晦，鸡鸣不已，空谷之中，跫然足音，可敬可喜也！承询群经次第，拙著《平议》，只依高邮排列，盖鄙人所学固不出王氏门径中也。此次第不独本于《汉志》，陆氏《经典释文》首篇发明其义，尤为明白，既先儒旧说皆然，鄙人何敢更张。至先秦古书所列群经次第，诚不如此，然以《诗》冠首，窃所未安。愚意，《史记·滑稽传》所引孔子语最为得之。孔子曰：“六艺于治一也。《礼》以节人，《乐》以发和，《书》以道事，《诗》以达志，《易》以神化，《春秋》以道义。”如此，则以《礼》、《乐》建首，《书》、《诗》次之，《易》、《春秋》次之，次第秩然，恐孔门原本如此也，今《乐经》亡而《礼》孤县矣。然足下以读礼之馀而编定所著，或竟以《礼》居首，次《书》，次《诗》，次《易》，次《春秋》，依附《滑稽传》孔子之语，自成一家体例，亦无不可。辄贡所见，尊意酌之。方今时局至此，吾道将废，非百年之后，恐无人复理此业，虽有伏生，亦不能待。

---

① 此札辑自于鬯《香草校书》稿本卷首，上海图书馆藏。又收入《春在堂尺牍》卷七，题作“与于香草书”。今据手札整理。

鄙人年老心灰矣，足下年未五十，或尚可努力乎？复颂著安，匆匆不一。

愚弟俞樾顿首

按，札中既称“足下年未五十”，则当作于光绪二十九年(1903)之前。于鬯父尔昌早卒，母冯太孺人，以苦节三十年奉旨建坊，于氏以五百金建坊墓道[①]。则札中称于氏“杜门读礼”，似非丁父母之忧。于鬯为光绪丁酉拔贡，得直隶州州判，以本生母年高，绝仕进，举经济特科亦不赴。本生母卒，哀毁致病，绵延数年，遂以不起，宣统二年七月十二日卒[②]。则于氏此时或为其本生母服丧。札中俞樾与于鬯讨论群经次第的问题，建议按照孔子之说(《史记·滑稽传》所引)以《礼》为首，次《书》，次《诗》，次《易》，次《春秋》。实则于氏所著《香草校书》仍本《汉志》，以《易》、《书》、《诗》、《礼》、《春秋》为次。

---

① 缪荃孙:《艺风文漫存辛壬稿》卷二叶六。
② 缪荃孙:《艺风文漫存辛壬稿》卷二叶六。

致俞林

俞林(1814—1873)[①],字壬甫,号芝石,浙江德清人。道光二十三年(1843)举人。仕闽二十馀年,官至福宁府知府。

一[②]

二月之末曾寄一书,未知到否?弟于三月二十日自杭还苏,而苏寓将吾兄来书先四日寄杭,至今尚未折回,想监院校官留与本月望课卷同寄也。弟眠食如常,寓中亦平顺,惟弟妇比年多病,日见衰老,迥非前年紫阳书院与吾兄相见光景矣。弟终朝碌碌,亦微觉精力不支,著述之兴,久已颓唐,惟将旧著各种,络绎校付手民。穷愁仰屋,有此百馀卷书,已足自豪。自兹以往,为道日损矣。今春李筱泉中丞谋合各省会书局刻《二十四史》,属弟商之江南督抚。因先与丁禹翁商量,许刻辽、金、明三史。嗣于三月中得马穀翁回书,金陵书局从《史》、《汉》起直任至《隋书》而止。遂携书与筱翁面议,浙江刻新、旧《唐书》及《宋史》,而以两《五代》及《元史》请少荃伯相于湖北刻之。三四年后,全史告成,一钜观也。弟忝书局总办,实则总而不办,深愧素餐。惟此事稍有参赞之功,然全史成后,自问精力已不能读,即能读,亦不过如弹词、院本,消遣白日而已。若早十数年,或者春蚕食叶,尚能稍吐新丝也。学问无穷,岁月有限,宣尼所以有假年之叹乎!

按,札中称"今春李筱泉中丞谋合各省会书局刻《二十四史》",则当作于同治八年(1869),此事可与俞樾致李瀚章札第一、第三通参看。

---

① 《春在堂杂文三编》卷二叶四十六。

② 此札辑自《春在堂尺牍》卷二,题作"与壬甫兄"。

二[1]

月之二日曾去一书，仍附补老信中，已到否？起居定必佳胜，庭中花事，近日何如？吏隐之福，实所艳羡。弟已于三月廿八日还西湖精舍，虽托江湖之名，未免褦襶之累，远不如福宁太守之清闲自在也。南庄府君[2]手批《四书》精细可以当著书。弟在兰溪舟中手自钞录《大学》一书，已及传之九章，略以意贯穿，使成片段，以小字双行夹写，附于每节之后，其有及注文者，摘录注文，亦以小字书其下。自还精舍，未遑从事，然稍有空闲即当卒业，不敢辍也。还杭后，闻人言曾文正师事，乃知真灵位业中人，来去分明，固自不同，其身后事，皆手自料理楚楚，然后归真。二月朔，梅方伯[3]入见，劝暂请假，公笑曰："吾不请假矣，恐无销假日也。"至诚前知，岂不信夫！弟途中补作《福宁杂诗》十二首[4]，内一首云："海色山光逼画棂，何殊觞咏在兰亭。无端忽堕风前涕，一月前头陨大星。"为文正发也。又自福宁还杭州，得杂诗十四首[5]，内一首云："子陵台在暮云端，两岸山光已饱看。安得於潜问遗老，重寻石室古严滩。"则据《水经》疑汉晋时所谓"严濑"者在桐庐至於潜一路，而非今之七里泷也。及晤杨石泉中丞，语及之，石翁曰："桐庐至於潜，昔尝经由其地，分水以下，浅濑急湍，不容舟楫过；分水后，涓涓细流，并不成溪涧矣。然岩岫复沓，子陵石室当有可访，惜彼时军旅匆匆，无暇寻幽选胜耳。"此事在福宁曾与兄共检

---

① 此札辑自《春在堂尺牍》卷四，题作"与壬甫兄"。

② 南庄府君，即俞樾祖父俞廷镳（1725—1797），字昌时，号南庄。乾隆甲寅（1794）恩科钦赐副贡生。著《四书评本》。妻夏氏、戴氏。子一，鸿渐。传见《印雪轩文钞》卷二。

③ 梅方伯，应即梅启照。同治八年（1869）至光绪三年（1877）为江宁布政使，故称"方伯"。

④ 见《春在堂诗编》卷七。

⑤ 即《自福宁还杭州杂诗》一题，见《春在堂诗编》卷七。

《水经注》，故附以报兄焉。

按，札中提及曾国藩(1811—1872)之卒，则当作于同治十一年(1872)。

三[1]

闻服附、桂等剂，未知投否？医家各执一理，其稍读医书者言之必娓娓可听，求其实效，茫如捕风。近时岐黄家宗黄坤载扶阳抑阴之说，往往喜用桂、附，亦有利有弊，未可偏执。惟中年以后火气已衰，药之凉而腻者，殊不相宜。桂、附之弊，究属君子之过。弟近服梁公百岁酒，颇似佳也。来书言临平先达一事，惜未言明出《晋书》何传。考《汉书·地理志》，钜鹿郡有临平县。而刘昭《续志》已不见，则久经并省，《晋书》亦无此县。其为今之临平人无疑，然不知何以书临平人而不书钱唐人也。《福宁郡志》曾否举行？吾浙有修省志之说，或议以弟总其事。然弟经生，疏于史学，修志一事，不独烦心，且易为怨府。昌黎，文章巨公，犹不敢修史，况我辈乎？当事者或果有此意，当婉谢之。

---

① 此札辑自《春在堂尺牍》卷四，题作“与壬甫兄”。

致俞绣孙

俞绣孙(1849—1882)，字绣裳，浙江德清人。俞樾次女。著《慧福楼幸草》。

一[1]

书来，知目疾未愈。每日用盐擦牙齿，即以漱口水洗目，久之自有验矣。《水仙花诗》[2]寄托遥深，格律清稳，极为可喜;《咏古》诸章，无甚深意，且词句过涉凄恻，闺中少年人不宜作此。以后作诗，宜以和婉为宗，欢愉为主，方是福慧双全人语也。吾前以“福慧”名汝楼，慧则付之自天，福则修之自我，汝宜深思吾言矣。汝姊吉期已定于三月二十六日，而衣饰至今未办，固由无钱，亦由为汝二哥哥病魔缠绕，举家都无心绪也。幸吾与汝母俱平善，勿念。吾所著《群经平议》，已写副本寄杭州，浙中诸当事者谋集赀付刻，《字义载疑》亦写寄金陵，托友人校刊，皆未知能成否。“生前富贵应无分，身后文章合有名”，此白香山诗，吾常诵之。

按，札中俞樾提及长女出嫁日期，故当作于同治五年(1866)。

二[3]

得正月廿七日书，知汝无恙为慰。吾于正月廿八日在钱唐江首途，由严州、金华、处州、温州而至福宁。祖母今年八十有七，惟步履

---

① 此札辑自《春在堂尺牍》卷一，题作“与次女绣孙”。

② 《水仙花》诗见《慧福楼幸草》叶四。《咏古》则未见。

③ 此札辑自《春在堂尺牍》卷四，题作“与次女绣孙”。

艰难及重听较甚耳，饮食起居，与前年无异，期颐可望也。伯父之病，仍未脱体，幸公事清闲，颇足养病。吾在彼小住二十七日，仍由原路而还，水陆兼程，行殊不易。然泉声山色，颇足娱情，已于三月之末至西湖精舍。笔墨丛杂，宾客纷繁，远不如福宁太守之清闲自在矣。汝南旋之计，闻又不果。在都固无佳况，还南亦乏良图，触藩之叹，诚有如汝所言者。眼前既不成行，宜随时排遣，勿郁结成病。汝有生以来尚无大拂逆之境，此日稍尝辛苦，亦文章顿挫之法。昨得彭雪琴待郎书，有诗云："欲除烦恼须无我，历尽艰难好作人。"[①]此言有味，故为汝诵之。吾尝言，人生须分三截：少年一截，中年一截，晚年一截。此三截中无一豪拂逆，乃是大福全福，未易得也。三截中有两截好，已算福分矣。但此两截好须在中晚方佳，若晚年不好，便乏味也。必不得已，中一截不好，犹之可耳。汝少年总算顺境，但愿以中年之小不好，博晚年之大好，仍不失为福慧楼中人。善自保重，深思吾言。

按，札中称"祖母今年八十有七"，则当作于同治十一年(1872)。本年春，俞樾由陆路自杭州至福建省亲，著《闽行日记》一卷[②]，详记行程见闻，与本札所言均合。

---

① 《袖中书》卷二收录彭玉麟札两通，其二中有此句(彭札原稿今存上海图书馆，作于同治十年十一月十六日。《彭玉麟集》整理本据原札录入集中，然未收录《袖中书》所录彭札第一通)。惜此诗今不见于《彭玉麟集》。彭集中有《赋性二首》，其二曰："天生愚性恶嚣尘，难合时宜为率真。不敢为官知戆拙，勤于治事怕因循。文章学问深惭我，功业勋名愿让人。眼孔着高看义利，分明黑白好安身。"与此诗所反映之情性甚合。

② 为《曲园杂纂》卷四十。

致俞祖绥[①]

俞祖绥(?—1896),字履石,号剑孙。俞樾兄俞林第三子。光绪二年(1876)举人[②]。

得来书,言欲与门下诸子为我作《弟子记》,可谓多事,大可不必。以吾自问,一无足述,四十岁以前,并著述无之;四十以后,虽颇有著述,然岂能将吾所著之书连篇钞入?则仍是无可记载。譬如作枯窘小题文,搜索枯肠,不成篇幅;又如贫儿学富家翁,虽竭力铺排,不免捉襟露肘。为之者甚劳,读之者欲睡,寿陵学步,贻笑大方,吴楚僭王,获咎当世,甚无谓也。老夫崦嵫暮景,不久人世。其生也,候虫时鸟;其死也,草零木落而已。即或以所著之书,三百馀卷,生前已流播人间,旁及海外,则身后亦或不遽泯灭,数百年后,有好事者诵其诗、读其书,以不知其人为憾,徵文考献,求其梗概,或如韩、苏诸公,后人为作年谱;或如韦应物,《唐书》无传,而后人补为之传,不较诸君子此日所为更有味乎?往年花农议筑俞楼,吾请俟之五百年后,今亦犹此意也。如晤倬云[③]诸君,为我致谢,并以此告之。

---

① 此札辑自《春在堂尺牍》卷六,题作"与兄子祖绥"。

② 《楹联录存》卷四有《兄子剑孙挽联》,序曰:"先大夫登嘉庆丙子贤书,越六十年光绪丙子剑孙继之。祖孙同丙子,一时以为佳话。方冀其昌大吾家,不谓其盛年殂谢,客死羊城也。"

③ 倬云,即倪钟祥(生卒年不详),字倬云,浙江衢州人。俞樾门生。尝供职浙江书局,与校《苏文忠公诗编注集成》四十六卷《编年总汇》四十五卷。

致袁保恒[①]

袁保恒(1826—1878),字贞叔,号小午(一作筱坞),河南项城人。袁甲三长子。道光三十年(1850)进士。官至刑部左侍郎。有《文诚公奏议》、《函牍》、《文稿》、《诗稿》。

长安一别,十有八年矣。阁下以禁中颇牧,作军中韩范,奉承先志[②],振扬国威,厕名中兴元功之列,甚善甚善!伏念吾榜介丁未、壬子间,旧有蜂腰之诮。然同馆诸君颇有膺异数者,枢元以候补道拜黔抚,补帆以编修授浙臬。盖不飞不鸣者虽多,而一飞一鸣,未始不冲天而惊人。而阁下者,则尤其上击九千里者也。陕甘军务,近日何如?数十万健儿环而待命于阁下一人,胸中转漕,笔底量沙,贤者多劳,深以为念。樾自大梁罢归,中更兵乱,流离转徙,幸获安全。忝窃皋比,妄事撰述,年来从吴下紫阳书院移主浙中诂经精舍,将旧著各书先后校付剞劂。已刻者,《群经平议》三十五卷,《诸子平议》亦三十五卷,《宾萌集》五卷,《外集》四卷,《春在堂诗》六卷,《词》二卷。每一校阅,时复自笑,夫蚓窍蝇声,其细已甚,岂足与公等争鸣哉?然执庄生《齐物》之说,则篱鷃之与云鹏,原自各适其适,固无伤乎昔日接翼同飞之雅也,用敢以书布达左右。军书旁午之馀,或亦一破颜乎?

按,札中称"年来从吴下紫阳书院移主浙中诂经精舍",则当作于

---

① 此札辑自《春在堂尺牍》卷三,题作"与袁小午同年"。

② 袁保恒之父袁甲三(1806—1863)字午桥,号新斋,河南项城人。道光十五年(1835)进士。官至漕运总督兼江南河道总督,提督八省军门。谥端敏。有《端敏公奏议》、《函牍》。

同治七年(1868或稍后)。本年八月,袁保恒受命赴陕甘总督左宗棠部候委,次年二月授实缺,被委管理西征粮务,并得专折奏事①。此即札中询及陕甘军务之由。

① 《清穆宗实录》卷二百四十一、卷二百五十二。

致恽炳孙

恽炳孙(1854—1918),字季文,室名澹如轩,晚号澹翁,江苏阳湖(今常州)人。湖南巡抚恽世临之子。光绪十一年(1885)拔贡,入赀,官内阁中书。澹于荣利,遂乞假南归。曾师事俞樾。著有《澹如轩诗钞》、《澹如轩词钞》等。

一①

【上缺】刻亦赵孟视二张之意,吟以七纸,寄奉一笑。另有长歌一首,付刻未成,即以钞本寄览。词气平弱,亦见其衰也。寓中均平顺,小孙一时未能进京,想在家亦无谓,徒多应酬而已。尊夫人留寓数日,简亵之至,今因其北归,附此奉候,即颂台安。闻少夫人有尊兰佳兆,抱孙在即矣。先此豫贺,惟鉴不宣。

馆愚兄樾顿首,初九

按,此札称"抱孙在即",下札则贺恽氏孪举两孙,则此札应早于下札,故系于前。

二②

季文仁弟孪举两孙,赋贺二律,即呈太夫人一笑

高桐昨夜并孙枝,傩子鳌孖喜可知。此日二卿联德道,他年一甲定郊祁。圭璋双琢连环玉,臂足分缠五彩丝。想见重闱开笑口,欣符佳话郑昌时。汉郑昌时一产两男,见《西京杂记》。

曲园俞樾初稿

---

① 此札辑自嘉德2010春拍第8232号拍品。

② 此札辑自嘉德2010春拍第8232号拍品。

按，恽炳孙有《五月廿五夜斌儿妇孪举双孙赋诗志喜》一首，小注曰："曲园、潜圃两师均赋诗赐贺"[①]。俞樾所作，当即此诗。诗又见于《春在堂诗编》卷二十二（乙巳编），题作《恽季文中翰孪举双孙，以诗贺之》，与此诗文字小有差异。结合下札所谓"昨呈之诗，又略为点定"，疑两札分别作于光绪三十一年(1905)五月二十六日和二十七日。

三[②]

昨呈之诗，又略为点定，录奉清览。时稿如在案头，望检还，以便改定，使人钞誊入稿也。手肃，敬颂
季文仁弟大人侍喜。

兄樾顿首，廿七

四[③]

《七修类稿》[④]承借示，感感，但弟处已得之矣，仍缴还，乞转致彦翁同年收归邺架。弟处所刻，皆白板而非梨板，价颇不昂，但陶升甫于他人处均不肯照鄙处价刻。往年曾荐至陆存斋[⑤]兄处，亦另议刻

---

① 恽炳孙：《澹如轩诗钞》叶三十二。

② 此札辑自嘉德2010春拍第8232号拍品。

③ 此札辑自《上海图书馆藏名人手札选刊·俞曲园手札》，第300—301页。

④ 《七修类稿》，明郎瑛撰。郎瑛(1487—1566)，字仁宝，仁和(今杭州)人。淡于功名，而博览艺文，探讨经史。家藏图书有经史文章、杂家之言、乡贤手迹等，每日坐于书斋中诵读，揽其要旨，撮取精华，辨同异，考谬误，著《书史衮钺》六十卷、《萃忠录》二卷、《七修类稿》五十一卷(又《续稿》七卷)。全书按类编排，分天地、国事、义理、辩证、诗文、事物、奇谑等七类。涉及当朝及前朝史事掌故，社会风俗及琐闻，艺文及学术考辨。四库入存目。

⑤ 陆存斋，即陆心源。

资也。尊处须刻何书？如欲其刻，当令其来前，亦无不可商量，此君必不敢过昂其值也。复颂

季文五兄世大人文安。

世愚弟樾顿首

致曾壁光

曾壁光(？—1875),字毓秀、丽东,号枢元(垣),四川洪雅人。道光三十年(1850)进士。任编修,候补道,累官至贵州巡抚,卒于任。谥文诚。

一[1]

前由补帆处寄到惠书。数千里外,簿书鞅掌之馀,犹惓惓于故交如此,白香山诗云"惟有蔚章于我分,深于同在翰林时",可为阁下咏矣。嗣阅邸抄,知拜黔抚之命,同谱中膺疆寄者自阁下始,从此乂安边徼,光辅中兴,逖听者与有荣施焉。惟黔事当万难措手之时,宜如何宏此远谟,以副隆遇,山川悠远,企望为劳。每念吾榜落寞,介丁未、壬子间,未免蜂腰。近年稍稍生色,莲衢[2]阁学矣,补帆亦可望节钺,湘吟、汴生浸浸向用,榜运其日亨乎？樾自夷门罢归,中更离乱,仍以笔耕糊口,前尘昔梦,久付飘风,而文士名心,不能自已。穷年兀兀,妄借撰述自娱,所著《群经平议》已刊于浙中,其《诸子平议》亦将于吴市开雕,此外零星各种,尚数十卷,敝帚自珍,不足易市儿之一饼,而欲与诸公扬分道之镳,咥其笑矣。频年主讲紫阳,虚拥皋比,了无裨益。明岁移席浙江之诂经精舍,从吾所好,古训是式,湖山坛坫,其鄙人坐老之乡乎？来书乃有东山强起之言,固非所克当,亦雅非鄙意也。手书奉复,惟为时自重,不宣。

按,同治六年(1867)八月十八日,曾壁光署贵州巡抚[3]。札中称

---

① 此札辑自《春在堂尺牍》卷二,题作"与曾枢元同年"。

② 莲衢,即杜联。

③ 《清穆宗实录》卷二百十。

曾璧光"拜黔抚之命",故当作于嗣后不久。

二[1]

数千里外,忽奉惠书,百朋之珍,诚未足喻。以阁下节旄坐拥,羽檄交驰,而犹惓惓故人,以时存问,即此一端,而裘轻带缓,布置从容,可慨见矣。承示黔事,具徵成竹在胸,有迎刃而解之妙。想数年来,绸缪户牖之内,周旋主客之间,不知费几许心力矣。贤者多劳,如何勿思?樾今岁仍主讲诂经精舍,借湖山之胜地,养樗栎之散材,风雨小楼,大有终焉之志。来书乃以鹏图再展为言,窃谓相爱虽深,相知或犹未悉也。士之处世,岂不自揆?如樾者,文不足以陈俎豆,武不足以执干戈,徒以遭逢圣世,忝窃科名。昔年曾充先皇帝虮虱之微臣,今兹犹称太史公牛马之下走,封疆大吏,许作宾氓,后生小儒,谬推祭酒,私自循省,为幸多矣。兼之穷愁著述,已及百卷,虽不足以传后,而颇足以自娱。设再入长安而索米,则阿婆老矣,其能与三五少年争东涂西抹哉?若乃改弦更张,易内而外,则无论素乏吏才,且鄙人之脱略形迹,笑傲公卿,为日久矣,一旦脚靴手版而来,曲跽雅拜,自称下官,有不惊而且笑者乎?穷达,命也,固不足言。吾生有涯,姑从所好。阁下霄汉凤鸾,鄙人江湖鸥鹭,虽升沈异路,尚无伤乎昔日接翼同飞之旧。若必与鸡鹜争食阶除,则凤鸾其必羞之矣。因承挚爱,率布所怀,惟鉴察不宣。

按,同治七年(1868)起俞樾主杭州诂经精舍讲习[2],札中称"樾今岁仍主讲诂经精舍",则是札最早作于同治八年(1869)。

---

① 此札辑自《春在堂尺牍》卷二,题作"与曾枢元中丞"。

② 《曲园自述诗》叶十七。

三[①]

夏间曾寄一函，山川悠远，未知得达典签否？比闻旌麾所指，上下游以次肃清，播凯唱于黔中，驰捷书于阙下，肤功叠奏，温诏遥颁，逖听之馀，为之起舞。伏念黔事处万难措手之时，阁下悉心经画，全力担当，东扼五溪，西控六诏，奠安雕敝之区，联络主客之势，十数年中，不知费几许心力，而后告此成功。乃叹熙天耀日之勋，端由动心忍性之学，不图吾榜，有此伟人，叨附骥旄，与有荣幸。樾跧伏林下，忝窃皋比，妄以撰述自娱，不知老之将至。今因人便，寄呈《全书》一部，想军府就闲，结习故在，祭征虏不废雅歌，曹武惠惟收图籍，此酱瓿上物，或亦玉帐中所不可少乎？

按，贵州是苗民聚居地区。长期以来，清廷对苗民剥削、压迫非常严重。咸丰五年(1855)春，贵州东部台拱厅(今台江)苗民因减免赋税的要求遭拒，遂将汉族地主占有的田宅分给贫苦苗民，又遭地主团练镇压。进而举行起义，张秀眉被推为"大元帅"。两年后，起义军势力大盛，陆续占领台拱、丹江(今雷山)、凯里、清江(今剑河)、黄平、施秉、镇远、思州(今岑巩)等几十个州县，在辖区设官职，没收官府和地主土地。同治九年(1870)，湘军席宝田率军围剿苗民起义军。次年，苗民起义军据守的县城相继失陷。同治十一年(1872)三月六日，起义军首领张秀眉被俘遇害，苗民起义失败。札中所谓"旌麾所指，上下游以次肃清"或即指此事。故此札当作于嗣后不久。同治十一年，俞樾首次将其著作辑为《春在堂全书》，而札中有"寄呈《全书》一部"之说，时次亦吻合。

---

① 此札辑自《春在堂尺牍》卷四，题作"与曾枢元中丞"。

致曾国藩

曾国藩(1811—1872),初名子城,字涤生,号伯涵,湖南湘乡人。道光十八年(1838)进士。官至两江、直隶总督、武英殿大学士,封一等毅勇侯。谥文正。有《曾文正公全集》。

一①

樾自庚戌岁幸出大贤门下,而不才之木,有负栽培,故废弃以来,未尝敢以一笺渎陈钧听。比闻手定东南,勋高中外,民望仆射,有如父兄,天生李晟,原为社稷,真儒事业,亘古无俦,瞻望龙门,如在天上。顷至金陵,晤李少荃前辈,述知去岁尚蒙齿及,垂问殷殷。乃叹:文中子门罗将相,而不肖如樾者,门生之籍,尚未删除,景仰之馀,良深惭愧。樾自中州罢归,自惟迂拙,无补于时,闭户研经,妄事撰述。所著《群经平议》三十六卷,粗有成书,其第十四卷专论《考工记》世室、重屋、明堂制度,天津有好事者取以付梓。谨寄呈一本,未知羽书旁午之时尚能浏览及之、俯赐绳墨否?回忆庚科覆试,曾以"花落春仍在"一句,仰蒙奖借,期望甚殷。迄今思之,蓬山乍到,风引仍回,洵符"花落"之谶矣。而比年撰述,已及八十卷,虽名山坛坫,万不敢望,然穷愁笔墨,倘有一字流传,或亦可言"春在"乎?小子狂简,不知所裁,恃爱妄言,聊博一笑。

按,同治四年(1865)秋,俞樾过访李鸿章于金陵督署②,即札中"顷至金陵,晤李少荃前辈"之事。故此札当作于之后不久。俞樾为

① 此札辑自《春在堂尺牍》卷一,题作"上曾涤生揆帅"。

② 《曲园自述诗》叶十四至十五。

道光三十年(1850)庚戌科进士。四月十六日,于保和殿覆试,诗题“淡烟疏雨落花天得庄字”。其覆试诗中有“花落春仍在”句,为阅卷官曾国藩所激赏,谓:“咏落花而无衰飒意,与小宋落花诗意相类。”言于同阅卷诸官,得置第一名①。此即札中“樾自庚戌岁幸出大贤门下”之由。咸丰七年(1857),俞樾时任河南学政。县试命题有“君夫人阳货欲”。“君夫人”为《论语·季氏篇》末三字,“阳货欲”为《阳货篇》首三字,此为“截搭题”,以难考生猜题并防舞弊。然士子一时大哗,好事者且以为有诋辱慈禧之意。其他试题如“狱蹄鸟迹之道”、“鸡鸣狗吠相闻”、“王速出令”、“必有妖”,均有“字不成字,文不成文”之讥。七月初六日,御史曹登庸参劾先生命题割裂,遂革职②。此即札中“中州罢归”之由。

二③

前岁秣陵舟次,敬肃一笺,托少荃前辈寄呈,未知得登钧览否?比闻恭承玉诏,还镇金陵,以使相之威仪,壮江山之形胜。谢太傅十五州都督,郭令公廿四考中书,光辅盛时,比隆往籍,龙门在望,鹤跱为劳。樾南归后,侨寓吴中,承乏紫阳讲席,前尘昔梦,久已坐忘。所惟日孜孜者,治经之外,旁及诸子,每念国朝经术昌明,超逾前代,诸老先生发明古义、是正文字,实有因文见道之功。而樾所心折者,尤在高邮王氏之学,尝试以为,读古人书,不外乎正句读、审字义、通古文假借,而三者中通假借尤要,故王氏之书,用汉儒“读为”、“读曰”之例,破假借而读以本字者居半焉。樾虽无似,窃不自揆,私有撰述,所著《群经平议》、《诸子平议》各三十五卷,妄思附《经义述闻》、《读书杂志》之后,王氏已及者不复及,一知半解,掇拾其间。家贫,又无书籍,

① 《曲园自述诗》叶七。

② 《清文宗实录》卷二百三十一。

③ 此札辑自《春在堂尺牍》卷二,题作“上曾涤生爵相”。

如《白孔六帖》、《太平御览》、《艺文类聚》诸书，皆不能具，唐宋人援引异同，末由考证，比之原书，真如碔砆之与美玉矣。见在《群经平议》已刻于武林，因有讹字，尚须刊正，俟刷印后即当寄呈函丈，恭求鉴定。自惟樗栎之材，得附门墙之末，大惧草零木落，有伤知人之明。是以竭荧烛之末光，效眇绵之微力，夜以继日，粗有成书，虽诊痴四方，为识者所鄙，然辱爱如吾师者，或为之莞尔而一笑乎？

按，据《清代职官年表》，咸丰十年(1860)四月，曾国藩首署两江总督之职，至同治四年(1865)四月，由李鸿章接任。同治五年(1866)十一月丙辰，曾国藩回任两江总督。札中称曾国藩"还镇金陵"云云，故当作于嗣后。札中又称"前岁"曾致曾氏一函，应即上札，则此札当作于同治六年(1867)间。

三①

金陵晋谒，小住节堂，一豫一游，叨陪末座，穷园林之胜事，叙觞咏之幽情，致足乐也。忆袁随园《上尹文端启事》云："日落而军门未掩，知灯前尚有诗人；山游而僚属争看，怪车后常携隐者。"樾以山野之服，追随冠盖之间，颇有昔贤风趣。而吾师勋业，高出文端之上，奚啻倍蓰！则樾之遭际，亦远越随园矣。至于玄武湖上，麟趾洲边，屈使相之尊严，泛轻舟之容与，红衣翠盖，掩映其间，此乐尤为得未曾有，每欲作小诗纪之，而竟不成，亦见诗脾之涩也。幕府诸贤，未识谁工绘事，能传之丹青，以识雪泥踪迹否？樾已于十四日抵沪，即拟还苏，敬奉笺陈谢，不尽万一。

按，札中称"金陵晋谒，小住节堂"，同治六年(1867)五六月间，俞

---

① 此札辑自《春在堂尺牍》卷二，题作"上曾涤生爵相"。

樾至金陵拜谒曾国藩[①]。六月十一日，将还上海，曾国藩置酒送行[②]。故札中“樾已于十四日抵沪”，当为六月十四日，而此札即作于嗣后不久。

四[③]

五月朔自苏寓寄到赐书，感关爱之逾恒，愧期望之过当。昔靖郭君相齐，与故人久语，则故人富，怀左右刷，则左右重。今吾师拳拳于樾者，岂止久语怀刷之恩！惜樾老大无成，而儿子辈景升豚犬，不足当孙阳之一顾，遥望门墙，愧恧而已。樾自香山别后，返棹胥门，侦探不明，谓旌节不驻姑苏，径临沪渎，是以不克追随，至今怅惘。见在已抵武林，仍寓湖楼，西湖山水之胜，自非吴下所可及，凭栏眺望，心目开爽，惜不得从吾师作十日游也。吴南屏[④]先生竟未之见，昨问之杨石泉方伯，知已在山阴道上矣，谨附及。

按，据《曾国藩日记》，同治七年(1868)闰四月十一日曾国藩“至上海”，十九日“写俞荫甫信一封”[⑤]。此应即札中“五月朔自苏寓寄到赐书”及“旌节不驻姑苏，径临沪渎”之事，故此札作于该年。

五[⑥]

秋初曾上一笺，计已得邀钧览。比者恭闻朝廷以畿疆重地必得

---

① 《曲园自述诗》叶十六。

② 《曾国藩全集·日记(三)》，第1249页。

③ 此札辑自《春在堂尺牍》卷二，题作“上湘乡相国”。

④ 吴南屏，即吴敏树(1805—1873)，字本深，号南屏，湖南巴陵人。道光十二年(1832)举人，官浏阳县训导。工古文，得桐城家法，曾国藩颇称许之。著《春秋三传义求》、《柈湖文录》、《诗录》等。

⑤ 《曾国藩全集·日记(四)》，第1346、1349页。

⑥ 此札辑自《春在堂尺牍》卷二，题作“上曾涤生使相”。

德威兼著之大臣雍容坐镇，特移节钺，以壮郊圻。虽经纶南国之功，正资谢傅，而保厘东郊之任，尤赖毕公，瞻望慈云，从此远矣。樾以不才，挂名门下，谬承盼睐，叨预燕游。私冀旌麾长驻金陵，则或者江檥海筏，附便而来，玄武湖中，藕花香里，尚可接续坠欢。骤闻大树之将移，便觉孤根之难托，自惟菰芦伏处，蒲柳早衰，既无闻长安乐而西笑之心，安有乘下泽车而北来之事？黄扉在望，未卜何时何地再登夫子之堂，兴言及此，能不依依！惟愿吾师，出为方召，入为伊吕，骏业丰功，隆隆日上，直至中书二十四考之后。开绿野堂，从赤松子，然后白发门生，追陪杖履，重寻昔梦，再话旧游，吾师于此，或更有"吾与点也"之契乎？

按，札中称"朝廷以畿疆重地……特移节钺"，可知此时曾国藩已改任直隶总督。同治七年(1868)七月二十日，调两江总督曾国藩为直隶总督①。此札当作于之后。

六②

秋间曾上一书，定登台览矣。壤叟辕童，引领北望，金符玉节，渡江南来。当沙堤税驾之时，正海屋添筹之日，九五福曰"寿"，六十岁为"耆"。公与物为春，故县弧适当阳月；天为公置闰，俾称觞再届生辰。百年之曲，唱遍三江，不独门下小生，窃窃然颂台莱祝黄耇者也。樾于西湖寓楼小住两月，湖山坐对，宿疴顿除，兹于月之廿日仍还吴下，幸雁户之未更，望龙门而不远，或有佳伴，尚拟同来白下，重谒黄扉也。

按，曾国藩生于十月十一日，同治九年(1870)有闰十月，与札中

---

① 《清穆宗实录》卷二百三十八。

② 此札辑自《春在堂尺牍》卷三，题作"上曾涤生爵相"。

“天为公置闰，俾称觞再届生辰”之说正相合，故此札当作于此年。且曾国藩已于该年八月初三日重回两江总督任[①]，亦与札中“同来白下，重谒黄扉”之说合。

七[②]

前月寄呈吴仲云[③]前辈诗集一部，定尘记室矣。际金风之飒爽，想玉帐之清闲，迎将天上恩光，播作江南秋色，庾亮南楼，不足言也。樾吴中消夏，忽又经秋，本拟月内买舟还浙，而闻绿軿朱幰，不久临隶吴中。回忆著雍之岁，金陵谒别，星霜荏苒，三载于兹，自应迎候清尘，借亲霁月，拜昌黎北斗，胜于访和靖西湖也。江宁书局见刻何史？自《史记》、两《汉书》外，樾均未之得见，如蒙惠赐《三国》以后诸史各一部，俾治经之馀略及史学，庶免如《颜氏家训》所讥“俗闲儒士，不涉群书，至不知汉有韦玄成、魏有王粲”者，尤鲰生之大幸矣。

按，同治十年(1871)九十月间，曾国藩以大阅至苏[④]。即札中“而闻绿軿朱幰，不久临隶吴中”之由，故此札当作于是年。

---

① 《清穆宗实录》卷二百八十八。

② 此札辑自《春在堂尺牍》卷三，题作“上曾涤生相侯”。

③ 吴仲云，即吴振棫(1790—1870)，字仲云，号毅甫，晚年自号再翁，浙江钱塘(今杭州)人。嘉庆十九年(1814)进士。著《国朝杭郡诗续辑》、《无腔村笛》、《黔语》、《花宜馆诗钞》及《续钞》、《养吉斋丛录》、《养吉斋馀录》等。

④ 《曾国藩全集·日记(四)》，第1706页。

致曾国荃[①]

曾国荃(1824—1890),字沅浦,号叔纯,又名子植,曾国藩九弟。咸丰二年(1852)取优贡生。咸丰六年(1856),以攻打太平军赏"伟勇巴图鲁"名号和一品顶戴。同治三年(1864),以破城功加太子少保,封一等伯爵。同治间,与郭嵩焘等修纂《湖南通志》。光绪初历任陕西、山西巡抚,署两广总督。光绪十年(1884)署礼部尚书、两江总督兼通商事务大臣。光绪十五年(1889)加太子太保衔。翌年卒于位,谥忠襄。

往岁曾肃谢函,定登签典。今春欣闻玉节来驻金陵,伏念六朝形胜之区,乃公百战经营之地,溯咸同之旧迹,犹存龙脖之碑;拜文正之崇祠,应触鸰原之感。深沈意念,定有不忘在莒之心;矍铄精神,还如初破蔡州之日,而伟绩丰功,从此益远矣。樾以浙西下士,流寓吴中,前者吾师文正曲垂怀刷久语之恩,稍获弹琴咏风之乐,近则宿疴频作,家运多迍,因之兴会颓唐,精神衰茶,著述之事,殆将辍笔。乃泰山梁木,方怅望于当年;而景星庆云,又快睹于此日。敬瞻虎帐,还是龙门,聊籍尺书,略陈寸意。

按,光绪十年(1884)正月二十日,曾国荃署两江总督[②]。札中既称"今春欣闻玉节来驻金陵",则当作于此后不久。

---

① 此札辑自《春在堂尺牍》卷六,题作"与曾沅浦制府"。

② 《清德宗实录》卷一百七十七。

致曾纪泽

曾纪泽(1839—1890),字劼刚,曾国藩之子。袭父一等毅勇侯爵。光绪间历使英、法、俄诸国,与俄人力争,毁崇厚已订之约,更立新议,交还伊犁及乌宗岛山、帖克斯川诸要隘,有功于新疆甚大。官至户部左侍郎。谥慧敏。著《五音韵谱正字》、《归朴斋诗钞》、《奏疏》、《日记》等传于世。

一①

三月四日,樾在福宁望海楼与诸同人燕集,忽有人传述,一月以前吾师已骑箕天上,不禁投箸失声,犹冀此信或未必真,乃越数日而见之邸抄矣。忆去冬在吴门谒见,并承枉驾春在草堂,精神矍铄,谈笑从容,窃谓虽有微疴,犹未足虑,富贵寿考,自当媲美汾阳。不意此别之后四阅月而大星遽陨也。东坡之哭欧阳文忠也,曰"上为天下恸,而下以哭其私",吾师丰功骏烈,旋乾转坤,岂仅六一先生之比!而樾之不肖,辱吾师知遇之厚,视苏之与欧,其感激更当何如!木坏山颓,吾将安仰?龙门在望,悲不自胜,又何以慰大孝之创巨痛深乎?迢迢千里,不获躬诣金陵,与于执绋之役,负疚殊甚!谨寄呈一联②,聊表微意。伏念从前以文字受知,每蒙吾师许可,兹则广桑山上,隔绝尘寰,虽小子斐然,未必夫子莞尔矣。书至此,曷禁涟如。

按,同治十一年(1872)二月初四日,曾国藩卒。三月初四日,俞

---

① 此札辑自《春在堂尺牍》卷四,题作"与世袭一等侯曾劼刚"。

② 即《曾文正公挽联》,见《楹联录存》卷一。

樾于福宁省亲期间赴张小舫太守招燕，席间闻曾文正公逝讯[①]，正与札中所言吻合。故此札当作于嗣后不久。

二[②]

夏间由眉老交到巴黎行馆手书，郇公五朵云从海外飞来，诵之起舞。比想仙槎安稳，使节贤劳，仗忠信以涉波涛，挟礼义以为干橹，恢域中之闻见，系天下之安危。苏老泉云："丈夫生不为将，得为使，折冲口舌之间，足矣。"敬为君侯诵之。樾章句腐儒，衰羸暮景，久无破浪乘风之志，虚有望洋向若之思。偶成小诗二章，聊发万里一笑。

按，光绪四年(1878)七月二十七日，曾纪泽充出使英国、法国钦差大臣；十二月十二日行抵巴黎[③]。此札即云得其"巴黎行馆手书"，必作于此后。《春在堂诗编》卷九有《得曾劼刚通侯纪泽佛兰西国来书，却寄二律》一题，应即札中所谓"偶成小诗二章"，故此札当作于光绪六年(1880)。

三[④]

前年辱惠书，兼投佳什。因循未报，可谓疏懒之至。然望卿月于天边，占使星于海外，虽在异域，犹比邻也。弟犬马之齿，六十有五，论其年纪，未至衰羸，而积病之身，颓唐日甚，精神兴会，迥不如前，兼之时事艰难，每诵《兔爰》诗人之诗，辄作尚寐无吪之想。生平不谈世务，近日偶以杞人之忧，妄发刍荛之论，著《磬圃罪言》一篇。今寄请教益，明知此事未必能行，然国家景运无疆，中兴有日，则必当出此一

---

① 《曲园杂纂》卷四十叶五。

② 此札辑自《春在堂尺牍》卷五，题作"与曾劼刚通侯"。

③ 《曾纪泽年谱》，第101页、第118页。

④ 此札辑自《春在堂尺牍》卷六，题作"与曾劼刚袭侯"。

策，惜我不及见耳。楼船横海，非公莫属，此亦鄙人实见如此，非阿私也。外，《咏日本樱花诗》四首[①]，虽无好句，却是新题，附博一笑。

按，札中称“弟犬马之齿，六十有五”，则此札当作于光绪十一年(1885)。

四[②]

劼刚君侯世大人爵右：

山川悠远，音问稀疏，而鸥鹭江湖，凤鸾霄汉，不以形迹为疏密也。今年秋间曾为人捉刀，撰五旬大庆寿联，亦颇思自撰一联为寿，而适有西湖之游，因循未果。顷徐花农太史寄示所撰大寿联语，风华倜傥，不愧才人吐属。其羹梅旧鼎一言，颇非虚语。阁下以非常之人，必有非常之遇，将来破格，庸固宜有此也。弟虽失贺于前，窃思补祝于后，勉撰一联[③]，聊奉一笑而已。花农不特文学擅长，其人颇落落有大志，曾从彭雪琴、杨石泉诸君游，戎机亦略有所闻。阁下延揽人材，或亦有相赏于翰墨之外者乎？弟衰病之身，无用于世，近来意兴颓唐，并著述亦将辍笔。今年又刻《茶香室经说》十六卷，仍是经生家数，不足登大雅堂也。年内又将嫁孙女，愈形碌碌。率布数行，敬请勋安，补祝大寿，统惟惠照不宣。

世愚弟俞樾顿首

按，札中提及为曾纪泽贺五十之寿，则当作于光绪十四年(1888)。本年十二月十三日，俞樾长孙女庆曾婚礼成[④]，亦与札中“年内又将嫁孙女”之说合。

---

① 诗见《春在堂诗编》卷十一。

② 此札辑自《昭代名人尺牍小传续集》卷十七。

③ 即《曾劼刚侍郎五十寿联》，见《楹联录存》卷二。

④ 《春在堂诗编》卷十二叶二十二。

致章梫

章梫(1861—1949,一作 1860—1947),字一山,浙江宁海人。年十八选赴杭州诂经精舍,师从俞樾,光绪三十年(1904)进士。先后任国史馆协修,京师大学堂译学馆提调、监督,邮传部、交通部传习所监督,北京女子师范学校校长等职。辛亥革命后侨寓沪上。工诗能文。著《康熙政要》、《一山文存》等。

一①

读来书,承以《述学》一卷见示,元元本本,殚见洽闻,而笔意古雅,则《文心雕龙》之流亚也。元时以程敬叔《读书工程》②颁示郡县,空谈而已,何足望此书乎?老病废学,无所献替,聊粘数签,以答下问。尊意又欲议定许、郑两先生从祀之人,大哉斯举乎!虽然,未易言也。诂经精舍一席,鄙人尸素其间,二十七年矣,精力衰颓,学问荒落,不久当辞退。近来当事诸公皆无意于此,故官课每有以一文一诗了事者,然则鄙人去后,精舍之废兴亦可知矣,尚能议及许、郑两君之从事乎?即以两君从事而论,郑多许少,诚如尊言,郑君弟子有《郑志》可稽,近时遵义郑氏辑《郑学录》③,蒐罗其弟子至三十一人,可谓多矣。然郗虑一人持节废后,此亦高密门墙之玷也,可以从祀乎?许君有子,郑君有孙,此适相称。然许君弟子多不可考矣,后世传述许

① 此札辑自《春在堂尺牍》卷七,题作“与章一山”。

② 即程端礼《程氏家塾读书分年日程》,是论述家塾教学程序的著作,史称“读书工程”或“进学规程”。《四库》著录。

③ 《郑学录》,四卷,清遵义郑珍(1806—1864)辑,此书系汇辑诸书所载郑玄有关资料,加以考证而成。有清同治五年(1866)刻本等。

学者亦复寥寥。尊著谓吕忱《字林》、野王《玉篇》不得为许学，此卓见也。《北史》黎景熙，字季明，从祖广，善古学，颇与许氏异同。《周书·赵文深传》太祖命与黎季明等依《说文》、《字林》刊定六体，成一万馀言，则许书行世未久而即为黎学所乱矣。《北史》李铉，字宝鼎，以文字多乖谬，遂览《说文》、《仓》、《雅》，删正谬字，名曰《字辨》。此人在徐铉之前，而与徐铉同名同字，同有功于许学，亦奇，则宜与二徐同祀者也。又，北宋之初有吴淑撰《说文五义》三十卷，此与大小徐同时者。其书三十卷，则每篇分为二，已用徐本矣，此亦宜与二徐同祀者也。自是以后，言字学者日出不穷，而治许书者实不多见，明代竟成绝学。及国初，以亭林先生之博洽，而始一终亥之《说文》未一寓目；栎下老人周亮工并误以为始子终亥，可发大噱。直至乾嘉以来，乃始家有其书，人习其学，今则三尺童子皆谈《说文》，收之门墙，又虑人满。因尊议，率笔及之，足下果能论定其人亦大妙也。

按，札中俞樾自称已在诂经精舍教授二十七年，则当作于光绪二十年(1894)。此札讨论可从祀许慎、郑玄之人，特对许学史作出简要回顾。

二[①]

兄从前有纂辑《郑雅》之说，实未尝计及体例。乃承荔仙广文与足下有意为之。方今新学日兴，斯文将废，诸君犹于风雨如晦之馀，鸡鸣不已，君子人与？君子人也！窃谓既名《郑雅》，自以雅为主，非纂辑郑义也。郑义之不合雅例者，自可无须采取，否则《郑学》，而非《郑雅》矣。尊意欲别为编纂，分为八门，甚善，盍以此为正书而以《郑雅》为馀事乎？亦犹陈、朱两家所为《毛传义类》及《说雅》[②]，皆其馀事也。容体诸条，颇嫌无所附丽。窃谓，《广雅》分入《释亲》、《释器》，

---

① 此札辑自《一山文存》卷七叶四至五，题作“附曲园先生复书”。

② 指陈奂《毛诗传义类》和朱骏声《说雅》。

似不为无见。盖凡专就人说，应入《释亲》，以《释亲》固皆人事也；若统羽毛鳞介而言，则应入《释器》，张氏于此颇有苦心。未悉尊意以为然否？若“读为”、“读若”之类，郑注最多，似不可废，则或入之《释言》何如？《尔雅》有《释乐》，无《释礼》，或疑祭名、讲武、旌旗皆《释礼》篇之文，今佚其全篇，故附缀《释天》之后，此说不为无见。然既不敢妄补，则官制、丧服等皆无类可归，或就其文气酌量，归入《释训》，否则竟入尊纂之八门内矣。兄近来精力衰颓，学问荒落，不足副下问。率复，以答盛意，并质之荔仙广文，以为何如？

按，《一山文存》卷七有《上俞曲园先生》一篇，作于“丙申三月”[①]。此札即为“复书”，则最早作于光绪二十二年(1896)三月。

---

① 《一山文存》卷七叶三。

致张大昌[①]

张大昌(？—1893？[②])，字小云，钱塘人。著《养馀丛稿》、《养馀外集》、《临平记补遗》，辑《龙兴祥符戒坛寺志》。

承示大著《龙兴祥符戒坛寺志》，体例该备，援引详明，传作也。惟《僧伽表》首行于发心寺下大书"梁建初僧佑律师"，窃有所疑。夫僧佑，乃建初寺僧，非发心寺僧也。发心寺建于大同二年，首卷具有明文。而僧佑卒于天监十七年，《传》中亦有明文。然则僧佑生前尚未有发心寺，安得即以为发心寺僧乎？《建置志》引《祥符古志》云："大雄宝殿，梁大同二年僧佑造。"尊意以为因大同二年邑人鲍侃舍宅，遂误以为僧佑建寺亦在是岁。夫年号之误，或纪事者一时疏忽，不足深论。惟鲍侃至大同二年始舍宅为寺，则当天监时其地犹鲍氏之宅也。大雄宝殿建于何地乎？如曰：鲍氏宅旁先有佛寺，及大同二年，鲍氏舍宅，乃并入之而为发心寺。然则发心寺之前当先有一寺名矣。今由龙兴祥符戒坛而上溯之，为中兴寺，又上之，为众善寺，又上之，为发心寺，至发心寺极矣。然则发心寺以前无寺也。无寺何有殿？又何有僧乎？此条与年号不符，与《传》中事实不合，宜更酌之。

按，《龙兴祥符戒坛寺志》卷七《僧伽表》"发心寺"下大字记"梁建

---

① 此札辑自《春在堂尺牍》卷六，题作"与张小云明经"。

② 张大昌《龙兴祥符戒坛寺志》有光绪二十年(1894)九月俞樾序，称"张小云孝廉，吾党中高材生也。博采群书，访求故老，成《龙兴祥符戒坛寺志》十二卷。其初属稿，曾与余言之，余许为作序。乃书甫成而小云遽卒，丁君松生，取付剞劂，仍以小云遗意乞序于余"。则该书付刻时张大昌已卒。

初僧佑律师,有传",小字注曰:"案,僧佑时是否寺名发心,已不可考。然发心为梁时寺名,僧佑实梁时僧。虽前后可征实,以其在梁代,姑附于此寺下。"卷一《建置志》引《祥符古志略》"大雄宝殿,梁僧佑律师鼎建",又有按语称:"僧佑律师,或作僧佑,或称右律师,古音相通。《高僧传》云:'寺庙广开皆其力。'惟告灭于天监十七年。《志略》称'大同二年建寺于杭',此殆因大同二年邑人鲍侃舍宅之事,遂沿误,以为僧佑律师建寺亦在是岁,不察僧佑律师之告寂在大同之前。《志略》误三藏法师为天顺间,亦此类也。考僧佑曾于会稽剡县奉诏,往造石像,见《嘉泰志》,则僧佑之曾来浙有征矣。今依《古志略》系之,削年代,以存疑。"两则按语,均应是参考俞樾此札意见所增补。

致张缙云[①]

张缙云(？—1899？[②])，字汉章，福建光泽人。光绪二年(1876)举人。历宰江山、德清诸县。

顷接来书，备承老公祖盛情与邑中诸君子厚爱，可胜铭感！惟重游泮水之说，功令所无，所谓“汇案咨部”，从无其事。向来每由本籍地方官，或径由学官详请学台给予四字匾额，此亦俗例相沿，非令甲也。弟残年待尽，一事无成，孤负科名，玷辱学校，何敢以衰朽之年、琐屑之事烦渎官师？且即蒙学台给匾，而吾邑尚无明伦堂，匾于何悬？鄙人于故里无一椽之庇，匾又于何悬？用敢奉书陈谢，如未举行，请作罢论。

按，札中提及重游泮水事，故当作于光绪二十二年(1896)。

---

① 此札辑自《春在堂尺牍》卷七，题作“与德清县张汉章明府”。

② 《楹联录存》卷四有《张汉章司马挽联》，在《丁松生大令挽联》之前，其人或亦卒于光绪二十五年(1899)。挽联序云：“汉章为兄子祖绥丙子科同年。其宰江山也，曾表章毛烈女，余为赋诗，事详诗集；其宰吾邑也，适值余重游泮水之年，余雅不欲上渎官师，而君必以闻于学使者，亦可感也。”

致张森楷[①]

张森楷(1858—1929),字元翰,号式卿,晚年号端叟,重庆合川人。撰有《通史人表》二百六十九卷、《读史质疑》三百馀卷。后者几经修订,成史学巨著《二十四史校勘记》。

承示大著《通史人表》,定为二十四等,分作十六格,前日坐间曾承口讲手画,已知其大略。仆无违言,兹亦无所献替矣。惟每格所附见者,自左而右逆书之,谓取法于史表之有倒写。窃谓:倒写最醒人目,而逆书则转迷人目。如吕后下附其外戚,自左而右逆书,以人目顺视之,则先见吕泽,后见吕公,而吕泽下已注云公子,几不知为何公之子矣。愚谓,仍宜顺书,每格虽极小,总须能容三个字,其附见者低一字书之,则正与附自了然矣。然此乃其小者。仆有一说,颇与全书体例大有出入,言之未必有当尊意,不言则又不尽鄙怀,请试言之。夫《人表》之作,始于班史。尊著虽不依其九等之品第,而要本于班氏也。孟坚此表是其创立,与他表沿袭迁史者不同,故他表有纪年者,而《人表》则不纪年。尊著乃以《人表》而兼年表,体例纷淆,卷帙繁重,成书不易,职此之由。鄙意《人表》不必纪年,第一格宜书汉太祖高皇帝,详注其姓氏、名讳、享国年岁以及行事大略,一帝毕,接书一帝,西汉诸帝俱毕,乃书曰右前汉,以后尽留空格,直至下面十五格。前汉诸人俱毕,然后再于第一格书汉世祖光武皇帝,一帝毕,接书一帝,如前汉例,直至下面十五格。后汉诸人皆毕,然后接书三国魏。如此则大臣封拜年月有参差难考者,不妨详载异同,而不必以意断定,致有武断之嫌。其杂人杂流等无年可系者,亦听其以类相从,而

① 此札辑自《春在堂尺牍》卷七,题作"与张式卿孝廉"。

不费安排之力，事半而功倍矣。尊意以为何如？又人数既多，非依韵编目，无从检寻，而凡例乃有依方音编目之说。愚不知方音何音，足下蜀人，其蜀音乎？足下此书非专示蜀人者，何必以蜀音为主，自宜遵用《佩文韵府》为是。倘足下以今韵分部不合于古，欲别成一韵书，此则又是一家学问，又是一种著述，不必入之此书也。

致张树声[①]

张树声(1824—1884),字振轩,号霭卿,安徽合肥人。廪生,官至直隶总督。有《张靖达公奏议》、《杂著》。

前布寸笺,知尘青睐,春韶初转,恩命遥来。奉九陛之丝纶,领三吴之节钺。胥台风景,表里江湖;幕府勋名,后先李郭。不特吴儿竹马争迓使君,即鄙人牵舟岸上,久作寓公,笋笠荷衣,又得向军门长揖。汉谚云:"张君为政,乐不可支。"非虚语矣。刘副将来,又承惠我《晋》、《魏书》各一部[②]。占毕经生,疏于史学,自兹以往,请分刚日诵之。

按,同治十二年正月六日,张树声授江苏巡抚[③]。札中称"春韶初转",张氏"领三吴之节钺",当作于此后。

---

① 此札辑自《春在堂尺牍》卷四,题作"与张振轩中丞"。

② 唐房玄龄等撰《晋书》一百三十卷,有同治十年金陵书局刻本(该书牌记题"同治十年十一月金陵书局印行");北齐魏收撰《魏书》一百十四卷,有同治十一年金陵书局刻本(该书牌记题"同治十一年冬十月金陵书局印行")。札中所指应为这两种。

③ 《清穆宗实录》卷三百四十八。

致张文虎、唐仁寿[①]

张文虎(1808—1885),字孟彪,一字啸山,号天目山樵,南汇人(今属上海)。由诸生保举训导。所校《守山阁丛书》、《小万卷楼丛书》等多种,世称善本。精通天文、数学。同治初,充任曾国藩幕僚,时值曾国藩弟曾国荃在安庆校刊《王船山遗书》,命他参与督理此事。李鸿章总制两江,聘请张文虎管理江南官书局。晚年,纂修华亭、奉贤及南汇县志。著《舒艺室杂著》、《鼠壤馀蔬》、《周初朔望考》、《怀旧杂记》、《索笑词》、《舒艺室随笔》、《古今乐律考》、《春秋朔闰考》、《驳义馀编》、《湖楼校书记》以及《诗存》、《诗续存》、《尺牍偶存》等。

唐仁寿(1829—1876),字端甫,号镜香,浙江海宁人。诸生,累试不举。家资富裕,求购宋元以来善本,购书累数万卷,多秘籍珍本。益肆钻研,尤究心六书音韵之学。雠校经史文字疏讹舛漏,毛发差失皆辨之。咸丰八年(1858),太平军躏浙中,藏书荡然。后曾国藩招至金陵书局,校核群籍,与汪士铎、莫友芝、张文虎、李善兰等刊刻《二十四史》,负责校刊《史记》、《晋书》、《南齐书》、《后汉书》等。生平所著书皆未刊,独有《讽字室诗稿》若干卷藏于家。

二月下旬自沪还苏,得手书,即寄复一函,未知收到否?及至杭州,晤施均父孝廉,知子高已作古人,不胜伤悼。伏思子高,溺苦于学,具有师法,秀而不实,未见其止。仆与子高有中外之戚,又其学术,素所倾倒,曾不能先为设法招归乡井,又不获执手一诀,凭棺一恸,九原有知,惭愧逝者。昨从苏寓又寄到惠书,知其身后诸事,由公

① 此札辑自《春在堂尺牍》卷四,题作“与张啸山唐端甫”。

等料量妥协，笃于风义，今之古人，感怍无已。又均父言：凌君子与[1]自维扬趋赴，并托人护送其柩南来。此事果真则大妙矣。俟其丧归，当与均父商量，卜地安葬，立石表墓，并将其行谊写送吴兴志局，以尽后死者之事。均父言：子高于六极竟得其五，止缺恶之一极。仆亦言：子高于五伦竟缺其四，止得朋友之一伦。合此两言，其坎坷一生，可以概见。又子高实是有家而无家，数年来，未尝言及家事，闻临终以家事见托，不知其说云何如。有遗言，幸寄知一二，不欲负其将死之哀鸣也。

按，札中提及戴望(1837—1873)之卒，则当作于同治十二年(1873)。施补华《戴子高墓表》称"同治十二年二月国子监典籍衔候选训导戴君卒于江宁书局。其年七月，海宁人唐仁寿以其柩归湖州。十月，归安丁兆庆、乌程施补华卜葬君于仁皇山之东麓"[2]，可知唐仁寿、施补华为戴望身后事出力甚巨，与札中所言颇合。

---

① 凌君子与，即凌霞，又名凌瑕，字麈遗，一字子与，号病鹤，晚号疣琴居士，或称乐石野叟，别署二金梅室，归安(今浙江湖州)人。善写梅，水墨数笔，若不费意。书法董其昌，绝无俗韵。通小学，多藏精本。有《天隐堂稿》、《三高遗墨楼集》等。

② 施补华：《泽雅堂文集》卷六叶十九至二十。

致张应昌[①]

张应昌(1790—1874),字仲甫,号寄庵,浙江归安(今湖州)人。嘉庆间举人,官中书。工倚声。著《寿彝堂诗集》、《春秋属辞辨例编》、《南北史识小录补正》,编有《国朝诗铎》等。

仲甫世叔大人阁下:

一别月馀,伏惟起居佳胜。剞劂之事,已转达子青[②]中丞。昨中丞问尊处集赀有无眉目,究竟所短若干,乞示知,以便竭力凑数。青翁之意,约在三四百金光景,多亦不能也。信到,务求将所集之数以实示悉,当转达青翁也。手肃,虔请道安。方暑,惟自爱。

世愚侄俞樾顿首,五月之望

按,同治九年(1870)闰十月至十年九月间,张之万(字子青)为江苏巡抚。札中提及刻书事而与张氏有关,或即作于此期间,即同治十年(1871)五月望。

① 此札辑自《上海图书馆藏名人手札选刊·俞曲园手札》,第3—5页。

② 子青,即张之万(1811—1897),字子青,号銮坡、重侯。直隶南皮(今属河北)人。张之洞从兄。道光二十七年(1847)状元。历官河南学政、河南巡抚、江苏巡抚。有《张文达公遗集》。

致张之洞[①]

张之洞(1837—1909),字孝达,号香涛,直隶南皮(今属河北)人。同治二年(1863)进士。历官编修、侍讲,湖北、四川学政,山西巡抚,两广、两江、湖广总督。有《张文襄公全集》。

吴门一别,五易暑寒。闻轺车四出,延揽人材,所至以实学倡导后进,阮文达有替人矣!为吾道喜,为多士幸,非徒为执事谀也。蜀中创设受经书院,俾多士从事根柢之学,甚善甚善。皋比一席,宜得其人。羔雁所加,谋及下走,岂人才实难邪?抑姑从隗始邪?樾老母在堂,未便远离,有负盛心,良用惭怍。然如樾者,章句陋儒,实不足膺经师之任也。拙著已刻者,一百四十二卷,此后有便,拟寄呈一二部,即求存贮书院中,虽不足质院中高材诸生,亦古人藏名山、传其人之意也。

按,此札可与俞樾致吴棠之札参看,均为辞谢受经书院之职而作,故亦当作于同治十三年(1874)间。

---

① 此札辑自《春在堂尺牍》卷四,题作“与张香涛学使”。

致赵宽[1]

君宏仁兄姻大人阁下：

闻式之[2]言，因清恙留滞沪滨，极深悬系。今奉手教，知旌旂已返里门，起居增胜，良慰下怀。特科本不足为得失，何足为贤者重轻。想小住乡山，仍当赴鄂也。承交下参两包、团扇一柄，费神，谢谢。手肃，敬请勋安。

治姻愚弟樾顿首，十六日

按，光绪二十九年(1903)闰五月十六日，举经济特科[3]。札中提及"特科本不足为得失"，或当作于本年。俞樾致瞿鸿禨札第六通提及保举特科人员之事，俞氏请瞿氏举荐章、董、赵三人，其中之赵氏或即赵君宏。

---

① 此札辑自《香书轩秘藏名人书翰》中册，第298—299页。俞樾致瞿鸿禨札第六通提及赵君宏，与章钰相熟识，当即其人。

② 式之，即章钰。

③ 《经济特科同征录》"谕旨第一"。

致赵烈文

赵烈文(1832—1893),字惠甫,号能静,江苏阳湖(今常州)人。讲求经世之学,曾被曾国藩保举,遂居曾氏兄弟幕府,参与军事。同治七年(1868),曾国藩移督畿辅,调其摄磁州,寻官易州知州。居官五年,引疾解归,居常熟。著有《天放楼集》、《能静居日记》等。

一[①]

惠甫仁兄大人阁下:

金陵小住,屡接清谈,深叨雅爱,感甚!别后想静观有得,慧业日新,定如所祝。第十四日抵沪,十九日始克自沪赴苏,彭丽翁[②]仍旧同行。阁下明镜红粟归贻细君,准可带到也。京师同文馆以"戴仁抱义论"命题,考取奇才异能三十一人,未知曾见全录否?贵省六人,敝省无一人焉。秋间倘过吴门,务求惠顾。手此,布请道安。

弟俞樾顿首

按,此札信笺上有"同治六年六月廿三日到,廿七日复"字样。故当作于同治六年(1867)六月二十三日之前。

---

① 此札辑自《上海图书馆藏名人手札选刊·俞曲园手札》,第116—117页。

② 彭丽翁,即彭生甫。

二①

惠甫仁兄大人阁下：

夏间承枉顾寓庐，适弟在杭，有失倒屣，良深怅惘。台旌北发，晌近半年，想餐卫咸宜，指挥如意，出山之云，抟扶摇而上者九万里矣。弟就馆浙中，寄孥吴下，仆仆往来，亦殊乏味。幸贱体尚耐劳，拙著各书，亦次第付梓，虽不足以问世，而聊足以自娱。诗稿六卷，乃杨石泉方伯刻于武林者，附呈方家正之。儿子绍莱，向承关爱之深，兹来直隶候补，伏求遇事提撕，勿存客气，是所深祷。手肃，敬请升安，惟鉴不備。

愚小弟俞樾再拜上

再者，绍莱本属试用班，补缺无期，即出头无日。是以今春函托少荃使相，于西捻案内附列微名，保先尽班，前已于六月杪入奏，计不久可奉明文矣。直隶河工同知中，此班闻未有人，颇于补缺合例，但全在大府主持。敢求得便言之师相，倘有相当之缺，俾得一补，司马闲曹，或尚无虞陨越；而鄙人资其禄养，稍得宽闲，书卷光阴，优游终老，无非师友之赐矣。从前避地天津，寓居三载，颇觉相安。倘绍莱将来补缺近于津属，尚拟乘下泽而来，重踏雪泥，且与阁下续金陵节署之坠欢也，但未知造物者能如其痴愿否。手此，载请台安。

樾又言

外小楹帖一联，博一笑。

按，此札信笺上有“同治八年九月三十日到，九年三月廿二日复”字样。故当作于同治八年(1869)九月三十日之前。札中俞樾恳请赵烈文关照其长子绍莱(时以候补同知分发直隶)，并告以绍莱得官原委。此札可与致李瀚章札第十通参看。

---

① 此札辑自《上海图书馆藏名人手札选刊·俞曲园手札》，第118—121页。

致赵舒翘[①]

赵舒翘(1848—1901),字展如,号琴舫、慎斋,陕西长安人。同治十三年(1874)进士。授刑部主事。历任刑部员外郎、湖广司郎中、安徽凤阳知府、浙江温处道、浙江布政使、江苏巡抚、刑部尚书。光绪二十五年(1899)起为总理各国事务衙门大臣、军机大臣兼管顺天府尹。著有《提牢备考》、《温处盐务纪要》。

前日趋贺,次日即承临况,而皆未得见,迄今又阅两旬。溯自西湖一别,则已在十旬之外。此三月中,金殿对扬,玉音问答,敷宣德意,宏济时艰,想视在浙时又自有一番举措也。惟闻新抱西河之痛,此则不必介怀。以公之地位,但能造福苍生,则商瞿五十岁后有五丈夫子,可为公操券耳。弟近状如恒,惟为时事所迫,辄有不能已于言者,偶成《迂议》一篇,敢以陈之左右。公览之,得无笑其满肚皮不合时宜乎!

按,光绪二十一年(1895)三月二十四日,赵舒翘由浙江布政使迁江苏巡抚[②]。札中有"视在浙时"云云的比较之辞,故当作于赵氏改官江苏之后。

---

① 此札辑自《春在堂尺牍》卷七,题作"与赵展如中丞"。

② 《清德宗实录》卷三百六十四。

致郑文焯

郑文焯(1856—1918),字俊臣,号小坡、大鹤山人,汉军正白旗人。瑛棨子。光绪元年(1875)举人。著《大鹤山人全书》。

一[1]

承示大著,妄易数语,未知有当否。无美册亦漫书数行,聊以报命。谒客初还,呵冻率布。即颂文绥。

世愚弟樾顿首,十九日酉刻

文大老爷

按,札末有郑文焯跋,曰:"殷无美者,明职方郎中,嘉定县人。以文名于世,竹垞《明诗综》堇得其一诗。余家藏无美文手稿八巨册,是足珍啬也。"《春在堂随笔》卷七有曰:"明人殷无美文稿钞本八册,故人之子小坡孝廉文焯出以示余。"[2]与郑跋所言合。该卷《随笔》可确考之时间下限为光绪七年(1881),因推测俞樾至晚本年得见殷氏手稿。

二[3]

承示大作,叙事高古,论断处笔力矫健,允推作家。鄙人无所献替,惟有一字相商。《曲礼》云:女子许嫁笄而字,字乃名字之字,非以许嫁为字也。《易》云:"女子贞,不字。"虞仲翔训字为妊娠,此是古

① 此札辑自《俞樾手札》,第 23 页。

② 《春在堂随笔》,第 117 页。

③ 此札辑自《俞樾手札》,第 29—30 页。

义。宋耿南仲作《周易新讲义》乃曰："不字，未许嫁也。"博考经传及唐以前书，无以字为许嫁者。鄙人所著《右台仙馆笔记》，乃游戏笔墨，然叙此等事皆曰"许嫁"，不曰"字"，诚以其非古义也。大著中"字同邑包氏"句请改作"许嫁同邑包氏"，何如？手此奉商，敬颂文安。

曲园俞樾拜上，十一月十有三日

小坡孝廉侍史

按，札末有郑文焯跋，曰："据经商榷，是翁真一字之师也。叔问，时壬午之岁。"则俞樾此札当作于光绪八年（壬午，1882）十一月十三日。

三[①]

小坡世兄孝廉侍右：

昨承手教，谢谢。鄙人真所谓少见而多怪矣，白香山集分讽谕、闲适、感伤，亦是分类也。尊函所论，当节采数语入《东瀛诗选》中。手此申谢，敬颂文安。

世愚弟樾顿首，十二月二日

按，光绪八年（1882）秋，俞樾应日人岸田吟香、北方蒙之托编选日本国诗，至次年正月毕工，九月刻成[②]。札中既称"当节采数语入"此书中，或当作于此年末。札末有郑文焯跋，曰："此论唐宋人诗集类编之义例，因丈近获日本诗人所投《杜诗类刻》，索为之叙，故广为徵据尔。"

---

① 此札辑自《俞樾手札》，第21页。

② 详参俞樾致北方蒙诸札。

四[①]

小坡孝廉世讲足下：

雪老在寓小住，概不见客，因足下拳拳之意，请于明日便衣见顾，当可一见也。手此，复颂撰祉。

世弟俞樾顿首，二十日

按，札末有郑文焯跋，曰："时彭雪老督长江水师，方以书招降台州盗魁黄金满[②]，率之来苏，寓曲园数日。因黄党寇定海一带廿馀年，诏悬重赏巨万生擒之，卒不能获。乃雪老以单航载之渡江，奇其人，故欲见之也。时癸未秋末记于壶园之雀梦庐。"据知此札作于光绪九年(1883)秋。《楹联录存》卷五有《台州彭刚直公祠联》，序称"台州民金满，字玉堂，素豪横，有周孝侯风，颇为乡里患。刚直怜其才，招致麾下，授以右职，积功至守备。玉堂感念旧德，即于其乡创建公祠，命子孙世祀之。公之破格怜才，玉堂之感恩报德，皆可传也，故题此联，以落其成。"可与郑跋参看。

五[③]

小坡仁兄世大人侍史：

承属书灵澜额，草草涂奉，未知可用否。修庭[④]观察属弟题一

---

① 此札辑自《俞樾手札》，第 26 页。

② 有关黄金满为寇及被招安事实，详参白斌：《清末浙江海盗治理——以清廷处置台州海盗黄金满为例》，《社会科学战线》2012 年第 7 期。

③ 此札辑自《俞樾手札》，第 24 页。

④ 修庭，即朱福清（生卒年不详），字修庭，浙江归安人。江苏候补道。有《双清阁袖中诗》。

联，记得吾兄亦有是说，率撰一联，即用黄纸写奉，是否可用，亦祈酌之。此颂吟祺。

弟樾顿首，十一日

按，《楹联录存》卷二有《灵澜精舍联》，序云："苏州横山智显禅院有龤龤和尚，以锡杖叩石得泉，见《吴郡图经续记》。虎邱山下有泉，曰憨憨，或曰亦龤龤和尚遗迹。横山与虎邱相近，憨与龤音又相同，疑或然也。甲申岁，洪文卿阁学、朱修庭观察访得是泉，筑精舍于其上，郑小坡孝廉命曰'灵澜'，余为题榜，并题是联。"与札中所言"灵澜额"诸事正合，故此札亦当作于光绪十年（甲申，1884）。

六[①]

再，弟有致徐公语轩同年书，并对一联，敬求附便饬寄为感。

弟再顿首

按，札末有郑文焯跋，曰："时癸未春仲，余将以计车北上，故丈有书及楹贴寄赠东海相国。"癸未为光绪九年（1883）。然此札用"光绪甲申之秋既望许祐身绘""曲园图"信笺书写，则当作于光绪十年（1884）或之后。或是郑氏误记？跋中"东海相国"应指徐世昌，光绪三十一年（1905）五月为军机大臣。即称徐氏"相国"，则当晚于此，因知郑跋为补记，可能有误。

七[②]

小坡仁兄世大人阁下：

弟苕上之行，二十二日而返。小孙倅博一衿，小诗志幸，聊博一

---

① 此札辑自《俞樾手札》，第27页。

② 此札辑自《俞樾手札》，第9页。

笑。此颂台祺，再走诣，不一一。

世愚弟俞樾顿首，四月廿一日

五十年来旧梦存，余于道光丙申入学，今五十年矣。书香且喜又传孙。舟窗灯火儿依母，二儿妇同行。场屋文章弟僭昆。侄孙同恺亦入学第三十名。已夺锦标前一载，陛云于去年四月府考取第一，因学使更易，故至今年四月始行院试。未符佳话小三元。俗以县、府、院试皆第一为小三元。陛云府、院试第一，县试则第二。老夫更有无穷兴，挈汝秋风到省垣。

孙儿陛云入学，口占志喜[①]，录请
小坡世兄粲正

曲园

按，札中提及俞陛云成秀才，故当作于光绪十一年(1885)四月二十一日。

八[②]

沪上盛行《学诗捷径》、《虚字注释》、《误字辨正》等书，不知谁作，而皆驾名于余，赋此一笑，即录邀
小坡孝廉同笑

虚名我已愧难居，假托微名太觉虚。邵武士为孙奭疏，齐梁儿造李陵书。虎贲入坐非无辨，赝鼎欺人或有馀。不解庆虬之作赋，如何总说是相如。

曲园居士

按，此诗见于《春在堂诗编》卷十一，作于光绪十二年(1886)，故

---

① 此诗见于《春在堂诗编》卷十一，题作《孙儿陛云应科试，以第一名入县学，口占志喜》。

② 此札辑自《俞樾手札》，第34—35页。

此札也应作于本年。

九[①]

今岁相携入国门，旧游如梦了无痕。黄金台下重来客，绿水洋中未定魂。久病肝脾蔬食惯，偶交冠盖布衣尊。归舟何幸闻高唱，讽咏几忘夕未飧。

回思昔日客夷门，感念存亡有泪痕。吴苑莺花新结习，梁园风雪旧吟魂。喜看继起廿年后，已见题名千佛尊。他日琼林春宴上，草堂傥忆腐儒飧。

次韵奉酬

小坡世讲孝廉，即希正句。

曲园居士

按，札末有郑文焯跋，曰："丙戌首夏，余自京师还，旅吴，与先生海上同舟，倡和三日，乐而忘倦，迨番舶抵吴淞口，犹闻高咏也。属笺后多散佚，存者仅此，尗问记。"光绪十二年(1886)春，俞樾陪同孙儿陛云进京会试，此即诗中"今岁相携入国门"云云之由。故此诗札当作于本年。

十[②]

伏读来词，豪宕之中兼以细腻，合"大江东去"、"晓风残月"为一手，非我辈粗人所能及也。《金缕曲》与笏老[③]唱和，叠至十九。鄙人本以文为诗，兹更以文为词，为词家之魔道矣。此上

① 此札辑自《俞樾手札》，第16—18页。

② 此札辑自《俞樾手札》，第11—12页。

③ 笏老，即易佩绅。

小坡孝廉

曲园

按，此札后有郑文焯跋，曰："易笏山年丈时藩吴，提倡风雅，发端作《金缕曲》。同时次韵有多至数十解者，亦盛事也。"易佩绅光绪十一年(1885)十二月至光绪十三年(1887)十一月为江苏布政使，此札当作于期间。俞樾有《金缕曲廿四叠韵》一卷，光绪十三年刻本，即札中所谓与易佩绅唱和所得者。

十一①

书京师同文馆《中西合历》后②

春秋书春王，诸国不一例。晋史用夏正，遂与麟经异。往往春所书，是其冬之事。自汉太初历，始改用夏正。后世遂循之，历唐宋元明。二千有馀年，不知子如嬴。佛说四种月，一日月，二世间月，三月月，四星宿月。颇与中国别。中国与印度，所差有半月。遐荒自成俗，短长谁与絜。赤明及龙汉，道家年号殊。清宁二百年，新宫铭所书。要止广异闻，谁与徵居诸。惟闻瓜[爪]哇国，入贡宣德间。自言千三百，七十有六年。当时究其始，谓由鬼国传。天魔夔罔象，谁复穷其然。我朝大一统，声教及海外。海外大九州，咸来赴王会。诸国用西历，推步自云最。中西各异天，异同无乃太。丁君精西学，丁君字冠西，同文馆总教习也。乃思观其通，中历与西历，合之一编中。丙戌冬至始，丁亥冬至终。不凭月晦朔，而凭日过宫。佛所谓日月，不与月月同。唐有朱希真，感时泪成阵。藤州与梧州，互异大小尽。同此岁三月，如何分域畛。追念升平时，大小有定准。此事与今异，腐儒休妄引。独念我圣清，超轶汉与唐。巍巍乾隆朝，万里开新疆。每年冬

---

① 此札辑自《俞樾手札》，第1—8页。

② 此诗见于《春在堂诗编》卷十一。

十月，正朔颁明堂。大小两金川，一一载上方。乌什沙雅尔，节候皆能详。明年丁亥春，皇帝始亲政。小臣愚无知，歌咏共田畯。伏念内治修，斯能外侮胜。富教语本孔，省薄策用孟。行见光绪年，追复乾隆盛。仁者自无敌，制梃不待刃。彼海外诸国，来享兼来王。岂敢以鳞介，而妨我冠裳。年年贺正月，国国列职方。司天颁正朔，普及东西洋。奉到时宪书，一例陈饩羊。
小坡孝廉正句。

曲园居士初稿

按，诗中即称"明年丁亥春"、"行见光绪年"，则当作于光绪十二年(1886)。

十二[1]

小坡孝廉吟席：

前日读手书，并实甫[2]世兄序文，甚佳甚佳。读此二序即可想见诸君子之词矣。属撰弁言，率笔成之，著粪佛头，罪过罪过。实甫文亦奉还。偶识数言，未知是否。手此，敬颂文安。

世愚弟俞樾顿首，八月廿九日

余雅不善词，行于世者，有词三卷，于律未谐，不足言词也。然词之门径亦略闻之。词起于唐而盛于宋，美成、伯可，各树坛坫，其后姜白石出，以隽永委婉为工，不以组织途泽为尚，令人慨然有登

---

① 此札辑自《俞樾手札》，第19—20页。

② 实甫，即易顺鼎(1858—1920)，字实甫，号哭庵、一厂居士等，室名琴志楼，湖南汉寿人。易佩绅之子。尝问业于王闿运。光绪元年(1875)举人，纳赀为江苏候补道，旋师事张之洞。马关条约签订后，上书请罢和议。反对割让辽东与台湾。曾二次去台湾，入刘坤一军，后赴台湾协助刘永福筹划防务。曾主讲两湖书院。辛亥革命后寓居上海。袁世凯称帝，出任代理印铸局局长。

高望远之意，感今悼往之思，洵得词中三味者矣。比年来，吴下名流翕集，接芬错芳，咸同以来，于斯为盛。实甫、由甫[①]，今之坡、颍也，郑子小坡，昔之王、谢也，子市[②]、次香[③]，亦一时之潘、陆也。花之晨，月之夕，山之岬，水之滑，兴往情来，行歌互答，乃用韩孟联句、东坡和陶之例，联句和白石道人词，得若干首，都为一集。其于律也无龃龉，其于韵也无强勉，虽五人者为之，而如成于一手，如出于一口。五侯鲭欤？五杂组欤？一气之沆瀣也，沨沨乎移我情矣。昌黎云：唱妍亦酬丽，俯仰但称嗟。诸君子可谓唱妍酬丽矣，余惟俯仰称嗟，不知所云。

丁亥仲秋，曲园居士书

按，序末即署“丁亥仲秋”，则此札与序文当作于光绪十三年(丁亥，1887)。札末有郑文焯跋，曰：“光绪戊亥之间，余举词社于吴下城西之壶园，作者六七人，文酒雅燕，发藻连情，极同声喁于之桑中。实兄弟同年时主侍其尊甫布政来苏，幕下故多才流，相与追和白石歌曲，放宋之三英和清真例也。稿令存余斋。”故由郑氏请俞樾撰序。

十三[④]

小坡世仁兄文席：

承绘洋扇，诗书画三绝，感谢无已。广东药铺住址开上，乞转致。附去坠金膏拾纸，敝寓每购以送人，厥效甚著，如有购以施送者，亦好

① 由甫，即易顺豫，字由甫，湖南汉寿人。顺鼎弟。光绪二十九年(1903)进士。官江西知县。著《孟子发微》、《孟子年略》、《琴思楼词》等。

② 子市，应即张祥龄(1853—1903)，字子苾，四川汉州人。就读尊经书院。光绪十八年(1892)进士。选庶吉士，散馆，授陕西怀远县令，调大荔县。卒于任。

③ 次香，应即蒋文鸿，字次湘，四川人。

④ 此札辑自《俞樾手札》，第31页。

事也。手此,布颂文祺。

世愚弟俞樾顿首

前日晤贵居停,弟极力说项,中丞亦十分钦慕也。

按,札末有郑文焯跋,曰:"时崧镇青[①]抚部以文币见招,先以询之先生,故书中有说项一语。老辈怜才,致可感佩。"据知札中所谓"贵居停"指崧骏。光绪十二年至十四年为江苏巡抚,光绪十四年至十九年为浙江巡抚。郑文焯长期旅居苏州,为江苏巡抚幕僚三十馀年。故此札当作于崧骏在江苏巡抚任上,至晚在光绪十四年(1888)。

十四[②]

小坡仁兄世大人撰席:

承示大著三种,其以从某省之字为即六书中之转注,殊为有见,突过前人。《说卝》一篇,贯通字义,非深于小学者不能道,从此治许书,思过半矣。以裁雪镂月之才,一变而为摘洛钩河之学,贤者洵不可测也。《训纂篇故》亦体大思精,惟弟窃有所疑,不得不为足下陈之。杨子云所作《训纂篇》与所作《苍颉训纂》自是两书,《汉艺文志》曰:"《苍颉》一篇,《凡将》一篇,《急就》一篇,《元尚》一篇,《训纂》一篇",而《训纂》下注"杨雄作",然则杨雄《训纂篇》,自与《苍颉》、《凡将》、《急就》、《元尚》一例,《急就篇》因篇首有"急救"字故以"急救"名,《训纂篇》亦当以篇首有"训纂"字故以"训纂"名。虽以"训纂"名

---

① 崧镇青,即崧骏(1832—1893),字镇青,一作振青,瓜尔佳氏,满洲镶蓝旗人。咸丰八年举人。由兵部笔帖式累迁郎中。同治六年,出知广东高州府,以忧解。服除,起授山东沂州府,历广西按察使、直隶布政使、漕运总督。光绪十二年授江苏巡抚,十四年改浙抚江。

② 此札辑自《俞樾手札》,第 37—46 页。又收入《春在堂尺牍》卷六,题作"与郑小坡孝廉"。今据手札整理。

篇，而实是罗列字体之书，非诂训字义之书。《仓颉篇》四言，如《尔雅注》所引"考妣延年"是也。《凡将》七言，如《文选注》所引"黄润纤美宜制禅"是也。《急就》至今犹存，前多三言，后多七言，皆取便于学童之讽诵，如今儿童读《千字文》者。然而《史记正义》引《训纂》有户、扈、鄠三字，疑其体例亦与《急就篇》同，有三言，有七言也。《隋艺文志》云："《三苍》三卷"，注云："秦相李斯作《苍颉篇》、汉杨雄作《训纂篇》、后汉郎中贾鲂作《滂喜篇》，故曰三苍"。可知杨雄之《训纂》，其体例上法《苍颉》，下开《滂喜》，故后世并之为三苍矣。《汉艺文志》又云："《苍颉传》一篇，杨雄《苍颉训纂》一篇，杜林《苍颉训纂》一篇，杜林《苍颉故》一篇。"此别是一书，乃诂训字义之书。所谓"苍颉训纂"者，乃即《苍颉篇》中之字而训释之，如颜师古、王伯厚之注《急就篇》也，故介乎《苍颉传》、《苍颉故》之间，其体例可知矣。《说文》所引杨雄说，乃取之杨雄《苍颉训纂》中，而非取之杨雄《训纂篇》也。杨雄所作《训纂篇》有字而无说。《汉志》云"元始中，徵天下通小学者以百数，各令记字于庭中，杨雄取其有用者以作《训纂篇》"是也。许书九千三百五十三字，则《苍颉篇》以下之字必已尽取，不别其此字出《苍颉篇》、此字出《训纂篇》、此字出《滂喜篇》也。故凡所引杨雄说，非《训纂篇》也。尊说以《说文》引杨雄十二事即为《训纂篇》，恐承学之士必以此为议，宜更酌之。鄙意不如辑《说文》所引二十七人之说，一一为之训诂，杨雄说亦在其中，可以明许学之渊源，而不致贻后人以口实。尊意以为然否？因承下问，贡其瞽言，伏希亮察。

世愚弟俞樾顿首

《杨雄传》云："经莫大于《易》，故作《太玄》；传莫大于《论语》，作《法言》；史篇莫善于《仓颉》，作《训纂》。"观《太玄》之拟《易》，《法言》之拟《论语》，则知《训纂》必拟《苍颉》，而《说文》所引杨说必非《训纂篇》之文可以决矣[①]。

---

① 刻本此段在"非诂训字义之书"下，"《仓颉篇》四言"上。

十五[①]

承示大著序文一篇，已受而读之矣。惟鄙意仍有未瞭者，班《志》既分《训纂》与《苍颉训纂》为二书，一列《苍颉》、《凡将》、《急就》、《元尚》之后，一介《苍颉传》、《苍颉故》之间，显有经、传之别。《志》云："杨雄作《训纂篇》，顺续《苍颉》，又易《苍颉》中重复之字，凡八十九章，臣复续杨雄作十三章，凡一百二章，无复字。"是知杨雄《训纂》无重复之字，正与今所传周兴嗣《千字文》相似，而迥非许书所引诸条所能混也。许书《序》曰："杨雄作《训纂篇》，凡《苍颉》以下十四篇，凡五千三百四十字。"桂未谷云："十四篇，八十九章，每章六十字，正合五千二百四十之数。"愚按，此数语所云《苍颉》以下十四篇，不知何指，两句用两"凡"字，文义亦复，恐有衍夺。而八十九章为杨雄《训纂》章数，则班《志》甚明，每章六十字，为五千二百四十字，数亦密合。然则杨雄《训纂》亦法《苍颉》、《爰历》、《博学》，断六十字为一章，其非许书所引诸条明甚。而愚又疑班《志》所云"顺续《苍颉》"者，顺续即训纂也，顺与训古字通，续与纂义相近，杨雄以史书莫善于《苍颉》而作《训纂》，即"顺续《苍颉》"之谓。杨雄续《苍颉》，班固续杨雄，故曰"臣复续杨雄作十三章"也。班固明以"顺续"二字解"训纂"二字，此必相承之师说，其书必非解说字义可知矣。所不可解者，杨雄又有《仓颉训纂》之作，体例不同而名则相混，乃愚又思之，杨子云作《太元》拟《易》，未尝作《易》传；作《法言》拟《论语》，未尝作《论语》注，盖子云著述之心甚盛，自我作古，予圣自居，不屑为传注之学。其作《训纂》以拟《苍颉》，何独为《苍颉训纂》乎？窃疑《苍颉训纂》非杨雄所自作也，乃后人因有杜林《苍颉训纂》之后，嫌其未备，又采取杨雄所说以成此书，曰"训纂"者，因杜林之书而名之也，与杨雄《训纂篇》之名名同而

---

① 此札辑自《俞樾手札》，第 47—56 页。又收入《春在堂尺牍》卷六，紧接上札，题作"其二"。今据手札整理。

义异也，曰“杨雄《苍颉训纂》”者，因杨、杜两《训纂》并行，各题名以别之也。尊说谓：著书者无自加姓名之理，是矣。然谓是班史所加，则上文《训纂》一篇之上何不加杨雄二字，而必注其下曰杨雄作乎？班氏总记其下曰：“凡小学十家四十五篇。”注曰：“入杨雄、杜林二家三篇。”可知此杨、杜两《训纂》及杜林《苍颉故》一篇，皆《七略》所无有而班固增入之，刘氏《七略》所收有杨雄《训纂》一篇，无杨雄《苍颉训纂》一篇也。以此证之，《苍颉训纂》非出雄手，而《训纂》与《苍颉训纂》两书固同名而异实矣。此鄙人臆见，自谓颇塙，敢以质之高明。

小坡孝廉足下。

曲园拜上

按，郑文焯《杨雄训纂篇考》一文称“余与俞丈曲园反复辨难数千言”[1]，即指以上两札。郑氏此篇前有《说文引群说故·杨雄说故》，序署“光绪摄提格之岁，孟陬之月朔日壬寅”[2]，则序作于光绪十六年（1890）正月初一日，郑考或亦作于光绪十六年。故暂系此札于该年。

十六[3]

伏读大著《医故》，叹其精博，辄贡弁言，未知可用否。附去《胜游图》，聊供销夏。鄙人衰老，但有童心，全荒宿学，具见于此矣。手肃，敬颂

小坡世仁兄文安。

世愚弟俞樾顿首

---

① 《杨雄训纂篇考》叶一。

② 《说文引群说故序》叶一。

③ 此札辑自《俞樾手札》，第 36 页。

按,《春在堂杂文五编》卷六有《郑小坡〈医故〉序》一篇,此序亦刻入郑文焯《医故》书前,署"光绪辛卯五月曲园居士俞樾书,时年七十有一",则序文当作于光绪十七年(1891)。《胜游图》为《曲园三要》之一。光绪十七年三月,俞樾孙婿宗子戴以虞山所刻高兆《揽胜图》相示;俞樾仿其体作《胜游图》,实为骰子游戏[①]。

十七[②]

小坡世仁兄大人文席:

别来惟兴居佳胜为颂。弟到杭旬馀,由湖楼而山馆,两处句留,约月初五可回苏也。拙作拟墨,附呈大方一笑。又一本,乞并函饬交中丞为感。冗甚,不及详写,即颂吟安。

世弟俞樾顿首,九月十八日

十八[③]

承示大作,蒙庄笔意也。偶黏数签,以副虚怀,未必有当,惶悚之至。复颂文安。

弟樾顿首

小坡孝廉侍史。

十九[④]

小坡世讲查览:

承赐读诸作,天机清妙,吐属不凡,自是君身有仙骨也。《诗梦

---

① 《胜游图》叶一。

② 此札辑自《俞樾手札》,第13页。

③ 此札辑自《俞樾手札》,第19页。

④ 此札辑自《俞樾手札》,第22页。

图》勉题四律，殊不足副盛意。手肃，敬颂文安。

世愚弟俞樾顿首，十月三日

二十[1]

小坡仁兄世大人侍史：

承示佳章，连日碌碌，未克酬和。今又投珠玉，诵之惭怍，容再奉酬，先将杭州杂诗呈教，并附花农诗，并乞照入。此颂吟祉。

世弟樾顿首，廿五日

二十一[2]

小坡仁兄侍史：

弟来武林半月矣，湖楼、山馆两处句留，返棹当在浴佛后也。近诗两首呈教。此颂吟祺，不一。

弟樾顿首

二十二[3]

小坡世仁兄孝廉足下：

承手书，并惠读大作《水调歌头》，音调雄壮，意思缠绵，合作也。且此调雄阔而不甚细腻，亦不必再倩紫霞正律矣。昨有拙作一首，聊博一笑。新尚衣奉君见过，弟未知其号，便中示悉为荷。手此，敬颂文安。

世愚弟俞樾顿首

---

① 此札辑自《俞樾手札》，第 25 页。

② 此札辑自《俞樾手札》，第 28 页。

③ 此札辑自《俞樾手札》，第 32—33 页。

二十三[1]

顷草数行，拟交使者赍还，而已无及矣。因又呵冻录拙作一首，即希雅正。前所呈词如尚在案头，仍望掷还，拟将续作者一并付钞胥录附其后也。手此，再颂吟安。

曲园拜上

① 此札辑自《俞樾手札》，第14—15页。

致钟文烝①

钟文烝(1818—1877),字殿才,又字朝美,号子勤,浙江嘉善魏塘人。道光二十六年(1846)举人,再上春官,以县令注选。绝意仕进,日事著述。同治初,应江苏忠义局聘,与陈奂、顾广誉诸人同任编纂。主讲上海敬学书院十二年。治经崇尚汉儒,尤究心《春秋》。著《穀梁补注》二十四卷、《河图洛书》一卷、《乙闰录》四卷、《信美室集》一卷、《新定鲁论语二十篇》、《论语序说详正》一卷、《乡党集说备考》一卷。

前承谈及荀卿年岁可疑,顷偶读《盐铁论·毁学篇》曰:"方李斯之相秦也,始皇任之,人臣无二。然而荀卿为之不食,睹其罹不测之祸也。"是李斯相秦,荀卿及见之。考《李斯传》,斯相始皇,在既并天下称皇帝之后。上溯齐宣王末年,据《六国年表》,已一百有四年,而刘向《叙录》称,荀卿以齐宣王时来游稷下,《史记》又称其五十始游齐。然则,李斯相秦时荀卿之年在一百六十内外矣,事诚可疑。先生何不博考群书,证明荀卿年岁,亦一快事也。

---

① 此札辑自《春在堂尺牍》卷四,题作"与钟子勤孝廉"。

致周仁甫[1]

玉梅花下，三九之候初交；银蒜帘前，百两之迎俱至。听佩声而知吉，结镜纽以合欢，即论壶内常情，已极人间艳福。况乃终贾年华，机云词藻，何晏神仙之度，翁归文武之才。开十石弓，手中霹雳；挥五色笔，纸上云烟。秀气所钟，盛名早擅。纵横才调，呼青兕而无惭；洒落丰神，配彩鸾而不愧。其比肩人，则我同年生郑吟梅[2]大令之女也。苕水名门，荥阳旧族，诗工咏絮，字学簪花，管夫人雅善填词，杨妹子兼工读画，以兹秾艳，俪彼清才。足下赤绳，良缘久谛；眉间黄色，喜气新添。从此梁案双齐，莱衣并着。趋庭而受祖砚，命妇留题；隔户而算姑棋，倩郎记谱。每当金驼酒暖，铜鸭香温，同挑蝇鼻之灯，对坐蛾眉之月，闻鸡起早，射雉归迟，夫婿英雄，闺门静好。赤鸳鸯之赋，共羡风华；碧鹳雀之姿，都无尘俗。转觉猘儿卤莽，不堪作婿乔家；犬子清狂，未足论婚卓氏矣。仆与闻盛事，忝附神交，借六六之鱼，远传吉语；愿双双之鸟，长听和鸣。此时报我琳琅，好嬉子不妨倒用；来岁叨君汤饼，宁馨儿定是非凡。

按，此札已见于《日损益斋骈俪文钞》，则当不晚于咸丰九年(1859)。

---

① 此札辑自《宾萌外集》卷二，题作"贺周仁甫新婚启"。

② 郑吟梅，即郑训承(1820—1895)，字绎如，号听篁，浙江乌程人(原籍浦江)。同治七年(1868)进士，官刑部主事、兵科掌印给事中。道光十七年(1837)，俞樾与郑氏同中省试副榜，故俞樾称其为"同年生"。

致周祖诰[①]

周祖诰(1823—1856)[②],初名承谦,后更名祖诰,字云笈,浙江仁和(今杭州)人。道光二十年(1840)举于乡,咸丰三年(1853)大挑一等,以知县分发江西。太平军兴,死难。

自捉手而别,遂摘船而行,白云在天,故人两地。然足下姜肱被暖,束皙笙清。铜盘传餐,静共儿读;玉盏堕地,豪与客谈;亦足寄闲情、消暇晷。安在中郎门外,惟王粲来游;谢傅坐中,无车公不乐乎?至如仆者,蠹惟食字,雀尚依人。执一卷之经,便当手版;守三灾之石,欲拟良田。柳梦常占,萍身不定。老父扶杖,当念季方;慈母作襦,应思康伯。言念及此,能无黯然?夫吾人读书一袟,闭户十霜,既不能待诏北门,司文东观,便当卧少稷之穷巷,潜申屠之幽居,携芝箑而住山,带笭箵而居水。五两之屐,访鹤寻猿;十双之田,掘云采月。守我枌榆之地,全其樗栎之天,顾乃饮啄共乎群鸡,肥瘦争乎三虱。刮龟毛而无得,避狗尾而不凉。足下谓吾乐乎?小雨初歇,秋风可悲,不有周郎,谁为鲍子?聊借十行之寄,以当一夕之谈。役车其休,定从君于白社;端居多暇,幸报我以青泥。

按,札中既称"老父扶杖,当念季方",则当作于俞樾父俞鸿渐(1781—1846)在世之时,即不晚于道光二十六年。

---

① 此札辑自《宾萌外集》卷二,题作"与周云笈书"。

② 《宾萌集》卷五。

致朱福荣[1]

朱福荣(1841—1892),字伯华。俞樾门下士。以孝廉出为监司,署直隶清河道道员。

辱手书,知京寓清吉,甚慰。仆主讲浙中,寄孥吴下,去冬以青蚨千贯典得马医巷潘文恭旧第而居之,从此其长为吴下阿蒙乎?比年以书院而兼书局,岁入不为瘠薄,而家用日见纷繁,漏卮之命,无可如何。《传》云"君子有远虑,小人何知?"得过且过而已。老妻病体,绵历数年,今春加剧,气血并亏,医者或议滋阴,或议扶阳,服之皆对,而迄不能奏功。仆亦精力衰颓,迥非昔比,看来皆非长寿身也。大儿仍拟令其至直隶候补,小儿痁疾难瘳,只可听之。幸其已有一子,颇觉茁壮,笑言哑哑,聊供愚夫妇眼前一乐。我躬不阅,遑恤我后乎?足下近况知亦不甚佳,京曹清苦,自昔然矣,惟望努力,青云再进一步耳。

按,同治八年(1869)四月初七日,俞樾移寓苏州马医科巷潘文恭旧第(东宅)[2]。札中称"去冬"、"典得"此宅,则当作于该年。

---

① 此札辑自《春在堂尺牍》卷二,题作"与朱伯华比部"。
② 《曲园自述诗》叶十八。

致朱泰修

朱泰修(生卒年不详),字镜香(芗),浙江海盐人。道光二十四年(1844)举人(故俞樾称其为“同年”)。同治十二年(1873)官宝应知县。著《竹南精舍研俪文》、《诗钞》。

一①

镜香老世叔同年赐览:

顷承枉顾,知即放秣陵之棹,不久荣莅花封矣。遡听好音,良用欣忭。琴西同年一书,求到日封口饬交。手肃,敬请升安。

年世小侄樾顿首

二②

镜香世叔年大人阁下:

前承复示读悉,楹帖深奉,恐不足用,乞转致之。尊事已力言于中丞,外间勿说及为幸。复书呈览,览毕仍赐还。此颂升安。

年世小侄樾顿首

---

① 此札辑自上海敬华艺术品拍卖有限公司2001年12月第430号拍品。

② 此札辑自上海敬华艺术品拍卖有限公司2001年12月第430号拍品。

致朱玉圃[1]

承询“资宗”事，竟未知所出。《宋史》岳忠武本传，于建储事甚略，惟云：“绍兴八年秋，召赴行在，命诣资善堂见皇太子。飞退而喜曰：‘社稷得人矣，中兴基业，其在是乎？’”又云：“十年，金人攻拱亳，命飞驰援。将发，密奏言：‘先正国本，以安人心，然后不常厥居，以示无忘复雠之意。’帝得奏，大褒其忠。”盖本传所言建储事止此。建储者，请立孝宗为太子也。孝宗本太祖七世孙，而高宗选育于禁中，使读书资善堂，而太子之名犹未正，三十年始立为皇子。岳忠武于绍兴八年见之于资善堂，十年请正国本，其意盖欲早立孝宗为太子而已。岳珂《吁天辨诬录叙》云：“方代邸侍燕间，尝一及时事。桧怒之，辄损一月之俸。赵鼎以资善之议忤桧，卒以贬死。其谋危国本之意非一日矣。先臣誓众出师，乃首进建储之议，犯其所不欲”云云，代邸及资善，并指孝宗。代邸者，以汉文为比，资善则其堂名也。疑《四朝言行录》所云“正资宗之名”者，“资宗”亦“资善”之误耳。

---

① 此札辑自《春在堂尺牍》卷五，题作“与朱玉圃同年”。

致朱振声[①]

读手书，知尊公六岁而孤，竟不知令祖是何名讳，惟据尊慈之言，知有晓阁之号。愚检《甲辰同年录》，浙江是榜有朱锝、朱泰修，均非杭人。惟副榜第一名朱炳文，字彪如，号寅谷，亦号瀛阁，又号葵生。嘉庆丁卯正月二十八日生，杭州府禀生，是为令祖无疑，敬以奉告。然号瀛阁，不号晓阁，鄙人窃有疑者。疑晓阁是少阁之讹，少阁乃瀛阁之子，尊公为少阁之子，则瀛阁之孙也。且以名而论，瀛阁君名炳文，炳从火旁，尊公名鋆，鋆字从金，以五行相生言之，中间宜有一代从土者。瀛阁君生嘉庆丁卯，至今已九十五年，则以尊公为其孙，年齿亦复相当，而足下乃瀛阁君曾孙也。以意妄揣，未必有合，请博咨故老而考定之。

按，札中称“嘉庆丁卯，至今已九十五年”，据知是札当作于光绪二十七年(1901)。

---

① 此札辑自《春在堂尺牍》卷七，题作“与朱振声”。

致朱之榛

朱之榛(1840—1909),字仲蕃,号竹石,浙江平湖人。以荫授官,补苏州府总捕同知,晋秩江南淮扬海河务兵备道。历署江苏按察使十二次、布政使二次,官江苏凡四十年,管厘务最久。精稽核,洞悉江苏厘金利弊。著《新安先集》、《常慊慊斋文集》。

一[1]

竹石仁兄大人阁下:

入春来,伏惟台候万福。弟一病两月,至今未能出房,有疏走候,为歉。去年续刻拙著九卷,谨呈雅教。《钟鼎遗稿跋》[2]已刻入《杂文三编》第三卷矣。正月以来在卧室养疴,将先君所作时文选刻百篇,已交手民刊版矣。先君时文,理法清真,华实并茂,刊成再当呈教。手肃,敬请勋安。

愚小弟期俞樾顿首

再者,先君文稿中间有手录椒堂[3]先生评语,称椒堂师。然则弟与吾兄本有孔李通家之谊[4],向来称谓过涉谦光,幸勿再施也。

世愚弟樾再顿首

---

① 此札辑自《朱之榛所收函札》,国家图书馆藏,馆藏号149155。

② 《钟鼎遗稿跋》是俞樾为朱为弼所编《积古斋钟鼎彝器款识》所作跋文,收入《春在堂杂文三编》卷三。

③ 椒堂,即朱为弼(1771—1840),字右甫,号椒堂,浙江平湖人。嘉庆十年(1805)进士,充会典馆协修。二十四年充顺天乡试同考官。道光间历任河南道监察御史、礼部给事中、顺天府尹、兵部左侍郎、漕运总督等职。

④ 据《朱氏重修迁浙支谱》,朱之榛为朱为弼胞弟为霖之孙。

按，札中所谓《钟鼎遗稿跋》见《春在堂杂文三编》卷三，在《书岳忠武奏草后》一篇之后。《书岳忠武奏草后》稿本刻石今存杭州岳庙，与刻本相校，多"光绪五年三月曲园俞樾敬观并记，时在西湖小曲园，即所谓俞楼者也"题署两行，知该篇作于光绪五年(1879)三月；《钟鼎遗稿跋》应作于之后。光绪七年(1881)八月二十五日，俞樾长子卒，此或即札末署"期"之由。光绪八年春，俞樾卧病，以连年遭丧事，意兴阑珊[①]，与札中"正月以来在卧室养疴"之说合。故系此札于光绪八年(1882)初。

二[②]

竹石仁兄世大人阁下：

弟今岁仍仿去年之例，卖拟墨助赈，谨以五十本奉呈大教。每本售洋钱一角，伏求惠付洋蚨五翼，俾得汇付灾区，稍助杯水，亦仁人之赐也。小诗述怀，即博一粲。手此，敬请勋安。

世小弟俞樾顿首，初一日

按，据《春在堂诗编》卷十二，光绪十四、十五两年秋，俞樾均曾以拟闱墨之文助赈。札中既称"今岁仍仿去年之例，卖拟墨助赈"，则当作于光绪十五年(1889)。

三[③]

竹石仁兄世大人阁下：

日前奉谒，畅谈为快。兹有即用知县刘正教，乃弟在河南时进学门生，四十年前旧雨也，北人爽直，其材亦尚可造。如有相当差使，幸

---

① 《春在堂诗编》卷十叶一。

② 此札辑自《上海图书馆藏名人手札选刊·俞曲园手札》，第231页。

③ 此札辑自《朱之榛所收函札》，国家图书馆藏，馆藏号149155。

公进而试之。手肃，敬请勋安。

世愚弟俞樾顿首，二月初八日

按，俞樾《曲园自述诗》曰："往事如烟不足论，梁园旧雨久无存。谁知今日三台路，白发门生拜墓门。"自注曰："刘铁樵珊瑸[①]，河南南阳人，余视学时取列高等食者也。甲午岁以即用知县来浙，知余在右台仙馆，亲至山中，展亡妇姚夫人之墓。"札中所称"即用知县刘正敩"，或即此人，则此札作年或在光绪二十年（甲午，1894）之后。《曲园自述诗》又曰："纷纷星使出词曹，自问无才敢滥叨。谁料圣恩偏最渥，竟容玉尺两河操。"自注曰："自五月朔以后，典试诸差以次简放，自问已无所望，乃八月初二日蒙恩放河南学政，材轻任重，陨越始此矣。……问及臣年，奏曰：三十五岁。"札中所谓"弟在河南时"，当指其咸丰五年（1855）三十五岁时简放河南学政一事，故系此札于四十年后的光绪二十年或稍晚。

四[②]

竹石仁兄世大人阁下：

久阔甚念，惟勋望益隆，起居增胜，定如所颂。弟老境屯邅，家门凋落。小孙妇贤而不寿，意甚悼之。为作小传，附以四诗[③]，遍赠知交，谨以一册呈鉴。手肃，敬请勋安。

世愚弟功俞樾顿首，初十

按，光绪二十年（1894）五月，俞樾长孙妇彭氏病逝[④]，俞樾为其

---

① 光绪十八年（1892）进士。

② 此札辑自《朱之榛所收函札》，国家图书馆藏，馆藏号 149155。

③ 传见《春在堂杂文五编》卷三，诗见《春在堂诗编》卷十五。

④ 《春在堂杂文五编》卷三叶二十六。

撰传。札中称“小孙妇贤而不寿……为作小传”，则当作于该年。

五[①]

竹石仁兄世大人尊右：

前承复书，知局员更动，权在中峰，此实在情形，何敢再渎。惟见在有舍亲沈典史庆年，闻新章，各局均派有司事委员，欲求赏派一差。其人甚众，其事甚微，由公主裁，可否录用，敬求裁定。手此，布渎，敬请勋安。

世愚弟俞樾顿首，十八日

六[②]

竹石尊兄世大人阁下：

时交梅夏，伏惟动定万福。前为沈舍亲求厘局司员，荷承惠允。今闻出月有下游震泽车坊三处司事委员瓜代，及期敢求酌派其一，戴德无量。名条附上。外拙刻《宾萌集》第六卷呈政。手肃，敬请勋安。

世愚弟俞樾顿首，闰十三日

七[③]

再启者，舍亲沈庆年蒙派充上游厘局司事委员，已将报满。闻翁少畦大令为之□留，未知可破格赐准否？伏求裁夺。

弟樾再顿首

按，以上三札都涉及为沈庆年谋职事。其二有“今闰五月”的纪月，核之《二十史朔闰表》，则光绪十年、二十一年、二十九年分别有闰

① 此札辑自《朱之榛所收函札》，国家图书馆藏，馆藏号 149155。

② 此札辑自《朱之榛所收函札》，国家图书馆藏，馆藏号 149155。

③ 此札辑自《朱之榛所收函札》，国家图书馆藏，馆藏号 149155。

五月。其三提及翁少畦,《楹联录存》卷四有《翁少畦大令挽联》,序曰:“少畦为翁兰畦廉访之子。性真挚,且有用世之才。尝著《书生初见》一书,皆言治理;又著《医时六言》一书,则因东洋之衅,发愤而作者也。以知县需次吴中,即执挚来见,愿居门下,情意殷然。其兄少兰亦负美才,于前年十二月卒。君笃于手足,为其兄营丧葬毕遂成心疾。今年正月八日卒于苏寓。”此联在《曾君表孝廉挽联》后(曾之撰卒于光绪二十三年);《恽伯方同年挽联》前(恽鸿仪卒于光绪二十四年),则翁氏当卒于光绪二十四年(1898)初。故以上三札至晚作于光绪二十三年(1897),其中第二札必作于光绪二十一年(1895)。

八[①]

竹石仁兄世大人阁下:

顷敝门下林晋霞[②]大令来,言外间喧传学古堂[③]应即改为中西学堂,未知学古堂于何时截止?本月公事应否照常办理?伊禀见请示,未蒙传见,属弟代探,敬求示悉为荷。手此,敬请勋安。

世愚弟期俞樾顿首

九[④]

竹石仁兄世大人阁下:

入新正来,弟因病未克趋候春禧,歉甚。中西学堂闻即将开办,

---

① 此札辑自《上海图书馆藏名人手札选刊·俞曲园手札》,第232页。

② 林晋霞,即林颐山(1849—1906),字晋霞,浙江慈溪人。光绪十八年(1892)进士。主讲南菁书院。宣统初为礼学馆纂修。著《经述》、《群经音疏补正》、《战国职官考》、《水经注笺疏》等。

③ 学古堂,光绪十四年(1888)江苏布政使黄彭年创建。课程以经为主,旁及小学、四史、文选、算学等。

④ 此札辑自《上海图书馆藏名人手札选刊·俞曲园手札》,第233—234页。

章式之孝廉钰求充中学教习。此君为公所素知，且蒙青眼，故敢代求。如可位置，千乞留意。手此布托，敬请勋安，俟春融病间，再走叩起居。匆匆不尽。

世愚弟期俞樾顿首，十二日

按，以上两札提及苏州中西学堂事，可与俞樾致廖寿丰札第二通参看。致廖札作于光绪二十二年(1896)，称"江苏见行之中西学堂其法甚善"云云，而此两札称"外间喧传学古堂应即改为中西学堂"、"中西学堂闻即将开办"，则必作于致廖札之前，至晚在光绪二十二年。

十[1]

竹石仁兄世大人阁下：

昨奉复笺，敬悉一切。兹又有渎者，书局核减薪水，想公自有权衡。惟有章式之孝廉钰，吴中名士，汪柳门当会总时深以不得其人为歉。此君书局薪水每月止得八金，为数无多，倘公垂念寒毡，俾得在不减之列，不特身受者铭感也。手肃，布渎，敬请勋安。

世愚弟期俞樾顿首，初十

按，札中称章为孝廉，则必作于光绪十五年(1889)其中式举人之后，光绪二十九年(1903)其成进士之前。又以札末署"期"，暂系于前两札之后。

十一[2]

竹石仁兄世大人阁下：

久未趋前，伏惟台候万福。弟日来为柳门侍郎所嬲，颇多唱和之

① 此札辑自《朱之榛所收函札》，国家图书馆藏，馆藏号 149155。

② 此札辑自《朱之榛所收函札》，国家图书馆藏，馆藏号 149155。

作，虽不成诗，亦未忍便弃，刻入《曲园杂纂·吴中唱和集》之后。今以一册奉呈清正，兼博一笑。手此，敬请台安。

世愚弟期俞樾顿首，五月十七日

按，《吴中唱和集》为《曲园杂纂》卷第四十一，中有与汪鸣銮唱和诗若干首，其题为《郎亭侍郎八叠前韵见赠，云此降书也，实则敌势方盛，未可遽与议和。因又四叠前韵酬之，以此纳降，其许我乎》者，之三有“回溯初丁何足道”一句，自注“余丁酉中副榜，今又丁酉矣”，则诸诗编入《吴中唱和集》当在光绪二十三年（丁酉，1897）或之后，此札至早作于该年间。

十二[1]

竹石仁兄世大人阁下：

久未晤，伏惟台候万福。今科丁酉，距弟中副榜六十年矣。感念前尘，又有拟墨之作，谨呈一册，即请教益。此颂勋安。

世愚弟功俞樾顿首，初十

按，札中称“今科丁酉，弟中副榜六十年矣”，知此札作于光绪二十三年（1897）。《春在堂诗编》卷十六《寿衡同年前辈赠诗二首，次韵奉酬》，小注曰：“余于浙闱题有拟作。”当即此札所谓“拟墨之作”，故此札作于秋闱之后。光绪二十三年五月十二日，俞樾孙女庆曾卒于温州[2]，此即札末署“功”之由。

---

① 此札辑自《朱之榛所收函札》，国家图书馆藏，馆藏号 149155。

② 《春在堂诗编》卷十六叶五至六。

十三[①]

竹石仁兄世大人阁下：

弟新制传奇二种[②]，虽未必协律可歌，而意则颇新，且亦甚确。记日前曾略成大义，今已刻成，奉呈清正，或命侍者歌而听之，当稍胜于听乱弹班也。外有敝相好朱巡检福履求赏派盘门旱巡差，未知可否？名条附上，求酌定。手此，敬请勋安。

世愚弟俞樾顿首，二十一日

按，《春在堂诗编》卷十七有诗云"吴下偶成新乐府"，注曰："余新著传奇二种，曰《骊山纪》、曰《梓潼传》。"此诗首句曰"老拥皋比我不堪"，注曰"今岁诂经又虚讲席，刘景韩中丞两函来请。余力辞之，荐柳门自代"，此事在光绪二十五年（1899）[③]。故《春在堂传奇》二种（《骊山传》、《梓潼传》）成于光绪二十五年，同年重刻之《春在堂全书》已收入。札中称"新制传奇二种"，"今已刻成"，故当作于本年。

十四[④]

竹石仁兄世大人阁下：

春寒太剧，春雪连绵，未克走叩。伏惟台候万福。兹有敝相好朱巡检福履，求赏派锡金丝捐差。其人颇勤练可恃，附上名条，伏求鉴纳。外元旦试笔诗，并博一笑。手肃，敬请勋安。

世愚弟俞樾顿首，二月廿九

---

① 此札辑自《朱之榛所收函札》，国家图书馆藏，馆藏号 149155。

② 传奇二种，即《骊山传》一卷、《梓潼传》一卷。

③ 《春在堂诗编》卷十七叶三。

④ 此札辑自《朱之榛所收函札》，国家图书馆藏，馆藏号 149155。

按，札中俞樾为朱福履请托，或与上札时次接近。“元旦试笔诗”或即《己亥元旦试笔》一题，若是，则此札作于光绪二十五年(1899)。

十五[①]

竹石仁兄世大人阁下：

前闻荣摄粮储，以老病未克走贺，为歉。昨得花农书，有奉致一函，谨为代达。弟今年诗已刻成半卷，多而不工，殊可愧恧。附呈清正，幸有以教之。手肃，敬请勋安。

世愚弟俞樾顿首，廿一日

按，《清史稿》卷四三四记：光绪二十五年(1899)，朱之榛清理田赋，岁增漕粮十五万石、丁银二十万两[②]。或即札中所谓“荣摄粮储”一事，故暂系此札于本年。

十六[③]

闻公六旬大庆在即，无以为寿，手书楹联[④]将意，秀才人情，幸勿哂也。手肃，敬请

竹石仁兄世大人寿安。

小弟樾拜上

按，札中称朱之臻“六旬大庆在即”，故当作于光绪二十五年(1899)。

---

① 此札辑自《朱之榛所收函札》，国家图书馆藏，馆藏号 149155。

② 《清史稿》第 40 册，第 12353 页。

③ 此札辑自《朱之榛所收函札》，国家图书馆藏，馆藏号 149155。

④ 即《朱竹石观察六十寿联》，见《楹联录存》卷四。

十七[①]

承示大著楹联，颠扑不破，字字可以镇纸，此四十字，亦四十贤人矣。无所献替，敬缴。附上《销寒吟》，游戏之作，所谓无益费精神也。敬呈一笑。复请
竹翁仁兄世大人安。

世愚弟樾顿首

按，光绪二十五年(1899)末，徐琪钩摹《宫中销寒图》寄赠俞樾。腊尾年头，俞樾作《销寒吟》七律九首，每字限九笔[②]。札中提及《销寒吟》，必作于嗣后。

十八[③]

竹石仁兄世大人阁下：

昨惠顾畅谈，兼拜厚贶，感甚，感甚。拙著《全书》目录二纸，近年所刻，略尽于此，附呈台览。又时文二册，花农刻于广东者，博世兄辈一笑。今岁川督乐峰制府[④]六十生日，闻吴中有寿幛寄川，由台端转达，弟亦有寿对一联，并信一函，敬求附去。琐渎，不安之至。肃请勋安，统惟惠鉴。

世愚弟俞樾顿首，十一日

---

① 此札辑自《朱之榛所收函札》，国家图书馆藏，馆藏号149155。

② 《春在堂诗编》卷十七叶九。

③ 此札辑自《朱之榛所收函札》，国家图书馆藏，馆藏号149155。

④ 乐峰，即奎俊(1841—1916)，字乐峰，满洲正白旗人。历官福建按察使、山西布政使、山西巡抚、江苏巡抚。光绪二十四年(1898)授四川总督。二十六年署成都将军。后历任刑部尚书(1903)、吏部尚书(1905)、内务府大臣(1906)。宣统三年(1911)责任内阁成立时，为奕劻内阁弼德院顾问大臣。清帝退位后，解职归里。

按，札中提及奎俊(1841—1916)六十岁，故当作于光绪二十六年(1900)。《春在堂全书》有光绪二十五年重定本，札中所谓“《全书》目录二纸”，应即此本目录(恰有两叶)。

十九[①]

竹石仁兄世大人阁下：

暑甚，未克走候起居，伏惟万福。弟因小孙尚在京城，甚为悬悬。闻其移居尹署，因并署府尹陈小石是至亲也。今有一信，求饬寄顺天府署，能用排单，以期速达，尤感。手肃布恳，敬请台安。

世愚弟俞樾顿首，七月十一

二十[②]

时局益亟，而小孙仍滞软红。兹有一函，仍求赐用排单，递寄顺天府为感。屡次烦渎清神，悚悚。手肃，敬请
竹石仁兄世大人台安。

世愚弟俞樾顿首，二十一

按，光绪二十六年(1900)五月、六月、七月间，八国联军先后在河北廊坊、天津和北京三地进攻清军及义和团，七月二十日侵入北京。以上两札提到“小孙尚在京城，甚为悬悬”、“时局益亟，而少孙仍滞软红”，则当作于该年。又，俞樾所作《廖仲山尚书挽联》注中有“仲山由翰林起家，官至礼部尚书……余孙陛云应朝考，受其知。庚子之变，同在京师，可谓相从于患难者矣”[③]的记载，是此年俞陛云确在京城。

---

① 此札辑自《朱之榛所收函札》，国家图书馆藏，馆藏号149155。
② 此札辑自《朱之榛所收函札》，国家图书馆藏，馆藏号149155。
③ 《楹联录存》卷五叶二十八。

二十一[①]

竹石仁兄世大人阁下：

顷闻六门落地捐委员已将瓜代，有敝相好徐经历可范冀得此差。其人甚稳练，且精医理，敝寓屡延其诊治，颇能奏效。用敢附上名条。敬求言丁护院，伏鼎言之力，当可有成也。小孙今日有电来，知已行抵清江，想不日可到，知关□爱，附以奉闻。手肃，敬请台安。

世愚弟俞樾顿首，七月三十

按，札中提及俞陛云行止，或紧接前两札。

二十二[②]

前日得八月廿三日小婿许子原都门来书，知与陈小石同住汪芝麻胡同，京中尚平静可居。廖仲山[③]督出避昌平，即回京矣。庆邸[④]

---

① 此札辑自《朱之榛所收函札》，国家图书馆藏，馆藏号 149155。

② 此札辑自《朱之榛所收函札》，国家图书馆藏，馆藏号 149155。

③ 廖仲山，即廖寿恒（1839—1903），字仲山，晚号抑斋，江苏嘉定（今属上海）人。同治二年（1863）进士。历任湖南、河南学政，国史馆纂修，侍读学士。光绪二十三年（1897）授军机大臣，二十四年擢礼部尚书。戊戌政变后出军机。

④ 庆邸，即庆亲王奕劻。奕劻（1838—1917），爱新觉罗氏。乾隆帝第十七子永璘之孙。光绪十年（1884），慈禧太后罢斥恭亲王奕訢，奕劻接任总理各国事务衙门大臣，主持外交，并进封庆郡王。次年设立海军衙门，受命会同醇亲王奕譞办理海军事务。光绪二十年，封庆亲王。二十六年，八国联军入侵北京，慈禧太后与光绪帝逃往西安。次年，代表清政府签订《辛丑条约》。总理各国事务衙门改为外务部后，仍任总理大臣。光绪二十九年，荣禄病死，奕劻入军机处任领班军机大臣，旋又管理财政处、练兵处事务，集内外大权于一身。宣统三年（1911），清廷裁撤军机处，奕劻任"皇族内阁"总理大臣。武昌起义后，竭力主张起用被罢黜的袁世凯。不久，袁入京代他为内阁总理大臣，重新组阁，奕劻改任弼德院总裁。宣统帝退位后，奕劻避居天津租界。

率在京各官奏请回銮,未知允否?尊处如有闻,求示悉。

樾再启

按,札中称“庆邸率在京各官奏请回銮”,则此信当作于光绪二十六年(1900)八国联军占领北京,慈禧携光绪帝西逃之后。

二十三①

竹石仁兄世大人阁下:

舍外孙王念植②差事,深荷玉成,感德无既。顷由徐花农阁学寄来信一函书,敬为代呈。又去年拙作诗一卷,并呈教正。手肃,布谢,敬请勋安。

世愚弟俞樾顿首,廿六日

按,札中称徐琪为“花农阁学”。阁学,即内阁学士的省称。光绪二十六年(1900)十月二十一日,左春坊左庶子徐琪为内阁学士兼礼部侍郎衔③,则此信之作当晚于是时。

二十四④

再启者,杭州丁氏刻《武林藏书录》,弟题一诗,丁氏刻冠其编,并刷印数纸见赠,今附呈台览,即希吟正。此诗亦书生之见,不值大雅

---

① 此札辑自《朱之榛所收函札》,国家图书馆藏,馆藏号149155。

② 王念植,俞樾长女锦孙适宝应王氏,则王念植当为其长女所出。又《楹联录存》卷二《长女婿王康侯挽联》序云:“(康侯)有子二人。长子念曾,已两应乡试矣。”则知念植当为康侯次子。

③ 《清德宗实录》卷四百七十四。

④ 此札辑自《朱之榛所收函札》,国家图书馆藏,馆藏号149155。

一笑耳。手此，载请台安。

弟樾再顿首，五月望

按，《春在堂诗编》卷十八"辛丑编"中有《书丁竹舟武林藏书录后》一首，即札中所谓"杭州丁氏刻《武林藏书录》，弟题一诗"。由是知此札当作于光绪二十七年(1901)。

二十五[①]

竹石仁兄世大人阁下：

顷有崇明沈令[②]来函，其事弟所不知，函中亦言之不详。闻其素蒙青眼，故敢以函奉呈。函中求免留缉，未识能如其请否？并闻有参劾之说，未知公之大刀能免其白简否？琐屑渎陈，惶悚，惶悚。因其人实诂经肄业多年者也。手肃，布渎，敬请台安。

世愚弟俞樾顿首

按，[民国]《崇明县志》卷十"职官·文官表"载沈祖燕在知县任上的时间为光绪二十五年(1899)九月到任，二十七年(1901)三月则有查亮采到任，则此札当作于这期间。《申报》光绪二十七年三月初二日有"署崇明县知县沈祖燕因案撤任"之说，或即札中所谓"留缉"、"参劾"云云之所指。

二十六[③]

竹石仁兄世大人阁下：

昨奉回函，知花农有将伯之呼，弟未拆阅，故不知此事，花农与弟

---

① 此札辑自《朱之榛所收函札》，国家图书馆藏，馆藏号149155。

② 崇明沈令，即沈祖燕(生卒年不详)，字翼孙，浙江萧山人。光绪十五年(1889)进士。官常熟、崇明知县，湖南劝业道。

③ 此札辑自《朱之榛所收函札》，国家图书馆藏，馆藏号149155。

信亦不言及，恐其不欲弟知也。尊处如有所赠遗，请径交上海蔚长厚[①]转交京城烂面胡同前内阁部堂徐收最妥，不必由弟处也。敝处亦无熟识之钱庄。手此，敬复，即请勋安。

世愚弟俞樾顿首，二十七日

敝处亦无熟识之钱庄。

按，光绪二十七年(1901)十二月十七日上谕"内阁学士兼礼部侍郎衔徐琪声名平常，不孚舆论，着即行革职"[②]。札中称徐琪为"前内阁部堂"，故当作于嗣后。此札可与俞樾致徐琪札第三十三通参看。

二十七[③]

竹石仁兄世大人阁下：

弟老病，有疏趋候，歉如也。今日有陈伯昂太守纶来见，自言年幼，初到省，诸未谙练，务求随事教训之，俾无陨越。弟初不识其人，惟乃翁玉苍[④]侍郎，却与小孙相熟，故敢代达其忱。伏求鉴核。手肃，敬请勋安。

世愚弟俞樾顿首，八月九日

按，《申报》光绪二十七年(1901)十二月二十四日录十二月十五

---

① 蔚长厚票号，创立于同治三年(1864)，前身为布庄。由平遥邢村人毛履泰、介休北贾村人侯崇基、浑源县人常某、平遥人乔某、大同人王某合资25万两白银开办。

② 《清德宗实录》卷四百九十二。

③ 此札辑自《朱之榛所收函札》，国家图书馆藏，馆藏号149155。

④ 玉苍侍郎，即陈璧(1852—1928)，字玉苍，号雨苍，福建闽县人。光绪元年(1875)举人，光绪三年进士，授内阁中书 。历任监察御史、顺天府尹及户部侍郎等职，官至邮传部尚书，因属袁世凯一党被革职。民国后任北洋政府参政院参政。著《望岩堂奏稿》等。

日谕旨，有分发陈纶为江苏知州的记载；二十八年十一月二十九日载《苏省官报》称十一月二十一日“江苏试用知府陈纶，福建人，禀知：奉襄办京畿地方善后营务事宜，给咨来苏，禀到”。则此札提及陈纶“初到省”云云，或即作于光绪二十八年间（1902）。

二十八[①]

竹石尊兄世大人阁下：

弟小病月馀，有失趋候。今病愈，拟赴杭州而为时已晚，颇思速去速来。现定本月十三日动身，拟借贵局小轮船一送，送到即遣回。未知得空否？恃爱渎商，有无均求示复为盼。手肃，敬请勋安。

世愚弟俞樾顿首，初七日

按，据札中所言，俞樾欲至杭州，向朱之榛商借轮船送行。光绪二十八年（1902）十一月，俞樾曾至杭州一游[②]；十二月初九日，由杭州乘坐浙西水陆统领费毓卿派出之威靖轮返苏[③]。嗣后再未赴杭。此札至晚作于本年。

二十九[④]

竹石仁兄大人阁下：

弟过十九后有杭州之行，尊处轮船不识可赏荐一用否？无论二十、廿一、廿二等日均可。并求酌夺赐复为盼。手此，布渎，敬请勋安。

世愚弟俞樾顿首，十五日

---

① 此札辑自《朱之榛所收函札》，国家图书馆藏，馆藏号 149155。

② 《春在堂诗编》卷十九叶十九。

③ 《春在堂诗编》卷十九叶二十。

④ 此札辑自《朱之榛所收函札》，国家图书馆藏，馆藏号 149155。

按，此札至晚作于光绪二十八年(1902)，理由同上。

三十[1]

竹石仁兄世大人阁下：

前日惠顾畅谈为快。承索观筱帅寿言，遍寻不见，殆由柳门处送回，忘未归入拙稿中，以致失遗，不可寻觅也。昨问之任毓华兄，据云杭州则有钞出本，家中无有。并以奉闻。手此，敬请勋安。

世愚弟樾顿首，十六

按，札中所谓"筱帅寿言"，疑为《楹联录存》卷五《任筱沅中丞贺联》，序曰："中丞今年八十生辰，于九月十三日为其第九郎君子木授室，所娶乃李文忠幼女也。书此贺之，即以为寿。"此联即为贺任道镕(1823—1906)八十之寿，则当作于光绪二十八年(1902)。此札至早作于本年。

三十一[2]

竹石仁兄世大人阁下：

久疏笺候，伏惟起居万福。弟去年所作诗竟得一卷，敬呈大教。今年诗亦多，但去年则随作随刊，今则未也。兹有渎者，小孙妇[3]归宁松郡，业已月馀，今欲接归，为曾孙男女补种牛痘。而苏松无便轮，欲求赏借贵局轮船一用。如蒙台允，弟拟于初三日放轮往接，初四日还苏，请饬该管带初一二日到敝寓招呼，以便雇坐船带往也。松郡无船，故由苏往云。如轮船不便，则迟早一二日均可。手肃，布恳，敬请勋安。

世愚弟俞樾顿首，廿九日

---

① 此札辑自《朱之榛所收函札》，国家图书馆藏，馆藏号149155。

② 此札辑自《朱之榛所收函札》，国家图书馆藏，馆藏号149155。

③ 小孙妇，应指俞陛云继室许之仙，为俞樾次女绣孙第六女。

按，光绪二十五年(1899)冬，俞樾始有曾孙[1]。故至早到此时，俞樾方能有“曾孙男女”之称，则此札之作必晚于是时。光绪二十八年，许祐身由台谏出守扬州，因与漕运总督陈夔龙有连，尚须对调[2]；光绪二十九年，则由松江府移守苏州，于九月二十三日接印[3]。因知许祐身终授松江知府。札中称“小孙妇归宁松郡”，故当作于光绪二十八(1902)、二十九年(1903)间。

三十二[4]

竹石仁兄世大人阁下：

顷闻宝应令朱君尚在省垣，未赴任所，果否？敝亲家原任福建巡抚王文勤[5]即宝应人。其族人强横无理，屡肆欺凌。文勤在日已然矣，今文勤长子儒卿字廉泉，忠厚长者，被欺尤甚。伏念护持良懦，本地方官之事，况旧家子弟乎？如朱大令来见，望托其遇事照拂，想贤有司亦必以为然也。手肃，布恳，敬请台安，统惟惠察，不宣。

世愚弟俞樾顿首，闰初七日

按，札中称“宝应令朱君”，[民国]《宝应县志》卷九“官师表”光绪二十七年县令为朱士俊[6]，光绪二十九年再任；又记光绪二十九年县令还有刘思勲(新宁人，附贡)。而札末署“闰初七日”，核以《二十史

---

① 《春在堂诗编》卷十七叶六。

② 《春在堂诗编》卷十九叶八。

③ 《春在堂诗编》卷二十叶二十六。

④ 此札辑自《朱之榛所收函札》，国家图书馆藏，馆藏号149155。

⑤ 王文勤，即王凯泰。

⑥ 朱士俊(生卒年不详)，字英甫，海宁人。举人。曾任宝应县令，勤惠廉明，兴利除弊。以忧去，服阕，铨授山西高平县。[民国]《宝应县志》卷十“宦绩”有传。

朔闰表》,光绪二十七至二十九年间,二十九为闰年(闰五月),则此札作于是年(1903);朱士俊去职、刘思懃继任也应在闰五月之后。

三十三①

竹石仁兄世大人阁下:

薰风南来,伏惟台候万福。弟病体如常,无可言者。童米生太守此次复来吴下,公念旧怜才,备蒙培植,伊感激之至。惟人材孔多,而事机易失,非公随时提挈,不克有成,务求终始成全,俾早得一席,则深感上天也。手肃,布渎,敬请勋安,统惟惠鉴。

世愚弟俞樾顿首,初二日

按,《申报》光绪三十年十二月初八日转载《苏省官报》称本年十一月"二十三日知府童宝善由安徽改指江苏,来省",应即札中所谓"童米生太守此次复来吴下"之所指,故此札至早作于光绪三十一年(1905)间。《申报》光绪三十一年十一月十一日转载《苏省官报》称本年十月初五日"知府童宝善禀谢奉委海运省局会办兼文案差,办理抚署文案"。而札中称"俾(童米生)早得一席",则或作于其奉委海运局会办之前。

三十四②

竹石仁兄世大人阁下:

前呈拙诗一卷,定尘青览。内中竟有一首误押重韵,荒急可笑。今作一诗声明之,谓之自讼其过也可,谓之自文其过亦可。即呈,博一笑。又近作二首,一并附呈。此三诗皆用钢版摹印,但不甚清晰

① 此札辑自《朱之榛所收函札》,国家图书馆藏,馆藏号149155。

② 此札辑自《朱之榛所收函札》,国家图书馆藏,馆藏号149155。

耳。再有渎者,舍亲姚祖诒[①]承蒙派委常熟保甲差,甫及三月,姚祖诒已承改派货捐局差,例难兼当。其常熟保甲差,可否推爱派舍侄孙巡检俞侃[②]接办?则感荷盛情,犹身受也。附上名条。敬请台安,统惟爱鉴。

世愚弟俞樾顿首,初六日

按,《春在堂诗编》卷二十三有《余刻二十二卷诗成,覆阅之,竟有押重韵者,疏忽如此,不禁失笑。赋此以告观者》一题,即札中所谓"今作一诗声明之"者。此诗之前有《吊潘烈士》一首,序中有"遂于光绪三十一年十二月初九日蹈海而死,海内称为潘烈士"的记载,则知此札之作已在光绪三十二年(1906)。

三十五[③]

竹石仁兄世大人阁下:

溽暑未阑,新凉已至,伏惟台候万福。童守米生素承青睐,伊从事学务,意颇阑珊,欲求一厘差。闻上海货捐局将次瓜代,未知可赏派米生否?弟眠食如常,而腰脚软弱,头目昏花,日甚一日,每日仍舁至外斋,小坐半日,不废啸歌。近作二首,附奉清正。手肃,敬请勋安,惟鉴不宣。

世愚弟俞樾顿首,廿三日

花农一信,附呈台览。

按,《申报》光绪三十二年三月十六日载《旅苏浙绅会议筹集路

---

① 姚祖诒,俞樾夫人姚氏之侄。少孤,自幼育于俞宅,光绪七年(1881)十月为娶妇于杜氏。

② 俞侃,疑为俞樾兄俞林之孙。

③ 此札辑自《朱之榛所收函札》,国家图书馆藏,馆藏号 149155。

款》称“苏垣全浙旅苏学堂总办藩臬两司及提调童宝善太守”云云，此或即札中“童守米生……从事学务”之所指，故此札或即作于本年(1906)。

三十六[①]

东瀛小柳君[②]所纂辑鄙人事实，共有六章，兹所见者，乃其第三章也，谨奉台览。弟已托白须温卿[③]向其购求全本，但白须君与彼不识，须托人转询耳。米生事如苏属有可位置，更佳也。复颂
竹翁台安。

弟樾顿首

按，《春在堂诗编》卷二十三有《日本人有小柳司气太者，编辑余事迹，分为六章：一曰曲园世系，二曰曲园出处，三曰曲园著述，四曰曲园与我国文学，五曰曲园与曾李二公，六曰曲园杂事。余皆未之见。惟其第三章言著述者刻入其国《哲学杂志》二十一卷，余得见之。而中东文字杂糅，不可辨别，宋澄之孝廉谙习东文，为余译成一篇，因题其后》一首，所言即此札之本事。此诗为光绪三十二年(1906)之作，故此札亦在是时。

三十七[④]

竹石仁兄世大人阁下：

昨呈之诗尚有未妥之句，请检出掷还，俟改正再呈教也。手肃，

---

① 此札辑自《朱之榛所收函札》，国家图书馆藏，馆藏号149155。

② 小柳君，即小柳司气太(1870—1940)，日本国新潟县人。东京帝国大学毕业。大东文化大学教授。

③ 白须温卿，即日本驻上海领事白须直。与俞樾往来甚密切，《春在堂诗编》中有多首诗赠他。

④ 此札辑自《朱之榛所收函札》，国家图书馆藏，馆藏号149155。

敬请勋安。

世愚弟期俞樾顿首

三十八①

竹石仁兄世大人阁下：

前呈拙诗又改定，呈教，乞□入。昨复函诵悉。舍亲名条承允转致，感感。但闻张公已到差，一时未必来见，可复将名条函致张公，更感大德也。手此，敬请勋安。

世愚弟期俞樾顿首

三十九②

竹石仁兄世大人阁下：

闻平湖瀛洲书院讲席尚虚，有张明经钧品学均优，可主此席，此君乃乙酉拔贡，恕斋先生之侄孙，闻与尊处亦有连也。用敢代陈求赐推毂为感。手此，敬请勋安。

世愚弟期俞樾顿首

四十③

竹石仁兄世大人阁下：

顷闻常昭内河厘局已另委员接办，未知所委何人。弟有舍亲姚祖项充当该局司事十馀年矣，人颇稳练，是以历任委员无不信任，现充该局支塘长桥分卡司事。谨附上名条，伏求荐令蝉联，感德无既。手肃，敬请勋安。

世愚弟期俞樾顿首，十九日

---

① 此札辑自《朱之榛所收函札》，国家图书馆藏，馆藏号 149155。

② 此札辑自《朱之榛所收函札》，国家图书馆藏，馆藏号 149155。

③ 此札辑自《朱之榛所收函札》，国家图书馆藏，馆藏号 149155。

四十一[①]

竹石仁兄大人阁下：

日前晋谒，畅谈为幸。敝世兄孙泽臣承允为推荐，感荷同深。奉上名条，伏求留意。手肃，布渎，敬请勋安。

世愚弟俞樾顿首，十五日

四十二[②]

竹石仁兄世大人阁下：

衰慵有失趋候起居，伏惟万福。顷有舍亲姚巡检祖诒欲求栽植，无论外县保甲或厘局司事，赏派一差。此君亦弟至亲，故敢渎呈，如蒙俯如其请，感犹身得也。手肃，敬请勋安。

世愚弟俞樾顿首，二月四日

四十三[③]

竹石仁兄世大人阁下：

春间为舍亲姚巡检祖诒求赏外县保甲差，蒙允留意，同深感激。其人乃弟至亲，光景甚窘，用敢渎求。如有相当差使，随便赏给一差，戴德无量。手肃，敬请勋安。

世愚弟俞樾顿首

四十四[④]

竹石仁兄世大人阁下：

连日恐妨静摄，未敢趋候，未知贵恙曾否平复，悬念甚深。顷闻

---

① 此札辑自《朱之榛所收函札》，国家图书馆藏，馆藏号 149155。

② 此札辑自《朱之榛所收函札》，国家图书馆藏，馆藏号 149155。

③ 此札辑自《朱之榛所收函札》，国家图书馆藏，馆藏号 149155。

④ 此札辑自《朱之榛所收函札》，国家图书馆藏，馆藏号 149155。

贵辕监印陈君已赴署任，舍亲姚巡检祖诒欲求赏派是差，谨附上名条。能推爱派委，感甚，感甚。其人颇甚谨饬也。手此奉渎，敬请大安。

世愚弟俞樾顿首，初八

四十五①

竹石仁兄世大人阁下：

昨承复示，深荷注存。顷有人钞录回避告示来，内开：分巡道员及知府以下等官所豁止一府一州一县，邻府州县即非所豁，有应回避者，由督抚於本省内酌量调补，补者不准同府当差。然则应行回避人员，一现任一候补，不过令候补者改至他府当差而已，无须改省也。设使两人俱系候补，似乎较之一现任一候补者情事较轻，若必令其改离本省，似非情事之□。兹当查办之际，此等处想必明定章程，以昭划一。弟却有至亲两人，系胞兄弟，俱是试用佐杂，现在并不在一府当差，似乎于事无碍。应否回避，求查明示悉，以便遵行。手此，布渎，即请勋安。

世愚弟俞樾顿首

如谓必须回避，设其兄已补一缺，其弟转可归别府当差，不必出省矣，想高明必有裁夺也。

弟又及，二十五日

四十六②

竹石仁兄世大人阁下：

阴雨，久未趋候起居，伏惟万福。近闻上海县保甲差已届瓜期，舍亲姚县丞祖顺求赏派是差。其人于上海情形颇熟，附上名条，敬求

---

① 此札辑自《朱之榛所收函札》，国家图书馆藏，馆藏号 149155。

② 此札辑自《朱之榛所收函札》，国家图书馆藏，馆藏号 149155。

裁夺。此请台安。

世愚弟俞樾顿首

四十七[①]

竹石仁兄世大人阁下：

昨承复示，舍亲姚县丞祖顺蒙允栽培，同深感戴。舍亲到省已十有八年，历当差使，尚无贻误，谨以奉闻。手肃，敬请台安。

世愚弟期俞樾顿首，初十

四十八[②]

竹石仁兄世大人阁下：

久失趋候，老病使然，想所谅也。近作八首，感遇述怀，奉呈清政，兼博一粲。肃请勋安。

世愚弟俞樾顿首

四十九[③]

竹石仁兄世大人阁下：

顷舍亲沈藻卿[④]大令有事相求，属弟以一言为之先，想公垂念世交，或能玉成其事也。手肃，敬请勋安。

世愚弟俞樾顿首

---

① 此札辑自《朱之榛所收函札》，国家图书馆藏，馆藏号 149155。

② 此札辑自《朱之榛所收函札》，国家图书馆藏，馆藏号 149155。

③ 此札辑自《朱之榛所收函札》，国家图书馆藏，馆藏号 149155。

④ 沈藻卿，即沈翰（生卒年不详），字藻卿，秀水人。诸生，江苏知县。工花卉，点笔设色，深得南沙神妙。

五十[1]

竹石仁兄世大人阁下：

顷闻北路总巡吴汝绎以琐事上干谴责，总由其办事卤莽，致涉操切，亦深自悔咎，尚求施恩，宽其既往，以后总属其诸事小心。禀承钧旨，借免愆尤，以图报效，想大君子亦必许之也。手肃，敬请勋安，伏惟惠鉴。昨复示敬悉，并谢。

世愚弟俞樾顿首

五十一[2]

竹石仁兄世大人阁下：

久未趋候，惟冬祺增胜为颂。顷得林令颐山来函，即呈台览，并求裁示，以便覆知。外拙诗呈博一笑。手肃，敬请勋安。

世愚弟俞樾顿首

五十二[3]

竹石尊兄世大人阁下：

小孙北上，荷蒙厚贶，感谢不尽。拙诗四首，乃近作也，其事可笑，其诗不工，附呈清政，兼发大噱。案头有新宪书，乞见惠大小各一二本为感。手肃，敬请勋安。

世愚弟俞樾顿首

---

① 此札辑自《朱之榛所收函札》，国家图书馆藏，馆藏号 149155。
② 此札辑自《朱之榛所收函札》，国家图书馆藏，馆藏号 149155。
③ 此札辑自南京图书馆藏《名人手札乙百页》。

致竹添光鸿

竹添光鸿(1842—1917),字渐卿,通称进一郎,号井井,日本肥后人。出木下犀潭门,入籍熊本藩,在藩校时习馆学习,后举为训导。1867年奉藩主之命前往上海。任北京公使馆员、天津领事、朝鲜常驻公使等外交官职。辞官后在东京大学讲授汉学。主要著作有《栈云峡雨日记》、《纪韩京之变》、《左氏会笺》、《毛诗会笺》和《论语会笺》等。

一①

鹤望方殷,鱼书忽赉,始知归帆安稳,吟席清闲,遥企东瀛,良用欣慰。惟尊处发书于十月十日,而敝处得书亦十月十日,中东之朔不同②,究不知相距几日也。来书以尊夫人偶抱清恙,女公子又在弱龄,湖海豪情,为之小减。想博望仙槎,再游禹迹,当在明年春夏间矣。承寄赠安井先生《论语集说》③,采择精详,传作也。拙著各书,想贵国具有之,谨寄奉新刻之《曲园杂纂》五十卷,伏希鉴入。

按,光绪二年(1876),俞樾汇编《曲园杂纂》五十卷成书并刊行。札中称此书新刻,故当作于本年。

---

① 此札辑自《春在堂尺牍》卷五,题作"与日本儒官竹添井井"。

② 日本自明治五年(1872)起改用公历。

③ 《论语集说》六卷,安井息轩著。该书以何晏《论语集解》、皇侃《论语义疏》为本,兼采朱熹《集注》及物茂卿(1666—1728)、伊藤仁斋(1627—1705)等中日儒学家的学说,是江户时代日本论语学的集大成之作。

二①

冈鹿门②来，得手书，并承惠《玉篇》一册，高句骊参二斤，足见在远不忘之意，感谢之至。并知仙槎暂返东瀛，起居多福，幸甚！仆比年以来，宿疴频作，精力益衰，著述之事，殆将辍笔。去岁勉从贵国友人之请撰《东瀛诗选》四十四卷，未知已尘邺架否？仆识见拘墟，而又走马看花，草草从事，适为贵国诸诗人所窃笑耳。此外又有《茶香室丛钞》二十三卷，皆极小之考据，极僻之典故，不足登大雅之堂也。来书云云，崇论闳议，非时流所及。梦见以西法盛行，欲修周孔之遗法以胜之，大哉言乎！鄙意则谓，居今之世，只须《孟子》七篇便是救时良药，盖孟子时有善战者、连诸侯者、辟土地者，人人自以为得富强之策，亦犹今人之争言新法也。使孟子而亦操此说，则无以驾乎其上矣，故尽扫而空之曰："盍亦反其本矣。"所谓反本者，无他，省刑罚也，薄税敛也，使耕者愿耕于其野，商贾愿藏于其市，久之并能使邻国之人仰之如父母。诚如是也，在孟子之世，不过朝秦楚而莅中国，若在今日，则海外大九州，莫不来享，莫不来王矣。迂阔之见，因尊论而一发之，聊博万里一笑。

按，据冈千仞《观光纪游》，其光绪十年(1884)六月二十四日曾拜访俞樾③。此札称"冈鹿门来"云云，则必作于此后。且札中又称"去岁……撰《东瀛诗选》四十四卷"，与《东瀛诗选》光绪九年刻成(详参致北方蒙诸札)亦吻合。

---

① 此札辑自《春在堂尺牍》卷六，题作"与日本人竹添进一"。

② 冈鹿门，即冈千仞(1832—1914)，字振衣，号鹿门，日本国仙台人。1884年到中国旅行，著《观光纪游》。

③ 冈千仞：《观光纪游》，第28页。

致宗源瀚

宗源瀚(1834—1897)[①],字湘文,江苏上元(今南京)人。监生,早年累佐戎幕,荐保知府,历官浙江衢州、严州、嘉兴、湖州、温州等地知府。中法战争时,曾严备海防。光绪二十年(1894),授浙江温处兵备道。卒于任。著《颐情馆集》、《闻过集》、《右文掌录》,纂《湖州府志》。

一[②]

读手书,知海水无波,天颜有喜,已邀特简,即拜真除。此朝野之幸,非止姻娅之光也。至于观时甚审,借鉴非遥,深论危言,尤所敬佩。比年以来,其地风灾地震,层见迭出,未始非上天示警。然圣明天纵,宵旰忧勤,数年后,朝政必当改观,时局亦宜可振起耳。弟病已愈,而气分不足,易于阻滞,非药力所能疏通。承示宜驾言出游,以写我忧。然近来精神衰茶,意兴颓唐,虽一曲小园中,自小孙女回尊府后,二十馀日来曾未一窥,何论其他乎?近作《曲园自述诗》,可得七言绝句二百首。有此一卷诗,则身后行述、圹中志铭皆可不必矣。附及一笑。

按,光绪十五年(1889)五月,俞樾著成《曲园自述诗》一百九十九首[③]。札中称此为近作,故当作于本年。

---

① 谭献:《墓志铭》,《复堂文续》卷五。

② 此札辑自《春在堂尺牍》卷六,题作"与宗湘文观察"。

③ 《曲园自述诗》叶三十二。

二[1]

冥寿非礼，寒家自道光甲辰先祖百岁以来相沿行之。今年六月三日，亡妇姚夫人七十冥寿亦沿此例。其实并不举动，子戴如未愈，竟不必来，虽小孙女不来，亦无不可也。子戴服何药？虞山有高手医生否？苏城竟无其人。舍间遇有人小小感冒，但以家中所配合丸散酌量服之，又极信刮痧之说，用细瓷碗或光洁之钱蘸油于背上刮之，百病皆解，重者即轻，轻者即愈。尝谓此即古人砭法，古人治疾，先针砭而后汤液。今针法犹存，砭法竟绝。不知刮痧之法即古人砭法之遗。古无“痧”字，虽《康熙字典》亦无之，实即“沙”字耳。黄河之水天上来，为泥沙所滞则不行，人身血气为风寒暑湿及饮食所滞，犹之沙也。五脏六腑，其系在背，故于背上刮之，则徐徐而解矣。士大夫家多不信刮痧之说，谓是村妪之见，寒家历试数十年，知其不谬，率笔奉闻。亲家翁博览群书，深通物理，未识以为然否？

按，俞樾妻姚夫人生于嘉庆二十五年（1820），札中称“今年六月三日，亡妇姚夫人七十冥寿”，故当作于光绪十五年（1889）。

---

① 此札辑自《春在堂尺牍》卷六，紧接上札，题作“其二”。

不详姓名者

致贵大老爷

一[①]

贵大老爷：

承交下六、七、八月局薪，收到无误，并许处、纂玉处，当即转交。又承惠彩蛋、金肘，拜登谨谢。肃复，即颂升祉。

世愚兄俞樾顿首

茶刀六角。

二[②]

贵大老爷：

承交下洋蚨，如数收到，谢谢。附去拙诗一首，上海章一山孝廉印来者，即呈一笑，并转致令兄，亦西湖他日一故事也。此请升安。

愚兄俞樾顿首

茶二角。

致澜江[③]

澜江仁弟台足下：

昨日方伯来，知老弟已奉回任之檄，想不日到金任事矣。嘱书屏幅，适才草草落笔，竟写错一张，请另配一纸交下为幸。尊款四幅已

---

① 此札辑自《浙江图书馆馆藏名人手札选(二)》上册，第110页。

② 此札辑自《浙江图书馆馆藏名人手札选(二)》上册，第111页。

③ 此札辑自《上海图书馆藏名人手札选刊·俞曲园手札》，第330页。

写就，呈览。兄托购闲书二种，另单开呈，祈便中饬人购取。手肃，敬请升安。

愚兄俞樾顿首

致茂文[①]

茂文仁兄大公祖大人阁下：

自别台晖，又经半载。顷闻旌麾还驻，棨戟延厘，企望福星，莫名忭颂。弟遭家不造，无状可陈，不足为知爱者道。兹有渎者，敝门下士蒋泽山孝廉学溥[②]努力下帷，明岁春风，望其得售。而寒毡株守，苦乏装钱，意欲求赏派海运津局绅董，庶得附此北行。或有寸进，皆出大君子之赐。手肃布渎，敬请勋安，惟鉴不宣。

治小弟制期俞樾顿首

按，光绪四年八月十四日，俞樾母姚太夫人卒；光绪五年四月二十二日，俞樾妻姚夫人卒。此札末即"制""期"并署，必作于光绪六年(1880)四月二十一日俞氏期服服除之前。札中又称蒋学溥正"努力下帷，明岁春风，望其得售"云云，而光绪五年己卯适为乡试年，则此札作于光绪五年(1879)无疑。

致梅仙

一[③]

梅仙仁弟惠览：

---

① 此札辑自《浙江图书馆馆藏名人手札选(二)》上册，第10—11页。

② 蒋学溥(1846—1890)，字长孺，一字泽山，浙江宁海人。诂经精舍生。充浙江书局校勘。著《莪庐诗录》、《文录》、《骈文录》、《词录》、《札记》。

③ 此札辑自南京图书馆藏《曲园手札》，馆藏号120165。

读手书，慰藉有加。读楹帖，情词曲至，感何如之。即念以算术，受知贤劳茂著，甚慰。兄读礼未终，悼亡遽赋，所遭如此，怀抱尚可问耶？内人遗意，愿葬西湖，秋间仍当与之偕来，同住俞楼也。手肃奉柬谢，并颂台佳，不一。

愚兄制期俞樾顿首

按，此札末署"制"与"期"，札中又有"内人遗意，愿葬西湖"云云，则当作于光绪五年(1879)四月二十二日俞樾妻姚夫人逝后。札中所谓"楹帖"，或即梅仙所作悼姚夫人之挽联。

二①

梅仙老弟惠览：

得手书并佳章，诵之甚感且愧。并承惠我天生术，已种之盆中矣。即念动定佳胜为慰。梦薇与足下并抱清才，而光景落寞，为之叹息。澹翁常见否？仆寓吴亦殊少佳怀。拙作再附上各四纸，乞照入。如有好事者，不妨代为分致也。此复，并谢，即颂台佳。

二月二日，曲园手肃

致琴庄②

琴庄世大人馆丈惠览：

昨接风来归，又展读大卷，吐属不凡，风神绝世，名作也。承索观拙著，谨送上《全书》，借求教益。但未及装订为谦。手此，敬颂留安。

馆世愚弟期俞樾顿首

---

① 此札辑自南京图书馆藏《曲园手札》，馆藏号 120165。

② 此札辑自中国书店 2001 年 11 月第 296 号拍品。

致铁翁[①]

铁翁惠览：

前日伻回，附上一札，并大作两纸，计已照人，近想贵恙痊可，吟兴有加，定如所祷。弟亦无恙，足纾锦注。《唐人说荟》已经全阅，因樵翁[②]借观，故未送还。闻阁下处另有书四本，缕述英夷之事，未识可赐观以广见闻否？如蒙许可，阅后当与《说荟》一总缴呈记室也。专此布渎，即请秋安。

巾山俞樾顿首启事

按，札中提及恩锡（1817—1877），则至晚作于光绪三年（1877）。

致小楼仁兄[③]

小楼仁兄大人苫次：

客腊十六日始由杭返棹吴中，方得展诵大讣。惊悉尊公遽归道山，即欲以一书奉慰，而适当岁杪，信局停班，入新正来，又碌碌罕暇，笺牍久稽，未知已安奉灵輀还归梓里，抑尚留滞□姚江也。弟以道远，不克亲诣奠醊，歉悚良深。敬具楮敬一函，伏祈循世俗之说，买纸钱焚化灵前，稍伸微意。手肃，布问起居，伏惟援礼节哀，不尽万一。

愚弟制俞樾顿首

---

① 此札辑自《小莽苍苍斋藏清代学者手札》。

② 樵翁，应即恩锡（1817—1877），字竹樵，满洲正白旗人。历官漕运总督、江苏布政使。著《蕴兰吟馆诗馀》、《承恩堂诗集》、《曼陀罗室纪程诗抄》等。

③ 此札辑自《浙江图书馆馆藏名人手札选（二）》上册，第9页。俞樾致汪鸣銮札第十八通提及“胡小楼茂才祖荫”，不知是此人否。然此札文字与致王继香札第五通几乎全同，又疑小楼为继香兄弟行。

致越儶[①]

越儶大兄姻世大人阁下：

日前得子原松江来书，述知尚书公偶示微疾，遽归道山，良深惊悼。伏念公官登极品，齿近古稀，中秋佳节，含笑归真，玉宇琼楼，神游天上，洵推全福，遗憾豪无。阁下宜勉抑哀情，敬承大事，是所切祷。弟精神衰茶，意兴阑珊，叹旧雨之无多，抚残阳而自念，手书楹联，副以呢幛，聊寓微忱，伏求鉴纳。草此布唁，即请礼安，诸惟珍玉。令弟均此，不另。

姻世愚弟俞樾顿首

按，光绪二十九年(1903)，俞樾婿许祐身由松江府移守苏州[②]。此札即称“得子原松江来书”，当作于其官松江知府其间。

致卓翁[③]

卓翁仁兄大人阁下：

秋间由子献[④]太史寄示尊著，不揣冒昧，弁言其端，方惧以见闻不广，贻笑高贤；乃蒙赐书奖许，又承示和拙诗。庄诵之下，敬悉公以干济长才，未竟其用，耆年硕德，戢影邱园，洵当代鲁灵光也。回忆甲辰乡试，同出韩门，乃非才倖获，而和璞随珠，转见遗于珊网，遂使吾榜失此伟人，顿令同谱为之减色。然前尘昔梦，五十三年矣，回首当年，良增叹息。韩师自改京曹，落寞殊甚，寓居东花市，一婢应门而

---

① 此札辑自《上海图书馆藏名人手札选刊・俞曲园手札》，第323—325页。

② 《春在堂诗编》卷二十叶二十六。

③ 此札辑自《上海图书馆藏名人手札选刊・俞曲园手札》，第319—322页。

④ 子献，即王继香。

已，不久即乞假而归，弟为荐一书院，聊资敷衍。韩师在时，有侄世兄频至吴下来见敏斋及弟，自师作古后，久不通问矣。阁下注念拳拳，足徵古道，敬为述及。吴下入冬至以来，阴雨频仍，而迄未得雪，百物腾踊，廛市萧条，越中光景，想当较胜。手肃布复，敬请颐安，伏惟为道自重。

愚弟期俞樾顿首

外拙诗数诗，皆悠谬之词，聊寄奉一笑。腊十六日泐。

按，札中称"回忆甲辰乡试""五十三年矣"，则此札当作于光绪二十二年(1896)，时据道光二十四年(甲辰，1844)已五十三年。

致子英

一[1]

子英仁兄大人阁下：

初十日一函交舍外孙许汲侯比部带呈，而汲候迟迟，须至十三日赴沪，故未达也。昨日由局寄到手书，知托垫汇徐花农贵同年百金业已交到，弟遵即将规银壹百零叁两交仁和庄寄缴台端，想不日即可寄到，幸示复数行为盼。琐琐渎神，想不嫌烦扰也。拙作诗文，知为任逢辛[2]观察取去，谨补奉四册，聊发一噱。自轮舶通行，北信颇不迟缓，惟自南而北，则信局、邮局均不能必达，但恃贵会友之流通耳。传闻合肥公欠安，想必不确，尊处当时通信息也。手此布达，敬请勋安，

---

① 此札辑自《上海图书馆藏名人手札选刊·俞曲园手札》，第326—328页。

② 任逢辛，即任锡汾(生卒年不详)，字逢辛，江苏宜兴人。光绪二年(1876)举人。官至四川川东道。光绪二十六年后至上海，协助盛宣怀办理慈善事业，创设红十字会。著《拙叟诗存》。

惟鉴不宣。

世愚弟俞樾顿首，十月十二日

按，札中称“合肥公欠安”，则当作于光绪二十七年(1901)九月二十七李鸿章卒之前。

二①

子英仁兄世大人阁下：

前承枉顾畅谈为幸。老懒未克趋答，歉如也。谈次曾及募赀自设验疫所，此亦一大善举，鄙处有人愿助洋叁拾元，以资集腋，伏乞鉴收示复为盼。手此，敬请勋安。

世愚弟俞樾顿首，闰初九

按，此札上钤有“恩奖耆儒”、“海内翰林第二”印，最早作于光绪二十九年(1903)。至俞樾之卒，仅光绪二十九年与三十二年(1906)有闰月，则此札必作于其中之一。

未署名

一②

昨承折柬之招，遂通连墙之谒，康骈之剧谈未竟，刘伶之轰饮先闻。斯时也，堂下腾羞，座中喝盏，鹿肠高挂，鹊尾回旋。饮一经程，行三匹制，几乎狂招明月，豪劝长庚。渴羌惊呼，酒胡笑指，而仆甘为病叶，不作狂花。杯勺不胜，并谢穆生之醴；觥筹交错，惟求韦曜之茶。虽狂类盖宽饶，不妨独醒；而坐有顾元叹，未免无欢。此所以投

---

① 此札辑自《上海图书馆藏名人手札选刊·俞曲园手札》，第329页。

② 此札辑自《宾萌外集》卷二，题作“与友人谢不饮酒书”。

辖方留，而衩衣竟出也。不图翼日，忽奉朵云，呼作顽仙，目为逋客，噫过矣。裸国不冠裳迫，大禹解衣而入；文王嗜昌歜使，仲尼蹙额而尝。昔包孝肃赏花，不强安石；张安昌置酒，不召彭宣。况仆非祖珽之贪，不窃金叵罗而去；君岂胡证之勇，乃横铁灯檠而来乎？窃谓：酒也者，古人以祈绰绾，后人以遣牢愁，不过谓麋寿既高，非酒无以介；虫冤所积，非酒不能消耳。邴根矩以废业为忧，遂断曲蘖；杨惠元以立功为志，不发尊罍。以至士行限严，公荣量小，其人何尝不流声竹帛，绝倒名流？仆虽有虎头之痴，而无犀首之好，遂疏仪狄，何有杜康？固知为达者所嗤，颇亦借古人自镜。丰侯沈湎，莫逃负缶之诛；小白英雄，不免遗冠之耻；灌将军之意气，席上被收；毕吏部之风流，瓮边见捉。是以圣人戒之三风，佛氏数其十过。黄公醉而竟伤于虎，刘翁醒而已失其龙。古之人，狱号觥筹，病名瓶盏，良有由也。况乃徐家之肺，大是可虞；艾子之脏，何堪屡吐。郑玄大儒也，爵行而绝；丁冲智士也，肠烂难医。故虽郑泉愿葬陶家，萧纲甘埋酒库，而公等达者，连犿无伤；走也鄙人，将牢太甚。彭祖观井，蔡公过航，其敢听平原君之劝子高，而忘干令升之戒郭璞哉？且夫世之提壶挈榼、铺糟歠醨者，不过托青莲之高论，惟饮留名；慕黄初之名流，以醉见识；而不知借来面似，未是荀君；效得颦工，曾非西子。世无王绩，难寻醉里之乡；人是孟康，始识酒中之趣。不然，而谓酣眠市上，便是中郎；痛饮楼头，即成供奉。仆恐曲世界不能容，酒梼杌不胜载。酿王下逐客之令，醉侯来绝交之书，未必容君等累月以居，扛壶而入也。是故诸君𫍽𫍽，空为嚼复嚼之辞；贱子陶陶，别有味无味之乐。何则？书有三味，易重一斤，自来笙典珠坟，无异琼苏玉液。仆弃其糟粕，咀其英华，杯名董子之书，卮借庄生之论，将见种陶令之五十亩，未抵目耕；赋元相之十二诗，何如心醉。而且友交公瑾，便是醇醪；政似建康，岂非清酒。正不必拜酒泉太守，始可快其拍浮；署曲部尚书，而后形其酣适也。劝柱从君，拒杯容我，公真大醉，仆本浪人。此日出奇，反白公招饮之作；他年感旧，和黄丞逃席之诗。

按，此札已见于《草草庐骈体文钞》，则当不晚于道光二十八年(1848)。

二[1]

窃以子产为众人母，曾蒙遗爱之褒；孔子为万世师，不外人伦之至。乃东里未膺俎豆，徒劳陨涕于尼山；南容尚列门墙，竟失推恩于伯氏。倘谓子产身非受业，无从登阙里之堂；孟皮病不成人，不足为鄹人之子，则同时蘧瑗，亦未陪十哲之班；有子孔忠，已不在三殇之例。祀蘧瑗而竟遗子产，沿讹石室之图；列孔忠而不及孟皮，失考祖庭之记。我国家典章美备，祀事休明。其从祀者，下逮公都子之徒；其追崇者，上溯木金父而止。凡千古未修之旷典，皆我朝必举之明禋，独此两端，敢陈末议。樾昔年珥笔，曾陪观听于桥门；此日乘轺，更重典司于学校。因封章而入奏，果廷议之佥同，增子产于林放之前，位孟皮于伯鱼之上，从此领群贤于两庑，昭孔门有朋自远之风；聚七世于一堂，慰尼父事兄未能之憾。与闻盛事，宜有咏歌，属在儒林，岂无纪述。而樾之意，更有进者。先君子徊花府君《印雪轩集》有《咏古》四章，其次章为孟皮未与配享而作也[2]。樾读父书而未熟，持使节而滋惭，偶效愚忱，幸成先志。虽国家大事在于祀，未敢自私为家乘之光；而人子有善归于亲，窃愿推本于先臣之教。

按，咸丰六年(1856)十一月，俞樾在河南学政任上，疏请以郑公孙侨(子产)从祀文庙西庑，孟皮(孔子兄)配享崇圣祠，诏下部议，从之[3]。札中“此日乘轺，更重典司于学校。因封章而入奏，果廷议之佥同”，即指此，故当作于嗣后不久。

---

① 此札辑自《宾萌外集》卷二，题作“征恭纪子产从祀孟皮配享诗文启”。

② 见《印雪轩诗集》卷十二叶四。

③ 《宾萌集》卷五叶一。

三①

顷承惠嘉殽，谢谢。昨所属事，仆恐他处空言无益，已切托粮道如冠翁②代谋一海运差。此差无公事，亦无薪水，不过明年可得一保举，如求内奖，可得京衔，如求外奖，可得拔委也。馀事实属难谋，想必见谅。兹将如观察回书送览，并乞足下至粮署挂号禀安不必求见为要。此颂升安。

同学樾顿首

按，札中提及粮道如山，则当作于其在浙江粮道任上。时次可参考俞樾致如山札。

四③

拙文受润，拙书从不受润，奴辈略需磨墨之资而已。乃承惠洋一枚，书以付之，颇便宜若辈也，谨谢。

俞樾顿首

---

① 此札辑自《明清名家书法大成》第六卷。

② 如冠翁，即如山。

③ 此札辑自《浙江图书馆馆藏名人手札选（二）》上册，第194页。

参考文献

1. 俞樾著述

《春在堂全书》，清光绪末年增修本

《群经平议》三十五卷（包括《周易平议》二卷，《尚书平议》四卷，《周书平议》一卷，《毛诗平议》四卷，《周礼平议》二卷，《考工记世室重屋明堂考》一卷，《仪礼平议》二卷，《大戴礼记平议》二卷，《小戴礼记平议》四卷，《春秋公羊传平议》一卷，《穀梁传平议》一卷，《左氏传平议》三卷，《春秋外传国语平议》二卷，《论语平议》二卷，《孟子平议》二卷，《尔雅平议》二卷）

《诸子平议》三十五卷（包括《管子平议》六卷，《晏子春秋平议》一卷，《老子平议》一卷，《墨子平议》三卷，《荀子平议》四卷，《列子平议》一卷，《庄子平议》三卷，《商子平议》一卷，《韩非子平议》一卷，《吕氏春秋平议》三卷，《董子春秋繁露平议》二卷，《贾子平议》二卷，《淮南内经平议》四卷，《扬子太玄经平议》一卷，《扬子法言平议》二卷）

《第一楼丛书》三十卷（包括《易贯》五卷，《玩易篇》一卷，《论语小言》一卷，《春秋名字解诂补义》一卷，《古书疑义举例》七卷，《儿笘录》四卷，《读书馀录》二卷，《诂经精舍自课文》二卷，《湖楼笔谈》七卷）

《曲园杂纂》五十卷（包括《艮宧易说》，《达斋书说》，《达斋诗说》，《达斋春秋论》，《达斋丛说》，《荀子诗说》，《何劭公论语义》，《士昏礼对席图》，《乐记异文考》，《生霸死霸考》，《春秋岁星考》，《卦气直日考》，《七十二候考》，《左传古本分年考》，《春秋人地名对》，《邵易补原》，《读韩诗外传》，《读吴越春秋》，《读越绝书》，《读鹖冠子》，《读盐铁论》，《读潜夫论》，《读论衡》，《读中论》，《读抱朴子》，《读文中子》，《改吴》，《说项》，《正毛》，《评袁》，《通李》，《议郎》，《订胡》，《日知录小笺》，《芩子》，《小繁露》，《韵雅》，《小浮梅闲话》，《续五九枝谭》，《闽行日记》，《吴中唱和诗》，《梵珠》，《百空曲》，《十二月花神议》，《银瓶徵》，《吴绛雪年谱》，《五行占》，《集千字文诗》，《隐书》，《老圆》各一卷）

《俞楼杂纂》五十卷（包括《易穷通变化论》，《周易互体徵》，《八卦方位说》，

《卦气补考》,《诗名物证古》,《礼记郑读考》,《礼记异文笺》,《郑君驳正三礼考》,《九族考》,《玉佩考》),《丧服私论》,《左传连珠》,《论语郑义》,《续论语骈枝》,《论语古注择从》,《孟子古注择从》,《孟子高氏义》,《孟子缵义内外篇》,《四书辨疑辨》,《群经剩义》,《读文子》,《读公孙龙子》,《读山海经》,《读楚辞》,《读汉碑》,《读昌黎先生集》,《读王观国学林》,《读王氏稗疏》,《庄子人名考》,《楚辞人名考》,《骈隶》,《读隶辑辞》,《广雅释诂疏证拾遗》,《著书馀料》,《佚文》,《佚诗》,《铭篇》,《玉堂旧课》,《广杨园近鉴》,《壶东漫录》,《百哀篇》,《咏物卄一首》,《五五》,《枕上三字诀》,《废医论》,《九宫衍数》,《金刚经订义》,《一笑》,《说俞》,《俞楼经始》各一卷)

《宾萌集》六卷

《宾萌外集》四卷

《春在堂杂文》二卷

《春在堂杂文续编》五卷

《春在堂杂文三编》四卷

《春在堂杂文四编》八卷

《春在堂杂文五编》八卷

《春在堂杂文六编》十卷

《春在堂杂文补遗》六卷

《春在堂诗编》二十三卷

《春在堂词录》三卷

《春在堂随笔》十卷

《春在堂尺牍》六卷

《楹联录存》五卷附录一卷

《四书文》一卷

《右台仙馆笔记》十六卷

《茶香室丛钞》二十三卷

《茶香室续钞》二十五卷

《茶香室三钞》二十九卷

《茶香室四钞》二十九卷

《茶香室经说》十六卷

《经课续编》八卷

《九九销夏录》十四卷
《金刚经注》二卷
《太上感应篇缵义》二卷
《游艺录》六卷
《小蓬莱谣》一卷
《曲园自述诗》一卷
《补自述诗》一卷
《曲园戏墨》一卷
《曲园三要》三卷
《琼英小录》一卷
《骊山传》一卷
《梓潼传》一卷
《新定牙牌数》一卷
《春在堂全书录要》一卷
《袖中书》二卷

《春在堂尺牍》卷七，稿本，早稻田大学图书馆藏

《好学为福斋诗钞》，清道光二十九年刻本

《惠耆录》，清光绪二十九年刻本

《经义塾钞》，清光绪二十七年刻本

《曲园课孙草》，清光绪八年金陵刻本

《曲园老人经济备考》，清光绪二十三年古吴刻本

《曲园老人书札》不分卷，稿本，国家图书馆藏，馆藏号 SB17533

《曲园手札》，稿本，南京图书馆藏，馆藏号 120165

《曲园老人遗墨》，民国影印本

日本金泽寺藏俞樾手札，见王宝平：《流入东瀛的俞樾遗札》，《文献》2001 年第 1 期

《日损益斋骈俪文钞》，清咸丰九年刻本

《日损益斋诗钞》，清咸丰八年刻本

上海图书馆藏俞樾手札，见《上海图书馆藏历代手稿精品选刊俞

曲园手札》上册，上海科学技术文献出版社，2011 年

《俞楼诗纪》，清光绪间《武林掌故丛书》刻本

《俞樾手札》，上海书画出版社，2007 年

《越中纪游诗》，清光绪十三年刻本

浙江图书馆藏俞樾手札，见《浙江图书馆馆藏名人手札选（二）》第一册，中华书局，2011 年

《春在堂随笔》，江苏人民出版社，1984 年

《茶香室丛钞》，中华书局，1996 年

俞樾编：《东瀛诗选》四十卷《补遗》四卷，清光绪九年刻本

俞樾编：《诂经精舍文》（四至八集），清光绪刻本

2. 他人著述（按作者姓名音序排列，无著者在后）

白斌：《清末浙江海盗治理——以清廷处置台州海盗黄金满为例》，《社会科学战线》2012 年第 7 期

北京大学图书馆古籍善本特藏部整理：《清代名人手札汇编》，国际文化出版公司，2002 年

[清]陈宝善等修，王棻等纂：《黄岩县志》，清光绪三年刻本

[清]陈方瀛修，俞樾纂：《川沙厅志》，清光绪五年刻本

陈玉堂编著：《中国近现代人物名号大辞典》，浙江古籍出版社，2005 年

[清]陈遹声修，蒋鸿藻纂：[光绪]《诸暨县志》，清宣统二年刻本

陈垣：《二十史朔闰表》，中华书局，1962 年

陈寅恪：《寒柳堂集》，生活・读书・新知三联书店，2001 年

崔之清主编：《太平天国战争全史》，南京大学出版社，2002 年

戴邦桢等修，冯煦等纂：[民国]《宝应县志》，民国二十一年铅印本

[清]丁立诚：《王风》，稿本，浙江图书馆藏

[清]丁立诚撰，徐珂笺：《王风笺题》，民国九年钱塘丁氏嘉惠堂

铅印本

[清]杜文澜:《憩园词话》,稿本,《续修四库全书》第1734册影印本,上海古籍出版社,2002年

[清]方观旭:《论语偶记》,清道光九年广东学海堂刻《皇清经解》本

高拜石:《新编古春风楼琐记(一)》,台北正中书局,2002年

顾颉刚:《秦汉的方士和儒生》,上海古籍出版社,2005年

[清]黄以周撰,王文锦点校:《礼书通故》,中华书局,2007年

[清]黄宗羲原著,全祖望补修,陈金生、梁运华点校:《宋元学案》,中华书局,1986年

[日]冈千仞著,张明杰整理:《观光纪游 观光续纪 观光游草》,中华书局,2009年

季达林、郭志高编校:《清代名人手札选》,漓江出版社,1999年

江庆柏编著:《清代进士题名录》,中华书局,2007年

江庆柏编著:《清代人物生卒年表》,人民文学出版社,2005年

[清]蒋敦复:《啸古堂文集》,清同治七年上海道署刻本

[清]金武祥辑:《粟香室丛书》,清光绪间刻本

[清]柯悟迟:《漏网喁鱼集》,中华书局,1959年

[宋]孔传:《东家杂记》,宋刻本

[清]李鸿章:《李鸿章全集》,安徽教育出版社,2008年

李新宇、周海婴主编:《鲁迅辑校石刻手稿墓志》下,《鲁迅大全集》第28卷,长江文艺出版社,2011年

梁启超:《中国近三百年学术史》,东方出版社,1996年

[清]柳商贤等纂,孔陟岵续补:《横金志》,抄本,苏州博物馆藏

柳诒徵:《江苏书院志初稿》,《江苏省立国学图书馆》第四年刊,民国二十年铅印本

[清]陆心源:《仪顾堂集》(二十卷本),清光绪间刻本

吕健:《谢家福与曾国荃往来函札考释》,《苏州文博论丛》,

2011 年

[清]马骕:《绎史》,清光绪三十年浙江书局重刻本

[清]马新贻:《马端敏公奏议》,清光绪二十年刻本

蒙文通:《经学抉原》,《蒙文通文集》第三卷,巴蜀书社,1995 年

[清]缪荃孙:《艺风老人日记》,北京大学出版社,1986 年

[清]缪荃孙:《艺风堂文续集》,清宣统二年刻本

[清]缪荃孙:《艺风堂文漫存辛壬稿》

潘德利、王宇:《曾纪泽年谱》,中国社会科学出版社,2011 年

[清]彭玉麟:《彭刚直公诗集》,清光绪十七年吴下刻本

[清]彭玉麟纂,梁绍辉等校点:《彭玉麟集》,岳麓书社,2008 年

钱实甫编:《清代职官年表》,中华书局,2005 年

秦国经等主编:《清代官员履历档案全编》,华东师范大学出版社,1997 年

[清]秦簧修,唐壬森纂:[光绪]《兰溪县志》,清光绪十五年刻本

[清]阮元撰,邓经元点校:《研经室集》,中华书局,1993 年

上海博物馆图书馆编:《冒广生友朋书札》,上海书画出版社,2009 年

[清]盛康辑:《皇朝经世文续编》,清光绪二十三年武进盛氏思补楼刻本

[清]施补华:《泽雅堂文集》,清光绪间刻本

宋立:《浙江官书局研究》,河南大学硕士学位论文,2010 年

[清]宋恕:《宋恕集》,中华书局,1993 年

[清]宋韵初:《湖防私记》,清光绪十三年活字本

苏州博物馆:《熊其英(等)致(谢家福等)有关光绪四年河南赈灾尺牍》,《历史档案》2010 年第 1 期

[清]孙峻、孙树礼:《文澜阁志》,清光绪二十四年钱塘丁氏嘉惠堂《武林掌故丛编》本

孙延钊撰,徐和雍、周立人整理:《孙衣言孙诒让父子年谱》,上海

社会科学院出版社,2003年
[清]孙衣言:《逊学斋诗钞》附《续钞》,清同治光绪间刻本
陶湘编:《昭代名人尺牍小传续集》,台北文海出版社,1980年
滕固:《蒋剑人先生年谱》,《图书馆学季刊》第九卷第二期
[清]王棻:《柔桥文钞》,民国三年上海国光书局印本
王巨安:《俞樾致李瀚章函十四通释读》,《文献》2012年第1期
[清]王凯泰:《台湾杂咏》,清光绪七年刻本
[清]王凯泰:《应元书院志略》,清同治九年刻本
王闿运:《湘绮楼联语》,民国十二年刻本
王勇:《流入东瀛的俞樾遗札》,《文献》2001年第2期
[清]王筠:《说文释例》、《说文句读》,清同治间刻本
温州博物馆编:《宋恕师友手札》(上册),浙江摄影出版社,2011年
吴嚣皋等修,程森纂:[民国]《德清县志》,民国二十年铅印本
吴剑杰:《张之洞年谱长编》,上海交通大学出版社,2009年
[清]吴云:《汉建安弩机》,清光绪六年刻本
[清]吴云:《两罍轩尺牍》,清光绪十年刻本
[清]吴云:《两罍轩彝器图释》,清同治十一年刻本
[清]吴云:《两罍轩印考漫存》,清光绪七年刻本
夏颖整理:《俞樾、朱学勤致应宝时手札》,《历史文献》第十二辑,上海古籍出版社,2008年
徐珂:《清稗类钞》,中华书局,2010年
徐琪:《诵芬咏烈编》,清光绪十六年刻本
[清]徐琪:《诵芬咏烈后编》,清光绪二十九年刻本
[清]徐乾学:《憺园全集》,清光绪九年重刻本
[清]严辰等纂修:[光绪]《桐乡县志》,清光绪十三年刻本
杨镜如主编:《紫阳书院志》,苏州大学出版社,2006年
杨敏曾:《林晋霞先生传》,《文澜学报》第二卷第二期

[清]杨文杰撰:《东城记馀》,清光绪二十六年刻本

[清]杨以贞:《湖楼史话》,稿本,南京图书馆藏

[清]永瑢等撰:《四库全书总目》,中华书局,1965 年

叶昌炽:《奇觚庼文集》,民国十年刻本

尹航:《晚清纳捐制度研究》,吉林大学硕士学位论文,2005 年

[清]于鬯:《四礼补注》,稿本,上海图书馆藏

[清]于鬯:《香草校书》,稿本,上海图书馆藏

[清]俞鸿渐:《印雪轩文钞》,清光绪二年刻本

俞士铃:《陆机陆云年谱》,人民文学出版社,2009 年

[清]俞廷镳:《四书评本》,清同治十一年刻本

俞泽民:《曲园先生世系简乘》,《杭垣旧事》,杭州市政协文史委印行,2001 年

[清]恽炳孙:《澹如轩诗钞》,民国间铅印本

[清]曾国藩:《曾国藩全集》,中国华侨出版社,2003 年

[清]曾纪泽:《曾纪泽日记》,岳麓书社,1998 年

[清]张大昌辑:《龙兴祥符戒坛寺志》,《武林掌故丛书》二十六集,清光绪十九年嘉惠丁氏刊本

张崟:《诂经精舍志初稿》,《文澜学报》第二卷第一期

张习孔主编:《中国历史大事编年》,北京出版社,1987 年

张宗海等修,杨士龙等纂:[民国]《萧山县志稿》,民国二十四年铅印本

章梫:《一山文存》,民国七年吴兴刘承幹刻本

赵尔巽:《清史稿》,中华书局,1977 年

赵一生、王翼奇编:《香书轩秘藏名人书翰》中册,浙江古籍出版社,2005 年

郑汝德整理,雷群明选编:《郑逸梅收藏名人手札百通》,学林出版社,1989 年

郑文焯:《大鹤山房全书》,清光绪至民国间刻汇印本

郑振模:《清俞曲园先生樾年谱》,台湾商务印书馆,1982 年

中国第一历史档案馆:《光宣年间浙江兴办新式学堂史料(上)》,《历史档案》2004 年第 2 期

[清]周沐润等:《五周先生集》,清光绪二十二年刻本

周作人:《知堂书话》,岳麓书社,1986 年

朱尚文编:《翁同龢先生年谱》,台湾商务印书馆,1971 年

[清]朱之榛编辑,朱景迈增补:《朱氏重修迁浙支谱》,清宣统元年刻本

[清]宗源瀚等修,周学濬等纂:[同治]《湖州府志》,清同治十三年刻本

《复堂师友手札菁华》,人民文学出版社,即刊

《经济特科同征录》,清光绪三十年北洋官报局铅印本

《清实录》,中华书局影印本,2008 年

《咸同间名人书札》,国家图书馆藏,馆藏号 14900

《小莽苍苍斋藏清代学者手札》,人民文学出版社,即刊

《续定上海龙门书院课程章程》,清同治刻光绪间续修本

《御纂七经》,清同治间浙江书局刻本

《张即之书金刚经》,天津杨柳青书画社,1996 年

后 记

2006年,因为一个偶然的机会接触到国家图书馆收藏的一批俞樾手札,从此开始对这位清末著名经学家、教育家的手泽着迷。不知不觉中已经过去六年,手头收集到的曲园手泽已有相当一批,适逢凤凰出版社推出《中国近现代稀见史料丛刊》第一辑,蒙主编张剑先生不弃,将我这些年搜集的资料收入其中。

作为史料,简单的释录文字显然是不够的,于是我在信札释文之后加入了以考证写作时间为主要内容的按语。这项工作,形诸笔端的文字虽然不多,考察的工夫却没少花,满怀希望地查考了许久最终仍然一无所获的情况也是常有的。而且由于学力与眼界的局限,已做出系年的信札,也难免会有出错的情况,甚望高明有所见教。

作晚清人物的文献整理并非易事,特别是像俞樾这样勤于著述的大家,几无异于蚂蚁搬山。不断发现、持续积累的过程中,总少不了师友们的帮助和鼓励。国家图书馆詹福瑞师为我外出寻访资料提供经费支持。中国社科院文学所张剑先生自始至终关注我的整理工作,对本书的体例提出许多合理化建议。曲园老人五世孙俞昌实先生慨然提供了家藏先人手泽。上海博物馆柳向春博士随时告知我拍卖市场上的讯息,并为我复制了致盛康、盛宣怀父子和致徐琪的两大宗俞札。浙江图书馆王巨安先生赠我《浙江图书馆馆藏名人手札选(二)》(中华书局,2011年)一书,该馆所藏俞札悉数收录其中。复旦大学陈正宏先生及其高足日本佐佐木聪先生帮我访得日本国会图书馆藏俞樾著作稿本。国家图书馆王菡老师随时告诉我她看到的俞氏资料，张廷银先生帮我研判难识之字。北京九雅印刷科技中心王勇玲、刘学康贤伉俪帮我录入了大量资料。南开大学赵伯雄师，浙江大学崔富章先生、龚延明先生、贾海生先生，华东师范大学刘永翔先生、严佐之先生、吴平先生，上海图书馆陈先行先生、郭立暄先生，浙江古籍出版社赵一生先生、陈小林先生，北京师范大学张升先生，南京大学徐雁平先生，人民文学出版社周绚隆先生，上海科技文献出版社邹西礼先生，苏州博物馆金迪先生，苏州图书馆孙中旺先生，温州瑞海楼不知名的工作人员，复旦大学卢康华博士，博士后同门崔瑞萍女史……长长的名单写下来，心中涌起的是无限的温暖。

凤凰出版社樊昕编辑为本书统一添加了公元纪年，以便读者参照，感谢他如此贴心的工作。

如果你真心想做一件事，全世界都会帮你！我相信。

张燕婴识于燕居

2013 年 2 月